Herbert Anzinger

Glaube und kommunikative Praxis

Beiträge zur evangelischen Theologie
Theologische Abhandlungen. Begründet von Ernst Wolf
Herausgegeben von Eberhard Jüngel und Rudolf Smend

Band 110

Herbert Anzinger

Glaube und kommunikative Praxis

Eine Studie zur ›vordialektischen‹
Theologie Karl Barths

CHR. KAISER VERLAG MÜNCHEN

1991

CIP-Titelaufnahme der Deutschen Bibliothek

Anzinger, Herbert:
Glaube und kommunikative Praxis : eine Studie zur
›vordialektischen‹ Theologie Karl Barths / Herbert Anzinger. –
München : Kaiser, 1991
(Beiträge zur evangelischen Theologie; Bd. 110)
ISBN 3-459-01886-0
NE: GT

© 1991 Chr. Kaiser Verlag München
Alle Rechte vorbehalten, auch die des auszugsweisen Nachdrucks,
der fotomechanischen Wiedergabe und der Übersetzung
Einbandentwurf und Umschlag: Ingeborg Geith, München
Druck: Druckerei Sommer GmbH, Feuchtwangen
Bindung: Conzella Verlagsbuchbinderei, München
Printed in Germany

Für Ilse und Heinz Eduard Tödt

Vorwort

Die vorliegende Untersuchung ist die überarbeitete Fassung meiner 1984 von der theologischen Fakultät der Universität Heidelberg angenommenen Dissertation gleichen Titels. Seither erschienene Literatur habe ich – soweit sie mir für das Thema relevant erschien – berücksichtigt. Des weiteren sind einige Exkurse hinzugekommen, in denen vor allem Thesen Dritter, mit denen sich Barth explizit oder implizit auseinanderzusetzen hatte, im Zusammenhang referiert sind.

Die Arbeit stellt die theologische Entwicklung Barths von seinen frühesten Äußerungen bis zur ersten Auflage seines 1918 erschienenen Römerbriefkommentars anhand der Leitfrage nach dem Verständnis von Glaube und christlichem Handeln dar; sie deckt also den Zeitraum ab, in dem sich Barths Wechsel von der im Anschluß an seine Lehrer zunächst vertretenen ›modernen‹ Theologie hin zu einem eigenständigen Ansatz vollzog. Besonderes Gewicht lege ich dabei auf die Untersuchung der Frage, welche Veränderungen Barths Theologie noch vor dem Ersten Weltkrieg erfuhr und welche Bedeutung dem Ausbruch des Krieges für die weitere Entwicklung beizumessen ist. Bewußt ausgespart bleibt die zweite Auflage des Römerbriefkommentars, dessen wirkungsgeschichtliche Dominanz die sachgerechte Interpretation des ersten »Römerbriefs« bisher eher erschwert zu haben scheint. Mit Recht weist Michael Beintker darauf hin, daß dessen »Position im Gefälle der theologischen Entwicklung Barths ... bis zum heutigen Tage weder gebührend gewürdigt noch im Detail ausgelotet« worden sei.[1] Dieses Defizit der Forschung versucht die vorliegende Arbeit ein Stück weit zu beheben.

Geht man mit Barth davon aus, daß Verstehen ohne Applikation auf die jeweilige Gegenwartssituation nicht möglich ist, so ist es unumgänglich, sich im Vollzug einer Interpretation seiner Theologie auch der Frage auszusetzen, welche Relevanz seine Thesen für uns heute haben könnten. Entgegen dem in Theologie und Kirche verbreiteten Trend, Barths Theologie quasi als dialogunfähig hinzustellen und statt dessen theologische Positionen des 19. Jahrhunderts zu repristinieren, möchte ich dafür plädieren, den Weichenstellungen des ersten »Römerbriefs« zu folgen und sie für die Lösung der Probleme, die die Postmoderne uns aufgibt, fruchtbar zu machen. Aus diesem Grunde frage ich zum Schluß nach weiterführenden Perspektiven, indem ich die Ergebnisse meiner Studie mit derzeit in den Sozialwissenschaften und der Philosophie dis-

---

1 *M. Beintker*, Die Dialektik der ›dialektischen Theologie‹ Karl Barths, 110.

kutierten Problemstellungen konfrontiere, um andeutungsweise zu zeigen, wie sie sich von der Barthschen Theologie her entschlüsseln lassen.

Nicht nur die Barthforschung, sondern die Theologie insgesamt krankt m.E. heute mit wenigen Ausnahmen daran, daß sie sich dem interdisziplinären Wissenschaftsdialog zu wenig aussetzt. Zwar werden beispielsweise soziologische und psychologische Fragestellungen aufgegriffen und für die Theologie adaptiert, aber sie werden kaum – was mir freilich wesentlich erscheint – *theologisch* fruchtbar gemacht. Würde dies geschehen, so zeigte sich wahrscheinlich auch umgekehrt, inwiefern die spezifischen Voraussetzungen der Theologie für außertheologische Disziplinen relevant sein könnten, – eine Aufgabe, die die Theologie jedenfalls nicht dadurch erfüllt, daß sie sich zur Erleichterung dieses Gesprächs selbst in Religionssoziologie und Religionspsychologie verwandelt. Ich gebe dieses Desiderat im Vorwort zu Protokoll, weil natürlich auch mein Ausblick von der frühen Barthschen Theologie auf neuere sozialwissenschaftliche Thesen dieses Manko nicht behebt, sondern bestenfalls aufzudecken in der Lage ist. Ebensowenig vermag ich ein weiteres Defizit zu beseitigen, das allerdings für den von mir bearbeiteten Zeitraum noch nicht die Bedeutung hat wie dann später für die Zeit des Dritten Reiches: Bisher hat man in der Barthforschung kaum die Notwendigkeit gesehen, Barths Biographie unter zeitgeschichtlichen Gesichtspunkten genauer zu untersuchen. Das ist deshalb besonders bedauerlich, weil in der neueren kirchlichen Zeitgeschichtsforschung Barth inzwischen zu einer Randfigur zu werden droht. Gerade wenn man sieht, wie Barths Theologie von Anfang an seismographisch auf soziale und politische Umbrüche reagiert hat, wie er versucht hat, vom Glauben her theologisch tragfähige Antworten auf die Probleme seiner Zeit zu finden, kann man diese Vernachlässigung der zeitgeschichtlichen Untersuchungsperspektive in der Barthforschung kaum begreifen.

Ich habe manchen zu danken, die meinen Weg und das Entstehen dieser Arbeit begleitet haben. Hans-Richard Reuter führte mich vor Jahren in die Barthsche Theologie ein und vermittelte mir in bleibend vorbildlicher Weise, wie man (nicht nur) Barth abseits eingefahrener Spuren lesen könnte. In verschiedenen Stadien der Entstehung der Arbeit war mir vor allem Ernst-Albert Scharffenorth ein kritischer, solidarischer und anregender Gesprächspartner. Die Nachlaßkommission und das Karl Barth-Archiv stellten mir einige bisher unveröffentlichte Dokumente – insbesondere das Manuskript des ersten »Römerbriefs« – zur Verfügung, von denen das Ehepaar Stoevesandt dankenswerterweise Kopien anfertigte. Heinz Eduard Tödt begleitete und förderte die Dissertation beratend und empfahl sie der Fakultät mit einem eingehenden Referat, Dietrich Ritschl steuerte das Korreferat bei. Den Stellungnahmen von Hermann Schmidt und Bertold Klappert verdanke ich einige Korrekturen und Anregungen, die während der Überarbeitungsphase Eingang in den Text fanden. Große Sorgfalt verwandte meine Frau Waltraud auf die Erstellung des Textes am Computer, während meine Eltern sowie Gerd Mönkemeier sich der Mühe des Korrekturlesens unterzogen. Eberhard Jüngel und Rudolf Smend sowie dem Chr. Kaiser Verlag danke ich für die Aufnahme meiner Arbeit in die Reihe »Beiträge zur evangelischen Theologie«. Gewidmet sei das Buch Ilse und Heinz Eduard Tödt, denen ich mehr verdanke als eine solche Widmung zum Ausdruck bringen kann.

Dielheim, den 4.5.90   Herbert Anzinger

Inhalt

1. EINLEITUNG ... 1
   (1) Explikation der Fragestellung ... 1
   (2) Zum Stand der Forschung ... 6
   (3) Methodisches Verfahren und Aufbau ... 12
   (4) Zur Auswahl und Verarbeitung der Quellen ... 14

2. BARTHS REZEPTION DER ›MODERNEN‹ THEOLOGIE IN DER VORKRIEGSZEIT ... 16

   2.1. ZUM ZEITGESCHICHTLICH-BIOGRAPHISCHEN RAHMEN (1886-1914) ... 16

   2.2. BARTHS VERSTÄNDNIS VON RELIGION ... 23
      2.2.1. Religiöses Erlebnis und theologische Reflexion ... 23
         (1) Der Hiatus zwischen Theorie und Praxis ... 23
         (2) Religiöser Individualismus und historischer Relativismus ... 25
         EXKURS: ZUM THEOLOGISCHEN ANSATZ WILHELM HERRMANNS ... 26
      2.2.2. Glaube als religiöse Individualität ... 32
         (1) Zur Kritik des traditionellen Glaubensverständnisses ... 35
         (2) Glaube und Vernunft ... 36
         EXKURS: ZUR RELIGIONSPHILOSOPHIE DES MARBURGER NEUKANTIANISMUS ... 38
         (3) Glaube und Offenbarung ... 46
         (4) Glaube und Geschichte ... 50
      2.2.3. Glaube und theologische Reflexion ... 54
         (1) Barths Gottesbegriff ... 55
         (2) Zur ›Methodik‹ theologischer Reflexion ... 57

   2.3. BARTHS BEGRÜNDUNG MORALISCHEN HANDELNS ... 63
      2.3.1. Die ethische Dimension religiöser Individualität ... 63
         (1) Die sittliche Kraft des Glaubens ... 64
         EXKURS: ZUM ETHISCHEN ANSATZ WILHELM HERRMANNS ... 68
         (2) Jesus Christus als soziale Bewegung ... 71
         (3) Barths Position in der Auseinandersetzung zwischen Religiös-Sozialen und Evangelisch-Sozialen ... 76

2.3.2. Idealistische Eschatologie und Sozialethik ... 82
(1) Die Objektivität und Sozialität des Reiches Gottes ... 82
(2) Das Absolute und die Sphäre des Relativen ... 86

2.4. RELIGION UND MORAL IN BARTHS VORKRIEGSTHEOLOGIE ... 93

3. DIE NÖTIGUNG ZUR GRUNDLAGENREVISION ... 98

3.1. ZUR HISTORISCHEN SITUATION ZU BEGINN DES ERSTEN WELTKRIEGES (1914/15) ... 98

3.2. BARTHS KRITISCHE ANFRAGEN AN ERLEBNISTHEOLOGIE UND KULTURIDEALISMUS ... 101

3.2.1. Die Fragwürdigkeit des Erlebnisbegriffs ... 101
(1) Der Niederschlag des Kriegsausbruchs in Barths Predigten ... 101
(2) Barths Auseinandersetzung mit Rade und Herrmann ... 103
EXKURS: ZU DEN THESEN VON HÄRLE UND ZENGEL ÜBER DEN CHARAKTER VON BARTHS THEOLOGISCHER WENDE ... 104

3.2.2. Die Problematik des ethischen Idealismus ... 114
(1) Barths Kulturkritik und Kulturidealismus in den ersten beiden Kriegsjahren ... 114
(2) Von der Idee des Reiches Gottes zur Realität der ›neuen Welt‹ ... 117
EXKURS: ZUR REICH-GOTTES-BOTSCHAFT CHRISTOPH BLUMHARDTS ... 117

3.3. KONSEQUENZEN FÜR DAS VERSTÄNDNIS VON RELIGION UND MORAL ... 125

4. DIE ERSTE AUFLAGE DES KOMMENTARS ZUM RÖMERBRIEF ... 128

4.1. ZUR ZEITGESCHICHTE UND ZUR ENTSTEHUNG DES ERSTEN »RÖMERBRIEFS« (1916-1918) ... 128

4.2. DIE ESCHATOLOGISCHE DENKFORM DES »RÖMERBRIEFS« ... 136

4.2.1. ›Sogenannte‹ und ›eigentliche‹ Geschichte ... 137
(1) Die ›sogenannte‹ Geschichte ... 137
(2) Die ›eigentliche‹ Geschichte ... 139
(3) ›Sogenannte‹ und ›eigentliche‹ Geschichte als universale Existenzweisen ... 142

4.2.2. Der ›Ursprung‹ und das ›Organische‹ ... 146
(1) Abfall und Rückkehr zum ›Ursprung‹ ... 146
EXKURS: ZUR HERKUNFT DER KATEGORIE ›URSPRUNG‹ IM ERSTEN »RÖMERBRIEF« ... 147
(2) Der ›Organismus‹ des Gottesreiches und sein ›organisches‹ Kommen ... 154

Inhalt

4.2.3.	Konsequenzen für Barths Exegese	157
	(1) Struktur und Funktion der beiden eschatologischen Modelle	157
	(2) Theologie als zeitkritische Schriftauslegung	160

4.3. GLAUBE STATT RELIGION — 167

4.3.1.	Theologische Religionskritik	167
	(1) Religion und Reich Gottes	167
	(2) Zur Kritik religiöser Subjektivität	169
4.3.2.	Glaube als Konstituens ›kommunikativer Freiheit‹	176
	(1) Die Treue Gottes als objektive Voraussetzung des Glaubens	176
	(2) Glaube als Partizipation am Christusorganismus	181
	(3) Glaube als Gotteserkenntnis	185
	(4) Glaube und Subjektivität	189

4.4. CHRISTLICHES HANDELN STATT MORAL — 195

4.4.1.	Theologische Moralkritik	195
4.4.2.	Christliches Handeln als Folge ›kommunikativer Freiheit‹	198
	(1) Ethik und ›Ermahnung‹	198
	(2) Bewertung und Maßstab christlichen Handelns	201
	(3) Christliches Handeln als ›kommunikative Praxis‹	205
4.4.3.	Fallbeispiel: Christliches Handeln unter den Bedingungen von Weltkrieg und Revolution	210
	(1) ›Kommunikative Praxis‹ im Staat und in der Revolution	210
	EXKURS: ZUM VERGLEICH MIT DER LUTHERISCHEN ZWEI-REICHE-LEHRE	216
	(2) Barths Auseinandersetzung mit dem Religiösen Sozialismus	218

4.5. GLAUBE UND CHRISTLICHES HANDELN IM ERSTEN »RÖMERBRIEF« — 233

5. ERGEBNIS UND WEITERFÜHRENDE PERSPEKTIVEN — 237

5.1. ERGEBNIS — 237

5.1.1.	Die Vorgeschichte der Dialektischen Theologie Karl Barths. Ein zusammenfassender Überblick	237
5.1.2.	Konsequenzen für die Barth-Interpretation	245
	(1) Zum Verhältnis der beiden Römerbriefauslegungen Barths	245
	(2) Zu den Barth-Interpretationen von Rendtorff und Marquardt	253

5.2. WEITERFÜHRENDE PERSPEKTIVEN — 260

Quellen und Literatur — 279

1. EINLEITUNG

(1) Explikation der Fragestellung. – Für viele Zeitgenossen ist die uns bevorstehende Zukunft nur mehr mit Hilfe apokalyptischer Kategorien zu beschreiben. Erstmals in der Geschichte hat die Menschheit die Möglichkeit, ihren eigenen Untergang herbeizuführen. Zudem kulminieren Probleme verschiedenster Art. Offenbar sind wir nicht in der Lage, mit den Folgen der zweiten und dritten technischen Revolution fertig zu werden und die vorhandene Arbeit gerecht zu verteilen. Trotz des Wald- und Robbensterbens, der Reaktorunfälle in Harrisburg und Tschernobyl, des sich vergrößernden Ozonlochs und anderer Umweltkatastrophen gelingt es uns nicht, Maßnahmen zu ergreifen, die geeignet wären, das drohende Umkippen unseres Ökosystems zu verhindern. Obwohl in weiten Teilen der Welt Hunger herrscht, geben wir, die reichen Industrienationen, nicht nur Unsummen für die Erfüllung unseres Wunsches nach (militärischer und ziviler) Sicherheit aus, sondern nehmen dabei auch noch in Kauf, daß durch einen simplen technischen Fehler oder durch menschliches Versagen der atomare Overkill ausgelöst werden könnte.

Angesichts dieser Widersprüche beginnt sich heute die Erkenntnis durchzusetzen, daß die Hauptursachen für unsere politischen und sozialen, ökonomischen und ökologischen Probleme im neuzeitlichen Subjektivitätsprinzip wurzeln. Dieses Prinzip – zuerst von Hegel als Signatur der Neuzeit aufgefaßt[1] – besagt, alles aus der Perspektive des freien Individuums zu betrachten. Vorausgesetzt ist dabei ein Begriff von individueller Freiheit, der im Kern Unabhängigkeit von anderen meint und sich als das Recht versteht, »alles zu tun und zu treiben, was keinem anderen schadet«.[2] Die grundlegende Struktur dieses Prinzips ist die der Selbstbeziehung. Inzwischen zeichnet sich freilich deutlich ab, daß die darauf basierenden Lebens- und Weltentwürfe in eine Sackgasse münden. Das Paradigma der Moderne scheint erschöpft zu sein. Läßt sich ihr »unvollendetes Projekt« (J. Habermas) durch einen Umbau des verwendeten Instrumentariums noch zu Ende führen oder müssen wir uns auf ein neues, postmodernes Paradigma einstellen? Aber welche Alternativen bieten sich an? Wie wären sie zu begründen? Wie könnten sie sich Geltung verschaffen? Gesucht sind offenkundig ein Selbstverständnis und eine Praxis, die den Mitmenschen (und mutatis mutandis auch die außermenschliche Natur) nicht als Mittel zum Zweck, sondern als gleichberechtigten Partner behandeln. In diesem Sinne

---

1   Vgl. *J. Habermas*, Der philosophische Diskurs der Moderne, 26ff.
2   So die Übersetzung des Art. 6 der Déclaration des droits de l'homme et du citoyen (1793) bei *K. Marx*, Die Frühschriften, 192.

müßte die geforderte Praxis eine kommunikative Praxis verantwortungsbewußter Personen sein. Aber wie gelangen wir zu solcher Praxis, wie zu einer sie begründenden, zugleich normativen wie kritischen Theorie? Welches sind die Bedingungen der Möglichkeit von Verantwortung und kommunikativer Praxis? Wie konstituiert sich das Subjekt verantwortlicher und kommunikativer Praxis? Wodurch erlangt es seine Identität?

Theologisch gesprochen handelt es sich hierbei um das Problem von Rechtfertigung und Heiligung, von Gottesbeziehung und Weltrelation des Menschen, geht es um Glauben und Handeln, also um den harten Kern christlicher Dogmatik und Ethik. Meine Ausgangshypothese besteht in der Vermutung, daß christlicher Glaube und christliches Handeln eine kommunikative Struktur besitzen. ›Kommunikativ‹ bedeutet für mich in diesem Kontext nicht primär sprachliche Kommunikation Betreffendes, sondern etwas, in dem sich Gemeinschaft (communio) zur Geltung bringt. Gegenüber sprachlicher Interaktion meint dieses Geschehen insofern ein allgemeineres Phänomen, als es sprachliche Kommunikation einschließt, aber nicht darauf reduziert werden kann. Außerdem ist mir wichtig, daß es nicht bloß die Orientierung an der Idee von Verständigung und Versöhnung impliziert, sondern deren Realität, d.h. gelungene Verständigung und Versöhnung. Ich verstehe den Terminus ›kommunikativ‹ also in einem durchaus emphatischen, aus dem Begriff der communio abgeleiteten Sinne. Darum bringt er für mich im Blick auf den Glauben die Gemeinschaft zwischen Gott und Mensch und im Blick auf das Handeln die Gemeinschaft zwischen Mensch und Mitwelt zum Ausdruck. Der durch das Adjektiv ›kommunikativ‹ qualifizierte Begriff von Praxis[3] soll von dieser realisierten Gemeinschaft her definiert sein. Vorausgesetzt ist dabei also im Gegensatz zum neuzeitlichen Subjektivitätsprinzip ein auf Intersubjektivität hin offenes Modell von Subjektivität, in dem das Subjekt primär von seinen Gemeinschaftsrelationen bestimmt ist.

Da die Theologie, wenn sie wissenschaftliche Reflexion darüber sein will, was es bedeutet, daß Gott sich in Christus mit der von ihm abgefallenen Welt versöhnt hat, an den die Welt bedrängenden Problemen nicht vorbeigehen kann, wird sie sich – und zwar von der ihr spezifischen Voraussetzung des Glaubens her – der Herausforderung eines Dialogs mit jener Philosophie und Wissenschaft stellen müssen, die heute dabei sind, die allzulange als selbstver-

---

3 Ich ziehe den Begriff der Praxis im umfassenden Sinne von Lebensführung dem Begriff des (intentionalen) Handelns vor, ohne freilich auf den letzteren ganz verzichten zu wollen. Denn ›Handeln‹ meint in der Regel ein aktives, »transitorisches Einwirken auf andere und anderes, auf Mitmenschen und Umwelt« (*H. E. Tödt*, Perspektiven theologischer Ethik, 54). Demgegenüber kommt es mir vor allem auf ein relationales Geschehen an, ein ›Sich-verhalten-zu‹ jemandem oder etwas, das auch den qualifizierten Verzicht auf aktive Einwirkung und das Hinnehmen und Erdulden-Können einschließt (vgl. ebd., 27f u. 54f).

1. Einleitung

ständlich vorausgesetzte Gültigkeit des neuzeitlichen Subjektivitätsprinzips zu hinterfragen. Gerade diejenige Theologie aber, die im 20. Jahrhundert die Kritik dieses Prinzips thematisiert hat wie keine andere, die Theologie Karl Barths, steht bei vielen in dem Ruf, exklusiv und infolgedessen für ein interdisziplinäres Gespräch ungeeignet zu sein. Man meint darum, auf ältere Paradigmen zurückgreifen, Traditionen wiederbeleben zu müssen, die von der Dialektischen Theologie voreilig zu Grabe getragen worden seien. Solche Rückgriffe auf neuprotestantische Konzepte führen m.E. jedoch nicht weiter. Zu wenig, so scheint mir, wird dabei beachtet, daß Barth der Theologie keinen gegenüber den anderen Wissenschaften *prinzipiell* eigenständigen Erkenntnisgrund oder Gegenstandsbereich zubilligt: »Es könnten alle Wissenschaften in ihrer Spitze Theologie sein«, auch wenn sie es faktisch nicht sind.[4] Gewiß erleichtert die Barthsche Theologie den geforderten Dialog mit den Humanwissenschaften nicht dadurch, daß sie außertheologische Voraussetzungen in ihrem Begründungszusammenhang zuließe. Dies bedeutet aber lediglich, daß sie sich vorbehält, alle Geltungsansprüche nicht nur vor dem Forum der Vernunft, sondern auch und primär im Lichte des Evangeliums zu prüfen. Das ist gewiß eine Zumutung, kann aber auch als Chance zu – wie Barth meinte – *selbst*kritischer Auseinandersetzung begriffen werden, deren Sinn darin besteht, Theologie und Kirche auf Defizite ihres Redens von Gott, Welt und Mensch aufmerksam zu machen.[5] Wir wären jedenfalls schlecht beraten, ließen wir das kritische Potential der Barthschen Theologie, statt es weiterzuentwickeln, ungenutzt.

Aber eben dies ist ja strittig; eben dies, daß hier ein kritisch verwertbares Potential vorliege, wird oft bezweifelt. Selbst da, wo man Barths Theologie nicht mehr als neo-orthodox beiseite schiebt, wo man ihre Neuzeitlichkeit grundsätzlich anerkennt, ist man sich uneins über deren inhaltliche Bestimmtheit. Darum scheint es mir wichtig, die Frage nach der Konstitution von christlicher Subjektivität und kommunikativer Praxis gerade an Barth zu richten und sie darüber hinaus mit einer Rekonstruktion der Genese seiner frühen Theologie zu verbinden; nicht weil ich von der Prävalenz des Frühwerks ausginge, sondern weil ich die Vermutung hege, daß die für unser Problem entscheidende Weichenstellung bei Barth schon sehr früh anzusetzen ist, ja im Grunde mit der Distanzierung von der Theologie seiner Lehrer unmittelbar zusammenhängt. Mit einer Konzentration auf die theologischen Anfänge Barths nehme ich zwar in Kauf, von einer in geringerem Maße reflektierten Theoriegestalt auszugehen, gewinne aber gleichzeitig die Möglichkeit, zu überprüfen, woran

---

4 KD I/1, 5.
5 In diese Richtung scheint mir jedenfalls das Spätwerk Barths, insbesondere die sog. ›Lichterlehre‹ zu weisen: KD IV/3, 40ff. Vgl. dazu: *H. Berghof/H.-J. Kraus*, Karl Barths Lichterlehre; und *Chr. Link*, Die Welt als Gleichnis, 286ff.

sich seine Kritik neuzeitlicher Subjektivität konkret entzündete und in welchem Sinn sie selber als neuzeitlich anzusprechen ist. Die Fragestellung der vorliegenden Arbeit läßt sich also dahingehend präzisieren, daß untersucht werden soll, wie Barth zunächst als Rezipient und schließlich als Dissident ›Moderner‹ Theologie[6] das Gottes- und Weltverhältnis des Christen interpretierte, d.h. wie er jeweils den Vollzug von Gotteserkenntnis, den Zusammenhang von Offenbarung und Glaube bestimmte und welche Konsequenzen er daraus für die Begründung christlichen Handelns, primär im Bereich des Sozialen und Politischen, zog.

Unter diesem doppelten, zugleich dogmatischen wie ethischen Aspekt will ich die Genese der Barthschen Theologie von seinen ersten schriftlichen Äußerungen bis hin zum »Römerbrief« von 1919 nachzeichnen. Diese zeitliche Begrenzung bedarf der Rechtfertigung, denn zweifellos ist es der *zweite* »Römerbrief« gewesen, der Barths Absage an den sog. theologischen ›Liberalismus‹ zum öffentlichen Durchbruch verhalf. Bekanntlich ist aber auch die zweite Auflage des Römerbriefkommentars nicht zur Endstation der theologischen Entwicklung Barths geworden, sondern mußte zunächst den Prolegomena der »Christlichen Dogmatik im Entwurf« von 1927, den Ethik-Vorlesungen von 1928/29 und 1930/31 und schließlich dem Anselmbuch von 1931 und der seit 1932 erscheinenden »Kirchlichen Dogmatik« weichen. Einschnitte könnte man an etlichen Stellen machen. Doch mir kommt es hier nicht darauf an, die Frage nach den Diskontinuitäten im Denken des Schweizer Theologen zu traktieren, sondern lediglich darauf, die prinzipielle Überwindung des ›liberalen‹ Paradigmas darzustellen, also den ersten Schritt, den Barth bei allen späteren Modifikationen seiner Theologie dennoch nicht rückgängig gemacht hat. Gerade der

---

6 Barth folgt mit dieser in seinen frühen Aufsätzen immer wieder begegnenden Selbstbezeichnung ›Moderne Theologie‹ wohl Wilhelm Herrmann, der sich verschiedentlich von der ›Liberalen‹ Theologie, d.h. vom älteren Liberalismus eines Baur, Strauß und Biedermann abgrenzte. Daß mit der Richtungsbezeichnung ›Liberale Theologie‹ die unterschiedlichsten theologischen oder kirchenpolitischen Gruppierungen – oft in polemischer Absicht – bezeichnet werden konnten, hat *H.-J. Birkner*, ›Liberale Theologie‹, nachgewiesen. Obwohl es mir in der Tat besser erschiene, auf den Begriff ganz zu verzichten, kann man doch nicht außer acht lassen, daß er sich inzwischen als Bezeichnung für theologische Richtungen fest eingebürgert hat, die der Dialektischen Theologie vorangingen und/oder ihr positionell entgegengesetzt sind. Man muß sich allerdings darüber klar sein, daß derartige Etikettierungen als Namen für theologische Schulen oder als Programmtitel nur von sehr begrenztem Wert sind. Dies gilt übrigens auch für den Terminus ›Dialektische Theologie‹. »Der Name ›dialektische Theologie‹«, so schreibt Barth 1933 in seinem »Abschied von ›Zwischen den Zeiten‹«, »ist uns noch im selben Jahr [sc. 1922] von irgendeinem Zuschauer angehängt worden« (Anfänge der dialektischen Theologie II, 313). – Ich spreche im folgenden bei Barth von ›Moderner Theologie‹, solange der Marburger Einfluß seinen theologischen Ansatz wesentlich bestimmt, während ich seine ›dialektische‹ Phase auf die erste Hälfte der zwanziger Jahre dieses Jahrhunderts beschränke. Den Term ›Liberale Theologie‹ verwende ich – wenn er sich nicht überhaupt vermeiden läßt – als Bezeichnung für den Kreis derer, die sich um die Zeitschrift »Christliche Welt« geschart hatten (s. dazu: *J. Rathje*, Die Welt des freien Protestantismus; und *W. Schneemelcher*, ›Christliche Welt‹, 255-281).

1. Einleitung

erste »Römerbrief« scheint mir in dieser Hinsicht besonders aufschlußreich zu sein, weil er die ursprüngliche Intention noch unbeeinflußt von weiteren Abgrenzungen und Selbstkorrekturen offenlegt.

Immer wieder hat Barth als entscheidendes Datum seines Aufbruchs das Versagen der Theologie (und des Sozialismus) zu Beginn des ersten Weltkriegs genannt[7]; dessen Ausgang spielte dagegen für ihn – anders als für die meisten seiner deutschen Kollegen – keine ähnlich entscheidende Rolle, sondern bestätigte im Grunde nur ein schon längst gefaßtes Urteil. Die tiefere Zäsur ist darum – wie mir scheint – nicht vor dem zweiten, sondern vor dem ersten »Römerbrief« anzusetzen. Allein unter dieser Voraussetzung wäre es begreiflich, daß Barth im Vorwort zur zweiten Auflage davon spricht, er habe »die damals [sc. im ersten »Römerbrief«] gewonnene Stellung ... auf weiter vorwärts liegende Punkte verlegt und daselbst neu eingerichtet und befestigt« (R II, VI). Das besagt eben auch – was oft nicht genügend beachtet wird –, daß die Intention, die Tendenz, die Richtung grundsätzlich dieselbe geblieben ist, wenngleich die Position weiter vorangeschoben werden konnte und mußte. Barth hat diese Sicht auch später nicht revidiert. Seine erste Aufsatzsammlung »Das Wort Gottes und die Theologie« von 1924 enthielt Texte aus der Zeit von 1916 (dem Jahr, in dem er mit der Niederschrift des ersten »Römerbriefs« begann) bis 1923, was dokumentiert, daß er sich seit 1916 auf einem ihn gewiß weiterführenden Weg wußte, der sich jedenfalls von den Vorkriegswegen in charakteristischer Weise unterschied.[8] Ähnlich schreibt er 1928 über die Neuauflage der erstmals 1917 erschienenen Predigtsammlung »Suchet Gott, so werdet ihr leben!«: »Das Buch ist die erste Station an einem Wege, der uns unterdessen unaufhaltsam und in uns selbst bedrängender, uns oft genug den Atem raubender Weise weiter und weiter geführt hat. Aber wie bei einer Paßstraße der Blick ins Tal, aus dem man emporstieg, nicht unmöglich oder gar verboten ist, so haben auch wir keinen Anlaß, uns dieser ersten Station am Wege zu schämen, sie zu vergessen oder gar zu verleugnen. Wir verantworten das hier Gesagte auch heute noch, es liegen wohl Brechungen, aber es liegt kein Bruch zwischen damals und heute.«[9] Von der hierin zum Ausdruck kommenden Voraussetzung einer Kontinuität der Barthschen Theologie etwa seit 1916 und einer Diskontinuität zu seiner Vorkriegstheologie geht diese Untersuchung vorläufig einmal aus. Die Interpretation wird selber zeigen müssen, ob sie sich an den Texten als berechtigt ausweisen läßt.

---

7 Vgl. BwBu 306f; *K. Barth*, Die Menschlichkeit Gottes, 5f; *ders.*, Nachwort zu: Schleiermacherauswahl, 293ff.
8 Siehe dazu auch das Vorwort von *K. Barth*, Das Wort Gottes und die Theologie.
9 *K. Barth/E. Thurneysen*, Suchet Gott, so werdet ihr leben, Vorwort. Auch im Vorwort zu KD I/1, VI, äußert sich Barth in diesem Sinne.

(2) Zum Stand der Forschung.[10] – Mit Bedacht sagte ich, die Untersuchung gehe ›vorläufig‹ von der Annahme eines während des ersten Weltkriegs vollzogenen Bruchs mit der eigenen Vorkriegstheologie aus. Denn diese These ist nicht unwidersprochen geblieben. Schon daß Barth in den zitierten Vorworten immer wieder die Kontinuität seit 1916 betonen mußte, ist ein Indiz dafür, daß man die Differenz der beiden Römerbriefauslegungen höher veranschlagte, als er selbst dies für richtig hielt. Aber auch später fand die Auffassung, den eigentlichen Neubeginn mit dem zweiten »Römerbrief« anzusetzen und die vorangegangene Periode pauschal als ›liberal‹ zu bezeichnen, immer wieder Anhänger.[11]

In anderen Arbeiten ganz unterschiedlicher Ausrichtung wird demgegenüber der Beginn der Abwendung Barths von der Modernen Theologie etwa auf 1911 vorverlegt. Wilfried Härle und Jörg Zengel auf der einen, Friedrich-Wilhelm Marquardt, Helmut Gollwitzer und Ulrich Dannemann auf der anderen Seite werten Barths Hinwendung zum Religiösen Sozialismus als erstes Dokument eines sich allmählich vollziehenden Ablösungsprozesses vom ›liberalen‹ Erbe.[12] Gerade die drei zuletzt genannten Autoren messen allerdings der Verarbeitung des Ausbruchs des ersten Weltkriegs eine größere Bedeutung bei als die beiden erstgenannten Interpreten. Dannemann schließlich ist der Auffassung, daß man für die Jahre 1911–1914 ein Auseinanderklaffen von Theologie

---

10 Die Frage nach der Gottes- und Weltrelation des Menschen im Übergang von der ›modernen‹ zur ›dialektischen‹ Phase des Barthschen Denkens ist in der hier behandelten Weise m.W. bisher noch nicht thematisiert worden. Gleichwohl berührt sich diese Arbeit natürlich in zahlreichen Detailfragen mit anderen Interpretationen des frühen Barth. Sie hier im einzelnen zu referieren hätte allerdings wenig Sinn; sie sollen an Ort und Stelle – in der Regel in den Anmerkungen – diskutiert und gewürdigt werden. In thematischer Hinsicht am nächsten kommen der vorliegenden Untersuchung die etwa zeitgleich mit ihr entstandene, durch eindringende Analysen bestechende Arbeit von *I. Spieckermann*, Gotteserkenntnis, sowie die von *C. van der Kooi*, Anfängliche Theologie, – beides Studien, die den zeitlichen Bogen weiter spannen und darum nicht so detailliert auf die Frühphase der Barthschen Theologie eingehen können wie dies hier geschieht. Lückenlose Verarbeitung der Sekundärliteratur kann freilich angesichts der kaum noch überschaubaren Flut von Veröffentlichungen über Karl Barth nicht erwartet werden. (Die rezeptionsgeschichtlich orientierte Arbeit von *R. P. Crimmann*, Karl Barths frühe Publikationen, 13, schätzt die Zahl der Sekundär- und Tertiärliteratur auf 10 000 Titel. Siehe auch die Bibliographie in: *W. Härle*, Sein und Gnade, 352-416; und *M. Kwiran*, Index to Literature, section I. Einen Überblick über die Barth-Rezeption zwischen 1956 und 1978 vermittelt: *A. Geense*, Die Bedingung der Universalität.) Ich habe mich im wesentlichen auf die nach dem zweiten Weltkrieg erschienenen Arbeiten beschränkt, die sich unter Aspekten, die für mein Thema relevant sind, auch mit dem ›vordialektischen‹ Werk Barths etwas intensiver auseinandersetzen.
11 So trennt z.B. *T. Stadtland*, Eschatologie und Geschichte, 56, stark zwischen den beiden Auflagen; ebenso *N. T. Bakker*, In der Krisis der Offenbarung, 45 u. 70; ein Beispiel aus neuerer Zeit: *K. A. Baier*, Unitas ex auditu, 32, der es darum ablehnt, der Vorgeschichte der ›dialektischen‹ Theologie überhaupt Beachtung zu schenken, und seine Untersuchung – wie viele andere Autoren – mit dem zweiten »Römerbrief« beginnen läßt.
12 *W. Härle*, Der Aufruf der 93 Intellektuellen; *J. Zengel*, Erfahrung und Erlebnis, 64ff; *F.-W. Marquardt*, Theologie und Sozialismus, passim; *H. Gollwitzer*, Reich Gottes und Sozialismus; *U. Dannemann*, Theologie und Politik, 29ff.

1. Einleitung

und politischer Praxis konstatieren müsse: »Während er [sc. Barth] dogmatisch-theologisch im Bannkreis der von ihm selbst als nur-theoretisch klassifizierten liberalen Theologie verbleibt, denkt er praktisch aus dem Problemhorizont und der Gedankenwelt des religiösen und politischen Sozialismus. Theologie und politische Praxis laufen letztlich unkoordiniert nebeneinander her.«[13] Dies ändere sich im Grunde erst mit der 1914 noch vor Kriegsbeginn publizierten Rezension des Jahrgangs 1913 der Zeitschrift »Die Hilfe«; denn hier komme »eine nicht zu übersehende Theologisierung der sozialistischen Theorie und Praxis zur Geltung.«[14] Es gibt freilich auch Autoren, die davon ausgehen, daß die entscheidende Wende in der Entwicklung des Barthschen Denkens sich während des Krieges vollzogen habe und der erste »Römerbrief« sich nur graduell vom zweiten unterscheide.[15]

Wie schon dieser knappe Überblick zeigt, kann das Problem der Periodisierung bislang nicht als gelöst betrachtet werden. Man muß sich dabei allerdings klar machen, daß sich hinter solchen Fragen immer auch ein bestimmtes Erkenntnisinteresse und eine entsprechende Textanalyse verbergen. Autoren, denen vor allem die kirchliche Wirkung Barths wichtig ist, setzen verständlicherweise da an, wo die neue Theologie ins Bewußtsein einer breiteren theologischen und dann auch kirchlichen Öffentlichkeit getreten ist: bei der Dialektik des zweiten »Römerbriefs«. Interpreten, die an der Verknüpfung von Theologie und Politik und der unübersehbar sozialistischen Tendenz der Barthschen Dogmatik und Ethik interessiert sind, werden in Barths früher Hinwendung zum Schweizer Religiösen Sozialismus den Schlüssel sehen, der die Tür zu einer politischen Theologie öffnete. Wer dagegen weder die politischen Implikationen noch die kirchlichen Wirkungen für weiterführend erachtet, wird die Bedeutung zeitgeschichtlicher Faktoren eher nivellieren wollen und den geistesgeschichtlichen Zusammenhang, der sich ja auch über einen Bruch mit der vorangegangenen Theologie herstellen lassen könnte, thematisieren. Vor dem Hintergrund dieser forschungsgeschichtlichen Situation scheint es mir geboten, zwei programmatische Interpretationsansätze etwas eingehender darzustellen, obwohl sie die von mir zu behandelnden Texte entweder gar nicht

---

13 *U. Dannemann*, Theologie und Politik, 31f.
14 Ebd., 37.
15 Hier wäre etwa *O. Herlyn*, Religion oder Gebet, 28, zu nennen, oder auch *I. Spieckermann*, Gotteserkenntnis, 56-71. Bekanntlich hat *H. U. v. Balthasar*, Karl Barth, 227f, die gesamte theologische Entwicklung Barths, angefangen von den Vorkriegsaufsätzen bis zur »Kirchlichen Dogmatik«, als Einheit begreifen wollen. Gleichwohl konstatiert auch er innerhalb dieser umfassenden Einheit in Übereinstimmung mit Barths Selbstverständnis »zwei entscheidende Wendepunkte. Der erste, die Wende vom Liberalismus zum christlichen Radikalismus, erfolgte im ersten Weltkrieg«, der zweite um 1930 (ebd., 101). Im einzelnen werden die verschiedenen Versuche einer Periodisierung der Barthschen Theologie referiert bei *H.-A. Drewes*, Das Unmittelbare bei Hermann Kutter, 1ff.

oder nur partiell traktieren. Ich meine die beiden etwa gleichzeitig zu Beginn der Siebziger Jahre publizierten Entwürfe von Trutz Rendtorff und Friedrich-Wilhelm Marquardt.

Rendtorffs 1969 verfaßter, aber erst 1972 veröffentlichter Aufsatz »Radikale Autonomie Gottes«[16] versuchte als erster »Karl Barth als Exponenten der liberalen Theologie« zu begreifen (164), und das zu einer Zeit, als dessen Theologie noch weitgehend als Neo-Orthodoxie (z.B. von Paul Tillich) mißverstanden wurde.[17] Ihren dezidiert neuzeitlichen Charakter zeigt Rendtorff insbesondere an Barths in der »Kirchlichen Dogmatik« mittels einer christologischen Kritik durchgeführten Revision der Dogmen- und Theologiegeschichte. Diese Kritik aber sei – so Rendtorff – insofern neuzeitlich, als »Christologie ... die dogmatische Fassung des Autonomieproblems« sei (173). Die Aufgabe, vor die sich die Theologie der Jahrhundertwende gestellt gesehen habe, habe darin bestanden, die Diskrepanz zwischen aufgeklärtem Geist und kirchlicher Bindung an Traditionen zu überwinden. Es habe gegolten, »die Folgen der Aufklärung als Fortschritte des Christentums zu formulieren ... und dabei gleichzeitig dem wesentlichen Anspruch der Tradition gerecht« zu werden (164). Daran sei die Theologie, deren Schüler Karl Barth war, gescheitert, weil sie die Selbständigkeit der Religion nur um den Preis eines apologetischen Nachweises der Grenzen jener aufgeklärten Kritik und der aus ihr resultierenden Autonomie zur Geltung zu bringen imstande gewesen sei (166).

Barth löse diese Aporie, so Rendtorff, indem er »den Prozeß der Aufklärung noch einmal aufrollt, aber nicht als historischen, sondern in einem radikalen und systematischen Sinne... Sein Zielpunkt ist nicht die Freiheit und Autonomie des Menschen, sondern die Freiheit und Autonomie Gottes« (164). Barth reklamiere das die Neuzeit bestimmende Prinzip der Autonomie für die Theologie, statt apologetisch dessen Grenzen festlegen zu wollen. Damit sei allerdings eine Radikalisierung des Verständnisses von Autonomie verbunden, da Barth gesehen habe, »daß diese Selbständigkeit nicht neben anderen Gestalten von Autonomie erfaßt werden kann, sondern daß der Standpunkt der Autonomie, radikal gefaßt, alle anderen Positionen zum schlechthin Bedingten, Zufälligen und Sekundären werden läßt« (165). Radikal sei die Autonomie nur

---

16 *T. Rendtorff*, Radikale Autonomie Gottes; Seitenzahlen im Text beziehen sich im folgenden auf diesen Aufsatz. Siehe dazu: *A. Geense*, Die Bedingung der Universalität, 26-29; und *D. Korsch*, Christologie und Autonomie, 145f.
17 Nebenbei mag an dieser Stelle vermerkt sein, daß Karl Barth in seinem letzten Interview im August 1968, wenige Monate vor seinem Tode, mit der provokanten These aufwartete: »Ich bin selber auch liberal – und vielleicht sogar liberaler als die, die sich auf diesem Feld Liberale nennen« (*K. Barth*, Letzte Zeugnisse, 33). Ob diese Selbstcharakterisierung Barths mit der Rendtorffschen Interpretation übereinkommt, wird noch zu untersuchen sein.

1. Einleitung

als »alleinige Autonomie Gottes« gedacht (171).[18] Auf diese Weise werde die theologische Kritik an der Neuzeit zu einer neuzeitlichen Kritik an der Neuzeit. Rendtorffs Stellung zu diesem Vorgang bleibt allerdings merkwürdig dunkel. Einerseits scheint der exklusive Charakter, den Autonomie dabei annimmt, in ihrer von Rendtorff offenbar prinzipiell für legitim erachteten Übertragung auf Gott begründet zu sein, andererseits sieht er in der Exklusivität Gottes ein erst in der »Kirchlichen Dogmatik« überwundenes Moment von Heteronomie, dem die Autonomie Gottes im zweiten »Römerbrief« noch dadurch verhaftet bleibe, daß sie sich an einem Gegenüber aufbaue (168).[19]

Daß Barths Theologie trotz ihrer Neuzeitlichkeit vor allem als kirchliche Theologie wirksam wurde, erkläre sich als historisch (sc. durch die Bekennende Kirche) bedingtes Selbstmißverständnis; dieses habe »die eigentlichen, in der radikalen Autonomieforderung begründeten Weiterungen seiner Theologie« verdeckt (173). Tatsächlich zeige eine Strukturanalyse der »Kirchlichen Dogmatik«, daß sie ihrer Grundtendenz nach »in jene Auffassung des Christentums, die sich zuerst in der christlichen Aufklärung Bahn gebrochen hat«, einmünde (178). Damit wird zugleich Rendtorffs Interpretationsabsicht deutlich, nämlich die eigene ›Theorie des neuzeitlichen Christentums‹ als Vollstreckung eines in der »Kirchlichen Dogmatik« zwar implizierten, aber nicht explizierten Programms und damit als Überbietung der Barthschen Theologie zu präsentieren. Habe man eingesehen, so beschließt Rendtorff seinen Aufsatz, daß Barths Formel von der Theologie als einer Funktion der Kirche einem Mißverständnis entspringe, so müsse sie »überführt werden in die andere For-

---

18 In ähnlicher Weise hatte vor Rendtorff schon Ernst Bloch Barths Gottesbegriff mit Hilfe des neuzeitlich-bürgerlichen Autonomiebegriffs zu charakterisieren versucht: »Vielmehr bei Barth«, so schreibt Bloch, »wird die Diesseits-Jenseits-Korrelation von Grund auf zerrissen, nämlich von dem seit dem wahren Luther verlorenen Thema her: Der Offenbarung durch Gottes ureigenes Wort, mit unendlichem qualitativem Unterschied zwischen Mensch und Gott, den Eigenbewegungen der Kreatur und der *einzigen* Autonomie, der der Transzendenz ohne allen Spaß« (*E. Bloch*, Atheismus im Christentum, 74).
19 Die an Rendtorffs Interpretation anknüpfenden »Beiträge zur Kritik der Theologie Karl Barths«, in: *T. Rendtorff* (Hg.), Die Realisierung der Freiheit, haben diese Differenzierung zwischen zweitem »Römerbrief« und »Kirchlicher Dogmatik« bewußt ignoriert. Ihre Argumentationsstrategie ist darauf angelegt, nachzuweisen, daß Barths in der »Kirchlichen Dogmatik« entfalteter Gottesbegriff den Menschen ebenso ausschließe wie im zweiten »Römerbrief«. Diese Grundthese zieht sich nicht nur in immer neuen Variationen durch die Beiträge des Sammelbandes, sie hat es offenbar auch nötig, in wenig geschmackvoller Weise präsentiert zu werden. Falk Wagner beispielsweise wird nicht müde, Barths Christologie in immer neuen Anläufen als totalitär und faschistoid hinzustellen; die »Gottes Selbstbestimmung entsprechende christologische Konstruktion« von Barths Dogmatik sei durch die »Struktur der Gleichschaltung« bestimmt (ebd., 38 u.ö.). Barths Theologie sei der Theoriebildung des Faschismus ebenso verwandt wie der des »›hard-ware-Sozialismus‹ eines Lenin, Stalin und Genossen« (ebd., 41f). F. W. Graf sucht Wagner darin möglichst noch zu übertreffen (vgl. ebd., 108 u. 115f). Zur Metakritik siehe *W. Krötke*, Rez. Die Realisierung der Freiheit, 300-303; *D. Korsch*, Christologie und Autonomie, 142-170.

mel: Die Theologie ist eine Funktion der geschichtlichen Welt des Christentums« (181).

Im Rahmen dieser Arbeit ist es natürlich nicht möglich, die von Rendtorff herangezogenen Beispiele aus der »Kirchlichen Dogmatik« und dem zweiten »Römerbrief« einer detaillierten Prüfung zu unterziehen; daß er seine These von der ›radikalen Autonomie Gottes‹ merkwürdigerweise gerade nicht an der Gotteslehre überprüft und daß er seine Belege aus dem zweiten »Römerbrief« sehr einseitig auswählt, sei hier aber wenigstens erwähnt. Im übrigen bleiben die Texte aus der uns interessierenden ›vordialektischen‹ Phase Barths ganz ausgespart. Diese Lücke wird auch durch die Studie Grolls über den theologiegeschichtlichen Zusammenhang von Ernst Troeltsch und Karl Barth nicht geschlossen, da sie lediglich die wenigen Texte heranzieht, in denen Barth sich explizit auf Troeltsch bezieht.[20] Sein Ergebnis: Barth sei insofern einen Schritt über Troeltsch hinaus, als bei ihm das christliche Selbstbewußtsein aus dem Wissen seiner Gegebenheit die Konsequenz ziehe, den Anspruch auf unmittelbare Verwirklichung um seiner Verwirklichung willen preisgeben zu müssen, und so »zur Entfaltung seiner Wahrheit als allgemeiner« gelangt sei.[21] Auch nach dieser Arbeit bleibt m.E. zu fragen, wie Barth die ›Moderne‹ Theologie rezipiert habe.

Besondere Brisanz erhält diese Frage durch den Kontrast mit der Interpretation von Marquardt[22], der ebenfalls Barths Gottesbegriff klären will, aber die Auffassung vertritt, dieser sei von der Erfahrung sozialistischer Praxis aus konzipiert.[23] Die »Inversion des Sozialismus in die Theologie« (37) sei das einheitsstiftende Prinzip der Entwicklung der Barthschen Theologie von ihren Anfängen bis zum Spätwerk (333-339). Für den Nachweis seiner These, daß

---

20 *W. Groll*, Ernst Troeltsch und Karl Barth.
21 Ebd., 131f u. 140.
22 *F.-W. Marquardt*, Theologie und Sozialismus; Seitenzahlen im Text beziehen sich bis auf weiteres auf dieses Buch. Die heftige Kritik, aber auch Zustimmung, die es erfahren hat, kann hier nicht im einzelnen dargestellt werden; ich verweise dafür auf folgende Auswahl: *E. Thurneysen*, Karl Barth. ›Theologie und Sozialismus‹; *H. Diem*, Der Sozialist in Karl Barth, 292-296; *W. Schlichting*, Sozialismus und biblische Denkform, 595-606; *M. Jacob*, ... noch einmal mit dem Anfang anfangen, 606-624; *D. Schellong*, Barth von links gelesen, 238-250; *W. Härle*, Sein und Gnade, 52f Anm. 201; und *W. Kreck*, Grundentscheidungen, 31-37. Siehe dazu jetzt auch Marquardts Replik in der dritten Aufl. seines Buches »Theologie und Sozialismus«, 360-407.
23 Methodisch gesehen will Marquardt einen Weg zwischen historisch-kritischer und historisch-materialistischer Auslegung einschlagen, wobei er sich dessen bewußt ist, daß von der historisch-materialistischen Methode »vorerst noch gar nicht entschieden ist, ob sie auf eine sachhaltige christliche Theologie überhaupt anwendbar ist« (25). Dies bedeutet für ihn konkret, zu fragen, welche Konsequenzen sich aus der biographischen Tatsache, daß Barth zeitlebens Sozialist war (39), hinsichtlich seiner Theoriebildung ergeben. Marquardt hat dieses methodische Prinzip auf die Formel gebracht: »Barths Methodologie ist seine theologische Biographie« (230); und ähnlich: »Barths (politische) Biographie ist seine Methodologie« (339).

1. Einleitung

Barths Gottesbegriff in der Frühzeit vom sozialistischen Verständnis der Revolution her entworfen sei, erinnert Marquardt an die religiös-sozialen Anfänge Barths in Safenwil. Er greift dabei primär auf die Auslegung von Röm 13 in den beiden Römerbriefkommentaren zurück (126ff). Unter dem Titel »K. Barth und Lenin (Römer 13 im ersten ›Römerbrief‹)« versucht er erstens zu zeigen, daß der Begriff der ›Revolution Gottes‹ dem leninistischen Verständnis der sozialistischen Revolution strukturell (!) entspreche, und zweitens, daß hierbei ein »politisch ernster, nicht symbolischer Gehalt von ›Revolution‹«, wie er auch schon vom Religiösen Sozialismus vertreten worden sei, vorliege (135). Im Grunde enthält also Marquardts Interpretationsansatz eine doppelte, nicht immer klar differenzierte Stoßrichtung: einerseits geht es ihm um die Klärung des Barthschen Gottesbegriffs, andererseits um die daraus abzuleitenden Folgerungen hinsichtlich eines christlichen Engagements für den Sozialismus.

Ulrich Dannemann ist in der Tradition von Marquardt der Frage nachgegangen, »ob es einen in sich stringenten Zusammenhang von theologischer Erkenntnis und einer verbindlichen, inhaltlich genau bestimmten politischen Praxis im Denken Karl Barths gibt.«[24] Wie oben referiert, gelangt er zu dem Ergebnis, daß zunächst eine unpolitische (liberale) Theologie und eine (sozialistisch bestimmte) politische Praxis unkoordiniert nebeneinander hergelaufen seien, und die politische Praxis erst ab 1914 (gemeint ist die noch vor Beginn des Krieges von Barth verfaßte sog. »Hilfe«-Rezension) durch eine entsprechende Theologie begründet worden sei.[25] Auch Dannemann geht auf die dogmatischen Texte der Vorkriegszeit kaum ein, so daß die These von einer mangelnden Koordination von Theorie und Praxis doch noch einmal auf einer breiteren Textbasis untersucht werden sollte.

Die Darstellung der beiden programmatischen Interpretationsansätze von Rendtorff und Marquardt macht klar, in welch konträrer Weise beide ihre Barth-Deutung konzeptualisieren. Gerade die früheste Zeit, in der sich der Übergang zu der von beiden so verschieden vorgestellten neuen Theologie vollzieht, ist aber entweder gar nicht oder nur sehr partiell untersucht. Auch die Rolle, die der Ausbruch des ersten Weltkriegs innerhalb dieses Übergangs spielt, ist noch einigermaßen undurchsichtig. Wenn ich im folgenden nach der Gottes- und Weltrelation, also nach Religion und Moral, nach Subjektivität und christlichem Handeln, nach Glaube und kommunikativer Praxis in den Vorkriegsaufsätzen und im ersten »Römerbrief« frage, dann soll die Alternative von Revolution und Autonomie, von einer ›Inversion des Sozialismus in die

---

24 *U. Dannemann*, Theologie und Politik, 17.
25 Ebd., 31f u. 34ff.

Theologie‹ und einer – wenn die Analogiebildung erlaubt ist – ›Inversion des Liberalismus in die Theologie‹ Karl Barths jedenfalls dazu anleiten, die theologische Rezeption und Überwindung der Inversion von Liberalismus und Sozialismus im Auge zu behalten. Vielleicht ist diese Alternative aber auch falsch. Wir werden sehen.

(3) Methodisches Verfahren und Aufbau. – Barth hat in seinen Vorworten, wie wir zu Beginn der Einleitung gesehen haben, gerne von einem ›Weg‹ gesprochen, der inzwischen zurückgelegt worden sei. Ich möchte diese Metapher aufgreifen und für die Methode dieser Untersuchung fruchtbar machen. Barth ist seinen Weg gegangen. Keinen objektiv vorgegebenen Weg, keine gepflasterte Straße, deren Verlauf ihm im vorhinein bekannt gewesen wäre, sondern eben seinen tatsächlich verfolgten, subjektiven Weg, der sozusagen querfeldein führte, mit unbekanntem Ziel. Dieser Weg soll rekonstruiert werden durch die Beschreibung der einzelnen Schritte, die notwendig waren, ihn zu gehen. Wohl handelt es sich in unserem Fall um einen Denkweg; aber auch Denkwege folgen keineswegs einer geraden Spur, sondern weisen Umwege und Abwege auf, die ebenso in logischen Inkonsistenzen ihren Ausdruck finden können wie in Irritationen, die sich dem Denken zeitgeschichtlich oder biographisch vermittelt in den Weg stellen. Deshalb scheint es mir wichtig zu sein, nicht nur nach geistesgeschichtlichen Wegmarken Ausschau zu halten, sondern sich auch der historischen, d.h. der sozialen und politischen Topographie des Denkweges der Barthschen Theologie zu erinnern. Für das in Anschlag zu bringende Verfahren bedeutet dies, daß die Texte nicht ohne ihren Bezug zur Zeitgeschichte und zur Biographie Karl Barths zu interpretieren sind. Damit wird nicht unterstellt, daß jeder gedankliche Schritt unmittelbar Reflex sozialer und politischer Einflüsse und Ereignisse ist, wohl aber die Fiktion vermieden, als entstehe und entwickle sich theologische Erkenntnis gleichsam nur aus sich selber, als entfalte sie sich nur im Medium reiner Theorie oder auch unmittelbarer Frömmigkeit.

Wege wollen gegangen sein. Dies gilt nicht minder für Denkwege. Fortbewegung bedeutet auch hier Fort-Schritt von einem zurückbleibenden Punkt des Weges, der immer wieder im Rückblick als solcher ins Auge gefaßt werden kann. Das will sagen: Kritik ergibt sich in der Bewegung des Fortschreitens von selbst, sie muß nicht von außen herangetragen werden, sondern vollzieht sich immanent, d.h. als konsequenzlogische Kritik in Einheit mit der Darstellung selbst, auch wenn sie gewiß von Zeit zu Zeit ins Bewußtsein gehoben werden will. Dies gilt vor allem für Wegbiegungen, für Orte innerhalb der theologischen Entwicklung Barths, an denen er sich – aus welchen Gründen auch immer – genötigt sah, seinem Weg eine veränderte Richtung zu geben.

1. Einleitung

Und schließlich muß auch noch darauf reflektiert werden, daß es unzulässig wäre, bestimmte Punkte vorab im Lichte späterer Abschnitte zu betrachten. Besonders scheint mir dies für den ersten »Römerbrief« von Bedeutung zu sein, der oft genug unter dem Schlagschatten des zweiten »Römerbriefs« interpretiert wurde, was in der Regel zur Verdunkelung seines besonderen Rangs in der Frühgeschichte der Barthschen Theologie geführt hat.[26] Dazu gehört weiter, daß man einen Text für sich sprechen, ihn sich aussprechen läßt, seinen Denk-Inhalt ebenso ernst nimmt wie seine Denk-Form.[27] Die Denkform der Theologie des ersten »Römerbriefs« läßt sich nicht dadurch herauspräparieren, daß man bestimmte Begriffe isoliert oder Metaphern, von denen die expressionistische Sprache beider »Römerbriefe« überquillt, aus ihrem Verweisungszusammenhang gelöst von ihrem bloßen Wortsinn her interpretiert, sondern dadurch, daß man auf die Denkbewegung der sich dieser Begriffe und Metaphern bedienenden Argumentation achtet. Barth hat – vielleicht aus der Not eine Tugend machend – seine Begrifflichkeit im ersten »Römerbrief« bewußt im Fluß gehalten, um seine Theologie von den terminologisch exakt fixierten Systemen des Idealismus abzuheben: »Oft scheint aber«, so schreibt er im Juli 1918 über die Differenz zu seinem Bruder, dem Philosophen Heinrich Barth, an seinen Freund Thurneysen, »der ganze Gegensatz auf den zwischen unserer beweglichen bildhaften Ausdrucksweise und seiner korrekten, auf ein *System* der Erkenntnis hinzielenden (Ausdrucksweise) hinauszulaufen« (BwTh I, 287). Sind Begriffe in solchem Ausmaß vom jeweiligen Kontext abhängig wie hier, kommt man mit einer reinen Begriffsanalyse nicht weiter, sondern muß versuchen, das jeweils Gemeinte eben aus dem Zusammenhang zu erheben.[28]

26 Dies betont *M. Beintker*, Die Dialektik, 110.
27 Provoziert ist die Bemerkung durch die Trennung von Denk-Form und Denk-Inhalt, wie sie *N. T. Bakker*, In der Krisis der Offenbarung, meint vornehmen zu müssen. Was soll eigentlich eine Interpretation, so frage ich mich, die am Ende zugeben muß, »die Denkform stark überzogen« zu haben, »bis sie eigenständig zu existieren begann im Gegensatz von dort intendierten Denk-Inhalt« (ebd., 62)? Kommt es denn nicht darauf an, den Denk-Inhalt herauszuarbeiten? Und hat nicht der Inhalt eine Form, von der man nicht abstrahieren kann, ohne auch den Inhalt zu verlieren? Kurzum: Die dialektische Einheit von Form und Inhalt muß jedenfalls berücksichtigt werden. Weiterführend scheint mir hier die von *W. Schlichting*, Biblische Denkform, bes. 31-34, im Anschluß an Barth (vgl. KD I/2, 817-825 und KD IV/3, 102-106) vorgeschlagene Differenzierung zwischen ›Denkform‹ und ›Denkschematismus‹ zu sein, wobei er unter ›Denkschematismus‹ menschliche Begriffe und Vorstellungen versteht, die das sprachliche Material liefern, ohne das die Offenbarung gar nicht zum Ausdruck gebracht werden könnte, von ihr aber in bestimmter Weise geformt werden muß: »Der Denkschematismus liegt der Offenbarung voraus und wird durch sie umgeformt. Die Denkform dagegen ist die formende Ausrichtung des Denkschematismus auf die Offenbarung« (*W. Schlichting*, Biblische Denkform, 33; vgl. auch *ders.*, Sozialismus und biblische Denkform, 604-606).
28 Um zu verdeutlichen, was damit gemeint ist, greife ich noch einmal auf die Interpretation von *N. T. Bakker*, In der Krisis der Offenbarung, zurück. Er meint seine These, daß sich der erste »Römerbrief« in einem »ontisch-metaphysischen Denkrahmen« (ebd., 63) bewege, u.a. auch damit begründen zu können, daß Barth mit Blick auf Sünde und Gnade von einem doppelten *kosmischen* Zusammenhang spreche (ebd., 60f mit Hinweis auf R I, 187f). Beziehe

Was den Aufbau der Arbeit betrifft, so sind hier genetische und systematische Hinsichten gleichermaßen zur Geltung zu bringen. Dies ist vor allem für den zweiten Teil von Bedeutung, der sich nach einem historischen Überblick mit der Vorkriegstheologie Barths, d.h. seiner Rezeption der Modernen und Religiös-sozialen Theologie beschäftigt sowie die durch den Kriegsausbruch und das Verhalten einiger seiner Lehrer provozierte Infragestellung seiner bisherigen Theologie zum Thema hat. Es scheint mir hier sinnvoll, nicht streng chronologisch vorzugehen, sondern erst die Analyse der Gottesrelation des Menschen, des Religions- und Theologieverständnisses abzuschließen, um dann auf die Frage der Ethik, des Weltverhältnisses einzugehen. Die Interpretation geht die einschlägigen Texte Barths bis 1913 also zunächst unter dem dogmatischen Aspekt durch, um dann gleichsam im Rückblick auf den bereits zurückgelegten Weg den ethischen Aspekt nachzutragen. Sodann ist drittens die Frage der theologischen Verarbeitung des Kriegserlebnisses zu thematisieren und zu untersuchen, welche Bedeutung es für Barths weiteres Theologisieren hat. Der vierte Teil beschäftigt sich nur mit dem ersten »Römerbrief«, so daß hier ausschließlich systematische Gliederungshinsichten zum Zuge kommen können. Eingeleitet wird die Analyse des Römerbriefkommentars durch eine Untersuchung seiner Denkform, d.h. der eschatologischen Grundstruktur seiner theologischen Aussagen. Im Zentrum steht dann auch hier die Frage nach Barths Verständnis der Gottes- und Weltbeziehung des Menschen, d.h. es ist zunächst die Kritik Barths am Religionsbegriff der ›Liberalen‹ Theologie und sein als Alternative dazu konzipiertes Glaubensverständnis darzustellen, und es ist dann nach den ethischen Implikationen zu fragen, wobei die Auseinandersetzung mit dem Religiösen Sozialismus besonderes Interesse verdient. Der fünfte und abschließende Teil der Arbeit faßt die Ergebnisse zusammen und wertet sie aus. Nach einem Überblick über den theologischen Weg Barths bis an die Schwelle zur ›dialektischen‹ Periode versuche ich, den systematischen Ertrag der Untersuchung für die Interpretation der frühen Theologie Barths darzustellen, um schließlich zu fragen, in welcher Weise zentrale Einsichten des ersten »Römerbriefs« für die heutige theologische und interdisziplinäre Diskussion fruchtbar gemacht werden können.

(4) Zur Auswahl und Verarbeitung der Quellen. – Die Art der Quellenauswertung folgt aus der Aufgabenstellung und der methodischen Anlage der Arbeit.

---

man den Kontext in die Analyse ein, so zeigt sich dagegen sehr schnell, daß ›kosmisch‹ hier als Synonym für »weltweit« steht (R I, 187f) oder etwa durch die Aussage: »beidemal *alle* Menschen in sich begreifend« (R I, 174), erläutert werden kann und darum an Ort und Stelle (R I, 187f) lediglich besagt, daß Erlösung nicht individuell und partikular sein kann; eine Aussage über die ontische Qualität der Sünden- und Todesmacht ist dabei jedenfalls nicht intendiert.

1. Einleitung

Da es mir nicht primär darauf ankommt, die Entwicklung der Barthschen Theologie chronographisch minutiös nachzuzeichnen, sondern eher darauf, anhand der beiden Leitthemen des christlichen Glaubens und Handelns zu zeigen, daß Barth im Untersuchungszeitraum einen Paradigmawechsel vollzog, den man nicht ungestraft ignorieren kann, wähle ich aus den verfügbaren Quellen Texte aus, die Antwort auf diese Fragestellung zu geben versprechen. Statt Vollständigkeit bei der Verarbeitung der Quellen anzustreben[29], scheint es mir wichtiger, die themarelevanten Quellen wirklich zum Sprechen zu bringen. Die größeren Aufsätze Barths aus der Vorkriegszeit interpretiere ich deshalb relativ ausführlich und ziehe lediglich dort, wo sich in kleineren Texten neue Aspekte bieten, diese ergänzend hinzu. Für die Darstellung von Barths Reaktion auf den Kriegsausbruch und dessen theologische Wertung ist einerseits auf die Predigten von 1914, andererseits – neben dem ohnehin durchgängig benutzten Briefwechsel mit Thurneysen – auf den Briefwechsel mit Martin Rade zurückzugreifen. Die während des Krieges entstandenen Aufsätze Barths werden – sofern sie nicht in Teil 3 heranzuziehen sind – nicht je für sich dargestellt und interpretiert, sondern im Zusammenhang mit der Analyse des ersten »Römerbriefs« dort berücksichtigt, wo dies vom Thema her sinnvoll ist.

Einige unveröffentlichte Texte Barths, die mir freundlicherweise vom Basler Karl Barth-Archiv zur Verfügung gestellt wurden, verdienen, besonders erwähnt zu werden. Es handelt sich um einen Fragment gebliebenen Entwurf mit dem Titel »Ideen und Einfälle zur Religionsphilosophie«, der undatiert ist, seiner inhaltlichen Parallelen wegen aber bei der Analyse des 1910 verfaßten und 1912 publizierten Aufsatzes »Der christliche Glaube und die Geschichte« in Betracht zu ziehen war. Von den bislang unveröffentlichten sog. ›Sozialistischen Reden‹ Barths konnte ich maschinenschriftliche Transkriptionen von »Evangelium und Sozialismus« (1914), »Christus und die Sozialdemokraten«, »Die innere Zukunft der Sozialdemokratie« und »Religion und Sozialismus« (alle von 1915) auswerten. Vor allem aber stand mir dankenswerterweise eine Kopie des zwischen 1916 und 1918 entstandenen Originalmanuskripts des ersten »Römerbriefs« (zitiert als Mskr.) zur Verfügung, was einen Vergleich zwischen Ur- und Druckfassung erlaubte. Für meine Themenstellung war diese Vergleichsmöglichkeit, vor allem hinsichtlich der im ersten »Römerbrief« geführten Auseinandersetzung Barths mit dem Religiösen Sozialismus, von besonderer Bedeutung.

---

29 Die in: *Antwort*, FS Karl Barth 1956, 945ff, von Charlotte von Kirschbaum zusammengestellte Bibliographie, weist einschließlich des ersten »Römerbriefs« 59 publizierte Titel aus, unter denen sich allerdings eine ganze Reihe von Kurzrezensionen, kleineren Beiträgen zum »Gemeinde-Blatt für die Deutsche reformierte Gemeinde« in Genf oder Zeitungsartikeln befinden. Siehe jetzt auch: *H. M. Wildi*, Bibliographie Karl Barth I, 42ff.

2. BARTHS REZEPTION DER ›MODERNEN‹ THEOLOGIE IN DER VORKRIEGSZEIT

2.1. Zum zeitgeschichtlich-biographischen Rahmen (1886-1914)

Wenn man den Denkweg der Barthschen Theologie nachvollziehen möchte, muß man sich die historische Topographie, durch die dieser Weg führt, in Erinnerung rufen, muß also fragen, wodurch das soziale, politische und geistesgeschichtliche Umfeld Barths bestimmt ist und wie es auf seine Biographie einwirkt. Nun versteht sich von selbst, daß es im Rahmen dieser Arbeit nicht im entferntesten möglich ist, ein detailliertes Gemälde einer ganzen Epoche zu entwerfen.[1] Für unsere Zwecke mag eine collagenartige Skizze jener Zeit des ausgehenden 19. und beginnenden 20. Jahrhunderts genügen.

Karl Barth wird am 10. Mai 1886 in Basel als erster Sohn des reformierten Pfarrers Fritz Barth geboren. Im selben Jahr endet der seit 1870 andauernde ›Kulturkampf‹, publiziert Adolf Harnack den ersten Band seines »Lehrbuchs der Dogmengeschichte« und erscheint Friedrich Nietzsches »Jenseits von Gut und Böse«, entdeckt Escherich die Coli-Bakterien und entwickeln die Gebrüder Mannesmann ein Walzverfahren für nahtlose Rohre. Ein Jahr davor wird der erste Kraftwagen in Betrieb genommen und die Setzmaschine erfunden, zwei Jahre zuvor werden die ersten deutschen Kolonien gegründet, zehn Jahre davor wird das erste brauchbare Telefon durch Bell gebaut und der gesamte Kongolauf durch Stanley erforscht. Es sind vier Jahre bis zum Rücktritt Bismarcks als Reichskanzler (1890) und dem Beginn der sog. ›Wilhelminischen Epoche‹

---

[1] Für umfassendere und weiterführende Informationen verweise ich auf die Quellen, aus denen ich selber geschöpft habe: Für die Profan-, Sozial- und Kirchengeschichte sind dies vor allem: *K. E. Born*, Von der Reichsgründung bis zum Ersten Weltkrieg; *W. Treue*, Gesellschaft, Wirtschaft und Technik Deutschlands; *H.-W. Krumwiede*, Geschichte des Christentums III; *R. Pfister*, Kirchengeschichte der Schweiz; *M. Greschat*, Das Zeitalter der industriellen Revolution; *E. I. Kouri*, Der deutsche Protestantismus und die soziale Frage; *R. Barth*, Protestantismus, soziale Frage und Sozialismus; *Chr. Nöthinger-Strahm*, Der deutschschweizerische Protestantismus, bes. 19-34 u. 69-234. Zur Philosophie- und Theologiegeschichte: *H. Schnädelbach*, Philosophie in Deutschland; *H. Stephan/M. Schmidt*, Geschichte der evangelischen Theologie. Leider existieren bislang kaum monographische Darstellungen, in denen die Theologie des 19. und 20. Jahrhunderts nicht nur geistes-, sondern auch sozialgeschichtlich verortet wird. Vgl. aus der zeitgenössischen Literatur auch *Th. Ziegler*, Die geistigen und sozialen Strömungen Deutschlands; und die immer noch lesenswerte Schrift von *P. Tillich*, Die religiöse Lage der Gegenwart. Die mit Gewinn herangezogene Studie von *D. Schellong*, Bürgertum und christliche Religion, skizziert programmatisch, wie ein solcher Versuch heute vielleicht aussehen könnte, ohne ihn selber schon in der dann nötigen Ausführlichkeit und Weite zu bieten. Unentbehrlich natürlich für Barths Biographie: *E. Busch*, Karl Barths Lebenslauf.

2.1. Zeitgeschichtlich-biographischer Rahmen (1886-1914)

des Deutschen Reiches mit seinem Übergang zu einer imperialen Politik, sechs Jahre bis zur Veröffentlichung von Johannes Weiß' bahnbrechender Untersuchung über »Die Predigt Jesu vom Reich Gottes« und neun Jahre bis zur Entdeckung der Röntgenstrahlen. Als Barth 13 Jahre alt ist, erscheint Haeckels Buch »Die Welträtsel«, als er 14 Jahre alt ist – 1900 – hält Harnack seine berühmt gewordene Vorlesung »Das Wesen des Christentums«, findet die erste Zeppelinfahrt statt und begründet Max Planck die Quantentheorie; 1903 gelingt der erste Motorflug, 1905 entwickelt Einstein die Spezielle Relativitätstheorie. Es ist eine Zeit der Entdeckungen und Erfindungen, des wirtschaftlichen Aufschwungs nach der Depression von 1873 und der durch die sprunghafte Entwicklung von Naturwissenschaft und Technik ermöglichten Hochindustrialisierung.

Der damit einhergehende Fortschrittsoptimismus findet seinen unmittelbaren geistigen Ausdruck in einem materialistischen Positivismus, wie er z.B. in der von Darwins Deszendenztheorie mitgeprägten monistischen Weltanschauungslehre Ernst Haeckels klassisch vertreten wird. Im Gegenzug gegen diesen Materialismus gibt es verschiedene Versuche, idealistische Systeme und Theoreme der Vergangenheit neu zu beleben und für eine veränderte Situation fruchtbar zu machen, wie etwa den Neuthomismus, den Neuhegelianismus und – als den einflußreichsten dieser Versuche – den Neukantianismus. Als Antwort auf den technischen Rationalismus auf der einen, den Idealismus auf der anderen Seite versteht sich die Philosophie Schopenhauers und Nietzsches; die Werke des letzteren zählen seit Mitte der 80er Jahre zu den meistgelesenen philosophischen Büchern. Hier wird die Irrationalität des Willens zum Ansatz einer umfassenden Kulturkritik erhoben, die das besonders unter Intellektuellen verbreitete Gefühl der décadence einer zu Ende gehenden Epoche auf den Begriff bringt. So bietet das ausgehende 19. Jahrhundert ein merkwürdig ambivalentes Bild. In einer Blütezeit wirtschaftlichen Fortschritts beginnt das ihn tragende, von politischer Wirksamkeit aber weitgehend ausgeschlossene Bürgertum – jedenfalls in seinen tiefer blickenden Vertretern – an den eigenen geistigen Grundlagen zu zweifeln, während die Arbeiterbewegung sich konsolidiert, sich politisch formiert und gewerkschaftlich organisiert und die ›soziale Frage‹ in den Mittelpunkt der öffentlichen Auseinandersetzung zu rücken versteht.

Nach einer um die Mitte der 90er Jahre in ganz Europa einsetzenden Marxismusdiskussion – 1894 erscheint der dritte Band des »Kapital« von Karl Marx –, finden um die Jahrhundertwende marxistische Methoden und Theorien Eingang in Wissenschaft und Philosophie. Insbesondere die Kapitalismusanalyse wirkt provozierend und dadurch anregend auf Nationalökonomie und die im Entstehen begriffene Soziologie (M. Weber, F. Tönnies). Der Marburger

Neukantianismus versucht die sozialistische Idee in sein System zu integrieren, so daß er nachgerade als ›politische Philosophie des Sozialismus‹ bezeichnet werden kann, eines Sozialismus freilich, der seiner idealistischen Grundtendenz wegen aus orthodox-marxistischer Sicht geurteilt notwendig revisionistisch ist.[2] Tatsächlich ist die Sozialdemokratie seit der Nichterneuerung der Sozialistengesetze (1890) auf dem Weg zu einer reformistischen Massenpartei, die in ihrer praktischen Politik alles andere als revolutionär ist. Der innerparteiliche Revisionismusstreit, der um die Jahrhundertwende tobt und 1907 beendet wird, ist darum auch primär ein Streit um die Theorie, weniger um die politische Praxis.

Die kirchliche Situation des ausgehenden 19. Jahrhunderts ist zum einen von scharfen konfessionellen durch den Kulturkampf schließlich verfestigten Gegensätzen bestimmt, zum anderen von der Auseinandersetzung mit den wissenschaftlichen und sozialen Herausforderungen der modernen Industriegesellschaft. In der katholischen Kirche setzt sich der Ultramontanismus mit seiner strikten Absage an die Moderne durch. 1870 erhebt das Erste Vaticanum die Unfehlbarkeit des Papstes zum Dogma. 1907 erläßt Pius X. eine Enzyklika gegen die sog. ›Modernisten‹, 1910 fordert er von allen katholischen Theologen einen ›Antimodernisteneid‹. Sozialpolitisch vertritt der Katholizismus ein paternalistisch geprägtes ständisches Gesellschaftsideal, das sich sowohl vom konservativen Etatismus als auch vom liberalen Individualismus und erst recht vom sozialistischen Kollektivismus abheben will. Der sozialen Krise versucht man zunächst durch individuelle caritas zu begegnen; in den 80er Jahren setzt sich dann das Konzept einer pragmatischen Sozialreform durch und entwickelt sich eine katholisch-soziale Bewegung, die sich in Arbeitervereinen, Christlichen Gewerkschaften und im Volksverein organisiert.

Während sich die katholische Priesterschaft vorwiegend aus bäuerlichen und mittelständischen Schichten rekrutiert, gehören die protestantischen Pfarrer in der Regel dem Bildungsbürgertum an. Auch hier herrscht freilich ein eher konservativer, moralistischer Frömmigkeitstyp vor, der sich aus der Verbindung von orthodoxen und pietistischen, konfessionalistischen und seit der Reichsgründung 1870/71 verstärkt nationalistischen Elementen herausgebildet hat. Die im weitesten Sinne ›liberale‹ Theologie verfügt demgegenüber kaum über nennenswerten kirchlichen Einfluß, ihre Wirkung bleibt im wesentlichen auf den akademischen Raum beschränkt. Immerhin sucht sie in diesem Bereich mit einigem Erfolg das Gespräch mit der Wissenschaft ihrer Zeit. Die historisch-kritische Methode setzt sich in Bibelwissenschaften und Dogmenge-

---

2 Vgl. dazu *H. Lübbe*, Politische Philosophie in Deutschland, 83-123; aus marxistischer Sicht: *H. J. Sandkühler*, Kant, neukantianischer Sozialismus, Revisionismus.

2.1. Zeitgeschichtlich-biographischer Rahmen (1886-1914)

schichte durch. Um die Jahrhundertwende erhitzen »Apostolikumsstreit« und »Babel-Bibel-Streit« die Gemüter. Weltoffene Theologen wie Adolf von Harnack und Ernst Troeltsch sichern der Theologie Anerkennung im Hause der Wissenschaften. Im Zentrum ihrer theologischen Reflexion steht die ›Persönlichkeit‹. Sozialpolitisch folgt die Evangelische Kirche (der altpreußischen Union) zunächst dem neuen Kurs Kaiser Wilhelms II., indem sie ihre Pfarrerschaft im April 1890 auffordert, sich mit der ›sozialen Frage‹ auseinanderzusetzen. Bald schon wird ihr freilich das Engagement insbesondere der »Jungen« unter den Christlich-Sozialen um Friedrich Naumann und Paul Göhre zu viel, zumal der Kaiser inzwischen wieder unter konservativen Einfluß geraten ist; in einem Erlaß von 16. Dezember 1895 untersagt der Oberkirchenrat seinen Pfarrern alle sozialpolitischen Aktivitäten. Der 1890 von Adolf Stoecker, konservativer Hofprediger in Potsdam, gegründete Evangelisch-Soziale Kongreß entwickelt sich nach dessen Ausscheiden (1896) zu einem sozialpolitischen Diskussionsforum des freien Protestantismus, in dem sich Friedrich Naumann zum Wortführer eines christlichen Sozialismus macht, bis ihm unter dem Einfluß von Max Weber nach einer Palästinareise 1898 sein ›liberales‹ Jesusbild und der damit verbundene Glaube an die sozialreformerische Potenz des Christentums zerbrechen. In der Tat gelingt es weder den Sozialliberalen um Harnack noch den anderen christlich-sozialen Gruppierungen überzeugende Lösungsvorschläge zur ›sozialen Frage‹ vorzulegen. Die Arbeiterschaft wendet sich weiter von einer Kirche ab, deren Amtsträger sich den herrschenden konservativ und national orientierten Schichten verbunden fühlen. Als Sprecher dieses nationalkonservativen Protestantismus gilt vor dem Ersten Weltkrieg Reinhold Seeberg, 1889 Professor für Systematische Theologie in Erlangen, 1898 als konservatives Gegengewicht gegen den ›liberalen‹ Harnack an die Berliner Theologische Fakultät berufen.

Die politische und soziale Entwicklung in der Schweiz unterscheidet sich von der in Deutschland primär dadurch, daß hier das Bürgertum, der bürgerliche Liberalismus an den Schalthebeln der politischen Macht sitzt. Bis 1919 verfügt die 1894 als Gegenpol zur Sozialdemokratie gegründete ›Freisinnig-Demokratische Partei‹ aufgrund des die Sozialdemokraten benachteiligenden Majorzwahlrechts über die Mehrheit im Bundesrat. Die Arbeiterbewegung, die sich in der Schweiz Mitte des 19. Jahrhunderts zunächst aus dem Kleinbürgertum (Handwerk) und ab 1870 zunehmend aus dem Industrieproletariat heraus entwickelt, organisiert sich 1888 (nach einem ersten mißglückten Versuch von 1870) zur Sozialdemokratischen Partei der Schweiz. Sie verfolgt einen Patriotismus und Internationalismus verbindenden, eher nicht-marxistischen Kurs.

Kirchlich und theologisch beherrscht die sog. ›Reform‹, d.h. der ältere religiöse (vom politischen unterstützte und geförderte) Liberalismus das Feld. Er hat in Strauß und Biedermann seine theologisch führenden Köpfe und vertritt ein nicht an Bekenntnis und Dogma gebundenes, ›freies‹ Christentum mit starker Betonung der Würde der sittlichen Persönlichkeit. Der ›Reform‹ steht die kirchenpolitische Partei der ›Positiven‹ gegenüber, in der sich Orthodoxe und Pietisten zusammengeschlossen haben. Sie hält an der kirchlichen Lehrtradition fest, freilich nicht mehr in der alten orthodoxen Strenge, sondern durchaus unter Berücksichtigung von Ergebnissen der kritischen Forschung. Ihre Vertreter entfalten eine rege caritative Tätigkeit nach dem Vorbild von Wichern und Stoecker. Die dritte, stark an Schleiermachers Theologie orientierte Gruppe der ›Vermittler‹ steuert mit ihrem zugleich freien wie pietätvollen Umgang mit der Überlieferung einen zwischen den beiden anderen Gruppen ausgleichenden Kurs.

Im Unterschied zu diesen drei Gruppierungen stellen die ›Religiös-Sozialen‹, die sich 1906 unter Führung von Hermann Kutter und Leonhard Ragaz zusammenschließen, weder eine Kirchenpartei noch eine theologisch einheitliche Richtung, sondern eine vor allem sozialpolitisch interessierte Bewegung dar. Anders als die anderen Gruppen stehen sie dem Staat eher kritisch gegenüber; vor allem aber treten sie, im Unterschied zu den konservativ oder sozialliberal orientierten Bewegungen der Christlich-Sozialen, der Kirchlich-Sozialen und der Evangelisch-Sozialen dafür ein, die Lösung der ›sozialen Frage‹ nicht in Konkurrenz zur Sozialdemokratie, sondern mit ihr und in ihr anzugehen. Hinzu tritt bei ihnen in der zweiten Dekade des 20. Jahrhunderts verstärkt der Kampf für die Erhaltung des Friedens.[3] Wie in Deutschland erkennt die offizielle Kirche, d.h. die Leitung der autonomen Kantonalkirchen, lange Zeit nicht die Bedeutung des mit der zunehmenden Industrialisierung einhergehenden sozialen Wandels und seiner Probleme. Caritative Initiativen sind allenfalls bei einzelnen zu finden; die Kirche fühlt sich dafür nicht verantwortlich. Die Sozialdemokraten stehen der Kirche in der Regel indifferent gegenüber.

So etwa stellt sich die gesellschaftliche und geistesgeschichtliche Situation dar, in der Karl Barth aufwächst. Nicht untypisch für das Bildungsbürgertum seiner Zeit – sein Vater ist seit 1889 Privatdozent im Fach Dogmatik, wird später Ordinarius für ältere und mittlere Kirchengeschichte an der Universität Bern –, entdeckt er die Klassiker deutscher Literatur für sich, allen voran Friedrich Schiller, später aber auch Romantiker wie Eichendorff und Novalis, und zeigt wohl schon als kaum 12jähriger antiaristokratische Ressentiments.

---

3 Als 1912 unter dem Eindruck des Balkankrieges und eines beginnenden Wettrüstens die Sozialistische Internationale zu einem Friedenskongreß nach Basel einlädt, überläßt der Kirchenvorstand der Münstergemeinde, dem eine Anzahl von Parteigängern Ragaz' angehört, das Basler Münster für eine eindrucksvolle öffentliche Kundgebung. Vgl. dazu *M. Mattmüller*, Leonhard Ragaz II, 3ff.

2.1. Zeitgeschichtlich-biographischer Rahmen (1886-1914)

Am Gymnasium wird über Haeckel, Schopenhauer, Nietzsche und Kant diskutiert, im Konfirmandenunterricht (1901/02) die ›soziale Frage‹ besprochen, ein Thema, das ihn offensichtlich nicht mehr losläßt. Denn ein paar Jahre später (1906) hält er – inzwischen Theologiestudent – in der Berner Sektion der Studentenverbindung Zofingia einen Vortrag über »Zofingia und Sociale Frage«, in dem er unter Berufung auf Ragaz (!) die ›soziale Frage‹ als das schon von Jesus aufgeworfene Menschheitsproblem darstellt und die Umwandlung der Zofingia in eine Verbindung, die »von einem neuen Geist, vom Geist socialer Verantwortlichkeit den untern Volksschichten und vor allem uns selbst gegenüber erfüllt« sei, fordert.[4] Und wenig später, als er im WS 1906/07 in Berlin studiert – in einer Zeit, in der Bülow den Reichstag auflöst und den Kampf gegen Zentrum und Sozialdemokratie proklamiert –, belegt er immerhin auch eine Vorlesung von Walter Simons über »Christentum und soziale Frage«, liest er Werner Sombarts entwicklungsgeschichtliche Untersuchungen zu Kapitalismus und Sozialismus und Karl Vorländers Buch »Die neukantische Bewegung im Sozialismus«.[5]

Die für Barth bestimmende Gestalt unter den in Berlin lehrenden Theologen ist neben Gunkel und Kaftan der Kirchen- und Dogmenhistoriker Adolf Harnack, der seit 1903 Präsident des Evangelisch-Sozialen Kongresses ist und als *die* repräsentative Persönlichkeit deutschen Geisteslebens gilt. Er ist wie Kaftan ein Vertreter der facettenreichen Schule des Ritschlianismus, zu der auch Wilhelm Herrmann gehört. Dessen »Ethik« liest Barth in Berlin neben Schleiermachers »Reden«, was den schon lange gehegten Wunsch, in Marburg, der Wirkungsstätte Herrmanns, ›moderne‹ Theologie zu studieren, verstärkt. Barths Vater, den schweizerischen Positiven nahestehend, wenngleich durchaus weltoffen und vermittelnd eingestellt, wollte freilich genau dies verhindern. Er holt den Sohn für ein Semester nach Bern zurück, schickt ihn das nächste nach Tübingen, damit er bei Schlatter ›positive‹ Theologie höre. Als dies nichts fruchtet, gibt der Vater seinen Widerstand auf. Karl Barth zieht im April 1908 zu seinem letzten Studiensemester nach Marburg, absolviert im Sommer die Examina und tritt im Herbst einen Posten als Redaktionshelfer bei der von Martin Rade edierten ›liberalen‹ Zeitschrift »Christliche Welt« in Marburg an. Zwei weitere Semester lang kann er sich so die dort vertretene Theologie aneignen.

Von 1909-1911 bekleidet er schließlich die Stelle eines pasteur suffragant, eines Hilfspredigers, in Genf. Danach kommt er in das im Übergang von Agrar- zum (Textil-)Industriedorf befindliche aargauische Safenwil, das Ende

---

4   Zitiert nach *E. Busch*, Karl Barths Lebenslauf, 49.
5   Siehe *F.-W. Marquardt*, Verwegenheiten 478f.

1913 elektrischen Strom erhält. Barth wird der Gemeinde elf Jahre als Pfarrer dienen.[6] Die ›soziale Frage‹ gewinnt für ihn, der nach eigenem Bekunden schon in Genf wirkliche Armut kennengelernt hat, hier konkrete und praktische Relevanz. Schon ab Oktober 1911 hält er Vorträge im Safenwiler Arbeiterverein und unterstützt später die Gründung dreier Gewerkschaften. Seine Parteinahme für die Arbeiter und sein öffentliches Eintreten für die Sozialdemokratie tragen wegen der starken Verflochtenheit von politischer und kirchlicher Gemeinde immer wieder Unruhe ins Pfarramt. Barths Verhältnis zu den Religiösen Sozialisten scheint anfangs zwar freundlich, aber doch eher distanziert zu sein. Erst durch seinen gut zwei Jahre jüngeren Freund Eduard Thurneysen, der am 1. Juni 1913 in der Nachbargemeinde Leutwil eine Pfarrstelle antritt, kommt er auch in persönliche Verbindung zu Kutter und Ragaz. Gegenüber Thurneysen, der den aus pietistischer Tradition stammenden Kutter favorisiert, verteidigt er bisweilen den ›liberal‹ geprägten Ragaz und sucht im übrigen die mehr und mehr divergierenden Positionen der beiden Führer des Schweizer Religiösen Sozialismus miteinander zu verbinden. An einschneidenden Ereignissen im privaten Bereich sind neben der wachsenden Freundschaft und Zusammenarbeit mit Eduard Thurneysen vor allem der Tod des Vaters am 25. Februar 1912 und seine Heirat mit Nelly Hoffmann, gut 13 Monate später, zu nennen.

In der Zeitspanne zwischen 1909 und 1914 versteht sich Barth uneingeschränkt als ›Moderner‹ Theologe. Welche Rolle dabei der schweizerische Religiöse Sozialismus im einzelnen spielt, wird noch zu fragen sein. Zunächst ist im folgenden zu untersuchen, wie Barth die Moderne Theologie rezipiert, d.h. wie sich sein eigenes Verständnis von Glaube und Theologie entwickelt (2.2.) und welche Veränderungen sein ethischer Ansatz noch in der Vorkriegszeit erfährt (2.3.). Schließlich ist zusammenfassend nach der Bedeutung von Religion und Moral in Barths Vorkriegstheologie zu fragen (2.4.).

---

6   Vgl. dazu neben Buschs Barthbiographie auch die Auswertung der »Protokolle der Sitzungen der Kirchenpflege und der Kirchengemeindeversammlungen der Kirchengemeinde Safenwil« in: *F.-W. Marquardt*, Der Aktuar.

2.2. BARTHS VERSTÄNDNIS VON RELIGION

2.2.1. Religiöses Erlebnis und theologische Reflexion

(1) Der Hiatus zwischen Theorie und Praxis. – Daß Karl Barth nach Abschluß seines Studiums 1908 nicht sofort ein Pfarramt übernimmt, entspricht dem Wunsch des Vaters.[7] Daß er aber gerade in Marburg eine Stelle als Redaktionshelfer bei Martin Rade[8] antreten kann, kommt mindestens ebensosehr seinen eigenen Neigungen entgegen, bietet sich ihm doch damit die Gelegenheit, seine theologischen Studien, insbesondere bei Wilhelm Herrmann, fortzusetzen und zu vertiefen.

So stehen jene Monate in Marburg ganz im Zeichen eines bewußt und reflektiert vollzogenen Übergangs vom Studium ins Pfarramt, vom universitären Wissenschaftsbetrieb zur kirchlichen Praxis. Vermutlich ist es Rade, der Barth anregt, über das Verhältnis von Theorie und Praxis nachzudenken, beschäftigt er sich doch selbst mit den Problemen einer Studienreform, die darauf abzielt, die schon damals immer wieder beklagte Kluft zwischen theologischer Wissenschaft und pfarramtlicher Praxis zu verringern. Alle lebendige Wissenschaft diene der Praxis und ziehe ihre beste Kraft aus der Praxis, schreibt Rade 1907 in der Rezension eines Buches von Walter Frühauf, darum komme es ihm auch als Systematiker darauf an, einen Zusammenhang herzustellen zwischen Theorie und Praxis.[9] Zwei Jahre später stellt er entsprechende Vorschläge zur Studienreform, in denen Praktische Theologie und Ethik an den Anfang des Studiums gelegt werden, zur Diskussion.[10] Rade hält den Ruf nach größerer Praxisnähe der Theologie also durchaus für berechtigt. Sie werde aber nicht dadurch erreicht, so betont er, daß der Theologe mit einer »Technik der Seelsorge« ausgerüstet werde, wie Gustav Mix es fordere, und schon gar nicht sei es die Aufgabe der Theologie, dem Bewerber ums geistliche Amt zum Glauben zu verhelfen.[11]

Mit den Vorstellungen von Mix setzt sich auch die erste einer Reihe von sechs im Jahrgang 1909 der »Christlichen Welt« veröffentlichten Rezensionen Barths auseinander. Die Besprechung hält sich ganz an die Linie Rades, freilich

---

7 Zwar hatte Fritz Barth seinem Sohn eine eher praktisch-kirchliche Arbeit zugedacht (BwRa 59), aber er legte ihm auch nichts in den Weg, als sich schließlich eine Tätigkeit in der Redaktion der ›liberalen‹ Zeitschrift »Die Christliche Welt« eröffnete (BwRa 61f). Zum Studiengang Barths vgl. *E. Busch*, Karl Barths Lebenslauf, 45ff.
8 Zu Rade vgl. *J. Rathje*, Die Welt des freien Protestantismus; und *Chr. Schwöbel*, Martin Rade. Zur Zeitschrift »Christlichen Welt« siehe: *W. Schneemelcher*, ›Christliche Welt‹.
9 *M. Rade*, Rez. Walter Frühauf, Praktische Theologie!
10 *M. Rade*, Reform des theologischen Studiums?
11 Ebd., 77 u. 80.

ohne selber Reformvorschläge zu unterbreiten. Barths Kritik an den vorgetragenen Thesen entzündet sich vor allem an der Forderung, das theologische Studium solle »theoretisch und praktisch« lehren, Christentum und empirische Wirklichkeit »in wirksamer Weise zusammenzubringen«, so daß dadurch Glaube geweckt werde.[12] »Was treiben wir denn eigentlich beim Studieren von Dogmatik und Ethik Anderes«, so fragt Barth zurück, »als eben jenes ›Zusammenbringen‹ von Christentum und empirischer Wirklichkeit?« Allerdings sei Christentum kein »Komplex von Gedanken, Vorstellungen und Willensmotiven«, keine Theorie, durch deren Aneignung man zum Glauben komme, sondern »individuelle Gewißheit«. Inwiefern diese Gewißheit auf die Geschichte gegründet sei und in welchem Verhältnis sie zur gegenwärtigen Wirklichkeit stehe, darüber ließen sich kommunikable Theorien aufstellen, aber – sie wecken keinen Glauben, sondern vermitteln Erkenntnis. Das eigentlich bedrängende Problem kirchlicher Verkündigung sei also gar nicht, wie zwei Theoriekomplexe zu vereinigen seien, sondern wie eine persönliche Gewißheit so vermittelt werden könne, daß sie im andern Glauben wecke. Diese Frage sei aber keine theoretische, sondern eine praktische und darum auch nur praktisch beantwortbar. »Es will mir als die bedauerlichste Seite an den Ausführungen des Verfassers erscheinen«, so faßt Barth seine Kritik zusammen, »daß er nicht erkannt hat, wie der Hiatus von Theorie und Praxis dem Wesen der Sache entspricht und daher niemals ganz zu beseitigen ist.«[13]

Was heißt hier eigentlich ›Theorie‹, was ›Praxis‹? Zweifellos ist davon auszugehen, daß die beiden Begriffe hier primär als bildungssprachliche Synonyme für ›Wissenschaft‹ auf der einen, ›Pfarramt‹ auf der anderen Seite zu verstehen sind. Doch hinter dieser Bedeutung verbirgt sich eine zweite, von der her Barths knappe Andeutungen erst Schärfe und Prägnanz gewinnen. Denn warum sollte es nicht auch Aufgabe wissenschaftlicher Theologie sein, Christentum bzw. individuelle Gewißheit an andere zu vermitteln? Warum besteht Barth gegen Mix darauf, daß diese Vermittlung keine theoretische, sondern eine praktische Frage ist? Gemeint ist dabei ja nicht etwa, daß der Vermittlungsvorgang eben als Vorgang, als Tätigkeit, praktischer Natur sei, in dem Sinne wie auch die Weitergabe von Theorie eine praktische Aufgabe ist; gemeint ist auch nicht die didaktische und insofern praktische Seite des Problems, wie etwas (theoretisch) Erkanntes (praktisch) weiterzugeben sei. Barth bestreitet vielmehr gerade, daß das Christentum »ein Komplex von Gedanken, Vorstellungen und Willensmotiven«, eine mitteilbare Theorie also, sei. Christentum ist für Barth statt dessen individuelle oder persönliche Gewißheit. Man

---

12   K. *Barth*, Zur Reform des theologischen Studiums, 116.
13   Ebd.

2.2. Sein Verständnis von Religion

lasse sich nicht dadurch täuschen, daß der Begriff der Gewißheit im neuzeitlichen Kontext primär mit der Frage der Sicherstellung von Erkenntnis verknüpft ist[14]; durch die emphatische Entgegensetzung von Gewißheit und theoretischer Erkenntnis sowie durch ihre Attribute ›individuell‹ und ›persönlich‹ qualifiziert Barth sie als existentielle Kategorie. Als ›persönliche Gewißheit‹ soll Christentum keine Theorie darstellen, sondern eine Bestimmtheit des christlichen Bewußtseins, die sich im konkreten Lebensvollzug spiegelt. In diesem Sinne ist Christentum für Barth religiöse Praxis und seine Vermittlung darum eine praktische Frage. ›Praxis‹ bedeutet hier also für Barth nicht etwa Handeln, sondern einen Vorgang, der sich innerhalb des Bewußtseins abspielt. Der von ihm konstatierte »Hiatus von Theorie und Praxis« wäre demnach die prinzipielle Differenz zwischen verobjektivierender Wissenschaft und nichtobjektivierbarem, innerem Lebensvollzug, zwischen Theologie und Glauben.

Inwiefern nun allerdings diese Diastase dem »Wesen der Sache« tatsächlich entspricht, ob der Glaube mit dem Stichwort ›individuelle Gewißheit‹ adäquat umschrieben ist, – das sind durchaus offene Fragen, ebenso wie die, was eigentlich unter dieser Voraussetzung Objekt der Theologie sei und wie sich die durch jene Kluft getrennten Größen Theologie und Glaube zueinander verhalten. Denn, daß sie trotz der betonten Distanz nicht einfach beziehungslos nebeneinander stehen, daß sowohl die Theorie praxisrelevant[15] als auch vice versa die Praxis theorierelevant sein soll[16], daran will Barth jedenfalls festhalten.

(2) Religiöser Individualismus und historischer Relativismus. – Was also leistet die Moderne Theologie zur Bewältigung der Verkündigungsaufgabe? Macht sie faktisch doch unfähig zur Praxis, wie man aufgrund der Tatsache vermuten könnte, daß nur wenige ihrer Schüler den Weg ins Pfarramt finden? Genau bei dieser Beobachtung und jenen Fragen setzt der im Sommer 1909 zum Beschluß seiner Arbeit als Redaktionshelfer in Marburg veröffentlichte erste kleine Aufsatz Barths mit dem Titel »Moderne Theologie und Reichsgottesarbeit« ein, der alsbald den Widerspruch zweier praktischer Theologen, Achelis und

---

14 Siehe: *W. Halbfass*, Art. Gewißheit I, 592. Vgl. auch *W. Pannenberg*, Wahrheit, Gewißheit und Glaube, bes. 248ff.
15 So, wenn er in den letzten Sätzen der genannten Rezension postuliert, die historische und systematische Arbeit der Theologie werde »dem Studenten Freudigkeit und Fähigkeit mitgeben für seine zukünftige Aufgabe« (*K. Barth*, Zur Reform des theologischen Studiums, 117).
16 In einer anderen, nur wenige Wochen später veröffentlichten Rezension meldet Barth »zu Handen der Träger der ›modernen‹ Theologie ein Desiderium« an, nämlich: »Mehr persönliche Berührung und Beschäftigung mit den Problemen und Aufgaben der Praxis der Evangeliumsverkündigung, zu der doch die akademische Theologie normalerweise die Vorbereitung sein will.« Und ein paar Zeilen weiter stellt er die Frage: »Ist jene postulierte Beschäftigung mit der Praxis wirklich nur Zeitverlust für die Arbeit unserer Akademiker oder nicht vielmehr ein integrierender Bestandteil dieser Arbeit« (*K. Barth*, Was sollen wir tun?, 237).

Drews – beide Ritschlianer – herausfordert.[17] Die Intention des Artikels ist, zu begründen, warum jene behauptete Diastase zwischen Theorie und Praxis zu Recht besteht und nie ganz überwunden werden kann. Seine entscheidende Voraussetzung ist die These der Modernen Theologie vom prinzipiell individuellen Charakter der Religion: »Das Wesen der ›modernen‹ Theologie ist der religiöse Individualismus« (317). Ausgehend von diesem Basissatz skizziert Barth im folgenden Wilhelm Herrmanns Religionstheorie.

EXKURS: ZUM THEOLOGISCHEN ANSATZ WILHELM HERRMANNS[18]

Ende März 1908, einen Monat vor seinem Studienwechsel nach Marburg, hört Barth auf der Aarauer Studentenkonferenz Wilhelm Herrmanns Vortrag »Gottes Offenbarung an uns«.[19] Herrmann erläutert in diesem Vortrag zwei Grundthesen seiner Theologie: »1. Gott wird uns nicht anders erkennbar als dadurch, daß er selbst sich uns offenbart. 2. Diese Offenbarung ist für jeden einzelnen Menschen eine besondere, seine, die ihm zuteil gewordene Offenbarung. Sie muß aber trotzdem schließlich alle Frommen in der Unterwerfung unter Jesus Christus einigen« (*W. Herrmann*, Schriften II, 150). Ausgangspunkt ist für Herrmann, daß Gott kein »Objekt wissenschaftlichen Erkennens« sei (ebd.), sondern eine Macht, »die uns tatsächlich selig macht«, d.h. »zur freien Herrschaft über alle Dinge« verhilft (ebd., 152). Schon in diesem Einsatz zeigt sich der Primat des Sittlichen und Soteriologischen in Herrmanns Theologie. Glaube wurzelt für ihn im Erlebnis einer »Kraft der Weltüberwindung« (ebd., 155), die den Menschen aus seiner sittlichen Not, aus seinem Unvermögen die Ansprüche der Sittlichkeit gegenüber seinen natürlichen Trieben durchzusetzen befreit. Diese Befreiung ist nicht wissenschaftlich, d.h. allgemeingültig demonstrierbar, sondern lediglich an ihrer Wirkung individuell erlebbar. Die Wirklichkeit Gottes »muß uns gegeben werden, indem sie sich uns selbst offenbart« (ebd., 156).

Mit der These von der individuell erfahrbaren Selbstoffenbarung Gottes weist Herrmann das, was er das lehrgesetzliche Mißverständnis des Glaubens nennt, zurück. Offenbarung ist keine überlieferte Lehre, Glaube kein Fürwahrhalten geschichtlicher Überlieferungen und insofern auch ganz unabhängig von den Resultaten historischer Forschung. Offenbarung ist vielmehr eine »Handlung Gottes an uns, durch die er uns mit sich verbinden und dadurch von der Welt und ihren Sorgen lösen will« (ebd., 160), »eine Handlung Gottes, die uns in eine neue Existenz versetzt« (ebd., 164).

Wie gelangen wir zu diesen Erlebnissen? In seiner mittleren Periode (1884-1902) antwortet Herrmann auf diese Frage durch den Verweis auf die Person Jesu: »Der Grund unseres Glaubens ist der Mensch Jesus Christus« (*W. Herrmann*, Grund und Inhalt des Glaubens, 282). Denn wer »von der geschichtlichen Erscheinung Jesu berührt wird, sagt sich innerlich, daß er eben hierin den vergebenden Akt Gottes erfährt, nämlich daß Gott unter ernster Rücksicht-

---

17 *K. Barth*, Moderne Theologie und Reichsgottesarbeit, in: ZThK 19 (1909), 317-321; *E. Chr. Achelis*, Noch einmal: Moderne Theologie und Reichsgottesarbeit, in: ebd., 406-410; und *P. Drews*, Zum dritten Mal: Moderne Theologie und Reichsgottesarbeit, in: ebd., 475-479. Mit einer Duplik Barths und einer redaktionellen Bemerkung Rades wurde diese Debatte abgeschlossen: *K. Barth*, Antwort an D. Achelis und P. Drews, in: ebd., 479-486; *M. Rade*, Redaktionelle Schlußbemerkung, in: ebd., 486-488. Seitenzahlen ohne weitere Angaben beziehen sich im folgenden auf diese Texte. – Siehe dazu: *H. U. v. Balthasar*, Karl Barth, 220f; *H. W. Frei*, The Doctrine of Revelation, 12-33; *E. Lessing*, Das Problem der Gesellschaft, 28-35; *U. Dannemann*, Theologie und Politik, 26-29; *Chr. Schwöbel*, Einleitung, 16-19; und *J. Zengel*, Erfahrung und Erlebnis, 14-27.
18 Siehe dazu: *Th. Mahlmann*, Art. Herrmann, Wilhelm, 165-172; *W. Greive*, Der Grund des Glaubens, bes. 98-105 u. 111-134; *D. Korsch*, Fraglichkeit des Lebens; *H. Timm*, Theorie und Praxis, 126ff; *M. Beintker*, Die Gottesfrage, 83ff; *Th. Mahlmann*, Philosophie der Religion, bes. 83ff.
19 Vgl. *E. Busch*, Karl Barths Lebenslauf, 56.

2.2. Sein Verständnis von Religion

nahme auf seine Sünde dennoch mit ihm in Verkehr tritt und ihn mit Segnungen seiner Liebe überschüttet« (ebd.). Diesen ›Grund des Glaubens‹ unterscheidet Herrmann vom ›Inhalt des Glaubens‹, d.h. von den ›Glaubensgedanken‹, mit denen der Gläubige versucht, sein Erleben begrifflich zu erfassen und darzustellen. Während diese Gedanken »dem Nichtgläubigen wie ein mythologisches Gebilde« vorkommen (ebd., 287), ist der Glaubensgrund, ist Jesus Christus für jeden Menschen, in dem aufgrund seiner sittlichen Not ein Erlösungsbedürfnis entstanden ist, unmittelbar verständlich, führt er doch den Ungläubigen zum Glauben (ebd., 280). In diesem Sinne ist der ›Grund des Glaubens‹ objektiv, d.h. »von außen‹ gegeben, der ›Inhalt des Glaubens‹ dagegen subjektiv, d.h. vom Glaubenden selbst erzeugt.

Indes erweist sich Herrmanns Unterscheidung von Grund und Inhalt des Glaubens nach Wolfgang Greive insofern als problematisch als »der Grund nicht ohne den Inhalt wirklich ist und faktisch bei ihm [sc. Herrmann] die Wirklichkeit des Grundes mit der Wirklichkeit des Inhaltes zusammenfällt«.[20] Herrmann habe sich deshalb in seinem Spätwerk (1903-1918) dazu gedrängt gesehen, den christologischen in den existentialen Ansatz aufzunehmen.[21] Nicht nur der Inhalt, auch der Grund des Glaubens wird nun im Bewußtsein, im unmittelbaren Erlebnis aufgesucht. Dies führt dazu, daß – wie Dietrich Korsch zu Recht hervorhebt – »unterhalb des Bruches, der durch das Erleben der Offenbarung bedingt ist, nach verdeckten Kontinuitätsstrukturen im Bewusstsein selbst« gesucht werden muß.[22] In Herrmanns Aarauer Vortrag »Gottes Offenbarung an uns« zeigt sich diese Tendenz, wenn er die Offenbarung in alltäglichen Erlebnissen lokalisiert: »Wir können sie z.B. erleben an irgendeinem Menschen, der sich aus einem tiefen Elend emporrafft und uns dadurch zur Achtung zwingt. ... Von der Macht, die wir allein als allmächtig denken können, werden wir alle im Laufe unseres Lebens verschiedenartig berührt, durch Vater und Mutter, durch die Menschen, mit denen wir täglich verkehren« (*W. Herrmann*, Schriften II, 166). Freilich bleibt diese durch fehlbare Menschen vermittelte Offenbarung notwendig immer gebrochen und fragmentarisch. Erst in der Begegnung mit dem Bilde Jesu, »wo wir an der einen Erscheinung des guten Willens sehen, daß er sich für die Feinde opfert, daß seine Kraft zubringt, sind wir im Innersten überwunden« (ebd., 167). Jesus Christus ist also für Herrmann weder die exklusive Offenbarung Gottes noch das Kriterium zur Beurteilung möglicher Offenbarungserlebnisse, er vermittelt lediglich den umfassendsten und nachhaltigsten Eindruck von Gottes Offenbarung, die für jeden individuell verschieden ist.

Schon die *Sittlichkeit* als die Voraussetzung der Religion sei, so Barth, nicht Gehorsam gegen objektiv gültige und darum den Menschen heteronom bestimmende »Normen, die von außen an den Menschen herantreten, sondern Besinnung und Willensrichtung auf eine Wahrheit und Autorität, die in ihm selber sich kundtut« (317). Achelis unterstellt in seiner Kritik, Barth lasse das Gesetz, dem der Mensch dann folge, Produkt seines autonomen Willens sein, wodurch einerseits die sittliche Gemeinschaft aufgehoben, anderseits die alleinige Normativität des göttlichen Willens geleugnet wäre. Demgegenüber wolle er die Autonomie des individuellen Willens inhaltlich durch die Theonomie bestimmt sein lassen (407), – ein Vorschlag, den Barth zurückweist, weil der Begriff Theonomie »die Sittlichkeit, die er erklären soll, insgeheim« voraussetze (481).[23] Denn natürlich sei das Sittengesetz »nicht das Produkt der Autonomie,

---

20 *W. Greive*, Der Grund des Glaubens, 104.
21 Ebd., 113ff.
22 *D. Korsch*, Fraglichkeit des Lebens, 39.
23 Das von Barth verwendete Zitat stammt aus: *I. Kant*, Grundlegung der Metaphysik der Sitten, BA 93, bezieht sich dort allerdings nicht auf den Theonomiebegriff, sondern den »ontologischen Begriff der Vollkommenheit«. Obwohl der »ontologische Begriff der Vollkommenheit« – nach Kant – »einen unvermeidlichen Hang hat, sich im Zirkel zu drehen, und die Sittlichkeit, die er erklären soll, insgeheim vorauszusetzen nicht vermeiden kann«, sei er besser »als der

sondern ihr transzendentales Prinzip, ihre ratio cognoscendi« (481). Das Sittengesetz ist, so wird man Barths Antwort interpretieren müssen, als allgemeines eben bereits göttlich und erweist einen Willen dann als autonom, wenn er mit ihm übereinstimmt. Aber auch wenn in diesem Sinne sittliche Autonomie im Allgemeingültigen verankert sei, so seien doch ihre Träger – mit Schleiermacher zu reden – Individuen und nicht Exemplare, und Sittlichkeit darum konkret immer individuelle Ausprägung des allgemeinen Sittengesetzes (481f). Schon Sittlichkeit ist also für Barth im Anschluß an Herrmann individuell und deshalb nicht in einem System von Normen zu fixieren, das theoretisch, d.h. als normative Theorie, vermittelbar wäre.

Analoges gelte im Blick auf das Erwachen und Leben der *Religion*, sei doch Religion nichts anderes als das Erlebnis einer Macht, der man sich unbedingt unterwerfen müsse. Zwar werde dieses Erlebnis vermittelt durch die Überlieferung oder das gegenwärtige Leben der Kirche, aber was dem einzelnen daraus zur Offenbarung werde, vermöge nur er selbst als einzelner zu beantworten (317). Auch in dieser Aussage sehen Achelis und Drews die Position eines extremen Subjektivismus. In der Tat mag man mit Achelis fragen, ob es dem subjektiven Bewußtsein überlassen bleiben dürfe, welche Äußerungen der Religion es als Offenbarung anerkennen wolle, und ob nicht vielmehr Jesus Christus der kritische Maßstab dessen sei, was als Offenbarung Gottes anzusprechen ist (408). Sieht man freilich genauer zu, so spricht Barth lediglich davon, daß das, was für einen Menschen *faktisch* Offenbarung *geworden* sei, auch nur von ihm selbst gesagt werden könne. Deshalb kann Barth in seiner »Duplik« der These zustimmen, daß der christliche Individualismus sich an Jesus Christus gebunden fühle. Denn das dem Menschen widerfahrende Machterlebnis sei ja nichts anderes als die – wieder mit Schleiermacher zu reden – »auf eine bestimmte Art affizierende Erscheinung Christi« (482). Allerdings – und hier vermutet Barth die eigentliche Differenz zu seinen Kritikern – »nur in der ›Affektion‹ dieses inneren Erlebnisses liegt das Normative, Objektive, Ewige« (484), nicht in einer »irgendwie restringierte[n] Ueberlieferung von der geschichtlichen Person Jesu« (483). Das religiöse Erlebnis ist also zwar Christuserlebnis, aber es kann als solches – ohne seine charakteristische Struktur zu verlieren – nicht zu normative Geltung beanspruchenden Dogmen verobjektiviert werden.[24] Denn »alles, was in Gedanken und Worte tritt, gehört

---

theologische Begriff, sie [sc. die Sittlichkeit] von einem göttlichen allervollkommensten Willen abzuleiten.«

[24] Solche Verobjektivierung sieht Barth vor allem in der Orthodoxie vorliegen, der Tendenz nach aber auch bei Achelis und Drews. Mit Recht weist *Chr. Schwöbel*, Einleitung, 18, darauf hin, daß es sich bei Barths Auseinandersetzung mit Achelis und Drews um einen »internen Streit in der ›modernen‹ Theologie« zwischen dem älteren Ritschlianismus und der Theologie Wilhelm Herrmanns handelt. Den schon beinahe standardisiert zu nennenden Orthodoxievor-

2.2. Sein Verständnis von Religion

selber schon wieder dem relativierenden Strom der Geschichte an und ist als Vergängliches nur ein Gleichnis« (484). Der schlechthin innerliche Glaubensakt ist scharf zu unterscheiden von seiner gedanklichen Gestaltung, von den ›Glaubensgedanken‹ – um den Herrmannschen Terminus zu gebrauchen –, wie sie im Neuen Testament, im Dogma, in der Theologie und in der Predigt zur Sprache kommen.

Barths Erlebnisbegriff[25] zeichnet sich durch äußerste Konzentration und Reduktion auf den im Erlebnis statthabenden Akt des Affiziertwerdens aus. ›Erlebnis‹ ist ihm weniger das in seiner bleibenden Bedeutung auf Dauer gestellte Erlebte, als vielmehr das Erleben in seiner baren Unmittelbarkeit, das als solches vorreflexiv ist und sich prinzipiell rationaler Fixierung und Mitteilung entzieht. Das heißt keineswegs, daß der Glaube sprachlos ist. Er äußert sich sehr wohl in Gedanken und Worten; aber diese Äußerungen bedienen sich zwangsläufig geschichtlich bedingter Zeichen, die als solche dem Glauben selber letztlich unangemessen bleiben.[26] Ihre Inadäquanz ist für Barth Ausdruck der Unverfügbarkeit des Glaubens als eines Geschehens zwischen Gott und Mensch. Im Interesse der Nichtobjektivierbarkeit des Glaubens sprach Barth von dem im Wesen der Sache liegenden ›Hiatus zwischen Theorie und Praxis‹. Inwiefern aber, so hatten wir gefragt, kann Barth gleichzeitig daran festhalten, daß beides aufeinander bezogen bleibt, wechselseitig füreinander relevant ist? Besteht die Funktion der Theologie etwa darin, die gerade auch in der Theologie nicht zu überspringende Nichtobjektivierbarkeit des Glaubens festzuhalten? Was aber ist dann eigentlich Theologie?

Zur Explikation seines *Theologiebegriffs* führt Barth den Begriff des ›historischen Relativismus‹ ein, der zwar nicht wie der des ›religiösen Individualismus‹ das Wesentliche, aber doch immerhin »ein nach außen besonders auffallendes Moment der individuell verstandenen Durchsetzung und Erneuerung des Lebens der Religion« zur Geltung bringe (318). Er ist damit gegeben, daß es für die Religion ein Gebot sittlicher Wahrhaftigkeit ist, ihre Offenbarungsquelle wissenschaftlich zu untersuchen, die Wissenschaft aber »keine absolute Größe« kennt. Was auf diese Weise freilich untersucht werden kann,

---

wurf, mit dem Barth seine Kontrahenten belegt, formuliert er mit einem Herrmannzitat, das an Ort und Stelle gegen Ritschl selber gerichtet war. Vgl. *W. Herrmann*, Christlich-protestantische Dogmatik, 337.
25 Zu Bedeutung und Geschichte des Begriffs im philosophischen Kontext vgl. *K. Cramer*, Art. Erleben, Erlebnis, 702-711. Zu Herrmanns Erlebnisbegriff, von dem der Barths weitgehend geprägt ist, siehe *Th. Mahlmann*, Das Axiom des Erlebnisses; und *P. Fischer-Appelt*, Metaphysik, 158-161.
26 Barth folgt auch hierin seinem Marburger Lehrer, der ganz ähnlich davon gesprochen hatte, daß das religiöse Erlebnis nicht in Gefühlen verklinge, sondern sich in Glaubensgedanken vollende, gleichzeitig aber auch die These vertreten hatte, daß Religion »in ihrer Tiefe ein unmittelbares Geheimnis«, ja »das Unsagbare« sei: *W. Herrmann*, Der Verkehr des Christen mit Gott, 29f u. 35-37; dazu: *M. Beintker*, Die Gottesfrage, 85-87.

ist nicht der individuelle Glaubensakt selber, der solchem Zugriff entzogen ist, sondern die historisch bedingten ›Glaubensgedanken‹.[27] Die Theologie als die Wissenschaft, derer sich die Religion dabei bedient, hat also wesentlich historischen Charakter. Sie konfrontiert die Glaubensaussagen mit dem allgemeinen Wahrheitsbewußtsein. Offenbar sollen die Glaubensaussagen nicht nur durch ihre Quelle, das religiöse Erlebnis, normiert sein; darüber hinaus dürfen sie auch der wissenschaftlichen Wirklichkeitserkenntnis nicht zuwiderlaufen. Man ist allerdings versucht zu fragen, was dabei denn wirklich auf dem Spiel steht oder welchen Nutzen es haben soll, wenn Religion doch gerade nicht auf historisch erhebbaren, »allgemeingiltigen Tatsachen« (319), sondern einem individuellen »verabsolutierenden Werturteil« beruht (483).

Wir stehen hier bei der für Barth zentralen Frage nach der Funktion, die der Theorie im Blick auf die Praxis zukommt. Sie besteht in zweierlei[28]: *Erstens* leistet die wissenschaftliche Untersuchung insofern »ein Stück ›Weltüberwindung‹«, als sie den welthaften, geschichtlichen Charakter jeder Überlieferung aufdeckt und durch Relativierung des historischen Apparats von Vorstellungen und Begriffen den einzelnen nötigt, »selber Stellung zu ihnen zu nehmen, d.h. sich selber vor die Frage zu stellen, ob und inwiefern sie Ausdruck auch seines Glaubens sind« (319). Die Theologie als historische Wissenschaft dient also dem Glauben, indem sie ihn davor bewahrt, sich auf vermeintliche historische Sicherheiten zu stützen.[29] Neben dieser kritischen Funktion hat sie *zweitens* aber auch eine heuristische. Denn sie ist imstande, »dem Leben der Gegenwart immer neue Anregung und Förderung zu bringen« (318). Für Achelis und Drews ist eine solcherart positive Einschätzung einer auf historischem Relativismus beruhenden Wissenschaftlichkeit unannehmbar. Achelis wird Barth freilich auch hier nicht gerecht, wenn er ihm unterstellt, er meine »auf solchem historischen Relativismus sein religiöses Leben aufbauen zu können« (409; ähnlich Drews: 477f). Dennoch bleibt ihre Frage, woran Verkündigung und Theologie eigentlich ihre Kriterien haben. Gewiß sollen sie Ausdruck des individuellen Christuserlebnisses sein und sich in den Rahmen des allgemeinen Wahrheitsbewußtseins einfügen. Aber heißt dies nicht doch, daß

---

27 Dies scheinen mir *E. Lessing*, Das Problem der Gesellschaft, 29, und in seinem Gefolge *U. Dannemann*, Theologie und Politik, 27, zu übersehen, wenn sie als Barths Meinung referieren, der christliche Glaube könne, da er keine allgemeingültigen theologischen Axiome kenne, »nur eine Untersuchung des Wahrheitsgehaltes des persönlichen Grundes der Religion, des religiösen Erlebens, erstreben« und müsse sich damit »der Relativität aller menschlichen Erkenntnis aussetzen« (*E. Lessing*, ebd.).
28 Siehe: *W. Herrmann*, Der Verkehr des Christen mit Gott, 60f; *ders.*, Schriften I, 167. Vgl. dazu auch: *G. König*, Die systematische Funktion der historischen Forschung, 53-69 (zu Herrmann) und 158-161 (zu Barth).
29 Ebeling hat diese Funktion der historisch-kritischen Methode als Konsequenz reformatorischen Rechtfertigungsglaubens zu erweisen versucht: *G. Ebeling*, Die Bedeutung der historisch-kritischen Methode.

2.2. Sein Verständnis von Religion

der Zirkel subjektiver Erfahrung faktisch nicht verlassen werden kann?[30] Und wenn dies so ist, steht dann nicht zu befürchten, daß Theologie in eine Vielzahl konkurrierender Entwürfe auseinanderbricht, die miteinander nicht mehr kommunikabel sind?

Barth scheint nach dem von Achelis und Drews so massiv erhobenen Subjektivismusvorwurf diesen Einwand geahnt zu haben. Jedenfalls führt er im Schlußabschnitt seiner »Duplik« den Begriff des (nicht ›religiösen‹, sondern) ›theologischen Individualismus‹ ein und behauptet unter Berufung auf Schleiermacher, »inneres Korrektiv gegen die Gefahr der Entartung zum ›Subjektivismus‹« sei, daß er alle christliche Lehre, Dogmatik und Ethik ebenso wie die Predigt, als Funktion der Kirche verstehe. Der einzelne habe an der Kirche nur teil, indem er sich ihr unterstelle. Letztes (heuristisches und regulatives) Kriterium christlicher Verkündigung und Lehre sei darum der Gedanke der Kirche, d.h. was der lebendigen Entwicklung der Kirche dienlich sei (485). Man kann mit Recht Zweifel anmelden, ob durch die Bindung des Theologen an die Kirche ein hinreichendes Korrektiv gegen die Gefahr des Subjektivismus gegeben ist, solange das, was Kirche ist und ihr dient, wiederum nur individuell zum Ausdruck gebracht werden kann.[31] Man muß bei solcher Kritik aber auch berücksichtigen, daß Barth davon ausgeht, daß Gott sich in religiösen Subjekten und vermittels ihrer im Handeln der Kirche tatsächlich durchzusetzen vermag. Mögen auch die Äußerungen des Glaubens aufgrund ihrer individuellen Bedingtheit eine gewisse Vielfalt zeigen, so sind sie doch Äußerungen desselben Glaubens und unterliegen insofern nicht einfach subjektiver Beliebigkeit. Denn im Kern ist das religiöse Erlebnis, weil und sofern sich in ihm derselbe Gott offenbart, bei allen Gläubigen identisch (482).[32]

Aufgrund dieser Voraussetzung sieht Barth den ›modernen‹ Theologen in ganz anderer Weise als den orthodoxen existentiell in Pflicht genommen. Da Theologie und Verkündigung sich nicht mittels objektiver Kriterien normieren lassen, kommt es darauf an, in äußerster subjektiver Wahrhaftigkeit zu leben. Dies macht die Schwierigkeit aus, in die der ›moderne‹ Theologe versetzt ist und die ihm mehr als anderen die ›Reichsgottesarbeit‹ erschwert; eine Schwierigkeit allerdings, die unumgänglich ist, weil sie im Wesen des Glaubens als eines nicht objektivierbaren Erlebens begründet ist. Sich diese Schwierigkeit zu Bewußtsein zu bringen, bedeutet aber nicht notwendigerweise, vor ihr zu kapitulieren. Es scheint mir darum in der Tat ein allerdings bezeichnendes Mißver-

---

30 Nichts scheint mir dieses Grundproblem besser zu verdeutlichen als Barths Auskunft, die Aufgabe religiöser Gedankenbildung sei für jeden modernen Theologen ein Gewissensproblem und »nur in innigstem Zusammenhang mit seiner eigenen sittlich-persönlichen Entwicklung lösbar« (320).
31 So auch: *H. W. Frei*, The Doctrine of Revelation, 25f.
32 Vgl. *W. Herrmann*, Schriften II, 158.

ständnis der Intention Barths zu sein, wenn Achelis und Drews aus seinem Aufsatz den Vorwurf herauslesen, die ›moderne‹ Theologie mache unfähig zur Praxis (406 u. 478); m.E. mit Recht weist Barth diese Unterstellung von sich (486). Der behauptete Hiatus zwischen Theorie und Praxis dient ihm ja gerade nicht zur Legitimation einer theorielosen Praxis, sondern ist ihm lediglich Hinweis auf die je verschiedene Funktion beider. Mit ›Praxis‹ ist hier freilich immer religiöse Praxis gemeint. Wie sich diese Glaubenspraxis zur politischen Praxis des Christen verhält, wird in diesem frühen Aufsatz nicht thematisiert. Barth spricht, in der Nachfolge Wilhelm Herrmanns, lediglich von ›Sittlichkeit‹ (als der Vorstufe der Religion), nicht vom sittlichen *Handeln*. ›Sittlichkeit‹ ist in diesem Kontext wesentlich als *innere* Haltung des Gehorsams gegenüber dem Sittengesetz zu verstehen; auf die Autonomie des Willens, auf die sittliche Gesinnung kommt es Barth hier an, während das *äußere* Handeln in seiner konkreten Gestalt und in seinem Verhältnis zur Gesinnung unreflektiert bleibt.

Fassen wir zusammen: Barth versteht Theologie als Theorie religiöser Praxis. Dies impliziert einerseits, daß sie eine Theorie des religiösen Erlebens auszuarbeiten, und andererseits, daß sie die individuellen Glaubensgedanken einer historisch-kritischen Analyse zu unterziehen hat. In dieser Weise auf den Glauben bezogen, bleibt sie doch ihres reflexiven Charakters wegen von ihm unterschieden. Offen ist dabei bisher durchaus noch, wie angesichts dieses Verhältnisses theologische Begriffsbildung konkret zu verfahren hat. Der Glaube selber wird als religiöse Praxis interpretiert, d.h. als Geschehen, in dem Gott sich dem Menschen unmittelbar mitteilt. Hier ist nach den bisherigen Ausführungen Barths noch unklar, wie die Relation von Offenbarung und Glaube zu denken ist, wie das religiöse Erlebnis eigentlich zustande kommt und wodurch es vermittelt wird. Vor allem diesen letzteren um das Verständnis des Glaubens zentrierten Fragen wenden wir uns zunächst zu.

2.2.2. Glaube als religiöse Individualität

Am 5. Oktober 1910 hält Barth auf der deutschen Pastoralkonferenz der Westschweiz in Neuenburg ein Referat über das Thema »Der christliche Glaube und die Geschichte«, das 1912 in erweiterter Form in der »Schweizerischen theologischen Zeitschrift« veröffentlicht wird.[33] In einem Brief vom 31. Dezember

---

33   *K. Barth*, Der christliche Glaube und die Geschichte, in: SThZ 29 (1912), 1-18 und 49-72. Seitenzahlen ohne weitere Angaben beziehen sich im folgenden stets auf diesen Aufsatz. – Siehe zur Interpretation: *H. U. v. Balthasar*, Karl Barth, 221-225; *H. W. Frei*, The Doctrine of

2.2. Sein Verständnis von Religion

1910 berichtet er darüber an Rade, die Zuhörer hätten seine »Expektoration ruhig über sich ergehen lassen« und sogar anerkannt, daß »mit der modernen Theologie vielleicht zu reden sei... Ihnen wird es vielleicht Spaß machen, daß ich zu *Troeltschs* RGG-Artikeln eine ausgesprochen *feindselige* Haltung eingenommen habe. Ich konnte nicht anders. Er führt uns bestimmt mit allen seinen vielversprechenden Programmen nur *tiefer in den Sumpf hinein*.«[34] Ganz ähnlich schreibt Barth am 19. März 1912, als er gerade mit der Fahnenkorrektur des Aufsatzes beschäftigt ist, an seinen Bruder Peter: »Für die meisten Landgeistlichen, die lesen, ist es wohl zu schwer und zu eigentümlich. Hoffentlich haben sie wenigstens den vagen Eindruck, daß es mit Troeltsch sicher nichts ist.«[35] Der Aufsatz will also auch als Dokument der Auseinandersetzung der Herrmann-Schule mit Troeltsch gelesen werden. Denn dessen Name bezeichnet für Barth »die Grenze, diesseits derer ich der damals herrschenden Theologie die Gefolgschaft verweigern zu müssen meinte«, wie er sich 1927 in der autobiographischen Skizze für das Münsteraner Fakultätsalbum erinnert.[36] Von diesem Schulgegensatz her hat offenbar auch Ernst Troeltsch Barths Aufsatz zu verstehen gesucht und es bei einer knappen Antwort auf einer Karte vom 26. April 1912 bewenden lassen: »Sehr geehrter Herr Pfarrer! Ich danke Ihnen sehr für die loyale Zusendung Ihrer doch wesentlich gegen mich gerichteten Abhandlung über Glaube und Geschichte. Ich habe in früheren Jahren diesen Standpunkt behaupten zu können gemeint, er erwies sich mir aber als unhaltbar und als lediglich für Orthodoxe allenfalls wirksam. Ich verstehe aber auch das Überlegenheitsgefühl, mit dem man von einem solchen Standpunkt auf eine so stark tastende Arbeit wie meine herabsehen kann, und lasse es mir gern gefallen. Ergebenst E. Troeltsch«.[37] Troeltschs Stellungnahme ist übrigens die einzige bislang bekanntgewordene zeitgenössische Reaktion auf Barths Aufsatz. Trotz des bekannten Barthschen Verdikts von 1927, »Der christliche Glaube

---

Revelation, 33-49; *W. Groll*, Ernst Troeltsch und Karl Barth, 33-54; *J. Zengel*, Erfahrung und Erlebnis, 31-39; und *I. Spieckermann*, Gotteserkenntnis, 21-40. *C. van der Kooi*, Anfängliche Theologie, 21-50.
34 BwRa 78. Bei den erwähnten Lexikonartikeln handelt es sich um die Art. »Glaube: III. Dogmatisch« und »Glaube: IV. Glaube und Geschichte« in: RGG[1] II, 1437-1456, die allerdings erst kurz nach Barths Vortrag erschienen. Die in der publizierten Fassung enthaltenen kritischen Passagen zu Troeltsch stammen also im wesentlichen aus der Zeit November/Dezember 1910, als Barth sein Referat für den Druck überarbeitete. Vgl. dazu *W. Groll*, Ernst Troeltsch und Karl Barth, 33f. Vgl. zur Kritik an Troeltsch auch Barths Vortrag »La réapparition de la métaphysique dans la théologie« vom 31.5.1911 vor der »Société pastorale suisse de Genève« (unveröffentlicht; Karl Barth-Archiv, Basel).
35 Zitiert nach: *H. Ruddies*, Karl Barth und Ernst Troeltsch, 234.
36 BwBu 305. Vgl. zur Diskussion zwischen Herrmann und Troeltsch: *K.-E. Apfelbacher*, Frömmigkeit und Wissenschaft, bes. 137f u. 232-237; sowie *H. Ruddies*, Karl Barth und Ernst Troeltsch, 231-234.
37 Zitiert nach *W. Groll*, Ernst Troeltsch und Karl Barth, 34.

und die Geschichte« wäre besser ungedruckt geblieben[38], wird man auf eine sorgfältige Interpretation dieses Textes kaum verzichten dürfen. Ergänzend dazu ist das (Fragment gebliebene und bisher unveröffentlichte) Manuskript »Ideen und Einfälle zur Religionsphilosophie« zu berücksichtigen, das möglicherweise als Vorarbeit für die geplante, bald aber aufgegebene Promotion gedacht war und wegen seiner inhaltlichen Parallelen zum Neuenburger Vortrag vermutlich um 1910 in Genf entstanden ist.[39]

Barths Aufsatz entfaltet die Frage nach dem Wesen des Glaubens als Frage nach seiner Entstehung und Wirkung, als Frage nach seinem Geschichtsbezug (1f). Dies impliziert Barth zufolge die Aufgabe, »unter voller Voraussetzung und Anerkennung des historischen Relativismus die eigentümlich religiöse und von da aus theologische Methodik nachzuweisen, kraft deren ein absolutes Verhältnis zur absoluten Geschichte, kraft deren Glaube und Offenbarung bestehen, die Methodik des tatsächlichen Enstehens und Bestandes des christlichen Gotteserlebens in der Geschichte« (4). Von religiöser ›Methodik‹ oder – an anderer Stelle – von der ›Methodik des Glaubens‹ (1f) zu sprechen setzt voraus, daß Religion bzw. Glaube Geschehnisse sind, die einen bestimmten feststellbaren Verlauf nehmen und insofern gleichsam einem Schema folgen, das ihrem Wesen entspricht und theologisch beschrieben und gedeutet werden kann.[40] Die Faktizität des Glaubensvorganges selbst und seiner ›Methodik‹ ist dabei für Barth der nicht hinterfragbare Ausgangspunkt (72). Sie kann nur deskriptiv-phänomenologisch erfaßt werden durch eine psychologische Beschreibung des Glaubensaktes, die dann im zweiten, dem konstruktiven Teil des Aufsatzes religionsphilosophisch und dogmatisch interpretiert und begründet wird. In diesen Argumentationsgang eingeschoben ist eine skizzenartige Darstellung und Kritik der Verfallsgeschichte des Glaubensverständnisses. Ich beginne mit diesem Einschub.

---

38 BwBu 306. Der Grund für diese Distanzierung ist mit *W. Groll*, Ernst Troeltsch und Karl Barth, 34 Anm. 37, u.a. darin zu sehen, daß der Aufsatz ein Stadium in Barths theologischer Entwicklung repräsentiert, in dem dieser noch meinte, »idealistisch-romantische und reformatorische Theologie sehr wohl in mir vereinigen zu können« (BwBu 306).
39 *K. Barth*, Ideen und Einfälle zur Religionsphilosophie (unveröffentlicht; Karl Barth-Archiv, Basel). – Vgl. *E. Busch*, Karl Barths Lebenslauf, 69.
40 ›Methodik‹ meint dann aber gegen *J. Zengel*, Erfahrung und Erlebnis, 32, nicht »Topologie« im Sinne einer »Einordnung bzw. Ausgrenzung des Glaubensbegriffes und strenge[r] Systematisierung seines Bezugsrahmens«. Denn Barth ist es erklärtermaßen nicht um den Glaubensbegriff, sondern um die konstitutionstheoretische Beschreibung eines realen Vorgangs zu tun (4). Seine Verwendung des Terminus ›Methodik‹ folgt dem neukantianischen Sprachgebrauch und bezeichnet allgemein das Verfahren, das einen bestimmten Vorgang als solchen konstituiert. In diesem Sinne spricht beispielsweise auch *H. Cohen*, Der Begriff der Religion, 107, von »der religiösen Methodik«. Vgl. zum neukantianischen Methodenbegriff: *F. Kambartel/R. Welter*, Art. Methode, 1326f.

2.2. Sein Verständnis von Religion

(1) Zur Kritik des traditionellen Glaubensverständnisses. – Schon in den Zeiten der Apostel, so Barth, habe sich die Frage erhoben, wo die den Glauben begründende Anschauung der Person Jesu autoritativ gegeben sei. Der Antwort des Paulus, jeder Gläubige habe sie in sich, habe die katholische Kirche Kanon, Glaubensregel und Bischofsamt als sichtbare Instanzen entgegengesetzt, deren geschichtliche Autorität den Inhalt des Glaubens verbürgen sollte. Der Glaube sei dabei aber unversehens zu einem Fürwahrhalten geschichtlich überkommener Lehre geworden. Dieser Entwicklung habe auch die Reformation, obwohl bestrebt die paulinische Wahrheit wieder zur Geltung zu bringen, letztlich nicht wehren können; schon die nachfolgende altprotestantische Orthodoxie habe Schrift und Glaubensregel als sichtbare Autoritäten verstanden, an die sich der Glaube halten konnte und halten mußte. Der Glaubensbegriff sei auch hier intellektualistisch geblieben. Als rationale Zustimmung (assensus) zur kirchlichen Lehre, mittels deren sich der Mensch das ihm objektiv gegenüberstehende ›geschichtliche Heil‹ aneigne, sei der Glaube eine vom Menschen zu erbringende intellektuelle Leistung.[41] Das mit diesem Glaubensbegriff korrespondierende Geschichtsverständnis reduziere Geschichte auf vergangene Heilstatsachen, die – zu einer historia sacra geronnen – Gegenstand des Glaubens würden (7-13).

Seine Kritik an einem solcherart charakterisierten Glaubensverständnis führt Barth auf drei Linien vor (13-18): Erstens müsse dogmatisch-ethisch gegen jenen Glaubensbegriff eingewandt werden, daß er auf »intellektuelle Unredlichkeit, auf Selbsttäuschung, auf Werkgerechtigkeit« hinauslaufe (18). Zweitens habe sich historisch gezeigt, daß es auf Dauer nicht möglich ist, eine auf kirchliche Autorität hin ausgegrenzte Provinz des Wissens dem Zugriff wissenschaftlicher Rationalität zu entziehen. Und drittens sei durch die Entwicklung der Philosophie von Descartes über Lessing zu Kant und Fichte schließlich der Begriff geschichtlicher Autorität überhaupt obsolet geworden, da er nicht bestehen könne vor der Autonomie des Bewußtseins. Angesichts dieses Befundes schlägt Barth vor, die übliche Gegenüberstellung von ›Glaube‹ und ›Geschichte‹ aufzulösen zugunsten einer »Ineinanderstellung der beiden Faktoren« (71). Wie Barth sich jenes ›Ineinanderstellen‹ denkt, faßt er in folgender Formel zusammen: »Die wirksame Geschichte ist der gewirkte Glaube« (58 u.ö.). Diese allerdings kaum unmittelbar verständliche oder gar einleuchtende Hauptthese des Barthschen Aufsatzes gilt es nun im einzelnen zu interpretieren. Ich beginne mit einer Analyse dessen, was Barth unter ›gewirkter Glaube‹ im Gegenüber zu den allgemeinen Funktionen der Vernunft versteht.

---

41 Vgl. zu Barths Referat des reformatorischen und orthodoxen Glaubensverständnisses: *W. Herrmann*, Der Verkehr des Christen mit Gott, 170-179.

(2) Glaube und Vernunft. – Psychologisch-phänomenologisch gesehen ist der Glaube nach Barths Auffassung als ›Gotteserlebnis‹ zu bestimmen, d.h. als »unmittelbares Bewusstsein von der Gegenwart und Wirksamkeit der übermenschlichen, überweltlichen und daher schlechthin überlegenen Lebensmacht« (5). Es handelt sich bei diesem Erlebnis »um die Erhebung des Individuums zum Trans-Individuellen und ... die Einsenkung des trans-individuellen Lebens in das Individuum«, in der der Gläubige »seine *Realitätsbeziehung* oder sein ewiges Lebendig-Werden« erfährt (5). Das heißt: Im Glauben erfährt das Individuum sein Eingebundensein in einen lebendigen, über das Individuum hinausreichenden Zusammenhang. Denn das unmittelbare Bewußtsein von einer auf das Individuum wirkenden Kraft setzt das Individuum mit einer Realität in Beziehung, die sich außerhalb seiner selbst vollzieht. »Damit ist aber der Glaubensvorgang bereits verankert im *Geschichts*vorgang. Der Glaube blickt rückwärts in eine Vergangenheit und er blickt vorwärts in eine Zukunft. Er hat etwas empfangen und er will etwas schaffen« (5). Im Glauben erfährt das Individuum seine Geschichtlichkeit.

Damit ist eine wichtige Vorentscheidung hinsichtlich der für Barth zentralen Frage nach dem Verhältnis des Glaubens zur Vernunft, d.h. zu den apriorischen Bewußtseinsfunktionen des Denkens, Wollens und Fühlens, dem ›Kulturbewußtsein‹, wie die Marburger Neukantianer zu sagen pflegen, gefallen. Denn als das »geschichtliche Moment par excellence« (6) kann der Glaube nicht in dem Sinne, wie dies für die Funktionen der Vernunft gilt, allgemein und notwendig sein. Als etwas Individuelles, Kontingentes, Geschichtliches liegt er auf einer ganz anderen Ebene. Daraus folgt für Barth erstens, daß etwa die mit dem Namen Ernst Troeltsch verbundene Vorstellung eines ›religiösen Apriori‹ falsch und zweitens, daß die Selbständigkeit der Religion erwiesen ist.[42]

Der Begriff des ›religiösen Apriori‹ umschreibt für Troeltsch[43] allerdings weniger eine Lösung als vielmehr ein Problem, das Problem nämlich, ob es möglich ist, die Wahrheit religiöser Phänomene und Ideenbildungen von

---

42 Vgl. z.B.: »Ebenso verkehrt ist aber der Versuch, die Religion in Form eines religiösen apriori als allgemeingültige, dh. transzendental notwendige Bewußtseinsform dem Erkennen, Wollen, Fühlen zur Seite zu stellen und sie dem Kulturbewußtsein einzugliedern. a) Die Religion wird damit gegen ihre eigenen Aussagen aus einer individuell unendlich verschiedenen Lebensoffenbarung zu einer a priori vorhandenen und notwendigen Zuständlichkeit gemacht. b) Und es entsteht andererseits für die Religion der Kultur gegenüber der Schein einer willkürlichen, je nachdem überflüssigen oder kulturschädlichen Überhebung über die Realitätsbeziehung in der Logik, Ethik, Ästhetik (Cohen).« (*K. Barth*, Ideen und Einfälle).
43 Troeltsch hat sich meist nur en passant dazu geäußert. Siehe bes. *E. Troeltsch*, Das Historische in Kants Religionsphilosophie; *ders.*, Psychologie und Erkenntnistheorie in der Religionswissenschaft; und *ders.*, Zur Frage des religiösen Apriori, in: Ders., Schriften II, 754-768. Vgl. dazu: *K.-E. Apfelbacher*, Frömmigkeit und Wissenschaft, 132-139; *G. Becker*, Neuzeitliche Subjektivität, 312-318.

2.2. Sein Verständnis von Religion

Schein und Irrtum zu unterscheiden.[44] Troeltsch ist davon überzeugt, daß der Mensch dazu fähig sein müsse aufgrund eines ›religiösen Apriori‹, d.h. eines in den religiösen Bewußtseinszuständen vorauszusetzenden »rationalen Kern[s]«[45], durch den ihm die Offenbarung überhaupt erst verstehbar werde.[46] Die konkrete Bestimmung dieses Apriori hat Troeltsch freilich für eine ungelöste Aufgabe gehalten.

Barths Kritik an dieser Problemstellung folgt ganz der Herrmanns.[47] In ihr fließen im wesentlichen zwei Argumente zusammen: Erstens interpretiert Barth Troeltschs Insistieren darauf, daß Glaube Erkenntnis sei, als Rückfall »*hinter* § 3 der Glaubenslehre Schleiermachers« mit deren Abgrenzung des Glaubens gegen Wissen und Tun. Indem Troeltsch den Glauben als »religiöse Denk- und Erkenntnisweise«[48], d.h. letztlich als ›Wissen‹ definiere, verwische er die »Unterscheidung der Fragestellungen, die doch allmählich selbstverständlich sein sollte« (2 Anm. 1), nämlich die Unterscheidung zwischen Glaube und Glaubensgedanken, zwischen Religion und Theologie. Daraus folgt für Barth, daß Troeltsch »›anstatt in der Sache zu leben‹ und *von da aus* über die Sache zu reden, die Geschichte und den Glauben als historisch-objektive Phänomene und deshalb selbstverständlich als *zwei getrennte Phänomene* behandeln« müsse (65), während er selbst gerade mit seinem Aufsatz nachweisen will, daß Glaube und Geschichte eins sind. Damit hängt zweitens zusammen, daß Barth »die Vorstellung eines ›religiösen Apriori‹ als contradictio in adjecto« bezeichnet (54 Anm. 1). Denn für ihn hat es der Glaube »mit konkret-einzeln-wirklichem Geschehen, mit *Geschichte* zu tun«, das Apriori aber lediglich »mit der transszendental-allgemein-gesetzlichen Möglichkeit des Geschehens« (54).[49] Er übersieht dabei allerdings, daß Troeltsch den Glauben keineswegs mit dem religiösen Apriori gleichsetzt. Das religiöse Apriori ist nach Troeltsch vielmehr rein formal zu verstehen; es bedarf – soll es zum Glauben kommen – der inhaltlichen Füllung.[50] Für sich genommen stellt es, wie Troeltsch eigens hervorhebt, eine Abstraktion dar, die »nie und nimmer selbst

---

44 Vgl. *E. Troeltsch*, Psychologie und Erkenntnistheorie, 51.
45 Ebd., 48.
46 Ebd., 47: »Die wirkliche Mystik der Religion besteht aber in der inneren Verschmelzung von reiner Religion und Erregung, in der Erfüllung der Religion mit Inhalt aus der Erregung und in der Verbindung der Erregung mit der in ihr gegenwärtigen Offenbarung und Selbstmitteilung der Gottheit.«
47 Vgl. *W. Herrmann*, Schriften II, 3 u. 32-42.
48 Barth zitiert hier *E. Troeltsch*, Art. Glaube: III. Dogmatisch, RGG¹ II, 1440.
49 Ähnlich auch *K. Barth*, La réapparition de la métaphysique (unveröffentlicht; Karl Barth-Archiv, Basel): »C'est une contradictio in adjecto que de parler d'un apriori religieux. Un apriori ne saurait être qu'une forme, qu'une possibilité de la conscience. La religion en est la réalisation, l'actualisation et il ne faudrait pas parler d'un apriori religieux parce que cela signifierait l'apriori de la réalisation et il faudrait rechercher un nouveau principe qui nous assurerait de la réalisation de cette possibilité aprioristique de réalisation.«
50 Siehe oben Anm. 46.

für die eigentliche Religion gehalten werden darf. Sie ist nur das rationale Apriori der psychischen Erscheinungen, aber nicht die Ersetzung der Erscheinungen durch die von Trübung freie Wahrheit.«[51]

Mir will scheinen, daß Barths (noch genauer zu untersuchende) eigene Theorie des ›religiösen Individualismus‹ als derjenigen allgemeinen Form des Bewußtseins, in der die Offenbarung geschichtlich gegeben sei, zumindest eine gewisse Nähe zu dem aufweist, was Troeltsch das ›religiöse Apriori‹ nennt. Daß es Barth dabei mehr um die Erlebbarkeit der Offenbarung, Troeltsch mehr um ihre Verstehbarkeit geht, wäre dann eher als unterschiedliche Nuancierung innerhalb eines ähnlichen erkenntnistheoretischen Modells zu interpretieren.

Die zweite Konsequenz, die Barth aus dem geschichtlichen Charakter des Glaubens zieht, ist die, Religion nicht in Kultur aufgehen zu lassen, sondern von ihr strikt zu unterscheiden. Diese Unterschiedenheit möchte Barth nun freilich nicht als beziehungsloses Nebeneinander verstanden wissen. So stellt sich Barth in seinen religionsphilosophischen »Ideen« die Aufgabe, nicht nur »die Andersartigkeit der Religion neben den übrigen Bewußtseinsformen«, sondern darüber hinaus den »innerlich *notwendigen* Zusammenhang« von Religion und Kultur nachzuweisen.[52] Barth ist sich dessen bewußt, daß diese im Marburger Neukantianismus diskutierte Frage nach dem Verhältnis von Religion und Kultur als »Abfall von Herrmannns theologischen Prinzipien« beurteilt werden könnte; jedoch »mit Unrecht«, wie er meint.[53]

EXKURS: ZUR RELIGIONSPHILOSOPHIE DES MARBURGER NEUKANTIANISMUS[54]

In eigenständiger Weiterführung seiner Kantinterpretationen geht Hermann Cohen in seinem philosophischen System davon aus, daß es lediglich drei menschliche Grundvermögen gibt: Denken, Wollen und Fühlen, aus denen drei Richtungen des Kulturbewußtseins hervorgehen: das theoretische, sittliche und ästhetische Bewußtsein. Aufgabe der Philosophie sei, kritisch nach den Erkenntnisbedingungen dieser drei Richtungen und der ihnen zugeordneten Wissenschaften zu fragen, indem sie die apriorischen Elemente herausarbeitet, durch die wissenschaftliche Erfahrung methodisch rein erzeugt werden kann.

Die ›Methode der Reinheit‹ impliziert – und hier setzt sich Cohen bewußt von Kant ab –, daß nichts vorausgesetzt werden darf, was dem Denken gegeben wäre (*H. Cohen*, Logik der

---

51 *E. Troeltsch*, Psychologie und Erkenntnistheorie, 44.
52 »a) Also darf die Religionsphilosophie der Religion im Verhältnis zur Kultur nicht eine gleichgültige oder negative Stellung anweisen, sondern notwendig eine *positive*. b) Und zwar genügt es nicht, die Andersartigkeit der Religion neben den übrigen Bewußtseinsformen nachzuweisen, sondern sie muß, wenn anders eine einheitliche Gesamtanschauung des Bewußtseins Aufgabe der wissenschaftlichen Theologie ist, in innerlich *notwendigen* Zusammenhang mit jener gesetzt werden« (*K. Barth*, Ideen und Einfälle).
53 Ebd.
54 Vgl. zum Folgenden: *H. L. Ollig*, Religion und Freiheitsglaube; und *M. Dreyer*, Die Idee Gottes im Werk Hermann Cohens. Siehe auch den Exkurs zu Cohen in: *C. van der Kooi*, Anfängliche Theologie, 36-38, in dem allerdings auf die neukantianische Religionsphilosophie kaum eingegangen wird.

2.2. Sein Verständnis von Religion

reinen Erkenntnis, 27). Das Denken gelange zu reinen Erkenntnissen vielmehr nur, indem es erzeuge, was es als gegeben denke (ebd., 81f). Daß es dazu in der Lage sei, werde durch das Prinzip der Infinitesimalmethode sichergestellt, aufgrund dessen das Denken seinen eigenen Ursprung denken und sich so selbst erzeugen könne (ebd., 34f): »Denken ist Denken des Ursprungs« (ebd., 36). Dies gelte nicht nur für den »notwendige[n] Anfang des Denkens«, der Ursprung müsse sich vielmehr »in allem Fortgang ... als das treibende Prinzip betätigen. Alle reinen Erkenntnisse müssen Abwandlungen des Prinzips des Ursprungs sein« (ebd.). Denken sei als die Einheit von Erzeugung und Erzeugnis ›Hypothesis‹, d.h. Grundlage im Sinne von ›Grundlegung‹ des kritischen Idealismus. Die so begründete »Logik der reinen Erkenntnis« (1902, ²1914) legitimiert die mathematische Naturwissenschaft, indem sie die Momente herausarbeitet, mit deren Hilfe das Denken den Naturgegenstand apriori erzeugen kann.

Parallel dazu soll in Cohens »Ethik des reinen Willens« (1904, ²1907) als der »Lehre vom Begriff des Menschen« (ebd., 3) der Begriff des ›sittlichen Selbst‹, wie er von den Rechts- und Staatswissenschaften vorausgesetzt werden muß, erzeugt werden. Interessanterweise bedarf es dazu nach Cohen des Begriffs des Mitmenschen: »Der Andere, der alter ego ist der Ursprung des Ich« (ebd., 212). Denn der reine Wille »vollzieht sich in der Handlung. Und zur Handlung gehören zwei Subjekte« (ebd.). Das sittliche Selbst erzeuge sich in der Handlung allerdings nur, sofern diese mit dem »im Staat und in der Menschheit als dem Staatenbunde« (ebd. 485) repräsentierten Gesamtwillen der Menschheit, dem Sittengesetz, in freier Unterordnung übereinstimme. Damit soll freilich Sittlichkeit keineswegs an faktisches Recht und empirische Staatsgebilde gebunden werden (vgl. ebd., 390, 393 und 615); die Reinheit der ethischen Reflexion erfordert im Gegenteil sogar völlige Unabhängigkeit von der (sittlichen) Wirklichkeit, und zwar gerade um des Zieles willen, »sie zu bändigen, zu meistern, zu verwandeln« (ebd., 391). Sittlichkeit ist darum niemals Realität, ihre Seinsart ist vielmehr das Ideal (ebd., 423). Die Erzeugung des Selbst aus dem Prinzip der Autonomie – d.h. für Cohen: aus dem Prinzip der Selbstgesetzgebung als einer Gesetzgebung zum Selbst (ebd., 339) – bleibt eine ewige sittliche Aufgabe des Menschen (ebd., 410).

Religion hat als solche keinen selbständigen Ort im System des kritischen Idealismus (*H. Cohen*, Religion und Sittlichkeit, 122). Zwar sei sie ein entscheidender Kulturfaktor; da sie ihre Inhalte aber nicht rein erzeugen könne, komme ihr auch nicht der Status einer Richtung des Kulturbewußtseins zu (ebd., 158). Sie steht allerdings in einem besonderen Verhältnis zur Ethik. Denn historisch gesehen, so versucht Cohen in seiner Schrift »Religion und Sittlichkeit« (1907) nachzuweisen, stellt sie ein Übergangsphänomen zwischen Mythos und Kultur dar. Sie unterscheide sich vom Mythos durch die zentrale Bedeutung, die der Sittlichkeit im Monotheismus der alttestamentlichen Propheten eingeräumt werde (ebd., 126f). Deshalb ist für Cohen das Judentum *die* Religion kat'exochen, gelte doch für das Judentum, daß »Gott sein Wesen ausschließlich in der Sittlichkeit [habe]. Er ist das Vorbild und Urbild der Sittlichkeit, welche der Mensch in ihren Handlungen kraft ihrer Freiheit zu betätigen haben. Der Mensch selbst ist Herr seiner Sittlichkeit... Nur als Ideal der menschlichen Handlung darf das Wesen Gottes gedacht werden« (ebd., 134). In mancher Hinsicht bleibt das Christentum hinter diesem Begriff von Religion wegen seiner Verhaftung in mythischen Vorstellungen zurück, so etwa in seiner personalen Gottesvorstellung, seiner Trinitätslehre und Christologie oder seiner Erlösungslehre.

Insofern freilich der rationale Kern von Religion Sittlichkeit ist, können ihre Inhalte »in die Richtung des ethischen Bewußtseins übergeleitet« werden (ebd., 151); die Losung für die Ethik als Wissenschaft laute: »Auflösung der Religion in Ethik« (*H. Cohen*, Einleitung, 64). So wird dann aus dem von Religion vertretenen »Interesse des Individuums« das für die Ethik grundlegende »Prinzip der Autonomie« (ebd.) und aus der religiösen Gottesvorstellung die philosophische Gottesidee, deren systematische Funktion darin besteht, »für die Einheit des Ideals die analoge Ewigkeit der Natur [zu] sichern« und auf diese Weise den logischen und ethischen Systemteil miteinander zu verbinden (*H. Cohen*, Ethik des reinen Willens, 440).[55] Daß damit »der Begriff Gottes in einen methodischen Begriff zusammenschrumpf[t]«, der lediglich den Kulturfortschritt garantieren soll, ficht Cohen nicht an (ebd., 447). Denn: »Person wird Gott im Mythos. Und die Religion bleibt im Bannkreis des Mythos, sofern sie den Begriff der Person auf das Wesen Gottes anwendet« (ebd. 453). Ebensowenig bedeutet Gott für Cohen »die Kraft, aus welcher der Mensch seine Sittlichkeit schöpfen kann, sondern lediglich das Musterbild, die Vorzeichnung, nach welcher er seine Handlungen einzurichten hat« (*H. Cohen*, Religion und

---

55 Vgl. zur systemimmanenten Problematik dieser Transformation des Gottesbegriffs: *M. Dreyer*, Die Idee Gottes, 167ff.

Sittlichkeit, 135). Auch das Sittengesetz habe seine Autorität nicht etwa, weil es als Gesetz Gottes verstanden werden müsse; seine Geltung beruhe vielmehr darauf, »daß der irrende, sündige Menschengeist selbst es zu erschaffen und vor der letzten Instanz der Menschenvernunft zu verantworten habe« (*H. Cohen*, Einleitung, 60; vgl. auch ebd., 61 und 66). Solange die Ethik freilich »noch nicht zur Reife« gekommen sei, verbleibe »der Religion ein aktueller Wert« insofern als sie eben ersatzweise Sittlichkeit fördere (*H. Cohen*, Religion und Sittlichkeit, 159).

Während Hermann Cohen Religion als ein Phänomen versteht, dessen rationale Gehalte in dieser Weise in Sittlichkeit überführt werden können, stellt es Paul Natorp, der zweite Hauptvertreter des Marburger Neukantianismus, in seiner Schrift »Die Religion innerhalb der Grenzen der Humanität« (1894, ²1908) in Zweifel, ob Religion wirklich in Sittlichkeit aufgehen könne. Einig sind sich freilich beide Philosophen darin, daß Religion keine Funktion des objektivierenden Bewußtseins ist, daß sie also keine vierte Richtung des Kulturbewußtseins neben Wissenschaft, Sittlichkeit und Kunst darstellt. Anders als Cohen bringt Natorp aber Religion mit Gefühl zusammen, – eine Verbindung, für die natürlich Schleiermacher Pate gestanden hat. Unter ›Gefühl‹ versteht Natorp nicht (wie Cohen) die ästhetische Funktion des Geistes (die Natorp vielmehr ›Phantasie‹ nennt), sondern »die Beziehung [des Bewußtseins] auf das Subjekt... Es bezeichnet nicht sowohl eine abgesonderte Provinz als vielmehr den gemeinsamen Untergrund alles seelischen Lebens« (*P. Natorp*, Religion innerhalb der Grenzen der Humanität, 33), das »alle Prozesse des Bewußtseins ohne Ausnahme begleitet« (ebd., 34). In diesem Gefühl habe Religion ihr Leben. Ging Natorp bis hierher noch mit Schleiermacher einig, so grenzt er sich nun auch von diesem ab, wenn er betont, daß die Religion nicht »Gefühl des Unendlichen« sei, sondern lediglich »die Unendlichkeit des Gefühls« zum Ausdruck bringe (ebd., 38). »Im eigentlichen Verstande hat weder das Gefühl einen Gegenstand, noch kann das Unendliche für ein endliches Subjekt überhaupt Gegenstand sein« (ebd., 44). »Denn ein wirkliches, faßbares Objekt erreicht es jenseits der Grenzen der theoretischen, ethischen und ästhetischen Gestaltung in der Tat nicht... Damit fällt der Transzendenzanspruch der Religion« (ebd., 46). An Religion ist deshalb nach Natorp nur soweit festzuhalten, »als sie innerhalb der Grenzen der Humanität beschlossen bleibt« (ebd., 49), d.h. als sie Verzicht auf objektivierende Aussagen leistet und sich lediglich als das Selbstbewußtsein begreift, welches das Kulturbewußtsein ständig begleitet.

Die daraus etwa für den Gottesbegriff zu ziehende Konsequenz führt uns wieder sehr nahe an bereits referierte Überlegungen Cohens heran: »An die Stelle der transzendenten Gottheit tritt dann – die Menschheit selbst; nicht als die Summe der menschlichen Individuen, die sind oder waren oder sein werden, sondern als die *Idee,* doch wiederum nicht als *bloße* Idee d.i. ewig fernes Ziel einer möglichen edleren Entwicklung des Menschengeschlechts, sondern dem Charakter des Gefühls entsprechend als die Idee zugleich mit ihrer *Wirksamkeit*, in ihrer denkbar innigsten Beziehung zu dem wirklichen *Leben*« (ebd., 52).

Wilhelm Herrmann, der in Marburg mit Cohen und Natorp in regem Austausch stand, sah in deren Variante des Neukantianismus die Wissenschaft, »mit der wir uns vor allem auseinanderzusetzen haben. Denn hier treffen wir auf eine Philosophie, die sich darauf beschränkt, die Ansprüche des Allgemeingültigen zu begründen« (*W. Herrmann*, Schriften II, 211). Die weitgehende Zustimmung zum philosophischen Ansatz der Marburger Kollegen hinderte ihn freilich nicht, an deren Religionsphilosophie entschieden Kritik zu üben. – Gegen Cohen betont er die Selbständigkeit der Religion gegenüber der Sittlichkeit. Richtig sei zwar, daß die Forderung ein Selbst zu werden, nur von der Ethik aufgestellt und allgemeingültig begründet werden könne; wie diese Forderung dann aber im konkreten Leben zu erfüllen sei, darüber könne die Ethik keine Aussagen machen, da es in ihr nur um die Bestimmung des Allgemeingültigen, nicht um dessen individuelle Verwirklichung gehe. Tatsächlich seien die Einsicht, daß wir die geforderte Sittlichkeit nicht besäßen, und die Ausschau nach einer Kraft, die uns dazu verhelfe, der Weg zur Religion (ebd., 46f). »Denn Religion ist nichts anderes als das Wahrhaftigwerden des inneren Lebens in der reinen Hingabe an Eins« (ebd., 70), d.h. das Erleben, in dem die eigene Existenz mit Gott verbunden ist (ebd., 80ff u. 230f) und in dem das sittliche Selbst entsteht (ebd., 214). Cohens Hauptproblem sei, daß »in seinem System nur die wissenschaftliche, sittliche und künstlerische Tätigkeit einen Platz findet, nicht aber der Mensch selbst, der eines eigenen Lebens sich bewußt ist und die sittlichen Nöte dieses Bewußtseins trägt« (ebd., 218). – Gegen Natorp, der ja unzweifelhaft stärker als Cohen den »Menschen selbst« in den Blick nimmt, wendet Herrmann ein, daß »Religion, die das innere Leben in der gänzlichen Lösung von den Objekten haben will, ... Mystik« werde (ebd., 224). Religion habe es nicht nur mit Subjektivität zu tun, sondern mit deren Beziehung zur erlebten Wirklichkeit, zu der eben auch »die uns bezwingende und befreiende Macht« gehöre, die wir ›Gott‹ nennen (ebd., 232).

2.2. Sein Verständnis von Religion

Natorps Grundfehler sei, »die Religion im menschlichen Bewußtsein überhaupt aufzusuchen und nicht in der Geschichte« (ebd.).

Cohens Schrift »Der Begriff der Religion im System der Philosophie«, 1915 publiziert, markiert den Übergang zu seiner Spätphilosophie, in der er u.a. auch den Herrmannschen Einwänden Rechnung zu tragen suchte und sich stärker dem Problem des Individuums zuwandte.[56] Sie ist, obwohl Jahre nach Barths religionsphilosophischem Fragment entstanden, für dieses insofern von Interesse, als Barth anläßlich der Lektüre von Cohens Buch am 13. Januar 1918 – mitten in seiner Arbeit am ersten Römerbriefkommentar – seiner Mutter schrieb: »Zur Erklärung dessen was den Inhalt des *neuen* Testaments bildet (das sich aber auch weithin im ›alten‹ findet) kann ich von Cohen nur negative Belehrung schöpfen... Schade übrigens, daß dieses Buch nicht schon vor 8 Jahren da war, für mich nämlich. Ich hätte damals gejubelt darüber. Gerade so etwas suchte und meinte ich, als ich von Marburg kam, nur daß ich es eben nicht sagen und begründen konnte« (unveröffentlicht; Karl Barth-Archiv, Basel). Dieses Urteil – zu einer Zeit geäußert, als Barth seine Vorkriegstheologie längst hinter sich gelassen hatte – bedeutet gewiß nicht, daß Barths (1910/12) und Cohens (1915) Positionen deckungsgleich wären, wohl aber, daß Barths religionsphilosophischer Versuch in der Perspektive des Cohen-Textes interpretiert werden muß.

Wenngleich Cohen nach wie vor keine durch Religion zu füllende Lücke im System des kritischen Idealismus entdecken kann, die rechtfertigen würde, der Religion kategoriale ›Selbständigkeit‹ zuzusprechen, so scheint es ihm nun doch möglich und geboten, nach der ›Eigenart‹ der Religion innerhalb des Kulturbewußtseins zu fragen (*H. Cohen*, Der Begriff der Religion, 10f u. 44f). Statt Religion in Ethik aufgehen zu lassen, möchte er sie nun durch den Nachweis, daß sie die drei Bewußtseinsrichtungen voraussetzt und sich deshalb auch an sie angliedern kann, in sein System integrieren (ebd., 15). Er grenzt sich damit auch von Natorps Versuch ab, Religion im Gefühl, d.h. in der Subjektivität des Menschen, statt in den objektsetzenden Bewußtseinsfunktionen zu verorten: »Gerade die Unmittelbarkeit des Lebens der Seele wollen wir von der Religion fernhalten«, so betont Cohen, »gerade ihre durchgängige Vermittlung mit allen Richtungen des Kulturbewußtseins möchten wir feststellen und sicherstellen« (ebd., 121).

Allgemein gesprochen besteht die Eigenart der Religion in der Korrelation von Gott und Mensch (ebd., 60 u. 32). Versucht man Religion und *Logik* miteinander in Beziehung zu setzen, so zeigt sich nach Cohen, daß Religion abhängig ist von der Hypothesis-Struktur des Denkens (ebd., 30), wenn sie einen der Grundbegriffe der Logik, den Begriff des Seins, für Gott reklamiert (ebd., 18ff) und das Verhältnis zu Gott als ›Erkenntnis‹ bezeichnet (ebd., 25). Der Korrelation von Gott und Mensch entsprechend bringt sie die Differenz von Sein (Gottes) und Dasein (der Natur) als die von Schöpfer und Geschöpf zur Geltung (ebd., 45ff). Dabei bleibe zu beachten, daß es bei der Interpretation der geschichtlichen Traditionen der Religion keinen Konflikt mit der Wissenschaft geben dürfe, also auch die Religion der einen wissenschaftlichen Methode unterworfen sei (ebd., 111f). – Im Blick auf die *Ethik* erweist sich Religion abhängig von der Idee des Menschen (ebd., 49) und dem damit verbundenen Prinzip der Autonomie. Die von der Religion ins Spiel gebrachte Korrelation von Gott und Mensch führe hier zu einem gegenüber der Ethik erweiterten Begriff von Gott und Mensch. Denn in der Konfrontation mit der Idee des Menschen erfahre der einzelne, daß er ihr nicht entspreche. In dieser Erkenntnis entstehe einerseits das religiöse Individuum (ebd., 53f), das sich seiner Sünde und Erlösungsbedürftigkeit bewußt sei (ebd., 57), und andererseits der auf dieses Individuum sich beziehende Erlösergott (ebd., 60-63). Da Religion freilich das Autonomieprinzip nicht verletzen dürfe, könne die Erlösung nicht als Gnadengeschenk Gottes verstanden werden, sondern lediglich als das Ziel, »auf welches die eigene sittliche Arbeit des Menschen hin gerichtet« werde (ebd., 63). »Der Mensch bleibt in der Arbeit, aber Gott, der an dieser Arbeit selbst nicht teilnimmt, wird als das Wahrzeichen gedacht, das die Befreiung von der Sünde bewirkt« (ebd., 64). Hier erweist sich nach Cohen das Judentum gegenüber dem Christentum als die reinere Religion, weil in ihm »die Transzendenz Gottes ... die Suffizienz des Menschen für die Behauptung seines Menschentums« bedeutet (ebd., 66), so daß kein Mittler zwischen Gott und Mensch nötig ist (ebd., 115). – Wie Religion einen Bezug zu Erkennen und Wollen hat, so auch zu dem von der *Ästhetik* in Anspruch genommenen Gefühl. Das spezifisch

---

56 Vgl. dazu neben der in Anm. 54 genannten Sekundärliteratur die zeitgenössischen Rezensionen von *W. Herrmann*, Schriften II, 318-323, *K. Bornhausen*, Das Problem der Wirklichkeit Gottes; und *E. Troeltsch*, Rez. H. Cohen, Der Begriff der Religion.

religiöse Gefühl sei ›Mitleid‹ (ebd., 94). Denn Religion habe es mit dem leidenden Individuum zu tun (ebd., 97f). Die Angliederung der Religion an die Ästhetik müsse freilich dafür sorgen, »das Leiden nicht zur Hauptsache ... im Charakterbilde des Menschen« werden zu lassen (ebd., 132), sondern in der Schönheit, die aus dem Leiden hervorstrahle, das Idealbild der Menschheit zur Vollendung zu bringen (ebd., 133). – Der Beitrag der Religion zum Problem der *Einheit des Bewußtseins* bestehe darin, daß »sie in scheinbarem Widerspruch zur Logik, zur Ethik und beinahe auch zur Ästhetik, die allesamt das Aufgehen des Endlichen in der Allheit des Unendlichen fordern, ... ihre Eigenart für die Behauptung des Endlichen, des menschlichen Individuums seinem Gotte, dem Gotte seines Ich gegenüber, geltend macht. Die Korrelation von Gott und Mensch macht in der Methodik den Menschen Gott ebenbürtig« (ebd., 135). Damit ist zugleich Herrmanns These, die »Religion stell[e] allein die Einheit des Bewußtseins im Menschen dar«, relativiert (ebd., 124; vgl. *W. Herrmann*, Schriften II, 312). Denn die Einheit des Bewußtseins gründet für Cohen in der Apriorität seiner drei Richtungen, denen die Religion lediglich als Eigenart angegliedert ist.

Wie stellt sich nun aber für Barth das Verhältnis von Religion und Kultur konkret dar? Folgen wir zunächst seinem Gedankengang, wie er ihn in dem religionsphilosophischen Fragment »Ideen und Einfälle« entwickelt. Nachdem er dort den Versuch, Religion auf ein a priori zu gründen und so dem Kulturbewußtsein einzugliedern, zurückgewiesen hat, wendet er gegen Natorps These, Religion sei »das die Aktionen des Bewußtseins *begleitende* Gefühl«[57], ein, daß »die Religion nicht bloß begleitende Stimmung, sondern selbst Realitätsbeziehung sein will, während bei N[atorp] diese letztere durchaus nur den Bewußtseinsaktualisierungen als solchen innewohnt«.[58] Religion bleibt nach Barths Auffassung bei Natorp insofern unterbestimmt, als sie nicht als diejenige Realitätsbeziehung verstanden wird, der die Bewußtseinsfunktionen ihre Aktualisierung verdanken, sondern lediglich Ausdruck der Subjektivität des Menschen ist. Eine andere Zuordnung findet Barth bei Hermann Cohen.[59] Dieser habe »in konsequentem und tief religiösem Rationalismus Religion und Mystik[60] aus der konstitutiven Aktualisierung des Bewußtseins ausgeschlossen sehen« wollen »und den Gottesgedanken nur als *Grenzbegriff* in Logik, Ethik und Ästhetik« zugelassen.[61] Barth interpretiert dies so, daß Religion dort ihren legitimen Ort habe, wo die Vernunftkritik sich genötigt sehe, die ›Idee‹ zu konstatieren. Freilich dürfe von dieser Idee kein konstitutiver, sondern nur ein regulativer Gebrauch gemacht werden. Aber gerade dieser regulative Gebrauch sei die Realitätsbeziehung, ohne die das Kulturbewußtsein empirisch gar nicht zustande komme.[62] Kultur im eigentlichen Sinne entsteht erst dort,

---

57 *K. Barth*, Ideen und Einfälle. Barth bezieht sich auf *P. Natorp*, Religion innerhalb der Grenzen der Humanität, 34.
58 *K. Barth*, Ideen und Einfälle.
59 Ebd. Er bezieht sich dabei primär auf *H. Cohen*, Religion und Sittlichkeit, bes. 119-132 u. 148-158.
60 Cohen spricht allerdings von ›Mythos‹ (vgl. vor allem *H. Cohen*, Religion und Sittlichkeit, 119ff).
61 *K. Barth*, Ideen und Einfälle.
62 »1.) In den Aktualisierungen des logischen, ethischen, ästhetischen a priori konstatiert die Vernunftkritik das Auftreten eines der Methodik jener Bewußtseinsrichtungen ebenso inkom-

2.2. Sein Verständnis von Religion

wo konkrete Individuen sich tatsächlich an der Idee orientieren. So verstanden sei »Religion innerhalb der Kultur« ein »schlechthinniges Richtungsgefühl«, das die Ausrichtung der Kultur an der ihr innewohnenden Idee sicherstelle. Als ›regulatives Prinzip‹ aktualisiere der Glaube die religiöse Tiefendimension, die Wahrheit der Kultur, die in den apriorischen Funktionen des Kulturbewußtseins als bloße Potentialität angelegt ist. Dies geschehe, indem sie Intellekt, Willen und Gefühl veranlasse, ihrer je eigenen apriorischen Gesetzlichkeit tatsächlich Genüge zu leisten und sich an der Idee zu orientieren.[63]

Mit dieser Überlegung möchte Barth Cohen und Herrmann weiterdenkend verbinden. Denn während Herrmann zwar dem konkreten, individuellen Erleben große Aufmerksamkeit schenke, darüber aber die Frage nach der Zuordnung von Religion und Kultur vernachlässige, lege Cohen einseitig alles Gewicht auf die Untersuchung des Verhältnisses der Religion zu den drei Richtungen des Kulturbewußtseins, versäume aber zu fragen, wie es zu wirklicher und konkreter, d.h. individueller Lebensgestaltung komme.[64] Erst hier zeigt sich die praktische Bedeutung, die der Orientierung an der Idee beizumessen ist. »Es bedeutet nämlich normmäßiges (gesetzlich-transzendentales) Denken, Wollen etc. an und für sich noch keinen Kulturwert, dh. es kommt dadurch Lebensgestaltung noch nicht zu Stande.«[65] Dies geschieht erst dann, wenn »das Subjekt des normalen Kulturbewußtseins kraft Aufleuchtens der Idee in ihm teilnimmt an der ›Realität‹ des (kritisch verstandenen!) Dings an sich«.[66] In Cohenscher Terminologie drückt Barth damit einen zentralen Gedanken Herrmannscher Theologie aus: Der Mensch scheitert letztlich in seinem Versuch, den Ansprüchen der Sittlichkeit (Barth weitet aus: der Vernunft) gerecht zu werden und findet erst im Glauben die Kraft, das Gute zu tun (Barth weitet

---

mensurablen wie unentbehrlichen Elements: der *Idee*. Als konstitutive transzendente Erkenntnis verstanden, führt ihr Gebrauch zu den bekannten vorkritischen Antinomien. Als regulative heuristisches Prinzip dagegen bedeutet sie für Logik, Ethik, Ästhetik die *Realitätsbeziehung*. Die Idee in diesem Sinne ist das Ding an sich. Wahrheit suchen und Wahrheit selbst ist identisch. Und ohne diese Realitätsbeziehung käme ein Kulturbewußtsein einzeln, empirisch gar nicht zustande, wie auch die Theorie der Vernunft (Hypothese) sie nicht entbehren kann« (*K. Barth*, Ideen und Einfälle).

63 »2.) In dieser fundamentalen Funktion äußert sich die *Religion* innerhalb der Kultur, niemals als ein einzelner konstitutiver Faktor, was immer jene Komplikationen erzeugen müßte, wohl aber als das ewige *Richtungsgefühl*, durch das die Kultur erst im lebendigen Menschen Kultur wird. a) Die Religion anerkennt und sanktioniert also kraft ihrer eigensten Tendenz (Lebensgestaltung) die Methodik des Kulturbewußtseins, aber sie gibt ihr durch und in diesem Richtungsgefühl die Realitätsbeziehung, ohne welche jene als bloßer psychologischer Ablauf zu betrachten sein würde. b) Und umgekehrt ist zu sagen: aller Wahrheitsgehalt (im kritischen Sinn!) im logischen Erkennen, sittlichen Wollen, ästhetischen Fühlen ist Religion oder *Gottesbewußtsein*« (*K. Barth*, Ideen und Einfälle).

64 Vgl. *K. Barth*, Ideen und Einfälle. Barth folgt mit seiner These, Cohen erreiche nicht die Ebene individuellen Lebens, einem gängigen Topos der Kritik von Herrmann an Cohen; vgl. dazu oben S.40.

65 *K. Barth*, Ideen und Einfälle.

66 Ebd.

aus: die Idee zu verwirklichen). Es kommt also darauf an, wie das konkrete Subjekt des Kulturbewußtseins, das Individuum, beschaffen ist. Das Wahre, Gute und Schöne, so sagt Barth seinen Konfirmanden des Jahrgangs 1909/10, »ist alles nichts Wirkliches. Die Frage ist, *wer* denkt, will, fühlt? *Ich*, die Persönlichkeit«.[67] Nur wenn das Ich an der Idee des Wahren, Guten und Schönen partizipiert, wenn sich die μέqεxιß realisiert, entsteht Kultur als religiös vermittelte Manifestation der ›Idee‹. Subjekt der Idee ist das Individuum, indem es Träger des Gottesbewußtseins ist, also an der göttlichen Lebensmacht selber partizipiert. Gott ist als Bewußtseinsinhalt, als das ›Inwendige in allem Menschlichen‹ die regulative, heuristische Idee des Kulturbewußtseins, die »Quelle alles Guten, der Ursprung von Allem, was wahr und schön ist.«[68] Im Grunde leuchtet hinter solchen Formeln die alte platonische Tradition von Gott als dem Inbegriff des Wahren, Guten und Schönen auf. Barth beeilt sich darum ja auch zu betonen, daß er von ›Idee‹ nicht in einem vorkritischen Sinne sprechen wolle, sondern sie als ›regulatives‹ Prinzip verstehe.

Wenn wir nun wieder zum Neuenburger Vortrag zurückkehren, so zeigt sich, daß Barth von der im religionsphilosophischen Fragment gelegten grundbegrifflichen Basis aus argumentiert, obwohl er dies hier unter ständigem Bezug auf Schleiermacher tut, ohne noch einmal explizit auf Cohen und Natorp einzugehen.[69] Das wirkliche Denken, Wollen und Fühlen, so sagt er hier, komme »bekanntlich allemal durch die ›Hinschau‹ auf das Absolute, also im Glauben zu Stande«. »Durch das regulative, heuristische, grenzbegriffliche Moment des Glaubens (das von Haus aus dem Problemkreis des Individuums, nicht der Vernunft angehört) wird die abstrakte Möglichkeit des Kulturbewusstseins aktualisiert, in konkrete Wirklichkeit verwandelt« (6). Als ›regulatives Prinzip‹ ist der Glaube ein ›Grenzbegriff‹, den das Kulturbewußtsein nicht selber aufstellen kann, gleichwohl aber voraussetzen muß. Denn ohne die ›Realitätsbeziehung‹, ohne die »unmittelbare, unanalysierbare, irrationale, persönlich-individuelle Lebendigkeit« des konkreten Menschen käme es nicht »zu wirklichen Gedanken und Entschlüssen«, sondern bliebe es bei der »gesetzlich-apriorische[n] Möglichkeit des Denkens und Wollens« (50f). Erst in dieser Realitätsbeziehung orientieren wir uns wirklich an der Idee des Wahren, Guten und

---

67 *K. Barth*, Konfirmandenunterricht, 14.
68 Die beiden lediglich illustrativen Zitate entstammen zwei Predigten aus etwas späterer Zeit: *K. Barth*, Predigten 1913, 168; *ders.*, Predigten 1914, 79. Siehe im übrigen zum kulturidealistischen Gehalt der Vorkriegspredigten Barths: *J. Fähler*, Der Ausbruch des 1. Weltkriegs, 13-65.
69 Ein Indiz dafür, daß die Beschäftigung mit Cohen und Natorp von der mit Schleiermacher (und Calvin) abgelöst wurde, findet sich auch in einer Reihe von offenbar sekundär hinzugekommenen, Schleiermacherlektüre verratenden Randnotizen zu »Ideen und Einfälle«.

2.2. Sein Verständnis von Religion

Schönen. Und erst aufgrund dieser Orientierung werden wir zu ›Persönlichkeiten‹.

Das Proprium des *christlichen* Glaubens besteht nun darin, daß er – wie, werden wir noch sehen – bestimmt ist von der »Persönlichkeit Jesu« (7). In Jesu ›innerem Leben‹ findet der Christ »einen inneren Lebenszustand erreicht, der den Namen justitia verdient, denn er ist selbstverleugnender Liebesgehorsam ohne Rückhalt und deshalb *die* restlose Aktualisierung der apriorischen Bestimmung des Menschen« (60).[70] Bezeichnenderweise hebt Barth hier lediglich auf die sittliche Dimension des ›inneren Lebens‹ Jesu ab. Das Wollen Jesu ist ausschließlich an der Idee des Guten orientiert. In der Konsequenz dieses Ansatzes läge freilich, in Jesu Persönlichkeit ebenso auch die Realisierung des Wahren und Schönen zu sehen.

Halten wir zunächst fest: Veranlaßt ist Barths These vom Glauben als Aktualisierung des apriori bloß Möglichen durch seine Intention, den Glauben als nicht im Begriff des Menschen mitgesetzt, sondern dem Menschen von außen zukommendes Geschehen zu erweisen.[71] Nur indem er Glaube dezidiert als Geschehen versteht, meint er, seinen Glaubensbegriff hinreichend gegen die Szylla eines intellektualistischen und zugleich synergistischen Mißverständnisses des Glaubens sichern zu können, ohne der Charybdis eines subjektivistischen Mißverständnisses zu verfallen. Der Kurs, den Barth dabei steuern muß, führt ihn allerdings in die Schwierigkeit, im Geschehen des Glaubens Subjekt und Objekt weder völlig voneinander scheiden noch ganz ineinander aufgehen lassen zu können. Und da er primär darauf bedacht ist, die Gefahr der Differenz im Auge zu behalten, wie sein Referat der (Verfalls-) Geschichte des Glaubensverständnisses ausweist, besteht Anlaß zu der Befürchtung, sein Versuch könnte in den vom Gedanken der Identität erzeugten Strudel geraten. Doch ich greife vor.

---

70 »Diese individuelle Lebendigkeit hat ihre Norm an der Aktualisierung der apriorischen Bewusstseinsgesetzlichkeit und zwar zweifellos an ihrer restlosen Aktualisierung. Die Reformatoren haben darum diesen zu erreichenden resp. zu bewirkenden innern Lebenszustand als justitia beschrieben« (59f). Die Vorstellung einer ›Erfüllung‹ apriorischer Bewußtseinsgesetzlichkeit und ihre Identifikation mit iustitia scheint mir allerdings mindestens so unkantisch wie unreformatorisch zu sein. Unkantisch, weil bei Kant (anders als im Neukantianismus) die apriorischen Bewußtseins›gesetze‹ keine Gesetze sind, die erfüllt sein wollen, sondern vielmehr Gesetze, denen Denken, Wollen und Gefühl per definitionem folgen. Unreformatorisch, weil bei den Reformatoren iustitia kein von Gott gewirkter innerer Zustand ist, in dem die Möglichkeiten einer autonomen Bewußtseinsgesetzlichkeit aktualisiert sind, sondern ein von Gott gefälltes Urteil über die Gottesbeziehung des Menschen.
71 Hier habe man es, so betont er, »nicht wie dort mit der transzendental-allgemein-gesetzlichen Möglichkeit des Geschehens, sondern mit konkret-einzeln-wirklichem Geschehen, mit Geschichte zu tun« (54).

(3) Glaube und Offenbarung. – Ging es bisher um Barths Verständnis des Glaubens in seiner Bezogenheit auf das ›Kulturbewußtsein‹, traditionell gesprochen: um das Verhältnis von Glaube und Vernunft, so jetzt um das Problem, was es bedeutet, daß der Glaube sich als ›gewirkt‹ versteht, wie er entsteht, also um das Verhältnis von Glaube und Offenbarung. Der Glaube soll objektiv sein, ohne der orthodoxen Gefahr der Verobjektivierung seines Inhalts zu erliegen. Er soll subjektiv sein, ohne sich dem Illusionsverdacht oder dem Vorwurf der Mystik auszusetzen. Er soll als Realitätsbeziehung auf ein Außerhalb seiner selbst angewiesen sein, ohne dieses Außerhalb anders als in sich selbst haben zu können. Barth versucht diesen Anforderungen gerecht zu werden, indem er ein Verständnis des Glaubens entwickelt, das von der Aufnahme göttlichen Lebens ins Bewußtsein ausgeht, und zwar näherhin davon, daß das aufgenommene Leben selber seine Aufnahme wirkt. Glaube wäre demnach das unmittelbare Erlebnis einer das Individuum ergreifenden Lebensmacht; ein Akt, durch den Gott sich selbst offenbart, indem er den Menschen rechtfertigt. So nur erfährt der Glaube sich als ›gewirkter Glaube‹, als Wirkung einer von Gott ausgehenden Aktivität. In Ausführung dieses Grundgedankens greift Barth reformatorische, schleiermacherische, kantische und neukantianische Motivstränge auf und wickelt sie zu einem schlechterdings unentwirrbaren Knäuel.

Ausgangspunkt ist für Barth die Differenzierung des religiösen Erlebnisses in ›Anschauung‹ und ›Gefühl‹, wie sie in Schleiermachers zweiter Rede über die Religion durchgeführt wird. Im Endlichen, so Barth, offenbare sich das Unendliche in ununterbrochener Tätigkeit unserem unmittelbaren Selbstbewußtsein. Die Anschauung sei das Aufnehmen jener Wirksamkeit des Unendlichen ins Bewußtsein, das Gefühl aber »das durch diese Wirksamkeit im Bewußtsein Gewirkte« (51). Keiner der beiden Faktoren sei ohne den anderen. Die Bedeutung dieser Differenzierung wird deutlich durch ihre Verknüpfung mit Aussagen der Reformatoren. ›Anschauung‹ sei nämlich nichts anderes als ›Glaube‹ (fides) und ›Gefühl‹ identisch mit dem, was die Reformatoren als ›Rechtfertigung‹ (iustificatio) bezeichneten. Auf den ersten Blick scheint es so, als reduziere sich mit dieser Zuordnung der Glaube auf den bloßen Akt der Annahme der Rechtfertigung durch den Menschen. Barth würde damit allerdings in unmittelbare Nähe zur orthodoxen Vorstellung des Glaubens als Mittel der Heilsaneignung geraten, gegen die er im kritischen Teil seines Vortrags so heftig polemisiert. Der Schein löst sich freilich auf, wenn man sieht, daß ›Rechtfertigung‹ als Gefühl gerade nicht dem religiösen Erlebnis objektiv gegenübersteht, sondern sein Inhalt ist, und ›Glaube‹ im Sinne von fides lediglich das Aktmoment in diesem Erlebnis bezeichnet, nicht dieses selber. Unmißverständlicher wäre es also, zu sagen, der Glaube als religiöses Erlebnis (d.h. als

2.2. Sein Verständnis von Religion

Bewußtseinsvorgang) unterscheide sich in einen Glaubensakt (fides) und einen Glaubensinhalt (iustificatio), und zwar so, daß das eine vom anderen nicht getrennt werden könne. Um die orthodoxe Konsequenz zu vermeiden, darf Barth – so stellten wir bereits fest – Subjekt und Objekt nicht voneinander trennen, muß er im gläubigen Subjekt das Objekt des Glaubens mitgesetzt sein lassen. ›Rechtfertigung‹ kann als objektive Tat Gottes vom Gläubigen gar nicht ›angeschaut‹, gar nicht ›geglaubt‹ werden, ohne zugleich als ›Gefühl‹ in ihm, ohne gleichzeitig Inhalt seines subjektiven Bewußtseins zu sein. »Im Glaubensakt *ist* das Glaubensobjekt, es braucht nicht erst per fidem herbeigebracht zu werden« (52).

Im Grunde geht es Barth darum, das orthodoxe Verständnis von Rechtfertigung als Imputation zu überwinden bzw. genauer durch ein effektives Verständnis zu ergänzen. Impliziert das forensische Rechtfertigungsverständnis für Barth ein Auseinanderfallen von Subjekt und Objekt, so umgekehrt das effektive ihr Zusammenfallen. Er selbst versucht die zwei Extreme dadurch zu vermeiden, daß er beider Geltung gleichzeitig behauptet. Mit Bezug auf Holls Darstellung des Justifikationsbegriffs in Luthers Römerbriefvorlesung[72] vertritt er die These, Rechtfertigung sei ein sowohl synthetisches als auch analytisches Urteil Gottes, also sowohl imputativ als auch effektiv zu verstehen, wobei freilich für ihn (wie für Holl) der Nachdruck auf letzterem liegt. Gott selber schaffe durch das rechtfertigende Urteil eine Beziehung zwischen sich und dem Menschen, die nicht erst durch den Glaubensakt des Menschen wirksam werde; vielmehr gelte umgekehrt: »weil und indem sie wirksam ist, glaubt der Mensch« (52f). Damit beginnt sich abzuzeichnen, wie der Ausdruck ›gewirkter Glaube‹ in dem zu analysierenden Satz: »Die wirksame Geschichte ist der gewirkte Glaube«, zu verstehen ist. ›Gewirkt‹ ist der Glaube, weil und sofern er eben Anschauung und Gefühl ist, Erleben von göttlichem Leben als etwas ihm Vorgegebenes, das dieses Erleben im Bewußtsein auslöst. Das Moment des Gefühls soll dabei die Wirklichkeit des Angeschauten im Bewußtsein verbürgen, das Moment der Anschauung die Abhängigkeit des Gefühlten von einer bewußtseinsexternen Ursache, deren Wirkung sie ist.[73]

---

72 Vgl. *K. Holl*, Die Rechtfertigungslehre in Luthers Vorlesung über den Römerbrief; Barth bezieht sich vor allem auf die Seiten 122ff und 134. Wenn, dann liegen im übrigen hier und vielleicht in einer eigentümlich osiandrischen Calvinrezeption (siehe Barths Aufsatz: 56 Anm. 4) die Wurzeln von Barths effektiver Rechtfertigungslehre. Jedenfalls taucht sie nicht erst in R I auf, etwa vermittelt durch Beck, wie *T. Stadtland*, Eschatologie und Geschichte, 46, annimmt. Vgl. zu Barths späterer Kritik an der Linie »Osiander-Beck-Holl«: *K. Barth*, Ethik II, 35ff.
73 Als Beschreibung der im religiösen Erlebnis stattfindenden Subjekt-Objekt-Dialektik kann Barth darum zusammenfassend formulieren: »In der Anschauung, im Sehen der Wirksamkeit Gottes, im Glauben, im sittlichen Gehorsam wird das Gefühl, das durch Gott Gewirkte, die Rechtfertigung, die Erwählung Tatsache« (53).

In der dogmatischen Anwendung dieser religionsphilosophischen Grundlegung füllt Barth die gewonnenen Einsichten in die ›Methodik‹ des Glaubens inhaltlich mit dem Besonderen christlichen Glaubens. Die ›Methodik‹ ändert sich freilich damit nicht. Das konstitutiv Christliche besteht lediglich in dem besonderen Objekt, in dem der christliche Glaube die Wirksamkeit Gottes ›anschaut‹ und ›fühlt‹: Christus. Das Subjekt-Objekt-Problem stellt sich in dieser Perspektive dann folgendermaßen dar: »Die Methodik des christlichen Glaubens kennt nur einen Christus ausser uns. Sie kennt keinen Christus an sich. Sie kennt nur einen Christus in uns« (55). Zur Begründung der ersten dieser drei Thesen setzt Barth beim Begriff der ›religiösen Anschauung‹ an. Aus ihm ergebe sich, daß »der Christus, den der Glaube meint, schlechterdings ausser uns ist« (55). Denn Anschauung sei eben immer »Anschauung von Etwas und zwar von Etwas ausser uns« (56). Daran scheitere gegen Arthur Drews und andere letztlich die Rede »von einem uns von Natur eigenen ›Christus in uns‹« (55); ›von Natur eigen‹ sei uns nicht das unmittelbare Selbstbewußtsein, sondern ausschließlich das Kulturbewußtsein. Dieses ›Etwas‹, das ›angeschaut‹ werde, sei freilich immer schon als Wirksamkeit vorauszusetzen, da ›Anschauung‹ selber nichts anderes als Rezeptivität sei, die von etwas auf sie Wirkendem affiziert werde. Eine ›Anschauung‹ kann ich somit nur von etwas haben, das auf mich wirkt, d.h. das ich als wirksam ›fühle‹, von dem ich ein Gefühl in mir trage.[74]

Daraus folgt notwendig die zweite These, die Ablehnung eines ›Christus an sich‹. »Ich verstehe darunter«, so wird die Formel erläutert, »die Vorstellung eines objektiven zwar in irgend einem Sinn göttlich bedeutungsvollen aber erst durch den Akt einer besonderen Aneignung wirksam werdenden Christus« (56). Die Vorstellung des ›Christus an sich‹ unterscheidet sich von der des ›Christus außer uns‹ dadurch, daß sie Christus ohne inhärenten Bezug zu einem Bewußtsein, eben so wie er ›an sich‹ sein soll, zu denken beansprucht. Wie aber, so fragt sich Barth, sollen wir dann überhaupt etwas von ihm erfahren? Objekt des Glaubens kann für uns ja nur werden, was uns affiziert. Einen beziehungslosen und unwirksamen ›Christus an sich‹ gibt es nicht; nicht etwa, weil Christus nicht ohne Relation sein möchte, sondern weil er als solcher vom Bewußtsein gar nicht perzipiert werden könnte. Christus als Objekt möglicher religiöser Erfahrung ist uns darum nur so gegeben, wie er von uns ›angeschaut‹ und ›gefühlt‹ werden kann, wie er uns ›erscheint‹.[75]

---

74 Das Anschauungsobjekt muß »von vornherein als im Glauben mitgesetzt d.h. aber als von vornherein subjektiv wirksam gedacht« werden, da andernfalls eine ›Anschauung‹ gar nicht zustande käme (57; ähnlich schon 56). ›Anschauung‹ und ›Gefühl‹ sind zwar eben zu unterscheidende, aber nicht ohne einander zu habende Momente des religiösen Erlebnisses.
75 Mit Schleiermacher gesprochen ist »die wirksame d.h. auf eine bestimmte Art affizierende Erscheinung Christi‹ ... die Glauben schaffende Ordnung« und darum ist sie allein möglicher

2.2. Sein Verständnis von Religion

Barths dritte These besagt, die ›Methodik‹ christlichen Glaubens kenne nur einen ›Christus in uns‹. Denn als ›angeschaute‹ und ›gefühlte‹ Erscheinung ist Christus in uns, ohne selbst Produkt der religiösen Subjektivität zu sein, er ist in uns »das ›Objektive‹« (58). Man wird sich freilich fragen müssen, ob das Objekt des Glaubens, indem es nur als Erscheinung perzipiert werden kann, nicht doch durch das Subjekt jedenfalls mitkonstituiert sei. Auch wenn Barth dies selber nicht explizit macht, so kann man doch schwerlich übersehen, in welch großer Nähe zu Kants transzendentaler Erkenntnistheorie, insbesondere dessen Theorie sinnlicher Wahrnehmung, er seine Theorie religiöser Erfahrung entfaltet. Auf einer anderen Ebene zwar, aber doch in weitgehender struktureller Gleichheit mit dem Vorgang der αἴσθησις vollzieht sich die ›Methodik‹ des Glaubens. Von daher ist es m.E. auch gerechtfertigt, in Barths ›religiösem Individualismus‹ so etwas wie ein religiöses Apriori zu sehen, d.h. die Form, in der die Offenbarung uns erscheint.[76] Tatsächlich betont Barth mehrfach, »dass auch das Angeschaute, das worin die Wirksamkeit Gottes gesehen, woher sie aufgenommen wird, individueller, einzelner Art sein muss« (54; vgl. auch 50, 59, 65f).

Diese ›Verdoppelung‹ der Transzendentalphilosophie, die dadurch entsteht, daß Barth den zugrundegelegten Anschauungsbegriff Schleiermachers unter der Hand mit Elementen des ganz anders gearteten kantischen Begriffs von Anschauung anreichert, bringt ein eigentümliches Schillern in Barths Verständnis des Glaubens. Es oszilliert zwischen der fast als noetisch vorgestellten Perzeption eines einzelnen Glaubensobjekts und dem präreflexiv-unmittelbaren Erleben einer Gefühlstotalität. Warum Barth jenen Balanceakt für unumgänglich hält, wird verständlicher, wenn wir den Blick nun doch vom Subjekt weg auf das lenken, was sich in der Offenbarung dem Gläubigen vermittelt und wie dies in concreto geschieht. Es ist also nun zu fragen, was man sich unter einer ›wirksamen Geschichte‹ vorstellen solle und inwiefern sie als identisch mit dem ›gewirkten Glauben‹ gelten könne. Auf die Hauptthese: »Die wirksame Geschichte ist der gewirkte Glaube«, die zu analysieren wir uns vorgenommen haben, folgt unmittelbar der Satz: »Der Christus ausser uns ist der Christus in uns« (58). Offenbar sollen die beiden parallel gebauten Aussagen sich wechselseitig erklären. Was aber versteht Barth unter ›Geschichte‹ (und unter ›Christus‹), wenn er sie in dieser Weise mit dem »Christus ausser uns« gleichstellen kann?

Inhalt des Glaubens (58). Das Schleiermacherzitat stammt aus einem Brief an Sack: *F. Schleiermacher*, Briefe IV, 335. Dieselbe Stelle hatte Barth schon in seinem Aufsatz »Moderne Theologie und Reichsgottesarbeit«, 482, zitiert.

[76] *J. Zengel*, Erfahrung und Erlebnis, 36, hat zwar mehr en passant, aber durchaus zu Recht darauf aufmerksam gemacht, daß der ›religiöse Individualismus‹ die »grundlegende Anschauungsform« religiöser Erfahrung für Barth darstellt.

(4) Glaube und Geschichte. – Unter religionsphilosophischem Vorzeichen läßt sich darauf antworten, daß Geschichte ein »konkret-einzeln-wirkliche[s] Geschehen« bezeichnet (54), das als solches zur Offenbarung des Göttlichen werden kann. Halten wir zunächst fest, daß damit der Geschichte, dem konkreten Geschehen zwischen menschlichen Individuen, prinzipiell Offenbarungsqualität zugesprochen wird; freilich faktisch nicht allen geschichtlichen Vorgängen, sondern nur solchen, die sich in bestimmter Weise als ›wirksam‹ erweisen, d.h. in der Lage sind, Glauben zu wirken. Christus ist Chiffre für solch ein wirksames Geschehen. In seiner Anschauung entsteht und besteht christlicher Glaube. Aber warum, so fragt Barth, greift christlicher Glaube unter allen möglichen Anschauungen gerade auf diese zurück? Antwort: Weil sich in ihr ein innerer Lebenszustand als perfekt präsentiert, der von uns erst noch erreicht sein will, sich in dieser Präsentation aber gleichzeitig vermittelt, d.h. sich bei uns als wirksam erweist. Wirksam in diesem Sinn ist allerdings nicht das Äußerliche: »*Nicht* sein äusseres Leben, *nicht* seine Worte, *nicht* seine Taten.« Sie gehören bloß der Kunde über ihn an, unterliegen damit aber »der Relativität, der Unwirksamkeit alles blos Historischen« (59). ›Wirksam‹ ist nicht das, was sich historisch feststellen läßt, nicht das Vergangene, sondern die gegenwärtig sich ereignende Geschichte.[77]

Inwiefern kann nun aber Christus eine solche Wirksamkeit zugesprochen werden? Barth rekurriert hier mit Herrmann auf das ›innere Leben Jesu‹, ein Selbstbewußtsein, das – wie wir erfahren – der Norm der restlosen Aktualisierung der apriorischen Bewußtseinsgesetzlichkeit genügt und darum als gerecht bezeichnet werden muß (60). Versinnbildet das Kreuz die oboedientia des Selbstbewußtseins Jesu bis zur eigenen physischen Vernichtung, so die Auferstehung seine fortgesetzte Wirksamkeit (61). Nicht Jesus als historische Persönlichkeit, sondern Christus als unmittelbares Selbstbewußtsein, als Religion, als Frömmigkeit wird auferweckt, lebt in der Geschichte weiter, bleibt wirksam. Der Charakter Jesu[78], so könnte man Barths These vielleicht paraphrasieren, beeindruckt uns, und indem er uns beeindruckt, wirkt er bereits in uns, schafft er ein Gefühl göttlichen Lebens und göttlicher Kraft in uns, durch das unser eigener Charakter verwandelt wird.[79] Von da aus wird das oben konstatierte

---

[77] Barth folgt hier wieder weitgehend Wilhelm Herrmann. Zu dessen Geschichtsbegriff und seiner Verkoppelung mit der Christologie siehe: *W. Greive*, Der Grund des Glaubens, 67-81.

[78] Interessanterweise hat Barth den Terminus ›inneres Leben‹ in einer Osterbetrachtung aus dem Jahr 1910 mit ›Charakterbild‹ umschrieben: »Grund des Glaubens ist das persönliche innere Leben Jesu. Ich verstehe darunter sein menschliches Charakterbild, das sich uns darstellt als völliger Gehorsam gegen Gott, als völlige Liebe zu den Brüdern und darum als völlige Selbstverleugnung, die auch vor dem Tode nicht Halt macht, weil der Weg zum Leben durch den Tod geht« (*K. Barth*, Ob Jesus gelebt hat?, 3).

[79] Indem wir dies erfahren, partizipieren wir am ›inneren Leben Jesu‹, treten wir ein in die produktive Lebensgemeinschaft mit ihm, die zu einer fortschreitenden Identifikation seines und

2.2. Sein Verständnis von Religion

Oszillieren in Barths Glaubensbegriff verständlich. Denn ein Charakterbild ist einerseits ein einzelnes ›Objekt‹, dessen Perzeption fast zwangsläufig in Analogie zu sinnlicher Wahrnehmung vorgestellt wird, es ist andererseits aber auch eine Gefühlstotalität, an der man nur unmittelbar oder gar nicht partizipieren kann.

›Geschichte‹ und ›Christus‹ sind also nichts anderes als Chiffren für die Wirksamkeit einer vorbildlichen Aktualisierung und darum vollkommenen Erfüllung des dem Menschen apriori gegebenen Gesetzes seiner Existenz. Voraussetzung solcher Wirksamkeit ist »eine qualitative Gleichartigkeit des Wirkenden mit dem zu Bewirkenden« (59). Ursache und Wirkung, Vorbild und Abbild müssen einander entsprechen. Das Selbstbewußtsein Christi ist dem Selbstbewußtsein des Glaubenden gleichartig, mit ihm gleichwertig. Die hier herrschende Relation ist also die der Analogie zweier Selbstbewußtseine, eine Sonderform der analogia entis. Mit dieser Feststellung sind wir offenbar eingetreten in die Interpretation der Kopula des Satzes »Die wirksame Geschichte ist der gewirkte Glaube«. Denn wie wir nun sehen, verbirgt sich hinter der Chiffre ›wirksame Geschichte‹ nichts anderes als das Selbstbewußtsein Christi, das in unserem Selbstbewußtsein Glauben wirkt. Der ›Christus in uns‹, der in uns gewirkte und zu bewirkende Glaube und der ›Christus außer uns‹ als Wirkursache des Glaubens sind identisch. Der Christus als Gegenstand des Glaubens, als Inhalt unseres Bewußtseins und der unserem Bewußtsein gegenüber zunächst externe, aber nur in seiner Beziehung auf es wirksame und so wirkliche Christus sind identisch. So behauptet es die Kopula. Doch was heißt da ›identisch‹?

Der Christus extra nos ist zunächst vom Christus in nobis verschieden, Wirksamkeit und Geschichte ist von Gewirktheit und Glaube zu unterscheiden. So taucht die Frage auf, wer eigentlich hier unterscheide und identifiziere. Da Barth so nachdrücklich betont, Gott sei das handelnde Subjekt, das letztlich den Glauben wirke (62), legt sich die Annahme nahe, Gott selber sei es, der zwischen Christus und gläubigem Selbstbewußtsein einerseits unterscheide, andererseits beides miteinander identifiziere. Manche Passagen lassen sich so lesen, als sei dies tatsächlich Barths Meinung.[80] Solcher Auslegung steht allerdings

---

unseres Selbstbewußtseins führt: »Christi Gerechtigkeit wird meine Gerechtigkeit, Christi Frömmigkeit wird meine Frömmigkeit. Er wird ich« (63).

80 So hat offenbar Ernst Troeltsch Barths Aufsatz verstanden, wenn er in seiner Antwortkarte schrieb, er habe »in früheren Jahren diesen Standpunkt behaupten zu können gemeint, er erwies sich mir aber als unhaltbar und lediglich für Orthodoxe allenfalls wirksam« (zitiert nach: W. *Groll*, Ernst Troeltsch und Karl Barth, 34). In gleicher Weise hielt er übrigens auch Herrmanns Theologie für »die Position eines exklusiv-supranaturalen Kirchenglaubens« (E. *Troeltsch*, Schriften II, 765). Herrmann revanchierte sich seinerseits, indem er Troeltsch als Positiven titulierte und ihm vorwarf, die Metaphysik in der Theologie wieder salonfähig gemacht zu haben (W. *Herrmann*, Schriften II, 286f). U.a. um diesen Nachweis bemüht sich auch Barths Vor-

entgegen, daß die Rede von einem Handeln Gottes, soll sie nicht dem Verdikt: Mythologie oder Orthodoxie verfallen, selber wieder eine Aussage über eine Empfindung des Glaubens ist. Dies bedeutet aber nichts anderes als dies, daß der Glaube nicht übersprungen werden kann und ihm selber daher faktisch die Aufgabe des Unterscheidens und Identifizierens zukommt. Indem der Glaube sich als gewirkt erfährt, unterscheidet *er* sich von der ihn affizierenden Erscheinung Christi, um sich gleichzeitig mit ihr zu identifizieren. Indem ihm diese Funktion zugebilligt wird, wird die Differenz zwischen Glaube und Offenbarung letztlich doch zugunsten des Glaubens, und das heißt: zugunsten des frommen Selbstbewußtseins, eliminiert. In diesem Sinn ist also die Geschichte, verstanden als Glauben wirkendes Geschehen, im Glauben mitgesetzt, umgekehrt aber der Glaube »einfach die Verlängerung oder die apprehensio der Geschichte im Leben des Individuums« (64).

Nun bleibt lediglich noch zu fragen, wie diese apprehensio sich angesichts einer »Kluft von 1900 Jahren, mit all den tiefgehenden Unterschieden der Denk-, Lebens- und Fühlweise, die sie einschliesst« (65), konkret vollziehen soll. Barth verweist jedoch darauf, daß der hinter seinen Worten und Taten verborgene christliche Charakter sich seinem Gegenüber unmittelbar, d.h. ohne den Weg über das reflektierende und darum distanzierende Bewußtsein, offenbart (67 Anm. 1). So können wir uns durch ›Einfühlung‹ hineinversetzen in den theopneusten biblischen Autor und in seinen Vorstellungen und Worten Zeugnisse seines Glaubens, seiner individuellen Lebendigkeit erkennen. Mangelt es an solchem historisch-psychologischem Einfühlungsvermögen, so könne das Offenbarungserlebnis freilich auch durch die Begegnung mit anderen Menschen, sofern sie nur innerlich wahrhaftig sind, zustande kommen. Durch das bloß Äußerliche von Worten, Taten und Kunstwerken hindurch identifiziert das glaubende Selbstbewußtsein darin anderes glaubendes Selbstbewußtsein als mit sich selber übereinstimmend.[81]

Damit wird noch einmal verständlich, inwiefern Barth Glaube und Glaubensvermittlung als Praxis begreifen kann. Nur im inneren, wahrhaftigen Lebensvollzug, nicht in einem seiner Äußerungen, vermittelt sich der Charakter Jesu. Religiöse Praxis in diesem Sinne ist deshalb zu unterscheiden von logisch-wissenschaftlicher, ethisch-politischer und ästhetisch-künstlerischer Praxis, ohne sich als vierte Form von Praxis danebenstellen zu lassen. Sie ist vielmehr diejenige fundierende (innere) Praxis, die die anderen überhaupt erst als wahre

---

trag »La réapparition de la métaphysique dans la théologie« am 31.5.1911 vor der »Société pastoral suisse de Genève« (unveröffentlicht; Karl Barth-Archiv, Basel).
81   Es bleibt im Prinzip gleichgültig, welche der drei apriorischen Bewußtseinsfunktionen dabei vorrangig zum Transparent der Wirksamkeit des Liebesgehorsams Christi wird, ob es mehr ihre Taten (wie bei Franz von Assisi oder Bodelschwingh), ihre Worte sind (Paulus, Luther) oder ob es ihre Kunst (Michelangelo, Bach, Mozart, Beethoven, Schiller, Goethe) ist (70).

2.2. Sein Verständnis von Religion

Formen von (äußerer) Praxis ermöglicht. Dies impliziert umgekehrt, daß die äußere Praxis des Glaubenden zwar nicht an sich selbst Ausdruck von Religion ist, wohl aber auf ein ihr vorausgehendes und innewohnendes religiöses Movens verweist und insofern notwendig transparent ist auf religiöse Praxis hin.[82] Diese im Verhältnis von Glaube und Kulturbewußtsein begründete Transparenz der äußeren Praxis für die innere, diese virtuelle Offenbarungsqualität der Kultur, könnte man Barths religiösen Kulturidealismus nennen, wobei unter ›Kulturidealismus‹ ein Syndrom von Vorstellungen und Theoremen zu verstehen wäre, das Kultur als Manifestation der ›Idee‹ in der Geschichte erscheinen läßt.

Glaube, so läßt sich zusammenfassend festhalten, ist für den ›modernen‹ Barth Ausdruck göttlichen Lebens im Menschen, eine Bestimmtheit seines unmittelbaren Selbstbewußtseins, seines Charakters. Er ist kein apriorisches Vermögen wie die Funktionen des Kulturbewußtseins, sondern Anschauung und Gefühl einer geschichtlichen Offenbarung. Von zentraler Bedeutung ist für Barth, daß diese Offenbarung in nobis selber auf ein extra nos als ihren Ursprung verweist. Gleichwohl hat die Analyse ergeben, daß Glaube und Offenbarung eben doch insofern in den Sog des Identitätsstrudels geraten, als es letztlich das religiöse Subjekt ist, das mangels objektiver Kriterien selber darüber befindet, was als Offenbarung zu identifizieren ist. Denn um für den einzelnen erlebbar zu werden, muß die Offenbarung in der Form des ›religiösen Individualismus‹ gegeben sein. Geschichtlich ist diese Offenbarung, sofern sie sich im Medium der Geschichte ereignet und sich als gegenwärtig wirksam erweist. Gleichartig dem, was sie bewirken soll, ist sie ihrem Inhalt nach ein dem Willen Gottes entsprechendes Charakterbild. Prinzipiell überall in der Geschichte wahrnehmbar, ist dessen letztgültiger Ausdruck das ›innere Leben‹ Jesu, das unmittelbar beeindruckt und den Menschen auf diese Weise innerlich verwandelt. Infolge jener inneren Konversion, jener Partizipation am göttlichen Leben, kommt es schließlich zu einer Aktualisierung der apriorischen Bewußtseinsgesetzlichkeit. Religion ist insofern dann auch die Tiefendimension

---

82 Darum scheint mir Dannemanns Behauptung, Theologie und politische Praxis liefen beim Barth der Jahre 1911-1914 unkoordiniert nebeneinander her (vgl. *U. Dannemann*, Theologie und Politik, 31f), der damaligen Position Barths nicht ganz gerecht zu werden. Richtig ist zwar: Theologie schreibt politischer Praxis ihre Handlungsmaximen oder Ziele nicht vor, sie bezieht sich als Reflexion über die Praxis des Glaubens nicht auf die Gestaltung politischer Praxis, sondern lediglich auf deren Motivation. Aber entscheidend dabei ist doch, daß die politische von der religiösen Praxis dazu ermächtigt und instand gesetzt wird, den ihr (sc. der politischen Praxis) eigenen Gesetzen zu folgen, die als letztlich im kategorischen Imperativ gründend alles andere sind als die in jener Zeit von Friedrich Naumann und seinem Freundeskreis proklamierte ›Eigengesetzlichkeit‹ des Politischen. Insofern wird man nicht sagen können, daß Theologie und Politik einfach unkoordiniert nebeneinander herliefen. Der Maßstab ist hier allerdings offenbar noch ein gesinnungsethischer, da ethisch-politisches Handeln von der sittlichen Autonomie her, die ihm zugrundeliegt, beurteilt wird.

aller wahren Kultur, wahre Kultur aber nichts anderes als das Transparent für Religion. Mit diesen beiden Merkmalen des Barthschen Kulturidealismus, der Vorstellung einer religiösen Tiefendimension von Kultur sowie einer im unmittelbaren Selbstbewußtsein statthabenden Methexis des Individuums an der mit Gott identifizierten Kulturidee, verbindet sich später, um 1913, ein anthropologischer und universalgeschichtlicher Fortschrittsoptimismus sozialistischer Provenienz, auf den im Kontext der Frage nach Barths Ethik noch zurückzukommen ist. So viel aber scheint jetzt schon deutlich zu sein, daß die Hinwendung zum Religiösen Sozialismus durch eine vom Marburger Neukantianismus inspirierte und hier sichtbar werdende Ausgestaltung des theologischen Ansatzes in Richtung auf einen religiösen Kulturidealismus zumindest vorbereitet wird. Barth ist sich dessen bewußt, daß diese mehr auf Cohen zurückgreifende Betonung des positiven Verhältnisses von Religion und Kultur als »Abfall von Herrmanns theologischen Prinzipien« beurteilt werden könnte; »mit Unrecht«, wie er meint.[83] Und in der Tat will er die Erlebnistheologie ja auch nicht preisgeben, sondern diesem Ansatz Neues zu integrieren versuchen. Andererseits wird man damit rechnen müssen, daß sich zwischen einem an der Innerlichkeit des Individuums orientierten Religionsverständnis und einem von der Idee der Tiefendimension wahrer Kultur her entwickelten auf Dauer Spannungen ergeben. Vermittelt ist dies vorerst jedoch noch durch die subjektive Wahrhaftigkeit, die für beides Maßstab ist.

Nun ist die Darstellung der ›Methodik‹ des Glaubens, die Entfaltung einer Theorie des religiösen Erlebens nur eine *Teil*aufgabe der Theologie. Barth nimmt sie wahr, indem er in dem Aufsatz »Der christliche Glaube und die Geschichte« von einer psychologisch-phänomenologischen Deskription des Glaubensaktes ausgeht und diese einer transzendentalen und christlich-dogmatischen Interpretation unterzieht. Bezeichnend ist dabei der Weg vom Allgemein-Religiösen zum Besonders-Christlichen. Noch steht aber eine Analyse des Verfahrens der anderen Teilaufgabe von Theologie aus. Wir werden im folgenden fragen müssen, wie Theologie als kritische Sichtung von Glaubensgedanken vorgeht, d.h. wie theologische Begriffsbildung methodisch zustandekommt.

2.2.3. Glaube und theologische Reflexion

Am 19. Mai 1913 referiert Barth im aargauischen Pfarrverein in Lenzburg über ein Thema der speziellen Theologie, das vom Zentralvorstand der schweizerischen Predigergesellschaft in allen Pastoralvereinen zur Diskussion gestellt

---

83 K. *Barth*, Ideen und Einfälle.

2.2. Sein Verständnis von Religion

worden ist: »Der Glaube an den persönlichen Gott«.[84] Der Vortrag gibt uns die Möglichkeit, zu sehen, wie Barth nicht nur über den Vorgang ›Glaube‹, sondern über die dem Glauben entspringenden Glaubensgedanken theologisch reflektiert. Hier verwandelt sich die ›Methodik‹ tatsächlich in ›Topologie‹, in das Verorten, Einordnen und Ausgrenzen von Begriffen durch möglichst genaue Bestimmung ihrer Implikate. Weniger auf die im einzelnen nicht immer kohärenten Begriffsbestimmungen, zu denen Barth in der Auseinandersetzung mit Dogmatiken und Religionsphilosophien des 19. Jahrhunderts gelangt, als vielmehr auf ihr Zustandekommen soll es uns hier primär ankommen. Ich skizziere deshalb zuerst Barths These[85] und frage daraufhin nach der dabei verfolgten Methode theologischer Reflexion.

(1) Barths Gottesbegriff. – Dem religiösen Gottesgedanken liegen, so Barths Hauptthese, zwei gleichursprüngliche Momente zugrunde, die nicht in einem sie synthetisierenden Begriff zusammengedacht werden können, gleichwohl aber beide auf die religiöse Erfahrung zurückgehen und darin eine Einheit bilden (85). Diese beiden Momente sind der Gedanke der Persönlichkeit und der Gedanke des Erhabenen, die ihrerseits jeweils zwei einander entgegengesetzte Aspekte beinhalten. So vereinigt der Begriff ›Persönlichkeit‹ nach Barths Ansicht die zwei Merkmale ›Geist‹ und ›Individualität‹ in sich. Sie stellen das transzendentale und das psychologische Moment von ›Persönlichkeit‹ dar[86] und scheinen sich insofern zu widersprechen, als dem Begriff ›Geist‹ die Vorstellung von Unendlichkeit, dem Begriff ›Individualität‹ die von Endlichkeit anhaftet (28f). Indes – der Schein löst sich auf, wenn die Unendlichkeit des Gei-

---

[84] *K. Barth*, Der Glaube an den persönlichen Gott, in: ZThK 24 (1914), 21-32 u. 65-95. In Klammern gesetzte Seitenzahlen ohne weitere Angaben beziehen sich im folgenden auf diesen Text. – Zur Interpretation vgl. *H. U. v. Balthasar*, Karl Barth, 225-227; *H. W. Frei*, The Doctrine of Revelation, 49-62; *J. Zengel*, Erfahrung und Erlebnis, 39-52; *I. Spieckermann*, Gotteserkenntnis, 40-55; und *D. Lütz*, Homo viator, 39-42.
[85] In einem Brief an Martin Rade vom 5.6.1913, faßte Barth seinen Vortrag in zehn Thesen zusammen. Wilhelm Herrmann, an den Rade den Brief weiterleitete, notierte sein grundsätzliches Einverständnis damit am Rande des Briefes: »Die Sache scheint mir richtig angegriffen zu sein. Mit dem besten Gruß Ihr W[ilhelm] H[errmann]« (BwRa 84f). Inwiefern Barth abhängig ist von Herrmanns Beurteilung religiöser Antinomien könnte ein Vergleich mit *W. Herrmann*, Der Widerspruch im religiösen Leben, in: Ders., Schriften II, 233-246, zeigen. Siehe dazu: *M. Beintker*, Die Gottesfrage, 102-105; und *I. Spieckermann*, Gotteserkenntnis, 43f.
[86] Die beiden Momente reflektieren die aus »Der christliche Glaube und die Geschichte« bekannte Unterscheidung zwischen apriorischer Bewußtseinsgesetzlichkeit und Glaube: »Geist ist das transzendentale Merkmal der Persönlichkeit. Geistige Persönlichkeit wird das Ich, sofern seine Funktionen sich der ewigen Gesetzlichkeit der apriorischen Begriffe des Wahren, Guten und Schönen annähern. Die ewige Gesetzlichkeit dieser Funktionen ist zugleich ihre ewige Möglichkeit. Geist ist die Aufgabe der Bewußtseinsaktion nach Maßgabe dieser ewigen Gesetzlichkeit und Möglichkeit« (28). »Haben wir das transzendentale Merkmal im Anschluß an den Sprachgebrauch ›Geist‹ genannt, so nennen wir das psychologische Prädikat am besten Individualität. Individualität ist die besondere Form der Aktualisierung des Geistes« (29).

stes als Potenz, als Möglichkeit des Ichs, die Endlichkeit der Individualität dagegen als sein veränderlicher Zustand, seine Wirklichkeit begriffen werde, so daß es nahe liege, »diese beiden Vorstellungen, die beide am Ich ihr Substrat haben, zusammenzufassen im Begriff des Werdens« (31). ›Persönlichkeit‹ sei darum zu definieren als »individuell geistiges (werdendes) Ich« (32). In diesem Sinne werde ›Persönlichkeit‹ im Glauben Gott zugesprochen, denn man erfasse Gott als Einen, als Subjekt und damit auch als Individualität und nicht nur als Geist (66f).

Daneben gebe es aber noch die andere Komponente des Gottesgedankens, den Gedanken des Erhabenen, der ebenfalls zwei Aspekte in sich vereinige. In negativer Hinsicht sei in ihm Gott als das ›Absolute‹, in positiver Hinsicht als ›Herrschaft‹, oder – mit Herrmann zu reden – als ›Macht über Alles‹ gedacht (71f). Der Begriff des Erhabenen besage »die reine Einheit von Negation und Position des endlichen Seins« (72f), die Transzendenz und Immanenz Gottes. Er bezeichnet das un- oder überpersönliche Moment im Gottesgedanken (73f).

Wie verhalten sich nun aber die beiden Begriffe zueinander? Diese Frage stellt Barth vor die Aufgabe, »die Einheit der Begriffe des Erhabenen und der Persönlichkeit, die im religiösen Gottesgedanken zusammengestellt werden, wirklich zu vollziehen. Das Erhabene, der *Inbegriff der Ueberlegenheit und der Herrschaft*, soll gleich sein einem *individuell geistigen (werdenden) Ich*« (75). Barth zeigt nun allerdings, daß die beiden Begriffe sich wechselseitig auflösen, wenn man sie als identisch zu setzen versucht. Wende man den Begriff des Erhabenen auf den der Persönlichkeit an, so führe dies zur Auflösung des Moments des Individuellen darin und ende im Pantheismus (76-78). Umgekehrt beginne die Vorstellung von Erhabenheit zu »schrumpfen«, wenn der Persönlichkeitsgedanke wirklich durchgeführt werde, was letztlich die Konsequenz des Deismus zeitige (78-80). Es bleibe ein unauflöslicher Widerspruch, der nicht durch die Subordination des einen Elements unter das andere und auch nicht in einem Kompromiß aufgelöst werden dürfe. Den Gottesbegriff analog zum Begriff menschlichen Selbstbewußtseins zu konstruieren, lehnt Barth mit der Begründung ab, daß eine solche Strukturanalogie zwischen göttlichem und menschlichem Selbstbewußtsein de facto gar nicht bestehe: »Der wesentliche Unterschied zwischen Gott und Mensch ist doch der, daß wir in Gott das Erhabene als *nicht* beschränkt durch das Individuelle seiner Persönlichkeit denken, daß wir bei ihm beides unvermittelt nebeneinander stellen müssen, während es beim Menschen einen Kompromiß miteinander eingeht, einander beschränkt und relativ aufhebt« (88). Es bleibe hier also eine Antinomie, die an sich »in *jeder* religiösen Erfahrung nachzuweisen sein« müßte, in der durch das Evangelium Jesu geweckten aber »seine tiefste, vollständigste und klarste Ausprägung gefunden« habe (89).

chr.
kaiser
verlag

Diese Karte finden Sie in einem Buch des Chr. Kaiser Verlages.
Wenn Sie regelmäßig über das Programm des Chr. Kaiser Verlages informiert werden möchten, senden Sie uns bitte diese Karte ausgefüllt zurück.

Die hier gemachten Angaben werden beim Verlag gespeichert:

Name: _____

Straße: _____

Ort: _____

Werbeantwort

An den
Chr. Kaiser Verlag
Lilienstraße 70
D-8000 München 80

Bitte als
Postkarte
freimachen

2.2. Sein Verständnis von Religion

Wodurch enthüllt sich nun aber am Evangelium Jesu jene doppelte, nicht aufeinander reduzierbare Gotteserfahrung als eine notwendige? Daß Gott ›Persönlichkeit‹ sei, leite sich daraus ab, daß »sich alles im Evangelium, [nämlich:] Forderung, Drohung und Verheißung um die Persönlichkeit« drehe (91). Das Leben Jesu sei nichts anderes »als die reinste Darstellung der Persönlichkeit«, wie wir sie im Glauben werden sollen und können (91). Da Gott von uns aber nur fordere und uns nur schenke, was er selber sei, »erkennt der Glaube den Gott, der solches persönliches Leben weckt und pflegt und vollendet, selbst als persönlich Lebendigen« (91f). Daß Gott aber ebenso auch Erhabenheit sei, folge aus einer anderen im Evangelium Jesu vermittelten Erfahrung, der Erfahrung nämlich, daß der Lebensinhalt des Menschen »Funktion im Reiche Gottes« sei und sein solle (92). Die Lebensauffassung Jesu beinhalte auch das Aufgehen der Persönlichkeit in der Sache, der sie zu dienen habe, eben in dem von ihm verkündigten »unpersönliche[n], d.h. von allen Gedanken an bestimmte menschliche Individuen freie[n] *Reich Gottes*« (92). Die Erfahrung dieser Forderung und ihrer Erfüllung aber sei die Erfahrung von Erhabenem, das »nur als das ›Wesen‹, als die reine Sache, als das innere Prinzip und die höchste Macht des Lebens« beschrieben werden könne (93). Beide Erfahrungen stehen in wechselseitiger Beziehung zueinander, bedingen sich gegenseitig und sind im unmittelbaren Erlebnis des Glaubens und nur dort eine wenngleich spannungsvolle Einheit (94).

(2) Zur ›Methodik‹ theologischer Reflexion. – Wie aber gelangt nun Barth zu seinen begrifflichen Distinktionen? An welchen Kriterien orientiert sich die ›Anstrengung des Begriffs‹? Ausgangspunkt ist für ihn das religiöse Erlebnis und der darin vermittelte Erfahrungsgehalt (22). Es handelt sich dabei nicht um das Erleben von Welt, sondern um Gotteserlebnis, Erlebnis der Wirkung Gottes auf das menschliche Bewußtsein. In diesem Erlebnis offenbart Gott sich selbst als Fordernder und Erfüllender, aber auch als Forderung und Erfüllung. Der Begriff der Persönlichkeit Gottes ist nichts anderes als der Versuch, die Erfahrung eines im religiösen Erlebnis an uns herantretenden ›Du‹ gedanklich zu fixieren. Daß Gott in dieser Erfahrung gleichzeitig aber auch als unpersönliche Macht erscheint, zwingt dazu, den Begriff der Erhabenheit Gottes zu denken, obwohl er dem Begriff der Persönlichkeit Gottes – so wie Barth ihn faßt – logisch entgegensteht. Theologische Reflexion kann also nicht der Methode spekulativer Entfaltung und Kombination von Begriffen folgen, sondern hat zu prüfen, welche Begriffe geeignet sind, dem Erfahrungsgehalt des religiösen Erlebnisses Ausdruck zu verleihen.

In einem interessanten Exkurs versucht Barth sein Verfahren der Begriffsbildung von einem anderen, seiner Meinung nach der Feuerbachschen Religionskritik erliegenden, abzugrenzen. Der Gottesbegriff, so betont er gegen Siebeck und Lotze, könne nicht so gewonnen werden, daß etwa der Gedanke der menschlichen Persönlichkeit, in dem das Erhabene mitgedacht sei, »aus dem Bereich der Erfahrung in das Transzendente projiziert« werde, wie Siebeck sage (86). Die Übertragung anthropologischer Prädikate auf Gott könne »die Wirklichkeit Gottes gar nicht erreichen, geschweige denn erschöpfend beschreiben« (89).[87] Selber glaubt Barth dem Projektionsvorwurf dadurch entgehen zu können, daß er den Gottesbegriff an die religiöse Erfahrung als der Norm theologischer Begrifflichkeit zurückbindet.[88] So fordere etwa »lebendige Frömmigkeit« selber, daß der Begriff der Persönlichkeit nur insofern Gottesprädikat sein könne, als er nicht nur die Vorstellung neutralen Geist-Seins[89], sondern auch das personale Moment des Subjekt-Seins in sich begreife (66). Die Religion selber sei es – um ein zweites Beispiel zu nennen –, die gegen den Pantheismus ebenso wie gegen den Deismus Protest einlege (78 u. 80). Es fällt auf, daß die religiöse Erfahrung offenbar im wesentlichen gegen die Vereinseitigung ihrer Elemente zugunsten eines ›Prinzips der Mitte‹ auftritt, oder umgekehrt, daß das religiöse Erlebnis eine solche Vielfalt möglicher Erfahrungen in sich birgt, daß sie in ihrer ganzen Breite nur mit Hilfe von Gegensatzpaaren adäquat aussagbar ist.

---

87 Interessant ist in diesem Zusammenhang die Bemerkung Barths, es sei geradezu peinlich, wenn der dabei zugrundegelegte Begriff von Persönlichkeit mit Lotze auch noch als »lebendige, sich selbst besitzende und genießende Ichheit« (87) definiert werde, da dies fatal an die These Feuerbachs, »daß der letzte verborgene Grund der Religion der Egoismus sei«, erinnere (88). Der ›moderne‹ Theologe Barth lehnt hier also ab, was er nach Meinung einiger Kritiker später selber getan haben soll, nämlich den Begriff einer selbstreferentiell gedachten Subjektivität auf Gott zu übertragen. So etwa Falk Wagner und Friedrich Wilhelm Graf in: *T. Rendtorff* (Hg.), Die Realisierung der Freiheit, bes. 36ff und 117. Es kann darum nicht überraschen, daß Barths Aufsatz von 1914 bei *F. Wagner*, Der Gedanke der Persönlichkeit Gottes, 14, lobende Erwähnung findet. Ob der ›post-moderne‹ Barth (vgl. *T. Rendtorff*, Karl Barth und die Neuzeit, 312-314) hier wirklich naiver gewesen sein sollte als der ›moderne‹?
88 »Nicht etwas aus ihm hinaus Projiziertes kann der Gottesgedanke der Religion sein, sondern nur die Spiegelung einer Tatsache, die in uns hinein geschaffen ist. Diese Tatsache ist das *Leben aus Gott*, das uns geschenkt wird durch unsern *Zusammenhang mit der Geschichte*. Diese unsere innere Bedingtheit durch die Geschichte ist die religiöse Erfahrung« (89). *H. U. v. Balthasar*, Karl Barth, 226f, sieht in diesen Sätzen eine erste Gestalt der analogia fidei (bzw. historiae) im Gegenüber zur analogia entis sich ausbilden. Nach *C. van der Kooi*, Anfängliche Theologie, 36, tauchen hier die »Umrisse der späteren Analogia-entis-Lehre« (gemeint ist aber doch wohl eher umgekehrt: die Umrisse der späteren Analogia-fidei-Lehre?) auf. Richtig an dieser Feststellung ist sicher, daß es in der Tat Barths Intention ist, hier – wie übrigens schon in dem Aufsatz »Der christliche Glaube und die Geschichte« mit seiner Betonung der wirksamen Geschichte als einem Extra nos – die Vorstellung einer qua Schöpfung dem Menschen gegebenen natürlichen Gotteserkenntnis abzuwehren. Mir scheint allerdings, daß die bewußtseinstheologischen und kulturidealistischen Prämissen Barths diese Absicht letztlich durchkreuzen.
89 Daß Barth ›Geist‹ hier als Neutrum faßt, also bereits im Persönlichkeitsbegriff ein Unpersönliches mitgesetzt läßt, führt dazu, daß seine Begriffe an Schärfe verlieren. Insbesondere läßt der Aufsatz letztlich ungeklärt, wie die beiden neutralen, aber doch entgegengesetzt verorteten Begriffe ›Geist‹ und ›Absolutes‹ sich zueinander verhalten. Vgl. auch *H. W. Frei*, The Doctrine of Revelation, 61.

2.2. Sein Verständnis von Religion

Entscheidend dabei ist, daß die herangezogenen Spitzenbegriffe – dies gilt schon für ›Persönlichkeit‹ und das ›Erhabene‹ – nicht, wie es immerhin als denkbar erscheinen könnte, durch den Akt einer synthesis ihrer Momente gewonnen werden. Barths Methode der Begriffsbildung folgt hier trotz der durch die Anerkennung eines offenen Widerspruchs bedingten Affinität zur Dialektik des zweiten »Römerbriefs« noch nicht dem Modell dialektischer Operationen.[90] Sie unterscheidet sich m.E. jedenfalls darin von seinem später geübten dialektischen Verfahren, daß er hier die einen Begriff konstituierenden Momente lediglich ›zusammenstellt‹, sie aber nicht paradox ›zusammendenkt‹ (85).[91] Die Begriffe begreifen vielmehr jeweils eine Dualität in sich, sind genauer gesagt ›Inbegriffe‹ zweier Momente[92], die sich nicht durchdringen und auch nicht in einer dialektischen Synthese aufgehoben sind, sondern im Gegenteil, kraft ihrer Zugehörigkeit zu zwei unterscheidbaren Bereichen, nebeneinander stehen als die zwei Grundmerkmale des im Begriff Inbegriffenen. Nicht daß Gott in sich selber gespalten sei, ist darin impliziert, wohl aber, daß im Medium des Denkens notwendig dissoziiert, was im lebendigen Gefühl eins ist. »Wir sind den Worten gegenüber gelassen geworden«, so schreibt Barth in der Einleitung seines Aufsatzes: »Wir trauen ihnen nicht mehr die Fähigkeit zu, dem Leben in seinen Tiefen zu folgen und darum nehmen wir sie auch nicht mehr so tragisch. Ja, wir fürchten die nutzlose Dialektik, in die wir uns durch ihren Gebrauch verwickeln... Wir finden die Wahrheit der Religion in ihrem Erlebnisgehalt, in der Erfahrung, in der Praxis, in ihrem Unmittelbaren..., durch die wir die innere Tatsächlichkeit des Lebens aus Gott und in Gott von seinem gedanklichen Ausdruck unterscheiden« (21). Nur indem man den Gottesbegriff – Barth spricht bezeichnenderweise lieber vom ›Gottes*ge*danken‹ – als Inbegriff der Persönlichkeit und des Erhabenen bestimmt, gibt er zu verstehen, daß diskursivem Denken in Elemente zerfällt, was religiöser Erfahrung ganzheitlich gegeben ist.[93] Im Hintergrund dieser Methode theologischer Begriffsbildung steht die Überzeugung, daß Gott selber nicht denkbar sei, sich nicht auf den Begriff bringen lasse, sondern nur umschrieben werden könne durch das Nebeneinanderstellen unvermittelter Gegensätze.

Was in früheren Texten bereits anklingt, daß theologische Theorie auf einer vorgängigen religiösen Praxis basiere, daß die theologische ›Methodik‹ der religiösen gleichsam zu folgen habe, wird hier exemplarisch anhand der Ent-

---

90 Anders: *M. Beintker*, Die Dialektik, 105-109.
91 Während er etwa in R II, 73 davon sprechen kann, daß Offenbarung als Offenbarung Verhüllung Gottes ist, lehnt er es hier strikt ab, (strukturell entsprechend) Gottes Persönlichkeit als Erhabenheit zu denken (vgl. 86).
92 So explizit im Blick auf das Erhabene, das Barth als »Inbegriff von Ueberlegenheit und Herrschaft« bezeichnet (75).
93 Siehe dazu auch: *W. Herrmann*, Der Verkehr des Christen mit Gott, 94.

wicklung des Gottesbegriffs durchgespielt. Mag das Thema auch vorgegeben gewesen sein, – daß Barth sich in einem Referat zu ihm äußert, ist angesichts seines theologischen Ansatzes alles andere als zufällig. Während der Aufsatz »Der christliche Glaube und die Geschichte« die Entstehung des religiösen Erlebnisses thematisiert, wird jetzt der darauf aufbauende und weiterführende Prozeß theologischer Reflexion vorgeführt. Gerade die Frage des Gottesbegriffs bietet sich hierzu an, weil das religiöse Erlebnis inhaltlich ja nichts anderes als Gotteserlebnis sein will. Es fällt auf, daß das antiorthodoxe Pathos fehlt, das die Argumentation von »Der christliche Glaube und die Geschichte« wesentlich bestimmt. Ebenso vermißt man den Versuch, die eigene Position als reformatorisch zu erweisen. Statt dessen setzt sich Barth primär mit der Dogmatik und Religionsphilosophie des 19. Jahrhunderts kritisch auseinander und grenzt sich im wesentlichen von ihr ab. Er tut dies, wie er zu Beginn seines Aufsatzes betont, durchaus im Bewußtsein der Relativität eines solchen Unternehmens (21), gleichzeitig aber auch mit der Überzeugung, daß »die Kraft des unmittelbaren religiösen Erfahrens selber« uns dazu zwinge, »über die zentrale Angelegenheit unseres Lebens, über unser Verhältnis zu Gott« nachzudenken, ihm Ausdruck zu verschaffen, und diese Aufgabe »trotz der Einsicht in den sekundären Charakter des religiösen Gedankens« gegenüber dem religiösen Erleben ernst zu nehmen (22). Das ist natürlich alles andere als eine Revokation früherer Thesen; allenfalls handelt es sich um eine durchs Thema bedingte Verlagerung des Akzents auf die Reflexion. Keineswegs geht es an, daraus auf den Beginn einer Rückwendung zu orthodoxen Denkstrukturen zu schließen.[94] Neu ist allerdings nicht nur die Emphase, mit der Barth die Begriffsarbeit betreibt, – neu ist vor allem die Bedeutung und Funktion, die er jetzt dem Begriff ›Reich Gottes‹ einräumt. Sie geht über eine bloße Akzentverlagerung deutlich hinaus.

---

94 Dies impliziert doch wohl Jörg Zengels Behauptung von einem »erkenntnistheoretischen Neuansatz«, in dem »die Vollendung des assensus im Glaubensbegriff ... eine erste Gestalt« gewinne (*J. Zengel*, Erfahrung und Erlebnis, 51 u. 52). Zengel ist der Auffassung, daß bei Barth »der sachliche Gehalt des religiösen Erlebens die Gegebenheit theologischer Grundbegrifflichkeit« mitumfasse, »die autonome Sachlichkeit des Reiches Gottes ... auf eine seiner Logik entsprechende begriffliche Konstitution« dränge und »die Übereinstimmung der Begriffe mit der Sache in ihr selbst begründet« sei (ebd.). Daran ist – wie wir gesehen haben – richtig, daß die religiöse Erfahrung Quelle und Norm aller theologischen Aussagen ist. Aber dies wird man kaum so interpretieren dürfen, als verlängere das religiöse Gefühl sich sozusagen selbsttätig ins theologische Denken hinein, als werde durch das Erlebnis auch die der erlebten Sache angemessene Begrifflichkeit vermittelt. Träfe Zengels Deutung zu, dann müßte nicht nur das ganzheitliche Gotteserlebnis einen Einheitsbegriff Gottes aus sich entlassen, auch Barths grundsätzliche Skepsis gegenüber der Leistungsfähigkeit des Begriffs im Bereich der Religion wäre dann einigermaßen unverständlich (vgl. 21). Von einer orthodoxen »Vorordnung des assensus im Glaubensbegriff« (so *J. Zengel*, Erfahrung und Erlebnis, 52) kann schlechterdings keine Rede sein.

2.2. Sein Verständnis von Religion

Gleichwohl sollte man doch auch hier nicht von einem völligen Neuansatz sprechen, sondern eher von einer Erweiterung des bisherigen kategorialen Rahmens. Eingeführt wird der Begriff ›Reich Gottes‹ von Barth als biblisches Äquivalent zum Begriff des Erhabenen, das sich im Gotteserlebnis als Moment des Unpersönlichen und Überpersönlichen manifestiert (92f). Es gehe beim Reich Gottes, so Barth, um »die unergründliche wirksame Macht Gottes, die in den Menschenherzen und im Menschenleben Ordnungen« schaffe »wie sie dem ewigen Willen Gottes« entsprächen; es sei aber »kein Menschenreich, kein Verband der gläubig Gewordenen, der Gerechten u. dgl., sondern die Königsherrschaft Gottes selbst, seine Kraft und Herrlichkeit« (92). Anschaubar ist es in der Geltung ›objektiver sozialer Werte‹ (vgl. 94). Unterwirft Barth in früheren Äußerungen alle Anschauung dem Prinzip des religiösen Individualismus, und läßt er alle Anschauung vom ›inneren Leben‹, dem Charakterbild, der Persönlichkeit bestimmt sein, durch die allein sich das religiöse Erleben vermittelt, so führt sein jetziges Beharren auf der nicht aus ›Persönlichkeit‹ abzuleitenden ›Sachlichkeit‹ des Reiches Gottes zwar nicht zur Beseitigung jenes Kriteriums, wohl aber zur Installation eines zweiten neben ihm. Seine entscheidenden Merkmale sind – wie sich aus der Parallelisierung von »Kultur der Persönlichkeit« und »Kultur der objektiven sozialen Werte« (94) folgern läßt – Objektivität und Sozialität. Nicht nur in Individuen, sondern auch in objektiven, subjektunabhängigen, sozialen Werten, wie sie sich in Vorgängen und Strukturen niederschlagen, kann das gläubige Subjekt Gott erleben. Nicht nur ein aufrichtiger Charakter kann ihm zur Offenbarung werden, sondern ebensosehr die konkrete Forderung oder Verwirklichung beispielsweise von sozialer Gerechtigkeit. Barth knüpft hier offensichtlich an seinen oben skizzierten religiösen Kulturidealismus an, gibt ihm aber dadurch zugleich eine neue Wendung, daß er die Momente des Objektiven und Sozialen in einer Weise ins Spiel bringt, wie dies vorher nicht der Fall war. Dachte er bisher beim Stichwort ›Kultur‹ primär an wissenschaftliche oder auch künstlerische Werke, die die subjektive Wahrhaftigkeit ihrer Schöpfer durchscheinen lassen, so verlagert sich sein Interesse jetzt offenbar auf den Bereich des Politischen und Sozialen.

Während der religiöse Individualismus das Gotteserlebnis an die grundlegende Anschauung des ›inneren Lebens Jesu‹ bindet und damit christologisch normiert, so entbehren die objektiven, ›sozialen Werte‹ ihres unpersönlichen Charakters wegen einer vergleichbaren Norm. Wohl kann das ›innere Leben Jesu‹ als »die reinste Darstellung der Persönlichkeit« (91), nicht aber analog als ›Darstellung des Reiches Gottes‹ gelten. Allenfalls eine Art Übergangsaspekt bietet sich im Gedanken des »Untergangs der Persönlichkeit in der Sache, der sie zu dienen« habe oder des »Opfer[s] der Persönlichkeit an die Sache« (93) an. Die ›Sache‹. Aber worin diese ›Sache‹ des Reiches Gottes selber besteht, kann am ›inneren Leben Jesu‹ nicht unmittelbar abgelesen werden. Kurzum: Das neu gewonnene Kriterium religiöser Anschauung und der mit ihm korrespondierende Begriff des Reiches Gottes implizieren streng genommen keinen christologischen, sondern einen eschatologischen Bezugsrahmen, dessen genauere Umrisse vorerst allerdings noch im Dunkeln liegen.

Fragt man nach den Gründen für die vollzogene Neuerung, so scheint es einleuchtend, sie in Barths allmählicher Annäherung an die Schweizer Religiös-Sozialen zu suchen. Schon Eberhard Busch äußert in seiner Barth-Biographie die Vermutung, Barth habe in dem zuletzt analysierten Aufsatz versucht, »seine ›Marburger‹ Erkenntnisse (unter dem Stichwort: ›Persönlichkeit‹, ›Seele‹) irgendwie in Einklang [zu] bringen mit seinen neuen sozialen Entdeckungen (unter dem Stichwort ›Reich Gottes‹)«.[95] Wir überprüfen diese These, indem wir im folgenden – auf die bereits untersuchte Wegstrecke zurückblickend – fragen, ob und gegebenenfalls in welcher Weise Barth sein soziales Engagement theologisch reflektiert und begründet und inwiefern diese ethische Reflexion zurückwirkt auf die Entfaltung seines dogmatischen Ansatzes. Wir werden also unter ethischen Gesichtspunkten noch einmal auf den Aufsatz »Der Glaube an den persönlichen Gott« zurückkommen, wenden uns aber zunächst den Anfängen zu.

---

95 *E. Busch*, Karl Barths Lebenslauf, 84. Ähnlich spricht Christoph Schwöbel in der Einleitung zu seiner Edition des Briefwechsels zwischen Barth und Rade von einer »Synthese zwischen ›liberaler‹ Theologie und religiösem Sozialismus« (BwRa 24). Etwas anders: *I. Spieckermann*, Gotteserkenntnis, 33 u. 240 Anm. 36.

2.3. Barths Begründung moralischen Handelns

2.3.1. Die ethische Dimension religiöser Individualität

Wie wir gesehen haben, steht für Barth – zumindest anfangs – das religiöse Individuum im Mittelpunkt seiner theologischen Überlegungen. Dies mag insofern merkwürdig erscheinen, als er nachweislich schon vor und während seiner Studienzeit von der ›sozialen Frage‹ umgetrieben ist, Schriften sozialistischer und religiös-sozialer Autoren studiert und im Genfer Vikariat sog. ›Armensprechstunden‹ einrichtet.[96] Wie lassen sich dieses politische Interesse und soziale Engagement mit der theologischen Konzentration auf das Individuum zur Deckung bringen? In einem am 1. Februar 1914 im Arbeiterverein Küngoldingen gehaltenen, bislang aber noch nicht edierten Vortrag mit dem Titel »Evangelium und Sozialismus« schildert Barth u.a., wie er dazu gekommen sei, Evangelium und Sozialismus miteinander zu verbinden. Noch in Genf, wo er die Armut kennengelernt habe, habe er »die soziale Not für eine naturnotwendige Tatsache, unter die der Glaube bloß eine starke, aber unpraktische Hoffnung zu setzen habe«, gehalten. Durch Calvins Idee des Gottesstaates auf Erden sei er zu einem neuen Verständnis der Reichsgottesbotschaft Jesu gebracht worden. Der Text fährt dann fort: »Durch S. mit Soz[ialismus] bekannt und zu genauerem Überlegen und Studieren der Sache getrieben. Seitdem halte ich die sozialist[ischen] Forderungen für ein wichtiges Stück Anwendung des Evangeliums, glaube allerdings auch, daß sie sich nicht ohne das Evangelium realisieren lassen.«[97] Wer oder was mit »S.« gemeint ist, wissen wir nicht. Marquardt hat vermutet, hinter der Abkürzung verberge sich Werner Sombart, den Barth in Berlin gelesen habe.[98] Mit gleichem Recht könnte man freilich auch an Walter Simons denken, bei dem Barth ebenfalls in Berlin eine Vorlesung über »Christentum und soziale Frage« gehört hatte.[99] Allerdings betont Barth in der zitierten sozialistischen Rede, die die Entwicklung seines Verhältnisses zum Sozialismus chronologisch darstellt, daß er noch in *Genf* Sozialismus und Evangelium nicht habe verbinden können; von daher gewinnt die Annahme, »S.« bedeute hier Safenwil, große Wahrscheinlichkeit.[100] Jedenfalls

---

96 Vgl. *E. Busch*, Karl Barths Lebenslauf, 67.
97 *K. Barth*, Evangelium und Sozialismus (unveröffentlicht; Karl Barth-Archiv, Basel). Die hier interessierende Passage ist vollständig zitiert bei: *F.-W. Marquardt,* Verwegenheiten, 473.
98 *F.-W. Marquardt,* Verwegenheiten, 478.
99 Vgl. *E. Busch,* Karl Barths Lebenslauf, 51.
100 Den Hinweis verdanke ich H. Stoevesandt vom Karl Barth-Archiv, Basel. Bestätigt wird diese Interpretation auch durch andere autobiographische Notizen Barths, s. *K. Barth*, Nachwort zu: Schleiermacherauswahl, 292, und vor allem: BwBu 306.

scheint Barths soziales Engagement über den kirchlichen Raum im engeren Sinne erst in Safenwil hinauszugehen, wo er beginnt, Vorträge im Arbeiterverein zu halten und sich gewerkschaftlich zu betätigen.[101] Ich versuche im folgenden, diesen Weg von Genf nach Safenwil nachzuzeichnen. Die leitende Fragestellung wird dabei sein, worin für Barth die Moralität des Handelns besteht und welche praktischen Konsequenzen er aus seinem ethischen Ansatz zieht.

(1) Die sittliche Kraft des Glaubens. – Die frühesten ausführlicheren Bemerkungen Barths zum Ansatz einer theologischen Ethik finden sich in seinen Aufzeichnungen zum Konfirmandenunterricht von 1910/11 in Genf.[102] Der Kurs gliedert sich in einen einleitenden Teil mit allgemeinen Fragen vor allem zur Didaktik sowie zu Religion und Bibel, und zwei Hauptteilen, deren erster von dem handelt, was zum Glauben führt, während der zweite den Glauben als ein Leben in Gehorsam, Liebe und Selbstverleugnung beschreibt.

Wir wenden uns zunächst dem ersten Hauptteil zu. Er trägt die Überschrift »Der Weg zu Jesus« und setzt mit Thesen zum Thema »Der Mensch und seine Bestimmung« ein: »Der Mensch soll sich«, so führt Barth aus, »von der Natur unterscheiden durch die *Vernunft*, d.h. durch die Tatsache, daß er denkt, will und fühlt nach bestimmten Gesetzen, die er in sich trägt. Er erfährt seine Bestimmung, wenn er seine Vernunft *anwendet* oder wenn er *strebt* nach dem, was wahr, gut und schön ist. Und diese Bestimmung ist die Bestimmung des Menschen für *Gott*, denn Gott ist die ewige Wahrheit, Güte und Schönheit. Gott *suchen* heißt Gott *finden*. (Plato)« (70). Die Leitsätze klingen wie eine äußerst komprimierte Zusammenfassung des neukantianischen Systems.[103] Es fällt auf, daß die These, die Bestimmung des Menschen bestehe darin, sich mittels der Vernunft von der Natur zu unterscheiden, als selbstevident, als keiner weiteren Begründung bedürftig eingeführt wird. Vorausgesetzt ist, daß der Mensch sich über seine Grundvermögen (Denken, Wollen, Fühlen) definiert und daß diese Vermögen auf das Wahre, Gute und Schöne zielen. Der Mensch verwirklicht sich als Mensch, indem er sich an diesen Idealen orientiert. Das Sollen entspringt aus dem Sein bzw. aus dessen Disposition zum Ideal. Erst sekundär wird es zu Gott in Beziehung gesetzt, und zwar nicht etwa so, daß Gott als Schöpfer des Menschen ihm diese Bestimmung gegeben habe, sondern so, daß Gott mit der Idee des Wahren, Guten und Schönen identifiziert wird, nach der der Mensch in Anwendung seiner Vernunft streben soll. »Diese Bestimmung ist aber«, so erläutert Barth, »die Bestimmung für *Gott*, in ihr spiegelt

---

101 *E. Busch*, Karl Barths Lebenslauf, 80ff.
102 Vgl. *K. Barth*, Konfirmandenunterricht 1909-1921, 57-106; Seitenzahlen ohne weitere Angaben beziehen sich auf diesen Text.
103 Vgl. dazu den Exkurs o. S. 38ff.

2.3. Seine Begründung moralischen Handelns

sich Gottes Wesen. Wir sollen göttlich werden« (71). In der Aktualisierung seines Kulturbewußtseins entspricht der Mensch seiner göttlichen Bestimmung.

Bei der Frage nach den Inhalten, die hierbei verwirklicht werden sollen, wird man auf den ›kategorischen Imperativ‹ verwiesen. Maßstab des Handelns sei der gute Wille: »Jeder Mensch soll so handeln, wie nach seinem Urteil *Alle* handeln sollten. Ein solcher Wille ist ein *guter* Wille. (I. Kant)« (71). Auch hier fällt auf, daß Barth auf der Ebene der philosophischen Ethik bleibt. Ganz im Sinne Cohens kann er formulieren: »Das Gute muß etwas *für Alle Giltiges* sein. Es begründet und entwickelt die Einheit der Menschheit« (72). Offenbar weil es allgemeingültig sein soll und als solches nicht inhaltlich, sondern nur formal, d.h. hinsichtlich der Regel, nach der es gebildet werden kann, bestimmt ist, bedarf es keiner besonderen theologischen Begründung. Das geforderte Gute ist jedem Vernünftigen erkennbar und im Prinzip auch erfüllbar; denn gefordert ist an sich nur der gute Wille, das »Streben nach den ewigen Zielen. Mehr ist nicht von uns zu verlangen, weil eine Ankunft nicht denkbar ist. Aber *das* ist von uns zu verlangen« (71). Der gute Wille zeigt sich in der Herrschaft des Geistes über die Natur: »Ein Mensch, der seine göttliche Bestimmung erfüllt durch guten Willen, ist innerlich frei gegenüber Allem, was die Welt ihm geben und nehmen kann... Durch die Freiheit von sich selbst zur Freiheit von der Welt!« (73).

Allerdings müssen wir uns eingestehen, »wenn wir uns prüfen in aufrichtiger Selbsterkenntnis« – so Barth –, »... daß wir unsere göttliche Bestimmung *nicht* erfüllt haben... Das aber ist die *Sünde*, daß wir nicht wie wir sollten, Gott gesucht haben, sondern unser eigenes Wohlsein. Wir haben die Herrschaft des Geistes über die Natur verloren und gehorchen dem Instinkt der *Selbstsucht*, den wir mit den Tieren gemeinsam haben« (74). Sünde besteht also im wesentlichen darin, Gott nicht gesucht zu haben. ›Gott suchen‹ ist hier offenbar ein Synonym für die Orientierung an der ›Idee‹, Sünde gleichbedeutend mit dem Verfehlen des Kulturideals, mit dem Verzicht auf die Aktualisierung des Kulturbewußtseins. Da der Mensch aber in der Aktualisierung des Kulturbewußtseins zugleich sein sittliches Selbst erzeugt, ist Sünde darüber hinaus »Untreue gegen unser besseres Selbst u. gegen Gott« (76). Zur Erkenntnis der Sünde gelangen wir durch die Vernunft: »Denn unsre Vernunft macht uns für die Sünde *verantwortlich*. Sie erinnert uns jeden Augenblick an unsere göttliche Bestimmung« (75). Sie spricht uns durch das böse Gewissen schuldig, wobei das Entscheidende ist, wie Barth eigens hervorhebt, »daß *wir selbst* uns da verurteilen müssen« (75). Die Folge der Sünde ist die Trennung von Gott: »Die Sünde ist ihre eigene Strafe. Denn indem wir selbstsüchtig sind, *trennen wir uns von Gott*. Wir verlieren die Freiheit und wir verlieren das ewige Leben, für die wir bestimmt sind« (76).

Ging es bisher ausschließlich um den autonomen Menschen, seine Selbstverwirklichung und sein Scheitern, dessen er sich selbst anklagen muß, so tritt nun Gott als Subjekt des weiteren Geschehens auf den Plan: »Gott aber macht uns zu rechten Menschen, indem er uns Jesus von Nazareth sehen und verstehen läßt« (78). Mit dem Verweis auf Jesus scheint Barths Ethik nun in der Tat eine theologische Wende zu nehmen. »Das Bild dieses Mannes«, so fährt er fort, »zeigt uns ein Leben, das menschlich war wie das unsrige; aber es war die völlige Erfüllung der Bestimmung des Menschen und darum war es zugleich göttlich... Jesu inneres Leben war reiner Gehorsam gegen Gott und reine Liebe zu den Menschen« (78).

Die Frage wird nun sein, wie wir dadurch zur Vergebung unserer Sünde und zu neuem Leben gelangen. Nach Barth verhilft uns die Tatsache des Lebens und Sterbens Jesu zur Buße, weil sie uns vor Augen stellt, wie wir zwar sein könnten, jedoch nicht sind: »Aber indem das in uns vorgeht, werden wir frei und froh, denn Jesus zeigt uns, daß wir trotz der Sünde göttlicher Art werden dürfen, wie es unsere Bestimmung ist. Er giebt uns den Mut, *Glauben* zu fassen. Glaube aber ist Vergebung der Sünde und ein neues rechtes Leben. Glaube ist Freiheit vom Bösen und Freiheit zum Guten... Die Erlösung geschieht dadurch, daß seine *Überlegenheit* auf uns wirkt. Gewahr werden, daß da etwas Großes ist, besseres als in uns. Muß uns zunächst beschämen, es führt uns zur Erkenntnis unsres Fehlens, aber dann sofort weiter: daß ein solches Menschenleben wahr war, giebt uns andern Menschen den Mut, uns aufzuraffen, umzukehren« (78). Im Grunde wirkt Jesus also allein durch sein Vorbild. Er hat die Idee, an der sich alle Menschen zu orientieren haben, realisiert und damit bewiesen, daß der Mensch nicht notwendigerweise an ihrer Verwirklichung scheitern muß. Das Vorbild macht Mut zur Umkehr, d.h. zur erneuten Ausrichtung des Lebens am Ideal des Wahren, Guten und Schönen. Der Mehrwert der theologischen gegenüber der philosophischen Ethik besteht offenbar darin, die Realisierbarkeit der Idee aufgrund einer konkreten geschichtlichen Erscheinung zu verbürgen und anschaulich zu machen, wobei allerdings zu beachten bleibt, daß nach Barth gerade das Historische daran für den Glauben irrelevant ist und es lediglich auf das dahinter durchscheinende ›innere Leben‹ Jesu ankommt. Man kann sich des Eindrucks nicht ganz erwehren, daß sich die Situation dessen, der sich mit Blick auf Jesu Charakter an der Idee orientiert, jedenfalls nicht wesentlich von der Lage dessen unterscheidet, der dies ohne Jesus versucht. Letztlich scheinen doch beide auf ihre eigene Kraft angewiesen zu sein; alles andere wäre eine Verletzung der Autonomie des Menschen. Dennoch betont Barth im folgenden Abschnitt, wir könnten uns von der Sünde »nicht durch unsre eigenen guten Gedanken und Werke befreien... Der Weg zum Leben geht nicht über das stolze Bewußtsein der eigenen Güte,

2.3. Seine Begründung moralischen Handelns

sondern über d. Bewußtsein unsrer Ohnmacht... Will sagen: Nicht durch *unser* Thun sondern durch *Gottes* Thun. Denn der Glaube ist nicht unser Werk sondern Gottes Werk in uns, das Erlebnis der Sündenvergebung u. der Kraft in Cr.« (80). Barth setzt offenbar voraus, daß das Vorbild Jesu in uns besondere Kräfte mobilisiert. Das Erlebnis dieser inneren Wirkung nennt er Glaube.

Glaube hängt also von Anfang an in ganz spezifischer Weise mit dem Handeln des Christen zusammen. Er ist das Erlebnis derjenigen Kraft, die zum Guten befähigt. »Wer glaubt, der fängt an, in Christus d.h. in der Gesinnung Christi zu leben und *Christus lebt in ihm*« (81). Der Glaube führt nicht zur Erkenntnis des Guten – denn diese Erkenntnis ist allgemeingültig –, sondern er vermittelt die Kraft, das Erkannte in die Tat umzusetzen: »Der Glaube d.h. das trotz der Sünde wiedergewonnene Selbstvertrauen wird aber sofort zur Tat. Wir empfangen Trost, aber der Trost ist Kraft und die Kraft muß wirken« (81).

Damit leitet Barth im Konfirmandenunterricht zum zweiten Hauptteil über, der den Titel »Der Weg zu Gott« trägt und das Leben des Christen als ›Gehorsam‹, ›Liebe‹ und ›Selbstverleugnung‹ beschreibt. Insbesondere im zweiten, »Liebe« überschriebenen Kapitel erläutert Barth das christliche Handeln aus der Kraft des Glaubens. Nicht auf die Beachtung bestimmter Gebote oder Verbote komme es an, sondern darauf, sein Leben – wie Jesus – »nach dem Gesetz des guten Willens« (94) auszurichten, d.h. dem kategorischen Imperativ entsprechend zu handeln. Entscheidend sei weniger die einzelne Handlung, als vielmehr die Gesinnung, aus der heraus sie gewollt werde. »Darum fordert Jesus die Gerechtigkeit des *Herzens*. D.h. aber unendlich viel mehr als Gehorsam d. Werkes, nämlich Gehorsam d. Gesinnung« (94).

Die Moralität des Handelns besteht für den Barth der Genfer Zeit also in der Gesinnung, aus der heraus gehandelt wird. Moralisch gut ist eine Handlung dann, wenn sie in dem Willen vollzogen wird, damit (jedenfalls tendenziell) das Kulturideal zu realisieren, das als solches vernünftig und – weil vernünftig – allgemeingültig ist. Der christliche Glaube kommt bei diesem Vorgang der Ausrichtung des Willens am Ideal nur insofern ins Spiel, als er dem Menschen durch das Bild Jesu die Kraft vermittelt, trotz ständigen Scheiterns, sich immer wieder von neuem der ›sittlichen Aufgabe‹ zu stellen; für die Begründung moralischen Handelns dagegen spielt der Glaube keine Rolle. Bevor wir fragen, welche praktischen Konsequenzen Barth aus diesem Ansatz zieht, wollen wir ihn mit dem seines Lehrers Wilhelm Herrmann vergleichen.

EXKURS: ZUM ETHISCHEN ANSATZ WILHELM HERRMANNS[104]

Wir können hier Herrmanns frühere (unter dem Eindruck von Cohens Ethik und Religionsphilosophie preisgegebene) Auffassung von der Korrelation von Religion und Sittlichkeit beiseitelassen und uns auf den im Spätwerk entfalteten ethischen Ansatz beschränken, wie er etwa in der 1909 erschienenen vierten Auflage der »Ethik«, die Barth zu seinem Amtsantritt in Genf von Herrmann erhielt[105], vorliegt.

Nach Wilhelm Herrmann besteht die Aufgabe der Ethik darin, die Sittlichkeit als »das von dem Menschen geforderte auf das Gute gerichtete Wollen« zu untersuchen (*W. Herrmann*, Ethik⁴, 1). Dabei ist zunächst der Begriff einer von der philosophischen Ethik prinzipiell unterschiedenen theologischen Ethik abzulehnen (ebd.), denn das Gute, um das es in der Ethik gehe, müsse sich »als allgemein menschlich ausweisen« lassen (ebd., 2), dürfe also nicht von einer »immer individuell bestimmten religiösen Erkenntnis« abhängig gemacht werden (ebd., 1). Religion setzte – so Herrmann – in der Geschichte wirksame sittliche Gedanken voraus (ebd.); Glaube entstehe nur dort, wo das sittliche Problem durchlebt werde (ebd., 9). Worin besteht aber nun das ›sittliche Problem‹ und was meint hier eigentlich ›Sittlichkeit‹?

Sittlichkeit ist für Herrmann »ein Verhalten, worin das menschliche Leben seine von der Natur gegebene Art überwinden und eine höhere Stufe des Lebens durch seine eigene Tätigkeit gewinnen will« (ebd., 15). Um dieses Ziel zu erreichen, müsse der Mensch seinem Willen eine einheitliche, am Sittengesetz orientierte Richtung geben, denn gut könne – mit Kant (vgl. ebd., 43) – lediglich die als Willenseinheit verstandene Gesinnung sein (ebd., 24). Darum bestehe die sittliche Aufgabe letztlich darin, ein Selbst, eine Persönlichkeit zu werden. Das sittliche Gesetz, dessen Inhalt im kategorischen Imperativ formuliert ist, »ist deshalb immer eine Forderung, die der Mensch selbst an sich stellt« (ebd., 47): »Wenn wir es uns nicht selbst sagen, so kann auch kein anderer, weder Gott noch Mensch uns sagen, was die unbedingte Forderung gebietet, die der letzte Grund unseres sittlichen Verhaltens sein muß« (ebd., 51). Die Erkenntnis des Sittlichen ist offenbar für Herrmann ganz unproblematisch. Ein ›sittliches Problem‹ erwächst erst dort, wo es um das Festhalten der sittlichen Einsichten und ihre Umsetzung in konkretes Handeln geht. Denn da der Mensch ein Naturwesen ist, dessen Triebe den Ansprüchen der Sittlichkeit Widerstand leisten, bleibt er hinter der sittlichen Aufgabe immer zurück. Daraus entsteht schließlich ein den Willen lähmendes Schuldgefühl (ebd., 84ff).

In dieser Situation – so Herrmann – erhebe sich für den Menschen die Frage, ob er resignieren oder eigenständiges Leben gewinnen, d.h. seinen freien Willen gegen seine ihn an die Natur bindenden Triebe zur Geltung bringen wolle. »Mit dieser Frage ist der Mensch auf dem Weg zur Religion. ... Denn in diesem Willen setzt es [sc. das Individuum] das ihm Aufgegebene schon als seine Kraft voraus, die innere Selbständigkeit, die wahrhaft Lebendigen ist« (ebd., 88). Das innere Freiwerden zu wahrhaftigem Leben und sittlichem Verhalten, das nur individuell erlebbar sei in der freien Hingabe an eine Macht, der man sich unbedingt beugen müsse, sei Religion (ebd., 90). Indem uns diese Macht erfasse, erleben wir, daß Gott »uns in seinen Dienst stellt« (ebd., 128) und uns so das Bewußtsein von Sündenvergebung vermittle. Dieses Erlebnis sei der Ursprung von Religion und Sittlichkeit; in ihm entstehe der »Glaube als die Kraft, das Gute zu tun« (ebd., 129ff).

Vergleicht man diese Konzeption mit der Barths, so fällt zunächst auf, daß beide in der Grundtendenz übereinstimmen: Sittlichkeit wird verstanden als von Gott garantierte individuelle Verwirklichung der Herrschaft des Geistes über die Natur. Unterschiede in Nuancen sind damit freilich nicht ausgeschlossen. So läßt Barth sich z.B. stärker als Herrmann auf den neukantianischen Systemgedanken ein: Das vom Menschen geforderte Handeln besteht in nichts anderem als der Aktualisierung der theoretischen, praktischen und ästhetischen

---

104 Vgl. zum Folgenden: *Th. Mahlmann*, Art. Herrmann, Wilhelm, 165-172; *M. Beintker*, Die Gottesfrage, 42-58 u. 76ff; *W. Greive*, Der Grund des Glaubens, 111-134; und *G. König*, Die systematische Funktion, 33-44.
105 Vgl. *K. Barth*, Die Theologie und die Kirche, 240f.

2.3. Seine Begründung moralischen Handelns

Vernunft, – zweifellos ein Reflex eigenständiger Cohen-Lektüre Barths. Zum anderen scheint mir Barth bei der Lösung des sittlichen Problems dem Vorbild Jesu größere Bedeutung als Herrmann beizumessen. Gewiß, auch Herrmann spricht von der »sittliche[n] Kraft Jesu« (ebd., 135, vgl. auch 123, 127 u.ö.). In ihr manifestiert sich aber eigentlich nur das, was in jedem religiösen Erlebnis durch Selbstbesinnung und reine Hingabe an die uns unbedingt in Anspruch nehmende Macht des Guten zu gewinnen ist. Demgegenüber hält Barth m.E. an der ursprünglichen christologisch-jesulogischen Konzentration der Theologie Herrmanns fest, die in dessen Spätwerk mehr und mehr hinter dem existentialen Ansatz zurücktritt.

Welche praktischen, politischen, sozialethischen Folgerungen zieht Barth aus seiner ethischen Theorie? In seinen Aufzeichnungen für den Jahrgang 1909/10 seines Konfirmandenunterrichts notiert sich Barth zur Auslegung des fünften Gebots: »Weiteste sittl. Gemeinschaft = der Staat. Bewußte Staatsbürger werden. Kosmopolit. = Charakterlosigkeit. In ein. Republik ist jeder verantwortlich. Staaten sind Organisationen d. Völkerfamilien zum Zweck der Bildung von *Recht*. Außerh[alb] d. Staates sein heißt außerh. d. Menschheit sein. Daher der Staat für Alle von höchstem Interesse« (29f). Die Bezogenheit des Staates auf das Recht und auch die Gleichsetzung von ›Staat‹ und ›Menschheit‹ erinnern stark an Hermann Cohen.[106] Besteht das höchste Ideal darin, in Übereinstimmung mit dem Sittengesetz als dem Inbegriff dessen, was den Menschen zum Menschen macht, zu leben, und versteht man den Staat als diejenige Gemeinschaft, deren Zweck es ist, dieses Ideal zu realisieren, so stellt sich in der Tat »außerhalb der Menschheit«, wer sich dem Staate nicht unterordnet. Im Blick auf die Parteien beklagt Barth, sie seien »jetzt leider meist Interessengruppen«; positiv hervorgehoben werden Katholiken und Sozialisten, sie seien stark, »weil sie Prinzipieen haben. Ein Christ kann bei *jeder* Partei sein«, so beschließt Barth seine Bemerkungen in politicis, »wenn er ein Christ *bleiben will*« (30). Unter der Überschrift »Das Vaterland« setzt Barth ein Jahr später, im zweiten Hauptteil seines Konfirmandenunterrichts von 1910/11 Staat und Reich Gottes zueinander in Beziehung: »Solange das Reich Gottes und seine bessere Gerechtigkeit ... noch nicht alle Menschen ergriffen« habe, sei der nationale Staat notwendig. Seine Aufgabe bestehe darin, »die Interessen der Gesamtheit« zu wahren und den einzelnen »zum Gemeinsinn zu erziehen« (99). Der Staat sei zwar »immer *weniger* als das Reich Gottes; aber wir müssen gute Staatsbürger sein, damit er Reich Gottes werde« (99). ›Reich Gottes‹ ist hier offenbar das, was Barth zuvor als ›sittliche Gemeinschaft‹ bezeichnet. Der Staat wird zum Reich Gottes durch die ihn tragenden Menschen, sofern sie sich

---

106 Vgl. *H. Cohen*, Ethik, bes. 92; 237-263; 434f und 515-519.

durch die Gesinnung Jesu und die »Gerechtigkeit des Herzens« bestimmen lassen. Konkret heißt dies, »ein Bürger des Reiches Gottes [muß] notwendig auch ein treuer und eifriger Staats- und Gemeindebürger sein«, d.h. den Gesetzen gehorchen, Interesse an den öffentlichen Angelegenheiten nehmen, Steuern zahlen, sich an Wahlen beteiligen und seinen Militärdienst willig leisten; dies gelte besonders »für uns *Schweizer*, weil wir als Republikaner mit größeren Rechten auch größere Pflichten gegen das Vaterland haben« (99, vgl. auch 29f). Die Umsetzung der Gesinnung Jesu ins Politische zeitigt offensichtlich trotz allem ein eher affirmatives Ethos.

In Barths Konfirmandenunterricht kommt der soziale und sozialpolitische Bereich kaum zur Sprache; das überrascht um so mehr, als Barth selbst seinerzeit im Konfirmandenunterricht mit der ›sozialen Frage‹ konfrontiert worden ist. Hier bleibt sein Interesse ganz auf das ethische Individuum gerichtet; sozialpolitische Konsequenzen werden nicht gezogen. Die an den einzelnen gerichtete ethische Ermahnung beschränkt sich im wesentlichen auf die Forderung, die Berufspflichten gewissenhaft zu erfüllen, da »wir in *jedem* Beruf im Auftrag Gottes handeln. Eben darum aber ist der *oberste* Sinn *jedes* Berufs der, daß wir damit *Andern dienen* dürfen. Eine Bildung, die nicht Andere versteht und Andern zu Gute kommt, ist Beschränktheit, und ein Besitz, den wir für uns selbst haben wollen, ist Sünde. (Mammon)« (98). Ein Jahr zuvor, im Konfirmandenunterricht von 1909/10, hat Barth in der Erläuterung des achten Gebotes den Kindern eingeschärft, daß im Geschäftsleben »u. U. d. rechtlichste Eigentum Diebstahl am Nächsten sein kann. Durch §§ ist hier nichts zu ordnen, es muß die Gesinnung dasein, die das Eigentum nicht als höchsten Wert betrachtet, sondern als anvertrautes Gut ... Besitz ohne diese Gesinnung ist Lieblosigkeit. Sozialismus gut soweit Kampf gegen diese Gesinnung (manchesterl. Kapitalismus), als Gesellschaftstheorie unmöglich und hebt jene Lieblosigkeit nicht auf. Andere Menschen, nicht andere Gesellschaftsordnung!« (33). So bestätigt sich auch hier Barths spätere Erinnerung an die Genfer Zeit, er habe damals »die soziale Not für eine naturnotwendige Tatsache« gehalten, »unter die der Glaube bloß eine starke, aber unpraktische Hoffnung zu setzen habe«.[107] In Safenwil hat sich daran manches geändert. Dies geschah gewiß nicht unbeeinflußt vom Gedankengut des Religiösen Sozialismus, wenngleich Barths Annäherung an jene damals in der Schweiz auf ihrem Höhepunkt stehende Bewegung sich keineswegs vorbehaltlos vollzog.[108] Wir werden im fol-

---

107 Vgl. *K. Barth*, Evangelium und Sozialismus.
108 Mit Recht bezeichnet *F.-W. Marquardt*, Theologie und Sozialismus, 83f, Barth als einen »Religiös-Sozialen sui generis«. Zur Vorsicht mahnen nicht nur spätere Erinnerungen Barths, wonach er und Thurneysen zwar von Kutter gelernt, sich für »Ragaz und seine ›Religiös-Sozialen‹« aber nur in einigem Abstand interessiert hätten (*K. Barth*, Nachwort zu: Schleiermacherauswahl, 293), sondern auch kritische Äußerungen aus jener frühen Zeit, etwa über die re-

2.3. Seine Begründung moralischen Handelns

genden zu prüfen haben, worin genau die Veränderungen gegenüber Genf bestehen, wie Barth sie begründet und welche Rückwirkungen sie auf seinen ethischen Ansatz haben. Die entscheidende Quelle dafür ist der von Barth am 17. Dezember 1911 im Safenwiler Arbeiterverein gehaltene Vortrag »Jesus Christus und die soziale Bewegung«.

(2) Jesus Christus als soziale Bewegung.[109] – In der Einleitung des Vortrags nennt Barth »die soziale Bewegung des 19. und 20. Jahrhunderts ... das größte und eindringlichste Wort Gottes an die Gegenwart« (Nr. 153,1). Kommt man von der Analyse des Aufsatzes »Der Glaube an den persönlichen Gott« her zu diesem Satz, drängt sich zunächst die Vermutung auf, Barth habe schon 1911 die geschichtstheologische These von der Offenbarungsqualität der ›sozialen Bewegung‹ vertreten, habe ihr also bescheinigt, den Willen Gottes im Medium historischer Objektivität zur Anschauung zu bringen. Die oben festgestellte Erweiterung des methodischen Instrumentariums der Barthschen Theologie müßte dann freilich in die Zeit jenes frühen Vortrags zurückdatiert werden. Voraussetzung dafür wäre allerdings, daß Barth schon damals auch zwischen der Person Jesu Christi und der Sache der sozialen Bewegung unterschieden hätte. Tatsächlich ist aber genau das Gegenteil der Fall.

Denn gleich zu Beginn stellt er lapidar fest, daß ›Jesus Christus‹ und die ›soziale Bewegung‹ nicht zwei Größen seien, die man erst sekundär zusammenstellen müßte, vielmehr sei beides – sogar in reziproker Weise – ein und dasselbe: »Jesus *ist* die soziale Bewegung und die soziale Bewegung *ist* Jesus in der Gegenwart« (Nr. 153,1). Barth gibt damit die Äußerung eines »bekannte[n] Theologe[n] und Schriftsteller[s]« – vermutlich ist Herrmann Kutter[110] gemeint – mit eigenen Worten wieder, um dann nur geringfügig einschränkend fortzufahren: »Ich kann mir diese Meinung mit gutem Gewissen aneignen, wenn

---

ligiös-soziale Zeitschrift »Neue Wege« (BwRa 76) oder auch über »Kutter und unsere Religiös-Sozialen«, denen er vorwirft, sie seien »in praxi die denkbarsten nicht bloß Individualisten, sondern Subjektivisten und Einspänner« (*K. Barth*, John Mott, 497). Gerade das letzte Zitat belegt im größeren Kontext freilich auch, daß Barth sich in diese Kritik selber einschloß und sich schon damals (1910/11) den Religiösen Sozialisten in – sagen wir einmal: kritischer Solidarität verbunden wußte.
109 *K. Barth*, Jesus Christus und die soziale Bewegung; zuerst veröffentlicht in: Der Freie Aargauer 1911, Nr. 153-156. Ich beziehe mich im folgenden auf diesen Text, indem ich ihn (ohne weitere Angaben) nach Nr. und Seitenzahl zitiere. Zu dem Skandal, den die Publikation im »Freien Aargauer« auslöste s. *F.-W. Marquardt*, Der Aktuar, 118-121. Der Wiederabdruck des Vortrags in: akid 1971, Heft 6, 14f, enthält zahlreiche Auslassungen. – Zu dieser Interpretation vgl. *U. Dannemann*, Theologie und Politik, 29-32; und *E. Jüngel*, Barth-Studien, 101-106. – Der Vortrag gehört zu einer der ersten von insgesamt 43 sog. ›Sozialistischen Reden‹ Barths, die in der Regel in sozialdemokratisch organisierten Versammlungen vor Arbeitern gehalten wurden. Vgl. zu diesem bisher nicht publizierten Komplex von Barth-Texten: *F.-W. Marquardt*, Verwegenheiten, 470-488.
110 Siehe dazu: *H.-A. Drewes*, Das Unmittelbare, 193, der es wahrscheinlich gemacht hat, daß Barth sich dabei auf das Schlußkapitel von *H. Kutter*, Sie müssen, 192ff, bezieht.

ich mir auch vorbehalte, näher zu zeigen, in welchem Sinn ich dies tue. Der eigentliche Inhalt der Person Jesu läßt sich in der Tat in die beiden Worte: soziale Bewegung zusammenfassen...« (Nr. 153,1). Person und Sache sind also – entgegen der späteren Differenzierung – hier noch als identisch vorausgesetzt. Wie ist eine solche Identifizierung zu verstehen? Welchen Sinn kann es haben, ›Jesus Christus‹ mit der ›sozialen Bewegung‹ gleichzusetzen? Nun erinnert freilich diese Gleichsetzung an die in dem nicht lange davor entstandenen Aufsatz »Der christliche Glaube und die Geschichte« vorgetragene These, daß Christus insofern die ›wirksame Geschichte‹ sei, als sein Charakterbild sich im konkreten Lebensvollzug von Menschen reproduziere. Meint Barth hier, so wäre darum zu fragen, daß in der ›sozialen Bewegung‹ Jesu ›inneres Leben‹ – denn der Ausdruck »Inhalt der Person Jesu« bedeutet wohl, was Barth sonst mit Herrmann ›inneres Leben‹ Jesu nennt – wirksam und lebendig sei?

Ehe er allerdings an die Explikation seiner These geht, klärt Barth zunächst sein Verständnis der im Titel des Vortrags enthaltenen Begriffe ›Jesus Christus‹ und ›soziale Bewegung‹. Er tut dies, indem er zwei kritische Einwände gegen sein Unternehmen zurückweist. Dem bürgerlich-klerikalen Einspruch, Jesus dürfe nicht mit den Fehlern und Irrtümern von Sozialisten in Verbindung gebracht werden, begegnet er mit der Feststellung, daß Jesus natürlich nicht zum Sozialdemokraten gemacht werden solle und könne; er wolle Jesus nicht mit dem vergleichen, was Sozialisten *faktisch tun*, sondern mit dem, was sie *erstreben*: »Wenn ich von der sozialen Bewegung rede, so meine ich damit nicht das, was dieser oder jener oder meinetwegen *alle* Sozialdemokraten *machen*, sondern was sie wollen« (Nr. 153,1). Es soll also auf die Programmatik im Sinne der allen Sozialisten gemeinsamen Willensrichtung ankommen; sie stimmt – wie Barth im folgenden zeigt – mit dem überein, was auch Jesus gewollt hat, sicher nicht mit allen konkreten Einzelforderungen, wohl aber in der inneren Ausrichtung, der sozialen Gesinnung, die ihnen zugrundeliegt. ›Soziale Bewegung‹ ist hier also gar nicht primär in soziologischem Sinne als organisierte Arbeiterschaft verstanden, sondern bezeichnet vielmehr das gemeinsame Bestreben der in der Sozialdemokratie verbundenen Individuen, den inneren Impuls, der sie bewegt, ihre Gesinnung, nicht ihr faktisches Handeln.[111]

---

[111] Anders als etwa Kutter geht Barth nicht davon aus, daß die Sozialdemokratie in ihrem Verhalten *unbewußt* den Willen Gottes tut. Schon hier zeigt sich m.E. Barths gegenüber manchen Religiös-Sozialen durchaus eigenständig gebliebenes Profil. Als Beleg für Kutter mag genügen: *H. Kutter*, Sie müssen, 68. Dazu: *H.-A. Drewes*, Das Unmittelbare, 172-186, der im übrigen zu Recht darauf aufmerksam macht (ebd., 193f), daß der Vorbehalt mit dem Barth sich der These der Identität von ›Jesus Christus‹ und ›sozialer Bewegung‹ anschließt, exakt diese Differenz zwischen Tat und Gesinnung betrifft. Auch Kutter ist von dieser Identifizierung allerdings später abgerückt. Ragaz hat ohnehin den Unterschied zwischen der Idee des Sozialismus und der sozialdemokratischen Partei immer wieder hervorgehoben (z.B. *L. Ragaz*, Der Sozialismus und die persönliche Freiheit, 268), wenngleich er auch sein negatives Urteil über die So-

2.3. Seine Begründung moralischen Handelns

Grundsätzlich ist hier für Barth wie für Herrmann die Gesinnung und nicht die (äußerliche) Tat der entscheidende Beurteilungsmaßstab des Ethischen.[112]

Immerhin gilt aber: Nur die Gesinnung, die zur sozialen Tat drängt, ist wirklich Gesinnung Jesu. Insofern die Kirche bislang mehrheitlich den sozialen Geist eher habe vermissen lassen, erweise sie sich nicht in Übereinstimmung mit Jesus. Gegenüber dem zweiten möglichen Einspruch – nun von seiten der Sozialisten –, sein Vortrag diene lediglich dem Ziel kirchlicher Propaganda, betont Barth darum in äußerster Zuspitzung: »Die Kirche ist nicht Jesus und Jesus ist nicht die Kirche« (Nr. 153,1). Dasselbe gelte auch im Blick auf die christliche Weltanschauung: »Was Jesus uns zu bringen hat, sind nicht Ideen, sondern eine Art zu leben... Jesus ist nicht die christliche Weltanschauung und die christliche Weltanschauung ist nicht Jesus« (Nr. 153,1). Greift der erste Satz religiös-soziale Kirchenkritik auf, so der zweite Herrmanns bekanntes Verdikt gegen das lehrgesetzliche Mißverständnis des Christentums. ›Eine Art zu leben‹ bringt Christus, und von daher soll offenbar seine Person als lebensspendende Kraft in den Blick genommen werden. Wie aber versucht Barth nun im einzelnen die Identität jener Kraft des ›inneren Lebens‹ Jesu mit der die ›soziale Bewegung‹ bewegenden Gesinnung zu erweisen? Er geht diese Frage unter vier Aspekten an.

Erstens: Er beginnt mit der Feststellung, daß der Sozialismus ebenso wie Jesus – menschlich betrachtet – eine Bewegung von unten nach oben sei, eine Bewegung der ökonomisch Abhängigen zu Unabhängigkeit. Jesus sei selber ein Arbeiter, ein Betroffener gewesen, der sich nicht aufgrund »behäbige[n] Mitleiden[s] von oben nach unten«, sondern weil er vom »Feuer des echten sozialen Geistes« erfüllt gewesen sei, an die Unterdrückten seiner Zeit gewandt habe (Nr. 153, 1f). Dieses Feuer sozialen Geistes, das aus der Abhängigkeit in die Unabhängigkeit treibe, finde sich im Sozialismus wie bei Jesus.

Zweitens: Dagegen scheint man einwenden zu können, daß – würde man die Identität des sozialen Movens anerkennen – doch die jeweilige Zielsetzung verschieden sei: »Die Sozialdemokratie«, so lautet das entsprechende Argument, »will nur die äußere *materielle* Besserstellung der Menschen, das Reich Gottes dagegen, das Jesus verkündigte, ist *Geist* und Innerlichkeit« (Nr. 154, 1). Barth hält dagegen, daß die Kirche zwar statt zu helfen »die soziale Not als eine vollendete Tatsache hingenommen« habe, »um dafür vom Geist zu reden, das innere Leben zu kultivieren und Kandidaten für den Himmel zu präparieren«, daß

---

zialdemokratie von 1903 (sie sei eher eine »Geißel Gottes«, in: *Ders.*, Briefe I, 203) bald revidierte und sich 1913 der Partei anschloß (vgl. *M. Mattmüller*, Leonhard Ragaz I, 106 u. 190).
112 Im Anschluß an Kant wollte Herrmann »das Prädikat in sittlichem Sinne genau genommen nur auf den einheitlichen Willen oder die Gesinnung anwenden« (*W. Herrmann*, Ethik[4], 24). Daß Herrmann sich in seinem eigenen Urteil über die Sozialdemokratie nicht hat von dieser Maxime leiten lassen, wird unten zu diskutieren sein.

aber Jesus mit dieser Spaltung der Wirklichkeit in die zwei Welten ›Geist‹ und ›Materie‹ nichts zu schaffen habe. Er sei vielmehr von der *einen* Realität des Gottesreiches ausgegangen, das »*zu uns komme* in die Materie und auf die Erde«. Jesus kenne und anerkenne »nur das Reich Gottes das *inwendig* in uns ist. Aber es muß Herrschaft werden über das Aeußere, über das tatsächliche Leben, sonst verdient es seinen Namen nicht.« In diesem Sinne sei die soziale Bewegung – nun göttlich betrachtet – eine Bewegung von oben nach unten, von Gott zu den Menschen, die die Menschen verändere. Denn der darin vermittelte soziale Geist sei der Geist, der vor Gott gelte, und die soziale Hilfe darum »*der* Weg zum ewigen Leben«. Anders als die Kirche habe Jesus sich tatsächlich gegen die materielle Not gewandt, »indem er den Menschen den Geist einflößte, der die Materie verwandelt«. Von ihm könne die Sozialdemokratie lernen, »daß wir Zukunftsmenschen brauchen, um den Zukunftsstaat zu bekommen, nicht umgekehrt« (Nr. 154,1).

Drittens: Dem Kommen des Reiches Gottes stehe aber das auf dem Privateigentum an Produktionsmitteln und dem Konkurrenzprinzip beruhende kapitalistische Wirtschaftssystem entgegen. Während die Sozialdemokratie Privateigentum nur zum Teil aufheben wolle, sei für Jesus – darin sei er »sozialistischer als die Sozialisten« – der Begriff des Eigentums überhaupt verpönt: »Eigentum ist Sünde, denn Eigentum ist Selbstsucht«. Nur wer von allem »Privatwesen« frei sei, sei frei für die soziale Hilfe (Nr. 155, 2). Jesus und die soziale Bewegung kommen in der Tendenz also auch darin überein, daß es darin um die Befreiung von Selbstsucht und damit um ein Bewußtsein, eine neue Gesinnung geht.

Viertens: Um ihre Forderungen realisieren zu können, bedarf die Sozialdemokratie der Organisation und Solidarität der Arbeiter. Wenn die Kirche (insbesondere die lutherisch geprägte Kirche Deutschlands) dagegen darauf beharre, daß es sich beim Evangelium »nicht um eine Angelegenheit der Masse, sondern der einzelnen Seele« handele, so trenne sie, was bei Jesus eine Einheit bilde. Der Einsatz des eigenen Lebens für die anderen – von Jesus exemplarisch vorgelebt bis zum Kreuz – sei Ausdruck des darin implizierten Bewußtseins, »daß man aufhören muß, etwas für sich zu sein, daß man ein Gemeinschaftsmensch, ein Genosse werden muß, um überhaupt ein Mensch zu werden«.[113]

---

[113] Natürlich wollte Barth damit nicht behaupten, daß nur der parteipolitisch organisierte und engagierte Genosse, also der Sozialdemokrat, wirklich Mensch sei. Das Gefälle der Argumentation zielt vielmehr darauf, daß der Mensch in Gottes Augen ein soziales Wesen sei und der Organisationsgedanke der Sozialdemokratie jedenfalls nicht unchristlich sein könne, sofern er jener Tatsache eben Rechnung trage. Die Ironie, mit der Jüngel – auf Barths erst 1915 erfolgten Parteieintritt anspielend – betont, daß es »immerhin noch ganze drei Jahre und zwei Monate [brauchte], bis sich Barth auch für seine eigene Person entschloß, ein Mensch zu werden, indem er ein Genosse zu werden beschloß« (*E. Jüngel*, Barth-Studien, 106), verfehlt jedenfalls Barths Intention gründlich.

2.3. Seine Begründung moralischen Handelns

Die Gebetsanrede »Unser Vater« zeige, daß es für Jesus nur einen solidarischen, sozialen Gott und darum auch nur eine solidarische, soziale Religion giebt«. Glaube und soziale Hilfe gehörten unlösbar zusammen (Nr. 156, 1).

In seinem Schlußwort unterstreicht Barth gegenüber den Nicht-Sozialisten unter seinen Zuhörern, daß er keineswegs den Sozialisten recht gegeben habe, sondern lediglich deren Programm, und gegenüber den Sozialisten, daß zwar ihre Sache in der Fluchtlinie der Sache Jesu liege, daß also »der rechte Sozialismus ... das rechte Christentum in unserer Zeit« sei, aber dabei doch auch der wesentliche Unterschied zu Jesus beachtet sein wolle, der darin bestehe, daß Jesus getan habe, was bei den Sozialisten noch bloßes Programm sei (Nr. 156, 1).

Im Unterschied zu »Der Glaube an den persönlichen Gott« von 1913/14 betont Barth hier gerade nicht die Differenz zwischen Individualität und ethisch-politischer Programmatik, zwischen Jesus Christus und Reich Gottes, sondern deren Identität. Nicht eine objektive, sondern eine durchaus subjektive Größe stellt das Reich Gottes dar: Es ist inwendig in uns, die Herrschaft Gottes in der Seele, das Feuer sozialen Geistes, das die Materie durchdringt und läutert. Und Sozialität meint hier durchaus die Gemeinschaftsbezogenheit des Individuums. Jesus ruft kraft seines Vorbildes den einzelnen zur Wahrnehmung seiner sozialen Verantwortung, weckt eine Gesinnung, die sich tatkräftig in sozialer Hilfe an den ›Neben-Individuen‹ äußert. Andererseits fällt gegenüber dem Aufsatz »Moderne Theologie und Reichsgottesarbeit« von 1909 und dem Genfer Konfirmandenunterricht auf, daß hier das Verhältnis von Gesinnung und politischer Praxis – soweit ich sehe – erstmals thematisiert wird. Gewiß setzt Barth auch jetzt wieder bei der Gesinnung des einzelnen an, er macht aber nun deutlich, daß sie eine zur sozialen Tat drängende Gesinnung sein muß, die nicht in bloßer Innerlichkeit verharrt, sondern sich in eindeutigem Handeln äußert. Diejenigen Interpreten, die seit 1911 einen neuen Akzent in der Barthschen Theologie ausmachen[114], haben also insofern recht, als tatsächlich in das Kon-

---

[114] Siehe dazu oben S. 6 Anm. 12. Mit gewissem Recht stellt Spieckermann fest, daß man sich den Vorgang der Rezeption des Religiösen Sozialismus durch Barth weder als Ablösung der ›liberalen‹ durch die religiös-soziale Theologie noch als ihre Koordination vorstellen dürfe; es handele sich dabei vielmehr um eine »liberal-theologische Integration des Religiösen Sozialismus« (I. Spieckermann, Gotteserkenntnis, 33). Ich stimme damit insofern überein, als ich der Auffassung bin, daß Barth seinen ›modernen‹ Ansatz, d.h. die erlebnis-theologische Grundlegung seiner Theologie, in der Tat erst während des Krieges preisgegeben hat. Andererseits habe ich den Eindruck, daß Ingrid Spieckermann die vorangegangene Entwicklung des Barthschen Denkens zu wenig in den Blick bekommt. Dies mag an ihrer themabedingten weitgehenden Ausklammerung der ethischen Arbeiten Barths liegen und auch an ihrem stark systematisierenden Zugang auf die Texte, die die zeitgeschichtlich-biographischen Bedingungen theologischen Denkens zu sehr abblenden. Man muß sich ja auch fragen, was Barth eigentlich dazu veranlaßt, den Religiösen Sozialismus in seine Theologie zu integrieren. Dahinter stehen, so würde ich antworten, soziale und politische Erfahrungen, die theologisch verarbeitet werden mußten. Und weil und sofern die ›liberale‹ Theologie diese Erfahrungen nicht adäquat zu interpretieren gestattete, griff Barth auf religiös-soziale Erklärungsmuster zurück.

zept moderner Gesinnungsethik gleichsam ein Störfaktor eintritt, der eine vorerst allerdings latent bleibende Spannung erzeugt. Denn nach wie vor ist der Maßstab des Ethischen für Barth – übrigens in Übereinstimmung mit Cohen[115] – nicht etwa der Erfolg einer Handlung, sondern die Gesinnung, aber eben eine Gesinnung, die handelnd sich äußert.

Dieser neue Akzent im gesinnungsethischen Ansatz Karl Barths von 1911 entspricht ziemlich genau der festgestellten kulturidealistischen Ausweitung des Verständnisses von Religion, wie sie sich uns in dem religionsphilosophischen Fragment und in dem Aufsatz »Der christliche Glaube und die Geschichte« von 1910 präsentiert. Denn auch dort wird vorausgesetzt, daß wahre Kultur transparent sei für Religion, daß die äußere Praxis die innere Praxis des Glaubens durchscheinen lasse. Auch dort ist die subjektive Wahrhaftigkeit entscheidender Beurteilungsmaßstab, wurde das ›innere Leben‹ Jesu als normativ angesehen. Der Identität des ›Christus extra nos‹ mit der ›wirksamen Geschichte‹ entspricht hier die Gleichstellung von ›Jesus‹ und ›sozialer Bewegung‹. Und daß Barth dort sagen kann, die Offenbarung bediene sich ›psychologisch-historischer Vehikel‹, schlägt sich hier in der Anknüpfung an die Arbeiterbewegung nieder. In der sozialen Gesinnung, die jeden einzelnen Sozialisten bewegt, haben wir – so lautet Barths Grundthese – nichts anderes als eine der möglichen Konkretionen und Aktualisierungen des ›inneren Lebens‹ Jesu für die Gegenwart zu sehen. Insofern gilt: »Jesus *ist* die soziale Bewegung und die soziale Bewegung *ist* Jesus in der Gegenwart« (Nr. 153, 1). Es scheint mir darum deutlich zu sein, daß Barth auf den Linien, die das Referat von 1910/12 über das Verhältnis von Glaube und Geschichte zeichnet, fortschreitet, ja im Grunde lediglich dessen politisch-ethische Konsequenzen herausarbeitet.

(3) Barths Position in der Auseinandersetzung zwischen Religiös-Sozialen und Evangelisch-Sozialen. – War zunächst zu zeigen, daß Barths ethischer Ansatz in seinem Vortrag »Jesus Christus und die soziale Bewegung« sich durchaus in seine damalige ›moderne‹ Theologie einfügt, so ist nun der Frage nachzugehen, inwiefern er dabei an religiös-soziale Theologumena anknüpfen kann[116] und wodurch er sich von seinen Lehrern unterscheidet. Auf die von den Reli-

---

115 Vgl. z.B. *H. Cohen*, Ethik, 176f u. 192.
116 Es kommt mir hier lediglich darauf an, zu zeigen, wo der religiös-soziale Sprachgebrauch Anknüpfungsmöglichkeiten für Barth bot. Daß die Religiös-Sozialen im übrigen in manchen Detailfragen ihrer Theologie und noch mehr in den praktisch-politischen Konsequenzen, die sie daraus zogen, durchaus differenziert gesehen werden müssen, darf dabei natürlich nicht unerwähnt bleiben. Zu Kutter: *A. Lindt*, Einleitung; *W. Nigg*, Hermann Kutters Vermächtnis; *E. Steinbach*, Konkrete Christologie; *H.-A. Drewes*, Das Unmittelbare. Zu Ragaz: *M. Mattmüller*, Leonhard Ragaz I und II; *A. Rich*, Theologische Einführung; *ders.*, Theologisch-sozialethische Einführung; *H. U. Jäger*, Ethik und Eschatologie; *A. Lindt*, Leonhard Ragaz; *M. J. Stähli*, Reich Gottes und Revolution, 41-99.

2.3. Seine Begründung moralischen Handelns 77

giösen Sozialisten übernommene Identifikation von Reich Gottes und Sozialismus habe ich bereits hingewiesen; ebenso darauf, daß Barth dabei genauer als Kutter zwischen der Organisation der Sozialdemokratie und der in ihr wirksamen Gesinnung zu differenzieren weiß. Es überrascht aber nun doch, auch für Barths Ausgang beim individuellen Gotteserlebnis, beim Innern des Menschen, Parallelen bei Kutter, Ragaz und anderen religiös-sozialen Autoren zu finden. So kann Kutter etwa sagen: »Immer deutlicher wird es mir, daß Jesus Christus und sein echtes, aus dem Mißverstande christlicher Dogmatik gelöstes Wort eine total unerklärbare, nur dem unmittelbaren *Erlebnisse*, nicht den Begriffen des abstrahierenden Verstandes zugängliche Erscheinung und Macht ist.«[117] In diesem Sinne beschreibt auch Barth in Herrmanns Fußspuren das unmittelbare Gotteserlebnis als nicht-rational, als von diskursivem Denken nicht erfaßbar. »Wir sehen klar«, so Ragaz 1910, »daß es [sc. das Reich Gottes] beim Innern des Menschen ansetzt, seiner Gesinnung, seinem Herzen und Gewissen, und eine völlige Umkehr (›Buße‹) fordert, aber nicht minder klar sehen wir, daß es von innen (und von oben) her alle Lebensverhältnisse ergreifen will, den Leib wie Seele, die materiellen wie die spirituellen Dinge, auf daß alle des Vaters Reich werden.«[118] Die Parallele zu Barths Vortrag »Jesus Christus und die soziale Bewegung« ist hier so frappant, daß man in dem Text von Ragaz eine direkte literarische Vorlage für die entsprechende Passage bei Barth (Nr. 154, 1) vermuten darf.[119] Zur gemeinsamen Basis gehört daneben der idealistische Denkhorizont, die Wertschätzung vor allem der Philosophie Kants und des Marburger Neukantianismus sowie die daran anknüpfende Betonung der nicht im Gegensatz zur Idee des Sozialismus verstandenen Individualität und Persönlichkeit des Menschen.[120] Um noch einmal Ragaz das Wort zu geben: »Die sozialistische Entwicklung, die wir vor uns sehen, wird das Recht der Persönlichkeit nicht verkümmern, sondern es vielmehr fördern – das ist das Ergebnis unserer Untersuchung. Der Sozialismus erweist sich unter diesem

---

117 *H. Kutter*, Das Unmittelbare, 289(ff). Ebenso betont auch Ragaz, daß Glaubensgewißheit sich notwendig auf das persönliche Gotteserlebnis und nicht etwa das Dogma gründe: *L. Ragaz*, Der Kampf um Jesus Christus, 146 u.ö.
118 *L. Ragaz*, Der Kampf um Jesus Christus, 372.
119 Siehe oben S. 73 f.
120 Vgl. beispielsweise auch *R. Ragaz*, Kant und das Christentum, 122ff u. 161ff; sowie *H. Kutter*, Das Unmittelbare, 269f. Zum Persönlichkeitsbegriff von Ragaz vgl. *H. U. Jäger*, Ethik und Eschatologie, 90ff, und *M. Mattmüller*, Leonhard Ragaz I, 215-224, die beide allerdings primär aus Vorlesungsmanuskripten von Ragaz schöpfen. Die Faszination des an sich bürgerlichen Persönlichkeitsbegriffs war offensichtlich so groß, daß auch erklärte Sozialisten sich ihm nicht zu entziehen vermochten. Man wird allerdings bedenken müssen, daß sie ihn nicht eigentlich individualistisch interpretierten und daß die meisten der religiös-sozialen Pfarrer – wie Barth – bildungsbürgerlichem Milieu entstammten. Zur Kritik des Persönlichkeitskultes im 19. Jahrhundert vgl. *Th. W. Adorno*, Glosse über Persönlichkeit.

Gesichtspunkt als der Weg – vielleicht nur als der Durchgangpunkt – zum wahren Individualismus.«[121] In ganz ähnlicher Weise nennen auch Harnack oder andere Mitglieder des Evangelisch-sozialen Kongresses das Evangelium zugleich sozialistisch wie individualistisch, obwohl sich bei ihnen das Moment des Individuellen je länger desto stärker in den Vordergrund drängt.[122] Bei den Religiös-Sozialen dagegen sucht man ›Persönlichkeit‹ als sozialen Begriff zu definieren: »Wenn wir sagen, Persönlichkeit sei ein wesentlich sozialer Begriff, so meinen wir damit zweierlei: 1. das, daß sie ihr Dasein sozialen Einflüssen zu verdanken hat, und 2. das, daß sie ihre Natur durch soziale Beziehungen realisiert.«[123]

Gerade gegen jenes Vordringen des »bloßen Individualismus« innerhalb der deutschen evangelisch-sozialen Bewegung legt auch Peter Barth, der jüngere Bruder Karl Barths, Protest ein, wenn er in einer am 29. Januar 1912 (gut einen Monat nach »Jesus Christus und die soziale Bewegung«!) vor den ›Freunden der Christlichen Welt‹ in Altona vorgetragenen fulminanten Kritik[124] Individualismus und Reichsgottesglauben einander diametral entgegensetzt. Keineswegs will er dabei das Wahrheitsmoment des ›religiösen Individualismus‹ leugnen; dieser wahre Individualismus habe aber nichts zu tun mit jenem »weltabgewandten religiösen Individualismus«, der bloß den »privaten Seelenfrieden, ein privates inneres Glück« im Auge habe.[125] Peter Barths Aufsatz verfolgt, auch wenn er themabedingt andere Akzente setzt, jedenfalls in der Betonung der Notwendigkeit sozialen Engagements aus dem Geist christlicher Gesinnung dieselbe Tendenz, die den Vortrag seines Bruders kennzeichnet.[126]

---

121 *L. Ragaz*, Der Sozialismus und die persönliche Freiheit, 312; vgl. *ders.*, Der Kampf um Jesus Christus, 372.
122 *A. v. Harnack*, Das Wesen des Christentums, 67. Zum Begriffspaar ›Sozialismus‹ – ›Individualismus‹ in den Diskussionen des Evangelisch-sozialen Kongresses: *M. Schick*, Kulturprotestantismus und soziale Frage, 97-106.
123 *J. U. Wuhrmann*, Verschiedene Auffassungen, 244f.
124 *P. Barth*, Was wollen die Schweizer Religiös-Sozialen?, in: ChW 26 (1912), 875-881 u. 906-914. Vgl. dazu die Repliken von *R. Schubring*, Die Schweizer Religiös-Sozialen und wir, in: ChW 27 (1913), 58-63; und *E. Fuchs*, Die Religiös-Sozialen und wir, in: ebd., 153-157. Die Diskussion wurde dann durch eine Duplik von *P. Barth*, Die sittliche Forderung im Sozialismus, in: ebd., 228-232 abgeschlossen. – Zur Kritik des ›ungehemmten‹ politischen wie religiösen ›Individualismus‹ im Sinne von ›Egoismus‹ siehe auch: *L. Ragaz*, Der Sozialismus und die persönliche Freiheit, 269ff; *H. Kutter*, Das Unmittelbare, 266-270; *ders.*, Die Revolution des Christentums, 75-86.
125 *P. Barth*, Was wollen die Schweizer Religiös-Sozialen?, 876-878 u. 907.
126 Insofern scheint mir Christoph Schwöbels – auf einem Vergleich mit Karl Barths Aufsatz von 1913 (!) basierendes – Urteil, Peter Barth habe »zu einem Zeitpunkt, als Karl Barth noch bemüht war, die Einheit der Gedanken der Persönlichkeit und des Reiches Gottes im unmittelbaren Erlebnis aufzuzeigen, ... die Abkehr vom liberal-protestantischen religiösen Individualismus schon vollzogen« (*Chr. Schwöbel*, Einleitung, 26), dem tatsächlichen Sachverhalt nicht ganz gerecht zu werden. Denn er übersieht, daß Karl Barth den Terminus ›religiöser Individualismus‹ im Sinne eines erkenntniskritischen Methodenbegriffs seiner Theologie verwendet, nicht aber als Weltanschauungsformel. In der Ablehnung des ideologischen Individualismus und Liberalismus aber geht er mit seinem Bruder Peter völlig konform.

2.3. Seine Begründung moralischen Handelns 79

Dem prinzipiellen Ansatz beim Individuum entspricht auch das Verständnis des Reiches Gottes. Harnacks These, das Reich Gottes komme zu den einzelnen, indem es »Einzug in ihre Seele« halte, da es »die Herrschaft des heiligen Geistes in den einzelnen Herzen« sei[127], wird von den Schweizer Religiös-Sozialen durchaus geteilt. Nur fordern sie – wieder kritisch gegen die Evangelisch-Sozialen –, daß sich solche Gesinnung auch nach außen hin eindeutig manifestieren müsse, jedenfalls nicht in bloßer Innerlichkeit aufgehen könne.[128] Die soziale Gesinnung rufe nach entsprechender Tat. Wenngleich sie dies prinzipiell zugestehen, so weigern sich die Evangelisch-Sozialen doch standhaft, daraus unmittelbar sozialpolitische Konsequenzen zu ziehen. So hält es beispielsweise Rudolf Schubring, einer der Diskussionspartner Peter Barths, für schwerer, statt eines Programms »die reine Gesinnung, die sich in verschiedene Formen hineingießen läßt«, zu predigen. Peter Barth kontert darauf mit dem Vorwurf, die »lutherische Gesinnungsethik« trenne »die Gesinnung von der äußeren Gestaltung der Gemeinschaftsbeziehungen«.[129] Hinter dieser Polemik gegen das Luthertum verbirgt sich natürlich die Ablehnung der von den Evangelisch-Sozialen hingenommenen, von den Religiös-Sozialen aber mehr und mehr bekämpften Unabhängigkeit der ›innerweltlichen‹ von den religiösen Lebenszwecken. Beruht jene Vorstellung auf einer dichotomischen Interpretation der später so genannten ›Zwei-Reiche-Lehre‹[130], so leitet sich deren Ablehnung durch die Schweizer von der in der Theologie Calvins wurzelnden Betonung der Souveränität Gottes und seiner alles umfassenden Königsherrschaft her.

---

127 *A. v. Harnack*, Das Wesen des Christentums, 43.
128 *L. Ragaz*, Der Kampf um Jesus Christus, 372. Siehe auch *H. Kutter*, Jesus Christus und unsere Arbeit, 214-216.
129 *R. Schubring*, Die Schweizer Religiös-Sozialen und wir, 62. *P. Barth*, Die sittliche Forderung im Sozialismus, 231.
130 Zum inneren Zusammenhang beider Theoreme und zum Aufkommen ihrer Begrifflichkeit vgl. *M. Honecker*, Das Problem der Eigengesetzlichkeit, 92-130; und *W. Huber*, ›Eigengesetzlichkeit‹ und ›Lehre von den zwei Reichen‹; vgl. auch *H. E. Tödt*, Die Bedeutung von Luthers Reiche- und Regimentenlehre, bes. 78-90. Die Diskussion im Evangelisch-Sozialen Kongreß faßt *M. Schick*, Kulturprotestantismus und soziale Frage, 100-104, knapp zusammen. Schon 1903 kritisierte Kutter an Stöckers und Naumanns Programmen »die reinliche Trennung zwischen den religiösen und den wirtschaftlichen Faktoren« (*H. Kutter*, Sie müssen, 10-27, Zitat: 23). Es wirkte natürlich wie eine Bestätigung dieser Kritik, die sich noch auf Texte aus den 90er Jahren bezogen hatte, als Naumann 1903 in seinen »Briefen über Religion« die »lutherische Scheidung der Gebiete« zur Legitimation seiner strikten Trennung zwischen Religion und Politik, Christus und Cäsar, Liebe und Kampf, denen er beiden gleichermaßen Berechtigung und Notwendigkeit für das Leben zusprach, heranzog (*F. Naumann*, Briefe über Religion, 74 u. 84; vgl. dazu *H. Timm*, Naumanns theologischer Widerruf, bes. 45-56). Ragaz, seinem Selbstverständnis nach zunächst Anhänger Naumanns, war nicht bereit, ihm darin zu folgen (*M. Mattmüller*, Leonhard Ragaz I, 94-100). Zwar ging auch er von einer diastatisch verfaßten Wirklichkeit aus, interpretierte sie aber apokalyptisch als universalen Kampf zwischen Weltreich und Gottesreich, in dem nicht zweifelhaft sein konnte, daß der Christ sich ganz in den Dienst des letzteren zu stellen habe (*L. Ragaz*, Christentum und Vaterland, 322 und 335).

Jesus, so betont auch Karl Barth, trenne nicht zwischen Geist und Materie, Himmel und Erde, für ihn gebe »es nicht jene zwei Welten, sondern nur die eine Realität des Gottesreichs« (Nr. 154, 1). Um die fehlende Entsprechung zwischen Gesinnung und sozialpolitischer Gestaltung geht es auch, wenn er der Kirche zum Vorwurf macht, sie habe 1800 Jahre lang angesichts sozialer Not statt zu helfen vom Geist geredet und das ›innere Leben‹ kultiviert (Nr. 154, 1). Auch *seine* Kritik richtet sich nicht gegen den systematischen Ansatz beim Individuum oder beim ›innern Leben‹ als solchem, sie wendet sich vielmehr gegen eine mögliche Subjektivierung, gegen die Reduktion des Glaubens auf die gesellschaftspolitisch irrelevant bleibende Gesinnung. Damit haben wir freilich schon die Schwelle zu Aussagen Barths überschritten, die im Vergleich zur Position seiner Lehrer nicht bloß Akzentverlagerung, sondern Widerspruch zum Ausdruck bringen. Dies gilt in erster Linie für die Hauptthese seines Referats, daß Jesus Christus in der auch die Sozialdemokratie bewegenden ›sozialen Bewegung‹ wirksam sei. In Marburg mußte insbesondere diese These als Affront betrachtet werden[131], denn dort beurteilte man trotz aller Aufgeschlossenheit gegenüber der ›sozialen Frage‹ die Sozialdemokratie doch etwas anders, wie an Wilhelm Herrmann demonstriert werden kann.[132]

Herrmann spricht lediglich aus, worüber innerhalb des deutschen Protestantismus mit wenigen Ausnahmen Konsens herrscht, wenn er in seinem 1891 vor dem Evangelisch-Sozialen Kongreß gehaltenen Vortrag über »Religion und Sozialdemokratie« feststellt, »daß es nicht so leicht ist, den Sozialdemokraten und den Christen in einer Person zu vereinigen«, daß die deutsche Sozialdemokratie vielmehr »in einem sachlichen Gegensatz zur christlichen Religion« stehe.[133] Des näheren bezeichnet er als Kern des Gegensatzes die materialistische Geschichtsauffassung der Sozialdemokratie, d.h. das Basis-Überbau-Schema und die Vorstellung eines mit naturgesetzlicher Automatik sich vollziehenden Umschlagprozesses der bürgerlich-kapitalistischen in die sozialistische Gesellschaftsordnung, die im Grunde die Freiheit des Menschen leugne.[134] Keine

---

131 Vgl. dazu unten S. 81 Anm. 137.
132 Siehe dazu *H. Timm*, Theorie und Praxis, 143 Anm. 102; *F. W. Kantzenbach*, Programme, 129ff.; *ders.*, Martin Rade; und insbesondere *ders.*, Das Sozialismusproblem bei Wilhelm Herrmann, 22-43, wo – ansetzend bei Herrmanns Gemeinschafts- und Gemeindegedanken – dessen Verhältnis zur Sozialdemokratie allerdings weit positiver interpretiert wird, als es m.E. tatsächlich gewesen sein dürfte. Wenn Kantzenbach etwa bei Herrmann den »weitestgehenden Versuch einer teilweisen Integration marxistischer Gesellschaftsinterpretation in christliche Theologie« (ebd., 35) erblickt oder meint, Herrmann habe Kutters »Sie müssen« (das allerdings nicht 1910, wie Kantzenbach behauptet, sondern schon 1903 erschienen ist) um Jahre vorweggenommen (ebd., 42), so schießt das einigermaßen übers Ziel hinaus. Im Gefolge von Kantzenbach jetzt auch: *H. Ruddies*, Karl Barth und Wilhelm Herrmann, 63-66.
133 *W. Herrmann*, Religion und Sozialdemokratie, 467.
134 Ebd., 470ff. – Genau in diesen Punkten unterscheidet sich im übrigen auch Cohens ethisch-idealistischer Idealismus vom (nicht-reformistischen) Sozialismus der deutschen Sozialdemokratie im 19. Jahrhundert. Denn für Cohen hat der Sozialismus seine eigentlichen Wurzeln

2.3. Seine Begründung moralischen Handelns

Rolle spielt in seiner Argumentation die ökonomische Lage der Arbeiter und die Frage, mit welchen Mitteln die Sozialdemokratie eine Verbesserung dieser Lage erreichen will. Diese Frage fällt für ihn nicht in die Kompetenz des Ethikers, sondern des Ökonomen[135], wodurch dokumentiert wird, daß auch er voraussetzt, was man später die ›Eigengesetzlichkeit‹ des wirtschaftlichen Lebens nennen wird. Im Endergebnis kaum anders fällt sein Urteil über die Sozialdemokratie 1909, immerhin 18 Jahre später, in dem entsprechenden Passus der vierten Auflage seiner »Ethik« aus, die Barth bei der Ausarbeitung des Vortrags zur Hand hatte. Die Frage des Arbeitskampfes ist für ihn keine ethische; sie hängt vielmehr von der technischen Rationalität der Ökonomie ab.[136]

Barth ist hier ganz offenkundig anderer Meinung. Weder teilt er Herrmanns Auffassung von der Eigengesetzlichkeit des Ökonomischen noch dessen de facto sozial-darwinistisches Verständnis des Lebens als ›Kampf ums Dasein‹, das als solches sittlicher Wertung entzogen sei. Vor allem aber schlägt er bei der Beurteilung der Sozialdemokratie methodisch einen völlig anderen Weg ein. Während Herrmann die materialistische Weltanschauung als der christlichen Religion entgegenstehend hervorhebt, ohne sich des Problems bewußt zu sein, daß er Religion selber gar nicht auf dieser Ebene der theoria angesiedelt sehen will, sie darum eigentlich auch nicht in Konkurrenz zu einer Weltanschauung treten kann, fragt Barth nach dem inneren Movens jener Bewegung, nach der Gesinnung ihrer Mitglieder. Er identifiziert als dieses Movens den Geist sozialer Hilfe, der kein anderer als der Geist Gottes sein könne. Von hier aus zeigt sich dann auch Barths Hinweis darauf, daß Jesus Christus nicht mit einer ›christlichen Weltanschauung‹ identisch sei, als methodisch bewußt vollzogene Weichenstellung. Er kann sich, indem er so vorgeht, mit einigem Recht als in Übereinstimmung mit den Grundprinzipien seines Lehrers betrachten, obwohl er in der Durchführung und im Ergebnis von dessen Urteil bewußt abweicht, was seinem Vortrag in Marburg die Kritik einträgt, er sei oberflächlich.[137]

---

in der von Kant im kategorischen Imperativ formulierten Idee, den Menschen niemals als Mittel, sondern immer zugleich als Zweck zu gebrauchen (vgl. *H. Cohen*, Ethik, bes. 312-323; und *ders.*, Einleitung, 68-86). Nach *B. Tucker*, Ereignis, 380f, hat von den Marburger Neukantianern lediglich Karl Vorländer sich dem Partei-Sozialismus der Sozialdemokratie geöffnet.
135 *W. Herrmann*, Religion und Sozialdemokratie, 464f.
136 *W. Herrmann*, Ethik[4], 197: Gehöre der Christ nicht der Arbeiterklasse an, lesen wir da, so könne er sie nur dann unterstützen, wenn er überzeugt wäre, »daß der Gegendruck [sic!], unter dem die Bestrebungen dieser Klasse stehen, böse ist. Zum Kampf gegen das Widersittliche muß er bereit sein.« Aber – so fährt Herrmann fort – »jene Überzeugung wird ein Christ bei einigem Verstand schwerlich haben können. Denn die Tatsache, daß der größte Teil der Industriearbeiter sich in jener Lage mit einem bestehenden, stilleren oder lauteren Kampf mit den Unternehmern befindet, ist an den Gebrauch der Dampfmaschine geknüpft.«
137 *E. Busch*, Karl Barths Lebenslauf, 82. Siehe dazu auch den folgenden von Chr. Schwöbel zitierten Satz aus einem Brief Martin Rades an Karls Vater Fritz Barth vom 21.1.1912, der wohl in diesen Zusammenhang gehört: »Über Karls Begeisterung für die Sozialdemokratie

Die eigentliche Differenz zwischen Barth und seinen Lehrern betrifft damals gar nicht die erlebnistheologische Grundlegung der Ethik, sondern nur die daraus zu ziehenden praktisch-ethischen Konsequenzen. Erst hier geraten ›liberale‹ Theologie und Religiöser Sozialismus in Kollision, wobei Barth sich allerdings entschlossen gegen seine Lehrer auf die Seite seiner Schweizer Freunde stellt. Entscheidendes Kriterium ist für ihn der ›soziale Geist‹. Daß er – wie Barth es offensichtlich in Safenwil erlebt – bei Sozialdemokraten vorhanden ist, legitimiert Christen dazu, bei ihnen mitzuarbeiten. So leitet Barth sein soziales Engagement von der ethischen Dimension religiöser Individualität ab. Noch steht die Gesinnungsethik als solche für ihn nicht zur Disposition. Noch kommt es ihm in erster Linie auf die sittliche Gesinnung an, eine Gesinnung allerdings, für welche die konkreten Zwecke nicht indifferent bleiben. Daß er in dieser Weise den Handlungszielen mehr und mehr Beachtung schenkt, ist einerseits wohl Frucht seiner sozialpolitischen Aktivitäten in Safenwil, die ihn vermutlich sehr schnell von der Notwendigkeit differenzierter und klarer Zielprojektionen überzeugt haben, und andererseits das Ergebnis des Einflusses religiös-sozialer Theologie. Deutlich dürfte geworden sein, daß Barth durchaus der Meinung ist, diese Konsequenzen aus seiner ›modernen‹ Theologie ziehen zu können, die m.E. keineswegs unkoordiniert neben seiner religiös-sozialen Praxis herläuft. Denn unmittelbar ist die politisch-soziale Praxis im kategorischen Imperativ begründet, der seinerseits als Ausdruck der Geltung des Sittengesetzes theologisch sanktioniert ist.[138] Jedenfalls stellt sich das Problem für Barth zu Beginn seiner pfarramtlichen Tätigkeit in Genf und Safenwil so dar.

2.3.2. Idealistische Eschatologie und Sozialethik

(1) Die Objektivität und Sozialität des Reiches Gottes. – Zurück zu dem 1913 gehaltenen und 1914 veröffentlichten Vortrag »Der Glaube an den persönlichen Gott«![139] Welche Veränderungen gegenüber dem eben analysierten Vortrag vor dem Safenwiler Arbeiterverein lassen sich beobachten, sieht man ein-

---

schütteln wir ein wenig den Kopf; sie wird sich wohl wieder legen« (*Chr. Schwöbel*, Einleitung, 22).
138 Vgl. dazu etwa *K. Barth*, Konfirmandenunterricht, 70-72. In diesem Sinn kann Barth dann beispielsweise formulieren: »Sozial denken und wollen heisst: ... seine Gedanken und Entschlüsse bis in die feinsten Regungen unseres Innern so dirigieren lernen, dass *unsere* Motive jederzeit die Würde in Anspruch nehmen können, massgebend zu sein für *alle Andern*, dass wir also bei Allem, was *wir* denken und wollen, aufrichtig wünschen können, so möchte *jedermann* denken und wollen« (*K. Barth*, Gott im Vaterland, 3).
139 Seitenzahlen ohne weitere Angaben beziehen sich im folgenden jetzt wieder auf diesen Text: *K. Barth*, Der Glaube an den persönlichen Gott, in: ZThK 24 (1914), 21-32 u. 65-95.

2.3. Seine Begründung moralischen Handelns

mal von den gattungs- und adressatenbedingten Unterschieden im Aufbau und im Stil ab? Entscheidend scheint mir zu sein, daß der Reich-Gottes-Begriff gleichberechtigt neben den Begriff der ›Persönlichkeit‹ tritt und damit nicht nur in den Rang eines dogmatisch-ethischen Grundbegriffs aufsteigt, sondern auch inhaltlich verändert wird. Versteht Barth bis 1912 unter ›Sozialismus‹ wie unter ›Reich Gottes‹ die dem Willen Gottes entsprechende individuelle Gesinnung, so beginnt er nun den Reich-Gottes-Begriff seiner subjektiven Bezüge zu entkleiden. Schärfer als vorher faßt er das Reich Gottes jetzt als etwas Objektives auf, dessen »unpersönliche[r], d.h. von allen Gedanken an bestimmte Individuen freie[r]« Charakter eigens hervorgehoben wird. Es sei, so betont er darüber hinausgehend, »kein Menschenreich, kein Verband der gläubig Gewordenen, der Gerechten u. dgl., sondern die Königsherrschaft Gottes selbst, seine Kraft und Herrlichkeit« (92). Das Reich Gottes ist also nicht im Sinne Ritschls »die Gesammtheit der durch gerechtes Handeln verbundenen« Menschen, es ist keine sittlich vergeistigte Menschheit[140], aber auch nicht wie bei Schleiermacher der »innere Kreis der Kirche«[141]. Es spiegelt sich auch weniger in individueller Gesinnung, wie etwa subjektiver Wahrhaftigkeit, als vielmehr in »objektiven sozialen Werten« (94), wie z.B. sozialer Gerechtigkeit. Für die Ethik bedeutet dies, daß die Persönlichkeitsethik durch eine eigenständig begründete Gottesreichsethik ergänzt werden muß. Was aber nötigt Barth eigentlich zu dieser Ergänzung? Folgt man seiner Charakteristik der Gottesreichsethik als einer Ethik der »objektiven sozialen Werte«, so wird man folgenden drei Faktoren Aufmerksamkeit schenken müssen.

Erstens: Die Gottesreichsethik ist in eminentem Sinne Sozialethik. Nun muß freilich sofort präzisiert werden, was hier unter ›Sozialethik‹ zu verstehen ist. Haben wir nicht gerade festgestellt, daß auch Barths früherer Ansatz die Dimension des Sozialen keineswegs ausblendet? In der Tat gipfelt – wie gezeigt – Barths Persönlichkeitsethik (und nebenbei bemerkt auch die Herrmanns[142]) in der Forderung nach sozialer Gerechtigkeit und Gemeinschaft. Und auch in der vorliegenden Konzeption rechnet Barth es zu den selbstverständlichen Grundlagen der Persönlichkeitsethik, daß der »Friede mit dem Bruder« die »Vorbedingung des Friedens mit Gott« sei und daß »alle Beziehungen zu den Andern in das unmittelbare Licht des unendlichen Wertes jeder Seele vor Gott gerückt werden« sollen (90f). Die Persönlichkeitsethik berücksichtigt also die soziale Dimension insofern, als sie nach dem Verhalten des einzelnen nicht nur zu sich

---

140 *A. Ritschl*, Unterricht in der christlichen Religion, 3-9, Zitat 5; siehe zu Ritschls Reich-Gottes-Begriff: *Chr. Walther*, Typen des Reich-Gottes-Verständnisses, 137-155.
141 So nach *M. E. Miller*, Der Übergang, 159ff; vgl. auch *Chr. Walther*, Typen des Reich-Gottes-Verständnisses, 88-116.
142 Z.B. *W. Herrmann*, Ethik⁴, 50f.

selbst, sondern auch zu anderen fragt. Insofern sie allerdings in dieser Weise nach dem Verhalten des einzelnen fragt, bleibt sie Individualethik, zumal sie als Maßstab des Handelns die innere Integrität des einzelnen, d.h. die Reinheit seiner Gesinnung nimmt. Dabei taucht nun eben das in der Auseinandersetzung mit den Evangelisch-Sozialen zutage getretene Problem auf, daß sich die reine Gesinnung – wie Rudolf Schubring in der Diskussion mit Peter Barth betonte – »in verschiedne Formen hineingießen läßt«[143], sich also durchaus in einander widerstreitendem Handeln äußern kann. Will die Ethik diese Möglichkeit ausschließen, so muß sie einen intersubjektiv verbindlichen Konsens über die Gestaltung des Sozialen ermöglichen, in diesem Sinne also Sozialethik sein. Als normativer Zielbegriff einer solchen Ethik bietet sich der Reich-Gottes-Begriff an, wie ihn Ernst Troeltsch unter Berücksichtigung der neuen exegetischen Erkenntnisse von Johannes Weiß für die systematische Theologie erarbeitet hat. Denn ›Reich Gottes‹ ist für Troeltsch das ›höchste Gut‹, d.h. die soziale Norm, an der konkretes Handeln sich orientieren kann.[144]

Daraus folgt *zweitens*: Die Gottesreichsethik ist objektive Güterethik. Es geht in ihr primär nicht um die subjektive Sittlichkeit des Menschen, sondern um die Gestaltung seines äußeren Lebens, die als solche freilich auch auf das innere zurückwirkt. In diesem Sinn wird das Reich Gottes als eine objektive göttliche Macht begriffen, »die in den Menschenherzen und im Menschenleben Ordnungen schafft, wie sie dem ewigen Willen Gottes entsprechen« (92). Als subjektiv und objektiv Ordnungen schaffende göttliche Macht besitzt das Reich Gottes allem menschlichen Handeln gegenüber Priorität und normative Kraft. Es hat – ganz ähnlich wie das ›innere Leben Jesu‹ für die religiöse Persönlichkeit – Vorbildcharakter und gibt menschlichem Handeln insofern nicht nur Zielklarheit, sondern auch das Vermögen, soziale Verhältnisse so zu gestalten, daß sie dem Willen Gottes entsprechen.[145] Offenbar sucht Barth mit dieser Bestimmung des Reich-Gottes-Begriffs einerseits der Gefahr der Ethisierung entgegenzuwirken, die das Reich Gottes abhängig machen könnte von den Menschen, die es vertreten und im Zusammenwirken mit Gott ›bauen‹, wie Ragaz sagen kann.[146] Dagegen bringt Barth das aütomáth aus Mk 4,28 in Anschlag:

---

143 *R. Schubring*, Die Schweizer Religiös-Sozialen und wir, 62.
144 Siehe etwa: *E. Troeltsch*, Grundprobleme der Ethik, in: Ders., Schriften II, bes. 634ff. Dazu: *W. Pannenberg*, Die Begründung der Ethik, bes. 78ff.
145 Zur Priorität und Selbständigkeit des Reiches Gottes als höchstem Gut gegenüber dem sittlichen Handeln bei Troeltsch im Unterschied zu Schleiermachers Güterlehre siehe: *W. Pannenberg*, Die Begründung der Ethik, 81-86. Barth folgt Troeltsch allerdings da nicht mehr, wo Troeltsch gegen Herrmann auf dem exklusiv futurischen Charakter der Eschatologie Jesu besteht und bestreitet, daß Reich Gottes und Erlösung bereits gegenwärtig wirksame Kräfte sittlichen Handelns darstellen (*E. Troeltsch*, Schriften II, 649f).
146 *L. Ragaz*, Jesus, Christentum und Reich Gottes, 136f. – In die gleiche Richtung zielt wohl auch der von Barth erhobene Vorwurf, die religiös-soziale Frömmigkeit rücke den Personalismus im Gottesgedanken zu kräftig in den Vordergrund (69) und schränke den reformato-

2.3. Seine Begründung moralischen Handelns

»Das Reich wird nicht von Menschenhänden erbaut, es baut sich selber« (93). Andererseits aber zieht er aus dem von Johannes Weiß vorgelegten exegetischen Befund der Jenseitigkeit und Zukünftigkeit des Reiches Gottes[147] nicht den Schluß, es habe darum keine für die Gegenwart normative Kraft. Es ist dies zwar nicht die normative Kraft des Faktischen, wohl aber die normative Kraft des Ideellen. Auch wenn er den Begriff des ›Gutes‹ nicht verwendet, so wird doch deutlich, daß die von ihm ins Auge gefaßte Ergänzung der Persönlichkeitsethik nur als Güterethik, d.h. als Ethik der objektiven Handlungsziele, die sich in der Perspektive des Reiches Gottes ergeben, denkbar ist.

Dies impliziert *drittens*: Die Gottesreichsethik ist eine eschatologische Wertethik. Statt von Gütern spricht Barth von Werten (94). Der Duktus seiner Argumentation legt es nahe, unter ›Wert‹ diejenige materiale Norm zu verstehen, die als Maßstab zur Beurteilung sozialer Gegebenheiten dienen kann. Deutlich ist auch, daß diese Norm nicht willkürlicher subjektiver Wertsetzung entspringen, sondern objektive Gültigkeit besitzen soll. Dies bedeutet freilich noch nicht die Aufnahme einer invariabel gedachten Wertontologie, wie sie beispielsweise in Max Schelers und Nicolai Hartmanns materialer Wertethik vorausgesetzt wird.[148] Er folgt aber auch nicht dem Verfahren einer historischen Wertlehre, die ihre Werte durch empirisch-historische Untersuchung erheben will, wie Ernst Troeltsch dies versucht hat.[149] Als eschatologische Wertethik gewinnt sie ihre Normen – so kann man, da Barth es unterläßt, ihre Methode zu explizieren, freilich nur erschließen –, indem sie die Idee des Reiches Gottes als absoluten Maßstab an die je aktuelle historische Situation anlegt und daraus Kriterien für die Bestimmung relativer Zielsetzungen abzuleiten sucht, die in der Perspektive des Reiches Gottes liegen.[150]

---

rischen Gedanken der »All- und Alleinwirksamkeit Gottes« allzusehr ein (79; vgl. auch 81). Barth bezieht sich hier auf das religiös-soziale Theologumenon vom Kampf des Gottesreiches mit dem Weltreich (vgl. *L. Ragaz*, Alt und Neu, 51-61, bes. 57ff), wobei er allerdings anders als die Religiösen Sozialisten gerade nicht den schließlichen Sieg des Gottesreiches, sondern dessen gegenwärtiges Ausstehen hervorhebt. Mit der Betonung des eschatologischen Vorbehalts will Barth den Gedanken einer Abhängigkeit Gottes von den Menschen, die sich in den Dienst seines Reiches stellen, vermeiden. Siehe im übrigen zur Barthschen Kritik des Begriffs der Persönlichkeit Gottes bei Ragaz: *I. Spieckermann*, Gotteserkenntnis, 47ff.
147 *J. Weiß*, Die Predigt Jesu; siehe dazu: *Chr. Walther*, Typen des Reich-Gottes-Verständnisses, 156-167; *F. Holmström*, Das eschatologische Denken, 61-72.
148 *M. Scheler*, Der Formalismus in der Ethik, 107f; *N. Hartmann*, Ethik, 149-151.
149 Siehe dazu: *W. F. Kasch*, Die Sozialphilosophie von Ernst Troeltsch, 64-80; *K.-E. Apfelbacher*, Frömmigkeit und Wissenschaft, 124-127 und 139-145.
150 Auch Troeltsch sieht freilich die Aufgabe einer von der historischen Darstellung von Werten zur Stellungnahme fortschreitenden Beurteilung von Werten (*E. Troeltsch*, Die Absolutheit des Christentums, 69f). Er ist aber der Meinung, daß der Maßstab der Urteilsbildung sich »im freien Kampf der Ideen miteinander erzeugen« muß, also selber aus der Historie erwächst (ebd., 74). Möglich ist dies, weil »die verschiedenen Wertbildungen der Menschheit etwas Gemeinsames haben« (ebd., 68), also konvergenzfähig sind. Das Ziel allerdings, auf das diese Konvergenzbewegung zusteuert, nämlich »der absolute, wandellose, durch nichts temporär bedingte Wert liegt überhaupt nicht in der Geschichte, sondern in dem Jenseits der Geschichte,

Man kann also an manchen Details beobachten, daß Barth sich stillschweigend der Position von Troeltsch nähert. Jedenfalls dürfte, was die Einsicht in die Notwendigkeit einer Ergänzung der subjektiven Persönlichkeitsethik durch eine objektive Gottesreichsethik betrifft, Troeltschs Konzept wenigstens Anregung gewesen sein. Natürlich wird Barth damit kein Parteigänger Troeltschs. Weder kann er sich beispielsweise dessen Theorie des ›religiösen Apriori‹ zu eigen machen noch die historische Methode als Instrumentarium theologischer Erkenntnis akzeptieren. Darüber hinaus zeigt sich Barths nach wie vor bestehende intime Bindung an Herrmanns Theologie darin, daß er versucht, seine neu gewonnenen Erfahrungen und Einsichten in den erlebnistheologischen Ansatz zu integrieren. Geschickt knüpft er an Überlegungen Wilhelm Herrmanns über den ›Widerspruch im religiösen Denken‹ an, in denen dieser die logische Inkompatibilität von in der religiösen Erfahrung auftretenden Antinomien herausarbeitet.[151] Während aber Herrmanns Spättheologie mit ihrer Rückbesinnung auf das eigene Selbst eine zunehmende Existentialisierung erfährt, schiebt sich bei Barth mehr und mehr das Theologumenon vom Reich Gottes ins Zentrum. Die Christologie tritt bei beiden hinter das dem Menschen widerfahrende Erlebnis der göttlichen Macht zurück. Wird aber dieses Erlebnis bei Herrmann zunehmend subjektivistisch interpretiert, so erhält es bei Barth eine eher objektivistische Deutung. Was bei Herrmann letztlich ins Dunkel der Mystik führt[152], tritt bei Barth ins grelle Licht der Eschatologie.

(2) Das Absolute und die Sphäre des Relativen. – Nicht lange nach der Publikation des Aufsatzes »Der Glaube an den persönlichen Gott« wird Barth am 4. April 1914 von Martin Rade gebeten, den Jahrgang 1913 der von Friedrich Naumann edierten Zeitschrift »Die Hilfe« aus der Sicht eines Religiös-Sozialen zu rezensieren.[153] Rades Bitte ist im Zusammenhang mit den Vorbereitungen eines für Ende September 1914 in Basel geplanten, dann aber wegen des Kriegsausbruchs nicht zustandegekommenen »Internationalen Kongresses für

---

das nur der Ahnung und dem Glauben zugänglich ist... Aber diese Normen und ihre Vereinbarkeit selbst bleiben immer etwas Individuelles und temporär Bedingtes in jedem Moment ihrer Wirksamkeit, immer ein von der Lage mitgeformtes Streben nach einem vorschwebenden, noch nicht fertig verwirklichten, noch nicht absolut gewordenen Ziel« (ebd., 69). Man könnte also die zwischen Barth und Troeltsch an diesem Punkt vorhandene Differenz dahingehend charakterisieren, daß Troeltsch gleichsam von der Geschichte her das geschichtstranszendente Reich Gottes anvisiere, während Barth umgekehrt vom Reich Gottes aus die Geschichte betrachten und beurteilen will. Die Schwierigkeit, die Barth sich damit selber aufbürdet, besteht darin, das Reich Gottes vorab inhaltlich bestimmen zu müssen, ohne dabei auf die Christologie zurückgreifen zu können.
151 Siehe dazu oben S. 55 Anm. 85.
152 Zum Zurücktreten der Christologie im Spätwerk Herrmanns und der wachsenden Tendenz zur Mystik siehe: *W. Greive*, Der Grund des Glaubens, 111-163.
153 Siehe dazu BwRa 90ff.

2.3. Seine Begründung moralischen Handelns

soziales Christentum« zu sehen, für den Ragaz nach jahrelangen Verhandlungen nicht nur prominente Amerikaner, Engländer und Franzosen, sondern auch bedeutende Vertreter des Evangelisch-Sozialen Kongresses wie Baumgarten, Naumann, Rade und Troeltsch hat gewinnen können.[154] Die Barth zugedachte Aufgabe besteht im Blick auf diesen Kongreß darin, die Position der Religiös-Sozialen gegenüber Naumann, dessen Name für einen von Max Weber inspirierten pragmatischen Sozialliberalismus steht, herauszuarbeiten.[155] Der kurze Artikel, den Barth daraufhin im Juni verfaßt[156], belegt eindrucksvoll die wachsende Bedeutung der Eschatologie für seine Theologie.[157] Er spricht allerdings – merkwürdig genug – nicht vom Reich Gottes, sondern vom Absoluten und dessen Funktion für die Sphäre des Relativen.

Nach einem Überblick über Themen und Autoren des zu rezensierenden Wochenblattes, stößt Barth zu grundsätzlichen Erwägungen vor, zur Frage nach dem Verhältnis des Absoluten zum Relativen in der christlichen Beurteilung politischer Tatbestände. Naumann habe sich, so konstatiert Barth, mit Recht »von der Vorstellung einer praktischen ›christlichen‹ Politik abgewandt«, denn die praktische Politik gehöre der »Sphäre des Relativen, der Konzessionen und Kompromisse« an, sei nicht einfach aus dem ›christlichen Ideal‹ abzuleiten (776).[158] Damit besteht zunächst Einigkeit in der Abwehr eines schwärmerischen Radikalismus.

«Aber«, so fährt Barth nun im Übergang zur Kritik an der theologischen Position der »Hilfe« fort, »etwas Anderes ist die Politik, die die notwendigen Konzessionen und Kompromisse zur Würde von allgemeingültigen letzten Ideen erhebt, – etwas Anderes eine solche, die zwar auch Konzessionen macht und Kompromisse schließt um der nächsten Zwecke willen ..., aber dabei beständig zu erkennen gibt: dies sind eben Vorläufigkeiten und Unvollkommen-

---

154 Vgl. zur Vorgeschichte des Kongresses: *M. Mattmüller*, Leonhard Ragaz II, 17-23; *R. Liechtenhan*, Der Internationale Kongreß für soziales Christentum, 723f; und die Einladung in: Evangelisch-Sozial 11 (1914), 183-190.
155 Zu Naumanns theologischer und politischer Entwicklung siehe: *H. Timm*, Naumanns theologischer Widerruf; und *P. Theiner*, Sozialer Liberalismus. Zum Verhältnis Naumanns zu Max Weber: *A. Lindt*, Friedrich Naumann und Max Weber.
156 Vgl. dazu auch den Brief Thurneysens an Barth vom 18.6.1914: BwTh I, 5f.
157 Barths Rezension erschien unter dem Titel »›Die Hilfe‹ 1913« in: ChW 28 (1914), 774-778. In Klammern gesetzte Seitenzahlen beziehen sich im folgenden auf diesen Text. – Vgl. zur Interpretation des Artikels: *U. Dannemann*, Theologie und Politik, 34-38; *H. Ruddies*, Karl Barth und Ernst Troeltsch, 244-246; *I. Spieckermann*, Gotteserkenntnis, 61f; und *J. Zengel*, Erfahrung und Erlebnis, 92-94.
158 Unter dem Eindruck, daß die Kirche zu sehr konservativen Kräften verbunden sei (Erlaß des preußischen Oberkirchenrats vom 16.12.1895) als daß sie die ›soziale Frage‹ wirksam in Angriff nehmen könne, wandelte sich Naumanns Position von einem patriarchalisch gestimmten christlichen Sozialismus im Gefolge von Wichern und Stoecker zu der von Rudolf Sohm und Max Weber verfochtenen Trennung von Religion und Politik sowie einer entsprechend säkular begründeten Sozialpolitik einerseits und einer deutsch-nationalen, imperialen Machtpolitik andererseits (vgl. *P. Theiner*, Sozialer Liberalismus, 36-52 und 70-78).

heiten, für die wir uns keinen Augenblick begeistern und auf die wir uns nicht festlegen lassen, weil wir an Größeres glauben« (776). Läßt die Position des schwärmerischen Radikalismus keinen Raum mehr für das Relative, so tilgt umgekehrt der liberalistische Kompromiß die Orientierung am Absoluten, indem er das Relative selber in den Rang absoluter Geltung erhebt. Anhand von Naumanns Kommentar zum Balkankrieg und seiner Stellung zur Einführung des Taylorismus demonstriert Barth, wie die »Hilfe« vor Krieg und Kapitalismus als scheinbar unausweichlichen Wirklichkeiten kapituliert. Barth hält – dies sei eigens betont – Naumanns Analysen keineswegs für falsch. Nur der Geist, der aus ihnen spreche, nämlich das widerstandslose Akzeptieren jener »trostlosen Wahrheiten« als »letzte Worte« (777), das Fehlen jeglicher Sehnsucht nach einer anderen Welt – das ist es, was Barths Urteil provoziert, eine solche politische Weltanschauung stehe unter der uneingestandenen Voraussetzung, daß es keinen Gott gebe.

Dem in der Welt der Relativitäten sich endgültig häuslich einrichtenden Liberalismus der »Hilfe« stellt Barth die Sozialdemokratie gegenüber. Auch sie sei gezwungen, Kompromisse einzugehen, aber sie tue dies im Bewußtsein der Vorläufigkeit; sie sehe also in jenen notwendigen Konzessionen tatsächlich nur Konzessionen und keine endgültigen Entscheidungen; sie wisse um die Differenz zwischen Relativem und Absolutem. Insofern zeichne sie sich gerade dadurch aus, »daß da mit dem Absoluten, mit Gott politisch Ernst gemacht wird« (777). Die »Hilfe« habe dafür kein Verständnis. Es bestehe darum ein religiöser und nicht bloß politischer Unterschied zwischen der Hoffnung des Proletariats auf das Absolute und den Hoffnungen des Hilfekreises auf relativen sozialen Fortschritt. Denn es muß »der Sozialdemokratie sachlich unmöglich sein ..., mit den Wirklichkeiten des gegenwärtigen Aeon, mit Kapitalismus, Nationalismus und Militarismus den innern Frieden zu schließen, den er [sc. Naumann] als Politiker mit ihnen geschlossen hat« (778). Sollte sie sich dennoch unter dem Druck angeblicher Realitäten »zu einer radikalen Reformpartei [sic!] auf dem Boden des Kapitalismus und Nationalismus verwandeln«, wie Naumann es erhoffe[159], so wäre dies für die Religiös-Sozialen jedenfalls eine herbe Enttäuschung mehr. Denn – so schließt Barth seinen Artikel – »wir möchten von Gott mehr erwarten« (778). Barths Kritik an Naumanns Position geht also letztlich dahin, daß das christliche Ideal als regulatives Prinzip eben doch nicht preisgegeben werden dürfe. Der Unterschied zwischen dem Sozialliberalismus und der nichtreformistischen Sozialdemokratie besteht für Barth

---

[159] Naumann hatte den sozialdemokratischen Reformismus eines Eduard Bernstein begrüßt und war seit dem Zerfall des Bülow-Blocks unter dem Schlagwort »Von Bassermann bis Bebel« entschieden für eine Mitte-Links-Koalition eingetreten (*P. Theiner*, Sozialer Liberalismus, bes. 102-105 und 195ff).

2.3. Seine Begründung moralischen Handelns

darin, daß der erstere einem pragmatischen Politikverständnis huldige, darum aber auch eines kritischen Maßstabs entbehrt, während die Sozialdemokratie ihr Tun und Lassen an einer von ihr selbst bejahten Utopie, die eine säkularisierte Form der christlichen Idee darstellt, messen lassen muß.[160]

Was sich im Anschluß an die Schlußpassagen des Aufsatzes »Der Glaube an den persönlichen Gott« vage vermuten ließ, daß nämlich das Reich Gottes die Funktion eines absoluten Maßstabs habe, an dem die Relativitäten des Bestehenden zu messen seien, findet hier seine Bestätigung. Der Gottesbegriff erhält dadurch, wie Ulrich Dannemann zu Recht feststellt[161], eine politische Dimension, und zwar die der radikal-sozialistischen Utopie eines Jenseits von Kapitalismus, Nationalismus und Militarismus. Sie wird identifiziert mit dem Absoluten, d.h. Gott bzw. seinem Reich, in dessen Perspektive das Relative zu gestalten ist, auch wenn damit das Absolute selber nicht realisiert werden kann.[162]

Ein gutes Vierteljahrhundert später wird Dietrich Bonhoeffer in einer im einzelnen freilich sehr viel subtileren Argumentation die Dialektik des Letzten und Vorletzten zum sachlichen Zentrum einer seiner ethischen Ausarbeitungen machen.[163] Vergleicht man die beiden Konzepte miteinander, so zeigen sich bei aller Gemeinsamkeit im Grundgedanken m.E. vor allem zwei signifikante Unterschiede. Erstens: Während Bonhoeffer die Unterscheidung von Letztem und Vorletztem insofern am Leitfaden von Soteriologie und Christologie entfaltet, als er das Letzte durch die durch Christus vermittelte Erlösung konstituiert sein läßt, die dem Vorletzten die Funktion einer Wegbereitung zuweist, kommt Barth in seiner Rezension ohne die Erwähnung des Namens Christi aus. Zweitens: Bonhoeffer argumentiert streng biblisch, indem er von der Realität der in Christus geschehenen Versöhnung ausgeht und sie in Relation zu der anders qualifizierten Realität des Vorletzten setzt; Barth dagegen faßt den Unterschied des Letzten und Vorletzten nicht als je verschiedene Qualifizierungen von Wirklichkeit auf, sondern als die Differenz von Absolutem und Relativem, d.h. hier: christlicher *Idee* und politischer *Realität*.

---

160 Hartmut Ruddies These, Barth verstehe die Sozialdemokratie »als direkte Repräsentanz des Absoluten« (*H. Ruddies*, Karl Barth und Ernst Troeltsch, 246) scheint mir die Differenz zwischen Utopie und praktischer Politik zu wenig zu beachten. Nicht die Sozialdemokratie, die auf dem Felde praktischer Politik selbstverständlich auch zu Kompromissen gezwungen ist, sondern nur die sozialdemokratische Utopie repräsentiert das Absolute. Mit Recht weist Ruddies (ebd.) aber darauf hin, daß Barth hier noch nicht zwischen ›Handlungsziel‹ und ›Handlungszweck‹ unterscheidet; dazu wird Barth erst nach seiner Abwendung von der Modernen Theologie in der Lage sein.
161 *U. Dannemann*, Theologie und Politik, 37.
162 Barth folgt hier übrigens Leonhard Ragaz, der das Verhältnis von Absolutem und Relativem schon früher ganz ähnlich bestimmt hatte: *L. Ragaz*, Christentum und Vaterland, bes. 335, wo er seine sozialethische Position zusammenfaßt. Siehe darüber hinaus zu Ragaz auch *A. Rich*, Theologische Einführung, XXXVII-XLIX.
163 *D. Bonhoeffer*, Ethik, 129-151. Dazu: *E. Feil*, Die Theologie Bonhoeffers, 297ff.

Beide Beobachtungen hängen natürlich innerlich zusammen. Denn es ist gerade Barths Trennung von ›Persönlichkeit‹ und ›Erhabenheit‹, von ›Christus‹ und ›Reich Gottes‹, die die Christologie da ausschließt, wo er eschatologisch argumentiert, und die damit gleichzeitig bewirkt, daß sich der biblische Realismus der Rede vom Reich Gottes idealistisch verflüchtigt. Das Reich Gottes reduziert sich auf diese Weise zum bloßen Ideal, zum Begriff einer das Bestehende transzendierenden Welt. Und es kann darüber hinaus auch nicht mehr positiv definiert werden, sondern bleibt als das ›Ab-solute‹, d.h. das ›Abgelöste‹, negativ auf die Sphäre des Relativen, dessen Negation es eben ist, bezogen.[164] Denn anders als bei Bonhoeffer ist die Dialektik des Letzten und Vorletzten bei Barth nicht vom Letzten, sondern von der unbestimmten Negation des Vorletzten her entworfen.

Der eschatologische Gegensatz von Reich Gottes und Welt wird hier als Differenz zwischen Idealität und Realität interpretiert. Der Christ soll sich in seinem Handeln an der Idee des Reiches Gottes orientieren und aus dieser Orientierung Kraft zur Veränderung des Bestehenden schöpfen, sich also nicht einfach mit den Realitäten abfinden, wie dies nach Barths Urteil bei denen geschieht, die sich um die Zeitschrift »Die Hilfe« scharen. Nur aufgrund solcher Orientierung kann es zu einer mehr oder weniger starken Annäherung der Realität dieser Welt an die Idee des Reiches Gottes als der Utopie einer vollkommenen Welt kommen. Mit Barths religiösem Kulturidealismus verbindet sich von da her ein anthropologischer und universalgeschichtlicher Fortschrittsoptimismus sozialistischer Provenienz, wie er besonders in den Predigten von 1913 und 1914 nachweisbar ist.[165]

Jeder soll individuell zur Vollkommenheit fortschreiten, »von Stufe zu Stufe zu immer größerer Klarheit« über das Bild Gottes emporsteigen[166], soll an der »großen göttlichen Bewegung nach vorwärts und aufwärts« teilnehmen[167], die ihn sukzessiv von seinen natürlichen Bindungen befreien wird. In der Herrschaft des Geistes über die Natur vollendet sich die Teleologie Gottes. Was so für den einzelnen gilt, gilt ebenso auch für die Menschheit als Ganzes. »Lang-

---

164 Mit *I. Spieckermann*, Gotteserkenntnis, 57ff, bes. 61, und gegen U. Dannemann kann ich darum im Gottesbegriff des »Hilfe«-Artikels nicht jenen Gedanken »eines echten Extra-nos, eines umfassend Neuen und Anderen, ... einer radikalen Diskontinuität von alt und neu, von Mensch und Gott« (*U. Dannemann*, Theologie und Politik, 37) finden, der schon wesentlich über die Vorkriegstheologie Barths hinausweisen würde. Ähnliches wäre zu *J. Zengel*, Erfahrung und Erlebnis, 94, zu sagen, wenn er meint, daß durch die Vorstellung einer grundsätzlichen Abtrennbarkeit der Wirklichkeit Gottes von der Wirklichkeit bestehender Tatsachen der Rede von Gott eine Freiheit verliehen werde, wie dies im Kontext ›liberaler‹ Theologie undenkbar gewesen sei.
165 Vgl. zum Folgenden: *J. Fähler*, Der Ausbruch des 1. Weltkriegs, 13-65; und *F.-W. Marquardt*, Karl Barths Safenwiler Predigten, 377-396.
166 *K. Barth*, Predigten 1913, 160.
167 *K. Barth*, Predigten 1914, 217, 215 u. 224; vgl. auch 167.

2.3. Seine Begründung moralischen Handelns

sam wachsend kommt von Jahrtausend zu Jahrtausend« das von Jesus verheißene »Reich der Wahrheit und Gerechtigkeit«.[168] Zwar steht die Menschheit noch auf einer niederen Stufe im Prozeß der Annäherung an das Reich Gottes, »aber, daß es höhere Stufen gibt und daß die Menschheit sie ersteigen kann und wird, das glauben wir getrosten Mutes, so sehr wir selbst uns auf der Reise fühlen aus der Tiefe in die Höhe«.[169] Als Beispiele für den Fortschritt zum Reich Gottes kann Barth die Ausbreitung der Abstinenzbewegung ebenso anführen wie die Durchsetzung gründlicher Schulbildung für die Safenwiler Kinder oder das Lebenswerk August Bebels.[170] ›Von Stufe zu Stufe‹, in stetigem ›Vorwärts‹ und ›Aufwärts‹ kulturellen Fortschreitens realisiert sich der Fortschritt zum Reich Gottes, dem das Kommen des Reiches Gottes korrespondiert. Der gemeinsame Nenner der von Barth aufgeführten Beispiele ist die progressive Befreiung des Menschen von seiner natürlichen Trägheit durch die Kraft Gottes. Insofern wird der kulturelle Fortschritt nicht wie bei Ritschl mit dem Fortschritt des Reiches Gottes identifiziert, wohl aber leuchtet in wahrer Kultur die Idee des Reiches Gottes als wirksame Kraft auf.

Der aufgeklärte Glaube an die progressiv realisierbare Möglichkeit einer Herrschaft des Geistes über die natürlichen Triebe und Bedürfnisse, der Glaube an die Perfektibilität des Menschen und der Menschheit macht Barth allerdings nicht blind für die Ambivalenz von Fortschritt. Sein Fortschrittsoptimismus glorifiziert keineswegs undifferenziert alles, was sich für Fortschritt ausgibt. Er sieht vielmehr sehr wohl, daß sich in ihm gleichzeitig Größe und Jammer menschlicher Kulturarbeit, »Gott im Menschen« ebenso wie das »Raubtier im Menschen« enthüllen kann[171], daß es auch eine Kultur der »toten Werke« gibt, eine Kultur, die sich in Technik und Bildung niederschlägt, nicht aber in innerer Umwandlung und Erneuerung.[172] Er weiß auch, daß wahrer Fortschritt sich nicht automatisch vollzieht, sondern daß es dazu unserer Anstrengungen und Opfer bedarf und daß es auch nicht ohne Kampf und Feindschaft abgeht.[173] So denkt er sich den Fortschritt zum Reich Gottes keineswegs als ei-

---

168 *K. Barth*, Predigten 1913, 364. Siehe auch *ders.*, Predigten 1914, 176: »Er [sc. Gott] leitet das Ganze auf wunderbaren Wegen, er führt die Völker, langsam aufwärts von Stufe zu Stufe, er läßt es langsam hell werden in ihren Gedanken und Verhältnissen, er läßt seine heiligen Ordnungen langsam hervortreten und zur Geltung kommen in ihrem Leben, in der Weltgeschichte.«
169 *K. Barth*, Predigten 1914, 87.
170 *K. Barth*, Predigten 1913, 429ff.
171 *K. Barth*, Predigten 1914, 306 u. 313.
172 *K. Barth*, Predigten 1913, 125.
173 Ebd., 412f: »So ist uns etwa in solchen Zeiten zu Mute, wo wir den Trieb des höheren Lebens, den Zug der göttlichen Gnade in unsern Herzen spüren. Und so erscheint uns wohl manchmal der Fortschritt des Göttlichen in der Welt, die Besserung und Vorwärtsentwicklung der Menschen und Verhältnisse als etwas Natürliches, Einfaches, das sich ganz von selbst machen müsse. Aber dem ist nicht so ... Zu den Gedanken Gottes gehört das Leiden, das Kreuz notwendig hinzu.« Siehe auch ebd., 413ff.

nen ungebrochenen, geradlinigen Fortschritt der Kultur. Unerschütterlich aber ist sein Glaube an eine trotz aller Peripetien und durch sie hindurch sich vollziehende Bewegung der Menschheit zu ›höherem Leben‹. Wahre Kultur – für Barth heißt dies in jener Zeit natürlich: sozialistische Kultur[174] – ist eine Kultur, durch die jenes ›höhere Leben‹ hindurchscheint, eine Kultur, die transparent ist für die göttliche Wirksamkeit und darum eine Manifestation der Idee des Reiches Gottes in der Geschichte darstellt.

Fassen wir zusammen: Zu Beginn seiner pfarramtlichen Tätigkeit in Genf und Safenwil vertritt Barth einen individualethischen Ansatz, in dem die innere Integrität des einzelnen, wie sie in Jesu ›innerem Leben‹ vorbildlich realisiert ist, den entscheidenden Maßstab der ethischen Beurteilung christlichen Handelns darstellt. Unter Berufung auf Calvins ethischen Monismus legt er allerdings in Übereinstimmung mit den Schweizer Religiös-Sozialen wie auch mit Cohens Ethik Wert darauf, daß Gesinnung und Tat nicht auseinanderfallen, sondern einander entsprechen. Etwa seit 1913 wendet sich sein Interesse mehr und mehr der Frage nach einem objektiven theologischen Kriterium sozialen Handelns zu. Die Idee des Reiches Gottes wird dafür der leitende Zielbegriff. Mit seiner Hilfe beginnt Barth eine eschatologische Begründung der Sozialethik zu formulieren, welche die bisher allein gültige Persönlichkeitsethik zwar nicht ersetzen, wohl aber ergänzen soll. Aufs Ganze gesehen ist somit zwar ein allmählicher Übergang von einer einseitig individualethisch angelegten Theologie hin zu einer eschatologisch motivierten Sozialethik zu konstatieren, jedoch kein grundstürzender Wandel in den Barths Theologisieren bestimmenden Voraussetzungen.

Barths eigenem Bekunden nach kommt es zu dieser Wende erst infolge von Erfahrungen, die der Erste Weltkrieg für ihn bringt, – eine Darstellung, die sich jedenfalls mit unseren bisherigen Beobachtungen deckt. Bevor wir jedoch in die Untersuchung dieser Phase eintreten, fragen wir resümierend nach dem Verhältnis von Religion und Moral in Barths Vorkriegstheologie sowie nach der Eigenart seiner Rezeption der ›modernen‹ Theologie und nach den Gründen, die ihn zu den beobachteten Modifikationen bis 1914 veranlaßt haben mögen.

---

174 Mit Recht insistiert Marquardt darauf, daß Barths Kulturidealismus trotz seiner bildungsbürgerlichen Tendenz nicht liberal, sondern gerade sozialistisch gewesen sei. Vgl. *F.-W. Marquardt*, Karl Barths Safenwiler Predigten, 384, 388f u. 395.

2.4. RELIGION UND MORAL IN BARTHS VORKRIEGSTHEOLOGIE

In den vor dem Ersten Weltkrieg verfaßten Texten Barths stellt sich das Verhältnis von Religion und Moral als Sonderfall des Verhältnisses von Religion und Kulturbewußtsein dar. Die Moral ist Sache der Vernunft. Ihre Ideale und Regeln findet der Mensch in sich vor. Die Religion dagegen beruht auf Offenbarung, kommt dem Menschen also von außen her zu. In beidem geht es freilich um eine Bestimmung des Bewußtseins. Logik, Ethik und Ästhetik beschreiben dieser Konzeption zufolge die apriorischen Gesetze, denen Wissenschaft, Moral und Kunst zu gehorchen haben. Da diese Gesetze als apriorische allgemein und notwendig sind, gelten sie ausnahmslos für jedes vernünftige Individuum. Je reiner sie erfüllt werden, um so größer ist darum auch die Annäherung an das jedem Menschen prinzipiell erkennbare und bekannte Ideal des Wahren, Guten und Schönen. Würde der Mensch seiner ihm innewohnenden Freiheit und Autonomie folgen, so käme es zu solcher reinen Aktualisierung des Kulturbewußtseins, zur Verwirklichung der ›Idee‹. Daß er (nicht prinzipiell, aber) faktisch daran immer wieder scheitert, gründet darin, daß die Natur sich der Herrschaft des Geistes widersetzt. So schränken als heteronome Zwänge erfahrene natürliche Bindungen und Antriebe die Autonomie des Menschen ein.

Hier kommt nun Religion ins Spiel als diejenige Kraft, die zur Verwirklichung des Ideals befähigt und so dem Geist zur Herrschaft über die Natur verhilft. Religion wird von Barth also von vornherein als Autonomieprinzip eingeführt, das keine Veränderung der apriorischen Regeln des Kulturbewußtseins, sondern im Gegenteil deren Anerkennung und Durchsetzung impliziert. Religion hat nach diesem Verständnis nichts zu tun mit auf Autorität hin übernommenen und für wahr gehaltenen Dogmen, sie verlangt kein sacrificium intellectus, sondern ist selber die Aktualisierung, im Idealfall – wie bei Jesus – sogar die ›restlose Aktualisierung‹ des Kulturbewußtseins. Deshalb stimmen ihre Inhalte letztlich mit denen des vernünftigen Bewußtseins überein. Religion setzt Kultur insofern voraus, als sie sich in deren Objekten manifestiert, wie umgekehrt Kultur der Religion bedarf, um sich tatsächlich zu realisieren. Ohne daß dies von Barth eigens thematisiert würde, ist doch deutlich, daß es sich dabei im Kern um ein moralisches Problem handelt. Der Glaube ersetzt ja nicht fehlende Fähigkeiten auf dem jeweiligen Gebiet der drei Richtungen des Kulturbewußtseins; er behebt beispielsweise nicht den Mangel an Intelligenz oder künstlerischer Phantasie, sondern er beseitigt, was sich der vorhandenen Intelligenz und Phantasie etwa an Eigennutz oder Interessengebundenheit entgegenstellt. Unsittlich ist es, die eigenen intellektuellen, sittlichen und künstlerischen

Möglichkeiten und Anlagen nicht zu entwickeln. Der Glaube hilft dazu, jene subjektiven, eine optimale Entwicklung der individuellen Fähigkeiten hemmenden Widerstände zu beseitigen.

Diese Kraft erfährt der Mensch im religiösen Erlebnis, in dem er an der Idee, am Ding an sich, am Göttlichen partizipiert. Den Vorgang dieser Partizipation, dieser Verbindung zwischen Subjekt und Gott, nennt Barth nach seiner objektiven Seite hin Offenbarung, nach seiner subjektiven hin Glaube. Entscheidend ist für ihn, daß dabei dem Menschen etwas von außen her zukommt, was er selbst sich nicht zu geben vermag. Darum polemisiert Barth gegen die Vorstellung eines religiösen Apriori. Käme dem Menschen durch die Offenbarung nicht etwas außerhalb seiner selbst Liegendes zu, so wäre der Glaube für ihn lediglich Ausdruck einer vorgegebenen, subjektiven Befindlichkeit und würde nicht als bezwingende Macht erfahren werden. Allerdings haben wir gesehen, daß dieses von außen Kommende eine bestimmte Form haben muß, um perzipiert werden zu können. Aussagen, auch Glaubensaussagen kann der Mensch nur von etwas machen, was sein Bewußtsein tatsächlich affiziert. Vermittelt wird das religiöse Erlebnis durch die Anschauung und das Gefühl individueller Verwirklichungen der Kulturidee, wie sie in Jesu Persönlichkeit letztgültig zum Ausdruck gekommen sind. Indem der einzelne sich exemplarische Menschen zum Vorbild nimmt, bildet er seinen Charakter, sein sittliches Selbst. Glaube und Sittlichkeit entstehen gleichursprünglich in diesem Erlebnis einer Kraft, die dem Menschen neues Selbstbewußtsein schenkt und ihm so Mut macht, in Übereinstimmung mit seiner apriorischen Bestimmung zu leben.

Wie wir sahen, entspricht dieses Verständnis von Religion und Moral im Grundschema dem theologischen Ansatz Wilhelm Herrmanns. Die grundsätzliche Übereinstimmung schließt freilich nicht aus, daß Barth die moderne Theologie in durchaus eigenständiger Weise rezipiert. Sein enger Anschluß an Herrmann mit der daraus resultierenden Abgrenzung beispielsweise gegenüber Troeltsch hindern ihn weder daran, Herrmannsche Gedanken selbständig weiterzuspinnen, noch Überlegungen anderer aufzugreifen und in sein Denkgebäude einzubauen. Unsere bisherige Untersuchung zeigt, daß die Modifikationen, die Barth an Herrmanns Theologie noch vor dem Ersten Weltkrieg vornimmt, im wesentlichen auf den direkten oder indirekten Einfluß von Cohen und Natorp, Kutter und Ragaz und wohl auch Troeltsch zurückzuführen sind. Stärker als Herrmann läßt sich Barth auf den Systemgedanken der Marburger Neukantianer ein, versucht er nicht nur die Selbständigkeit der Religion, sondern mehr noch ihre positive Bezogenheit auf Kultur herauszuarbeiten. Ganz im Sinne des subjekttheoretischen Ansatzes des Kritischen Idealismus bedeutet ihm dabei ›Kultur‹ zunächst nichts anderes als ›Kultur der Persönlichkeit‹. Immer kommt es ihm auf das Bewußtsein, den Charakter, die Persönlichkeit,

2.4. Religion und Moral in Barths Vorkriegstheologie

die Gesinnung an. Im Laufe der Zeit freilich verschieben sich innerhalb dieses Systems die Gewichte, werden andere Aspekte bedeutsam. Die Gesinnung äußert sich, wie vor allem Hermann Cohen hervorgehoben hatte, in der Tat; eine soziale Gesinnung muß auch soziale Taten zeitigen. Von Cohen führt dieser Pfad weiter zu den Religiösen Sozialisten, zu Kutter und vor allem Ragaz, und deren praktisch-politischer Option für die Sozialdemokratie.

Die in Safenwil mehr und mehr an Bedeutung gewinnende Entscheidung für die in Kirchenkreisen weithin als Bedrohung empfundene und als gottlos geltende Sozialdemokratie begründet Barth 1911 mit seiner Identifizierung von Jesus Christus und sozialer Bewegung, wobei er voraussetzt, daß der in der Arbeiterbewegung wirksame soziale Geist der Gesinnung Jesu entspricht. Noch geht es hierbei zunächst um ein (wenn auch nun sozialistisch bestimmtes) Persönlichkeitsideal. Aber man kann natürlich fragen, ob das, was Barth den ›sozialen Geist‹ nennt, wirklich jeden Sozialisten bewegt, ob da nicht individuell ganz andere Motive des Handelns zusammenwirken. Und man kann diese Frage schließlich dahingehend verallgemeinern, ob es denn wirklich möglich sei, individuelle Charakterbilder erlebnishaft wahrzunehmen, ohne gleichzeitig die konkreten Handlungsziele und Äußerungen in den Blick zu bekommen. Vielleicht hat Barth aufgrund solcher Überlegungen bald danach, spätestens seit 1913, damit begonnen, stärker auf die Programmatik, auf die ›Kultur der objektiven sozialen Werte‹ abzuheben und sie der ›Kultur der Persönlichkeit‹ an die Seite zu stellen.

Faktisch bedeutet dies eine gewisse Relativierung des ›religiösen Individualismus‹ und eine stillschweigende Annäherung an Ernst Troeltsch. Denn wenn auch der Gesichtspunkt der Sozialität des Reiches Gottes primär religiössozialer Provenienz ist, so dürfte der Gesichtspunkt der Objektivität des Reiches Gottes eher auf Anregungen zurückzuführen sein, die von Troeltsch ausgehen. Wie wir gesehen haben, erweitert Barth auf diese Weise sein methodisches Instrumentarium. Beide, religiöses Individuum und Reich Gottes, stehen nun komplementär in Barths Theologie nebeneinander. Während das Persönlichkeitsideal christologisch normiert ist, also durch eine positive Aufnahme der Charakterzüge Jesu veranschaulicht werden kann, bestimmt sich das eschatologisch, am Reich Gottes orientierte Ideal der ›objektiven sozialen Werte‹ eher negativ, d.h. von der Negation der Sphäre des Relativen her, wie die »Hilfe«-Rezension zeigt. Diese Relativierung der Persönlichkeitstheologie durch die Reich-Gottes-Theologie impliziert freilich keine grundsätzliche Preisgabe des erlebnistheologischen Ansatzes. In seinem 1913 gehaltenen Vortrag »Der Glaube an den persönlichen Gott« versucht Barth beide Momente im Gotteserlebnis selbst zu verankern. Demnach bringt sich Gott im religiösen Erlebnis nicht nur als Person, sondern auch als Sache zur Geltung. Nicht nur subjektive Charakterbilder, sondern auch objektive soziale Werte sind für Barth erlebbar.

Fragt man nach einem gemeinsamen Nenner der Modifikationen, die Barth an Herrmanns Theologie im Laufe der ersten Jahre im Pfarramt vornimmt, so stellt man jedenfalls eine bestimmte Tendenz fest, nämlich ein zunehmendes Interesse am Sozialen und Objektiven. Hierin manifestiert sich m.E. Barths Gespür dafür, daß eine nur auf das Individuum bezogene Theologie den Herausforderungen des Zeitalters letztlich nicht mehr gewachsen ist. Angesichts der desintegrierenden Folgeerscheinungen der Industrialisierung, die Barth in Safenwil hautnah erfahren kann, wozu beispielsweise das Alkoholproblem gehört[175], stellt sich für ihn die Frage, ob und in welcher Weise vom Glauben her konkrete, ins Leben eingreifende Antworten auf die Probleme der Zeit zu formulieren seien. Individuelle caritas in einer paternalistischen Einstellung hilft hier nicht entscheidend weiter. Die neu gestellten Aufgaben können nur mehr politisch, genossenschaftlich, kommunikativ gelöst werden. Dies bedeutet auch für die Kirche, sich aus erstarrten Traditionen und Abhängigkeiten zu befreien und aus dem Glauben heraus an den notwendigen sozialen und politischen Veränderungen mitzuwirken. Herrmanns Persönlichkeitstheologie stößt hier an ihre Grenzen.[176] Indem sie einerseits die Forderung ›ein Selbst zu werden‹ programmatisch ins Zentrum ihrer Theologie stellt, reproduziert sie angesichts des eklatanten Verfalls bürgerlichen Selbstbewußtseins lediglich dessen Selbstbehauptungswillen. Und indem sie andererseits Religion reduziert auf ein letztlich nicht mehr adäquat mitteilbares, subjektives Erlebnis, sanktioniert sie theologisch den der Religion vom Bürgertum zugewiesenen Platz: die Innerlichkeit.

Dabei ist klar, daß Religion Sittlichkeit voraussetzt, von ihr her die Materialien, die Inhalte, die Ziele empfängt, zu deren Verwirklichung sie die motivierende Kraft beisteuert. Die Freiheit, zu welcher der Glaube verhilft, ist die der Herrschaft des Geistes über die Natur; sie beseitigt die inneren Hemmnisse, die sich der Verwirklichung des Geistes entgegenstellen und ist in diesem Sinne primär Selbstbeherrschung. Wie bei der Religion ist auch bei der Moral der Mensch als einzelner im Blick. Entscheidend für die ethische Beurteilung des Handelns bleibt letztlich, in welcher individuellen Gesinnung, in welcher Absicht der einzelne handelt. Die Orientierung an persönlichen Vorbildern oder an sozialen Werten ist immer als etwas verstanden, bei dem der einzelne mit sich allein ist. Der religiöse Individualismus der modernen Theologie bringt es

---

175 Aus diesem Grunde arbeitet er wohl auch zeitweise im Blauen Kreuz mit; siehe *E. Busch*, Karl Barths Lebenslauf, 78f; vgl. zur Abstinenzbewegung auch *R. Barth*, Protestantismus, 138ff.
176 Vgl. dazu: *D. Schellong*, Bürgertum und christliche Religion, 87-92.

2.4. Religion und Moral in Barths Vorkriegstheologie

mit sich, daß von einer kommunikativen Struktur nur in einem indirekten Sinne gesprochen werden kann. Gewiß betont Barth, daß der Glaube eine »*soziale* Tatsache« sei[177], er meint damit aber lediglich das Eingebettetsein des Individuums in die als historische Traditionskette verstandene menschliche Sozietät, nicht die Öffnung der individualistischen Struktur des Selbstbewußtseins zu einer wie auch immer vermittelten Intersubjektivität. Das Gegebensein von Gemeinschaft wird dabei immer schon vorausgesetzt, was gleichzeitig bedeutet, daß das Ethos, zu dem der Glaube befähigt, gesellschaftlich vermittelt und bedingt ist. Dies gilt sowohl im Blick auf das Vorbild von Persönlichkeiten wie auch für die im Reich-Gottes-Begriff veranschaulichte Idee objektiver sozialer Werte, die zwar in das affirmative Ethos sozusagen eine Bresche schlagen soll, gleichwohl aber selber abhängig bleibt von innergeschichtlichen Utopien.

Ich will nicht behaupten, daß Barth dies 1914 schon bewußt gewesen sei. Im Gegenteil: Zu sehr vertritt auch er damals noch den Fortschrittsoptimismus eines zu Ende gehenden Zeitalters. Noch glaubt er, notwendige Anpassungen an die veränderte soziale und politische Situation von Herrmanns erlebnistheologischem Ansatz aus vornehmen zu können. Die Spannungen, die sich daraus für seine Theologie ergeben, bleiben zunächst eher latent. Dies ändert sich im Grunde erst durch den Ausbruch des Ersten Weltkriegs und die Reaktion der theologischen Lehrer Barths darauf. Es wird im folgenden zu prüfen sein, warum ihm seine bisherigen Antworten angesichts dieser Lage nicht mehr genügen und welche Aspekte ihm dabei besonders fragwürdig werden, kurz: was ihn also zur Revision der Grundlagen seiner Theologie nötigt. Ich gehe nach einem Überblick über die historische Situation zu Beginn des Ersten Weltkriegs (3.1.) vor allem auf Barths Anfragen an die Kategorie des ›Erlebnisses‹ (3.2.1.) sowie die Problematik des ethischen Idealismus (3.2.2.) ein, und frage schließlich zusammenfassend nach den Konsequenzen, die sich daraus für das Verständnis von Religion und Moral ergeben (3.3.).

---

[177] *K. Barth*, Der christliche Glaube und die Geschichte, in: SThZ 29 (1912), 5.

3. DIE NÖTIGUNG ZUR GRUNDLAGENREVISION

3.1. Zur historischen Situation zu Beginn des Ersten Weltkrieges (1914/15)[1]

Am 28. Juni 1914 fallen in Sarajewo die den Ersten Weltkrieg auslösenden tödlichen Schüsse auf Erzherzog Franz Ferdinand von Österreich und seine Gemahlin. Als am 18. Juli Österreich nach vorangegangenem Ultimatum Serbien den Krieg erklärt, beginnt die Kriegsmaschinerie scheinbar unaufhaltsam anzurollen. Einen Tag später verkündet Serbiens Bündnispartner Rußland die Teilmobilmachung gegen Österreich, worauf Deutschland am 1. August mit einer Kriegserklärung an Rußland und zwei Tage später an Frankreich antwortet. Als am 3. August deutsche Truppen ins neutrale Belgien einmarschieren, tritt England an der Seite der Entente in den Krieg ein. Schon am 1. August beginnt auch die Schweiz, deren Bevölkerung teils mit den Franzosen, teils mit den Deutschen sympathisiert, mit der Mobilmachung. Die schweizerische Sozialdemokratie schließt – ebenso wie die deutsche – mit den bürgerlichen Parteien eine Art Burgfrieden. Bereits am 3. August stattet die Schweizer Bundesversammlung einen siebenköpfigen Bundesrat mit unbeschränkten Vollmachten aus, um die für die Sicherheit und Neutralität des Landes und die Versorgung der Bevölkerung nötigen Maßnahmen zu ergreifen.

Der Ausbruch des Ersten Weltkriegs kommt für den aargauischen Landpfarrer überraschend und unerwartet. Barth interpretiert dieses weltgeschichtliche Ereignis als Ausfluß menschlicher Sünde. Er geht in diesem Urteil völlig konform mit Ragaz, während Kutters einseitige Parteinahme für Deutschland ihn schwer enttäuscht. Entsetzt aber ist er geradezu, als er in den folgenden Wochen erfahren muß, daß die deutsche ›liberale‹ Theologie ebenso in die nationalistische Front eingeschwenkt ist wie die Sozialdemokratie, mit deren Stimmen der Reichstag am 4. August die Kriegskredite bewilligt[2].

Da mit Kriegsbeginn die Einfuhr von Rohstoffen und Lebensmitteln in die Schweiz gesperrt wird, steigt hier die Arbeitslosigkeit rasch an, während

---

1 Vgl. allgemein zur Ereignisgeschichte sowie zur Situation von Theologie und Kirche bei Ausbruch des Krieges über die S. 16 Anm. 1 genannte Literatur hinaus: *K. D. Erdmann*, Der Erste Weltkrieg; *Chr. Nöthiger-Strahm*, Der deutschschweizerische Protestantismus, 45-49 u. 53-57; *R. Pfister*, Die Haltung der schweizerischen Kirchen, 338-357; *M. Mattmüller*, Leonhard Ragaz II, 53-119; *W. Huber*, Kirche und Öffentlichkeit, 133-219; *J. Rathje*, Die Welt des freien Protestantismus, 232ff; *K. Schwabe*, Wissenschaft und Kriegsmoral, bes. 21-45.
2 Dazu umfassend: *D. Groh*, Negative Integration, bes. 577-729.

3.1. Die historische Situation (1914/15)

gleichzeitig die Lebensmittelknappheit – die Schweiz bezieht in diesen Jahren zwei Fünftel ihres Nahrungsmittelbedarfs aus dem Ausland – zu gewaltigen Preissteigerungen führt. Als die Regierung der Not nicht Abhilfe schaffen kann, wird zunehmend Kritik an der Versorgungspolitik laut. Innerhalb der Schweizer Sozialdemokratie mehren sich seit Oktober 1914 die kritischen Stimmen, die den ›Burgfrieden‹ aufkündigen wollen. Die Thesen der sog. ›Zimmerwalder Linken‹, einer Minderheit um Lenin, Münzenberg und Platten, die den Krieg zur Revolution ausnutzen will, werden in der Partei heftig diskutiert, finden aber keine Zustimmung. Dennoch ist eine Radikalisierungstendenz unverkennbar, an deren Ende (1917) die Aufkündigung des Burgfriedens und das Votum gegen die Landesverteidigung stehen.

Am 26. Januar 1915 tritt Barth in die Sozialdemokratische Partei der Schweiz ein. Er versteht den Schritt einerseits als Akt der Solidarisierung, andererseits meint er, seine Kritik an der Sozialdemokratie so besser verständlich machen zu können (BwTh I, 30). Verstärkt spricht er im Arbeiterverein über das Verhältnis von Religion und Sozialismus. Inzwischen beginnt allerdings die religiös-soziale Bewegung an der Stellung zum Krieg zu zerbrechen.[3] Auf einer im Mai 1916 einberufenen Zusammenkunft wird Barth zum Präsidenten der religiös-sozialen Konferenzen gewählt, offenbar weil er weder als Parteigänger Kutters noch als Anhänger von Ragaz gilt. Dem mit der Wahl verbundenen Auftrag, für den Herbst eine Konferenz zu organisieren, kommt Barth freilich nicht nach. Mehr und mehr reift in ihm die Überzeugung, daß es unnötiger Kräfteverschleiß wäre, wollte man versuchen, die in mehrere Lager zerstrittene Bewegung wieder zu einen. Er läßt Ragaz mitteilen, daß es wohl das beste sei, die Konferenzen überhaupt aufzulösen. Sein Verhältnis zu Ragaz kühlt entscheidend ab, als Ragaz es ablehnt, eine von Barth verfaßte Rezension der »Hausandachten« Blumhardts, den er im April 1915 mit nachhaltigem Eindruck besucht hatte, unverändert in den »Neuen Wegen« abzudrucken, weil sie ihm zu quietistisch erscheint. Barth veröffentlicht die Rezension schließlich im Juli 1916 unter dem Titel »Auf das Reich Gottes warten« im »Freien Schweizer Arbeiter«.

Als diese interne religiös-soziale Kontroverse ausgetragen wird, sind (auch) auf dem Weltkriegsschauplatz die Fronten längst im Stellungskrieg erstarrt. 1915 verlagert sich der Schwerpunkt des Geschehens zunächst nach Osten. Nach der masurischen Winterschlacht gelingt es deutschen Truppen im Sommer die russische Front in Bewegung zu bringen und Litauen, Polen und Galizien zu erobern. Als dieser Erfolg aber keinen weiterreichenden Nutzen bringt, die Front sich vielmehr erneut verfestigt, wendet sich das Interesse der

---

3 Vgl. dazu insbesondere *M. Mattmüller*, Leonhard Ragaz II, 206-238.

Obersten Heeresleitung wieder dem Westen zu. Vom 21. Februar bis Ende Juni 1916 tobt die äußerst verlustreiche Schlacht um die Festung Verdun, deren Belagerung erst abgebrochen wird, als Engländer und Franzosen in ebenso erbitterten wie fruchtlosen Kämpfen die deutsche Front an der Somme zu zerschlagen suchen.

Vor diesem Zeithintergrund wird für Barth und Thurneysen die Predigtnot immer drückender, beginnen sie zu fragen, an welchen Kriterien sich Predigt und Unterricht, Seelsorge und politische Stellungnahme orientieren sollen. Im Juni 1916 konkretisiert sich bei beiden die Idee, die Frage der Grundlegung von Theologie noch einmal ganz neu zu durchdenken. Bezeichnenderweise bedeutet dies für Barth zunächst ein erneutes Kantstudium, merkwürdigerweise für Thurneysen ein (dann aber offenbar nicht aufgenommenes) Hegelstudium. Kurz darauf beginnt Barth mit seiner Arbeit am ersten »Römerbrief«.

Bevor wir in die Analyse des ersten »Römerbriefs« einsteigen, muß freilich geklärt werden, in welcher Weise dem Kriegsproblem eine Initialfunktion für Barths neuen Ansatz zukommt, warum er eigentlich an der Theologie seiner Lehrer ›irre geworden‹ ist, wie er mehrfach betont[4], inwiefern für ihn der erlebnistheologische Unterbau seiner bisherigen Theologie problematisch zu werden beginnt und welche Konsequenzen dies für seinen ethischen Idealismus hat. Zu diesem Zweck werfen wir zunächst einen Blick auf die Predigten, die Barth unmittelbar nach Kriegsausbruch hält, um zu sehen, wie er selber spontan und unbeeinflußt vom Wissen um die Reaktion seiner Lehrer das Geschehen theologisch beurteilt, um dann seine Auseinandersetzung mit Rade und Herrmann darzustellen und schließlich den ersten Spuren seines neuen theologischen Ansatzes nachzugehen.

---

4 Vgl. dazu unten S. 104.

3.2. BARTHS KRITISCHE ANFRAGEN AN ERLEBNISTHEOLOGIE UND KULTURIDEALISMUS

3.2.1. Die Fragwürdigkeit des Erlebnisbegriffs

(1) Der Niederschlag des Kriegsausbruchs in Barths Predigten.[5] – Die erste Predigt nach Ausbruch des Krieges, gehalten am 2. August 1914, will der Hysterie und den Ängsten durch eine besonnene theologische Deutung der Ereignisse entgegentreten. Der Dimension des Apokalyptischen bewußt entkleidet, wird der Krieg zu einem Lehrstück depotenziert, an dem man die Erfahrung machen könne, wie die wahre Natur des Menschen sich enthülle (397). Denn der Krieg sei nicht ein notwendiges Übel, kein zu ertragendes Schicksal, sondern Unrecht und Sünde, er stamme »nur aus dem Bösen der menschlichen Natur« (403). Jesus aber verkünde uns, daß Gott das Unrecht, das Leiden und den Krieg nicht wolle und sie deshalb keinen Bestand haben können. Sie seien lediglich »eine Stufe auf dem Wege Gottes. Eine schwere und steile Stufe, wir erfahren es jetzt, aber eine Stufe, die uns vorwärts, aufwärts bringen muß« (405), nämlich einem freilich noch in ferner Zukunft liegenden Zustand entgegen, in dem die Menschheit dem Kriege endgültig abschwören werde (406f). Die zweite und dritte Predigt (9. bzw. 16. August) fordern darum die bewußte Unterordnung unter den gerechten und guten Willen Gottes (419ff), der »die unendliche Macht, die über Allem und in Allem waltet«, sei (414). Gerade an dieser Voraussetzung des Allmachtgedankens bricht allerdings erneut die alte Theodizeefrage auf, warum Gott dies alles zulasse. Die Antwort der vierten Predigt vom 23. August lautet: Der Krieg sei notwendig als Gericht über unser Tun, unsere Bildung, unsere ganze europäische Kultur (437ff); er sei als Gericht aber gleichzeitig Verheißung und darum »Gnadenzeit« (433), insofern er uns – wie die beiden folgenden zum Ausgangspunkt der Überlegungen zurückkehrenden Predigten (30.8. und 6.9.) bekräftigen – als Macht- und Rassenkampf (446ff) vermittels seiner evidenten Negativität auf »eine andere als die gegenwärtige böse Welt« (454) verweise. Auch hier läßt sich wieder die oben beobachtete Struktur der Bestimmung des Reiches Gottes als der Negation des Negativen erkennen. Fest stehe jedenfalls, daß Gott den Krieg nicht wolle[6],

---

5   Ich beziehe mich im folgenden, wenn nichts weiter vermerkt ist, stets auf: *K. Barth*, Predigten 1914. – Siehe dazu: *F.-W. Marquardt*, Barths Safenwiler Predigten, 377-396; *J. Fähler*, Der Ausbruch des 1. Weltkrieges; und *J. Zengel*, Erfahrung und Erlebnis, 94-104; vgl. auch *D. Schellong*, Theologie nach 1914, bes. 451-456; *ders.*, Barth lesen, 16-21; *W. M. Ruschke*, Diastasentheologie, 161-169; *A. Schultz*, Flucht vor der Politik?, 40-79.
6   Siehe auch die Erläuterung, die Barth in einem Brief an Thurneysen dazu gibt: BwTh I, 10.

sondern ihn lediglich als Erziehungsinstrument, das uns die Sünde verleiden solle, benutze (466).

Der Krieg ist für Barth – übrigens in voller Übereinstimmung mit Leonhard Ragaz[7] – primär eine Offenbarung der sündigen Natur des Menschen (507 u. 536) und als solche zugleich das Gericht Gottes darüber. Schon die Balkankriege 1912/13 beurteilte er so.[8] »Der Krieg ist kein Wunder«, führt er in seiner Predigt vom 23. August 1914 aus, »so plötzlich und unerwartet er nun auch gekommen ist, so gespensterhaft er plötzlich dasteht mitten drin in unserer ahnungslosen Welt. Er ist gekommen als die natürliche Folge von dem, was wir gewesen sind und getan haben. Auf unseren Wegen, die wir für so gut hielten, stand er eines Augenblicks da. Wir hätten es vorher wissen können; wir müssen nun ernten, was wir gesät haben. So ist es immer mit Gottes Gerichten. Sie kommen nicht als Naturwunder. Sie kommen als die natürliche Folge unseres eigenen Tuns« (438f). Der Krieg ist – religiös-sozial verstanden – nichts anderes als die Folge der die Kultur bestimmenden Selbstsucht und des (kapitalistischen) Konkurrenzkampfes (435 u. 439). Im Grunde ist es für Barth zunächst wohl ganz unvorstellbar, wie man sich aus christlicher Sicht anders dazu stellen könne. Umso entsetzter ist er dann, als er aus Deutschland die ersten Predigten und kirchlichen Verlautbarungen zum Kriege zu Gesicht bekommt.[9]

Keineswegs, so sagt Barth merklich befremdet in der Predigt vom 18. Oktober, verstünden die Deutschen das Ereignis des Krieges als göttliches Gericht, man rede im Gegenteil von »heiligen Erlebnissen«, fühle sich in »höchstem Einklang mit dem Willen Gottes« und scheue sich nicht, den Krieg gar eine »heilige Sache« zu nennen (519f). In der Tat: Wenn man damals den Krieg als Gericht interpretiert, dann in der Regel als Gericht über die Kriegsgegner, nicht als Gericht über die je eigene Kultur.[10] Das widerspricht nun freilich Barths Deutung fundamental. Spätestens hier stellt sich die Frage, wie es zu solchen diametral entgegengesetzten Wertungen kommen könne, auf welchen Voraussetzungen sie beruhen und mit Hilfe welcher Kriterien sie gewonnen werden. Von »heiligen Erlebnissen« hat Barth freilich nicht gesprochen, aber auch er setzt als selbstverständlich voraus, daß sich Gott durch das Erlebnis des Krieges dem Menschen mitteile. Nach wie vor gilt, was Barth in einer im Frühjahr 1913 gehaltenen Predigt ausgeführt hat, daß Gott sich ver-

---

7 *L. Ragaz*, Das Gericht, 298-304; *ders.*, Ueber die Ursache des Krieges, 364-373; *ders.*, Der Weg zum Frieden, 457-472. Dazu: *M. Mattmüller*, Leonhard Ragaz I, 30-49.
8 *K. Barth*, Predigten 1913, 502f u. 628.
9 Vgl. zur deutschen Kriegstheologie: *W.-D. Marsch*, Politische Predigt, 513-538; *W. Pressel*, Die Kriegspredigt; *K. Hammer*, Deutsche Kriegstheologie; *K. Vondung*, Die Apokalypse, bes. 189-207; *ders.* (Hg.), Kriegserlebnis; *G. Brakelmann*, Protestantische Kriegstheologie.
10 Vgl. dazu beispielsweise *K. Vondung*, Die Apokalypse, 132ff.

3.2. Barths Anfragen an Erlebnistheologie und Kulturidealismus

mittels der natürlichen Ordnungen, des durch Vernunft und Gewissen sprechenden Sittengesetzes und vor allem der menschlichen Geschichte (und darin insbesondere des Lebens und Sterbens Jesu) offenbare.[11] Das Gewissen und die Erscheinung des Bildes Jesu dienen ihm auch angesichts des Krieges als Interpretationskriterien (402ff, 414f u. 540ff). Zu begründen oder zu legitimieren sind sie ihrerseits freilich nicht; sie sind selbstevident für den, der Gott erlebt, – ›autopiste Wahrheiten‹, um seine frühere Terminologie zu verwenden. In ihrem Lichte werden die Ereignisse transparent für den hinter ihnen verborgenen Willen Gottes. Mit Recht macht Jörg Zengel darauf aufmerksam, daß Barth Wirklichkeit, Wort und Reich Gottes als »Faktizitäten höherer Ordnung« begreife, die für den Gläubigen ›objektiv‹ gegeben seien.[12] Allerdings demonstriert gerade diese Verwendung der Begriffe ›Tatsache‹ und ›Objektivität‹ die Kontinuität der Barthschen Theologie und die ungebrochen existierende terminologische Abhängigkeit von Wilhelm Herrmann. Wie wir gesehen haben, wollen Barth und Herrmann damit den subjektexternen Ursprung des Glaubens, das extra nos Gottes unterstreichen, das beiden wichtig ist, um die Theologie aus der Schußlinie des Illusionsverdachts zu ziehen.

In der Orientierung am ›innern Leben‹ Jesu als dem objektiven Grund des Glaubens meint Barth – nicht ohne gewisse Berechtigung –, mit Herrmann einig zu gehen. Nicht beliebig kann auf dieser Basis sein, wie der Krieg erlebt wird, wie er jedenfalls von Christen erlebt werden muß. Daß man tatsächlich aber von den selben theologischen Voraussetzungen aus zu ganz anderen, ja konträren Bewertungen gelangen kann, macht Barth zunächst schlicht ratlos. Seine brieflichen Anfragen an Rade und Herrmann zeigen dies.

(2) Barths Auseinandersetzung mit Rade und Herrmann.[13] – Am 4. September 1914 schreibt Barth an Thurneysen: »Es ist, wie Ragaz sagen würde, ›von

---

11 *K. Barth*, Predigten 1913, 164-169.
12 *J. Zengel*, Erfahrung und Erlebnis, 96ff. Ob es allerdings wirklich hilfreich ist, zur Charakterisierung dieses Sprachgebrauchs das Stichwort ›positivistisch‹ in die Debatte zu werfen (ebd., 96f, 102), möchte ich doch bezweifeln. Denn es droht m.E. nicht nur die Differenz zum philosophischen Positivismus, die aus Zengel notiert, zu verschleiern, sondern auch den antiorthodoxen Impetus der Erlebnistheologie Herrmanns (und in seinem Gefolge Barths), der darin besteht, das subjektexterne ›Objekt‹ des Glaubens gleichwohl nicht subjektunabhängig aufzufassen. Daß dies für Barth wie eh und je gilt, läßt sich auch für 1913/14 belegen (s. *K. Barth*, Predigten 1913, 162ff u. 168; *ders.*, Predigten 1914, 63 u. 79). Und was im übrigen Barths Polemik gegen die Überschätzung frommer Gefühle und religiöser Erlebnisse betrifft (etwa: *K. Barth*, Predigten 1914, 82f, worauf *J. Zengel*, a.a.O., 100f, hinweist), – auch sie besitzt Parallelen bei Herrmann, wie man bei *W. Greive*, Der Grund des Glaubens, 88f, sehen kann.
13 Zur Interpretation der Auseinandersetzung sind aus der Sekundärliteratur heranzuziehen: *W. Huber*, Kirche und Öffentlichkeit, 204ff (vgl. auch 183ff); *J. Zengel*, Erfahrung und Erlebnis, 67-72; *Chr. Schwöbel*, Martin Rade, 175-190 u. 223f; *ders.*, Einleitung, 27-35; *M. Weinrich*, Der Katze die Schelle umhängen, 144-149; und *H. Ruddies*, Karl Barth und Wilhelm Herrmann, 66-69; *ders.*, Karl Barth und Martin Rade; und *C. van der Kooi*, Anfängliche Theologie, 63-68.

symptomatischer Bedeutung‹, daß ein Mann wie Rade so völlig den Kopf verlieren kann in dieser Lage. Die absoluten Gedanken des Evangeliums werden einfach bis auf weiteres suspendiert, und unterdessen wird eine germanische Kampfreligion in Kraft gesetzt, christlich verbrämt durch viel Reden von ›Opfer‹ etc. Beweis genug, daß die ersteren schon vorher bei diesem Christlichen-Welt-Christentum mehr Firnis als innerlicher Besitz waren. Traurig ist's doch! Marburg und die deutsche Kultur verliert in meinen Augen etwas, und zwar für immer durch diesen Zusammenbruch« (BwTh I, 10). Barth sieht sich nach Kenntnisnahme weiterer Informationen allerdings schon kurze Zeit später veranlaßt, dieses jedenfalls Rade nicht gerecht werdende Urteil zu modifizieren.

»Mir persönlich hat sich ein Tag am Anfang des Augusts jenes Jahres [sc. 1914] als der *dies ater* eingeprägt, an welchem 93 deutsche Intellektuelle mit einem Bekenntnis zur Kriegspolitik Kaiser Wilhelms II. und seiner Ratgeber an die Öffentlichkeit traten, unter denen ich zu meinem Entsetzen auch die Namen so ziemlich aller meiner bis dahin gläubig verehrten theologischen Lehrer wahrnehmen mußte. Irre geworden an ihrem Ethos, bemerkte ich, daß ich auch ihrer Ethik und Dogmatik, ihrer Bibelauslegung und Geschichtsdarstellung nicht mehr werde folgen können, daß die Theologie des 19. Jahrhunderts jedenfalls für mich keine Zukunft mehr hatte.«[14] Mit diesen immer wieder zitierten Worten beschreibt Barth 1957, also über 40 Jahre nach Ausbruch des Ersten Weltkriegs, seine theologische Wende. Er erweckt darin den Eindruck, als habe ein ganz bestimmter Tag, nämlich der Tag der Veröffentlichung des sog. »Manifests der 93 Intellektuellen« mit dem Titel »An die Kulturwelt«[15], seinen Bruch mit der ›modernen‹ Theologie bewirkt.

EXKURS: ZUR AUSEINANDERSETZUNG MIT HÄRLE UND ZENGEL ÜBER DEN CHARAKTER VON BARTHS THEOLOGISCHER WENDE

Wilfried Härle hat mit aller ihm zu Gebote stehenden Akribie die Entstehungsgeschichte jenes ominösen Aufrufs recherchiert und dabei festgestellt (*W. Härle*, Der Aufruf der 93 Intellektuellen, 207-224), daß der Text statt Anfang August wahrscheinlich erst Anfang Oktober veröffentlicht wurde, und daß sich unter den 93 Unterzeichnern keineswegs »so ziemlich alle«, sondern lediglich drei der Lehrer Barths, nämlich Harnack, Herrmann und Schlatter (wobei der letztere kaum zu den »gläubig verehrten« zu rechnen sei), befanden. Da das Manifest schließlich auch im Briefwechsel mit Thurneysen nicht erwähnt werde, könne man davon ausgehen, so Härle, daß es tatsächlich bei Kriegsausbruch »keine erkennbare« Rolle für Barth gespielt habe. Wohl aber habe Barths Auseinandersetzung mit Rade über die Haltung der »Christlichen

---

14 *K. Barth*, Die Protestantische Theologie, 574. Siehe auch die bei *E. Busch*, Karl Barths Lebenslauf, 93, zitierte Stelle aus einem Brief Barths vom 4.1.1915 an Wilhelm Spoendlin: »Ich habe eine Götterdämmerung erlebt, als ich studierte, wie Harnack, Herrmann, Rade, Eucken etc. sich zu der neuen Lage stellten«.
15 Zur Entstehung und Wirkung dieses Manifests vgl. jetzt: *B. vom Brocke*, Wissenschaft und Militarismus, wo sich auf S. 718 auch ein Faksimile abgedruckt findet; sowie *M. Mattmüller*, Leonhard Ragaz II, 76ff; und *K. Schwabe*, Wissenschaft und Kriegsmoral, 22-25.

3.2. Barths Anfragen an Erlebnistheologie und Kulturidealismus 105

Welt« hinsichtlich der theologischen Beurteilung des Krieges zur Distanzierung von der ›liberalen‹ Theologie beigetragen; auch sie sei allerdings keineswegs das den Bruch auslösende Moment gewesen, sondern lediglich eine Station in einem sich seit 1911 kontinuierlich vollziehenden Ablösungsprozeß, in dem neben dem Anschluß an die Religiös-Sozialen vor allem auch dem Tod des Vaters im Jahre 1912 entscheidende Bedeutung zukomme.[16]

Gewiß hat Härle recht, wenn er dem Manifest den Stellenwert, den der eingangs zitierte autobiographische Text von 1957 ihm zuweist, abspricht. Es kann wirklich nicht überraschen, daß solche Rückblicke aus mehr oder weniger großer Zeitdistanz Gedächtnisfehler enthalten und längere Prozesse in geraffter Zusammenschau darstellen. Gewiß wird man auch in Rechnung stellen müssen, daß Barths Theologie vor wie nach dem Krieg einer ständigen Entwicklung unterworfen war. Doch was besagt das schon für die Frage, welche Bedeutung dem Ereignis des Ersten Weltkriegs für die Barthsche Theologie beizumessen ist? Um sie beantworten zu können, müßte untersucht werden, ob durch den Krieg eine einschneidende Veränderung des erlebnistheologischen Grundansatzes, an dem Barth auch als Religiös-Sozialer festhielt, veranlaßt wurde. Dazu wäre freilich eine detaillierte Analyse der Denkform und der Argumentationsstruktur der Theologie Barths vonnöten und weniger das Studium diverser autobiographischer Notizen und Erinnerungen.

Zudem ist nun durch die Erwähnung des besagten Schriftstücks in dem Härle noch unbekannten Brief Barths an Herrmann vom 4.11.1914 (BwRa 115) die von Härle erwogene Möglichkeit, daß Barth den Aufruf »in den ersten Kriegsmonaten (oder -jahren ?) gar nicht gekannt« habe (ebd., 217), definitiv auszuschließen. Vermutlich lag das Manifest eben doch den »drei Couverts voll« mit »deutschen evangelischen Drucksachen« (BwTh I, 19) bei, die Barth in der zweiten Oktoberhälfte, also gut 14 Tage nach Veröffentlichung des Aufrufs, von Herrmann zugeschickt bekam. Denn der am 4.10.1914 »in allen großen Tageszeitungen des Reiches« veröffentlichte Aufruf »An die Kulturwelt« wurde »seit September in vielen Tausenden von Privatbriefen in die neutralen Länder versandt«.[17] Unsicher, wenngleich nicht unmöglich, bleibt, ob sich in den »drei Couverts« aus Marburg auch die am 16.10.1914 erstmals publizierte »Erklärung der Hochschullehrer des Deutschen Reiches« befand, die inhaltlich dem Aufruf »An die Kulturwelt« entsprach, aber weniger provokant formuliert war und die Unterschriften fast aller (die Zahlen schwanken zwischen 3000 und 4000) deutschen Hochschullehrer[18], darunter neben Herrmann auch die von Kaftan, Gunkel und Rade trug[19]. Ziemlich sicher ist dagegen, daß Barth aus Marburg den spätestens Anfang September 1914 veröffentlichten und von Harnack und Herrmann unterschriebenen Aufruf »An die evangelischen Christen im Ausland«[20] mit dieser Sendung erhielt, da Barth ihn in seiner Predigt vom 18.10.1914 erwähnt: »Eine Anzahl der bekanntesten Kirchenmänner Deutschlands, darunter zwei meiner liebsten Lehrer, haben einen Aufruf erlassen ›An die evangelischen Christen des Auslands‹. Er ist voll von Anklagen, voll von Entschuldigungen der eigenen Sache. Ein einziges Mal ist darin die Rede von der Buße, die auch das deutsche Volk nötig habe. Aber dann wird sofort angedeutet, daß es bereits Buße getan habe, und alle Schuld wird feierlich den Feinden, den Feinden allein zugeschoben. So sind auch aus den Christen, aus den *ernsten und frommen* Christen Soldaten geworden. Wie bist du vom Himmel gefallen, du schöner Morgenstern!«[21] Anlaß für die Sendung an Barth wird dessen Brief an Rade vom 31.8. gewesen sein (BwRa 95-99), der in Marburg offensichtlich einiges Aufsehen erregt hatte; nach einem Gespräch, das Mitte September in Marburg zwischen Peter Barth auf der einen, Rade, Natorp, Herrmann und Stephan auf der anderen Seite stattfand (BwTh I, 11f), war Herrmann wohl der Auffassung, seinem Schweizer Schüler Informations-

---

16   Siehe zur Kritik an Härle jetzt auch: *D. Schellong*, Barth lesen, 86-88 Anm. 8; und *W. M. Ruschke*, Diastasentheologie, 169-175.
17   *B. vom Brocke*, Wissenschaft und Militarismus, 654. Außerdem wurde er auch in der schweizerischen Presse, z.B. am 7.10.1914 in den »Basler Nachrichten« publiziert (so *M. Mattmüller*, Leonhard Ragaz II, 76 Anm. 6).
18   *B. vom Brocke*, Wissenschaft und Militarismus, 650; ein Faksimile der ›Erklärung‹ ist ebd., 717 abgedruckt. Das von *H. Ruddies*, Karl Barth und Wilhelm Herrmann, 86 Anm. 79, genannte Datum (23.10.1914) ist nicht das der Erstpublikation, sondern offenbar lediglich das Datum des Exemplars, das sich in der Marburger Universitätsbibliothek befindet (vgl. *B. vom Brocke*, a.a.O., 652 Anm. 2).
19   So jedenfalls nach *H. Ruddies*, Karl Barth und Wilhelm Herrmann, 86 Anm. 79.
20   Siehe *W. M. Ruschke*, Diastasentheologie, 175. Vgl. dazu auch ChW 28 (1914), 846.
21   *K. Barth*, Predigten 1914, 528.

material zur Lage schicken zu sollen, das ihn von der Berechtigung der deutschen Sache überzeugen sollte, tatsächlich aber genau das Gegenteil bewirkte.

Unter Bezugnahme auf Härle geht Jörg Zengel extensiv der Frage nach, ob Barths ›Wende‹ eine ›subita conversio‹ gewesen sei. Er gewinnt sein Problem, indem er Barths Hinweis auf den besagten ›dies ater‹ als Indiz eines »plötzlichen« Bruchs mit der ›liberalen‹ Theologie interpretiert (*J. Zengel*, Erfahrung und Erlebnis, 64f). Die gegenteiligen Äußerungen Barths muß er natürlich aufgrund der vorher vorgenommenen Überinterpretation des ›dies ater‹ als dazu in Spannung stehend empfinden. In dem Vortrag »Die Menschlichkeit Gottes« von 1956 findet sich m.W. die einzige Stelle, wo Barth im Hinblick auf seinen Bruch mit der ›liberalen‹ Theologie selber von einer ›subita conversio‹ spricht, – allerdings mit einer bezeichnenden Erläuterung: »Die Wendung von damals hatte ausgesprochen kritisch-polemischen Charakter. Sie vollzog sich – gewiß zeitlich gesehen allmählich, auf die Sache gesehen aber subita conversione – in einer jähen Absatzbewegung gegenüber der damals herrschenden, mehr oder weniger liberalen oder auch positiven Theologie.«[22] Ausdrücklich unterstreicht Barth den sachlichen, nicht-temporalen Sinn des ›subita‹ und verwahrt sich gegen die Vorstellung eines von heute auf morgen abrupt erfolgten Bruchs. Zengel kommt denn auch zu dem Ergebnis, daß von einer ›subita conversio‹ keine Rede sein könne (ebd. 77, 88 u. 104)[23], Barths Theologie sich vielmehr seit 1911 permanent und ohne feststellbare Brüche gewandelt habe. Gleichwohl muß aber auch er schließlich konstatieren, daß der Erlebnisbegriff unmittelbar nach Kriegsbeginn für den Safenwiler Pfarrer problematisch wurde und ihn »zur Überprüfung der bisher noch nicht in Frage gestellten Grundlage« seiner Theologie nötigte (ebd., 89). Später liest man gar erstaunt, daß »gerade die Funktion von ›Erfahrung‹« im ersten »Römerbrief«, »worin sich der Barthsche Neuentwurf von theologischen Positionen der Vorkriegszeit unterscheidet« (ebd., 117).

Offensichtlich haben wir also doch mit einem über bloße Modifikationen in Nebenzügen hinausgehenden Neuansatz während des Krieges zu rechnen, wobei der für die Theologie der Vorkriegszeit grundlegende Erlebnisbegriff eine tragende Rolle zu spielen scheint.

Barths Reaktion auf Rades Haltung zeigt aber immerhin, wie schockiert er gewesen sein muß, als er – verspätet – die ersten Kriegsnummern jenes Blattes erhielt, für das er nach dem Studium als Redaktionshelfer gearbeitet hatte und dem er sich deshalb besonders verbunden fühlte. Am 31. August teilt er Martin Rade sein Befremden über die Haltung der Zeitschrift mit.[24]

Der Hauptanstoß, den Barth nimmt, besteht darin, daß die »Christliche Welt« sich seiner Meinung nach in den Dienst »fromme[r] Kriegsfertigkeit« stelle, die Mobilmachung religiös verkläre und in Kriegsgebeten und -liedern »diesen Macht- und Rassenkampf« zum »heiligen Krieg« hochstilisiere (BwRa 97). Die »Christliche Welt« habe damit vor dem Zeitgeist kapituliert und »aufgehört christlich zu sein«. Geboten wäre vom christlichen Standpunkt aus entweder »der unbedingte Protest gegen den Krieg überhaupt« oder wenigstens »bei dieser ganzen weltlichen, sündigen Notwendigkeit Gott« aus dem Spiele zu lassen und zu schweigen, »wenn der ›harten Realitäten‹ wegen das Protestieren

---

22 *K. Barth*, Die Menschlichkeit Gottes, 4; zitiert bei *J. Zengel*, Erfahrung und Erlebnis 78f. Vgl. aber auch den folgenden Satz in einer autobiographischen Skizze aus dem Jahre 1927: »Noch dachte und predigte ich zunächst auf den alten Linien weiter« (BwBu 307; zitiert bei *J. Zengel*, a.a.O., 66).
23 So im übrigen auch schon *E. Busch*, Karl Barth und die Pietisten, 34f.
24 Barths Protestbrief an Rade und dessen Antwort darauf wurden zuerst in den »Neuen Wegen« 1914, 429-438, veröffentlicht. Seit der Edition des gesamten Briefwechsels zwischen Barth und Rade, die wir Christoph Schwöbel zu danken haben, ist die Quellenbasis um – bisher unpublizierte – Briefe Barths an Rade (und umgekehrt) beträchtlich erweitert worden. Ich zitiere im folgenden nach BwRa.

3.2. Barths Anfragen an Erlebnistheologie und Kulturidealismus 107

nicht« angehe (BwRa 96). »Aber nicht Gott in der Weise in die Sache hineinziehen, als ob die Deutschen mit samt ihren großen Kanonen sich jetzt als seine Mandatare fühlen dürften.« Konsens bestehe allenfalls im Wunsch, »Gottes Wille[n] aus dem Wirklichen [zu] erkennen«, Dissens aber in der Frage, wie dies zu tun sei (BwRa 97).

Protest oder Schweigen, aber keine religiöse Legitimation des Krieges! In dieser Formel ließe sich Barths Einspruch gegen Rade zusammenfassen. Zu Recht macht Michael Weinrich darauf aufmerksam, daß Barth »nicht den – sicherlich auch bestehenden – politischen Gegensatz ins Auge« faßt, sondern seine Anfrage strikt theologisch zentriert.[25] Daß das, was Barth an der »Christlichen Welt« beanstandet, weit hinter dem zurückbleibt, was im Nationalprotestantismus nicht nur an Legitimation, sondern an Glorifizierung des Krieges, an Identifizierung von christlicher und deutscher Sache, Heilsgeschichte und Nationalgeschichte begegnet[26], widerlegt weniger Barths Urteil als daß es sichtbar macht, welch strengen Maßstab er an die »Christliche Welt« angelegt wissen will. Gewiß, persönlich wird er Rade damit nicht gerecht. Barth sieht dies auch sehr schnell ein.[27] Durch seinen Bruder Peter, den Rade zu sich nach Marburg bestellt, und aus anderen Quellen erfährt er Genaueres über die Lage und Stimmung in Deutschland, was ihm zu einer verständnisvolleren Beurteilung Rades verhilft, seine grundsätzliche Position in der dahinter stehenden Sachfrage aber gleichzeitig bekräftigt. »Eine Katastrophe«, so schreibt er am 25. September 1914 an Thurneysen, »bleibt es freilich trotz allem, dieses Verhalten unserer Freunde draußen. Natorp!![28] Und dabei ist die ›Christliche Welt‹ noch etwas vom Gemäßigtsten, was jetzt geschrieben wird, und hat viele Anfechtungen zu erdulden wegen mangelnden nationalen Bewußtseins. Wie es im Durchschnitt jetzt tönen mag von den deutschen Kanzeln, ist ganz unabsehbar« (BwTh I, 12). Ähnlich äußert er sich in einem weiteren Brief an Rade, in dem er erklärt, an Peters Bericht sei ihm wichtig, daß er (sc. Rade) in

---

25 *M. Weinrich*, Der Katze die Schelle umhängen, 144.
26 Siehe dazu oben S. 102 Anm. 9.
27 Ein erster Reflex dieser Einsicht zeigt sich schon in einem am 1.10. an Rade geschriebenen Brief Barths (BwRa 100f). Und am 23.11.: »Du persönlich und *deine* Äußerungen in Chr.W. sind sichtlich nicht der geeignete Ausgangspunkt zu einer solchen Auseinandersetzung, indem du ... uns näher stehst als irgendein anderer Vertreter des deutschen Christentums« (BwRa 120).
28 Paul Natorp, der Marburger Neukantianer, den Barth in einer Predigt als einen »der gebildetsten Menschen in Deutschland« bezeichnet (*K. Barth*, Predigten 1914, 524), hatte in der »Christlichen Welt« unter dem Titel »Löwen. Brief an einen holländischen Theologen« das Vorgehen der deutschen Truppen gegen die Zivilbevölkerung (Geiselerschießungen wegen angeblicher ›Franktireurüberfälle‹) und den Beschuß der Stadt Löwen gerechtfertigt und u.a. von seinem Vertrauen auf »den Gott der Deutschen« gesprochen und von den gegnerischen Nationen gesagt, sie bedeuteten »uns jetzt die ›Welt voll Teufel‹« (ChW 1914, 861). Zu den Ereignissen in Löwen siehe: *L. Wieland*, Belgien 1914; und *P. Schöller*, Der Fall Löwen und das Weissbuch; zu Natorps ›Kriegsphilosophie‹: *H. Lübbe*, Politische Philosophie, 186ff.

Deutschland auf dem äußersten Flügel stehe und sogar Anfechtungen zu ertragen habe. Er sehe nun ein, daß sein Brief ihm habe weh tun müssen; sachlich aber habe er nichts zurückzunehmen, zumal die »Christliche Welt« neben maßvollen Artikeln weiterhin solche publiziere, die die bestehende Kluft noch vertieften (BwRa 100f).

Rades Antwort stellt drei Themen in den Mittelpunkt: das Kriegserlebnis, den Gedanken der Allwirksamkeit Gottes und das Verhältnis von Deus absconditus und Deus revelatus. Erstens sei Barth als Schweizer nicht unmittelbar betroffen, entgehe ihm das entscheidende persönliche Erlebnis des Krieges.[29] Man müsse selber die Stimmungen, die die Menschen bis zur Entscheidung für den Krieg bewegt hätten, durchlebt haben, müsse die geordnete Mobilmachung, die plötzlich sichtbar werdende Hingabe und Opferbereitschaft gesehen haben, um die theologische Deutung des Krieges zu verstehen (BwRa 109). Er habe Traub einen »Kriegsprediger von Gottes Gnaden« genannt, weil er vielen richtig deute, »wie sie diesen Krieg erleben und Gott in ihm« (BwRa 112f). Gewiß sei der Krieg vom Volk als Unglück empfunden worden, »aber eben als ein so großes ungeheures, daß ihm alles andere Denken und Fühlen verging über dem Einen: Gott« (BwRa 100). Darum sei es zweitens unmöglich, »bei dem Erleben dieses Krieges Gott außerm Spiele« zu lassen. Gottlosigkeit wäre es, zu leugnen, daß Gott selber die Verantwortung für ihn übernehme, ihn nicht nur dulde, sondern gebiete, daß er seinem Willen entspreche (ebd.). Wohl sei der Wille zum Krieg für Sünde zu erachten, das tatsächliche Hereinbrechen des Krieges selber könne aber unmöglich bloß Menschenwerk sein (BwRa 112). Wird im Ereignis des Krieges Gott auf diese Weise offenbar, stellt sich natürlich drittens die Frage, in welchem Verhältnis die Offenbarung Gottes in Christus zu »diesem ›deutschen‹ Gott«[30] stehe (BwRa 111). Man lasse sich nicht irreführen! Rade meint keineswegs, daß es einen deutschen Nationalgott gebe; er setzt das Adjektiv ›deutsch‹ mit Bedacht in Anführungszeichen.

---

29 Rade weicht also – wie Barth befürchtet hatte (BwRa 98) – zunächst auf die politische und psychologische Ebene aus, was insofern konsequent ist, als die Erlebnistheologie auf einer psychologisch beschreibbaren Basis aufruht.
30 Rade greift mit dem Stichwort ›deutscher Gott‹ (BwRa 110 u. 111) einen Terminus auf, den Barth in seinen vorangegangenen Briefen jedenfalls nicht verwendet hatte. Immerhin hatte aber ein prominenter Deutscher, nämlich Paul Natorp, vom »Gott der Deutschen« gesprochen (vgl. oben S. 107 Anm. 28) und Ragaz in der allerdings zeitgleich mit der Kontroverse Barth/Rade publizierten und darum für Rade bei Abfassung seines Briefes vermutlich unbekannten Duplik an Traub geschrieben: »Gott kommt und verbindet sich mit dieser Leidenschaft, der Gott des Volkes, der russische, der deutsche, der englische Gott« (*L. Ragaz*, Antwort an Herrn Pfarrer Gottfried Traub, 443). Zu diesem Aufsatz von Ragaz, den Barth für wesentlich besser als seinen eigenen Brief an Rade hielt (BwTh I, 16; BwRa 117) vgl. *M. Mattmüller*, Leonhard Ragaz II, 203ff; und *W. Huber*, Kirche und Öffentlichkeit, 199f. Interessanterweise begegnet der Ausdruck ›deutscher Gott‹ bei Ragaz aber nicht erst im Zusammenhang mit dem Ersten Weltkrieg, sondern schon wesentlich früher, nämlich 1907, im Kontext einer Polemik gegen den Nationalismus Naumanns: *L. Ragaz*, Ueber Patriotismus, 267.

3.2. Barths Anfragen an Erlebnistheologie und Kulturidealismus

Nicht ein Nationalgott, sondern der Vater Jesu Christi begegne im Krieg[31], zeige darin allerdings noch andere Züge als sie Jesus trage, werde als »reine Macht« erfahren, als »Deus absconditus«. Gott, so will Rade sagen, reicht weiter als seine Offenbarung, Religion sei auch da zu finden, »wo Jesus Christus uns noch nicht begegnet« sei (BwRa 111). Unklar bleibt dabei freilich, inwiefern der Deus absconditus überhaupt erlebt werden kann, da Erlebnis doch Offenbarung voraussetzt, so daß im religiösen Erlebnis eigentlich nur der Deus revelatus gegeben sein kann.

Interessanterweise scheint es Thurneysen zu sein, der dem weiteren Gespräch zwischen Barth und Rade die Richtung weist, indem er Rades Antwort als »Rückzug aufs Erlebnis« charakterisiert[32] und damit das Stichwort liefert, das Barth im folgenden Brief gegen Rade entfaltet. Denn er wirft Rade nun vor, sich auf das Erlebnis zurückzuziehen und sich damit eine weitere Diskussion zu verbitten (BwRa 117). Durch Rades Inanspruchnahme der Kategorie ›Erlebnis‹ sieht er sich in die Ecke der Theoretiker gestellt (vgl. BwRa 121), die nicht mitreden können. Er beschuldigt darum Rade des »Verzicht[s] auf die ›Theorie‹« und kündigt an, angesichts des »Appell[s] an das ›Erlebnis‹ schweigen« zu müssen (BwRa 118). Rade antwortet darauf indigniert, knapp, fast stichwortartig: »Sich auf das Erlebnis zurückziehen – heißt das nicht: sich auf die Religion selbst zurückziehen? Ist Religion nicht Erlebnis? Und wenn nicht dieses, was ist sie wert? ›Theorien‹ – dies Wort nimmst Du nur im Trotz auf. Aber ist dafür die Lage nicht zu ernst, unsere Not nicht zu groß, daß Du trotzen dürftest? Stimmt es wirklich so: Erlebnis contra Theorien, so wirst du freilich verstummen müssen« (BwRa 118).

Barth beendet die briefliche Auseinandersetzung, indem er auf den unüberbrückbaren sachlichen Graben zwischen ihnen hinweist. Die Zuspitzung ›Erlebnis contra Theorie‹ nimmt er zwar zurück, seine Einschätzung der Unmöglichkeit des methodischen Verfahrens von Rade dagegen bekräftigt er: »Du sagst uns, daß ihr jetzt etwas *erlebt* und daß ihr in diesem *Erlebnis* den *Willen Gottes* erkennt, und dieser Wille Gottes heißt *Krieg*.« Barths Urteil: »Das ist doch wohl Ontologie« (BwRa 121), will sagen: Indem ihr aus dem Erlebnis des Krieges Gottes Willen ableitet, erhebt ihr dieses Erlebnis und die ihm zugrundeliegende Wirklichkeit in den Rang eines theologischen Kriteriums, das die

---

31 Siehe insbesondere *M. Rade*, Der Gott der Völker, 869ff.
32 In einem Brief vom 30.10.1914 referierte Thurneysen zunächst die Bemerkung eines Dritten über Rades Antwort, um dann zu einer – wie es scheint – eigenen Stellungnahme (indiziert durch den Wechsel vom Konjunktiv zum Indikativ) überzugehen: »Er [sc. Pfarrer Dietschi] bemerkte zur Antwort Rades, das ständige sich Berufen auf das ›Erlebnis‹ des Krieges, welches Rade vor uns voraus zu haben meint, statt sich auf klare Gründe zu stützen, sei ihm unheimlich, dahinter könne sich leicht ein seelischer Rausch verstecken, der dann für die individuelle Gewissensnötigung genommen wird. Den Vorzug hat der Rückzug aufs Erlebnis eben immer, daß man nicht viel dagegen sagen kann« (BwTh I, 18).

mögliche Negativität des Bestehenden von vornherein unterläuft. »Ontologie« – Barth meint damit wohl: Deduktion des göttlichen Seins und Willens aus dem vorfindlich Seienden – sei dies, nichts anderes. Der These Rades, auch hier handele es sich um »eine [sic] Religion, ein unmittelbares Gewißwerden«, stellt Barth entgegen, daß er dieses Erlebnis wohl als Wotan- oder Deboraherlebnis, aber nicht als religiöses Erlebnis im christlichen Sinne anerkennen könnte« (BwRa 121). – Damit ist die Kommunikation endgültig auf Grund gelaufen.

Rade mißversteht schon Barths Aufforderung zu schweigen als die grundsätzliche Bestreitung der Möglichkeit einer theologischen Deutung des Krieges.[33] Das liegt Barth aber ganz fern. Wie wir gesehen haben, hat auch er, indem er den Krieg als Gericht Gottes interpretiert, eine theologische Auslegung der Ereignisse vorgenommen. Rade bleibt in diesem Punkt freilich auch bemerkenswert ambivalent, wenn er den Krieg einerseits zwar als Unglück bezeichnet, andererseits aber auch meint, er entspreche dem Willen Gottes, und sich darum müht, die ›guten‹ Seiten des Krieges herauszustellen. Auch Barth sieht, wie nun an sich Gutes zutage tritt, – aber es verliert für ihn seinen Wert, indem es Bösem dient.[34] Rade unterstellt Barth, daß er die Allwirksamkeit Gottes leugne, wenn er sich weigere, im Krieg Gott am Werk zu sehen. Tatsächlich geht aber auch Barth davon aus, daß Gott den Krieg nicht gleichsam passiv dulde, sondern als Gericht herbeigeführt habe.[35] Nur wird der Krieg dadurch für ihn nicht etwas positiv mit dem Willen Gottes Übereinstimmendes, das einem das Recht gibt, sich am allgemeinen Hauen und Stechen tatkräftig zu beteiligen. Barth seinerseits fühlt nicht Rades Unsicherheit, begreift nicht dessen Ringen und Suchen nach einer angemessenen, theologisch begründeten Haltung. Zu sehr, so scheint mir, erblickt er in ihm den Lehrer und väterlichen Freund, zu sehr die Autorität, von der er fertige Antworten auf seine Fragen erwartet und von der er sich enttäuscht abwendet, als sie ausbleiben. Seine Reaktion ist nur zu verständlich, wenn man die Bedeutung berücksichtigt, die der ›Persönlichkeit‹ gerade in der damaligen Theologie und besonders in der Theologie Herrmanns und Rades zukommt. Was auch immer die Gründe des beiderseitigen Mißverstehens im einzelnen sein mögen, sie verhindern jedenfalls eine wirklich fruchtbare Diskussion der mit der Kriegstheologie unübersehbar gewordenen Fragwürdigkeit des erlebnistheologischen Ansatzes.

Das eigentliche Dilemma der Kontroverse besteht m.E. darin, daß die Sozialethik beider Gesprächspartner nicht christologisch bestimmt ist. Was Inhalt religiösen Erlebens objektiver geschichtlicher Realität sein kann, orientiert sich

---

33 *Chr. Schwöbel*, Martin Rade, 180 u. 189, scheint Rade in dieser Fehleinschätzung der Position Barths zu folgen.
34 Siehe dazu: *J. Fähler*, Der Ausbruch des 1. Weltkrieges, 138-141.
35 Beispielsweise: *K. Barth*, Predigten 1914, 403f, 414ff u. 419ff.

3.2. Barths Anfragen an Erlebnistheologie und Kulturidealismus 111

bei beiden eigentlich nicht an Christus, weil die auf das ›innere Leben‹ Jesu reduzierte Christologie von ihrer Struktur her sozialethisch indifferent ist. Denn ein individuelles Charakterbild – und sei es als noch so vollkommen gedacht – kann keinen adäquaten Maßstab abgeben für die Beurteilung politischer und sozialer Sachverhalte. Das hatte Barth ja auch erkannt und darum in seiner Theologie zwischen der Persönlichkeit Christi und dem Reich Gottes zu differenzieren begonnen. Rade sieht sich seinerseits gezwungen, auf den Deus absconditus zu rekurrieren, um zu erklären, welcher Gott im Krieg eigentlich erlebt werde.[36] Wie Christoph Schwöbel in seiner Monographie über den Marburger Theologen herausstellt, unterliegt bei Rade der Bereich von Familie, Volk und Vaterland der Geltung des alle Menschen betreffenden kategorischen Imperativs, bleibt damit aber prinzipiell »ohne die Kritik der christlichen Sittlichkeit«: »Die Absolutheit der Kriegsmoral hatte kein Kriterium außer ihrer selbst.«[37] In ihrer materialen Ausführung bleibt solche Ethik notwendig abhängig von der Übernahme geschichtlich vorgegebener Werte, was sich in dem Moment als problematisch erweisen muß, wo etwa nationale Begeisterung in den Rang eines solchen Wertes einrückt. Barth nennt dieses Verfahren ›Ontologie‹. Doch was hat er dagegenzuhalten? Das aus der Negation der gegenwärtigen sündigen Welt gewonnene Ideal des Reiches Gottes? Bleibt die Eschatologie Barths nicht ebenso abstrakt wie die ›Ontologie‹, gegen die sie ins Feld geführt werden soll? Beruht nicht auch bei ihm das sozialethische Urteil auf vorgängigen Wertsetzungen, die letztlich nicht theologisch begründet sind, mögen sie uns auch sympathischer sein als die der damaligen Kriegstheologie?

Barth scheint dieses Dilemma zu spüren, denn angesichts der massiven Berufung auf das Kriegserlebnis rekurriert er seinerseits einfach wieder auf das, was Jesus gewollt habe, d.h. er zieht sich auf die aus Jesu ›innerem Leben‹ abzuleitende ethische Maxime der Brüderlichkeit zurück und erklärt sie für unvereinbar mit der Realität von Krieg. Deutlich wird dies auch in seiner Anfrage an Wilhelm Herrmann. Nachdem dieser ihm Mitte Oktober »Drucksachen über den Krieg« zugeschickt hatte (BwRa 113; vgl. BwTh I, 19), kommt Barth in seinem Antwortbrief auf drei Problemkreise zu sprechen. Der erste

---

36 Wenn er »vorm Deus absconditus« Zuflucht beim »Deus revelatus« sucht, wie er sagt (BwRa 111), so bestätigt dies nur, daß beide ihrem Erlebnisinhalt nach völlig verschieden sind, nicht aber, daß der Deus revelatus die Auslegungsnorm des Deus absconditus ist – wie sollte er auch. Der letztere trägt in der Tat andere Züge als Jesus. Rades Betonung der spannungsvollen Zusammengehörigkeit beider will lediglich verhindern, daß aus der Spannung in Gott unter der Hand zwei Götter werden. So ist es konsequent, daß Jesus nicht als Kriterium des Kriegserlebnisses bemüht wird: »Die Welt mit neutestamentlichem Geist durchdringen, ist ganz unmöglich. Der Krieg ist darum nicht unsittlich. Er hat seine Moral. Seine alttestamentliche, natürliche Moral« (*M. Rade*, Von der Gewöhnung an den Krieg, 978).
37 *Chr. Schwöbel*, Martin Rade, 189. – Schwöbel zeigt im übrigen (ebd., 153ff) daß auch Rade den Versuch einer Synthese zwischen Herrmanns und Troeltschs Ethikkonzept unternommen hatte, der allerdings ganz anders geartet war als Barths.

Punkt betrifft die Frage, ob die Stellungnahmen deutscher Gelehrter zum Krieg nicht faktisch »die Gründlichkeit und Sachlichkeit, vor allem den kritischen Sinn deutscher Wissenschaft« vermissen ließen (BwRa 114). Der dritte beinhaltet das Problem, wie die ›Gemeinschaft der Heiligen‹ zu denken sei, wenn die Deutschen das Recht exklusiv für sich beanspruchten (BwRa 115). Das auch sachliche Zentrum der drei Anfragen Barths liegt allerdings in der zweiten: »In ihrer Schule ist uns klar geworden«, so schreibt er, »was es heißt, Gott in Jesus ›erleben‹.« Nun aber werde von deutschen Christen ein ganz anderes sog. religiöses Erlebnis, nämlich das Kriegserlebnis, in die Debatte geworfen: »Ist dieses ›Kriegserlebnis‹ Rades Wotan-Erlebnis oder Gotteserlebnis im christlichen Sinn?« (BwRa 115)

Die Argumentation zielt bezeichnenderweise zunächst gar nicht auf die Gewinnung eines (sozial-) ethischen Urteils über den Krieg. Natürlich kannte Barth die einschlägigen Äußerungen Herrmanns dazu. In seiner »Ethik« hatte Wilhelm Herrmann den Staat »als Gebilde der Natur« interpretiert, das einerseits »Selbstbehauptung, Zwang und Recht« sei, andererseits aber »als ein Mittel für den sittlichen Endzweck gebraucht werden« könne.[38] Wer den Staat in diesem Sinne akzeptiere, müsse auch den Krieg bejahen, wenn er »politisch richtig oder durch die Selbstbehauptung des Staats geboten ist... Der Krieg an sich ist weder christlich noch unchristlich, weder sittlich noch unsittlich. Er ist in einer bestimmten geschichtlichen Lage die unabweisbare Äußerung der in der Kulturbewegung zu einem politischen Leben entwickelten Menschennatur. Das ist freilich verkehrt, das Recht des Krieges daraus zu beweisen, daß er zur Ausbildung bestimmter Tugenden notwendig sei. Dagegen ist der Krieg sittlich gerechtfertigt, wenn er politisch richtig ist, als ein Akt der Selbstbehauptung eines Volkes in seiner Kulturaufgabe.«[39] Vorausgesetzt ist hierbei die Lehre von der ›Eigengesetzlichkeit‹ der Lebensbereiche, deren sozialdarwinistische Implikate Herrmann nur insofern begrenzt, als er durchblicken läßt, daß er bei ›Selbstbehauptung‹ an den Verteidigungsfall denkt.[40] Von daher erklärt sich 1914 auch das krampfhafte Festhalten an der Vorstellung, Deutschland führe einen Verteidigungskrieg und habe die Neutralität Belgiens nicht »freventlich« verletzt, wie der Aufruf »An die Kulturwelt« betont.[41]

Barth argumentiert denn auch gar nicht auf dieser Ebene. Seine Anfrage geht vielmehr auf das Gottesverständnis und spitzt das Problem darauf zu, ob

---

38 W. *Herrmann*, Ethik[5], 217.
39 Ebd., 221f.
40 Ebd., 222. Bewußt über diese Grenze zog später Paul Althaus die bei Herrmann erkennbaren Linien aus zu einer auch den Angriffskrieg legitimierenden Theorie von der ›lebendigen Gerechtigkeit der Geschichte‹ (vgl. *P. Althaus*, Pazifismus und Christentum; *ders.*, Religiöser Sozialismus, 61-70 u. 92-96, bes. 94; und *ders.*, Staatsgedanke und Reich Gottes, 58-108).
41 Vgl. den Abdruck bei *B. vom Brocke*, Wissenschaft und Militarismus, 718.

3.2. Barths Anfragen an Erlebnistheologie und Kulturidealismus

Gott in Jesus oder im Krieg erkennbar werde, wobei stillschweigend vorausgesetzt ist, daß Herrmanns Ansatz nur Jesus als Offenbarung Gottes gelten lassen könne.[42] Vom so bestimmten Gottesbegriff her fällt dann das ethische Urteil über den Krieg negativ aus. Barths Argumentation verbleibt hier ganz in den Bahnen der Persönlichkeitsethik, während die noch ein Jahr zuvor parallel danebengestellte Güterethik ausfällt.[43] Hält man sich aber innerhalb dieses Rahmens, wird es schwierig, zu zeigen, inwiefern daraus objektive Kriterien menschlichen Zusammenlebens abzuleiten sind. Genau dieses Problem spiegelt sich m.E. in der Frage, die Barth anschließt: »Ist in dem christlichen Gotteserlebnis eine grundsätzliche und normative Stellungnahme zu den Erscheinungen des sozialen und nationalen Lebens enthalten, oder ist es indifferent für Gut und Böse, sobald die individuelle Verantwortlichkeit des Einzelnen zurücktritt?« (BwRa 115) Das ist in der Tat die Frage, auf die vom Ansatz einer reinen Gesinnungsethik aus kaum eine positive Antwort gegeben werden kann. Findet sie aber keine positive Antwort, dann ist ein für Barth unannehmbarer ethischer Dualismus die Folge: »Soll der ethische Monismus Calvins gelten oder der ethische Dualismus Luthers, Naumanns und Troeltschs?« (BwRa 115) Offenbar hat Herrmann darauf nicht geantwortet, jedenfalls liegt uns bis jetzt kein entsprechender Brief aus seiner Feder vor.

Es kann kein Zweifel darüber bestehen, daß diese Fragen tiefe Verunsicherung ausdrücken. Die theologische Interpretation der geschichtlichen Wirklichkeit vermittels der Kategorie des Erlebnisses ist für Barth im Grunde obsolet geworden. Es wäre aber sicherlich falsch, wollte man schon hier – und sei es auch nur in nuce – die entscheidende Differenz zwischen ›liberaler‹ und ›dialektischer‹ Theologie angelegt sehen. Barth hatte Fragen. Und noch nicht einmal immer die richtigen. Aber er hatte schlechterdings keine Alternative zur Erlebnistheologie parat. Mit Recht betont Barth in einer seiner autobiographischen Skizzen: »Noch dachte und predigte ich zunächst auf den alten Linien weiter« (BwBu 307). Es ist freilich nicht nur der Erlebnisbegriff, der für Barth problematisch wird; gleichermaßen in die Krise gerät auch Barths damit zusammenhängender ethischer Idealismus. Ihm wenden wir uns nun zu.

---

42 Barth dürfte damals kaum bewußt gewesen sein, daß Herrmanns Theologie in jener Zeit mehr und mehr ihre christologische Fundierung preisgab. Vgl. dazu: *W. Greive*, Der Grund des Glaubens, 11-134.
43 Dies wird kein Zufall sein, wenn man bedenkt, daß Barth seine Güterethik im Gedanken der Erhabenheit, dem »Inbegriff der Ueberlegenheit und Herrschaft« Gottes begründet sein läßt (*K. Barth*, Der Glaube an den persönlichen Gott, 75), einem Gedanken, mit dem jetzt in fataler Weise die Vorstellung einer »reinen Macht« des Deus absconditus, wie Rade sie aufbot (BwRa 111), zu korrespondieren scheint.

3.2.2. Die Problematik des ethischen Idealismus

(1) Barths Kulturkritik und Kulturidealismus in den ersten beiden Kriegsjahren. – Der Krieg erscheint in der kulturidealistischen Perspektive der nach Ausbruch des Krieges gehaltenen Predigten als Mittel der Pädagogik Gottes auf dem Wege zur Aufrichtung seines Reiches, das Gericht als notwendiger Durchgangspunkt zum Heil, als beschwerliche Stufe, die uns dem Ziel freilich einen Schritt näherbringt.[44] Auf diese Weise integriert Barth das Kriegsgeschehen in seinen idealistischen Fortschrittsoptimismus des ›Aufwärts‹ und ›Vorwärts‹, an dem er zunächst ohne Abstriche festhält.[45] Gewiß stellt der Krieg eine elementare Unterbrechung menschlichen Tuns dar[46], eine an den Grund gehende Infragestellung der europäischen Kultur[47]; gewiß erleben wir im Verhalten der Wissenschaft, der Sozialdemokratie und der Kirchen einen moralischen und geistigen Rückschritt[48]; gewiß kommt das »Gottesreich des Friedens und der Gerechtigkeit nicht durch einen natürlichen Fortschritt«, sondern durch ein Wunder Gottes[49]; – aber ebenso gewiß ist für Barth, daß es bei dieser Unterbrechung und Infragestellung nicht bleiben kann, daß aus der Katastrophe der neue Mensch, daß aus dem Gericht die neue Welt erstehen wird, in der Gottes Frieden und Gerechtigkeit herrschen.[50] Es ist im Grunde nicht verwunderlich, daß Barth die neu auf ihn einstürzenden Erfahrungen mit alten Kategorien und Interpretationsmustern zu bewältigen sucht, daß also auch die idealistische

---

44 *K. Barth*, Predigten 1914, 405ff; vgl. auch 454, 623ff u. 644.
45 *F.-W. Marquardt*, Karl Barths Safenwiler Predigten, 392, meint in Barths zweiter Predigt nach Kriegsbeginn (*K. Barth*, Predigten 1914, 408-419) »eine kleine unauffällige und womöglich auch unbewußte ... Betonung des ›Oben‹ gegenüber dem ›Vorwärts‹«, also ein Wichtigerwerden des Transzendenzbezuges gegenüber dem Immanenzbezug des innerweltlichen Fortschritts erkennen zu können; er räumt allerdings gleichzeitig ein, daß damit »noch keine prinzipielle Entscheidung gegen die geschichtstheologischen Implikationen des Safenwiler theologischen Ansatzes« gefallen, die neu intendierte Konzeption vielmehr ihrer Form nach selber noch kulturidealistisch sei (*F.-W. Marquardt*, a.a.O., 392).
46 *K. Barth*, Predigten 1914, 438.
47 Ebd., 439 u. 472.
48 Ebd., 434ff u. 526ff.
49 Ebd., 551; ähnlich 645.
50 Ebd., 648f, 454f. Ganz ähnliche Argumentationsmuster finden sich im übrigen bei Leonhard Ragaz. Auch er schreitet von der Feststellung einer »Katastrophe unserer Kultur« zur Forderung »einer neuen Kultur« fort. Siehe beispielsweise: *L. Ragaz*, Der Weg zum Frieden, 461; *ders.*, Die Ursache des Krieges, 373. *M. Mattmüller*, Leonhard Ragaz II, 38-44, unterstreicht, daß Ragaz schon Jahre vor dem Krieg seinen ursprünglichen Glauben, dem Reich Gottes unmittelbar durch Kulturfortschritt näherzukommen (wovon etwa *L. Ragaz*, Dein Reich komme I, 54-64, Zeugnis ablegen könnte), revidiert habe und sein Kulturoptimismus etwa um 1910 zerbrochen sei, er folglich von einer geradlinigen Aufwärtsentwicklung nicht mehr gesprochen habe. Es zeigt sich aber auch bei Ragaz, daß er an dem Gedanken einer zwar immer wieder durch Katastrophen unterbrochenen, langfristig aber sich bestätigenden Evolution zum Reiche Gottes festgehalten hat; schließlich wird das Reich Gottes trotz aller Rückschläge den Sieg über das Weltreich behalten.

3.2. Barths Anfragen an Erlebnistheologie und Kulturidealismus

Komponente seines theologisch-ethischen Ansatzes ihre konstitutive Bedeutung vorerst behält.

Mehr und mehr gewinnt freilich – wie Jochen Fähler gezeigt hat[51] – die grundsätzliche Kulturkritik Barths an Gewicht. Schon Anfang September 1914 schreibt er in seiner ersten Reaktion auf die Stellung seiner theologischen Lehrer zum Krieg an Thurneysen: »Marburg und die deutsche Kultur verliert in meinen Augen etwas, und zwar für immer, durch diesen Zusammenbruch« (BwTh I, 10). Nicht nur das Christentum habe versagt, stellt er im Januar 1915 fest, sondern ebenso die »Bestrebungen und Bewegungen, die die Menschen im Namen der *Menschlichkeit* und des Fortschritts und der Freiheit unternommen hatten«. Der Glaube, daß es mit der Menschheit immer vorwärts gehe, habe sich als Trug erwiesen.[52] Radikaler als in der Vorkriegszeit wird nun der Kulturkritik Ausdruck verschafft, schärfer als zuvor das diskontinuierliche Moment innerhalb der aufs Ganze gesehen kontinuierlichen Entwicklung der Menschheit zum geschichtstranszendenten Reich Gottes hervorgehoben, – eine prinzipielle Abkehr von Barths Vorkriegskonzeption stellt dies freilich noch nicht dar. Barths Kulturkritik steht durchaus noch auf der Basis seines Kulturidealismus. Stellen sich Kultur, Bildung, Sozialismus und Kirche in den Dienst des Bösen, so verlieren sie ihre Tiefendimension. Dies impliziert für Barth aber zunächst nicht, daß man auf die Vorstellung einer religiösen Transparenz wahrer Kultur verzichten müsse. Im Gegenteil: Angesichts der Katastrophe der bisherigen Kultur und Bildung muß eine neue Kultur gefordert werden.[53]

So bedeutet das Versagen der Sozialdemokratie für ihn nicht, daß die Idee des Sozialismus falsch sei, sondern lediglich, daß sie nicht realisiert worden ist. Darum tritt er am 26. Januar 1915 schließlich auch der Sozialdemokratischen Partei der Schweiz bei, um seiner Kritik an der Sozialdemokratie mehr Gewicht verleihen zu können und um zu zeigen, daß »der Glaube an das Größte die Arbeit und das Leiden im Unvollkommenen nicht aus- sondern einschließt« (BwTh I, 30). Tatsächlich weist er in den sog. ›sozialistischen Reden‹ die Partei immer wieder auf ihre Ideale hin: Freiheit und Gerechtigkeit, Solidarität und Brüderlichkeit seien die wesentlichen Inhalte des Sozialismus, die es durchzusetzen gelte.[54] Es komme gerade angesichts der im Krieg gemachten Erfahrungen darauf an – so z.B. in einem 1915 gehaltenen Vortrag »Christus und die Sozialdemokraten« –, daß »unser Ideal« rein bleibe. »Unsere nächsten

---

51 *J. Fähler*, Der Ausbruch des 1. Weltkrieges, 105-112.
52 Zitiert nach *J. Fähler*, Der Ausbruch des 1. Weltkrieges, 111f (Predigt 255).
53 So gegen *J. Fähler*, Der Ausbruch des 1. Weltkrieges, 112, der von Barths Kulturkritik auf eine »Verabschiedung des Kulturidealismus« schließt.
54 Die ›sozialistischen Reden‹ aus Barths Nachlaß sind bis jetzt leider noch nicht ediert. Einen ersten Überblick vermittelt: *F.-W. Marquardt*, Verwegenheiten, 470-488; siehe auch: *E. Jüngel*, Barth-Studien, 106-114.

Ziele«, so lesen wir einige Zeilen weiter, »sind nicht Wahlerfolge, sondern sozialist[ische] Persönlichkeiten. Zuerst wir selbst, dann die anderen. Zuerst erlöste Menschen, durch diese dann erlöste Verhältnisse. Lieber Wenige, aber Echte!«[55] Das liegt noch ganz auf der Linie, die Barth schon 1911 in seinem Referat »Jesus Christus und die soziale Bewegung« vorgezeichnet hatte, wo er der Sozialdemokratie als spezifisch christliche Einsicht ins Stammbuch schreiben will, »daß wir Zukunftsmenschen brauchen, um den Zukunftsstaat zu bekommen, nicht umgekehrt«.[56] Das in diesem Zusammenhang virulente Problem ist freilich, wie dies geschehen soll. Wie sollen die Ideale realisiert werden, wenn der Krieg gerade zeigt, daß der Mensch nur scheinbar ein Kulturwesen, in Wirklichkeit aber ein Raubtier ist? Kann man noch an das Bessere im Menschen appellieren, wenn nun schon das zweite Kriegsjahr ins Land geht? Wie wird man eine religiöse oder sozialistische Persönlichkeit, wie ein ›Zukunftsmensch‹? Zeigt nicht gerade die Tatsache, daß Ideale verraten werden oder auch unrealisiert bleiben können, daß ihnen nicht die verändernde Kraft zukommt, die man ihnen zutraut?

Im August 1915 stoßen wir erstmals auf – zugegebenermaßen noch schwache – Anzeichen für eine veränderte Einstellung gegenüber dem Kulturidealismus, denen vielleicht noch keine klaren theologischen Konzepte entsprechen, aber doch Fragen, die in eine neue Richtung weisen. In dem am 12. August 1915 gehaltenen Vortrag zum Thema »Die innere Zukunft der Sozialdemokratie« sagt Barth u.a.: »Ist der Satz: zuerst bessere Menschen, dann ... falscher Idealismus, so ist der andere: zuerst bessere Verhältnisse ... falscher Mater[ialismus] ... Das Verhältnis ist das einer Wechselwirkung. Die Ideale mögen Seifenblasen der ökonom[ischen] Entwicklung sein, der Mensch ist das Allerrealste und steht als solcher über der Ökonomie.«[57] Dieser Passus ist die erste Stelle – jedenfalls in den mir zugänglichen Texten –, die den Begriff des Ideals mit einem kritischen Vorzeichen versieht und die Vorstellung einer Persönlichkeitsethik als ›falschen Idealismus‹ brandmarkt. Gleichwohl hält Barth am »Ziel des Sozialismus«, der »freie[n], reine[n] Persönlichkeit«, fest und meint, um es zu erreichen, seien »kleine freie Kreise, Bruderschaften zur Stärkung der Gesinnung und des Geistes, der lebendig macht«, nötig.[58] Hinter der vorsichtigen Idealismuskritik scheint mir weniger ein tieferes Eindringen Barths in marxistische Theorie zu stehen – was damit freilich nicht auszuschließen ist –, als vielmehr ein deutliches Bewußtsein davon, daß eine Idee den Menschen

---

55   *K. Barth*, Christus und die Sozialdemokraten (unveröffentlicht; Karl Barth-Archiv, Basel).
56   *K. Barth*, Jesus Christus und die soziale Bewegung, Nr. 154, 1.
57   *K. Barth*, Die innere Zukunft der Sozialdemokratie (unveröffentlicht; Karl Barth-Archiv, Basel); ähnlich: *Ders.*, Was heißt: Sozialist sein? (unveröffentlicht; Karl Barth-Archiv, Basel; zitiert bei: *J. Fähler*, Der Ausbruch des 1. Weltkrieges, 168).
58   *K. Barth*, Die innere Zukunft der Sozialdemokratie.

3.2. Barths Anfragen an Erlebnistheologie und Kulturidealismus

nicht zu verwandeln in der Lage ist, weder die Idee des Sozialismus noch die Idee des Reiches Gottes.

(2) Von der Idee des Reiches Gottes zur Realität der ›neuen Welt‹. – Den ersten Anstoß zu der hier zu betrachtenden Distanzierung vom Idealismus verdankt Barth wohl einem Besuch bei Christoph Blumhardt im April 1915. Barth erinnert sich später, daß ihm in seiner »heillosen Verlegenheit ... die prinzipiell an der christlichen Hoffnung orientierte Botschaft der beiden Blumhardt einleuchtend« und vor allem »der Gedanke des Reiches Gottes in dem biblischen real-jenseitigen Sinn des Begriffs immer dringlicher« geworden sei (BwBu 307).

EXKURS: ZUR REICH-GOTTES-BOTSCHAFT CHRISTOPH BLUMHARDTS[59]

Christoph Blumhardts Botschaft vom Reich Gottes, wie sie in seinen Predigten und in seiner Seelsorge zum Tragen kam, wurzelt im württembergischen Pietismus und besonders in der Lebens- und Wirkungsgeschichte seines Vaters Johann Chr. Blumhardt[60], dessen Werk er fortsetzte. Werfen wir deshalb zunächst einen kurzen Blick auf den älteren Blumhardt.

Prägend für Johann Chr. Blumhardts Weg (1805-1880), ab 1837 Pfarrer in Möttlingen, seit 1852 in Bad Boll, ist die zweijährige Seelsorge an der an hochgradiger Hysterie leidenden Gottliebin Dittus und ihre als Dämonenaustreibung interpretierte Heilung 1843 mit der dadurch ausgelösten Erweckung des Dorfes Möttlingen. Die zentrale Erkenntnis, die der ältere Blumhardt aus diesen Ereignissen zieht und die er für sein weiteres Leben und seine Verkündigung fruchtbar zu machen sucht, besteht in der Überzeugung, daß Gott und Teufel, das Reich Gottes und die Welt sich antithetisch gegenüberstehen und Jesus Christus sich in diesem Kampfgeschehen als Sieger erweist. Denn als die Dämonen die Patientin verlassen, bekennt diese: »Jesus ist Sieger!«

Nach dem Tode des Vaters übernimmt Christoph Blumhardt 1880 die Leitung der Hausgemeinde und des Kurhauses Bad Boll. Anfangs noch stark von der Verkündigung des Kampfes der beiden Äone und des kosmischen Sieges Jesu über die Mächte der Finsternis bestimmt, wendet er sich seit 1888 verstärkt den anthropologischen Implikaten dieser Botschaft zu, verschiebt damit freilich zugleich auch ihren Schwerpunkt. Gegenüber der Gefahr eines Ausweichens vor der eigenen Verantwortlichkeit in eine Dämonisierung der Lebensbereiche, betont Christoph Blumhardt fortan mehr, daß der sündige Mensch nicht einfach unter dem Zwang widergöttlicher Mächte steht, sondern seine Unfreiheit selbst verschuldet hat. Darum faßt er nun seine Verkündigung in den Satz zusammen: »›Sterbet, so wird Jesus leben.‹ Und wenn wir bis jetzt gesagt haben: ›Jesus ist Sieger gegen den Teufel und gegen die Hölle und gegen den Tod‹, so lassen wir das jetzt auf die Seite und sagen: Das ist jetzt genug, jetzt muß ein anderer Kampf beginnen: ›Jesus ist Sieger gegen das Fleisch.‹ ... Es ist wichtiger, daß der Heiland uns besiege, als daß er weiter gegen den Teufel sich kehre. Der Teufel ist nicht so wichtig; wir sind vielmehr der Widerstand gegen das Reich Gottes; wir Menschen im Fleisch setzen viel größeren Widerstand dem Reich Gottes entgegen als der Teufel« (*Chr. Blumhardt*, Predigten II, 78f). Entscheidend wird also jetzt die Verkündigung des göttlichen Gerichts über den in Selbstbezogenheit lebenden Sünder, seine Religion, seine Kultur, seine Geschichte. Das Fleisch muß ster-

---

59 Vgl. zur Theologie Chr. Blumhardts vor allem *G. Sauter*, Die Theologie des Reiches Gottes, 77-267; ergänzend: *K.-J. Meier*, Christoph Blumhardt. Ein etwas schematischer und im einzelnen zu wenig differenzierender Vergleich zwischen der Theologie Barths und Blumhardts findet sich in der älteren Arbeit von *J. Berger*, Die Verwurzelung des theologischen Denkens.
60 Siehe dazu die von Barth im Sommer 1915 gelesene Biographie von *Fr. Zündel*, Johann Christoph Blumhardt; sowie *M. T. Schulz*, Johann Christoph Blumhardt; und *G. Sauter*, Die Theologie des Reiches Gottes, 11-73.

ben, damit Jesus lebe. Dem Kreuz, dem Gericht korrespondiert die Auferstehung Jesu. Nur wo das Fleisch stirbt, kann Jesus leben: »Wenn wir keine richtig sterbenden Menschen sind, so hat der Heiland keinen Weg in die Erde hinein. Er muß zu den Gestorbenen kommen können, zu denen, die ihm alles hingeben und in seinen Tod geben, damit er's auferwecken kann; er muß in uns leben können und dann ist er auf Erden, nicht bloß im Himmel« (ebd., 120).

Nach 1896 geht Blumhardt einen Schritt weiter. Statt der im Kreuz offenbar gewordenen Distanz zwischen Gott und Mensch spricht er nun mehr von der Zuwendung Gottes zum Menschen wie sie in der Inkarnation sichtbar und wirksam wird. Jesus wird Mensch, um »neue Menschen herzustellen voll Kraft ewigen Lebens« (*Chr. Blumhardt*, Predigten III, 336). Auf diese Weise will Gott »auch die soziale Frage lösen« (ebd., 289). Denn die in Christus geschehene Zuwendung Gottes zum Menschen zielt über die Neuschöpfung des Menschen auf eine Umwandlung der Gesellschaft (vgl. ebd., 346 u. 352). Konsequent sucht Blumhardt in jenen Jahren den Kontakt zur Arbeiterbewegung. Um die Jahrhundertwende tritt er als einer der ersten protestantischen Pfarrer in Deutschland der SPD bei und nimmt von 1901-1906 sogar ein Abgeordnetenmandat im württembergischen Landtag wahr. Besonders in dieser Phase seines Wirkens, in der sich sein Reich-Gottes-Glaube in der Sprache des ethischen Sozialismus, wie er ihn vor allem bei Franz Staudinger kennengelernt hatte, artikuliert und in der er beispielsweise die klassenlose Gesellschaft als politische Konkretion des Reiches Gottes interpretiert, wirkt er nachhaltig auf Kutter und Ragaz, die Gründungsväter der religiös-sozialen Bewegung in der Schweiz.

Bald jedoch, schon seit 1903, besonders dann nach Ablauf seines Landtagsmandats 1906, weicht Blumhardts Fortschrittsoptimismus einer distanzierteren Haltung zur Politik im allgemeinen und zur Sozialdemokratie, der er freilich bis zu seinem Tode verbunden bleibt, im besonderen. Gottesgeschichte und Weltgeschichte werden nun wieder schärfer kontrastiert. Die »Jetztzeit«, die »Todeswelt« ist ihrem Ende nahe (*Chr. Blumhardt*, Predigten IV, 97). Ihr steht das Reich Gottes als etwas gegenüber, das, menschlichem Gestaltungsvermögen gänzlich entzogen, allein in Gottes Hand liegt: »Ja, das Reich Gottes, das Regiment Gottes – mit dem kannst du nichts anfangen; das bleibt von den Menschen ganz unberührt... Es ist wie ein Stück von Gott selber, etwas Wesentliches von Gott, das wir im Himmelreich suchen. Da heißt es: Laß die Hände davon, da kannst du gar nichts machen« (ebd., 169f). Das heißt freilich nicht, daß der Mensch aus dem göttlichen Heilshandeln ausgeschlossen wäre; im Gegenteil: Gott will durch Menschen die Welt umgestalten, durch Menschen, in denen die »Kraft der Auferstehung« wirkt (ebd., 162) und die darum wissen: »Mit unserm eigenen Schaffen machen wir den Fortschritt nicht; es ist Gottes Werk, das durch uns geschieht, und das, was uns im Geist bewegt, bekommt durch Gottes Macht einen Einfluß auf die uns umgebende Welt, ja zuletzt auf die ganze Völkerwelt« (ebd., 129). Das Reich Gottes ist die »neue Wirklichkeit auf Erden«, die Gott im Menschensohn zu schaffen angefangen hat »unter den Menschen, dann übergehend auf die ganze Schöpfung, so daß Himmel und Erde neu werden müssen in einer neuen Wirklichkeit« (ebd., 341). Als schließlich 1914 der Erste Weltkrieg ausbricht, sieht Blumhardt darin das Gericht Gottes über die alte Welt, das als solches hinweist auf das Kommen des Neuen: »Der Zusammensturz unserer Zeit soll eine Auferstehung zubereiten, ein neues Leben und Wesen, das kommen muß, damit das Reich Gottes vorwärts schreite... Alle Geschichte des Reiches Gottes ist eine Art Revolutionsgeschichte. Das Alte hört auf und Neues muß kommen« (ebd., 383). Anders als in Blumhardts dritter Periode wird freilich dieses Neue nicht mehr identifiziert mit menschlichem Fortschritt, Frieden, Völkerbund, sondern mit dem Kommen Gottes selbst (vgl. ebd., 413-416).

Nachdem er bereits 1913 das Hausvateramt in Bad Boll an den Schweizer Pfarrer Samuel Preiswerk übergeben hatte, lebt er bis zu seinem Tod am 2. August 1919 in Jebenhausen bei Göppingen.

Karl Barth hat Christoph Blumhardt am Ende von dessen dritter Periode während seiner Tübinger Studienzeit im WS 1907/08 dreimal – wenngleich »ohne gründlichere Einsicht« (BwBu 305) – in Bad Boll besucht und dann noch einmal vom 10.-15. April 1915, also mitten in dessen vierter Periode.[61] Dieser

---

61 Siehe *E. Busch*, Karl Barths Lebenslauf, 96f.

3.2. Barths Anfragen an Erlebnistheologie und Kulturidealismus

letzte Besuch beeindruckt Barth offenbar nicht nur deshalb so sehr, weil Blumhardt sich nicht von der allgemein herrschenden Kriegshysterie hat anstecken lassen, sondern vor allem wegen der Selbstverständlichkeit, mit der Blumhardt davon ausgeht, daß das Reich Gottes kein vom Menschen zu verwirklichendes Ideal ist, daß Hoffnung für die Menschen vielmehr nur darin liegt, sich auf die Realität des Reiches Gottes einzulassen. Jedenfalls müssen sich Barths Eindrücke unmittelbar in seiner Art zu predigen niedergeschlagen haben. Am 8. Juli 1915 schreibt er an Thurneysen: »Der Kirchenpflegspräsident sagte mir heute noch nachträglich, er und andere empfänden eine *besondere* Schwierigkeit meiner Predigten seit meiner Deutschlandreise. Seit damals sei ich ihnen besonders ›vor[-aus]‹, sodaß sie Mühe hätten mitzukommen. Ist das nun ›Boll‹, das ich noch nicht ganz assimiliert hätte, oder was?« (BwTh I, 62).

Barths Begegnung mit Blumhardt hat zur Folge, daß für ihn jetzt der mehr oder weniger zuversichtliche Fortschrittsoptimismus, die Vorstellung einer wachsenden Partizipation des homo religiosus am Göttlichen problematisch wird. Stellt sich im unmittelbaren Selbstbewußtsein wirklich jene Synthese von Gott und Mensch her, die in der Lage ist, der vom Menschen produzierten Kultur Wahrheit zu verleihen? Bedarf es zur Erneuerung des Menschen und zur Umgestaltung der Gesellschaft nicht letztlich doch mehr als der Orientierung am vorbildlichen Charakter Jesu und der Idee des Reiches Gottes? Sind unsere Ideale nicht doch bloß der von uns selbst produzierte Trost dafür, daß unsere Lebenswirklichkeit alles andere als ideal ist? Und sind deshalb nicht alle Versuche, diesen unseren Idealen nachzujagen, eigentlich Selbsttäuschungen, unfruchtbare Menschengerechtigkeit?

Natürlich stellen sich diese Fragen nicht so konkret und schon gar nicht so abrupt ein. Aber sie beginnen mehr und mehr sich Barth als die zentralen, entscheidenden Fragen aufzudrängen. Sie verdanken sich auch keineswegs ausschließlich dem Besuch bei Christoph Blumhardt, begegnen vielmehr vereinzelt auch schon vorher, wie z.B. in der im Februar 1915 gehaltenen und schließlich in den »Neuen Wegen« publizierten Predigt mit dem Titel »Gottes Vorhut«[62], in der Barth u.a. davon spricht, daß es angesichts der durch den Krieg gezeichneten »schreckliche[n] ›Wirklichkeit‹« solcher Menschen bedürfe, »die an die Wirklichkeit der Gotteswelt glauben, in ihr ihren Standort nehmen«.[63] Schon hier relativiert Barth die vorfindliche ›Wirklichkeit‹, indem er sie in Anführungszeichen setzt, schon hier stellt er ihr nicht mehr das *Ideal*, sondern die *Wirklichkeit* der Gotteswelt entgegen. Durch Blumhardts Reich-

---

62 K. *Barth*, Gottes Vorhut, 87-97. Vgl. dazu auch BwTh I, 36ff.
63 K. *Barth*, Gottes Vorhut, 95. Die ethische Konsequenz, die Barth daraus zieht: »Warte auf Gott, wenn du verstehst, daß auf Gott warten wichtiger ist als das größte Tun!« (ebd., 96), weist schon voraus auf seine Blumhardt-Rezension (s. dazu u. S. 123).

Gottes-Hoffnung gewinnt dieses neue Wirklichkeitsverständnis Barths aber offenbar an Durchschlagskraft. Jedenfalls läßt sich seit dem Sommer 1915 beobachten, daß Barth seine Kritik an der bisherigen Theologie als Idealismuskritik auszuarbeiten beginnt.

Besonders deutlich zeigt sich dies in dem am 15. November 1915 vor den »Unabhängigen Kirchgenossen« in Basel gehaltenen, leider nicht vollständig erhaltenen Vortrag über »Kriegszeit und Gottesreich«[64], den Wernle in einem Brief an Martin Rade vom 26.11.1915 als »Apokalyptik schroffster dualistischer Art« charakterisiert[65]. Offenbar hat auch Eduard Thurneysen – immerhin ein Wernle-Schüler – einen entsprechenden Vorwurf gegen seinen Safenwiler Freund erhoben. »Ich empfinde nun einmal tatsächlich«, rechtfertigt sich Barth ihm gegenüber, »so richtig ich deinen Einwurf finde, die Abwesenheit Gottes in den innerweltlichen Kreisen, die ich im 1. Teil beschrieb, stärker als seine Anwesenheit, sein Hereinragen in diesen Kreisen.« Darum fühle er sich in Wernles Urteil »nicht ganz unrichtig aufgefaßt« (BwTh I, 103).

64 *K. Barth*, Kriegszeit und Gottesreich (unveröffentlicht; Karl Barth-Archiv, Basel); von insgesamt 31 Seiten fehlen die ersten zwölf. Als 1928 die zweite Auflage von »Suchet Gott, so werdet ihr leben!« anstand, überlegte Barth, ob er den Vortrag »Kriegszeit und Gottesreich« als Beleg dafür, daß die Dialektische Theologie »nicht in einer Begriffsküche, sondern in einem fast wütenden Ansturm auf die Ethik und das Lebensgefühl der älteren Generation geboren worden ist« (BwTh II, 589), in den Sammelband aufnehmen sollte. Obwohl Thurneysen dieser Absicht zunächst begeistert zustimmte (BwTh II, 594), verwarf Barth den Plan dann doch, weil in dem Vortrag »zu viel theologisch Ungeschütztes« stehe (BwTh II, 599) und ihm »vor der weiteren Beschäftigung mit diesem uralten Käse« ekele; wahrscheinlich sei er schon 1915 nicht gut gewesen, jetzt jedenfalls sei das Beste, ihn im Papierkorb zu versenken (BwTh II, 606). H. Stoevesandt vermutet (Brief vom 24.1.1989 an den Verf.), daß Barth dieser im wahrsten Sinne ›wegwerfenden‹ Bemerkung eine entsprechende Tat habe folgen lassen, der die ersten zwölf Seiten zum Opfer gefallen sind.
65 Zitiert nach: *F. W. Kantzenbach*, Zwischen Leonhardt Ragaz und Karl Barth, 406. Wernle berichtete weiter an Rade: »Er [sc. Barth] konnte nicht genug sein Erstaunen ausdrücken, wie man von noch engerer Verbindung der Kirche mit dem Staat & Ethisierung der Kirche irgend etwas hoffen könne & vermißt bei Ihnen [sc. Rade] die Hauptsachen, die wir brauchen... Der Vortrag war aber auch sonst vom Unglücklichsten, was ich je gehört habe in meinem Leben. 3 Thesen. 1. die Welt bleibt Welt, vom Teufel regiert, alle Versuche in allen verschiedensten Richtungen, etwas zu bessern & helfen, sind wertlos & erfolglos, 2. Gott ist Gott, das Reich Gottes muß kommen, dann wird alles anders, 3. was haben wir zu thun, an Jesus Christus zu glauben & zu harren des Gottesreich. Das war ganz schön & verständlich für Leute, die von Boll her an solche Gedanken gewöhnt sind, aber direkt ärgerlich & absolut unverständlich für andere einfache Seelen. Einzelne giengen mit wahrem Zorn davon. Ich schreibe Ihnen das nur, weil wir einig sind in der Hochschätzung seiner Gaben & im festen Glauben, daß etwas Rechtes & Tüchtiges aus ihm wird. Daran halte ich absolut fest. Aber ich würde ihn nicht zum zweitenmal für einen Vortrag vor einfachen Christenmenschen kommen lassen... Ich kann es psychologisch völlig verstehen, aber zuzuhören war grauenvoll & wenn Jesus dazu in der Welt gewesen wäre, würde ich ihm offen abdanken. Ich glaube doch, Sie überschätzen ihn gelegentlich.« (Ebd.) – Um Wernles Reaktion richtig einschätzen zu können, muß man freilich auch wissen, daß Barth den Vortrag bewußt als »Generalabrechnung mit Wernle« konzipiert hatte (BwTh I, 101). Der schroffe eschatologische Dualismus von Barths neuem Ansatz, den Wernle richtig auf den Einfluß Blumhardts (Boll !) zurückführt, kommt in Wernles empörtem Bericht gleichwohl treffend zum Ausdruck. Eine knappe Reminiszenz an den Vortrag findet sich auch in: *P. Burckhardt*, Was sagt uns die Theologie Karl Barths, 13 (zu Paul Burckhardt s. BwTh II, 495f u. 594f).

3.2. Barths Anfragen an Erlebnistheologie und Kulturidealismus

Der fast die Hälfte des Vortrags umfassende erste Teil steht unter dem Motto »Welt bleibt Welt« und trägt eine scharfe Kritik der idealistischen Ethik, des Patriotismus, Sozialismus und Pazifismus sowie des Christentums vor. Leider setzt das Manuskriptfragment erst an der Stelle ein, an der offenbar das Fazit aus der vorangegangenen Erörterung über die Rolle der Ethik im Krieg gezogen wird: Der Idealismus in den Ländern der Entente habe bei Kriegsausbruch ebenso mobil gemacht »wie der deutsche, wie der österreichische, wie der türkische Idealismus... Die Ethik hat sich überall in die Schützengräben begeben, um daselbst die Menschheit fernerhin ihrer Bestimmung entgegenzuführen«.[66] Und so wie der Idealismus sich der Kriegs-Wirklichkeit und ihren Notwendigkeiten gebeugt habe, so hätten sich auch Patriotismus, Sozialismus und Pazifismus auf die »Grundlage einer von Gott gelösten Wirklichkeit« gestellt. Und das Christentum? Barth räumt ein, daß viele seiner »Zeitgenossen in der Front und hinter der Front ... tatsächlich in diesem Jahr erlebt haben, wie etwas an sie herantrat, das war etwas total Anderes als die ganze Welt und ihre ›Wirklichkeit‹ und ihre ›Tatsachen‹, das war der erlösende Gott mit *seiner* Wirklichkeit und *seinen* Tatsachen«. Mag sein, daß Stellen wie diese, in denen der Erlebnisbegriff noch verwendet wird, Barth 1928 veranlaßten, den Vortrag in den Papierkorb zu werfen. Freilich darf man nicht übersehen, daß sich hier mit dieser an anderer Stelle schon problematisierten Terminologie der Erlebnistheologie ein für Barths weiteren Weg folgenreiches neues Verständnis der Realität Gottes verbindet, wie insbesondere der zweite Teil des Vortrags zeigt. Daß Gott Gott ist, »Gott so wie er im Leben und Wort Jesu zu erkennen ist«, daß er »etwas von Grund aus Anderes ist als Alles Andre«, heißt nun gerade nicht mehr, daß Gott das Ideal ist, auf das hin sich die Realität dieser Welt approximativ zubewegt, sondern daß er eine Gegenwirklichkeit zur vorfindlichen Wirklichkeit darstellt, ja, daß streng genommen er und er allein *die* Wirklichkeit ist. Durch den Krieg habe sich – wie Barth weiter ausführt – eine Reihe von Idealen als bloß relativ und formal erwiesen, so daß sich die Frage stelle: »Was soll uns der Gott, der uns einst als die höchste Idee der Ethik vorgestellt worden ist?« »Der ›Vater im Himmel‹, auf den er [sc. Jesus] uns hinweist, ist keine Idealität, die von ihrem Gegensatz lebt, keine formale unreale Größe, die schließlich auch wieder in die Welt hineingehört, keine Idee der Gerechtigkeit oder der Liebe im Wetteifer der Ideen der Ethik, sondern die Wirklichkeit, aus der unsre ganze Welt herausgefallen ist.« Daß Gott »unser Schöpfer und Ursprung in der andern für uns ganz neuen Welt« ist, sei »das einzige Positive..., das wir sagen können. All unser sonstiges Reden von Gott

---

66 *K. Barth*, Kriegszeit und Gottesreich (s. S. 120 Anm. 64); die folgenden Zitate im Text entstammen diesem Vortrag.

ist ein Stammeln, oder es muß, wenn es ernst gelten soll, in lauter Negationen bestehen.« Denn »das Gottesreich, wie es Jesus verkündigt hat, war niemals das Endziel der natürlichen Weltentwicklung, sondern der Wiederanbruch der Geltung Gottes«; die Welt dagegen sei »zum Vergehen, zum radikalen Verwandeltwerden bestimmt«. Im dritten Teil des Vortrags geht Barth auf die Frage ein, was in dieser Situation zu tun sei. Angesichts dieser Diastase von Gott und Welt bleibe dem Menschen nur der Glaube. Dabei dürften wir freilich »unsern Glauben an Gott [nicht] einfach so voraussetzen, wie wir es bei Kriegsausbruch getan haben, und auf unserer vermeintlich religiösen Basis frisch und fröhlich zur Tagesordnung übergehen«. Vielmehr komme es darauf an, »Gott als Gott zu anerkennen«, »um Erkenntnis Gottes zu ringen«, im Vertrauen darauf, daß die Nöte und Aufgaben dieser Welt grundsätzlich »nicht von der Welt aus«, »sondern nur von Gott her« zu lösen seien. »Der Weg zum Gottesreich ist allein der Glaube. Denn im Glauben wachsen wir hinein in die ursprüngliche reale Gotteswelt.« Bei aller Problematisierung menschlichen Tuns steht für Barth fest, daß aus dem Glauben Taten folgen: »Der Glaube kann ja gar nicht anders, als in der Liebe energisch sein... Die neue Orientierung an Gott muß in einer neuen Gesamtrichtung des Lebens auch innerhalb der Welt zum Vorschein kommen«, freilich nicht in dem Bewußtsein eindeutiger Antworten und Lösungen, sondern in der Erkenntnis, daß es letztlich nur auf das Eine ankomme: nach dem Reich Gottes zu trachten.

Schon hier klingen die Themen und Motive einer realistischen Theologie an, die schließlich im ersten »Römerbrief« ihre erste große Ausarbeitung erfahren werden, aber auch in den Aufsätzen und Vorträgen des Jahres 1916 nachweisbar sind. So beispielsweise in dem am 16. Januar 1916 in der Stadtkirche zu Aarau gehaltenen Vortrag »Die Gerechtigkeit Gottes«[67]: »Die Gerechtigkeit Gottes selber«, so führt Barth dort aus, »hat sich aus der sichersten Tatsache gemächlich in das höchste von verschiedenen hohen Idealen verwandelt und ist nun allerdings ganz und gar unsre eigene Sache geworden. Das zeigt sich schon darin, daß wir das Ideal jetzt fröhlich zum Fenster hinaushängen und jetzt wieder zusammenrollen können, etwa wie eine Schützenfahne« (10). Der Gott der Idealen nachjagenden Menschengerechtigkeit aber »ist kein Gott. Er ist ein Götze. Er ist tot« (14). Demgegenüber komme es darauf an, »daß wir Gott überhaupt wieder als Gott anerkennen« und seinen Willen tun, der »keine bessere Fortsetzung *unseres* Willens« ist, sondern »unserem Willen ... als ein gänzlich anderer« gegenübersteht (15). Entscheidend ist, »daß von Gott

---

[67] Ich zitiere den Vortrag im folgenden durch in Klammern gesetzte Seitenzahlen nach: *K. Barth*, Das Wort Gottes und die Theologie, 5-17 und 18-32. Zur Interpretation dieses und des ein Jahr später gehaltenen Vortrags »Die neue Welt in der Bibel« siehe: *H. Kirsch*, Zum Problem der Ethik, 15-43.

3.2. Barths Anfragen an Erlebnistheologie und Kulturidealismus

für unser armes verworrenes belastetes Leben viel mehr zu erwarten ist, als wir mit unseren Grundsätzen, mit unserm Idealismus, mit unserm Christentum es uns träumen ließen.« Glauben wir, »dann wirkt Gott in uns. Dann fängt in uns das radikal Neue an, keimhaft aber wahrhaft, das die Ungerechtigkeit überwindet... Denn jetzt ist etwas Reales geschehen, das einzige Reale, das geschehen kann: Gott selber hat nun seine Sache an [sic] die Hand genommen... Wirkliche Liebe, wirkliche Wahrhaftigkeit, wirklicher Fortschritt werden möglich, ja Moral und Kultur, Staat und Vaterland, sogar Religion und Kirche werden möglich, jetzt, erst jetzt!« (16) Wie man sieht, bricht sich der Blumhardtsche Realismus machtvoll Bahn; gleichwohl tendiert Barth immer noch zu einer Verbindung von Religion und Kultur, Reich Gottes und Welt, Gott und Mensch. Aber anders als vorher soll dies nun eine realistische, weil von Gott hergestellte, keine ideale Verbindung mehr sein.

Im September 1916, eineinhalb Jahre nach seinem Besuch in Bad Boll, legt Barth sich in der Rezension des Bandes »Hausandachten« von Christoph Blumhardt darüber Rechenschaft ab, was ihm das Entscheidende an der Botschaft Blumhardts ist. Die Rezension, von Ragaz als zu quietistisch und zu sehr Kutters Blumhardtverständnis wiederspiegelnd abgelehnt, trägt den Titel »Auf das Reich Gottes warten«.[68] Blumhardt ist für Barth u.a. darin vorbildlich, daß er statt zu konstruieren und zu polemisieren, einfach Gottes Sache in der Welt vertrete, daß er »immer mit Gottes Dasein, Macht und Absicht« schon einsetze, von Gott ausgehe, »nicht erst in Betrachtungen und Erwägungen zu ihm« emporsteige (178). Mache man mit dieser Voraussetzung Ernst, so bleibe der Mensch Gott gegenüber der Bittende und Wartende, wobei »dieses Warten ein freilich zunächst nach innen gewandtes, aber in seinem Wesen revolutionäres« sei, also »gerade nicht ein heimeliges Sitzen und Mitmachen in den alten Ordnungen« (189). »In diesem unserem ›Eilen und Warten‹ Gott entgegen bereitet sich dann die *Vollendung von Gott selbst her* vor. Das göttliche und menschliche Tun greifen für Blumhardt eng ineinander, wieder nicht moralisch aber organisch, nicht dialektisch aber sachlich« (190). Auch hier kündigt sich jener folgenreiche Perspektivenwechsel an, der darin besteht, das zwischen Gott und Mensch statthabende Geschehen nicht mehr vom Menschen, sondern gleichsam vom Standpunkt Gottes aus zu betrachten. Der anthropozentrische Ansatz beginnt einem theozentrischen zu weichen.

---

68 In: *K. Barth/E. Thurneysen*, Suchet Gott, 175-191. Vgl. dazu auch den Briefwechsel zwischen Barth und Ragaz: *L. Ragaz*, Briefe II, 84-92. Eine genaue Darstellung und einfühlsame Interpretation des Vorgangs findet sich bei: *M. Mattmüller*, Leonhard Ragaz II, 218-227; siehe auch: *U. Dannemann*, Theologie und Politik, 41f.

Noch deutlicher zeigt sich dies in dem am 6. Februar 1917[69] in Leutwil gehaltenen Vortrag »Die neue Welt in der Bibel«. Auf die Frage, was denn in der Bibel stehe, antwortet Barth: Geschichte, Moral und Religion. Aber eben »eine Geschichte mit ganz eigentümlichen Gründen, Möglichkeiten und Voraussetzungen«, durch die wir »weit über das hinausgeführt werden, was wir sonst ›Geschichte‹ heißen: in eine *neue* Welt, die Welt Gottes hinein« (24); eine Moral, für die gar »nicht das Tun der Menschen die Hauptsache, sondern das Tun Gottes« ausschlaggebend sei (25); und schließlich eine Religion, die am Verhältnis des Menschen zu Gott, d.h. an seiner Frömmigkeit ganz uninteressiert sei (27). Das heißt faktisch: »Den Inhalt der Bibel bilden eben gar nicht die rechten Menschengedanken über Gott, sondern die rechten Gottesgedanken über den Menschen. Nicht wie wir mit Gott reden sollen, steht in der Bibel, sondern was er zu uns sagt, nicht wie wir den Weg zu ihm finden, sondern wie er den Weg zu uns gesucht und gefunden hat, nicht das rechte Verhältnis, in das wir uns zu ihm stellen müssen, sondern der Bund, den er mit allen, die im Glauben Abrahams Kinder sind, geschlossen und in Jesus Christus ein für allemal besiegelt hat« (28). Also eine Umkehrung der Perspektive auf der ganzen Linie. »Gott ist *Gott*« (31), so lautet fortan die programmatische Formel der theozentrischen Theologie Karl Barths, die nicht tautologisch verstanden, sondern schon hier trinitarisch entfaltet und ausgelegt wird (31f).

---

69 Ich zitiere nach: *K. Barth*, Das Wort Gottes und die Theologie, 18-32; die dort (und dann wieder in: *M. Wildi*, Bibliographie, 51) angegebene Datierung auf den Herbst 1916 ist falsch; vgl. dazu: BwTh I, 170.

3.3. KONSEQUENZEN FÜR DAS VERSTÄNDNIS VON RELIGION UND MORAL

Blicken wir noch einmal zurück: Die Haltung seiner theologischen Lehrer bei Ausbruch des Ersten Weltkriegs läßt Barth an deren Ethos irre werden und an dessen ethischen und dogmatischen Grundlagen zweifeln. Sucht er selbst zunächst mit Hilfe der Kategorien der Modernen Theologie den Krieg in der Pädagogik Gottes als Mittel der Läuterung, als Durchgangsstufe zu ›höherem Leben‹ zu begreifen – eine Deutung, in der vorausgesetzt ist, daß der Krieg Ausfluß und zugleich Enthüllung der Sünde des Menschen ist –, so zeigt doch die Tatsache, daß die meisten der von ihm verehrten Vertreter dieser Theologie sich von der allgemeinen Kriegsbegeisterung anstecken lassen und den Krieg religiös überhöhen, daß es offenbar an einem theologischen Kriterium mangelt, aufgrund dessen die christliche Stellung zum Krieg eindeutig bestimmt werden kann. Während für Barth der Krieg das Scheitern von Verständigung offenbar macht, berufen sich Rade und Herrmann auf die neue, ihrer Meinung nach nur religiös zu erklärende Erfahrung von Gemeinschaft, auf die sozusagen ›kommunikative‹ Dimension des Kriegserlebnisses. Obwohl freilich Barth dessen sittliche Implikate durchaus zu würdigen weiß, wird ihm doch fraglich, ob das Erlebnis von Gemeinschaft als solches schon verbürgt, daß es sich dabei um christliche Gemeinschaft handele, daß Gott darin wirke. Zu sehr scheint ihm diese Moral mit dem gesellschaftlich üblichen, konventionellen Verhalten konform zu gehen und dadurch partikular zu werden; zu sehr bleibt sie seiner Meinung nach der rauhen Wirklichkeit verhaftet, als deren Transzendierung sie sich ausgibt.

Man hat Barth später oft den Vorwurf gemacht, seine Theologie vernachlässige die Geschichte. Tatsächlich zeigt aber gerade die Genese seiner frühen Theologie, in welch starkem Maße sie von den Erfahrungen und der Auseinandersetzung mit der den Ersten Weltkrieg verherrlichenden Kriegstheologie geprägt und also geschichtlich bedingt ist. Gerade Barths Ablehnung der These von der Offenbarungsqualität der Geschichte verdankt sich selbst geschichtlich vermittelten Einsichten und ist Antwort auf eine bestimmte historische Situation. Insofern geht es Barth m.E. nicht um eine Vernachlässigung der Geschichte, sondern um eine Neubestimmung des Begründungsgefälles zwischen Theologie und Geschichte. Wohl soll und kann Theologie gar nicht zeitlos betrieben werden, sondern muß sich selbst als auf eine geschichtliche Lage bezogen verstehen, aber sie darf ihre Kriterien nicht dieser Lage entnehmen, wenn sie kritische Theologie sein will.

Wenn Barth die Frage stellt, ob »in dem christlichen Gotteserlebnis eine grundsätzliche und normative Stellungnahme zu den Erscheinungen des sozialen und nationalen Lebens enthalten« sei, oder ob es »indifferent für Gut und Böse« sei, »sobald die individuelle Verantwortlichkeit des Einzelnen« zurücktrete (BwRa 115), so spricht sich darin der Verdacht aus, daß das Versagen der Moral mit der individualistischen Engführung einer Persönlichkeitsethik im Stile Wilhelm Herrmanns zusammenhängen könnte. Barth könnte dann immerhin von sich behaupten, daß er diese Engführung durch seine Güterethik kompensiert habe. Aber Barth erkennt sehr schnell, daß das Problem tiefer sitzt. Es besteht darin, ob die für beide Ethiktypen zentrale Orientierung an Idealen wirklich ausreiche, um eine kommunikative Praxis zu begründen. Vor allem stellt sich die Frage, wodurch diese Ideale eigentlich legitimiert seien. In der Tat hat Barth ja selber vor dem Krieg die Theorie vertreten, daß die Ideale des Kulturbewußtseins apriori gegeben seien und durch die Qualifizierung des unmittelbaren Selbstbewußtseins durch das Gotteserlebnis lediglich aktualisiert würden. Faktisch führt dies – wie sich jetzt an der Deutung des Kriegserlebnisses als Gotteserlebnis zeigt – dazu, daß der Mensch sein Tun idealisiert. Darin, daß sie dies nicht verhindert, sondern sogar ermöglicht, liegt für Barth das Versagen der idealistischen Moral. Paßt sich aber das Ideal der vorfindlichen Wirklichkeit an, so kann dieses Ideal für den Christen nicht länger als Orientierung gelten, sondern muß durch eine Gegenwirklichkeit ersetzt werden. Nicht mehr Idealität und Realität stehen sich dann gegenüber, sondern zwei gegensätzlich verfaßte Wirklichkeiten: die Wirklichkeit Gottes und die Wirklichkeit der Welt.

Versteht man freilich Gott nicht mehr als Idealität, sondern als Realität, dann stellt sich auch die Beziehung des Menschen zu Gott in einem gänzlich anderen Lichte dar. Es muß dann gefragt werden, ob das menschliche Subjekt überhaupt in der Lage ist, sich zu der Realität Gottes ins Verhältnis zu setzen. Barths Theorie des religiösen Erlebnisses setzt ja voraus, daß die göttliche Offenbarung individuell perzipiert werden kann, da sie das menschliche Bewußtsein über Idealisierungen affiziert. Aufgrund der zur Rechtfertigung des Krieges dienenden Berufung auf das ›Erleben Gottes im Krieg‹ kommen Barth nun Zweifel, ob der Erlebnisbegriff zur Grundlegung einer Theologie, die der Gefahr einer Affirmation ans Bestehende entgehen will, tauglich ist. In der Diskussion mit Rade und Herrmann wirft er die Frage auf, ob es denn ein Kriterium gebe, zwischen Christuserlebnis und Wotanerlebnis zu unterscheiden. Dahinter steht unausgesprochen das Problem, was sich im religiösen Erlebnis eigentlich zur Geltung bringe: Gott oder die Subjektivität des Menschen. Wie kann ausgeschlossen werden, daß menschliche Wünsche und Bedürfnisse in das Gotteserlebnis einfließen und sich mit ihm verbinden, wenn Offenbarung die Form einer Bestimmung des unmittelbaren Selbstbewußtseins hat? Die Rede vom deus absconditus bekommt in Barths Perspektive mehr und mehr die

3.3. Konsequenzen für das Verständnis von Religion und Moral

Funktion, diese Vermischung zu verschleiern. Dem hält er entgegen: Außer dem Gott der Bergpredigt und des Kreuzes Christi gibt es »keinen ›härtern gröbern Gotteswillen‹, keinen deus absconditus, sondern nur die *Welt*, die Gott noch nicht oder nicht mehr kennt«.[70]

Es ist deshalb nur konsequent, wenn der Begriff ›Religion‹ für Barth in der Folgezeit immer stärker auf die Seite der vorfindlichen Wirklichkeit tritt und sich vom Begriff des Glauben, mit dem er bisher synonym verwendet wird, abzuspalten beginnt. Allerdings verfügt Barth zunächst über keine Alternative zum erlebnistheologischen Ansatz. Sein Verständnis des Glaubens bleibt den subjektivitätstheoretischen Voraussetzungen der Modernen Theologie verhaftet, seine Ethik abhängig von idealistischen Prämissen.

Eine Lösung bietet sich in dieser Situation durch Blumhardts realistische Reichgotteshoffnung an, die nicht nur eine Alternative zu der als ungenügend offenbar gewordenen Orientierung an der Idealität des ›inneren Lebens‹ Jesu oder des Reiches Gottes darstellt, sondern gleichzeitig einen Perspektivenwechsel von der bisherigen anthropozentrischen Theologie zu einer theozentrischen inauguriert. Ausgangspunkt theologischer Reflexion ist nun die Realität des Reiches Gottes. Von ihr her sind Glaube und Handeln des Christen zu bestimmen. Die Eschatologie erhält dadurch nicht nur einen neuen Stellenwert, sie wird auch ganz anders, nämlich realistisch konzipiert. Umgekehrt macht der Bezug auf das Eschatologische, d.h. auf das schlechthin von der Welt zu Unterscheidende, Nicht-Gegebene, das nur in Christus wirklich und erkennbar ist, die besondere theologische Qualität des Barthschen Realismus aus.[71] Wie man vor allem am Vortrag »Kriegszeit und Gottesreich« sehen kann, bedeutet dies für Barth vor allem, die menschlichen Vermittlungen zwischen Ideal und Wirklichkeit, zwischen Gott und menschlicher Subjektivität zu destruieren. ›Gott ist Gott‹ und ›Welt bleibt Welt‹. Es bietet sich deshalb bei der Analyse der ersten Auflage des Römerbriefkommentars an, die Eschatologie Barths eigens zu thematisieren (4.2.), also zu fragen, in welcher Weise er die Differenz zwischen Gott und Welt zur Sprache bringt, und erst dann zu untersuchen, welche Konsequenzen sich daraus für das Verständnis und die Begründung christlichen Glaubens (4.3.) und einer kommunikativen Praxis (4.4.) ergeben.

---

70 *K. Barth*, Kriegszeit und Gottesreich.
71 *I. U. Dalferth*, Theologischer Realismus, 402-422, hat herausgearbeitet, daß seit dem »Römerbrief« »diese eschatologische Wirklichkeitsauffassung ... das fundamentum inconcussum« von Barths Theologie darstellt, von dem her sich ihre »inhaltlichen und methodischen Eigentümlichkeiten« wie auch ihre sachliche Einheitlichkeit begreifen lassen.

4. DIE ERSTE AUFLAGE DES KOMMENTARS ZUM RÖMERBRIEF

4.1. Zur Zeitgeschichte und zur Entstehung des ersten »Römerbriefs« (1916-1918)[1]

Im Juli 1916 beginnt Barth anhand des griechischen Textes und unter Zuhilfenahme aller ihm verfügbaren Kommentare den paulinischen Römerbrief zu studieren und seine eigene Interpretation sukzessive niederzuschreiben. Die autobiographischen Skizzen Barths erwecken den Eindruck, als sei ein Anfang Juni 1916 geführtes Gespräch mit Thurneysen über die desolate Lage von Theologie und Kirche und die Notwendigkeit, zum Zwecke einer neuen Grundlegung der Theologie Kant oder Hegel zu lesen, der unmittelbare Auslöser für dieses Studium gewesen, und als habe Barth sich anderntags sofort an die »Römerbrief«-Arbeit begeben.[2] Folgt man dagegen dem Briefwechsel der beiden Freunde aus jener Zeit, so scheint zwischen dem besagten Gespräch und dem Beginn der Niederschrift tatsächlich eine Inkubationszeit von mehreren Wochen gelegen zu haben. Denn am 26. Juni 1916 berichtet Barth lediglich, die »Erwägungen von vor drei Wochen über erneutes Philosophie- und Theologie-Studium« hätten bei ihm zu nochmaliger Kant-Lektüre geführt (BwTh I, 144f). Vom »Römerbrief« ist hier noch nicht die Rede. Erst der nächste Brief vom 19. Juli spricht erstmals von »exegetischen Forschungen im Römerbrief« (BwTh I, 146), und am 27. Juli erfahren wir schließlich, daß »ein Heft mit ›Scholien‹, in denen ich Alles in meine Sprüche zusammenfasse«, entstehe, während er »den verschiedenen unheimlichen Kantischen Tafeln ... mehr aus Pflichtgefühl« denn mit Freuden nachgehe (BwTh I, 148f). Mag es sich mit der Datierung der Anfänge im übrigen verhalten wie es will, fest steht jedenfalls, daß Barths Aufzeichnungen zunächst keineswegs für die Öffentlichkeit bestimmt sind, sondern lediglich der eigenen Vergewisserung über den gegenwärtigen theologischen Standort dienen sollen.

Etwa Anfang November schließt Barth die Auslegung der drei ersten Kapitel ab und beginnt die Vorarbeiten zu Röm 4, welche am 7. Dezember zu Ende

---

[1] Vgl. zur Zeitgeschichte die oben S. 16 u. 98 Anm. 1 angegebene Literatur; zur Entstehung des ersten »Römerbriefs« s. jetzt auch das Vorwort des Herausgebers zur Neuausgabe in: R I, IX-XXI.
[2] So in: *K. Barth*, Nachwort zu: Schleiermacherauswahl, 294; ähnlich: BwBu 307.

4.1. Zeitgeschichte und Entstehung des Römerbriefkommentars (1916-1918)

gebracht werden können (vgl. BwTh I, 159f). Allerdings wird sich die Ausarbeitung des vierten Kapitels noch bis März 1917 hinziehen. Denn das Auftreten des Evangelisten Vetter in Safenwil (Nov. 1916), veranlaßt Barth zu einer intensiven Auseinandersetzung mit dem Pietismus[3], die die Arbeit am »Römerbrief« vorübergehend etwas in den Hintergrund treten läßt. Wie wir sehen werden, findet diese Beschäftigung mit pietistischen Autoren ihren literarischen Niederschlag im »Römerbrief«, vor allem – aber nicht nur dort – in dem Abschnitt über Röm 7,14-25, der die Überschrift »Das Gesetz und der Pietismus« (R I, 276ff) trägt. Doch damit habe ich weit vorgegriffen: Kapitel 7 des ersten »Römerbriefs« ist erst an Weihnachten 1917 abgeschlossen (BwTh I, 254). Zurück ins Frühjahr 1917!

Nicht umsonst gilt das Jahr 1917 als Epochenjahr der Weltgeschichte. Die Begeisterung der ersten Kriegszeit ist nach den für beide Seiten äußerst verlustreichen Schlachten um Verdun und an der Somme und dem vor allem die Heimat drückenden ›Rüben- und Hungerwinter‹ 1916/17 längst einer lähmenden Resignation gewichen. Bald nachdem Barth im Februar 1917 seinen Vortrag über »Die neue Welt in der Bibel« gehalten hat, scheint auch in der Geschichte eine ›neue Welt‹ anbrechen zu wollen. Eingeleitet werden die Umwälzungen durch die russische Februarrevolution und den Kriegseintritt der USA. Als der Zar zurücktritt, schickt sich der Safenwiler Landpfarrer gerade an, Kapitel 4 seiner Studien zum Römerbrief abzuschließen und sich in Röm 5 einzuarbeiten. Er kommt jedoch nur langsam voran. Das hat mehrere Gründe. Einmal nimmt die Heranziehung von Sekundärliteratur offenbar immer exzessivere Ausmaße an, zum andern beschäftigt sich Barth nach wie vor mit dem Pietismus und schließlich beansprucht auch das Engagement für Arbeiterverein und Partei viel Zeit und Kraft. Barth nimmt nicht nur »Woche für Woche« an den Diskussionen beispielsweise zu den »Gutachten und Resolutionen über die Militärfrage« teil (BwTh I, 186), sondern wird auch am 8. Juni als Delegierter zum sozialdemokratischen Parteitag nach Bern geschickt (BwTh I, 207), hält Referate und gerät im Sommer wegen seiner Unterstützung von Gewerkschaftsbildungen in eine Auseinandersetzung mit Strickereibesitzer Hochuli, was zur Polarisierung der Gemeinde und einer regelrechten Kirchenaustrittsbewegung führt.[4] In diese Zeit intensiven (sozial-)politischen Engagements fällt auch Barths schon ein Jahr zuvor angekündigter Antrag, die religiös-sozialen Konferenzen, deren gewählter Präsident er damals ist, aufzulösen. Daß er mit Thurneysen schließlich Ende des Jahres die Ausschüsse verläßt, ist die Konsequenz, die er aus der heillos verfahrenen Situation der in auseinanderstrebende

---

3 Siehe dazu: *E. Busch*, Karl Barth und die Pietisten, 45ff.
4 Vgl. dazu auch *F.-W. Marquardt*, Der Aktuar, 125-128.

Fraktionen zerfallenen religiös-sozialen Bewegung[5] zieht, bedeutet also keine Änderung seiner politischen Überzeugungen.

Ohne sich auf ein generelles Verbot politischer Aktivitäten einzulassen, enthält sich Barth nun für einige Zeit auf entsprechende Ermahnung der Kirchenpflege hin ›sozialistischer Reden‹, was seiner Arbeit am »Römerbrief« zweifellos zugute kommt. Im Frühjahr und Sommer 1917 arbeitet er wohl mehr sporadisch an Röm 5 weiter (vgl. BwTh I, 184, 196, 220), bis schließlich Anfang September 1917 erneut Leben in die Sache kommt, als Rudolf Pestalozzi durch eine großzügige finanzielle Bürgschaft erreicht, daß der Berner Verlag Bäschlin einen Predigtband Barths und Thurneysens («Suchet Gott, so werdet ihr leben») und eben den im Entstehen begriffenen »Römerbrief« in sein Programm aufnimmt. Bereits am 27. September kann Barth die Fertigstellung von Kapitel 5 nach Leutwil melden. Gleichzeitig erstellt er nun eine Übersetzung des paulinischen Textes für die bisher bearbeiteten Teile (BwTh I, 236). Zwischendurch hält er vor Lehrerinnen in Safenwil ein Referat zum Thema »Religion und Leben«. Danach, etwa seit Mitte Oktober, ist er »tagaus tagein an Römer 6–8«, wie er am 26. Oktober Thurneysen mitteilt (BwTh I, 238). Und aus einem Brief vom 9. November 1917 an seine Mutter erfahren wir: »Ich bin eben mit meinen Vorarbeiten fertig geworden: 250–300 Zeddel voll alter und neuer Weisheit über Römer 6, 7 und 8.«[6] Die Ausarbeitung der drei Kapitel zieht sich dann allerdings noch bis zum Januar 1918 hin.

Schon vorher verschieben sich auf der Weltbühne die Kulissen, treten neue Akteure auf, beginnt das Stück eine dramatische Wende zu nehmen. Nach dem Sturz Bethmann-Hollwegs spitzt sich das Klima in Deutschland merklich zu; in der Marine fängt es aufgrund der Agitation von konservativer ›Vaterlandspartei‹ auf der einen, von USPD und Spartakisten auf der anderen Seite im Oktober 1917 erstmals an zu gären. In Rußland stürzt am 7./8. November Lenins Oktoberrevolution die aus der Februarrevolution hervorgegangene bürgerliche Regierung Kerenskij. Es kommt zum Waffenstillstand und zu Friedensverhandlungen zwischen Rußland und Deutschland, die am 3. März 1918 zum sog. Frieden von Brest-Litowsk führen. Ebenso wie Ragaz beurteilt Barth

---

5 Die von 1917 bis Anfang 1918 in den »Neuen Wegen« publizierte Aufsatzreihe, die den Namen der Zeitschrift als Generaltitel trug, stellte Ragaz' Grabgesang auf die religiös-soziale Bewegung dar und wollte gleichzeitig Programm einer neuen sein. Insbesondere zu dieser Reihe: *M. Mattmüller*, Das Reich-Gottes-Verständnis. Zur Krise und schließlichen Dissoziierung der Bewegung: *Ders.*, Leonhard Ragaz II, 206-238. Ich vermag allerdings nicht Mattmüllers Auffassung zu teilen, wonach sich auf seiten Barths eine »starke Betonung des Kirchenprinzips« ausgebildet (ebd., 228) und die Distanzierung von Ragaz bewirkt habe. Gerade damals stand Barth mit seiner Kirchenkritik nicht hinter Ragaz zurück. M.E. beginnt Barth erst später, besonders seit den dreißiger und vierziger Jahren – nicht zuletzt aufgrund seiner Erfahrungen im Kirchenkampf – die theologisch-ethische Bedeutung von Kirche wahrzunehmen.
6 Brief Barths an seine Mutter vom 9.11.1917 (unveröffentlicht; Karl Barth-Archiv, Basel).

4.1. Zeitgeschichte und Entstehung des Römerbriefkommentars (1916-1918)

das Ergebnis dieser Verhandlungen eher negativ[7], wie ein Brief an Thurneysen vom 5. März 1918 zeigt (BwTh I, 268). Aus dem gleichen Brief erfahren wir, daß man in Safenwil »tief in der Erforschung von 12–16« steht, um »dann die Ausarbeitung von 9–16 in einem Zug machen [zu] können« (BwTh I, 268). Etwa zur gleichen Zeit als die Oberste Heeresleitung in drei letztlich vergeblichen Angriffen versucht, die Westfront noch einmal in Bewegung zu setzen, bringt Barth seine Auslegung von Kapitel 9–11 zum Abschluß. Er kommt nun offenbar zügig voran: Am 24. April beginnt er bereits mit Röm 12 und 13 (BwTh I, 274) und am 3. Juni 1918 ist »der Römerbrief in erster Lesung zu Ende gebracht worden ... samt einer Vorrede dazu« (BwTh I, 279).

Als Barth sich nun daran macht, das Manuskript für den Verleger ins Reine zu schreiben, stellt sich heraus, daß die Anfangskapitel – immerhin liegt deren Abfassung etwa zwei Jahre zurück – nicht unverändert bleiben können. So wird aus der Reinschrift wenigstens teilweise eine Neufassung.[8] Am 12. Juni 1918 berichtet Barth seinem Leutwiler Freund: »Die Arbeit an der 2. Fassung ist nun in vollem Gang und das 1. Kapitel geht bereits ab. Wie anders sieht mich alles diesmal an als das erstemal, eigentlich noch viel fremder und geheimnisvoller... Und nun steht viel saure Arbeit bevor. Bis jetzt mußte alles ganz neu ausgearbeitet werden, und wer weiß, wie mich dann das Ende des Briefes wieder ansehen wird. Wahrscheinlich könnte ich jahrelang kehrum *um*schreiben, nun muß ich aber auf den 15. Okt. spätestens fertig sein« (BwTh I, 280f). Wie ein Vergleich der Endfassung mit dem Manuskript bestätigt, sind die beiden ersten Kapitel für den Druck fast völlig neu geschrieben; finden sich auch in den nächsten Kapiteln noch größere Abschnitte, die so erst im gedruckten Text auftauchen, so tritt etwa ab Kapitel 5 das Manuskript mehr und mehr in sein Recht, d.h. die Bearbeitung reduziert sich zunehmend auf die Einfügung kleinerer neuer Passagen, um sich schließlich vom sechsten Kapitel an im wesentlichen auf die Änderung einzelner Sätze und Worte zu beschränken.

Diese über eine bloße Reinschrift entschieden hinausgehende Neufassung primär der ersten Kapitel des Kommentars erklärt wohl, daß Barth zunächst nur relativ langsam vorankommt. Am 23. Juli 1918 sehen wir ihn – von einer Grippe genesen – »wieder emsig an Römer 8« (BwTh I, 286). Von nun an scheint ihm die Arbeit rascher von der Hand zu gehen. Am 2. August bestätigt

---

[7] Ragaz hatte schon vor Aufnahme der Friedensverhandlungen Einfluß auf den ihm persönlich bekannten Trotzky zu nehmen versucht. Sein Brief ist jetzt publiziert in: *L. Ragaz*, Briefe II, 107ff; zur Beurteilung des Ergebnisses von Brest-Litowsk: *L. Ragaz*, Die Vorgänge im Osten, 149-152. Siehe auch: *M. Mattmüller*, Leonhard Ragaz II, 333-350 (zu Brest-Litowsk: 346ff). Barth stand im übrigen der Oktoberrevolution weniger ablehnend gegenüber als Ragaz: *E. Busch*, Karl Barths Lebenslauf, 119.
[8] Siehe dazu jetzt den von Hermann Schmidt gebotenen Vergleich zwischen Buch und Mskr. in: R I, 603-637.

sein Verleger Bäschlin den Empfang von Kapitel 5–8.[9] Das Manuskript zu Röm 9–11 erfährt nur geringfügige Korrekturen, so daß Barth seinem Bruder Peter immerhin schon am 9. August berichten kann: »Der Römerbrief geht nun in 2ter Lesung dem Ende entgegen, 600 Blätter sind schon vollgekritzelt, eben bin ich mit Schw[arzem] Kaff[ee] u. Pfeife bewaffnet wieder an der berühmten Stelle von der Obrigkeit.«[10] Die hier in Rede stehende Passage erfährt übrigens eine für den zweiten Teil des Buches ungewöhnlich intensive Überarbeitung und Erweiterung – ich komme darauf noch zurück. Eine Woche später, am 16. August kann Barth den Schlußpunkt unter seine Reinschrift für den Verlag setzen, wie ein Vermerk im Manuskript ausweist (Mskr. 925).

Allerdings scheint ihm das am 12. Juni Thurneysen zur Prüfung vorgelegte (BwTh I, 280) und von diesem akzeptierte Vorwort (BwTh I, 282) schon während der Bearbeitung des Manuskripts zu Röm 8 nicht mehr zu genügen. »Schreibe mir doch wegen des Vorworts etwas Wegweisendes«, bittet er den Freund am 23. Juli, »ich habe zu wenig Überblick« (BwTh I, 288). Nach Fertigstellung der Reinschaft macht Barth sich erneut an das Vorwort. Es entsteht eine ganze Reihe von immer wieder verworfenen Fassungen, die insbesondere auch über Barths Hermeneutik Auskunft geben.[11] Erst nach 11 Tagen, am 27. August 1918, kann Bäschlin den Empfang des Restmanuskripts bestätigen, nachdem er einen Tag zuvor die ersten Druckbogen nach Safenwil geschickt

---

9 Brief Bäschlins an Barth vom 2.8.1918 (unveröffentlicht; Karl Barth-Archiv, Basel).
10 Brief Barths an seinen Bruder Peter vom 9.8.1918 (unveröffentlicht; Karl Barth-Archiv, Basel).
11 Insgesamt enthält der Nachlaß sechs mit römischen Ziffern durchnumerierte Vorwortentwürfe, die jetzt im Anhang zur Neuausgabe des ersten »Römerbriefs« vollständig abgedruckt sind (R I, 581-602). Die relativ knappe Fassung I wird vermutlich das von Barth unmittelbar nach Abschluß der ›ersten Lesung‹ des Manuskripts abgefaßte und Thurneysen am 12.6.1918 zur Prüfung vorgelegte Vorwort sein. Im Verlauf der Überarbeitung verstärkt sich dann aber Barths Bedürfnis, die besondere Vorgehensweise dieses Kommentars zu erläutern. Entwurf I a trägt dem jedenfalls Rechnung; sein Umfang wächst gegenüber I auf etwa das Siebenfache. Da Vorwort II im wesentlichen mit I a identisch ist – nur ein größerer Abschnitt ist umgestellt – und vor allem in Reinschrift vorliegt, ist es wohl die für den Drucker bestimmte Fassung. Vermutlich auf die Kritik seiner Frau Nelly hin, verfaßt er dann ein Einzelblatt, das flüchtig hingeworfene Ergänzungen zu II enthält, setzt schließlich mit Entwurf III noch einmal neu an, um dann freilich wieder Passagen aus Vorwort II einzuflechten. Als das Ganze wiederum vor Nellys Augen keine Gnade findet, schreibt Barth einigermaßen ratlos nach Leutwil: »Nelly verwirft alle meine neuen Entwürfe als schwerfällig, überdemütig und ragazisch [gemeint ist damit wahrscheinlich: allzu sehr das eigene Vorgehen rechtfertigend]. Im Augenblick fällt mir einfach gar nichts mehr ein, was man da sagen könnte... So bin ich zur Strafe für all das Geschreibe in einer kleinen Spezialhölle« (BwTh I, 288). Thurneysens Antwort bestätigt Nellys Kritik, tröstet den geplagten Autor aber damit, daß es doch ein gutes Zeichen sei, wenn es ihm nicht gelinge, ein »Vorwortgötzlein ... aufzurichten ..., denn alle diese Vor- und Nachworte und Selbsterklärungen haben etwas Mißliches an sich!« (BwTh I, 289) Das folgende Vorwort IV befleißigt sich denn auch wieder äußerster Kürze; es entspricht schon im wesentlichen dem im Buch abgedruckten Text. Vorwort V ist dessen Reinschrift, die dann abschließend noch einmal geringfügige Korrekturen erfährt. Diese Überarbeitung von Fassung V, das nicht mehr handschriftlich erhaltene Vorwort VI, wird mit dem Restmanuskript dem Drucker zugestellt.

4.1. Zeitgeschichte und Entstehung des Römerbriefkommentars (1916-1918) 133

hat.[12] Für Barth beginnt nun das saure Geschäft des Korrekturlesens: »Gedruckt sieht alles noch gspässiger aus als geschrieben« (BwTh I, 290).[13] Währenddessen überstürzen sich die politischen Ereignisse. Schon im Juli kommt es nach den drei erfolglos gebliebenen deutschen Durchbruchsversuchen an der Westfront zu entscheidenden Gegenangriffen französischer und amerikanischer Verbände, die die deutschen Truppen von der Marne zurückdrängen. Am 8. August zeigt sich durch den englischen Panzerangriff bei Amiens, daß die Kampfkraft des deutschen Heeres erschöpft ist. Prinz Max von Baden – seit dem 3. Oktober Reichskanzler – versucht vergeblich einen Waffenstillstand zu erreichen; am 23. Oktober werden seine Bemühungen mit der Aufforderung zur bedingungslosen Kapitulation beantwortet. Als schließlich die Hochseeflotte den Befehl zum Auslaufen erhält, weil die Admiralität einen ehrenvollen Untergang einer schmachvollen Kapitulation vorzieht, kommt es am 29. Oktober in Wilhelmshaven zur Meuterei, die rasch auf die anderen Hafenstädte übergreift. Am 9. November entlädt sich die revolutionäre Spannung in spontanen Streiks; um 12 Uhr veröffentlicht Prinz Max die Abdankungserklärung des Kaisers, um 14 Uhr ruft Scheidemann die ›Deutsche Republik‹ aus und zwei Stunden später proklamiert Karl Liebknecht die ›Freie sozialistische Republik‹; der Kaiser flieht nach Holland. Am 11. November wird der Waffenstillstand in Compiègne unterzeichnet.

---

12 Brief und Postkarte Bäschlins an Barth vom 26. bzw. 27.8.1918 (unveröffentlicht; Karl Barth-Archiv, Basel).
13 Damit ist Wielengas und Marquardts These, die Römer-13-Auslegung Barths sei als Gespräch mit Lenins Schrift »Staat und Revolution« konzipiert, durch die Chronologie der Publikation beider Texte eindeutig widerlegt. Denn sie basiert (fairerweise muß gesagt werden: vor dem Erscheinen von BwTh I) auf der irrigen Annahme, Barth habe Kapitel 13 erst Ende 1918, »ungefähr gleichzeitig mit dem Umsturz in Deutschland und dem Landesstreik in der Schweiz« geschrieben (*F.-W. Marquardt*, Theologie und Sozialismus, 127 u. 160; vgl. auch *B. Wielenga*, Lenins Weg, 433f). In Ergänzung und Korrektur von Nachweisen Grolls (*W. Groll*, Ernst Troeltsch und Karl Barth, 65ff), läßt sich feststellen, daß Lenins Schrift »Staat und Revolution« vom August bis September 1917 geschrieben und 1918 in Russisch veröffentlicht wurde. Am 20.9.1918 (Groll fälschlich: 20.11.) schlägt Lenin den russischen Botschaftern Bersin (Groll fälschlich: Berun) in Bern, Worowski in Stockholm und Joffe in Berlin brieflich vor, sein Buch in deutscher Übersetzung herauszugeben (*W. I. Lenin*, Briefe V, 176-178), um schließlich in einem zwischen dem 15. und 25.10.1918 geschriebenen Brief an Bersin nachzuhaken: »Wann kommt endlich mein ›Staat und Revolution‹ heraus??« (ebd., 188). Aus einem weiteren Schreiben an Bersin vom 1.11. geht hervor, daß Lenin ein Exemplar der deutschen Ausgabe erhalten hat; das Postskript: »Ich hoffe, Sie haben ›Staat und Revolution‹ nach Berlin geschickt? Recht viel!« (ebd., 195f), läßt den Schluß zu, daß die in der Leninbibliographie von *M. Uhlmann* (Hg.), Lenins Werk in deutscher Sprache, 421f, aufgeführte zweite deutsche Ausgabe, die Berliner Edition von 1918, auf der Berner basierte, also erst nach dieser erschien. Barth konnte folglich Lenins Schrift unmöglich schon damals gekannt haben. Marquardt ist inzwischen von der These »einer direkten *literarischen* Abhängigkeit Barths von Lenins Schrift« abgerückt, weist aber gleichzeitig darauf hin, daß Lenins Gedanken damals in der Schweiz durchaus bekannt gewesen seien und darum der sachliche Gehalt seiner These, daß Barth sich in der Auslegung von Röm 13 mit Lenin auseinandergesetzt hätte, noch nicht widerlegt sei (*F.-W. Marquardt*, Theologie und Sozialismus, 378f). Siehe dazu u. S. 227f.

Auch in der Schweiz gärt es seit der russischen Oktoberrevolution. Die Lage hat sich nach den Novemberunruhen des Jahres 1917 im Frühjahr 1918 zunächst beruhigt. Im Herbst aber wächst die Spannung wieder; am 11. November 1918 kommt es zur Ausrufung eines Generalstreiks, des sog. ›Landesstreiks‹, der freilich nicht auf einen revolutionären Umsturz zielt, sondern u.a. eine Parlamentsneuwahl nach dem Proporzwahlrecht statt nach dem die Sozialdemokraten benachteiligenden Majoritätswahlrecht erzwingen will; schon nach zwei Tagen bricht er allerdings zusammen.[14] Die Ereignisse treffen den Safenwiler Pfarrer gewiß nicht unvorbereitet, aber ihre Rasanz verunsichert ihn doch: »Wer jetzt mit einem Zentralblick hineinzuschauen vermöchte in den Grund der Weltverhältnisse, um dann von dort aus zu reden, zu handeln!«, so schreibt er am 11. November nach Leutwil, um mit Blick auf die Lektüre eines von seinem Vater nachgeschriebenen Kollegs von Beck über die Apokalypse fortzufahren: »Es ist mir, wir kommen einfach *zu spät* mit unserm bißchen Einblick in die Welt des N.T.« (BwTh I, 299). Man brüte abwechselnd über Zeitung und Bibel und sehe doch »eigentlich furchtbar wenig von dem organischen Zusammenhang beider Welten« (BwTh I, 300). Jedenfalls hält es Barth nicht mehr in seinem Aargauer Dorf, zumal die Zeitung wohl infolge des unmittelbar bevorstehenden Generalstreiks ausbleibt. »Denk«, so schreibt er im selben Brief, »ich war auf dem Sprung, gestern früh nach Zürich zu reisen, nur um ihn« – gemeint ist Kutter – »zu hören, wonach ich großes Bedürfnis hatte« (BwTh I, 301). Zweier Taufen wegen unterbleibt dann die Reise, soll allerdings Mitte der Woche nachgeholt werden: »Ich werde nun aber Mittwoch und Donnerstag dort sein, um unsere Kindlein Fränzeli und Markus abzuholen... Wie, wenn du auch kämest?« (BwTh I, 301).

Vermutlich ist es aber wegen des Generalstreiks, der am Montag (11.11.) ausgerufen wird und von Dienstag bis Donnerstag dauert, und an dem sich unter anderem auch die Eisenbahner beteiligen, gar nicht möglich, am Mittwoch nach Zürich zu gelangen. Es spricht manches dafür, daß Barth zusammen mit seinem Freund dann erst am Freitag oder wahrscheinlicher noch am Samstag dort ist. Denn offenbar tagt am 15. November die Kirchenpflege in Safenwil, bei der Barth sich gegen den Vorwurf verteidigen muß, »in einem Privatgespräch in einer Familie den Generalstreik verherrlicht« zu haben.[15] Thurn-

---

14 Vorgeschichte und Verlauf des Landesstreiks sind detailliert dargestellt bei *W. Gautschi*, Der Landesstreik 1918; vgl. auch *Chr. Nöthiger-Strahm*, Der deutschschweizerische Protestantismus, bes. 19-67 u. (zur kirchlichen Reaktion auf den Landesstreik) 235-295; und *M. Mattmüller*, Leonhard Ragaz II, 415ff.
15 Vgl. zu dem Vorwurf *F.-W. Marquardt*, Der Aktuar, 128-133, Zitat: 128. Am Donnerstag, dem 14.11., an dem der Landesstreik zu Ende ging, schrieb Thurneysen an Barth: »Du warst in Zürich – bist du wirklich hingelangt? Was hat sich dir da gezeigt und erschlossen?« (BwTh I, 302). Da der folgende auf 20.11. datierte Brief Barths an seinen Leutwiler Kollegen

4.1. Zeitgeschichte und Entstehung des Römerbriefkommentars (1916-1918)

eysen löst seinerseits mit der Predigt »Die neue Zeit«, die er am 17. November – nach der »an mißlichen Eindrücken so reichen Exkursion« nach Zürich – in Leutwil hält, ebenfalls »große Empörung« aus (BwTh I, 302).[16] Während es allerdings dem »Geldbaron von Dürrenäsch«-Leutwil nicht gelingt, den Kirchenpflegspräsidenten gegen seinen Pfarrer aufzuwiegeln (BwTh I, 303), reichen in Safenwil vier von sechs Kirchenpflegern ihre Demission ein. Bei der dadurch nötig gewordenen Ersatzwahl am 19. März 1919 werden schließlich nur Sozialisten in die Kirchenpflege gewählt.[17] Unter solchen Begleitumständen liest Barth die letzten aus der Presse kommenden Bogen seines Buches. Ende Dezember 1918 liegt der erste »Römerbrief« gedruckt vor.

An ihm soll im folgenden untersucht werden, wie Barth von seinen neuen eschatologischen Einsichten her Glaube und Handeln des Christen versteht und begründet. Ich beginne darum die Analyse des ersten »Römerbriefs« mit einer Darstellung der eschatologischen Grundstruktur, die alle seine Aussagen wesentlich bestimmt (4.2.); es folgt eine Interpretation seiner theologischen Religionskritik und seines neuen Glaubensverständnisses (4.3.); darauf aufbauend wird sodann zu fragen sein, welche ethischen Implikationen der neue Ansatz hat, d.h. in welcher Weise die Moral des Idealismus zu kritisieren ist und wie die kommunikative Praxis des Christen, besonders im Bereich des Politischen, begründet werden kann (4.4.)

---

voraussetzt, daß sie gemeinsam in Zürich waren, ist anzunehmen, daß der für Mittwoch geplante Besuch tatsächlich verschoben wurde, aber wohl noch vor dem Sonntag stattfand, an dem Thurneysen in Leutwil zu predigen hatte (siehe: BwTh I, 302). Korrekturbedürftig ist jedenfalls die Darstellung, die Eberhard Busch in seiner Barth-Biographie gibt, wenn er schreibt, die im Herbst grassierende Grippe habe »auch Barth – eben während des Generalstreiks – ins Bett« geworfen (*E. Busch*, Karl Barths Lebenslauf, 118; ähnlich auch *M. Mattmüller*, Leonhard Ragaz II, 246), denn Barth berichtet bereits am 11.11., er sei »von der Grippe aufgestanden« (BwTh I, 299) und »wieder gesund, abgesehen von den Nachwehen« (BwTh I, 301).

16 Siehe dazu *E. Busch*, Karl Barths Lebenslauf, 119. Thurneysens Predigt, damals lediglich als Privatdruck erschienen, ist jetzt leicht zugänglich in: *E. Thurneysen*, Die neue Zeit, 72ff; zur Interpretation der Predigt siehe *R. Bohren*, Prophetie und Seelsorge, 183-188; und *Chr. Nöthiger-Strahm*, Der deutschschweizerische Protestantismus, 255f.

17 *F.-W. Marquardt*, Der Aktuar, 132f. – Es gibt übrigens (nach Auskunft von H. Stoevesandt vom Karl Barth-Archiv, Basel) keinen Hinweis darauf, daß Barth 1919 Mitglied in einem »Schweizerischen Bund für Reformen der Übergangszeit« gewesen sei (so *F.-W. Marquardt*, Der Aktuar, 131, unter Berufung auf *W. Gautschi*, Der Landesstreik 1918, 372f). Die von Gautschi angegebene Quelle (Neue Zürcher Zeitung Nr. 830 vom 5.6.1919) nennt als Mitglied des Bundes: »Barth (Basel)«.

4.2. Die eschatologische Denkform des »Römerbriefs«

»Apokalyptik schroffster dualistischer Art« – so charakterisiert Wernle einen Mitte November 1915 in Basel gehaltenen Vortrag Karl Barths zum Thema »Kriegszeit und Gottesreich«.[18] Barth akzeptiert damals das seiner Theologie angeheftete Etikett ›apokalyptisch‹ im Sinne einer Betonung der Diastase von Gott und Welt. Der Krieg bedeutet für ihn die ἀποκάλυψις des Bestehenden als des radikal Bösen. Wie Theologie und Wissenschaft so haben Kirche und Sozialismus in seinen Augen vor der (Kriegs-) Wirklichkeit kapituliert, hat das Ideal der Persönlichkeit versagt und die Autonomie neuzeitlicher Subjektivität sich als Chimäre erwiesen. Die hinter jenem Apokalyptik-Vorwurf verborgene Forderung, nicht einseitig nur das Negative wahrzunehmen, gibt Barth indes zu denken. Aber wo soll man das Positive ansetzen, ohne »durch eine stärkere positive Wertung des Innerweltlichen« (BwTh I, 103) der berechtigten Kritik die Spitze abzubrechen? Wie kann man also einerseits die apokalyptisch scharfe Unterscheidung von Gott und Welt festhalten, ohne andererseits die in Christus bereits vollzogene Versöhnung von Gott und Welt zu vernachlässigen?

Auf diese Fragestellung formuliert der erste »Römerbrief« eine wenn auch noch vorläufige, so doch wegweisende Antwort. Man kommt ihr auf die Spur, wenn man die Denkform des ersten »Römerbriefs« untersucht, also nach der die einzelnen theologischen Aussagen bestimmenden Grundstruktur des Barthschen Denkens fragt. Ich will im folgenden die These erhärten, daß die Barths Exegese anleitende Denkform im wesentlichen durch die Eschatologie geprägt ist, und daß diese eschatologische Denkform sich zweier Denkschematismen bedient, die durch ihre Begrifflichkeit und Metaphorik unterscheidbar, gleichwohl aber einheitlich strukturiert und insofern lediglich zwei Aspekte ein und derselben Eschatologie sind. Ich beginne mit der Analyse des axiologischen Aspekts, der sich primär in der Unterscheidung von ›sogenannter‹ und ›eigentlicher‹ Geschichte entfaltet (4.2.1.), gehe dann auf den teleologischen Aspekt[19] über, in dem eine organologische Metaphorik die beherrschende Rolle spielt (4.2.2.), um schließlich nach der diesen beiden eschatologischen Modellen

---

18 Siehe dazu oben S. 120ff.
19 Barth spricht mehrfach von Teleologie (siehe z.B. R I, 243ff u. 257), nicht aber von Axiologie. Ich knüpfe mit der Unterscheidung von axiologischer und teleologischer Eschatologie an eine 1922 von Paul Althaus geprägte Terminologie an, weil sie m.E. geeignet ist, zwei wesentliche Aspekte der Eschatologie des ersten »Römerbriefs« auf den Begriff zu bringen. Gleichzeitig will ich aber anmerken, daß das jeweils damit Gemeinte sich nur partiell deckt, da Althaus (anders als Barth) sich diesseits des erlebnistheologischen Rubikon befindet (*P. Althaus*, Die letzten Dinge, bes. 16-63; vgl. zur frühen Gestalt der Eschatologie von Althaus: *F. Holmström*, Das eschatologische Denken, 279ff).

4.2. Die eschatologische Denkform

gemeinsamen Denkform sowie den Konsequenzen für Barths Exegese zu fragen (4.2.3.).

4.2.1. ›Sogenannte‹ und ›eigentliche‹ Geschichte[20]

Über Geschichte reflektiert Barth im ersten »Römerbrief« vor allem in der Auslegung von Röm 3, also dem Kapitel über »Die Gerechtigkeit Gottes«. Die stillschweigende (neukantianische) Voraussetzung dabei ist, daß das Problem der Geschichte primär als moralisches Problem aufzufassen sei.[21] Denn Geschichte ist für Barth ganz allgemein gesprochen: Geschehen, Handlung, Beziehung; und die Frage, von welcher Art dieses Geschehen, diese Handlung, diese Beziehung sein soll, ist für ihn nichts anderes als die ethische Frage nach dem Guten, das sich darin ereignen soll. Vor diesem Hintergrund führt Barth in Anlehnung an die apokalyptische Zwei-Äonen-Lehre seine Unterscheidung von ›sogenannter‹ und ›eigentlicher‹ Geschichte ein.

(1) Die ›sogenannte‹ Geschichte. – Zunächst: Was dürfen wir unter dem Begriff einer ›sogenannten‹ Geschichte verstehen? Erste, vorläufige Antwort: Das Phänomen der Geschichtlichkeit, also des Zustandes ständigen Werdens und Vergehens, in dem wir uns mit der Welt befinden. Dieses Phänomen unserer Existenz in der Zeit (vgl. R I, 86) wird eben ›so‹ – nämlich Geschichte – ›genannt‹. Sie ist die Geschichte dieses Äons, seiner Menschen und Institutionen, die Geschichte, die Gegenstand der Wissenschaft werden kann, »die ›Geschichte‹, die die Historie und die Psychologie« – und man darf getrost ergänzen: die Ökonomie und Soziologie – »beschreiben möchten« und können (R I, 64). – Zweite, tiefer gehende Antwort: Sie ist nicht das, was eigentlich geschehen müßte. Die Näherbestimmung dieser Geschichte als einer ›sogenannten‹, indiziert zugleich eine negative Wertung: Was lediglich ›so genannt‹ wird, ist nach dem Maßstab dessen, was geschehen soll, eigentlich gar keine Geschichte, jedenfalls – so behauptet Barth – nicht ›eigentliche‹ Geschichte. Damit erhebt sich die Frage, warum die erfahrbare Geschichte, die historische Zeit, solchermaßen negativ zu werten sei. Geht man dem Problem nach, so stellt sich heraus, daß diese Geschichte für Barth eine zweifache Wurzel hat.

Die eine Wurzel der ›sogenannten‹ Geschichte ist der Abfall des Menschen von Gott. In Kapitel 1 des Römerbriefkommentars beschreibt Barth den Sündenfall als Lösung der Menschheit aus ihrer ursprünglichen Einheit mit Gott.

---

20 Vgl. zum Folgenden T. *Stadtland*, Eschatologie und Geschichte, 37-41, der freilich zu ganz anderen Ergebnissen kommt.
21 Zum Geschichtsbegriff des Neukantianismus: *G. Scholtz*, Art. Geschichte, Historie, 381f.

Gottes Zorn über diese Trennung drückt sich darin aus, daß Gott die Sünde mit ihren für den Menschen fatalen Konsequenzen sich einfach auswirken läßt. Der ›Abfall‹ (R I, 24ff) zieht unweigerlich den ›Sturz‹ (R I, 32ff) des Menschen nach sich, d.h. seine Abhängigkeit von den Götzen, die er sich selbst geschaffen hat, und die ihn nun unterdrücken. Die ›sogenannte‹ Geschichte ist als erstes eine Geschichte der Sünde und ihrer Folgen. Insofern kann man auch sagen: »Die Weltgeschichte ist das Weltgericht« (R I, 48 u. 417)[22], – ein Satz, der später noch einmal aufgenommen wird in der These, »das Gericht, das sich in der Weltgeschichte« vollziehe, erweise sich als Gottes Gericht (R I, 71). Die Betonung, die darauf liegt, daß das Gericht *Gottes* Gericht sei, soll offenbar zeigen, daß der Trennung des Menschen von Gott nicht automatisch eine Distanzierung Gottes vom Menschen korrespondiert. Gottes Beziehung zum Menschen wird infolge des Falls nicht einfach aufgelöst, – sie wirkt sich für den Menschen lediglich anders aus. Denn in Abfall und Sturz begriffen, muß der Sünder Gottes liebende Zuwendung als Zorn, als Gericht, als Strafe erfahren (R I, 25). Damit ist allerdings erst die eine Seite der ›sogenannten‹ Geschichte erfaßt. Und man muß sich sogar fragen, ob sie die entscheidende ist, ob sie als bloße Fall-Geschichte überhaupt – und sei es auch nur ›sogenannte‹ – Geschichte sein könnte. Denn die Konsequenz der Sünde ist an sich der Tod. Aus dem Tod folgt aber nichts. »Aus Nichts wird Nichts« (R I, 174), – wenn da nicht noch Gott wäre, der den Menschen auch im Fall nicht fallen ließe. Geschichte, Geschehen, Handlung, Beziehung wird die ›sogenannte‹ Geschichte erst durch das Eingreifen Gottes. Dies ist die zweite Wurzel der ›sogenannten‹ Geschichte.

Gottes Eingriff besteht darin, daß er dem Sünder seinen göttlichen Willen vor Augen stellt, so daß diesem erkennbar wird, daß Gottes Zorn nichts anderes als die Kehrseite seiner Liebe ist. Der Güte Gottes ist es zuzuschreiben – so Barth –, daß sich einzelne Menschen, manchmal auch Kreise und ganze Völker ihres göttlichen Ursprungs, ihrer verlorenen Heimat erinnern. So entwickeln sich Gesetze, Ideale, Utopien. »Im Kommen und Gehen solcher besonderer Zeiten entsteht eine Geschichte zwischen Gott und den Menschen, die sich durch die Weltgeschichte hindurchzieht als roter Faden und tieferer Gehalt« (R I, 45). Indem sie auf das Seinsollende, auf den Willen Gottes, auf das Gute hinweist, ist sie »Verheißung auf den kommenden Durchbruch der Kraft Gottes, auf den Messias« (R I, 45) als dem »Ziel dieser Geschichte« (R I, 46). Aber sie ist eben als solche noch nicht dieser Durchbruch selbst. Die Utopie hat noch keinen Ort gefunden, das Ideal harrt seiner Realisierung.

---

22 Vgl. zur Herkunft dieses Satzes und seiner Verwendung im Ersten Weltkrieg *K. Vondung*, Die Apokalypse, 132ff.

4.2. Die eschatologische Denkform

So besitzt die ›sogenannte‹ Geschichte ein Janusgesicht: einerseits ist sie eine Folge der Sünde und des Zornes Gottes, andererseits aber verheißt sie als Gesetzesgeschichte – der ›rote Faden‹ in der ›sogenannten‹ Geschichte – die von Gott her kommende Versöhnung. Diese Dialektik von Sünde und Verheißung macht zugleich ihre Tragik aus. Denn zwar ist das Gesetz als der ›rote Faden‹ der Weltgeschichte der »Höhepunkt der *sogenannten* Geschichte« (R I, 76 u. 83), – erfüllt werden kann das Gesetz aber in ihr nicht. Hat sich der Mensch von Gott abgewandt, so kann er auch das Göttliche, das Gute, dessen Subjekt allein Gott ist, nicht realisieren. Ideal und Leben, Theorie und Praxis klaffen auseinander. So bleibt vorläufig nur festzuhalten: »Die Idee bleibt ›nur‹ Idee und das Leben bleibt ›nur‹ Leben. Die eigentliche Geschichte geschieht nicht« (R I, 81). Was geschieht, ist die ›sogenannte‹ Geschichte, die ewig eine »Geschichte des Zwiespalts« (R I, 85) und des »Fortschritts im Kreis herum« bleibt (R I, 82; ähnlich 95).

In der Gleichsetzung der auf diese Weise charakterisierten ›sogenannten‹ Geschichte mit der phänomenalen Geschichte, also mit dem, was wir gewöhnlich allein als Geschichte bezeichnen, kommt das apokalyptische Moment mit seiner schroffen Entgegensetzung von Gott und Welt ungeschmälert zum Zuge. Gott ist in diesem Äon, in der Welt der ›sogenannten‹ Geschichte, nur idealiter anwesend, realiter aber abwesend. Es ist evident, daß dieses Geschichtsverständnis Ausdruck derjenigen Erfahrungen ist, die man mit der realen Geschichte machen konnte. Barth leugnet nicht die Existenz von Idealen, aber er bestreitet – ernüchtert durch ihr Versagen angesichts der Kriegswirklichkeit, die sie nicht zu verhindern vermochten – ihre Wirksamkeit in der Geschichte. Darum ist diese Geschichte für das Volk Gottes gegenstandslos geworden; denn das Volk Gottes gehört – wie Barth formulieren kann – statt dessen jener »Geschichte der Geschichte« an, die mit Christus eröffnet ist und durch die »das, was bisher ›Geschichte‹ hieß: das Auf- und Niederwogen alter und neuer menschlicher Gerechtigkeiten, stillgestellt« und erledigt ist (R I, 66). Diese neue, ›eigentliche‹ Geschichte schließt die alte, ›sogenannte‹ Geschichte endgültig ab (R I, 85). Den hier fast zwangsläufig aufbrechenden Fragen, wie dieses ›Abschließen‹ gemeint sein könnte, ja welchen Sinn Barth dem Begriff einer ›eigentlichen‹ Geschichte konkret unterlegt und welches Verständnis von Zeit dabei vorauszusetzen sei, – diesen Fragen wollen wir uns jetzt zuwenden.

(2) Die ›eigentliche‹ Geschichte. – Wenn es das Wesen der ›sogenannten‹ Geschichte ist, daß das Gute in ihr nicht geschieht, daß Ideal und Leben auseinanderklaffen, so zeichnet sich die ›eigentliche‹ Geschichte gerade dadurch aus, daß in ihr diese Kluft geschlossen, daß in der Tat das Gute, das eigentlich geschehen sollte, nun auch realisiert wird: »Die verlorengegangene organische

Einheit von Gott, Welt und Mensch tritt wieder in Kraft und macht alle Kombinationskünste der Philosophen und Theologen überflüssig. Die Kluft zwischen Wollen und Vollbringen, Ideal und Leben schließt sich, und beide werden zu Schwingungen der einen und selben göttlichen Bewegung« (R I, 88). Zunächst freilich nur in Christus geschehen, pflanzt sich »die in ihm vollzogene fertige objektive Wendung ›im Verborgenen der Menschen‹ ... fort in die Geschichte und in die Natur hinein« (R I, 91). Das heißt nichts anderes, als daß sich die ›eigentliche‹ Geschichte als der neue Äon, als Erfüllung der Verheißung, als die Realität Gottes in der Welt und im Menschen, nicht auf das Christusgeschehen beschränkt, sondern in die Geschichte hineinreicht. Allerdings, so wäre hier gleich zu fragen: in welche Geschichte? Ist der ›neue Äon‹ denn nicht jenseits der Geschichte? Und haben wir nicht eben gehört, daß die ›eigentliche‹ Geschichte gerade nicht geschieht, das Gute in der Geschichte, nämlich der phänomenalen Geschichte, nicht realisiert wird?

Im Lichte des sich in der ›sogenannten‹ Geschichte abspielenden Kampfes zwischen Ideal und Leben, so behauptet der erste »Römerbrief«, »erscheint uns die Zeit als Zeit, d.h. als Ablauf, Veränderung, Entwicklung, Werden und Vergehen: als Unterbrechung jenes anfänglichen und endlichen Seins in der Herrlichkeit Gottes« (R I, 86). Mindestens zweierlei verdient an diesem Zitat hervorgehoben zu werden, was uns einer Lösung des mit dem Begriff der ›eigentlichen‹ Geschichte gestellten Rätsels näherbringen könnte. Erstens: Die Zeit, in der die ›sogenannte‹ Geschichte sich ereignet, versteht Barth dezidiert als Schein. Zeit ›erscheint‹ uns unter den Bedingungen des alten Äons, der ›sogenannten‹ Geschichte, in der Verlaufsstruktur von Werden und Vergehen. Als solche aber ist sie – nimmt man Gottes Realität als Kriterium – Ausdruck einer ›unwirklichen‹ Wirklichkeit, die die ›wirkliche‹ Wirklichkeit[23] göttlichen Seins nur unterbricht. Die Zeit der ›eigentlichen‹ Geschichte müßte also eine Zeit sein, die der Werden-und-Vergehen-Struktur der historischen Zeit jedenfalls nicht unterliegt. Zweitens: Insofern die ›sogenannte‹ Geschichte eine Unterbrechung des Seins in Gott darstellt und das Göttliche in dieser Geschichtszeit nicht als reales Sein vorhanden ist, ist sie also des göttlichen Seins entleerte Zeit, ist sie ›leere‹ Zeit, eben der lediglich formale Begriff von Zeit als Werden und Vergehen. Demgegenüber müßte die Zeit der ›eigentlichen‹ Geschichte eine durch das Geschehen des göttlichen Seins, d.h. des Guten, ausgefüllte Zeit sein, die die Zeit als bloß formale aufhebt. So kann Barth denn auch sagen: »Eine *neue Weltzeit* ist angebrochen: das Ende aller Zeiten. Indem Gott nun sein letztes Wort, *das* Wort spricht – in dem Maß, als es nun gehört

---

23 Der Akt, in dem Gott sich zur Welt bekennt, sich mit ihr versöhnt, »ist die Katastrophe der nicht-wirklichen Wirklichkeit der sogenannten Geschichte und der Durchbruch der wirklichen Wirklichkeit seines kommenden Reiches« (R I, 87f).

4.2. Die eschatologische Denkform

wird, wird die Zeit stillgestellt durch die Ewigkeit. Indem die Zeit in ihrem tiefsten Sinn erfüllt wurde und wird, liegt sie dahinten« (R I, 86); »da bricht die neue Weltzeit, die keine Zeit mehr ist, an, da erscheint, die Zeit erfüllend, das ewige Jetzt« (R I, 87).

Es bestätigt sich damit zunächst einmal, daß die neue Zeit der ›eigentlichen‹ Geschichte tatsächlich abgehoben werden muß von der historischen Zeit; sie ist sozusagen eine Zeit *sui generis*, nämlich der nicht der Struktur der historischen Zeit unterliegende Verlaufsmodus göttlichen Geschehens in dieser Welt. Wenn dies richtig ist, wird man sich natürlich fragen müssen, ob es dann nicht angemessener wäre, statt von ›Zeit‹ von ›Zeitlosigkeit‹ zu sprechen.[24] Demgegenüber möchte ich zeigen, daß Barth bewußt am Begriff ›Zeit‹ festhält und daß er gute Gründe hat, die ›eigentliche‹ Geschichte in einer *Zeit* sui generis anzusiedeln.

Gewiß wird man den Begriff der ›Zeitlosigkeit‹ in dem engumgrenzten Sinne gelten lassen dürfen, daß die ›eigentliche‹ Geschichte diejenige Zeit ›los‹ sei, die innerhalb der ›sogenannten‹ Geschichte allein Zeit heißt. Die ›eigentliche‹ Geschichte unterliegt keinem Werden und Vergehen, ist historisch und psychologisch nicht objektivierbar.[25] Sie ist aber diese Zeit nur los, indem sie in sie eingeht, sie ›erfüllt‹ und ›stillstellt‹ (R I, 86f). Sie ist also nicht zeitlos in dem Sinne, daß sie der raumzeitlichen Wirklichkeit gegenüber transzendent bliebe. Sie hat vielmehr in der Tat mit Zeit zu tun, einer Zeit sui generis eben. ›Erfüllt‹ ist sie, insofern das Gute in ihr tatsächlich geschieht, ›stillgestellt‹, weil sie aufgrund des in ihr nicht idealiter, sondern realiter vorhandenen Göttlichen die gültige Zeit schlechthin ist, für die es keinen Wechsel der Zeitmodi geben kann. Das geschehene und geschehende Gute vergeht nicht und wird nicht erst zukünftig gut, sondern es ist als Werk Gottes jederzeit gut. Es ist real, aber nicht objektivierbar; es entzieht sich jeder Verifizier- oder Falsifizierbarkeit seitens empirischer Wissenschaften, ereignet sich aber wirklich, also auch in Raum und Zeit. Es bleibt unverfügbar, weil es »im ›Verborgenen der Menschen‹« geschieht (R I, 57).[26] Barth muß am Begriff der Zeit festhalten, weil seine Versöhnungslehre andernfalls nicht nur doketisch wäre, sondern

---

24 Manche von Barth gebrauchte Wendungen – wie etwa »stillgestellte Zeit«, »Zeit, die keine Zeit mehr ist«, »ewiges Jetzt« – scheinen in diese Richtung zu weisen.
25 In diesem Sinne von ›nicht-objektivierbar‹, ›unverfügbar‹ verwendet Barth den Terminus ›zeitlos‹ einmal selber, wenn er betont, daß »die Gemeinschaft des Christus ... keine ›historische‹ Beziehung, sondern die zeitlose, historisch und psychologisch unbedingte Gemeinschaft des Geistes ist« (R I, 107). Die Partizipation an Christus ist keine, die mittels Historie oder Psychologie verifizierbar oder falsifizierbar wäre.
26 Die von Barth in R I als stehende Wendung (vgl. das Register der Neuausgabe) gebrauchte Formel ›Das Verborgene der Menschen‹ geht auf Röm 2,16: τὰ κρυπτὰ τῶν ἀνθρώπων, zurück (R I, 53). Zu Zengels Interpretation des Verborgenen als Inwendiges im Menschen vgl. unten S.183 Anm. 91.

vor allem auch das Dilemma der ›sogenannten‹ Geschichte nicht lösen würde, das darin besteht, daß Ideal und Leben auseinanderklaffen, daß das Gute lediglich idealiter, nicht aber realiter in ihr vorhanden ist. Um den *realen* Sinn der ›eigentlichen‹ Geschichte zu unterstreichen, spricht Barth von ›erfüllter Zeit‹.

Jenseits des zweiten »Römerbriefs« hat Barth den Begriff der ›erfüllten Zeit‹ in seiner »Kirchlichen Dogmatik« wieder aufgenommen, allerdings in einem etwas anderen Sinn als hier.[27] ›Erfüllte Zeit‹ ist dort zwar ebenfalls eine Zeit, die kein Werden und Vergehen kennt, sie ist als solche aber exklusiv die »Zeit der Offenbarung, die Zeit Christi« (KD I/2, 58), d.h. »die Zeit der Jahre 1–30« (ebd., 64). Gewiß geht es auch dabei nicht um die historische Zeit jener dreißig Jahre, denen an sich keine Offenbarungsqualität zukommt, sondern um die in jene Zeit eingetretene Offenbarungsgeschichte. »Offenbarung«, so betont Barth in diesem Zusammenhang, »ist nicht ein Prädikat der Geschichte, sondern Geschichte ist ein Prädikat der Offenbarung«; das entscheidende Kriterium ist, daß »Gott das Subjekt ist und bleibt« (ebd.). Dies trifft nach Barths späterer Überzeugung genaugenommen aber eben nur auf die Geschichte Jesu Christi zu. Darum bezeichnet er die Zeit davor als »Zeit der Erwartung«, die Zeit danach als »Zeit der Erinnerung« (ebd., 77-133). Diese christologische Konzentration fehlt im ersten »Römerbrief« noch. Die ›erfüllte Zeit‹ der ›eigentlichen‹ Geschichte tritt zwar mit Jesus in die Zeit ein, ist aber nicht auf die Zeit Jesu beschränkt.

(3) ›Sogenannte‹ und ›eigentliche‹ Geschichte als universale Existenzweisen. – Schon die Analyse der jeweils vorausgesetzten Zeitstruktur dürfte gezeigt haben, daß es sich für Barth nicht einfach um zwei aufeinander folgende Perioden handeln kann, sondern vielmehr um zwei verschiedene Aspekte von Geschichte. Barth verschärft den Dualismus des Zwei-Äonen-Schemas, indem er die zeitliche Abfolge von altem und neuem Äon uminterpretiert in die Prävalenz der ›erfüllten‹ gegenüber der bloß ›leeren‹ Zeit. Die apokalyptische »Erwartung eines katastrophenartigen Abbruchs« der bisherigen Geschichte und eines darauf folgenden Neuanfangs wird als schwärmerischer Radikalismus explizit abgelehnt (R I, 72; vgl. auch 330). Die ›eigentliche‹ Geschichte kann »nicht als eine zweite *neben* jene treten«, als wäre sie dessen verbesserte Fortsetzung (R I, 66f), sie »eröffnet nicht eine neue Geschichtszeit *nach* und *hinter* der andern, sondern sie bringt als Längsschnitt durch die Zeiten die göttlichen Möglichkeiten aller Perioden zur Erscheinung und zur Realisierung« (R I, 67). ›Sogenannte‹ und ›eigentliche‹ Geschichte »stehen« als solche »ineinander« –

---

27 Siehe vor allem: KD I/2, 50-77 und KD III/2, 550ff; vgl. dazu: *K. Stock*, Anthropologie der Verheißung, 191-233; und *D. Clausert*, Theologischer Zeitbegriff.

4.2. Die eschatologische Denkform

wie Barth sagen kann –, »das zweite als Erfüllung des ersten« (R I, 105; ähnlich 100). In diesem Sinne wird man sogar sagen müssen, daß die ›eigentliche‹ Geschichte die ›sogenannte‹ voraussetze, daß »die sogenannte Geschichte der notwendige Durchgangspunkt der eigentlichen Geschichte ist« (R I, 67). Ohne gleich*wertig* zu sein, gelten sie doch gleich*zeitig*. Gelten sie aber gleichzeitig, so sind sie beide universal. Die ›eigentliche‹ Geschichte vollzieht sich, ohne der historischen Zeit der ›sogenannten‹ Geschichte zu unterliegen, im gleichen ›Zeit-Raum‹ wie jene.[28]

Wenn wir nun den Blick auf das Subjekt der Geschichte richten, so zeigt sich jene schon oben angedeutete Schwierigkeit. Subjekt der ›sogenannten‹ Geschichte ist die von Gott abgefallene Menschheit; Subjekt der ›eigentlichen‹ Geschichte ist insofern Gott, als er der Urheber des in ihr geschehenden Guten ist. Aufgrund der in der ›eigentlichen‹ Geschichte von Gott wiederhergestellten Einheit von Gott, Welt und Mensch kann aber auch die erneuerte Menschheit als Subjekt der ›eigentlichen‹ Geschichte bezeichnet werden, so daß es in manchen Passagen (besonders der Auslegung von Röm 5) so aussieht, als sollten lediglich zwei menschliche Existenzweisen unterschieden werden. Vor allem in der Interpretation der Adam-Christus-Typologie (Röm 5,12-21) scheint eine gewisse Tendenz zur Existenzialisierung der beiden Äone zu bestehen.[29]

Adam und Christus bezeichnen hier zwei antithetisch-parallele Existenzweisen des Menschen: »In zwei Höhepunkten gipfelt die Geschichte der Menschheit: in Adam hier und dort im Christus... Jeder Faden in dem verschlungenen Gewebe jedes weltgeschichtlichen Augenblicks ist entweder Zeddel von Adam oder Einschlag vom Christus. Jeder Tropfen im Doppelstrom des jetzigen und des kommenden Äon, in dem wir stehen, fließt deutlich unterscheidbar aus der Quelle Adams oder aus der Quelle des Christus und weist in der Richtung seiner Bewegung ebenso unverkennbar auf seinen Ursprung zurück« (R I, 173). Ist »die Signatur des in Adam zusammengefaßten Menschenwesens« das über die Sünde verhängte Todesurteil, so »die Signatur des im Christus ans Licht gebrachten Menschenwesens ... die Freiheit und die Vollmacht, ein Lebendiger zu sein« (R I, 174). Indem er beide Existenzweisen metahistorisch begründet

---

28 Es ist darum für Barth ein Leichtes, etwa an Abraham (Röm 4) zu demonstrieren (R I, 107ff), daß in dessen Glaubensentscheidung die »Kraft der Auferstehung zum Durchbruch« kam (R I, 112). Denn: »Der Äon des Christus ist die Wirklichkeit, die immer Wirklichkeit sein wird« (R I, 115; ähnlich R I, 142). Dies gilt nicht nur für Abraham, sondern für jeden, bei dem das Wort Gottes Glauben findet. Da, wo das Gute wirklich geschieht, wo aus Hörern des Gesetzes Täter werden, ist »der Messias, der den Ursprung wieder bringt, heimlich schon da«. Es gibt Menschen, »für die also der Christus mit seiner Gerechtigkeit schon da ist ..., die tatsächlich bereits leben von der Kraft seiner Auferstehung, welche in der Welt in ihrer ganzen Ausdehnung, in allen Ländern und Zeiten den neuen Äon begründet hat« (R I, 54; ähnlich auch 53 u. 55).
29 Im Blick darauf spricht *T. Stadtland*, Eschatologie und Geschichte, 40, von einer »existentialen Uminterpretation« der »herkömmliche[n] Heilsgeschichte«.

sein läßt, begegnet Barth dem mit der Irreversibilität der Zeit argumentierenden Einwand, ante Christum natum könne unmöglich schon von der Wirksamkeit des neuen Äon gesprochen werden. Für ihn hat das Historische an Adam oder Christus nur die Funktion einer »Einbruchstelle der objektiven kosmischen Kraft, die hinter« ihnen steht (R I, 189). Der ›historische Adam‹ sei so belanglos wie der ›historische Jesus‹; entscheidend sei der Sündenfall Adams und der Tod Christi »wegen der allgemeinen, umfassenden, jenseitigen Wendungen im Himmel, im ›Verborgenen der Menschen‹, die sich hier und dort *hinter* dem einmaligen Ereignis vollzogen haben«; beide Male gehe es »um die schlechthinige Disposition eines Ganzen, nicht um eine Geschichte unter andern, sondern um das, was immer und überall geschehen ist und geschehen wird, um eine *Voraussetzung* allen Geschehens, die freilich in *einem* Punkt der Geschichte zum ersten Mal durchbricht und erkennbar wird« (R I, 182; vgl. 164 u. 161). Barth kann so weit gehen, den Tod Christi als die »endgültige Absage der Menschheit« [!] an die Macht der Sünde zu bezeichnen (R I, 225).[30]

Nun kann natürlich erstens keine Rede davon sein, daß die Menschheit quasi selber Subjekt der Erlösung ist. Daß Gott es ist, der »eine neue, die ursprüngliche Menschheit schafft« (R I, 137), wird klar zum Ausdruck gebracht. Zweitens stehen sich die beiden Äone nicht statisch gegenüber: »Der logische Parallelismus der beiden Welten kann nur aufgestellt werden, um ihn sofort wieder aufzulösen« (R I, 189). Die Äonenwende, in der wir uns befinden, ist kein Verhältnis dialektischen Gleichgewichts, sondern ein Transitus vom Nicht-Sein zum Sein, von der bloßen Idealität zur Realität des Reiches Gottes, von der ›leeren‹ zur ›erfüllten‹ Zeit, – ein Transitus, den die Menschheit nur als von Gott neugeschaffene vollziehen kann. Und drittens entsteht der Schein, als sei die Menschheit selber Subjekt der Erlösung, lediglich dadurch, daß diese neugeschaffene Menschheit als ›im Christus‹ unmittelbar eins mit Gott beschrieben wird.[31] Die implizite Christologie, die sich hinter diesen Aussagen verbirgt,

---

30 Ähnlich R I, 95: »In der Abwendung von Gott verkauft sich die Menschheit an die Sünde (7,14), in der Zuwendung zu ihm, *die seine eigene Tat im Christus ist*, wird sie losgekauft von dieser Fremdherrschaft« (Hervorhebung vom Verf.).
31 Ein vergleichbares Problem zeigt sich auch beim einzelnen, auf dessen freie Entscheidung für Gott einerseits großer Wert gelegt wird, um den Eindruck zu vermeiden, als unterliege er einem ihn so oder so bestimmenden Schicksal (R I, 236ff), dessen Entscheidung aber andererseits nicht den Charakter einer Gott gegenüber selbstmächtigen Tat hat (R I, 22). Barth versucht diesem Dilemma zu entgehen, indem er alternierend die menschliche Entscheidung und die göttliche Bestimmung akzentuiert: »Du bewegst dich und wirst bewegt. Du empfängst und handelst. Du erwählst und wirst erwählt. Beides in Einem, diesmal *mit* Gott und *für* Gott wie vorher *ohne* ihn und *gegen* ihn« (R I, 237). Wichtiger aber als die jeweilige Akzentuierung ist schon für den ersten »Römerbrief«, daß der Mensch nicht bei seinem Sündersein behaftet wird, sondern vielmehr auf sein Sein unter der Gnade hin angesprochen ist: »Ihr seid Menschen, in denen die große Frage der Weltgeschichte schon zu einer Entscheidung gediehen ist, denen sie im Christus keine Frage mehr ist. Ihr steht nicht mehr im Dualismus zweier gleich mächtiger Welten, sondern (5,12ff) im Siege des Lebens« (R I, 238; ähnlich 189f). Insbesondere hinter

4.2. Die eschatologische Denkform

hat einen streng inklusiven, alle Menschen umfassenden Charakter.[32] Dies zeigt sich beispielsweise nicht nur bei der Adam-Christus-Typologie, sondern auch in der Auslegung von Röm 6,1-14, wo Barth unter dem Stichwort ›Karfreitag‹ (R I, 205-233) eine theologia crucis entfaltet, welche die Taufe als Teilhabe am Kreuz Christi interpretiert: »So sicher unser wahres, eigentliches Ich mit einbezogen ist, so sicher ist unser alter Mensch mit hineingerissen in den Strudel von Untergang und Verderben, der vom Kreuz her die ganze alte Welt bedroht« (R I, 219). Und ganz analog dazu legt Barth Röm 6,15-23 unter der Überschrift ›Ostern‹ (R I, 233-246) als inklusive theologia resurrectionis aus, in der sich Christi Auferstehung als Befreiung des Sünders zu einem Leben für Gott darstellt. Wenn dies richtig ist, wird man Barths These, daß Christus der erste Repräsentant der neuen Menschheit sei[33], nicht im Sinne existentialer Interpretation, sondern in der Perspektive einer universal-inklusiven Christologie verstehen müssen. Wichtig ist dabei für Barth, wie sich die erlöste Christus- und die unerlöste Adams-Menschheit zueinander verhalten. Denn nicht um zwei Gruppen der Menschheit handelt es sich, sondern darum, daß die eine Menschheit in der Äonenwende steht. Der Riß, der beide Äonen trennt, geht quer durch die Menschheit und jede Einzelexistenz. Darum kommt es auch für den einzelnen darauf an, in welchem Verhältnis zu den beiden von Adam und von Christus ausgehenden universalen Machtwirkungen er steht bzw., »da beide Mächte sich eben auf *alle* Menschen erstrecken, in welchem Verhältnis sie in seinem Leben zueinander stehen« (R I, 174; vgl. auch 198).

Daran wird noch einmal deutlich, daß die beiden Äone zwei ineinander verschränkte, gleichzeitige Herrschaftsbereiche zur Darstellung bringen. Durch dieses ›Ineinanderstellen‹ der beiden Äone wird der kommende Äon zur verborgenen Gegenwart, das Eschaton zum jederzeit Letztgültigen. Der Übergang vom einen zum anderen Äon impliziert darum eine »Umwertung aller Werte« (so die Überschrift zur Auslegung von Röm 2,14-29; siehe R I, 53). Denn der objektiv ›im Verborgenen der Menschen‹ vollzogene Transitus von der (bestenfalls) bloßen Idealität zur Realität des Guten, ist das entscheidende Kriterium des »göttliche[n] Werturteil[s]« (R I, 56). ›Erfüllt‹ ist die Zeit überall da, wo jene Entscheidung für das von Gott her geschehende Gute getroffen ist. Barths Differenzierung zwischen ›sogenannter‹ und ›eigentlicher‹ Geschichte bestimmt das Eschaton also zunächst axiologisch.

---

dem zuletzt zitierten Satz steht Blumhardts »Jesus ist Sieger!« (Vgl. dazu den Exkurs oben S. 118f).
32 Die hieran anschließenden Überlegungen verdanken sich einem Hinweis von Bertold Klappert.
33 »Der Messias«, so kann Barth sagen, ist nicht »die höchste Blüte religiös-sittlichen Menschentums, das letzte, ideale Glied der diesseitigen Bewegung der Geschichte«, sondern »das erste einer neuen, das Haupt einer von Gott verwandelten Menschheit« (R I, 128).

Das kommt z. B. auch darin zum Ausdruck, daß Barth mit diesem eschatologischen Modell die Sinnfrage verbindet. Die Frage, ob Geschichte einen Sinn habe und wenn ja: welchen, bzw. wodurch man ihr Sinn verleihen könne, wenn die Antwort negativ ausfalle, drängte sich damals – wie in jeder Krisensituation – vielen auf.[34] Barth knüpft an die Erfahrung der Sinnkrise an und interpretiert sie von seiner Eschatologie her. An der Gestalt des konservativen Historizisten und des radikalen Schwärmers demonstriert er den notwendig positionellen und damit einseitigen Umgang mit Geschichte. Während der Konservative lediglich das Ideale sehen will und das Schreckliche, das in der Geschichte auch geschieht, leugnet, will umgekehrt der Radikale nur das Negative erkennen, um daraus »das Recht seines Protestes gegen die Behauptung eines positiven Sinns der bisherigen Geschichte und seiner Erwartung eines katastrophenartigen Abbruchs und Neuanfangs« abzuleiten (R I, 72). Demgegenüber enthüllt sich von der ›eigentlichen‹ Geschichte her betrachtet sowohl »der Unsinn der *sogenannten* Geschichte« als auch »ihr tiefster Sinn« (R I, 67), d.h. es zeigen sich sowohl die Folgen der Sünde als auch die Funktion von Idealen in der Geschichte. Denn in der ›eigentlichen‹ Geschichte und nur in ihr kommt der Sinn der Geschichte in der Überwindung der Sünde und in der Realisierung des Ideals zur Geltung. Damit ist den selbsternannten Sinnstiftern konservativer wie radikaler Provenienz der Boden entzogen. Gemessen am Letztgültigen, nämlich an der Erfüllung des göttlichen Willens, am tatsächlichen Geschehen des Guten, greifen optimistische Interpretationen der Geschichte ebenso ins Leere wie pessimistische. Denn das Letzte, das Eschaton, steht so oder so nicht in der Hand des Menschen: »Der Sinn der Geschichte ist Gottes Sinn« (R I, 75).

Nun wird allerdings diese axiologische Bestimmung des Eschatons überlagert von einer eher teleologisch-organologischen Interpretation der Heilsgeschichte, die das ›Letzte‹ durchaus zeitlich, also zukünftig, nämlich als den wieder zu erlangenden ›Ursprung‹ zu verstehen scheint.

4.2.2. Der ›Ursprung‹ und das ›Organische‹

(1) Abfall und Rückkehr zum ›Ursprung‹. – Der am Ursprungsbegriff orientierten Variante von Eschatologie liegt die Vorstellung dynamischer Prozesse zugrunde, genauer: zweier gegenläufiger Bewegungen des Abfalls vom Ursprung einerseits und der Rückkehr zum Ursprung andererseits. Es handelt

---

34 Siehe dazu *K. Vondung*, Die Apokalypse, 86-132, bes. 109ff.

4.2. Die eschatologische Denkform

sich also nicht um eine einheitliche, in sich geschlossene, kontinuierliche Bewegung, eine Sequenz von Schritten auf ein Ziel zu, sondern um zwei voneinander zu unterscheidende Ziele, zwei teloi, die jenen beiden Prozessen je ihren Stempel aufprägen. Die Abfallsbewegung will ein Schritt in die Freiheit sein, endet aber tatsächlich in Unfreiheit und Tod; darum ist sie von Verfallsprozessen und Desorganisation gezeichnet (R I, 176f u. 182f). Die Rückkehrbewegung vollzieht sich dagegen in einem Prozeß organischen Wachstums hin zu vollkommenem Leben, wie es der schöpferischen Kraft des Ursprungs, zu dem sie hinführt, entspricht (R I, 50). Ich frage nun zunächst nach den einzelnen ›Stadien‹ dieser Doppelbewegung, um danach den für den teleologischen Aspekt von Eschatologie zentralen Gedanken des ›Organischen‹ genauer zu entfalten.

Erstens: Der Ursprung. Der Begriff des ›Ursprungs‹ schillert, bleibt – typisch für den ersten »Römerbrief« – terminologisch unscharf. Einerseits ist er Synonym für den Gottesbegriff (R I, 20, 30, u.ö.), andererseits bezeichnet er den in der Rückkehrbewegung wiederzuerlangenden realen, nicht idealen[35] Ausgangszustand des Verhältnisses zwischen Gott, Welt und Mensch vor Beginn des menschlichen Abfalls von Gott (R I, 23, 45, 53, u.ö.). Möglich sind diese Verwendungsweisen des Begriffs ›Ursprung‹, weil Barth davon ausgeht, daß das ›ursprüngliche‹ Verhältnis zwischen Gott und Mensch in Gott auch seinen ›Ursprung‹ hat. Dieses ursprüngliche Gottesverhältnis des Menschen ist in einem doppelten Sinn positiv: es ist das in der Schöpfung *Gegebene* und es ist zugleich das eigentlich von Gott und Mensch so gewollte *Gute* (vgl. R I, 23); es ist das »ursprüngliche, unmittelbare, normale Verhältnis des Menschen zu Gott, das Verhältnis, das Gott selbst recht ist, das seinem Sinne entspricht« (R I, 22), ein Verhältnis der »Unmittelbarkeit des Seins mit Gott« (R I, 177), wie Barth auch sagen kann.

EXKURS: ZUR HERKUNFT DER KATEGORIE ›URSPRUNG‹ IM ERSTEN »RÖMERBRIEF«[36]

Zu Recht wird in der Literatur immer wieder darauf aufmerksam gemacht, daß der für den zweiten »Römerbrief« wichtige Ursprungsbegriff dem Neukantianismus vor allem in der von Heinrich Barth ausgearbeiteten Version nahe stehe.[37] Barth selber hat 1921 im Vorwort zur zweiten

---

35 Gegen *H. U. von Balthasar*, Karl Barth, 71f.
36 Grundlegend dafür: *I. Spieckermann*, Gotteserkenntnis, 92-95 u. 108-122. Vgl. außerdem *W. M. Ruschke*, Diastasentheologie, 111-125 u. 184f. M.E. hat bisher keiner der Interpreten insbesondere das Verhältnis von Heinrich und Karl Barth so erhellend dargestellt wie Ingrid Spieckermann; ich begnüge mich deshalb mit einer relativ knappen Skizze der hier interessierenden Frühphase der philosophischen Entwicklung Heinrich Barths und gehe ausführlicher lediglich auf das ein, was mir daran im Blick auf den ersten »Römerbrief« bedeutsam erscheint.
37 Vgl. über die Anm. 36 genannte Literatur hinaus: *H. Ulrich*, Das Transzendenzproblem, bes. 18-21 u. 112-132; *N. T. Bakker*, In der Krisis der Offenbarung, 87-94; *F.-W. Marquardt*,

Auflage des »Römerbriefs« geschrieben, daß er »die bessere Belehrung über die eigentliche Orientierung der Gedanken Platos und Kants ... den Schriften [seines] Bruders Heinrich Barth zu verdanken habe« (R II, VII), und daß das für seinen Kommentar zentrale »Thema der Krisis des menschlichen Erkennens« von den Philosophen »Ursprung« genannt werde, während die Bibel »an diesem Kreuzweg Jesus Christus« sehe (R II, XIII). Insofern der Ursprungsbegriff allerdings einer der Begriffe ist, denen schon im ersten »Römerbrief« kategorialer Rang zukommt, muß geklärt werden, ob er auch hier vom neukantianischen Denken beeinflußt ist[38] oder ob wir von einer anderen Herkunft auszugehen haben.

Bei Hermann Cohen[39] ist der Ursprungsbegriff eine erkenntnistheoretisch-methodologische Kategorie, die die Selbständigkeit und Reinheit des Denkens begründen soll, eine ›inhaltsleere‹ Kategorie, die lediglich Ausdruck dessen ist, daß das Denken nichts voraussetzen kann, was es nicht im Akt des Voraussetzens selber erzeugen würde. Alles reale Dasein wie auch alles Seinsollende hat im als unendliche Aufgabe verstandenen Denken seinen Ursprung. »Alle reinen Erkenntnisse müssen Abwandlungen des Prinzips des Ursprungs sein«, lautet eines der fundamentalen Postulate Cohens (*H. Cohen*, Logik der reinen Erkenntnis, 36). Dies impliziert für ihn, daß beispielsweise auch die Ethik nur Wissenschaft ist, sofern ihre auf der Logik basierenden Grundbegriffe rein aus dem Denken erzeugt werden und keine Beimischung von Empirischem enthalten.

Karl Barths Bruder, der Philosoph Heinrich Barth[40], übernimmt zunächst die ausschließlich erkenntnistheoretische Verwendung des Ursprungsbegriffs, wie sie bei seinem Lehrer Hermann Cohen vorlag. So versucht er in seiner 1913 gedruckten Dissertation »Descartes' Begründung der Erkenntnis« zu zeigen, daß dem (Cohenschen) Begriff des erkenntnistheoretischen Ursprungs in Descartes' »metaphysische[r] Begriffswelt« nicht der cogito-Gedanke entspreche, dessen Tendenz »unzweideutig die Gewinnung eines Subjektsbegriffs« sei (*H. Barth*, Descartes' Begründung der Erkenntnis, 81), sondern der Gottesbegriff. Dahinter verbirgt sich die hier noch nicht weiter ausgeführte Überzeugung, daß Kants Rückgang auf das transzendentale Subjekt und der neukantianische Rekurs auf den Ursprung von Erkenntnis nicht so interpretiert werden dürften, als habe »Erkenntnis im Subjekt und der ›Struktur des Bewusstseins‹« seinen Ursprung (ebd., 79).

Als Karl Barth gerade dabei ist, letzte Hand an sein Römerbriefmanuskript zu legen und (wenig später) die Druckfahnen zu korrigieren, arbeitet sein Bruder Heinrich an seiner Habilitationsschrift zum Thema »Die Seele in der Philosophie Platons«. Am 12. Juni 1918, als das erste Kapitel des überarbeiteten Manuskripts an den Verlag Bäschlin abgeht, schreibt Karl Barth an seinen Freund Thurneysen: »Heiner sprach diesmal [!] gemäßigt, sein und mein Buch wurden mit zwei feindlichen [!] Minenstollen verglichen, in denen man den Andern nur schürfen und klopfen hört, ungewiß in welcher unheimlichen Tiefe, ungewiß wer zuerst in die Luft fliegen [!] wird« (BwTh I, 281). Auch aus weiteren zwischen Safenwil und Leutwil gewechselten Briefen geht hervor, daß die Diskussionen zwischen den beiden Brüdern in der Regel kontrovers verliefen (vgl. BwTh I, 283, 285-287, 290, 292f); allerdings ließen sie bei Karl Barth und Eduard Thurneysen auch die Frage aufkommen, ob man dem Kritischen Idealismus wirklich gerecht werde (BwTh I, 283). Meint Barth einmal feststellen zu müssen, die Idealisten seien mit dem Neuen Testament verglichen »aber doch keinen Schritt weiter als die Nomosleute, mit denen Paulus offenbar zu tun hatte« (BwTh I, 285f), so scheint ihm wenige Tage später »der ganze Gegensatz auf den zwischen unserer beweglichen bildhaften Ausdrucksweise und seiner [sc. Heinrich Barths] korrekten, auf ein *System* der Erkenntnis hinzielenden [Ausdrucksweise] hinauszulaufen. In den Ergebnissen sind überraschend viele Parallelen« (BwTh I, 287).

Theologie und Sozialismus, 207-219; *C. van der Kooi,* Anfängliche Theologie, 123-126 u. 152-157.
38 So vertritt z.B. *J. S. Walker*, The Development of Karl Barth's Theology, 60 u. 134f, die These, der von Heinrich Barth stammende Ursprungsbegriff Karl Barths sei »essentially the same« in beiden Auflagen des »Römerbriefs«.
39 Siehe dazu auch den Exkurs zu Cohen oben S. 39-43; sowie *H. Ulrich*, Das Transzendenzproblem, 112-122; und *W. M. Ruschke*, Diastasentheologie, 122f.
40 Vgl. zur Philosophie Heinrich Barths: *G. Huber*, Die Philosophie Heinrich Barths; *H. Diem*, Kritischer Idealismus; *P. Gürtler*, Der philosophische Weg Heinrich Barths. Zur Bedeutung Heinrich Barths für Karl Barth siehe außer *I. Spieckermann*, Gotteserkenntnis, 111-122: *H. Ulrich*, Das Transzendenzproblem, 127-131; *F.-W. Marquardt*, Theologie und Sozialismus, 207-219; und jetzt auch *W. M. Ruschke*, Diastasentheologie, 118-124.

4.2. Die eschatologische Denkform

Gewiß finden sich in Heinrich Barths 1921 publizierter Untersuchung auch Sätze, die an Karl Barths Vorkriegstheologie, von der er sich im ersten »Römerbrief« ja gerade absetzen will, erinnern und insofern der Kritik Karl Barths am Idealismus Recht zu geben scheinen, z.B. wenn man liest, daß »im wahrhaft Seienden ... die Urbilder des Schönen, Guten und Gerechten« mitenthalten seien. »Der Hinblick auf sie verleiht der Seele die Kraft, sich über das Irdische zum Göttlichen zu erheben; aus diesem Schauen entspringt der *gute* Wille, der zur sittlichen Gestaltung leitet... Erkenntnis und Sittlichkeit entspringen der gleichen Quelle; sie wurzeln in der Ideenwelt. Im Sinne platonischer Lehre denkt, wer Sittlichkeit durch die Idee geleitet sein läßt« (*H. Barth*, Die Seele in der Philosophie Platons, 58). Wichtiger freilich, weil es erklärbar macht, inwiefern Karl Barth sich trotz mancher kontrovers bleibender Urteile im Ergebnis mit seinem Bruder einig wissen konnte, – wichtiger ist, daß Heinrich Barths Intention darauf gerichtet ist, den exklusiv erkenntnistheoretisch-methodologischen Ursprungsbegriff und damit den letztlich subjektzentrierten Ansatz Cohens zu überwinden durch eine Interpretation der platonischen Idee des Guten als »Inbegriff der schöpferischen Gestaltung«, die der Ursprung nicht nur von Erkenntnis, sondern als solcher auch der Ursprung des erkennenden Subjekts wie des erkannten Objekts ist (ebd., 98). Wenn dies auch in der Habilitationsschrift Heinrich Barths m.E. noch nicht so deutlich wird, so zeigen doch sein bald danach entstandener Vortrag »Gotteserkenntnis« (1919) und die Antrittsvorlesung »Das Problem des Ursprungs in der platonischen Philosophie« (1920), daß der Begriff des ›Ursprungs‹ bei Heinrich Barth nichts anderes als einen philosophischen Platzhalter für den Gottesbegriff darstellt. Damit verändert sich die Blickrichtung sozusagen um 180°: Statt vom Subjekt auszugehen, das sich in der Orientierung an der Idee selber hervorbringt, richtet sich das Augenmerk auf die Idee als das transzendentale Ursprungsprinzip, das Ermöglichungsgrund auch des Subjekts ist.

Karl Barth hat diese Parallelität zu seiner eigenen, im ersten »Römerbrief« ausgearbeiteten Intention, das Subjekt aus seiner dominanten Position zu verdrängen, überrascht zur Kenntnis genommen, ohne schon Konsequenzen daraus ziehen zu können. Anders als es sich offenbar für seinen Bruder Heinrich darstellte, schien ihm das idealistische Credo auf den Anspruch hinauszulaufen, der an der sittlichen Idee Orientierte könne diese Idee realisieren, d.h. das Gute, das allein von Gott her geschehen kann, in eigene Regie übernehmen. Dies energisch zu bestreiten, ist eines der wesentlichen Anliegen des ersten »Römerbriefs«. Insofern richtet sich die polemische Spitze eines Satzes wie: »Keiner Ursprungsphilosophie wird es gelingen, der Gerechtigkeit Gottes zum *Leben* zu verhelfen« (R I, 81), durchaus auch gegen die Philosophie Hermann Cohens und eines von dort her interpretierten Heinrich Barth.

Umgekehrt scheint Heinrich Barth nicht nur die Ethik seines Bruders angegriffen (vgl. BwTh I, 292f), sondern auch dessen Ursprungs- und Organismusbegriff als romantisch eingefärbt kritisiert zu haben. Jedenfalls kann ich mich des Eindrucks nicht erwehren, daß Heinrich Barth in der folgenden zitierten Passage, in der er die These abweist, die spätplatonische Philosophie habe eine »Wendung zum Pantheismus« genommen und »ihre Seelenlehre ... an eine romantisierende Mystik« preisgegeben, wenigstens nebenbei auch gegen bestimmte Aussagen des ersten »Römerbriefs« polemisieren möchte: »Im All der Natur und des Universums sähen wir jetzt die Urquelle aller Beseelung, ausströmend in die unendlichen Gestaltungen des organischen Lebens; ein Organismus wäre das Weltall selbst; denn aus jener Fülle quillt dem beseelten Einzelwesen Leben und Wachstum. In die Seele des Ganzen versenkt es sich, wenn es zu seinem Ursprung zurückkehren will; indem es sich seiner Vereinzelung nach Kräften entledigt, indem es besten Falls zum Organe des universalen Körpers wird, gewinnt es Recht und Freude zum Dasein. Sollte dies die Welt der spätplatonischen Philosophie sein? Wäre es Wahrheit, dann hätte sie ihren kostbarsten Besitz, die Erkenntnis der Seele, preisgegeben und verleugnet. Denn die Seele, die auf die Idee hinblickt, erhebt Anspruch auf den Vollsinn des Lebens; für sein ganzes Problem, für seine ganze Erlösung ist sie der Schauplatz. Die Seele, wie sie Platon im Phaedo denkt, kehrt nicht aus einer sündhaften Individualisierung zurück, um in einem beseligenden Aufgeben ihrer Vereinzelung dem Gesamtleben ihr versiegendes Lebensbächlein zurückzustatten. Die Seele ist unsterblich; denn sie ist in bestimmtem Sinne das *ganze* Leben; sie hat nicht Anteil am Leben, sondern *lebt*« (ebd., 305). Dazu würde schließlich auch passen, daß Heinrich Barth seinen Bruder in einer Diskussion als »Orphiker« bezeichnet hatte (BwTh I, 287).

Als Zwischenergebnis läßt sich festhalten, daß der Ursprungsbegriff des ersten »Römerbriefs« sich jedenfalls nicht dem Neukantianismus verdankt, weder in der Gestalt, die Heinrich Barth ihm zu geben versucht hat, noch gar in der von Cohen vertretenen Variante. Die Verbindung der Kategorie ›Ursprung‹ mit dem Gedanken der Unmittelbarkeit und des Organischen, dessen Herkunft Heinrich Barth mit dem Stichwort »romantisierend« angedeutet hat, weist vielmehr – wie Ingrid Spieckermann mit Recht betont[41] – eher auf eine Vermittlung durch Hermann Kutter.

In seinem 1902 veröffentlichten Buch »Das Unmittelbare«[42] führt Hermann Kutter die Trennung von Denken und Sein, die Auflösung der Übereinstimmung des Menschen mit der Natur – er nennt das den Verlust der ursprünglichen Unmittelbarkeit –, auf die Reflexion zurück (*H. Kutter*, Das Unmittelbare, 6f). Zwar bewahre das Denken eine »Erinnerung an die Welt des Lebens«, »aber weil es ihr unmittelbares Wesen nicht mehr erlebt, hat es sie zur Allgemeinheit des Begriffes sublimiert« (ebd., 19). Die ursprüngliche Unmittelbarkeit wird nur über das Erleben zurückgewonnen. »Das Reale läßt sich nur erleben, nicht erkennen durch ein von den Dingen prinzipiell getrenntes Denken« (ebd., 22). Dieses Erleben aber muß gewollt werden (ebd., 73), denn: »Wollen heißt leben und leben heißt wollen« (ebd., 81). Der Sündenfall besteht darin, daß der Mensch »die Unmittelbarkeit als *seine* Unmittelbarkeit an sich reißen« wollte und dadurch »seine ursprüngliche Stellung zu ihr« verlor (ebd., 82). Die Folge davon ist, wie Kutter durch ein Zitat aus Schellings Freiheitsschrift darlegt, daß der menschliche Wille partikularer Eigenwille wird, dessen auseinanderstrebende Kräfte der ursprünglichen Einheit entbehren. Der Mensch befindet sich nun in der ›negativen Unmittelbarkeit‹ des Bösen. »Das *Viele* gilt jetzt, nicht das *Ganze*; die Zusammenhanglosigkeit, nicht die Zusammengehörigkeit, die *Menschen*, nicht die *Menschheit*, die allein der Mensch ist. In der ursprünglichen Unmittelbarkeit bilden die Menschen nicht nur die Summe der Einzelnen, sondern da herrscht der durch das Ganze der Menschheit waltende Sinn des Daseins so unbedingt, daß jeder Einzelne seine Bedeutung nur im ganzen zu erkennen vermag, um zu verstehen, daß sein eigenes Leben, nur wenn es ein Glied am Organismus des Ganzen bildet, auch im höchsten Sinne ein persönliches ist« (ebd., 88).

Wie gelangt nun der Mensch zur ›positiven Unmittelbarkeit‹ zurück? Kutters Antwort auf diese Frage lautet: Durch die Religion als der »sozusagen augenblicklich vollzogene[n] Unmittelbarkeit, d[er] ursprüngliche[n] Unmittelbarkeit, die sich aber nur im *reflektierten*, nicht im *lebendigen* Willen Ausdruck gibt« (ebd., 96). Es ist also »zu unterscheiden zwischen der Bewegung des reflektierten Willens, in der er einem Müssen und Sollen, einem *Gesetz* Ausdruck gibt, und zwischen der anderen, womit er sich die Unmittelbarkeit als *Besitz* aneignet, ohne freilich beide scharf auseinanderhalten zu wollen, wie sie in der Erfahrung ja auch immer miteinander erscheinen. Jene erst genannte Bewegung stellt sich im *Sittlichen* (*Recht* und *Moral*) dar, die letztgenannte in der *Religion*« (ebd.). Die Religion – Kutter präzisiert später: nicht die institutionelle Religion, nicht das Christentum, nicht die Kirche, sondern der darin verborgene Pulsschlag des Lebens Gottes selbst – führt also insofern über Recht und Moral hinaus, als in ihr die ursprüngliche Unmittelbarkeit keine bloß vermittelte, sondern eine direkt erfahrbare Wirklichkeit darstellt. Was »Plato nur als Ideal erschaut hatte«, das ist hier Realität (ebd., 345). »Die Geschichte der Menschheit«, so leitet Kutter den Schlußabschnitt seines Buches ein, »ist die Rückkehr des Menschen zum unmittelbaren Leben«, d.h. zu sich selbst (ebd., 348; vgl. auch 109, 147 u. 352). »Denn es gibt überhaupt nichts Reales außer seiner [sc. des Menschen] eigenen Persönlichkeit und außer der sie tragenden Unmittelbarkeit« (ebd., 351). Der dafür nötige »Eindruck der ursprünglichen Welt ... geschah durch *Jesus Christus*; erst seit Jesus gibt es eine wirkliche Rückkehr des Menschen zum unmittelbaren Leben« (ebd., 351). Nach der Reformation sind die neuere Philosophie (Kant, Fichte und vor allem Schelling) und der Sozialismus die deutlichsten Hinweise auf diese menschheitsgeschichtliche Rückkehr zur Unmittelbarkeit (ebd., 349 u. 351). Kutter beschließt sein Buch mit den Worten: »Unsere Zeit schickt sich an, diesem Leben ihre Pforten zu öffnen. Sie versteht besser als jede frühere, was es bedeutet: das Unmittelbare« (ebd., 352).

Mir scheint damit hinreichend belegt zu sein, daß Barths Ursprungsbegriff im ersten »Römerbrief« seine stärksten Anregungen in der Tat von Kutter empfangen hat; auch die gelegentlichen Anklänge bei Barth an Schelling und Beck (den Barth freilich auch im Original zur Kenntnis nahm) finden insofern eine einfache Erklärung, als Kutter beide Autoren ausgiebig zitiert. Andererseits

---

41 *I. Spieckermann*, Gotteserkenntnis, 92ff; vgl. *H.-A. Drewes*, Das Unmittelbare, 197-202.
42 Siehe dazu vor allem *H.-A. Drewes*, Das Unmittelbare, 128-171.

4.2. Die eschatologische Denkform

gibt es natürlich auch gravierende Unterschiede zwischen Barths erstem »Römerbrief« und Kutters Buch.

›Unmittelbarkeit‹ ist ein Begriff, mit dem Barth auch in der Phase, in der er sich der Modernen Theologie zurechnete, das Gottesverhältnis des Glaubenden charakterisierte. Er bezeichnete dort die Direktheit, mit der das Bewußtsein durch die ›Anschauung‹ göttlichen Lebens affiziert wird. In mehrfacher Hinsicht ist der Begriff der Unmittelbarkeit, wie er im ersten »Römerbrief« verwendet wird, gegenüber Barths Vorkriegstheologie, aber auch gegenüber Kutter verändert. Zum einen bedeutet ›Unmittelbarkeit‹ nun ein *reales* Verhältnis zu Gott, die Gottesrelation des menschlichen Seins, nicht das Bewußtsein. Darin folgt Barth Kutter und Blumhardt. Zum anderen lehnt er jetzt die Vorstellung ab, man könne sich dieses realen Verhältnisses zu Gott im Erlebnis versichern. In diesem Punkt läßt er Kutter hinter sich, der an der Möglichkeit eines nicht-rationalen Erlebens der Wirkung des neuen Seins festhält.[43] Drittens teilt Barth jetzt nicht mehr die Vorstellung eines in der Kulturentwicklung sich abspiegelnden Fortschritts hin zum Reich Gottes, d.h. in Kutters Terminologie: einer auch historisch zu fixierenden menschheitsgeschichtlichen Rückkehr zur Unmittelbarkeit. Damit hängt viertens zusammen, daß die ›Unmittelbarkeit‹ nicht mehr als durch historische ›Vehikel‹, durch besondere Persönlichkeiten und deren Lebenswerk vermittelt gedacht wird; sie ist allerdings auch jetzt eine vermittelte, nämlich eine durch den Christusorganismus vermittelte Unmittelbarkeit. Zum fünften schließlich ist im ersten »Römerbrief« weder etwas vom Primat des Sittlichen noch von Kutters Voluntarismus zu spüren. Abfall vom Ursprung und Rückkehr zu ihm sind für Barth vielmehr zwei gleichzeitig stattfindende gegenläufige Bewegungen, die als solche Metaphern für die Sünde des Menschen und seine durch Gott geschehene Versöhnung sind.

Zweitens: Der Abfall. Durch die Sünde des Menschen geht das direkte, unmittelbare Verhältnis zu Gott verloren; die Sünde ist die Negation des ursprünglichen, positiven Verhältnisses zu Gott. Deshalb begeht der Mensch, indem er sündigt, »eine unnatürliche Tat. Er wird damit nicht nur Gott, sondern auch sich selbst untreu« (R I, 28). ›Unnatürlich‹ ist diese Tat, weil sich des Menschen Natur von seiner Gottesrelation her definiert, zu der er sich ursprünglich in freier Wahl selbst bestimmte, und seine neue Entscheidung dieser seiner ›Natur‹ widerspricht. Er wird darin ›sich selbst untreu‹, weil er sich nun in entgegengesetzter Weise als Unfreier definiert. So ist das negative Verhältnis zu Gott ›negativ‹ in dem ebenfalls doppelten Sinn, daß es das ursprünglich Gegebene preisgibt und daß es damit zugleich das beiderseits gewollte

---

43 Siehe über das im Exkurs Zitierte hinaus: *H. Kutter*, Das Unmittelbare, bes. 277ff u. 288ff; vgl. dazu: *H.-A. Drewes*, Das Unmittelbare, 128-158 u. 197-202; sowie *I. Spieckermann*, Gotteserkenntnis, 92ff.

Gute ins Gegenteil verkehrt. Durch die Urtat der Sünde, »das Selbständigseinwollen des Menschen Gott gegenüber« (R I, 177), wird das Band, das »Gott, Welt und Mensch zusammenhält«, zerrissen (R I, 178), die Unmittelbarkeit und Positivität des ursprünglichen Verhältnisses zerstört. Statt anzuerkennen, daß er nur in der Gemeinschaft mit Gott frei *ist*, will der Mensch frei *werden*, indem er sich ›autonom‹ neben Gott stellt (R I, 30). Die Folge des ›Falls‹ ist der ›Sturz‹: die Auflösung aller Gemeinschaft (R I, 38f u. 292). In dem ersten Schritt »der angemaßten Gottähnlichkeit des Menschen« liegt »der Keim des Zerfalls« (R I, 302), der einen Prozeß der Individualisierung und Isolierung des Menschen entfesselt (R I, 272), an dessen Ende der Tod steht.

Drittens: Die Rückkehr. So kontingent wie die Tatsache der Sünde, so kontingent ist auch die Tatsache der Umkehr zum Leben: »Die Sendung des Christus ist *keine* notwendige Vernunftwahrheit, aber auch *keine* zufällige Geschichtswahrheit. Sie ist nur als eine der verkehrten Bewegung innerhalb der ersten Schöpfung folgende oder vielmehr zuwiderlaufende Bewegung in Gott selber zu begreifen« (R I, 302; ähnlich 91f). Die Versöhnung in Christus ist weder zufällig noch notwendig, sondern in Gottes Treue zu sich und damit zu den Menschen begründet (R I, 94 u. 99).[44] Durch sie wird der Zerfall nicht nur gestoppt, sondern rückgängig gemacht: »Mitten in die Auflösung hineingelegt wird der schöpferische Keim des Neuaufbaus, der nun bestimmt ist, mit seinem eigenen Wachstum Schritt für Schritt ein Element des alten Chaos um das andere an sich zu ziehen, sich selber einzuverleiben und so das verwan-

---

44 Offensichtlich will Barth hier gegen Lessing wie Hegel polemisieren. Ob er beider Intentionen allerdings gerecht wird, wird man bezweifeln dürfen. Denn Lessings These: »Zufällige Geschichtswahrheiten können der Beweis von nothwendigen Vernunftwahrheiten niemals werden« (*G. E. Lessing*, Ueber den Beweis des Geistes und der Kraft, 5), will gar nicht bestreiten, daß zufällige Geschichtswahrheiten in Gottes Willen begründet sein können – andernfalls könnte er nicht die Geschichte als »Erziehung des Menschengeschlechts« bezeichnen –, bestreiten will er nur, daß ihnen die Gewißheit logischer Beweisführung zuerkannt werden könne (Zu Lessing siehe: *B. Bothe*, Glauben und Erkennen, 133ff). – Eher schon scheint Barths Kritik Hegels Lehre vom absoluten Geist zu treffen. Nun hat Barth gewiß Grund, im Rahmen seiner eigenen Denkbemühungen im ersten »Römerbrief«, die derjenigen Hegels so unähnlich gar nicht ist, wenn auch er Geschichte als Prozeß des Abfalls vom Ursprung und der Rückkehr zum Ursprung begreifen will, die Kontingenz beider gegenläufigen Bewegungen zu unterstreichen. Aber auch er sieht offenbar keinen Widerspruch darin, gleichzeitig von der »Versöhnung der Welt« als einer in Gottes Treue zu sich selbst begründeten »Notwendigkeit für Gott« zu sprechen (R I, 99). Sollte dieser Gott, der Gott des ersten »Römerbriefs«, sein eigener Gefangener sein, wie Barth es von Hegels Gott behauptet? (Vgl. *K. Barth*, Die protestantische Theologie I, 349). Analog verhalten sich die Dinge im übrigen, wenn Barth die ›sogenannte‹ Geschichte den »notwendige[n] Durchgangspunkt der eigentlichen Geschichte« (R I, 67) nennt oder von der »Einbeziehung auch der widergöttlichen Sphären« durch Gott (R I, 73; vgl. 70) redet. Barth versteht dies so, daß – nachdem der Fall eben einmal Tatsache geworden ist – der status corruptionis insofern ›Voraussetzung‹ der Erlösung ist, als es ohne den Fall keiner Erlösung bedürfte. Könnte es nicht immerhin sein – ich formuliere dies als offene Frage –, daß Hegel es ganz ähnlich meinte? Siehe zur ›Kritik der theologischen Kritik‹ an Hegel: *M. Theunissen*, Hegels Lehre vom absoluten Geist, 26ff; zum Problem bei Hegel selbst: *J. Ringleben*, Hegels Theorie der Sünde, bes. 116ff.

4.2. Die eschatologische Denkform

delte, von innen heraus organisch erneuerte Weltganze aus sich zu entlassen, wie es einst Gottes Schöpferwort im Anfang getan!« (R I, 302; ähnlich 167f). An einem Punkt in der Geschichte, nämlich in Jesus Christus, ist das ursprüngliche Unmittelbarkeitsverhältnis zwischen Gott, Mensch und Welt wiederhergestellt, um sich von dort aus ›organisch fortzupflanzen‹ (R I, 91). Der einzelne ist durch die Taufe in diesen Lebensprozeß hineingestellt, eingegliedert »in einen neuen Organismus, dessen Wachstumskraft und Wachstumsgesetze nun unsre eigenen werden« (R I, 215).

Was darunter zu verstehen ist, daß die mit Christus wiederhergestellte und in die Welt eingetretene ursprüngliche Einheit von Gott und Mensch ›organisch wachse‹, wird uns gleich noch beschäftigen müssen. Wir wollen zuvor aber festhalten, daß Barth dieses Wachstum als allein von Gott ermöglichtes beschreibt. Es handelt sich um eine neue Schöpfung »in Analogie, nein in Fortsetzung der ersten Schöpfung aus dem Nichts. Denn *die* Welt und Menschheit, die jetzt ist, ist tatsächlich in das Chaos, in das Nichts zurückgekehrt, der Gewalt des Todes verfallen« (R I, 300; vgl. auch 302). Auch innerhalb dessen, was ich den teleologischen Aspekt der den ersten »Römerbrief« prägenden Eschatologie nennen möchte, wird die Diskontinuität der beiden Bewegungen, die offensichtlich der ›sogenannten‹ und ›eigentlichen‹ Geschichte entsprechen, nicht überspielt. Die Einheit von Gott und Mensch kann nicht auf dem Boden der Bewegung des Zerfalls von Beziehungen gedeihen. Vorausgesetzt ist also auch hier immer schon, daß die von Gott gestiftete Versöhnung mit dem Menschen Realität geworden ist. Erst auf dem Boden dieser Realität ist von ›Wachstum‹ zu sprechen. In Analogie zum Begriff der ›eigentlichen‹ Geschichte innerhalb des axiologischen Modells steht hier der Begriff des ›Organischen‹, der in doppelter Weise dem Reich Gottes zugeordnet wird. Er bezeichnet einerseits die besondere Art der im Bereich der göttlichen Herrschaft existierenden Beziehungen und andererseits die Eigenart ihres Eintritts in die Welt sowie ihrer Entfaltung. Kurz: Das Reich Gottes ist ein ›Organismus‹ und es kommt ›organisch‹.[45]

---

[45] Extensiv verwendet Barth im Zusammenhang mit der Vorstellung des Reiches Gottes das Adjektiv ›organisch‹, nicht ganz so häufig das Substantiv ›Organismus‹. Die wenigen Ausnahmen von dieser Regel sind rasch aufgezählt: An drei Stellen bezeichnet ›Organismus‹ den im physischen Sinne ›menschlichen Leib‹ (R I, 228, 290, 310), und einmal durchbricht Barth den exklusiven Bezug zum Reich Gottes, wenn er davon spricht, daß wir durch den Tod Christi »aus unserem bisherigen Organismus« herausgerissen seien, gleichwohl aber »dieser alte Organismus« um uns und in uns noch seine Wirkungen ausübe (R I, 217). Auch die Aussage, die Sünde sei durch Adams Fall »organischer Bestandteil« des Kosmos geworden (R I, 179; ähnlich 202), widerspricht der sonst im ersten »Römerbrief« begegnenden Verwendungsweise von ›organisch‹. Wortstatistisch gesehen fallen solche Abweichungen aber kaum ins Gewicht. Siehe zum Folgenden: *E. Busch*, Karl Barth und die Pietisten, 62f, aus dem ich auch den Titel des nächsten Abschnitts übernehme (ebd., 60).

(2) Der ›Organismus‹ des Gottesreiches und sein ›organisches‹ Kommen. – Was trägt der Begriff des ›Organischen‹ nun zunächst für die Bestimmung des Reiches Gottes selbst aus? Als ›Organismus‹ stellt das Reich Gottes einen »lebendigen Zusammenhang« dar, eine Totalität, deren Teile das Ganze repräsentierend in einem innerlich notwendigen und kommunikativen Verhältnis zueinander stehen.[46] Sein Gegenbegriff ist das ›Aggregat‹ (R I, 476), die bloße Anhäufung voneinander isolierter »Monade[n] inmitten eines Chaos« (R I, 298) als den Zerfallsprodukten der Sünde. Im ›Organismus‹ des Reiches Gottes ist dagegen jeglicher tote Individualismus apriori ausgeschlossen, sind wir befreit von unserer »Vereinzelung ... und Desorganisiertheit« (R I, 272; ähnlich 309). Darum ist hier ein anderes Selbstverständnis des Menschen vorausgesetzt (dies wird uns noch im Rahmen der Analyse der Subjektivität des Gläubigen beschäftigen) und darum gelten hier andere Verhaltensregeln als außerhalb des Organismus (dieses Thema wird bei der Erörterung der Ethik des ersten »Römerbriefs« noch eine Rolle spielen). In den »Organismus des Gottesreiches« integriert sein, heißt: im »Leib des Christus« verwurzelt (R I, 254f), heißt: »im Christus« sein. Diese für den ersten »Römerbrief« charakteristische Übersetzung des paulinischen ›ἐν Χριστῷ‹ hat erst mit der Bearbeitung des Manuskripts im Sommer 1918 Eingang in den Text gefunden. Sie ist von der Vorstellung des Leibes Christi, d.h. vom communio-Begriff her gedacht und bringt das Verständnis des Christusorganismus als des Herrschafts*bereiches* wie auch des Herrschafts*verbandes* Gottes in dieser Welt zum Ausdruck.[47]

Man könnte geradezu sagen, daß in der Applikation des Organismusbegriffs auf den des Reiches Gottes sich eine christologische mit einer ekklesiologischen Auslegung verbindet. »Die Glaubenden«, so kann Barth formulieren, »bilden das neue internationale *Gottesvolk*, das sich jetzt um die Auferstehungskraft schart als um seine Sache« (R I, 21). Voraussetzung dafür ist eine inklusive Christologie. Denn Christus ist der »Kristallisationskern einer neuen Welt, ... Anfänger und Haupt eines Organismus von neuen Menschen und neuen Dingen« (R I, 296), eines »lebendigen göttlichen Menschheits- und Weltorganismus« (R I, 272), der als solcher freilich jetzt noch »in uns«, d.h. in den Glie-

---

46 In Röm 12,4-8 findet Barth die exegetische Basis für seine Interpretation des Reiches Gottes. Am Bild des Organismus zeige sich, so sagt er, daß das Reich Gottes »keine äußerliche, zufällige Gemeinschaft wie der Staat oder die Kirche« sei, sondern »die innerliche, notwendige Gemeinschaft, die durch höhern Willen besteht und erhalten wird«, kein ›Aggregat‹, sondern ein Ganzes, dessen Teile »gar nichts *für sich* sind, sondern im lebendigen Zusammenhang untereinander stehen« (R I, 476).
47 Darin berührt sich der erste »Römerbrief« mit der These von *A. Deissmann*, Die neutestamentliche Formel ›in Christo Jesu‹, 97, daß »das Verhältnis des Christen zu Jesus Christus als ein lokal aufzufassendes Sichbefinden in dem pneumatischen Christus« zu verstehen ist; allerdings versteht Barth dies gegen Deissmann nicht in einem mystischen, sondern einem eschatologischen und ekklesiologischen Sinne. Vgl. zur Forschungsgeschichte und zum Problem der Interpretation der paulinischen Formel: *F. Neugebauer*, In Christus, bes. 18ff u. 65ff.

4.2. Die eschatologische Denkform

dern des Christusleibes verborgen ist (R I, 314; ähnlich 342). Mit der Betonung der Verborgenheit des Christusorganismus wird die Möglichkeit ausgeschlossen, das Reich Gottes mit der Institution ›Kirche‹ oder mit innerweltlichen ›Bewegungen‹, z.B. der Arbeiterbewegung, zu identifizieren. Nur als verborgener Organismus ist das kommende Reich Gottes schon präsent.

Das andere Moment im Begriff des ›Organischen‹ betrifft das Kommen des Reiches Gottes: »Das Göttliche *wächst organisch*, so braucht es kein *mechanisches Aufbauen* mehr« (R I, 90). ›Organisches Wachstum‹ erübrigt menschliches ›Machen‹, opponiert der Vorstellung, das Reich Gottes könne ›gebaut‹ werden. Nicht der Entwicklungsgedanke ist das Leitmotiv, das Barth veranlaßt, das Kommen des Reiches Gottes als ›organisches Wachsen‹ zu bezeichnen, sondern der Kontrast zwischen dem, was Gott, und dem, was dem Menschen möglich ist. »Wachstum gegen Künstelei«, kann er auch sagen, um zu illustrieren, was es heißt, daß im Blick auf den Tod Christi »alle Kontraste des Verhältnisses von Gott und Mensch grundsätzlich« werden. »›Das Reich Gottes ist nahe herbeigekommen‹. *Das* ist der Grund, drauf wir uns gründen. Nicht der Fortschritt und die Entwicklung innerhalb der bisherigen Möglichkeiten, sondern die neue Lebensmöglichkeit, die im Christus geschaffen ist, die neue Kreatur in ihm« (R I, 164f). Und wie sich mit dem Begriff des ›Organismus‹ eine christologisch-ekklesiologische Deutung des Reiches Gottes als des Seins ›im Christus‹ verbindet, so knüpft sich an die Vorstellung eines menschlicher Selbstmächtigkeit entzogenen ›organischen Wachstums‹ eine pneumatologische Interpretation des Reiches Gottes an. Denn: »Geist ist Wachstum«, d.h. das Prinzip radikaler Verwandlung des Bestehenden (R I, 316), ansetzend beim Menschen selbst.[48] Als göttliche Gabe ist der Geist das Sein des neuen Menschen, nicht im Sinne eines psychischen Besitztums, sondern realer Partizipation am unverfügbar bleibenden ›creator spiritus‹ (R I, 338): »Den Geist Gottes *hat* man nicht, sondern er hat *uns*« (R I, 307). So also vollzieht sich das ›organische‹ Kommen des Reiches Gottes, daß es sich mittels des Geistes »in der Fleischeswelt ... eine Enklave« schafft, »deren Bezirk sich zunehmend vergrößert« (R I, 303).

Gerade mit dem letzten Satz im Ohr, wird man freilich die Frage aufwerfen müssen, ob es einen innergeschichtlichen Endzustand dieses Wachstumsprozesses gibt und welches Zeitverständnis diesem Modell entspricht. Man lasse sich

---

48 Der Begriff des ›Wachstums‹ ist darum von allen quietistischen Konnotationen freizuhalten; dem scheint mir *E. Busch*, Karl Barth und die Pietisten, 62, zu wenig Rechnung zu tragen. Als Wachstum ist Geist nicht die evolutionäre Fortschreibung und damit letztlich doch Erhaltung des Bestehenden, sondern »Revolution« – Barth fügt in der Bearbeitung vom Sommer 1918 politisch präzisierend hinzu: »auch die Revolution dessen, was sich in der Gegenwart Revolution nennt!« (R I, 316). Und: »Der Geist übt nicht *Zerstörung*, so wenig wie *Erhaltung* der jetzigen Existenz- oder Erscheinungsformen, sondern radikale *Verwandlung*« (R I, 330).

allerdings von der Wachstumsmetaphorik nicht täuschen. Das ›organische‹ Kommen des Reiches Gottes ist der Einbruch des Jenseits in das Diesseits, die Prolepse der Zukunft Gottes und darum am Parameter einer Zeitlinie nicht zu messen (R I, 167). Statt von einem Wachstum des Christusorganismus in der Zeit, müßte man wohl eher von einem Wachstum der Zeit im Christusorganismus sprechen, davon also, daß in ihm die Zeit geschaffen wird, die der Tod verschlungen hat. Jedenfalls wollen die drei nach den Zeitmodi benannten Unterabschnitte von Kapitel 8, das die Überschrift »Der Geist« trägt, keinen Zeit-Ablauf darstellen, sondern gerade auf die Einheit der Zeit im Geist abheben. Denn die ›Vergangenheit‹, von der hier die Rede ist, ist gerade nicht das Sündersein, das jetzt vergangen wäre – Barth macht demgegenüber den Vorbehalt geltend: noch seien wir auch im »Nicht-Sein« (R I, 307f) –, sondern das Unterstelltsein unter die Bestimmung, hineinzuwachsen in das uns von Gott zugedachte Leben (R I, 311). Den Charakter der ›gegenwärtigen Lage‹ beschreibt Barth sodann mit den Stichworten »Vorläufigkeit«, »Zielklarheit« und »Bewegung« (R I, 312) als geistbestimmte Bewegung von der geistbestimmten Vergangenheit zur geistbestimmten Zukunft des Christen. Und im dritten Teil schließlich wird als das ›Zukünftige‹ bezeichnenderweise eben nicht die Vollendung geschildert – im Gegenteil: auch in der Zukunft wird das Chaos streckenweise herrschen (R I, 344) –, sondern dies, daß wir aller Widerstände zum Trotz »unter einem ›absoluten Dekret‹ Gottes« zum Heil stehen (R I, 345f). Vergangenheit, Gegenwart und Zukunft des Christen sind ›im Geist‹ immer schon eschatologisch bestimmt. »Gott ist der Kommende« (R I, 321), und daß wir ›im Geist‹ als ›Wartende‹ (R I, 339) daran *jederzeit* partizipieren – das ist die zentrale, auf die pneumatologische Gewährung von Zeit hinzielende Aussage. Das Sein im Organismus des Gottesreiches ist, weil es das Zurückgeholtsein in den Ursprung antizipiert, weil es die Prolepse des wiedergewonnenen Ursprungs ist, ein qualitativ anderes als das Sein außerhalb des Organismus. Es verhält sich dazu wie das Sein zum Nicht-Sein. Unsere Partizipation am Sein des Organismus ist zwar eine ›organisch wachsende‹ und unser subjektives Sein im Geist darum ein Werden, – aber es ist ein solches eben zu jeder Zeit.[49]

---

[49] Siehe dazu die ganz anders akzentuierende Interpretation von *T. Stadtland*, Eschatologie und Geschichte, 45-51, die – die Metaphorik für die Sache nehmend – zu dem (entgegengesetzten) Ergebnis kommt, man könne der »heilsgeschichtlichen Schau« des von Beck inspirierten ersten »Römerbriefs« »eine gewisse naive, stufenmäßig-chronologische Abfolge von heilsgeschichtlichen Stadien« nicht absprechen (ebd., 51). Auch *C. van der Kooi*, Anfängliche Theologie, 128, urteilt, Barth halte im ersten Römerbrief »an der Idee einer linearen Heilsgeschichte« fest. Ähnlich behauptet *N. T. Bakker*, In der Krisis der Offenbarung, 53f, unter Hinweis auf die Einteilung von Kapitel 8 des ersten »Römerbriefs«, daß die für Barth »maßgebende Denkform ... die Zeit« sei. Er unterläßt es dann allerdings, das Verhältnis dieser ›Denkform‹ zu ihrem Inhalt zu analysieren.

4.2. Die eschatologische Denkform   157

4.2.3. Konsequenzen für Barths Exegese

(1) Struktur und Funktion der beiden eschatologischen Modelle. – Unsere bisherige Untersuchung ergab, daß die Grundstruktur der theologischen Aussagen des ersten »Römerbriefs« von der Eschatologie bestimmt ist. Es hat sich gezeigt, daß es Barth darauf ankommt, den apokalyptischen Dualismus so umzuformen, daß die in Christus eröffnete Heilszeit innerhalb des alten Äon als zwar verborgene, aber doch real wirksame beschrieben werden kann.

Deutlich geworden ist wohl auch, daß die beiden im ersten »Römerbrief« begegnenden eschatologischen Modelle auf einer gemeinsamen Grundstruktur basieren, innerhalb des Argumentationszusammenhangs aber je verschiedene Funktionen erfüllen. Diese These möchte ich im folgenden explizieren.

Gemeinsam ist beiden Modellen vor allem die duale Struktur. Stehen sich einerseits ›sogenannte‹ und ›eigentliche‹ Geschichte gegenüber, so andererseits und analog dazu die zwei Bewegungen des Abfalls vom Ursprung und der Rückkehr zu ihm. Das jeweils erste Glied thematisiert die Sünde, genauer gesagt: die Dialektik von Gesetz und Sünde. ›Idee‹ und ›Leben‹ klaffen hier auseinander; das Gute, das geschehen soll, geschieht nicht. So das axiologische Modell. Das teleologische hebt mehr auf die Dissoziation von Gott und Mensch sowie von Mensch und Mitmensch ab. Der Sünder ist das isolierte, nur um sich selbst kreisende Individuum. In beiden Aspekten geht es zuerst um Trennung, dann um die Vereinigung des Getrennten, um Versöhnung aus der Gnade Gottes heraus, durch welche die Sünde, aber auch das Gesetz überwunden ist. Wir werden noch sehen, inwiefern Barths Eschatologie auch übereinkommt mit dem paulinischen Verständnis von Sünde und dem an sich guten, vom Menschen als Heilsweg im alten Äon mißbrauchten Gesetz, das im neuen Äon durch Gottes Gnade erfüllt ist. In der ›eigentlichen‹ Geschichte ist die Kluft zwischen Ideal und Wirklichkeit geschlossen. Das Gute ist Realität geworden und hat so das Böse beseitigt, das Ideal erfüllt und in sich aufgehoben. Ebenso sind im Christusorganismus als der proleptischen Restitution des Ursprungs Gott und Mensch eins und die Menschen miteinander verbunden.

Zu den Gemeinsamkeiten beider Modelle gehört aber auch das Verhältnis der Parallelität, in dem ihre zwei Glieder zueinander stehen. Für die Zuordnung von ›sogenannter‹ und ›eigentlicher‹ Geschichte ist das evident; aber auch im Blick auf das teleologische Modell zeigt sich, daß die dem Abfall folgende Rückkehr zum Ursprung als gegenläufige und in diesem Sinne als mit jener anderen gleichzeitige Bewegung zu verstehen ist. Das *Letzt*gültige ist eben auch das Letz*gültige*. Das Eschaton ist als zukünftiges schon gegenwärtig, die Präsenz des Reiches Gottes ist die seines Kommens. Vorausgesetzt ist in beiden Fällen, daß das Moment der Versöhnung sich allein durch Gottes Handeln realisiert und daß das Christsein von diesem Handeln her zu bestimmen ist. Daraufhin, d.h. auf sein Sein unter der Gnade wird der Christ angesprochen, ohne daß dabei die Realität der Sünde vernachlässigt würde. Es kommt vielmehr gerade auf diesen Übergang von der ›sogenannten‹ zur ›eigentlichen‹ Geschichte bzw. von der Bewegung des Abfalls von Gott zur Bewegung der Rückkehr zu Gott an. Die durch die Parallelität implizierte Gleichzeitigkeit ist Ausdruck des transitorischen Charakters der Situation, in der sich Mensch und Welt befinden. Sie bezeichnet, im Horizont der Rechtfertigungslehre interpretiert, das simul des Übergangs vom peccator zum iustus: Wir dürfen auf die Sünde zurückblicken, so sagt Barth einmal, »weil wir nicht nur den Karfreitag hinter uns, sondern Ostern vor uns haben« (R I, 221).[50] Dies bedeutet keine Leugnung der Realität der Sünde im Leben auch des Christen, wohl aber ihre durch das Versöhnungshandeln Gottes erfolgte objektive Depotenzierung (vgl. R I, 227ff). Von diesem transitorischen Verständnis des simul her gestaltet Barth die Zwei-Äonen-Lehre um. Abweichend von dualistisch angelegten apokalyptischen Geschichtsentwürfen[51] ist für ihn der neue Äon nicht nachgeschichtlich-zukünftig, sondern übergeschichtlich-präsent, was bedeutet, daß er – obwohl erst im Kommen – seine Wirkung schon jetzt entfaltet. Vereinfacht gesagt: Indem der erste »Römerbrief« die beiden Äone parallelisiert, schiebt er sie gleichsam ›ineinander‹ und stellt dadurch die Äonenwende auf Dauer.

Die Unterschiede der beiden Modelle weisen auf die je verschiedene Funktion hin, die sie im Argumentationsgang erfüllen. Die axiologische Eschatologie hat ihren Schwerpunkt dort, wo es um die Frage nach den göttlichen Kriterien menschlichen Handelns geht, wo also erörtert wird, wie das Gute realisiert wird und welche Rolle dabei die Idee (das Gesetz) spielt: in der Auslegung von Röm 2 und 3. Hier steht darum der allein durch Gottes Offenbarung ermöglichte Transitus des Glaubens im Zentrum, der im teleologischen Modell zwar nicht ausgeblendet, sondern vorausgesetzt ist, als solcher aber hinter dem Interesse an einem ›organischen Wachsen‹, an einem Progressus also, zurücktritt.[52] Der teleologische Aspekt kommt deswegen vor allem dort zu Wort, wo

---

50 Daß Barth später anmerken kann: »Ihr habt *Ostern* hinter euch« (R I, 240), revoziert die früher gemachte Aussage nicht, sondern bezieht sich auf den status iusti, auf den hin der Christ angesprochen wird. Der Satz besagt, daß die Kraft der Auferstehung sich schon jetzt als wirksam erweist.
51 Möglicherweise hat Barth dabei besonders auf IV. Esra zurückgegriffen, den er nach der Übersetzung Gunkels (in: *E. Kautzsch*, Die Apokryphen und Pseudepigraphen II, 369) zur Auslegung von Röm 8, 20 zitiert (R I, 327). Der Abschnitt, dem Barth sein Zitat entnimmt, ist von Gunkel überschrieben: »Die arge Welt ist der notwendige Durchgang für die kommende gute« (ebd., 368), und behandelt damit ein Problem, dem sich auch Barth explizit stellt (vgl. R I, 67; s. auch oben S.152 Anm. 44). Zum Zeit- und Geschichtsverständnis des IV. Esra siehe: *W. Harnisch*, Verhängnis und Verheißung, bes. 106ff, 142ff, 229ff u. 302ff.
52 Ich übernehme die beiden Begriffe ›Transitus‹ und ›Progressus‹ von Wilfried Joest, der sie in einer Untersuchung über das Gesetzesverständnis Luthers zur Erläuterung dessen heran-

4.2. Die eschatologische Denkform

vom neuen Leben des Christen unter der Gnade (Röm 6), in der Freiheit (Röm 7) und im Geist (Röm 8) zu reden ist. Seine Funktion besteht primär darin, das Kommen des Reiches Gottes anzusagen und das Sein des Christen als Prolepse der ursprünglichen und endlichen Einheit des Menschen mit Gott zu beschreiben. Dieser Progressus des Reiches Gottes in die Welt, in Geschichte und Natur hinein, vollzieht sich als realer Wachstumsprozeß des der Welt verborgen bleibenden Christusorganismus. Dabei bleibt freilich zu beachten, daß an diesem Progressus weniger das Element des Fortschreitens im Mittelpunkt steht als vielmehr dies, daß er als ein dem Menschen verborgener Prozeß allein das Werk Gottes ist. Barth verwendet die organologische Metaphorik, um das Kommen des Reiches Gottes gegen das Tun des Menschen zu kontrastieren, d.h. er versteht sie im Sinne des αὐτομάτη von Mk 4, 28: Genau wie dort meint ›organisches Wachstum‹ des Reiches Gottes nicht sein allmähliches In-Erscheinung-Treten, sondern sein Von-selbst-Kommen, Von-Gott-her-Kommen. Wird nicht mehr nach der Intention gefragt, die Barth mit der organologischen Metaphorik im ersten »Römerbrief« verfolgt und wird gleichzeitig nicht beachtet, daß Barth von einem Wachstum des Gottesreiches, nicht aber von einem Progreß vom alten zum neuen Äon ausgeht, muß es zwangsläufig zu dem Mißverständnis kommen, hier werde »der Idee einer linearen Heilsgeschichte« das Wort geredet.[53]

Während eine *axiologische* Eschatologie alles Gewicht auf die zeitabstrakte Prävalenz des ›Eigentlichen‹ gegenüber dem ›Sogenannten‹ legt, damit aber in der Gefahr steht, einer statischen Gleichzeitigkeit von beidem zu erliegen, wie es bei einer existentialontologischen Interpretationen zu beobachten ist, hebt eine *teleologische* Eschatologie vor allem auf die wachsende Ersetzung des ›Alten‹ durch das ›Neue‹ ab, so daß sich die Vorstellung eines zeitlichen Nacheinanders aufdrängen kann, wie dies für eine dualistische Apokalyptik charakteristisch ist. Barth begegnet beiden Gefahren, indem er diese eschatologischen Modelle im ersten »Römerbrief« als sich wechselseitig korrigierende, komplementäre Ergänzungen versteht und einsetzt. Wenngleich in der Forschung heute umstritten ist, inwieweit die »Apokalyptik die Mutter der christlichen Theologie« ist (E. Käsemann), so scheint mir doch klar zu sein, daß schon bei Jesus

---

zieht, was er den »Total-« bzw. »Partial-Aspekt des Simul« nennt. Joests Analyse zeigt, daß Luthers Rechtfertigungslehre nur unter diesem Doppelaspekt ganz erfaßt ist, daß also auch Luther unter der Voraussetzung der iustitia imputativa von einem Fortschreiten der Heiligung des Christen zu reden wußte. Vgl. *W. Joest*, Gesetz und Freiheit, bes. 57ff, 65ff u. 91ff.
53 *C. van der Kooi*, Anfängliche Theologie, 128. Vgl. o. S. 156 Anm. 49. Vor solchen Mißverständnissen wird man nur bewahrt, wenn man wie *I. Spieckermann*, Gotteserkenntnis, z.B. 95f, methodisch zwischen ›Intention‹ und ›Explikation‹ oder wie *W. Schlichting*, Biblische Denkform in der Dogmatik, 31-34, zwischen ›Denkform‹ und ›Denkschematismus‹ unterscheidet, also nicht nur die Oberflächenstruktur eines Textes, sondern auch seine theologische Tiefenstruktur untersucht.

selbst die Ansage der Gottesherrschaft mit ihren zugleich präsentischen wie futurischen Aussagen den apokalyptischen Bezugsrahmen insofern entscheidend modifiziert hat, als die proleptisch gegenwärtige Zukunft der βασιλεία dem Menschen schon jetzt Zeit und (Spiel-) Raum eröffnet. Daran ändert sich auch nach Ostern prinzipiell nichts, obwohl nun die von Jesus angesagte Äonenwende als eine in seinem Geschick ein für allemal vollzogene geglaubt wird, und damit die Eschatologie christologisch fundamentiert wird. In jedem Fall unterscheidet sich die frühchristliche Eschatologie von einer dualistischen Apokalyptik darin, daß in ihr die Erwartung einer die jetzige Unheilszeit ablösenden Heilszeit ersetzt wird durch die Verkündigung des in Christus eröffneten neuen Äons innerhalb des alten.[54]

(2) Theologie als zeitkritische Schriftauslegung. – Mit der Eschatologie des ersten »Römerbriefs« zieht Barth die Konsequenzen aus dem prinzipiellen Versagen der Modernen Theologie angesichts des Weltkriegs. Seine Theologie antwortet zwar auf Herausforderungen ihrer Zeit, ist aber nicht abhängig vom Zeitgeist. Denn der Zeitgeist hält es damals eher mit der alle Übel des alten Äons dem jeweiligen Gegner zuschreibenden Apokalyptik. Barth gibt dieser Stimmung nicht nach, sondern läßt sie von der neutestamentlichen Eschatologie her korrigieren. Johannes Weiß, der in seiner 1892 erschienenen bahnbrechenden Untersuchung »Die Predigt Jesu vom Reich Gottes« zeigte, daß der in der Ritschl-Schule gebräuchliche Begriff des Reiches Gottes mit dem des Neuen Testaments nicht viel zu tun hat, war dessen ungeachtet der Auffassung, daß es sinnvoll sei, am kulturprotestantischen Reich-Gottes-Begriff aus systematischen Gründen festzuhalten.[55] Barth dagegen gibt diesen von ihm selbst vor dem Krieg vertretenen Begriff nun preis. Reich Gottes ist für ihn nicht mehr ein Ideal, das innergeschichtlich durch den Fortschritt der Kultur verwirklicht werden könnte, sondern die verborgene, aber real wirksame Herrschaft Gottes in der Welt. Damit wird der direkte Zusammenhang von Eschatologie und Sozialethik überführt in einen pneumatologisch und ekklesiologisch vermittelten. Das Reich Gottes stellt jetzt keine Chiffre mehr für die Verwirklichung »objektiver sozialer Werte« dar, sondern meint den Herrschaftsraum und den Herrschaftsverband Gottes, in dem der Wille Gottes geschieht. Die Geschichte ist nicht mehr länger das Offenbarungsmedium des Reiches Gottes. Die punktuell gewonnene Erkenntnis, daß die Geschichte angesichts der Realität des Krieges das Wesen und den Willen Gottes eben gerade nicht enthüllt, führt

---

54 Vgl. zum Stand der Erforschung der neutestamentlichen Eschatologie *G. Klein*, Eschatologie IV. Neues Testament, 270-299.
55 Vgl. *J. Weiß*, Die Idee des Reiches Gottes; siehe auch *Chr. Walther*, Typen des Reich-Gottes-Verständnisses, bes. 137ff (Ritschl) u. 156ff (Weiß).

4.2. Die eschatologische Denkform

dazu, die fraglos vorausgesetzte Offenbarungsqualität von Geschichte grundsätzlich in Zweifel zu ziehen. Dennoch sollte man dies nicht als Abwertung der Geschichte interpretieren. Charakteristisch für den im ersten »Römerbrief« vorgetragenen Lösungsversuch ist, daß die Offenbarung nicht gleichsam aus der Geschichte auswandert, sondern – um im Bilde zu bleiben – sich innerhalb der Geschichte in die Verborgenheit, in den Untergrund zurückzieht, um von hier den Kampf gegen die Mächte der Zeit zu führen. Das heißt: Barth versucht Offenbarung als eine Geschichte sui generis, als Gegen-Geschichte, als ›eigentliche‹ Geschichte innerhalb der ›sogenannten‹ Geschichte zu denken, aber nicht von ihr her. Darum legt er so großen Wert darauf, daß das von Gott her sich ereignende Gute als die ›eigentliche‹ Geschichte sich ›im Verborgenen der Menschen‹ abspielt. Kultur und Geschichte sind ihm nicht mehr transparent für eine dahinter liegende religiöse Tiefendimension, sie offenbaren nicht Gott, sondern bloß Möglichkeiten – positive wie negative – des Menschen. Die Realität Gottes offenbart sich demgegenüber nur in der Gegen-Geschichte, die Barth später, in der »Kirchlichen Dogmatik«, von der Geschichte Jesu Christi her christologisch und pneumatologisch genauer bestimmen wird.

Wenn Theologie nicht mehr von der Selbstexplikation religiöser Subjektivität ausgehen kann, stellt sich die hermeneutische Frage, mit welchen Kriterien das ›Objektive‹ im Text vom Text selbst unterschieden werden kann und in welchem Verhältnis historisch-kritische und theologische Interpretation der Bibel zueinander stehen. Droht jetzt nicht die Gefahr, die Offenbarung direkt mit den in der Bibel berichteten ›Heilstatsachen‹ zusammenfallen zu lassen? Müssen hier nicht zwangläufig die historisch-kritischen Ergebnisse irrelevant werden? Und ist damit nicht erst recht subjektiver Willkür Tür und Tor geöffnet?

Barth war sich natürlich der Problematik bewußt. In seinem Vorwortentwurf I a weist er den erwarteten Einwand, im ersten »Römerbrief« werde »›zu viel‹ in den Text hineingelegt« (R I, 586), zurück. Grundsätzlich, so ist zu lesen, erhebe er den Anspruch, »eine geschichtliche Darstellung der Meinung des Paulus und nicht ein Exzerpt meiner oder anderer moderner Meinungen über die zur Sprache kommenden Dinge geboten zu haben. Die Aufgabe, Paulus zu verstehen, hat mir von Vers zu Vers genug Kampf gegen meine und die ganze heutige Denk- und Empfindungsweise gekostet. Aber allerdings: ich wollte Paulus *verstehen* und nicht *nicht* verstehen... Einen Autor verstehen, heißt für mich vor Allem *zu ihm stehen*, ihn in jedem Wort ernst nehmen, solange er nicht den Beweis geliefert, daß er dieses Zutrauen nicht verdient, um ihn dann von innen nach außen zu erklären« (R I, 587). In diesen Sätzen ist Barths hermeneutisches Grundsatzprogramm niedergelegt. Es geht davon aus, daß nicht die Person des Paulus, sondern seine ›Sache‹ Gegenstand der Exegese ist. Der Eindruck, in den paulinischen Text würde etwas hineingelegt, rührt daher, daß

Barth versucht, in seiner Sprache das zum Ausdruck zu bringen, was Paulus hatte sagen wollen. Die historische Kritik soll dabei nicht übersprungen werden, darf aber nicht dazu führen, den Autor nicht mehr ernst zu nehmen.

Auch im Vorwort der Druckfassung relativiert Barth die historisch-kritische Methode, ohne sie freilich preiszugeben. Seine Aufgabe bestehe nicht darin, herauszuarbeiten, was Paulus »als Sohn seiner Zeit zu seinen Zeitgenossen geredet« habe, sondern ans Licht zu bringen, was »er als Prophet und Apostel des Gottesreiches zu allen Menschen aller Zeiten« rede. Die historisch-kritische Methode habe lediglich vorbereitende Funktion für diese eigentliche Aufgabe des Verstehens, auf die die alte Inspirationslehre immerhin hingewiesen habe. »Meine ganze Aufmerksamkeit«, so fährt er dann fort, »war darauf gerichtet, durch das Historische *hindurch* zu sehen in den Geist der Bibel, der der ewige Geist ist... Unsere Fragen sind, wenn wir uns selber recht verstehen, die Fragen des Paulus, und des Paulus Antworten müssen, wenn ihr Licht uns leuchtet, unsere Antworten sein« (R I, 3). Man muß sich natürlich fragen, welche Rolle die als ›Vorarbeit‹ apostrophierte ›historische Exegese‹ nun faktisch spielt und spielen kann, wenn man sich bemüht, durch das Historische ›hindurchzusehen‹. Suggeriert nicht schon diese Metapher, das Historische sei lediglich eine Art Glasscheibe, hinter der das Eigentliche sich befindet, das umso verschwommener wird, je mehr man das Objektiv auf die Scheibe statt auf den Gegenstand fokussiert? Ist die Beachtung des Historischen also nicht eigentlich überflüssig oder sogar störend? Hat nicht unsere Analyse des Geschichtsverständnisses ergeben, daß das Historische dem alten Äon, der im neuen Äon überwundenen ›sogenannten‹ Geschichte angehöre? In der Tat geht es auch in Barths Hermeneutik genau um jenen Zusammenhang von altem und neuem Äon.

Denn mit dem Begriff des Historischen (und Psychologischen) ist für Barth das neugierige Interesse am Persönlichen, an der individuellen Frömmigkeit und Moral verbunden, das den alten Äon kennzeichnet. Demgegenüber beobachtet er bei Paulus, in der Bibel überhaupt, daß hier das »›Interesse‹ an entlegenen Heroen und Kirchenvätern« keine Rolle spiele. Denn: »Das Menschliche an sich ist nicht wichtig, die ungeleitete Beschäftigung damit eitle Zeit- und Kraftverschwendung. Beim bloßen ›Interesse‹ für das einmal Gewesene wird die Geschichte zu einem wirren Chaos sinnloser Beziehungen und Begebenheiten, die Historie trotz aller Kunst der Verknüpfung zu einer triumphierenden Entfaltung und Beschreibung dieses Chaos, bei dem das, was *wirklich* war, sicher verborgen bleibt« (R I, 143). Zweierlei will hier beachtet sein. Erstens: Barth geht hier offenkundig von einem Begriff von ›Interesse‹ aus, der auf eine letztlich unbeteiligt bleibende, bloß reflektierende Zuschauerhaltung reduziert ist. Denn die von ihm proklamierte Antithese dazu will gerade nicht einer ›interesselosen‹ Erkenntnis das Wort reden, sondern zielt umgekehrt auf

4.2. Die eschatologische Denkform

die praktische Beteiligung und Anteilnahme des Interpreten (R I, 209f). Zweitens: Diese Anteilnahme bedeutet aber nicht, daß man sich in einen ›theopneusten‹ Autor ›einfühlen‹, sondern daß man sich ebenso wie dieser vom Wort Gottes treffen lassen, daß man sich der Kritik des Wortes Gottes aussetzen müsse.

Hier scheint mir der Nerv der Barthschen Hermeneutik zu liegen. Schriftauslegung kommt dieser Konzeption zufolge erst zum Ziel, wenn sie statt der Kritik des Interpreten am Text die Kritik des Textes am Leser herausarbeitet. »Die Aufgabe, Paulus zu verstehen«, so betont Barth in dem bereits zitierten Vorwortentwurf, »hat mir von Vers zu Vers genug Kampf gegen meine und die ganze heutige Denk- und Empfindungsweise gekostet« (R I, 587). Man mag darüber diskutieren, ob Barth im Gegenzug gegen die ›moderne‹ Theologie und Exegese seiner Zeit die Bedeutung soziologischer und psychologischer Untersuchungen nicht doch zu sehr unterbelichtet habe, eines aber hat er durch sein Verfahren einer zeitkritischen Schriftauslegung mit Recht deutlich gemacht: Die gewiß nicht überflüssige historische Kritik kann auch dazu mißbraucht werden, sich die kritischen Anfragen des Wortes Gottes vom Leibe zu halten, die in der Bibel enthaltene Kritik der Gegenwart abzuweisen. Gegenüber solch affirmativem Umgang mit Bibelkritik pocht Barth darauf, daß ihre Ergebnisse theologisch erst dann fruchtbar werden, wenn man sie zur eigenen Lebenspraxis kritisch in Beziehung setzt. Dies ist der Grund, warum Barth die traditionell vorgegebenen Formen zerbricht, warum er in seinem Kommentar exegetische und praktische Auslegung ineinanderfließen läßt.[56] Erst zögernd beginnt man sich heute der hermeneutischen Einsicht Gadamers zu öffnen, daß die Applikation des zu Verstehenden ein integrales Moment des Verstehens selber ist, ihm also nicht erst sekundär zukommt.[57] Erst wo es zur Applikation,

---

56 Natürlich hat Barth sich mit vollem Recht dagegen verwahrt, von Jülicher »in die sanften Auen der praktischen Theologie« verwiesen zu werden (R II, XVII [Vorwort]), sofern damit der erste »Römerbrief« der Gattung der Erbauungsliteratur zugerechnet und so seines hermeneutisch-kritischen Anspruchs beraubt werden sollte. ›Erbaulich‹ im pietistischen Verständnis des Wortes sind Barths Römerbriefkommentare jedenfalls nicht. Versteht man unter ›praktischer Auslegung‹ allerdings, daß Exegese im Interesse einer Veränderung eingeschliffener Praxis unternommen wird, so sind sie gewiß hervorragende und wirkungsmächtige Beispiele ›praktischer‹ Schriftauslegung.
57 *H. G. Gadamer*, Wahrheit und Methode, 290ff. Im Grunde genommen setzt schon das Analogieprinzip, das nach Troeltsch für die historisch-kritische Methode konstitutiv ist, voraus, daß Applikation zum Verstehen notwendig hinzugehört (vgl. *E. Troeltsch*, Über historische und dogmatische Methode, in: Ders., Schriften II, 731ff); man muß es nur wirklich wechselseitig in Anschlag bringen. Zu den daraus für die Exegese zu ziehenden Konsequenzen siehe: *U. Luz*, Erwägungen zur sachgemäßen Interpretation, 493-518. Vgl. zur neueren Diskussion des Problems einer theologischen Exegese im übrigen auch: *P. Stuhlmacher*, Schriftauslegung; *W. Wink*, Bibelauslegung als Interaktion; *H. Weder*, Neutestamentliche Hermeneutik; und jetzt bes. *K. Berger*, Hermeneutik des Neuen Testaments, der allerdings zwischen »historischem und applikativem Verstehen« bzw. zwischen Exegese und Applikation nicht nur unterscheiden,

und zwar zur (selbst-)kritischen Applikation kommt, kann man von Rezeption sprechen; alles andere bleibt bestenfalls bloßes Referat. Wo es aber in diesem Sinne tatsächlich zur Rezeption des paulinischen Römerbriefs kam, wurde seine Interpretation zwangsläufig zu einer zeitkritischen Stellungnahme. So sah Luther sich veranlaßt, an der Praxis seiner Kirche und Gesellschaft Kritik zu üben, und so mußte Barth die herrschende Theologie und Politik seiner Zeit angreifen. Ebenso käme eine ernsthafte Exegese des Römerbriefs auch heute hermeneutisch erst dann zum Ziel, wenn sie zur Zeitkritik würde, zur Kritik einer Zeit, in der Selbstverwirklichung zum Heilsweg und das Leistungsprinzip zum einzigen gesellschaftlichen Wert avanciert sind.

Fragen wir nun noch nach den Voraussetzungen dieser Art von Schriftauslegung und Theologie, so stoßen wir allerdings auf eine hermeneutische Aporie. Die These, daß man sich »sachlich beteiligt neben Paulus« stellen müsse, um beispielsweise den Römerbrief verstehen zu können (R I, 3), bedeutet, daß Verstehen nicht Ergebnis einer ›Einfühlung‹ in den (biblischen) Autor ist, sondern dadurch ermöglicht wird, daß man sich neben ihn unter die Kritik des Wortes Gottes stellt: »Wir *können*«, so formuliert Barth die entscheidende Bedingung, »am Christus beteiligt sein, darum *können* wir auch die Geschichte verstehen... Wir könnten Abraham nur dann nicht verstehen oder mißverstehen, wenn wir uns selbst noch nicht verstanden, selber das Wort Gottes im Christus noch nicht gehört haben... Wir stehen dann mit Abraham in Reih und Glied. Seine Sache ist die unsrige, unsere entscheidende Lebensfrage die seinige« (R I, 144). Die Inkorporation in den Christusorganismus, das Sein ›im Christus‹, ist also die Grundvoraussetzung dieser Art, Theologie zu treiben. In der Einheit des Christusorganismus, in dem die Zeit aufgehoben ist, spielt Lessings ›garstiger Graben‹ keine Rolle mehr. Mit Recht hat Eberhard Jüngel das Vorwort des ersten »Römerbriefs« »die Grundsatzerklärung einer Hermeneutik der Gleichzeitigkeit« genannt.[58]

Setzt aber Theologie die Inkorporation in den Christusorganismus voraus, so ist Theologie nicht mehr nur (wie in Barths ›moderner‹ Phase) theoretische Reflexion über den Glauben, sondern ein Moment des Glaubens selbst. Im letzten Kapitel des ersten »Römerbriefs« legt Barth Rechenschaft über sein Unternehmen ab und zwar in der Form einer Rechtfertigung des Paulus, warum er den Römerbrief geschrieben habe. Eigentlich, so lesen wir da, müßte über das, worüber Christen sich so ausführlich unterhalten, kein Wort verloren werden. Denn »was sie verstehen sollen, ist das Selbstverständliche. Das Neue, das sie hören müssen, ist das Alte, Wohlbekannte, von dem sie ohnehin

---

sondern trennen will (ebd., 108ff), dabei aber m.E. übersieht, daß ohne Applikation auch historisches Verstehen gar nicht möglich ist.
58   E. Jüngel, Barth-Studien, 85.

4.2. Die eschatologische Denkform

voll sind« (R I, 568). Warum dann eigentlich der Römerbrief? Wenn alle Christen ohnehin an der unmittelbaren Erkenntnis Gottes partizipieren, – wozu dann überhaupt Theologie? Barth erinnert daran, daß zwischen Apostel und Gemeinde alles gemeinschaftlich sei: »Da gibt's kein Belehren, Erziehen, Predigen. Da gibt's nur ein Aussprechen von dem, was im Christus *ist*: im Redenden *und* im Hörenden« (R I, 568; vgl. auch R I, 463ff). Gleichwohl will es doch ausgesprochen sein: »Im Christus *muß* geredet werden, weil gerade im Christus nicht geredet werden *muß*« (R I, 568). Der Glaube hat, so schließe ich daraus, das Bedürfnis sich mitzuteilen, zu kommunizieren, zur Sprache zu kommen, und die Theologie verhilft ihm dazu; nicht als zum Glauben noch Hinzukommendes, sondern als das Moment des Glaubens, in dem er sich selber Ausdruck verschafft.

Man darf dies freilich nicht so verstehen, als sei es die Funktion von Theologie, Glauben zu schaffen. Der Glaube ist vielmehr Gottes schöpferische Tat (R I, 147). »Was kann ich wollen«, so fragt Barth, »wenn ich nichts will, als was ihr ohnehin wollt? Was ich euch vermittle, die Erkenntnis Gottes, die sich, wie ja auch Plato gesagt hat, in der ›Erinnerung‹ ihrer selbst bewußt wird, hat Zweck und Ziel in sich, nicht außer sich... Ist es mir gelungen, euch die Erkenntnis, deren ihr selbst voll seid, gegenständlich zu machen, damit ihr aufs Neue Besitz von ihr ergreift, so ist auch der Sinn meines Dienstes erfüllt« (R I, 570). Der Hinweis auf Platon und das Stichwort ›Erinnerung‹ wollen natürlich die Assoziation der Anamnesislehre wachrufen. Übertragen auf den Menschen ›im Christus‹, den Barth hier anspricht, besagt sie, daß Theologie Gotteserkenntnis nicht schaffe, sondern (im Christusorganismus) vorhandene Gotteserkenntnis nur bewußt mache, ihr Sprache verleihe. Wohl kann sie Gotteserkenntnis ›entbinden‹, nicht aber erzeugen. Sie hat eine lediglich mäeutische Funktion.[59]

Aber immerhin, so könnte man sagen, bringt sie den Glauben zum Ausdruck, ist sie begriffliche Darstellung der im Christusorganismus gegebenen Gotteserkenntnis. Denn kraft der durch die Taufe vollzogenen Inkorporation in den Christusorganismus sind wir »»Wissende««, sind »wir im Besitz einer grundlegenden *Anschauung*« und haben »wir durch alles Nächstliegende, Geschichtliche und Seelische hindurch einen Durchblick ... in das Wesen und den Zusammenhang der Dinge« (R I, 223). Problematisch erscheint mir nun doch, diese eschatologische Aussage auf die Theologie zu übertragen. Das Subjekt der Theologie ist ja gerade nicht der Mensch des neuen Äons, sondern der der Äonenwende. Die Frage ist also, wie die Darstellung unmittelbarer Gottes-

---

59 »Geburtshilfe leisten nötigt mich der Gott, erzeugen aber hat er mir gewehrt« (*Platon*, Theaitetos 150c). Vgl. zur platonischen Anamnesislehre: *G. Picht*, Wahrheit–Vernunft–Verantwortung, 87-107.

erkenntnis mit dem eschatologischen Vorbehalt im theologischen Reden selber in Einklang zu bringen sei. M.E. hat Barth dieses Problem im ersten »Römerbrief« so noch nicht gesehen. Aber es ist wohl der systematische Grund dafür, daß er im zweiten »Römerbrief« das theologische Reden dialektisch brechen wird.[60]

Ich fasse zusammen: Theologie als zeitkritische Schriftauslegung, – das bedeutet für Barth, die Dimension der Eschatologie zum Zuge kommen zu lassen. Die durch die paulinische Dialektik von Gesetz und Gnade modifizierte Zwei-Äonen-Lehre stellt ihm das begriffliche Instrumentarium zur Verfügung, diese Intention durchzuführen. Man hat später versucht und versucht es noch heute, durch die Etikettierung der frühen Theologie Barths als einer ›Theologie der Krise‹ das ihr inhärente Element des Kritischen als zeitgeschichtlich bedingt hinzustellen, um es dann vernachlässigen zu können. Natürlich ist eine zeitkritische Schriftauslegung immer auch abhängig von der Zeit, gegen die sie sich wendet. Wer meint, zeitlose Theologie treiben zu können, erliegt immer einer Selbsttäuschung. Auch wenn also eine zeitkritische Schriftauslegung in diesem Sinne zeitbedingt ist, so ist sie doch gerade kein Produkt des Zeitgeistes. Natürlich ist die frühe Theologie Barths heute nicht einfach zu repristinieren; gerade dies widerspräche ihren Grundvoraussetzungen, wie ich zu zeigen versuchte. Aber das Moment der kritischen Infragestellung des Menschen, das Barth damals – durch die Zeitereignisse veranlaßt – entdeckte, bleibt auch über diesen Entdeckungszusammenhang hinaus für jede ernsthafte Theologie grundlegend.

Dieser ersten Annäherung an den »Römerbrief« via Eschatologie muß nun freilich eine intensivere Prüfung dessen folgen, was sich daraus für das Verständnis des christlichen Glaubens und Verhaltens ergibt. Wenden wir uns von der Eschatologie her der Entfaltung der Gottesrelation zu, so zeigt sich, daß die ursprünglich synonymen Begriffe ›Religion‹ und ›Glaube‹ auseinandertreten und dem alten bzw. dem neuen Äon zugeordnet werden. ›Religion‹ wird für Barth nun Ausdruck sowohl der menschlichen Sehnsucht nach Gott als auch des Versuchs, Gottes ›habhaft‹ zu werden, was eine theologische Religionskritik erforderlich macht (4.3.1.). ›Glaube‹ dagegen ist diejenige Beziehung des Menschen zu Gott, durch die Gott den Sünder von seiner Selbstbezüglichkeit zu ›kommunikativer Freiheit‹ befreit (4.3.2.).

---

60 Ich komme darauf S. 246ff noch einmal zurück.

4.3. GLAUBE STATT RELIGION

4.3.1. Theologische Religionskritik

›Glaube‹ definiert sich in Barths Theologie vor dem Krieg als religiöse Praxis, ›Religion‹ als Partizipation am göttlichen Leben, vermittelt durch individuelle, geschichtliche Erlebnisse. Dieses Verständnis von Religion wird für Barth fragwürdig, als er erkennt, daß sich seine theologischen Lehrer für ihre Bejahung und Legitimation des Krieges auf ihr unmittelbares Gotteserlebnis berufen können. Barth zieht daraus die Konsequenz, die bisher als selbstverständlich vorausgesetzte Identifikation von Religion und Glaube durch eine theologisch begründete Religionskritik aufzulösen.[61] Diese Religionskritik entwickelt sich natürlich erst allmählich und sehr zögernd, kann aber immerhin bei der Kritik der Innerlichkeit und Lebensferne der Religion, wie sie auch – von Blumhardt inspiriert – bei Religiös-Sozialen, insbesondere Ragaz, damals in zunehmendem Maße begegnet, anknüpfen. Ich will im folgenden zunächst die Entwicklung der Barthschen Religionskritik zwischen Kriegsbeginn und Erscheinen des ersten »Römerbriefs« anhand zweier Aufsätze von 1915 und 1917 skizzieren und anschließend zeigen, inwiefern die Religionskritik des Römerbriefkommentars über diese ersten Ansätze hinausgeht.

(1) Religion und Reich Gottes. – Die Einsicht in das Versagen des Christentums gegenüber der von der Arbeiterbewegung gestellten ›sozialen Frage‹ kann als das entscheidende Datum der Entstehung der religiös-sozialen Bewegung in der Schweiz angesehen werden. Deren Kritik wandte sich darum gegen die Institution einer verbürgerlichten Staatskirche, mehr aber noch gegen die religiöse Einstellung, die jene trägt, nämlich die Reduktion des Evangeliums auf eine Sache bloßer Innerlichkeit. Schon vor dem Krieg konnte Barth sich diese Argumentation zu eigen machen, ohne sich veranlaßt zu sehen, seinen Religionsbegriff grundsätzlich infragezustellen.[62] Indizien für eine Veränderung dieser Position finden sich erst nach dem Besuch bei Blumhardt im April 1915. In dem am 7. Dezember desselben Jahres in Baden gehaltenen Vortrag über »Religion und Sozialismus« betont Barth[63], daß ihm das Thema so gestellt wor-

---

61 Siehe dazu allgemein: *O. Herlyn*, Religion oder Gebet, 20ff; *F.-W. Marquardt*, Verwegenheiten, 339ff; *H.-J. Kraus*, Theologische Religionskritik, 4ff; *M. Krämer*, Die Religionskritik Ludwig Feuerbachs, 213ff; und auch *E. Feil*, Die Theologie Dietrich Bonhoeffers, 326ff.
62 Vgl. dazu oben S. 79ff.
63 *K. Barth*, Religion und Sozialismus (unveröffentlicht; Karl Barth-Archiv, Basel). Die im Text folgenden Zitate sind diesem Vortrag entnommen. – Siehe dazu: BwTh I, 112f und *E. Jüngel*, Barth-Studien, 109ff.

den sei, er aber die Sache, die er vertreten wolle, nicht gern ›Religion‹ nenne. Denn ›Religion‹ so fährt er fort, sei ein »sehr zweideutiges Wort«. Es bezeichne das »fromme Gefühl in einzelnen Menschen, samt der besonderen Moral und dem besonderen Gottesdienst, die aus diesem Gefühl hervorgehen«, es könne rein und erhaben sein, aber auch an unseren Verirrungen partizipieren. Worauf es ihm eigentlich ankomme, sei das Reich Gottes, von dem die Religion wie auch der Sozialismus lediglich »Spiegelungen«, »umstrittene Erscheinungen« und »Symptome« seien. Religion und Reich Gottes treten hier m.W. das erste Mal auseinander, allerdings noch nicht in Gegensatz zueinander. Immerhin gilt Religion – in aller Unvollkommenheit – als ›Spiegelung‹ des Reiches Gottes, als eine ›Spiegelung‹ freilich, der die Lebenskraft der gespiegelten Sache selber fehlt.

Dies ist auch die Kernaussage eines Referats mit dem Titel »Religion und Leben«, das Barth am 9. Oktober 1917 in Safenwil vor Lehrerinnen hält.⁶⁴ Das Manuskript des ersten »Römerbriefs« ist zu dieser Zeit bis einschließlich Kapitel 5 fertig. In dem Vortrag stellt Barth fest, daß das Leben von Religion nichts wissen wolle, und zwar »weder das Leben in der Welt, noch das Leben in der Bibel«, weil die Religion dem Leben nicht helfe, sondern an ihm vorbeiführe (443). Woran liegt das? Einmal daran, daß das Leben anders als die Religion gerade »keine Privatsache, kein persönliches Leben, sondern die herrlichste, naheliegendste Allgemeinheit« sei (444). Zweitens sei Religion ›Innerlichkeit‹; für das Leben dagegen – auch hierin seien sich Welt und Bibel einig – sei »das Heraustreten der Innerlichkeit ins Äußerliche« charakteristisch (445). Und schließlich gehe Religion als ›Gesinnung‹ am Leben vorbei, »denn im Leben spielen die Gesinnungen und Stimmungen an sich gar keine Rolle. Der Kosmos des Lebens wird gebildet von Kräften, Mächten und Gewalten« (446). Religion und Leben treten hier auseinander. »Aus dem beziehungsreichen ›ist‹ Marburger Provenienz« sei, so mit Recht Okko Herlyn, »ein beziehungsloses ›und‹ etwa Safenwiler Spielart geworden«.⁶⁵ Das, was für Barth früher Religion definierte, nämlich die in ihr statthabende Partizipation am Göttlichen, an einer schlechthin überweltlichen, trans-individuellen Lebensmacht⁶⁶, erscheint nun geradezu als das, woran es der Religion faktisch mangelt. Deshalb kann sie auch die Probleme des Lebens nicht lösen. Das Reich Gottes dagegen, wie es in der Bibel dargestellt werde, sei ein Reich, das »nicht mit Gesinnungen und Stimmungen aufgerichtet [werde], wohl aber mit Kräf-

---

64 *K. Barth*, Religion und Leben, 437-451. Die folgenden Zitate im Text entstammen diesem Aufsatz. Dazu: *J. Fangmeier*, Erziehung in Zeugenschaft, 27-30.
65 *O. Herlyn*, Religion oder Gebet, 20f.
66 Vgl. oben S. 36ff.

4.3. Glaube statt Religion

ten« (447). Darum sei allein das Reich Gottes in der Lage, dem von der Sünde bedrohten Leben wirksam zu Hilfe zu kommen.

Unverkennbar wird hier aus dem Geist Blumhardts gesprochen, in durchaus religiös-sozialer Diktion im einzelnen, mit Kritik an bloßer Innerlichkeit und am Versagen der Religion vor Kapitalismus und Krieg. Knüpft Barth damit an Gedanken an, die in religiös-sozialen Kreisen damals virulent waren[67], so geht er – wie jetzt zu zeigen ist – über deren Religionskritik im ersten »Römerbrief« doch insofern hinaus, als er dieses merkwürdig zweideutige Phänomen ›Religion‹ innerhalb seines eschatologischen Denkrahmens mit dem paulinischen Gesetzesbegriff identifiziert und sich auf diese Weise in die Lage setzt, jene Zweideutigkeit der Religion von der Dialektik zwischen Gesetz und Sünde her theologisch zu begreifen.

(2) Zur Kritik religiöser Subjektivität. – Steht die Religion dem Reich Gottes gegenüber, so ist sie in den alten Äon, in dem die Sünde das Regiment führt, verwiesen. Religion als Sünde? Sofern sich die Religionskritik als integrale Aufgabe von Theologie versteht, müßte sie diese Frage von der Offenbarung her zu beantworten suchen. Üblicherweise sucht Religionskritik entweder die genetische Ableitbarkeit religiöser Verhaltensweisen und Institutionen aus natürlichen Bedürfnissen des Menschen oder ihre funktionale Ersetzbarkeit durch Äquivalente nachzuweisen. Eine spezifisch theologische Religionskritik kann dieses methodische Instrumentarium in Dienst nehmen, wenn nur ihr Kriterium das Handeln Gottes bleibt, d.h. wenn sie bei der Frage nach Genese und Funktion des zu untersuchenden religiösen Phänomens zeigen kann, daß dieses ein menschliches Surrogat für das Handeln Gottes darstellt und als solches prinzipiell durch anderes menschliches Handeln ersetzt werden kann. In der Tat entfaltet Barth im ersten »Römerbrief« eine solche theologische Religions-

---

[67] Offenbar unter dem Eindruck der Botschaft Blumhardts verdichtete sich auch für Ragaz seine frühere Unterscheidung zweier Formen von Religion, der ›ästhetisch-kultischen‹ und der ›ethisch-prophetischen‹ Lebensauffassung, in den Gegensatz von ›Religion‹ einerseits und ›Reich Gottes‹ andererseits (*H. U. Jäger*, Ethik und Eschatologie, 280ff). So z.B. schon 1913 in Auseinandersetzung mit Paul Wernle: *L. Ragaz*, Alt und neu, 52. In einem fulminanten, bezeichnenderweise »Nicht Religion, sondern Reich Gottes« überschriebenen und manche wesentlich späteren Formulierungen Barths vorwegnehmenden Aufsatz, den Ragaz angesichts des faktischen Auseinanderbrechens der religiös-sozialen Bewegung im Rahmen einer programmatisch anmutenden Artikelserie mit dem Generaltitel »Neue Wege« im Frühjahr 1917 publizierte, lesen wir: »Was braucht Gott Religion? Er verlangt nicht Religion, sondern Glauben und Liebe... Wir brauchen nicht Religion, sondern Reich Gottes... Religion ist ein menschliches Gebilde, oft großartig und herrlich, aber ebenso oft mit allem Schlimm-Menschlichen und Untermenschlichen verunreinigt, Gott aber ist – Gott; er ist die Welt des Heiligen, der reine Wille des Guten, er ist ganz anders als der Mensch, qualitativ von ihm verschieden, und gerade darum so menschlich, so menschenfreundlich, menschenbefreiend, menschenschaffend. Wir brauchen nicht Religion, wir brauchen Gott« (*L. Ragaz*, Nicht Religion, sondern Reich Gottes, 301; zur ganzen Artikelserie: *M. Mattmüller*, Das Reich-Gottes-Verständnis, 105-112).

kritik. Er trägt sie freilich weniger argumentativ, als vielmehr narrativ vor, d.h. die Kritik ist in seiner Darstellung der Entstehung von Religion und der Rolle, die sie für den Menschen spielt, impliziert. Bevor wir in diesem Sinne nach der Genese und Funktion von Religion fragen können, muß allerdings auf eine terminologische Schwierigkeit aufmerksam gemacht werden: Barth spricht nicht nur von ›Religion‹, sondern auch von ›falscher Religiosität‹ und ›Irreligiosität‹ (R I, 26 u. 38), von ›subjektive[r] naturalistische[r] Religiosität‹ (R I, 33) und ›Unreligion‹ (R I, 27).[68] Will er damit das Christentum als vera religio vom Aberglauben als der falsa religio absetzen? Ja, auch das! Allerdings nicht in der Absicht, das Christentum aus der Schußlinie der Religionskritik zu ziehen. So behaupte ich. Doch das muß erst noch bewiesen werden. Jedenfalls aber dürfte es sinnvoll sein, in der weiteren Analyse darauf zu achten, wie Barth die Differenzierung zwischen ›Religion‹ und ›Irreligiosität‹ begründet und ob dies der Kritik standhält.

Beginnen wir mit der Frage nach der Genese und Funktion von ›Irreligiosität‹! Barths Ausgangspunkt ist die These: »Der *Begriff von Gott* ist uns so unmittelbar gegeben wie unser eigenes Sein« (R I, 28). Das klingt nach ›natürlicher Theologie‹, gar wenn Barth fortfährt: »Wir widerstehen also nicht etwas von außen an uns Herangebrachtem, wenn wir Gott widerstehen, sondern wir unterdrücken, was aus uns selbst hervorgehen will; wir verleugnen nicht etwas Fremdes, sondern unser eigenstes Wesen« (R I, 28). Religiöses Apriori? In der Tat ist im Kontext dieser Sätze kantische Terminologie allgegenwärtig (bes. R I, 28-31). Dennoch ist Barth nicht auf eine Theorie des ›religiösen Apriori‹ aus. Nicht daß wir Gott schauen und begreifen können, falls er sich offenbaren sollte, nicht daß es für Gottes Offenbarung einen ›Anknüpfungspunkt‹ im Menschen gibt[69], ist der Skopus dieser Aussagen, sondern daß wir keine Entschuldigung dafür haben, wenn wir ihn faktisch nicht schauen und begreifen. Ich halte dafür, daß Barths These – aller kantischen Krusten, die ich nicht leugnen will, zum Trotz – in der Fluchtlinie der Theologie der Religion bei Calvin liegt, ja daß sie nichts anderes als eine Paraphrase der ersten fünf Kapitel der »Institutio« darstellt.[70] Denn entscheidend für alles Weitere ist (wie schon bei

---

68 Sieht man einmal von dem singulären ›Unreligion‹ ab, so fällt auf, daß Barth in der dem Begriff ›Religion‹ gegenübergestellten Reihe bevorzugt von ›Religiosität‹ spricht. Das scheint kein Zufall zu sein: ›Religiosität‹ ist lediglich eine bestimmte subjektive Befindlichkeit des Menschen, während ›Religion‹ etwas durchaus Objektives, ein Kult, ein Lehrgebäude usw. sein kann.
69 Siehe dazu auch Barths spätere Auslassungen zum Thema in der Auseinandersetzung mit Emil Brunner: *K. Barth*, Nein!, bes. 41ff. Daß bei Barth keine theologia naturalis vorliege, betont auch *I. Spieckermann*, Gotteserkenntnis, 91; anders *T. Stadtland*, Eschatologie und Geschichte, 23f u. 47.
70 *J. Calvin*, Institutio I, 1-5; ich kann hier auf die Diskussion zur Frage der ›natürlichen Theologie‹ bei Calvin nicht eingehen und verweise statt dessen auf die beiden älteren Titel von *P. Barth*, Das Problem der natürlichen Theologie, und *P. Brunner*, Allgemeine und besondere

4.3. Glaube statt Religion

Calvin), daß der Mensch die ursprünglich mögliche und wirkliche Gotteserkenntnis durch seinen Fall unmöglich gemacht hat: »Der Same der unmittelbaren Gotteserkenntnis in uns wurde unterdrückt, bevor er zur Ernte kommen, bevor sie in Kraft treten konnte«, sagt Barth (R I, 30) mit kräftigen, zum Teil wörtlichen Anleihen bei Calvin.[71] Dieser Satz ist nun gewiß nicht geeignet, die Meinung zu erhärten, Barth treibe im ersten »Römerbrief« theologia naturalis. Denn die von Calvin übernommene Metapher (semen religionis) will ja nicht etwa sagen, daß der Same immer noch aufgehen könne; sie will vielmehr unterstreichen, daß er faktisch abgestorben ist, und es eines neuen Samens bedarf. Konsequenterweise spricht Barth dann ja auch vom Geist als von einem »in uns gelegte[n] Keim«, der erst zur Entfaltung kommen muß. Er ist als solcher Ausdruck der »neuen objektiven Voraussetzung«, unter der wir »im Christus« stehen (R I, 309f). Nach dem Fall aber – und darauf allein kommt es hier an – verfügt der Mensch nicht mehr über die ihm ursprünglich mögliche Gotteserkenntnis. Und ebenso gilt, daß in *dieser* ›Wirklichkeit‹ Gott nicht erkennbar ist (R I, 336).

Dieser ›natürliche‹, empirische Mensch, der in seinem Denken und Handeln zu erkennen gibt, daß er sich ›jenseits von Eden‹ befindet, – gerade dieser Mensch kann es nun doch nicht lassen, »einen Gott zu suchen«. Und so muß ihm zur Gottheit werden, »was ihm am stärksten Eindruck macht im Verkehr mit der Natur oder in den Entwicklungen der menschlichen Geschichte«: Staat, Kultur, Natur, Mammon, Persönlichkeit, Kunst, Wissenschaft, Kirche, Tugend (R I, 34ff). So schafft »der Mensch sich dann Götter ... nach seinem Bilde« (R I, 27; vgl. 177). Es entsteht als Werk des ›natürlichen Menschen‹ die ›natürliche Religion‹, das, was man heute ›civil religion‹ nennen würde. Das ist die Genese ›falscher Religiosität‹. Was hier vorerst noch latent ist, nämlich, daß der Mensch in seiner Suche nach Gott eigentlich sich selbst meint, daß er »selbst Gott sein will« (R I, 26), wird schließlich manifest, wenn der Mensch Gott bewußt preisgibt: ›Falsche Religiosität‹ schlägt dann um in ›Irreligiosität‹ (R I, 38).[72] Damit kommt aber lediglich ans Licht, was beider Funktion ist: nämlich das Bedürfnis der ›natürlichen Menschen‹ nach Selbstsetzung und Selbstbehauptung zu befriedigen. Darum sind beide Sünde.

Daß ›falsche Religiösität‹ und ›Irreligiosität‹ Sünde sein würden, konnte man aus dem Munde eines Theologen erwarten. Wie aber verhält es sich mit ›Religion‹, die doch offenbar im Gegensatz dazu steht? Sie entsteht, so führt

---

Offenbarung, 189-215, sowie auf das neuere, aber allgemeinere Werk von *H.-J. Kraus*, Theologische Religionskritik, 135ff.
71 Vgl. *J. Calvin*, Institutio I, 4,1 u. 5,14f.
72 Diese Differenzierung ist übrigens ein deutlicher Reflex von Calvins Unterscheidung zwischen Aberglauben und bewußter Abkehr von Gott; siehe: *J. Calvin*, Institutio I, 4,1f.

Barth aus, wo sich der Mensch aufgrund der Güte Gottes, aufgrund eines »Ansichhalten[s] des göttlichen Zorns«, »mitten in der Nacht ganz besonders deutlich des entschwundenen und vielleicht des kommenden Tages erinnert« (R I, 45). Ihre Genese ist also letztlich auf Gott zurückzuführen. »Israels Gesetz und jedes reine Ideal und jede lautere Glaubenswahrheit ist göttliche Offenbarung« (R I, 51f). Wohl vermittelt auch sie Erkenntnis Gottes, allerdings eben »Erkenntnis Gottes im Zwielicht der Sünde, die Erkenntnis Gottes in seinem Zorn« (R I, 83). Anders als ›Irreligiosität‹ steht ›Religion‹ im ersten »Römerbrief« für den paulinischen Gesetzesbegriff (vgl. R I, 75). Ihr positiver Sinn besteht darin, die zwischen Gott und Mensch aufgerissene Kluft als solche kenntlich zu machen und so auf die ausstehende Versöhnungstat Gottes hinzuweisen (R I, 61 u. 82f). Sie hat also eine zugleich elenchtische wie prophetische Funktion. Der Gott der Religion ist für Barth keine Projektion menschlicher Wünsche oder Ängste wie die Götter der ›Irreligiosität‹.[73] Im Gegenteil: In der Religion tritt uns der lebendige Gott selbst entgegen.

Zu theologischer Religionskritik scheint hier – anders als vorher – keine Veranlassung zu bestehen. ›Irreligiosität‹ wird mit Wunsch- und Angstprojektionen des Menschen erklärt, ihre funktionale Austauschbarkeit an der Vielzahl ihrer Projektionsobjekte jedenfalls indirekt verdeutlicht. Sie ist eine Sache des Menschen; vom Handeln Gottes ist hier nicht die Rede. Anders steht es dagegen nach Barth mit der Genese und Funktion von ›Religion‹. Als göttliche Offenbarung entspringt sie weder menschlichen Bedürfnissen, sie wendet sich ihrerseits vielmehr gegen menschliche Selbstdurchsetzung und Selbstbehauptung, noch ist sie in ihrer Funktion ersetzbar, da nur sie die reale Kluft zwischen Gott und Mensch aufzuzeigen vermag, da nur sie auf das Handeln Gottes hinweisen kann. ›Religion‹ ist als ›Gesetz‹ – gemessen an den Kriterien einer theologischen Religionskritik – an sich nicht Sünde. Wird sie damit nun nicht doch aus der Schußlinie der Religionskritik gebracht? Und ist es zulässig, von religiöser Subjektivität zu abstrahieren, wie es hier geschieht?

---

[73] Dies scheint mir in der Dissertation von *M. Krämer*, Die Religionskritik Ludwig Feuerbachs, 213ff, (trotz des Hinweises auf Seite 231f) wegen der fehlenden Differenzierung zwischen ›Religion‹ und ›Irreligiosität‹ zu wenig beachtet zu sein. Aber auch abgesehen davon, vermag mich seine Grundthese, die Religionskritik des ersten »Römerbriefs« zeige eine »deutliche Affinität zur Kritik von Feuerbach und Marx« (ebd., 218) nicht zu überzeugen. Natürlich finden sich allenthalben Textstellen, die man auch von Feuerbach und Marx her interpretieren kann, – aber zwingend wäre die Beweisführung erst dann, wenn nachgewiesen würde, daß man sie *nur* von daher sachgemäß verstehen kann. Am ehesten könnte das Feuerbachsche Projektionstheorem auf Barths Darstellung der Genese von ›Irreligiosität‹ und ihrer Götzenproduktion eingewirkt haben. Aber selbst dies geht bei Barth kaum über das hinaus, was bereits Calvin dazu gesagt hatte. Darum scheint mir die These von *H.-J. Kraus*, Theologische Religionskritik, 15f, die Barthsche Religionskritik sei primär von der reformatorischen Rechtfertigungslehre her zu sehen, plausibler zu sein.

4.3. Glaube statt Religion

In der Tat wendet sich das Blatt, wenn man untersucht, wozu ›Religion‹ in der Hand des religiösen Menschen wird. Sie *vertritt* Gott ja nur in einer Welt, in der er realiter nicht anwesend ist; sie »verkörpert und repräsentiert in ihr den ideellen, abwesenden Gott« (R I, 258). »Die Herrschaft Gottes ist die *Meinung*, aber nicht die *Wirkung* des Gesetzes« (R I, 75). Als Phänomen des alten Äons, der ›sogenannten‹ Geschichte ist Religion nicht selbst die Kraft Gottes, die der Sünde widerstehen könnte, sondern nur ihr ideeller Widerschein. Doch mit dem bloßen Verweis auf ein zukünftiges Handeln Gottes, mit der Verheißung des Kommens seines Reiches will sich der alte Mensch nicht zufrieden geben. Was soll er mit einer Verheißung, wenn er doch Gott ›hat‹, Frömmigkeit vorweisen kann, Religion besitzt? Stellt seine Religion nicht schon die Gegenbewegung gegen die Sünde dar? Religion gegen Aberglauben und Atheismus!? Daß damit die Religion zugleich zu einem menschlichen Surrogat der Tat wird, die nur Gott selber tun kann (R I, 96-98 u. 247-249), scheint er nicht zu bemerken. So bemächtigt sich die Sünde im Äon des Fleisches auch des Gesetzes: Die Sünde »wird religiös und moralisch« (R I, 266), und das heilige, gerechte und gute Gesetz Gottes »eine Nebenerscheinung der Sünde« (R I, 260). Was Hinweis auf einen Ausweg hätte sein können, führt auf diese Weise schließlich noch tiefer in die schuldhafte Verstrickung des Menschen hinein. Denn nun meint er gar noch, aufgrund seiner bevorzugten Stellung auf die Nicht-Religiösen und Unmoralischen herabblicken zu können (R I, 46f), sich als Gotteskämpfer fühlen zu dürfen (R I, 275). Was zunächst nach einer Gegenbewegung gegen die Sünde aussieht, erweist sich bei genauerer Betrachtung als deren Verstärkung, da sie noch im Widerspruch dem Widersprochenen dient (R I, 283). Vom ›Ursprung‹, d.h. von Gott aus gesehen sind darum Religion und Moral tatsächlich nur graduell von Irreligiosität und Unmoral verschieden, haben doch auch sie ihre Wurzeln im Selbständigseinwollen des Menschen gegenüber Gott. Die religionskritische Frage nach der Funktion von Religion zeigt, daß jetzt faktisch auch sie der Selbstkonstitution des Subjekts dienen soll. Die Identifikation von ›Religion‹ und (paulinischem) ›Gesetz‹ ermöglicht einerseits die Abgrenzung dieses Mißbrauchs von Religion gegenüber ihrer ursprünglichen Funktion und sie rückt andererseits das wirkliche Problem, nämlich den Menschen in die Sphäre des alten Äons, ins Blickfeld der Kritik. In diesen beiden Punkten liegt m.E. der Zugewinn gegenüber der früheren Religionskritik Barths und der Religiös-Sozialen. Indem wir uns im folgenden mit diesem Menschen und seiner Gottesbeziehung beschäftigen, wenden wir uns dem Kern der Barthschen Religionskritik zu, der Kritik religiöser Subjektivität.

Charakteristisch für den unter Adams Fall stehenden Menschen ist, daß er sich selber interessant ist, daß er Gott gegenüber selbständig sein (R I, 177), sich ›autonom‹ neben ihn stellen will (R I, 30). Die Konsequenz? »Er wird ein Wissender, ein Überlegener. Er stellt sich betrachtend und beobachtend *neben* das Leben. Er wird gescheit. Er fängt an zu analysieren... Selbstschau, ›Menschenkenntnis‹, ›Erfahrung‹, Psychologie, ›historisches‹ Denken – das alles ist eben nur *außer* Gott möglich« (R I, 178). Die Sünde ist »die Geburt des objektiven Menschen«, des Menschen, dem das Band, »das Gott, Welt und Mensch zusammenhält«, zerrissen ist (R I, 178). Diesem Menschen wird alles, er selbst eingeschlossen, Objekt, ›Gegenstand‹, d.h. ›Entgegengestelltes‹. »Will der Mensch sich selber Objekt sein, so wird ihm nun auch die Welt gigantisches, erdrückendes Objekt« (R I, 180; vgl. auch 327). Offensichtlich geht es hier nicht allein um individuelle Selbsterfahrung, sondern zugleich um den Status neuzeitlichen Autonomiebewußtseins und dessen Bedeutung für die Konstitution moderner Erfahrungswissenschaft. Wissenschaft – eine Folge von Sünde? Tatsächlich taucht unter anderem auch das Stichwort ›Wissenschaft‹ in der Reihe der von ihrem göttlichen Ursprung abgesplitterten »herrenlosen Mächte und Gewalten« auf (R I, 34). Barth interpretiert die Struktur der Subjektivität, auf der die Wissenschaft seit Descartes basiert[74], als Selbstbezüglichkeit und wertet diese theologisch als incurvatio in se ipsum, d.h. als Sünde.

So spricht Barth beispielsweise von der »in sich gefangenen Subjektivität« (R I, 274) oder davon, daß »schon durch den Subjektbegriff das verlangte Prädikat ausgeschlossen« sei: »Ich bewege mich im Kreis herum, aber eben nur in meinem Kreis, nicht im Kreis der Wahrheit« (R I, 280). Nicht das (erkenntnistheoretische) Problem der seiner Zirkelstruktur wegen aporetisch bleibenden Begründung von Selbstbewußtsein[75] interessiert Barth dabei, sondern dies, daß Selbstbezüglichkeit von Gott und Mitmensch trennt und darum Sünde ist: Der Mensch dieses Äons ist »ein Ich, eine beschränkte Subjektivität, ein einzelner auf sich gestellter, in sich selbst ruhender und eben darum sündiger Mensch...: das Ich, das nur ich ist, der Mensch für sich, ohne Gott« (R I, 271). Ist aber Gott nicht mehr das objektive Maß (R I, 29), stellt sich statt dessen der Mensch in den »Mittelpunkt der Welt als das Maß aller Dinge« (R I, 250), so erscheint ihm alles diesem subjektivistischen Maß entsprechend verkürzt. Tritt der ›autonome‹ Mensch analysierend neben das Leben, werden Welt und Selbst notwendig zu blutleeren Objekten sezierender Betrachtung, verobjektivierender Forschung. Nicht mehr von innen begreifen kann er dann das Leben, sondern nur

---

74 Daß Barth als Paradigmen lediglich Psychologie und Historie nennt, nicht aber die Naturwissenschaft, belegt einmal mehr die zeitlebens beobachtbare Begrenzung seines Horizonts auf das Feld der sog. Geisteswissenschaften. Diese biographisch bedingte Grenze bedeutet aber nicht, daß sich von seinem subjektivitätskritischen Ansatz her die problematische Voraussetzung neuzeitlicher Naturwissenschaft und Technik nicht auf den Begriff bringen ließe. Vgl. dazu: *G. Howe*, Parallelen zwischen der Theologie Karl Barths und der heutigen Physik.
75 Vgl. dazu etwa: *E. Tugendhat*, Selbstbewußtsein und Selbstbestimmung, 50ff.

4.3. Glaube statt Religion

noch eine ihm entfremdete ›Wirklichkeit‹ blind von außen anstarren (R I, 336). Das ist die unter den Bedingungen der Sünde mögliche und reale Erfahrung, – ein »subjektives Vernünfteln« (R I, 31) mit allerdings fatalen Folgen.

Aber mehr noch und entscheidender: Nicht nur der Verlust von Selbst und Welt ist in solcher Erfahrung zu beklagen, sondern vor allem auch der Verlust Gottes. Darum nehmen ja auch erfahrbare Surrogate seinen Platz ein, darum versucht der Mensch Gott mittels Religion wiederzufinden, darum tritt das ›religiöse Erlebnis‹ an die Stelle der ursprünglichen und unmittelbaren Gotteserkenntnis: »Nun ist eben Gott nicht mehr Gott, nicht mehr der Vollkommene und Erhabene, nicht mehr Majestät, sondern das dürftige Objekt unseres zufälligen ›Erlebens‹« (R I, 34). Inwiefern ist dieses Erleben zufällig? Sicher nicht in dem Sinne, daß es von der Kontingenz göttlicher Offenbarung abhängig wäre. Entscheidend ist vielmehr, daß im religiösen Erlebnis Gott zum Objekt von Erfahrung ›gemacht‹ wird (vgl. auch R I, 209), also ein Erkenntnismodell zugrundegelegt wird, wonach ein Subjekt sich ein Objekt vorstellend aneignet. Vorausgesetzt ist dabei prinzipiell die Passivität des Objekts, hier also: Gottes, und die Aktivität des Subjekts, hier: des homo religiosus (vgl. R I, 257). Barth beginnt jetzt offenbar einzusehen, daß das nach dem kantischen Modell sinnlicher Wahrnehmung vorgestellte religiöse Erlebnis[76], zwangsläufig seinen Inhalt formt, damit aber seinen Gegenstand deformiert, individuell zurechtstutzt. Würde sich der Glaube durch ›individuelle Anschauung‹ vermitteln, wie Barth vor dem Krieg meinte, so wäre er auch individuell bedingt, hinge er von wechselnden subjektiven Stimmungen und Gefühlen ab.

In der Interpretation von Röm 7 beschreibt Barth, was geschieht, wenn die Objektivität des göttlichen Gesetzes und die Subjektivität des gottlosen Menschen aufeinanderprallen. Alle Versuche, des Objekts habhaft zu werden, sind von vornherein zum Scheitern verdammt; denn »das Individuum ist nicht das Subjekt, das den Imperativen der Sittlichkeit gehorchen kann. Gott kann in einem bloß ›persönlichen‹ Leben nicht zu Ehren kommen« (R I, 272). »Als Seele, als Vereinzelter, als unorganisiertes Glied eines chaotischen Ganzen bin ich qualitativ nicht geeignet, zu der göttlichen Objektivität in ein positives Verhältnis zu treten« (R I, 277); versuche ich es dennoch, so verstricke ich mich unweigerlich in die pietistische Dialektik religiösen Erlebens[77] mit ihrer ›Höhen-‹ und ›Tiefenkurve‹, begebe ich mich in das Inferno subjektivistischer Wechselbäder mit ihren bald optimistischen bald pessimistischen Stimmungen (R I, 280ff): »Alles, was sich an Erfahrungen und Erlebnissen bei mir ereig-

---

76 Vgl. dazu oben S. 49.
77 Eine detaillierte Darstellung und Analyse der Pietismuskritik des ersten »Römerbriefs« findet sich bei *E. Busch*, Karl Barth und die Pietisten, 50ff u. 70ff.

nen mag, ereignet sich in der Hölle« (R I, 291). In dieser Erkenntnis vollendet sich die Kritik religiöser Subjektivität.

Im Rückblick auf die bisherige Analyse läßt sich festhalten, daß Barths theologische Religionskritik sich im Kern gegen das anthropozentrische Verständnis des Glaubens als eines individuellen Gotteserlebnisses wendet. Schon die Grundvoraussetzung, daß Gott dem Menschen auch nach dem Fall zugänglich sei, stellt Barth radikal in Frage. Sie übersieht, daß der Mensch ›jenseits von Eden‹ kraft seiner Selbstbezüglichkeit gar nicht mehr in der Lage ist, zu Gott in ein positives Verhältnis zu treten. Versucht er es dennoch, so zeigt sich, wie Barth aus der paulinischen Dialektik von Gesetz und Sünde gelernt hat, daß Religion selbst zu einem Medium der Sünde wird, gegen die sie sich aufzulehnen meint. Denn gerade die Vorstellung einer Aufnahme Gottes ins menschliche Bewußtsein unterwirft Gott Bedingungen, in denen die religiöse Subjektivität letztlich bestimmt, was sie als von Gott ›gewirktes‹ Erlebnis anerkennen will.

Es fragt sich nun freilich, was auf diese Demontage der erlebnistheologischen Voraussetzung der ›modernen‹ wie auch der religiös-sozialen Theologie positiv folgt, also worauf Barth nun seinerseits Glaubenserkenntnis gründet und wie er vom Glauben spricht. Dabei wird man in Rechnung stellen müssen, daß – anders als vor dem Krieg – die zentrale Frage für Barth nicht mehr die nach den subjektiven Bedingungen des Entstehens von Glaube ist, also das Thema ›Glaube und Geschichte‹ nicht mehr im Vordergrund steht. Für den Denkansatz des ersten »Römerbriefs« scheint mir angemessener zu sein, zunächst nach den objektiven Voraussetzungen des Glaubens zu fragen. Freilich muß sodann auch untersucht werden, wie Glaube von den neuen Prämissen Barths aus beschrieben werden kann, wie er entsteht und wie er sich beispielsweise zur menschlichen Vernunft verhält. Und schließlich ist zu klären, welches Verständnis von Subjektivität dem von Barth jetzt vertretenen theozentrischen Ansatz von Theologie entspricht; dabei wird es insbesondere um das Problem gehen müssen, ob dieser Ansatz noch Raum läßt für menschliche Freiheit.

4.3.2. Glaube als Konstituens ›kommunikativer Freiheit‹

(1) Die Treue Gottes als objektive Voraussetzung des Glaubens. – Fragt man innerhalb des ersten »Römerbriefs«, warum es überhaupt Glaube gibt, so wird man auf die in der Freiheit und Souveränität des lebendigen Gottes begründete Prädestination als der ratio essendi des Glaubens verwiesen.[78] Als Entschei-

---

78 Siehe dazu: *T. Stadtland*, Eschatologie und Geschichte, 27ff; *N. T. Bakker*, In der Krisis der Offenbarung, 60-64; und *I. Spieckermann*, Gotteserkenntnis, 100ff.

4.3. Glaube statt Religion

dung des freien Gottes ist die Prädestination aus nichts anderem als aus Gott selbst ableitbar: »Gott ist Gott« (R I, 372, 394, 428, 71). Keine leere Tautologie kommt darin zum Ausdruck, sondern Gottes Treue zu sich und zum Menschen (R I, 64 u. 91-100), die »trotz und über der menschlichen Untreue« besteht (R I, 74). Den Gedanken von der ›Treue Gottes‹ als der Voraussetzung des Glaubens hat Barth – auf Anregung seines Vetters Rudolf Liechtenhan[79] – durch die exegetisch an einigen Stellen fragwürdige und darum mit Recht kritisierte Übersetzung von πίστις durch ›Treue (Gottes)‹[80] zu untermauern versucht. So beispielsweise in Röm 1,17, wo Barth übersetzt: »Denn die Gerechtigkeit Gottes offenbart sich in ihm [sc. dem Evangelium]: aus (seiner) Treue dem Glauben (der Menschen), wie geschrieben steht: Der aus Treue gerecht Gemachte wird leben!« (R I, 18). Dazu erläutert Barth: »Man könnte auch sagen: ›Der durch den Glauben gerecht Gewordene‹; es ist dasselbe; denn es handelt sich um ein Machen Gottes und um ein Werden des Menschen in Einem« (R I, 24). Gottes Treue zu sich und zum Menschen besteht darin, daß er »die Sünde nicht stehen lassen« kann, daß er »seine Treue beweisen [*muß*], nicht weil wir ihm dazu Anlaß geben, aber weil er *Gott* ist« (R I, 94; vgl. auch 99). Sie kommt im Versöhnungshandeln, in dem Gott sich mit dem Menschen wieder vereint, zum Ziel.

Die Prädestination – Barth interpretiert sie in einem gleich zu klärenden Sinn als praedestinatio gemina – hat allein in dieser Treue Gottes ihren Grund. Wir wenden uns damit Barths Auslegung von Röm 9-11 zu. Nicht trotz, sondern wegen und kraft seiner Treue vollzieht sich die Scheidung in Erwählung und Verwerfung (R I, 366). Spaltet sich die Geschichte »an dem einen in sich geschlossenen und freien guten Willen Gottes« und ist dieser Wille »nur an sich selbst gebunden«, ruht also die Norm, nach der die Entwicklungen ihren Lauf nehmen, »in *Gott* und in Gott *allein*« (R I, 375f), so zeigt sich in der Theozentrik solcher und ähnlicher Formulierungen, daß individuelle Qualifikation und Disqualifikation hier keine Rolle spielen können. Die Prädestinationslehre Barths entspricht der Rechtfertigungslehre insofern, als sie bewußt und konsequent den Verdienstgedanken auszuschalten sucht. Auch hier stehen Objektivität gegen subjektive Ansprüche, Sachlichkeit gegen persönliche Quali-

---

79 Siehe dazu jetzt R I, 18 Anm. 12.
80 Eine kurze Darstellung dieser Kritik findet sich bei *R. P. Crimmann*, Karl Barths frühe Publikationen, 60-62. Von den auf die Übersetzung von πίστις mit ›Treue Gottes‹ eingehenden Rezensionen ist neben *A. Jülicher*, Ein moderner Paulusausleger, 92f, vor allem *P. Wernle*, Der Römerbrief in neuer Beleuchtung, 167, erwähnenswert. *R. Liechtenhan*, Zur Frage nach der Treue Gottes, 192f, verteidigte grundsätzlich die Übersetzung gegenüber Wernle, wenngleich er einräumte, Barth habe sie einseitig durchgeführt. Barths eigene Replik in einem Brief an Wernle vom 24.10.1919 ist jetzt publiziert in R I, 638-646 (zu πίστις: 641f); siehe auch BwTh I, 347 und R II, XVII (Vorwort).

täten (R I, 377); »ohne alle Rücksicht auf Religiosität und Moral« erwählt und verwirft der lebendige Gott (R I, 365).

Gottes Freiheit erweist sich aber nun eben als die eines ›lebendigen‹ Gottes. Die »Kundgebung der ewigen doppelten Prädestination zum Dienst des Himmelreichs oder zum Dienst der alten Welt ist keine öde, starre, fix und fertige Zweiteilung der Geschichte durch den Willen Gottes, sondern eben der augenblickliche Ausdruck einer *Bewegung*, dem Vogel im Fluge vergleichbar« (R I, 384). Ewig, so sagt Barth an anderer Stelle, sei die Prädestination, »sofern sie eben in dem ewigen Gott ihren absoluten, unbeweglichen, notwendigen Grund hat, aber eben weil sie in Gott begründet ist, nicht ›ewig‹ im Sinne eines immer dauernden Zustandes in der Zeit« (R I, 427). Wie soll man das verstehen? Den Schlüssel liefert auch hier Barths Verständnis von Eschatologie: In der Äonenwende, im Transitus vom alten zum neuen Äon stehen Erwählte und Verworfene gleichsam nebeneinander; der Arbeitsprozeß des Töpfers ist noch nicht abgeschlossen (R I, 382f). Durch den Glauben geht der Mensch aus der Töpferwerkstatt Gottes als Erwählter hervor (R I, 448). Freilich gilt auch: »Ihr wißt doch, daß man den Glauben nicht *haben* kann, sondern immer aufs neue gewinnen, geschenkt erhalten muß durch immer neues Ein- und Ausgehen in jener verborgenen Werkstätte! Ihr wißt doch, daß nichts so verhängnisvoll ist für die Veränderungen, die sich dort jederzeit vollziehen können, als gerade die Einbildung, zu der sich einer versteigen kann in seinem Sinn, er sei etwas, was er nicht in und durch Gott sei (12,16b)! Ihr wißt doch, daß auch der größte Glaube, wenn er sich dahin versteigen wollte, etwas zu sein und zu gelten, sich selbst auszuspielen und abzuwägen, sofort als Unglaube dastünde?!« (R I, 449). Wird der Geschenkcharakter des Glaubens ignoriert, so ist der Glaube bereits verspielt; ist er aber verspielt, so tritt – Gottes Verwerfung entsprechend – Unglaube an seine Stelle.[81] Noch ist nicht ausgemacht, ob es bei der jetzigen Entscheidung bleiben wird. Noch ist Entscheidungssituation, Krisis. Klar ist nur das Eine: Was Gott eigentlich und letztlich, d.h. eschatologisch, will, ist die Erwählung (R I, 457), die endgültige ›Wiederbringung aller Dinge‹ zurück zu ihrem Ursprung, zu Gott (R I, 20 u. 445). Daß Barth im ersten »Römerbrief« ganz ungeschützt und unbefangen die Apokatastasislehre vertritt, erklärt sich aus seinem Ziel, die Äonenwende nicht zu einem statischen

---

81 Es ist deutlich, daß Barth mit diesen Aussagen Calvins Prädestinationslehre an einem entscheidenden Punkt modifiziert. Zwar ist der Glaube sowohl bei Barth als auch bei Calvin nicht Ursache, sondern Folge der Prädestination (vgl. *J. Calvin*, Institutio III,24,3; siehe zum Verhältnis von Glaube und Prädestination bei Calvin: *H. Schützeichel*, Die Glaubenstheologie Calvins, 215-227), während aber Calvin die Vorherbestimmung als auf einem vorzeitlichen Dekret Gottes beruhend für unwiderruflich und darum den Glauben der Erwählten für unverlierbar hält (*J. Calvin*, Institutio III,24,6), rückt Barth das Prädestinationshandeln Gottes in den Horizont der Äonenwende, in dem die Entscheidung zwischen Erwählung und Verwerfung noch nicht abgeschlossen ist.

4.3. Glaube statt Religion

Dualismus erstarren zu lassen, sondern ein Gefälle zwischen dem Zorn Gottes und seiner Gnade aufzuzeigen.[82] Aufgrund seiner Treue hat es Gott nicht beim Abfall und Sturz des Menschen belassen, sondern eine reale Gegenbewegung inauguriert, aufgrund seiner Treue wirkt Gott im Menschen Glauben. Nicht eingeschränkt, sondern bestätigt wird Gottes Freiheit, wenn er auf den Menschen zugeht. Er ist darin sich selber treu. Seine Freiheit ist keine blind waltende, sondern eine lebendige und Leben schaffende Freiheit. Die Lebendigkeit Gottes will beleben, will den Menschen bewegen. »Gott muß *allein* handeln, wenn es zu einer Erlösung kommen soll«, sagt Barth unmißverständlich, um sogleich fortzufahren: »Nicht ohne daß wir mitbewegt werden. Denn das Göttliche ist unser Eigenstes. Gottes Gerechtigkeit will unsern Glauben finden, und so und *nur* so will Gott handeln, daß wir uns von ihm bewegen lassen. Aber eben: uns von *ihm* bewegen lassen; alle Selbstbewegung geht an der Gerechtigkeit Gottes vorbei, so genau wir wissen mögen, was Gott will. Unser Eigenstes muß uns bewegen; unser *Eigenstes* ist aber nicht unser *Eigenes*« (R I, 398f). Dreierlei verdient an diesem Zitat besonders hervorgehoben zu werden. Erstens: Das ›alleinige‹ Handeln Gottes ist, wo es um die Erlösung des Menschen geht, der Ausgangspunkt für Barths Überlegungen: »Unser Glaube ist Gottes Tat an uns« (R I, 147). Zweitens: Dieses göttliche Rechtfertigungs- und Prädestinationshandeln verfügt aber nicht über den Menschen, sondern bringt sich in dessen Glauben als einer nachfolgenden Selbstbestimmung zur Geltung. Drittens: Der Glaube, die göttliche Bewegung, in die sich der Mensch versetzt sieht, entspricht seinem ureigensten Wesen als Geschöpf Gottes (›unser Eigenstes‹), obwohl oder gerade weil er nicht aus dem aktuellen Sein, nämlich dem Sündersein des Menschen (›unser Eigenes‹) abgeleitet werden kann.[83]

Kurz gesagt: Der Erwählte wird seine Prädestination zum Heil, d.h. die Befreiung aus dem Gefängnis seiner nur auf sich bezogenen Subjektivität, nicht als heteronomen Akt Gottes begreifen können.[84] Und ebenso ist umgekehrt die

---

82 Tjarko Stadtland und Nico T. Bakker (s. S. 176 Anm. 78) sehen in diesen Aussagen eine Einschränkung der Souveränität Gottes; die Prädestination, so meinen sie, sei hier in der Evolution untergegangen. Beide messen allerdings dem Prozeßdenken im ersten »Römerbrief« – verleitet durch die Wachstumsmetaphorik – m.E. eine größere Bedeutung bei, als ihm tatsächlich zukommt.
83 Barths Rede von der Bewegung Gottes, von der wir uns mitbewegen lassen sollen, entspricht ziemlich genau den Gedanken von einem Zusammenwirken von Gott und Mensch bei Luther, wie er z.B. in dessen Römerbriefvorlesung von 1515/16 (ed. Ficker II, 206) oder in De servo arbitrio (WA 18, 754) zum Ausdruck kommt. Vgl. zum cooperatio-Gedanken bei Luther: *M. Seils*, Der Gedanke vom Zusammenwirken; und *W. Joest*, Ontologie der Person, 310-320.
84 Zum gegenteiligen Urteil könnte nur kommen, wer sich außerstande sähe, den Begriff der Freiheit mit dem Bild des Geschenks zusammenzudenken (vgl. *T. Rendtorff* [Hg.], Die Realisierung, 90), für den nicht die Bedeutung ›geschenkte Freiheit‹ oder ›Folge von Befreiung‹ annehmen könnte, die für den Freiheitsbegriff des Alten und Neuen Testaments zentral ist (vgl. *H. W. Bartsch*, Art. Freiheit I u. IV, 497f u. 506-511). Freilich müßte er dann wohl auch das Wort ›Gnade‹ aus seinem Vokabular streichen!

Verwerfung nicht etwas, worin dem Sünder Unrecht geschähe, sondern ihr entspricht, daß er sich selbst aus der Gemeinschaft mit Gott ausschließen will (R I, 388f; vgl. auch 374 u. 448f). Es besteht also eine gewisse Korrelation zwischen dem prädestinierenden Handeln Gottes und dem Verhalten des Menschen. Man würde dies aber wieder mißverstehen, leitete man daraus ab, die Prädestination Gottes sei vom menschlichen Verhalten abhängig; denn dann trüge man den aus einem anderen Argumentationszusammenhang stammenden und – wie wir gesehen haben – dort von Barth abgelehnten Verdienstgedanken hier ein.[85] Nein, Gott ist vom Menschen unabhängig und frei, beweist seine Unabhängigkeit und Freiheit aber gerade darin, daß er auf den von ihm entfremdeten Menschen zugehen und dessen Handeln, Gutes daraus schaffend (vgl. R I, 70 u. 74), einbeziehen kann.

Verdankt sich der Glaube einerseits ausschließlich der Treue Gottes, so ist er andererseits des Menschen Antwort auf das göttliche Handeln: »Wenn der Mensch Ja sagt zu dem göttlichen Ja, das im Christus zu ihm gesprochen ist, wenn er Gebrauch macht von den neuen Augen und Ohren, die ihm durch die Kraft Gottes geschenkt sind, wenn die Treue Gottes, der von der Welt und vom Menschen nicht lassen kann, einer neuerwachten Gegentreue begegnet, das ist ›Glaube‹« (R I, 21; vgl. auch 23, 101 u. 138). Er fängt mit dem Bekenntnis des Unvermögens und der Sünde an, das freilich »nicht etwa bloß dem zerknirschten Gefühl der menschlichen Nichtswürdigkeit [entspringt] – denn im Christus hat dieses Gefühl *keinen* Raum mehr –, sondern bereits einem Lobpreis der Treue Gottes« (R I, 93). Glaube ist und bleibt stets auf Gottes Handeln bezogen: »Denn Glaube heißt: göttlicher Winke gewärtig, für göttliche Zeichen offen und frei, für das göttliche Handeln bereit sein« (R I, 418). Der in diesem Sinne »suchende und findende Glaube [wird] gesucht und gefunden ... von der göttlichen Treue« (R I, 113). Er ist »ein Gehorsamwerden gegenüber dem Geiste Gottes und insofern die tiefste, erste Tat unsrer Freiheit« (R I, 92), darum freilich auch ein Wagnis (R I, 136), ein »Schritt über das Eigene, Sichtbare, subjektiv Mögliche und Wahrscheinliche hinaus: dahin, wo nichts als Gottes Wort uns hält« (R I, 138).

Der Glaube hat also, so läßt sich zusammenfassend sagen, exzentrischen und responsorischen Charakter.[86] ›Exzentrisch‹ ist der Glaube insofern, als er sein

---

85 Einem vergleichbaren Mißverständnis setzt sich übrigens auch Luther in seinen (von Barth benutzten!) Scholien zum Römerbrief aus: »Deus est mutabilis quam maxime... Qualis est enim unusquisque in se ipso, talis est ei Deus in obiecto. Si iustus, iustus; si mundus, mundus; si iniquus, iniquus etc.« (*M. Luther*, Römerbriefvorlesung 1515/16, ed. Ficker II, 72). Siehe dazu: *H.-J. Kraus*, Theologische Religionskritik, 133.
86 Ich verwende die Begriffe ›exzentrisch‹ und ›responsorisch‹ in Anlehnung an *W. Joest*, Ontologie der Person, 233-320, wo sie im Blick auf Luthers Verständnis menschlichen Person-Seins eingeführt werden.

4.3. Glaube statt Religion

Zentrum nicht im Menschen, sondern in Gott hat. Auch der Glaube ist nach Barths Auffassung Gottes Tat am Menschen. ›Responsorisch‹ ist der Glaube deshalb, weil er Antwort auf Gottes Handeln und damit zugleich Tat des Menschen ist. Heißt dies nun, daß er zwei Subjekte habe? Ja und nein! Offensichtlich reicht die zweiwertige Logik nicht aus, um die Frage adäquat zu beantworten. Denn der Glaube weiß sich primär als Tat Gottes. Hielte er sich nicht dafür, sondern für sein eigenes Werk, so erwiese er sich gerade dadurch als Unglaube. Aber indem er sich als Tat Gottes versteht, die ihn nicht heteronom bestimmt, sondern mit seinem eigenen neuen Sein übereinstimmt, weiß er sich zugleich als eigene Tat. Der Glaube als menschliche Tat wird also umfangen vom Handeln Gottes. Darin ist er Ausdruck des unmittelbaren Einsseins von Gott und Mensch im Christusorganismus.

(2) Glaube als Partizipation am Christusorganismus. – Anders als in seiner Vorkriegstheologie vertritt Barth im ersten »Römerbrief« die Auffassung, daß wir unter den Bedingungen des alten Äons ungeeignet seien, Gott in uns aufzunehmen, da die menschliche Natur durch die Sünde »von Grund aus neu disponiert worden« sei (R I, 179; vgl. 182): »Der Same der unmittelbaren Gotteserkenntnis in uns wurde unterdrückt, bevor er zur Ernte kommen, bevor sie in Kraft treten konnte« (R I, 30). Erst durch die in der Taufe sich vollziehende Inkorporation in den Christusorganismus werden die ursprünglichen Verhältnisse in einer neuen Schöpfung wiederhergestellt (R I, 212ff). Im Christusorganismus kommt die ursprüngliche »Einheit von Gott, Welt und Mensch zur Geltung« (R I, 91), ist die verloren gegangene »Unmittelbarkeit zu Gott« wiedergewonnen (R I, 342). Glaube ist also nichts anderes als Partizipation am Christusorganismus. Allerdings: Vom Glauben als unmittelbarer Partizipation am göttlichen Leben hatte Barth auch in seiner Vorkriegstheologie gesprochen.[87] Man könnte also zunächst vermuten, daß Barth jetzt offenbar zwar der Sünde und dem Taufgeschehen anders als vorher eine besondere Rolle zuschreibe, seine Vorstellung über den Vorgang des Glaubensaktes selber aber im Prinzip die gleiche geblieben sei. Diese Vermutung hat Anhalt an manchen Formulierungen des ersten »Römerbriefs«, aus denen Jörg Zengel den Schluß zieht, Barth denke nach wie vor in transzendentalphilosophischen Kategorien.[88] In der Tat legt die vehemente Negation von ›Erfahrung‹ und ›Erlebnis‹ – man assoziiere: (pietistisch-moderner) Empirismus – ebenso wie die Zurückweisung der ›Theorie‹ – man verbinde damit: (orthodoxen) Dogmatismus – einen dritten Weg nahe (vgl. R I, 212); ob damit eine Art theologischer Transzendenta-

---

[87] Vgl. dazu S. 36.
[88] Vgl. zum Folgenden *J. Zengel*, Erfahrung und Erlebnis, 116-147.

lismus gemeint ist? Darüber hinaus kann Barth wie in alten Tagen davon sprechen, daß wir »im Besitz einer grundlegenden *Anschauung*«, nämlich der »Anschauung des Christus« (R I, 223), oder genauer: »der Anschauung des Todes und der Auferstehung des Christus« (R I, 226) seien.

Gewiß haben diese Aussagen auf den ersten Blick Parallelen zu früheren.[89] Man muß sich aber klarmachen, daß der erste »Römerbrief« einen tastenden Versuch in Neuland darstellt, bei dem auf frühere Vorstellungen und Termini rekurriert wird, obwohl sie den neuen Intentionen eigentlich nicht mehr angemessen sind. Dies scheint mir insbesondere auch ein Vergleich mit dem Manuskript zu bestätigen, das sich – Zengels Beobachtungen zunächst sogar noch unterstreichend – (vor allem in Kap. 5 u. 8) durch explizite Rückgriffe auf transzendentalphilosophische Terminologie auszeichnet (siehe: Mskr. 289ff, 297ff u.ö.): Barth nennt hier beispielsweise das Sein in Adam bzw. Christus eine ›transzendentale‹ Disposition oder Voraussetzung, spricht davon, daß der Tod nur durch ein ›neues a priori‹ überwunden werden könne. Allerdings – und dies ist nun alles andere als Zufall – ersetzt Barth (von wenigen wohl nur versehentlich nicht geänderten Ausnahmen abgesehen) Begriffe wie ›transzendental‹ oder ›apriori‹ für die Druckfassung durch ›jenseitig‹, ›allgemein‹, ›neue Voraussetzung‹ usw. Was ihn dazu bewegt, liegt auf der Hand: Barth verwendet die Begriffe nicht im Sinne von Kant oder Troeltsch. Ein ›apriori‹ kann man weder verlieren noch wiedergewinnen; entweder hat es der Mensch als Gattung oder er hat es nicht; und ebenso ist beides weder gleichzeitig noch nacheinander möglich. Es wird wohl sein Bruder Heinrich gewesen sein, der ihn – auf sauberer Begriffsbildung bestehend (vgl. BwTh I, 287) – von der Notwendigkeit jener Änderungen überzeugt. Wenigstens zeigt dieser Vorgang, daß die transzendentalphilosophische Terminologie für Barth als austauschbar, sekundär gilt. Darüber hinaus steht sie auch im Widerspruch zu seiner neuen Konzeption von Glaubenserkenntnis.

Jedenfalls wird man den grundsätzlich anderen Rahmen, in dem Barths Begriffe jetzt stehen, nicht außer acht lassen dürfen. Und dieser Rahmen verbietet eine transzendentalphilosophische Konstruktion der Gotteserkenntnis nach Analogie der sinnlichen Wahrnehmung, wie sie für Barths Vorkriegsansatz charakteristisch war. Wie die Darstellung der Barthschen Kritik religiöser Subjektivität zeigt, besteht die entscheidende Differenz zu früheren Aussagen darin, daß für den Glauben Gott kein ins Bewußtsein aufzunehmendes Objekt ist. »Unsre Sache ist unsre im Christus realisierte Erkenntnis Gottes, in der uns Gott nicht gegenständlich, sondern unmittelbar und schöpferisch nahetritt, in der wir nicht schauen, sondern geschaut *werden*, nicht nur verstehen, sondern

---

89 Vgl. oben S. 46ff u. 50.

4.3. Glaube statt Religion

verstanden *sind*, nicht nur begreifen, sondern *ergriffen* sind« (R I, 19). Wohl bemüht sich Barth, darin ist Zengel durchaus zuzustimmen[90], insbesondere in der Auslegung von Röm 6,1-14 um einen neuen Erfahrungsbegriff, aber diese Erfahrung wird nicht nur vom »seelische[n] Erlebnis« (R I, 205 u.ö.) abgegrenzt, sie ist auch keine transzendentale Erfahrung, wie Zengel offenbar meint.[91] Barths Denken im ersten »Römerbrief« hat die Bahnen der Bewußtseinsphilosophie längst hinter sich gelassen. Wohl ist der Glaubende sich Gottes bewußt und Gott insofern Bewußtseinsinhalt, aber der Glaube wird nicht mehr als Identifizierung mit dem unmittelbaren Selbstbewußtsein Jesu verstanden, die individuelle Anschauung des ›inneren Lebens‹ Jesu nicht mehr als Maßstab des Glaubensinhaltes. ›Kreuz‹ und ›Auferstehung‹ sind nicht mehr Chiffren für die Verfassung individueller Selbstbewußtseinszustände, sondern Momente des Christusgeschehens, in das der Gläubige einbezogen ist (vgl. R I, 212ff). Daß wir an Christus partizipieren, so betont Barth in der Auslegung von Röm 6, wird uns weder durch eine ›religiöse Theorie‹ noch ein ›religiöses Erlebnis‹ verbürgt, sondern allein durch die Taufe als »das objektive, schöpferische Wort Gottes« (R I, 212). Denn »durch die Taufe spricht Gott das lösende Wort, durch das die objektive Wahrheit seiner Gnade sich auch über uns eröffnet« (R I, 213), durch die Taufe werden ›Kreuz‹ und ›Auferstehung‹ für uns und an uns wirksam (R I, 212ff). Dies impliziert, daß Glaube nicht mehr durch die Geschichte vermittelt wird. Die Offenbarung braucht sich darum keiner ›historischen Vehikel‹, keines Vorbilds religiöser Persönlichkeiten oder wahrer Kultur zu bedienen. Glaube entsteht vielmehr nur in der direkten Begegnung mit Gott, in der sich dieser ein Pendant zu seiner Treue im Menschen schafft (R I, 23). Offenbarung ist nicht mehr vermittelt durch Geschichte und Kultur, Glaube nicht mehr die Aktualisierung des Kulturbewußtseins. Geschichte und Kultur unterliegen vielmehr beide grundsätzlich der eschatologischen Kritik (vgl. R I, 257f).

Die Perspektive hat sich – wenn man so will – um 180° verändert. Glaube ist nicht mehr als Aufnahme Gottes ins Bewußtsein zu verstehen, sondern als das Hineingenommenwerden des Bewußtseins in den Herrschaftsbereich Gottes, als seine Eingliederung in den Christusorganismus. Dabei taucht nun die wei-

---

90 *J. Zengel*, Erfahrung und Erlebnis, 126.
91 So verstehe ich jedenfalls Zengel, wenn er diese Erfahrung zunächst mit Hilfe eines Barth-Zitats in einem ›verborgenen Zentrum‹ ansiedelt und dieses dann als ein Organ interpretiert, das »im Innern des Menschen« zu lokalisieren sei (*J. Zengel*, ebd., 138ff). Das ›verborgene Zentrum‹ und auch die aus Röm 2,16 stammende formelhafte Wendung »Im Verborgenen der Menschen« (R I, 56f u.ö.; vgl. jetzt das Register zur Neuedition) bezeichnen dagegen im ersten »Römerbrief« lediglich die dem Menschen des alten Äon grundsätzlich verborgen bleibende und darum gerade nicht psychologisch oder historisch dingfest zu machende, objektive Wende, die sein Leben »im Christus« genommen und die eine Veränderung seiner gesamten Existenz zur Folge hat (vgl. R I, 81f, 91, 164, 170f, 377 u. 411).

tere Frage auf, ob dieses Theorem Barth nicht doch in die Nähe der Mystik bringt. Denn zweifellos gibt es Elemente im ersten »Römerbrief«, die sich über die Nachwehen romantischer Vorstellungen und den neu hinzugekommenen Einfluß von J. T. Beck[92] traditionsgeschichtlich zur protestantischen Mystik[93] in Beziehung setzen lassen. Man sollte auch nicht übersehen, daß die zeitgenössische Exegese, insbesondere auch die religionsgeschichtliche Schule, dazu neigte, sich den ›Paulinismus‹ – wie man damals zu sagen pflegte – mit Hilfe der Kategorie ›Mystik‹ zu erklären.[94] Wenn Barth etwa sagt: »Weil *Gott* aus unsern Augen sieht und das Maß unsrer Maße ist und denkt in unsern Gedanken – *darum* erschauen wir im ›Innern der Natur‹ zugleich uns selbst und in uns selbst sein unsichtbares Wesen, das Urbild aller Bilder...« (R I, 29), so schöpft er dabei sicherlich aus mystischen Quellen. Wichtiger aber ist vielleicht noch, daß auch die zentrale Formel ›im Christus‹ bei ihm einen mystischen Klang dadurch erhält, daß er sie im Sinne eines universalen Gemeindeorganismus interpretiert, in dem Gott und Mensch unmittelbar eins sind. Ist der Glaube also eine mystische Erfahrung?

Nun hat Barth sich im ersten »Römerbrief« allerdings explizit gegen die Mystik ausgesprochen, genauer: gegen die »mystische Intuition« des religiösen Erlebnisses[95]: Abraham, so sagt er einmal, brauche »keine mystische Intuition, weil er bei Gott *ist* und von Gott aus *sieht*« (R I, 132; vgl. auch 127, 141, 144, 159, 215 u. 241). Daran wird deutlich, was Barth in der Tat von der Mystik trennt: die durch Askese, Spekulation oder Ekstase zu bewerkstelligende Versenkung in das Göttliche, das dort eine zentrale Rolle spielt, hier aber unter das Verdikt der Menschengerechtigkeit fiele. Es gibt keinen Weg, keine Methode, um in den Christusorganismus zu gelangen, wenn nicht Gott selbst sich des Menschen annimmt. Vor allem aber meint Barth mit unmittelbarer Einheit von Gott und Mensch nicht Identität im Sinne eines indifferenten Ineinanderaufgehens. Dies läßt sich beispielsweise am Begriff des göttlichen Geistes zeigen, der als das ›Objektive‹ in uns von unserem, dem menschlichen Geist strikt unterschieden ist (R I, 320; vgl. auch 494). Gerade gegenüber der psychologisierenden Identifikation von göttlichem und menschlichem Geist in der zeitgenössischen Exegese insistiert Barth auf der ›Objektivität‹ des Heiligen Geistes: »Der

---

92 Über den Einfluß Blumhardts und Becks informiert knapp, aber zuverlässig: *E. Busch*, Karl Barth und die Pietisten, 39-44.
93 Zum hier zugrundegelegten Begriff von ›Mystik‹ siehe: *L. Richter*, u.a., Art. Mystik, 1237ff; bes. 1243ff (im NT) und 1253ff (Protestantische Mystik).
94 Dies konnte vom Damaskuserlebnis des Paulus, also einer individuellen Mystik, her geschehen wie bei *A. Deissmann*, Paulus, 81ff, oder mehr von der »Kult- und Gemeinde-Mystik« wie z.B. bei *W. Bousset*, Kyrios Christos, 104-154 u. 177ff, oder von einer ›eschatologischen Mystik‹ wie bei *A. Schweitzer*, Geschichte der paulinischen Forschung, 187ff.
95 Die sog. ›Deutsche Mystik‹ begegnet bei Barth in einer durchaus positiven Ahnenreihe (vgl. R I, 421).

4.3. Glaube statt Religion

heilige Geist in uns ist kein in mystisches Dunkel gehülltes subjektives Erlebnis, sondern die objektive Wahrheit, die sich uns erschlossen hat« (R I, 159).[96] Am klarsten kommt die antimystische Intention Barths darin zum Ausdruck, daß er sagen kann: »Den Geist Gottes *hat* man nicht, sondern er hat *uns*« (R I, 307). Oder: »Nicht wir haben *ihn*, nicht auf unsere Vergeistigung oder Begeisterung ist's abgesehen, sondern er hat *uns*, mit oder auch ohne ›Geisteswehen‹!« (R I, 337f; vgl. 314) Entscheidend ist hier also, daß der Glaube nicht dadurch zustande kommt, daß der Gläubige sich in Gott versenkt, sondern umgekehrt dadurch, daß Gott zum Menschen kommt und sich mit ihm im Christusorganismus verbindet. Nur so wird dem Gläubigen das ursprüngliche Verhältnis der Unmittelbarkeit zu Gott wieder zuteil; nur ›im Christus‹, nur vermittelt durch den Christusorganismus erlangt er ›unmittelbare Gotteserkenntnis‹, d.h. Glauben.

Haben wir bisher aufzuhellen versucht, inwiefern der Glaube nach Barth Partizipation am Christusorganismus ist, und wie er das darin wirksame Moment der Unmittelbarkeit versteht, so wenden wir uns im folgenden dem Umstand zu, daß der Glaube im ersten »Römerbrief« bevorzugt als ›Erkenntnis‹, eben als ›unmittelbare *Gotteserkenntnis*‹ beschrieben wird, und fragen nach dem Verhältnis dieser Erkenntnis zur Vernunft.

(3) Glaube als Gotteserkenntnis. – Wenn Barth den Glauben als »*Erkenntnis* Gottes im strengsten Sinn« (R I, 22) bezeichnet, als eine ›Erkenntnis‹, die unterschieden ist von bloßer ›Kenntnis‹ Gottes, wie sie auch im Gesetz, in Religion und Moral, vorhanden ist (R I, 65, 79, 83 u.ö.), dann reflektiert sich darin zunächst die reformierte Tradition, in der Barth denkt und lebt.[97] Er spitzt diese Tradition freilich aktuell zu auf die Abwehr von allem bloß Gefühlsmäßigen, Erlebnishaften. Der Glaube steht nicht auf dem »schwankenden Grund von Eindrücken, Empfindungen, Erfahrungen und Erlebnissen« (R I, 157). Er

---

96 Ich will nicht unterschlagen, daß das Zitat eine merkwürdige, aber höchst reflektierte Fortsetzung hat: »Er [sc. der Heilige Geist] ist unser wesentliches Eigentum, nicht unser seelischer Besitz. Er ist unser Lebensgrund, nicht unser Erlebnis« (R I, 159). Die Unterscheidung des römischen Rechts zwischen ›Eigentum‹ als rechtliche und ›Besitz‹ als tatsächliche Verfügungsgewalt über eine Sache (vgl. *J. Blühdorn*, Art. Eigentum X. Philosophisch, 457) besagt hier, daß wir über den Heiligen Geist nicht verfügen, obwohl er als Lebensprinzip ist, daß Gott uns als seinen Geschöpfen, ursprünglich zugeeignet hat. Dem göttlichen ›Geist‹ steht nicht der menschliche Geist, sondern das ›Fleisch‹ gegenüber. An einer anderen Stelle, auf die ich unten noch zurückkomme, verdeutlicht Barth den gleichen Sachverhalt an der Unterscheidung zwischen ›Eigenstem‹ und ›Eigenem‹; siehe: R I, 399 u. 369. Vgl. auch R I, 158.
97 Mit der Differenzierung zwischen ›Erkenntnis‹ und ›Kenntnis‹ Gottes folgt Barth der Unterscheidung von cognitio und notitio Dei, wie sie beispielsweise bei *J. Calvin*, Institutio I,1-5, begegnet. Allgemein zum kognitiven Charakter von Calvins Glaubensbegriff siehe *P. Brunner*, Vom Glauben bei Calvin, bes. 116ff; und *H. Schützeichel*, Die Glaubenstheologie Calvins, bes. 130ff.

ist darum – anders als in der Modernen Theologie – psychologisch nicht zu beschreiben.[98] Er ist vielmehr als Erkenntnis Gottes nur von seiner Bezogenheit auf Gott her, d.h. relational, zu verstehen. Der hier vorausgesetzte Begriff von ›Erkenntnis‹ scheint mir dem alttestamentlichen daʿat sehr nahe zu kommen, liegt doch in beiden Fällen das Schwergewicht weniger auf dem intellektuellen Aspekt des Erkenntnisaktes, als auf der darin statthabenden personalen Anerkennung, d.h. auf seiner kommunikativen Struktur.[99] Denn der Inhalt des Evangeliums ist – wie Barth betont – keine »allgemeine Wahrheit« (R I, 23), sondern »›Erkenntnis der *Klarheit* Gottes in dem Angesichte Jesu Christi‹ (2. Kor. 4,6), Beugung vor dem innersten Wesen Gottes, Gehorsam, wie der Christus gehorsam war« (R I, 22). Sie ist also kein theoretisch-dogmatisches Wissen, sondern eine existentielle Anerkennung der durch Gott geschaffenen Relation zwischen Gott und Mensch, in der sich der Sünder als von Gott begnadigter Sünder weiß. Wie kommt aber nun diese ›Erkenntnis‹ zustande und in welchem Verhältnis steht sie zu den Funktionen des Bewußtseins, insbesondere zur Vernunft?

Während in Barths Vorkriegstheologie der Glaube die Selbständigkeit der Bewußtseinsfunktionen unangetastet ließ, indem er sie lediglich auf die Erfüllung ihrer je eigenen Ideale verpflichtete, diese aber gleichzeitig mit der Gottesidee identifizierte, so daß Gotteserkenntnis letztlich als durch das Kulturbewußtsein vermittelt vorgestellt war[100], so führt die durch die Inkorporation in den Christusorganismus bewirkte Neuorientierung der gesamten Existenz zu einer Veränderung auch dessen, was der Mensch denkt, will und fühlt. Wenn im folgenden von der Vernunft des Menschen gesprochen wird, so geschieht dies primär im Blick darauf, welche Rolle sie für die Gottesbeziehung des Menschen spielt.

Auch die Funktionen der ursprünglich »schöpferischen« (R I, 29), »gotterleuchteten Vernunft« (R I, 33) sieht Barth im alten Äon in den Strudel der Sünde geraten (R I, 33ff). Kreist der Mensch nur noch um sich, so partizipiert auch seine Vernunft an den Strukturen der Selbstbezüglichkeit, verkrümmt sie zur bloßen Reflexion. Der Sündenfall kann geradezu als Erlahmen der Vernunft beschrieben werden, was nach Barth dazu führt, daß aus Idealen Idole, aus Geistes- und Naturmächten Götter werden: »Nun muß Gottes Herrlichkeit vorlieb nehmen mit den dürftigen Gestalten von Jupiter und Mars, Isis und

---

98 *P. Brunner*, Vom Glauben bei Calvin, 113-115 u. 137-144, betont, daß Calvins Interesse nicht am psychologischen ›Wie‹ des Glaubens, sondern an dessen Sachbezogenheit haftet und daß fiducia als vom Glauben abgeleitetes und unterschiedenes Moment verstanden wird. Ähnlich *H. Schützeichel*, Die Glaubenstheologie Calvins, 125-144.
99 Vgl. *W. Zimmerli*, Grundriß alttestamentlicher Theologie, 126f.
100 Siehe dazu S. 42ff.

4.3. Glaube statt Religion

Osiris, Kybele und Attis, mit den abgeleiteten Herrlichkeiten von Staat und Kultur und Natur, von Mammon und ›Persönlichkeit‹, Kunst und Wissenschaft, Kirche und Tugend, in deren Abbildern ihm der Mensch eine zweideutige Verehrung darbringt« (R I, 34).[101] Diese Beschreibung erinnert an die bekannte Zeitdiagnose aus Max Webers Vortrag »Wissenschaft als Beruf« von 1919, in der er darstellt, daß nach dem Untergang der christlichen Werte, den er als Ergebnis der Ausdifferenzierung der kulturellen Wertsphären innerhalb des okzidentalen Rationalismus versteht, die alten polytheistischen Werte wieder Bedeutung gewinnen würden.[102] Während Max Weber darin ein »Schicksal der Zeit« sieht, das es »männlich [zu] ertragen« gelte[103], interpretiert Barth den gleichen Vorgang als den Sündenfall der Moderne.

Wie wir gesehen haben[104], rechnet Barth auch die moderne Erfahrungswissenschaft, die auf einer als selbstreferentiell zu verstehenden Vernunft basiert, zu den Sündenmächten, die den Menschen der Neuzeit beherrschen. Das Aufkommen des okzidentalen Rationalismus ist für Barth eine letztlich nur theologisch zu begreifende Fehlentwicklung des abendländischen Christentums. Der entscheidende Punkt ist für ihn schon hier die Anthropozentrik, die das Charakteristikum dieser Rationalität ist.[105] Was Barth hier im Blick hat, ist nichts anderes als eine theologische Variante der ›Dialektik der Aufklärung‹, versucht doch auch er zu erklären, woran es liegt, wenn Aufklärung in ihr Gegenteil umschlägt, wenn Vernunft unvernünftig wird: »So ist mit der Vollendung der Gottlosigkeit auch die Ungerechtigkeit der Menschen fortgeschritten zu einer völligen Entleerung und Verirrung des Lebens. Nun hat die Vernunft ihre Geltung und Würde verloren, ist selber unvernünftig geworden« (R I, 38f). Angesichts dieses Befundes überrascht es nicht, daß Barth ausführlich jenes bekannte Lutherwort zitiert, wonach der Glaube »der Vernunft den Hals umdreht und erwürgt die Bestie« (R I, 140).[106]

Immerhin ist es bemerkenswert, obwohl im Gesamtduktus des ersten »Römerbriefs« durchaus konsequent, daß Barth daraus keineswegs die Konsequenz eines frommen Irrationalismus zieht. Im Gegenteil: Der Glaube beginnt mit ei-

---

101 Vgl. auch R I, 35f, wo die Selbstauslieferung des Menschen an die von ihm erzeugten Mächte auf seine »Isolierung gegenüber Gott« zurückgeführt wird.
102 *M. Weber*, Wissenschaftslehre, 605: »Die alten vielen Götter, entzaubert und daher in Gestalt unpersönlicher Mächte, entsteigen ihren Gräbern, streben nach Gewalt über unser Leben und beginnen untereinander wieder ihren ewigen Kampf.« Vgl. zur Interpretation dieses Vortrags *W. Schluchter*, Rationalismus der Weltbeherrschung, 49-55; und *ders.*, Religion und Lebensführung I, 346ff.
103 *M. Weber*, Wissenschaftslehre, 612.
104 Siehe o. S. 174.
105 Zu Barths späteren Urteilen über die Legitimität der Neuzeit vgl. *K. G. Steck/D. Schellong*, Karl Barth und die Neuzeit; und *Chr. Gestrich*, Neuzeitliches Denken.
106 Das Lutherzitat stammt aus dem Galaterkommentar (WA 40/I, 360-362); vgl. zur Interpretation dieses Textes *G. Ebeling*, Fides occidit rationem, 181-222.

ner »*Erneuerung eures Denkens*« (R I, 469), ja er ist das erneuerte, von der Struktur der Selbstbezüglichkeit befreite Denken. An die Stelle eines »subjektive[n] Vernünfteln[s]« (R I, 31) tritt er als das »Denken von Gott aus« (71; 73f; 389), als das »*Denken* der Gedanken Gottes« (R I, 471; vgl. 408). »Gotteserkenntnis gegen Reflexion« (R I, 164), so lautet die Parole des ersten »Römerbriefs«; aber anders als etwa bei Herrmann Kutter[107] mündet diese Frontstellung nicht wieder in einen erlebnistheologischen Irrationalismus: »Anti-Intellektualismus«, so kann Barth zugespitzt formulieren, »ist eine intellektualistische Verlegenheitsauskunft. Das richtige *Denken* ist das Prinzip der Verwandlung, durch die ihr der alten Welt gegenüber etwas Neues werden und vertreten könnt« (R I, 470). Diese »Erneuerung zum richtigen Denken« meint freilich »kein bloßes verstandesmäßiges Sichklarwerden, ... aber ebensowenig, nein noch weniger bloßes Erlebnis, bloße Impression und Intuition, bloßes gefühls- und willensmäßiges tumultuarisches Ansichreißen des Himmlischen ..., sondern, entsprechend dem göttlichen Schöpferwirken, auf das sie zurückweist: ... Logos, Rückgang auf den ursprünglichen Sinn und ewigen Gehalt des Lebens, ständiges, in Spiralen vorwärtsschreitendes Ringen und Mühen um das *Denken* der Gedanken Gottes, ein andauerndes *Erzeugen* der Wahrheit aus der Wahrheit selbst in steter Auseinandersetzung mit der ›Wirklichkeit‹ der jetzigen, vergehenden Welt, die eben nicht aus der Wahrheit selbst erzeugt ist. Durch die Logik Gottes allein wird der Geist dieses Äons überwunden, werden wir fähig, dem ›Schema‹ dieses Äons nicht nur zu trotzen, sondern ihm ein neues siegreich entgegenzustellen. In der Erneuerung *unserer* Logik zu dieser Logik *Gottes* wird also das ›Opfer des Leibes‹, das wir, ›bewegt durch Gottes Barmherzigkeit‹, darbringen wollen, möglich, wirklich und fruchtbar« (R I, 470f). Der Glaube ist die nicht »›nach menschlichem Begreifen‹ (nach bloß diskursivem, nicht am Ursprung orientierten Denken)« urteilende (R I, 73), sondern »Gott schauende Vernunft« (R I, 75) und insofern die im neuen Äon gültige Rationalität. ›Nach menschlichem Begreifen‹ bezeichnet hier ein Denken, das nicht in der Lage ist, die Wirklichkeit von Gott her, d.h. als Ganzheit, als Einheit zu begreifen, sondern sie nur diskursiv, nacheinander, in ihren bloßen Teilaspekten, also nicht gleichzeitig, erfassen kann. Für dieses Denken muß es unverständlich bleiben, daß Gott die Orientierung an Idealen, die er doch selbst gegeben hat, nicht honoriert, daß er erwählt und verwirft und damit die Logik dieser Welt, die dem Tauschprinzip entstammt, außer Kraft setzt. Für das ›am Ursprung orientierte Denken‹, das der Bewegung Gottes folgt (R I, 524), gibt es nicht nur ja und nein als einander ausschließende

---

107 Vgl. dazu o. S. 150.

4.3. Glaube statt Religion

Gegensätze.[108] Denn die Bewegung, in der der Christ steht, die Bewegung vom alten zum neuen Äon, macht es erforderlich ja und nein zusammenzudenken. »Die Bewegung, in der ihr alle steht«, so sagt Barth in der Auslegung von Röm 14,13-15 den ›Starken‹, »umfaßt beide Wahrheitsmomente: ihr *seid* im Christus, und ihr *werdet* erst, was ihr seid« (R I, 550). Darum ist letztlich keiner stark *oder* schwach, sondern jeder stark *und* schwach zugleich. Deshalb ist hier ein Denken nötig, das sich selber in die Äonenwende hineinstellt und deren Besonderheiten Rechnung trägt. »Ihr müßt im Christus nicht zweidimensional, ›ethisch‹ im vulgär-idealistischen Sinn, sondern dreidimensional, bewegungsmäßig denken lernen« (R I, 550).

Die bisherige Analyse hat gezeigt, daß der Glaube im ersten »Römerbrief« weder als transzendentale noch als mystische Erfahrung verstanden wird, sondern als die im Christusorganismus gegebene unmittelbare Gotteserkenntnis, die als solche die spezifische Form der Rationalität des neuen Äons ist. Glaube ist die in der Taufe auf den Tod und die Auferstehung Christi ermöglichte und vom Menschen bejahte Befreiung aus seiner Selbstbezüglichkeit. Wenn das richtig ist, bleibt freilich die Frage, welches Verständnis von menschlicher Subjektivität und Freiheit dieser Glaubensbegriff voraussetzt.

(4) Glaube und Subjektivität. – Wir blenden noch einmal kurz zu Barths Kritik religiöser Subjektivität zurück. Der zentrale Punkt dabei war, daß Religion, obwohl an sich göttlichen Ursprungs, in der Hand des Gott entfremdeten Menschen zum Mittel der eigenen Selbstsetzung und Selbstbehauptung wird. Sie dient faktisch nicht mehr der Ehre Gottes, sondern der Selbstkonstitution des um sich selbst kreisenden Subjekts. Der einzelne, der meint, aufgrund seiner Gottesidee erwählt, zu Höherem berufen zu sein, das Gute erfüllen zu können, muß notwendigerweise gerade an diesem frommen Anspruch scheitern. Die Begegnung zwischen dem objektiv Guten und dem Ich kann nur tragisch ausgehen, da sich zeigt: »Ich war eben – nur ich, nur der einzelne, aus dem lebendigen Zusammenhang mit Gott und seiner Welt herausgerissene, der für sich selbst vegetierende und auf sich selbst angewiesene Mensch« (R I, 267), eine

---

108 *M. Beintker*, Die Dialektik, 96ff, betont zu recht, daß Barth schon im ersten »Römerbrief« »die an den klassischen Urteilsqualitäten von ›wahr‹ und ›falsch‹ orientierte klassische Zweiwert-Logik ... als theologisch unbrauchbar disqualifiziert« habe (97). Entsprechend der für den ersten »Römerbrief« charakteristischen »Dynamik, Wachstum, Bewegung und Prozeß« (112) sei eine gewisse Affinität zur Hegelschen Dialektik, d.h. zu einer »Dialektik als Denkform des Werdens erkennbar« (115). Dazu möchte ich doch einschränkend sagen, daß man die Bewegung des Transitus vom alten zum neuen Äon, um die es in Barths am Ursprung orientierter Dialektik im ersten »Römerbrief« geht, nicht verwechseln darf mit dem Progreß, mit dem Wachstum als dem Lebensprinzip des neuen Äons. Die Äonenwende hat zwar in der Tat ein Gefälle, ihre beiden Momente können jedoch nicht wie bei Hegel in einen weltgeschichtlichen Prozeß verrechnet werden.

der »Monaden ohne Fenster« (R I, 106 u. 489), eine »beschränkte« (R I, 271), »in sich gefangene Subjektivität« (R I, 274).

Die Alternative, die der erste »Römerbrief« dazu formuliert, lautet: »Organismus gegen Monadenwesen« (R I, 164). Im Organismus aber scheint Subjektivität ausgelöscht zu sein: »Der Glaube des Einzelnen«, so kann Barth in äußerster Zuspitzung sagen, »ist *nichts* vor Gott, sowie er *mehr* sein will als Teilnahme, momentaner Ausdruck der Bewegung. Die Bewegung aber wird nicht vom Einzelnen als solchem, sondern von der Christusgemeinschaft getragen... Nicht *er* [sc. der einzelne] denkt, glaubt, handelt auf seine Rechnung und Gefahr, sondern *es* denkt, glaubt, handelt in ihm und durch ihn der ›Leib des Christus‹, in dem Maß, als er es gerade in *ihm* gerade *jetzt* tun kann« (R I, 475). Es scheint also in der Tat so zu sein, daß im Christusorganismus alle Selbständigkeit und Freiheit des Subjekts ausgeschaltet sind oder jedenfalls im Gesamtwillen des Organismus untergehen.

Nun haben wir aber andererseits oben gesehen, daß der Glaube nicht nur als Gottes Tat, sondern zugleich als freie Tat, ja als erste freie Tat des Menschen beschrieben wird. Sieht man genauer hin, so zeigt sich, daß Barth zwar Gottes Aktivität immer wieder in den Vordergrund rückt, sie aber nicht mit menschlicher Passivität kontrastiert; im Gegenteil: »Nicht *wir* sind's, die wirken; Gott ist's, der in uns und durch uns wirkt... Und doch ist dieses Wirken unser eigenes, von innen heraus notwendiges Tun und diese Gerechtigkeit unsere eigenste persönliche Sache« (R I, 263).

Wenn von menschlicher Passivität zu reden ist, dann nur in dem Sinn, daß der Mensch sich nicht selbst zu Gott in ein positives Verhältnis zu setzen vermag. Durch diese passivitas unterscheidet sich die Partizipation am Christusorganismus von der durch das religiöse Erlebnis vermittelten vermeintlichen Partizipation am göttlichen Leben, die in Wahrheit doch nur ein Kreisen um sich selbst bleibt. Erst wo diese passivitas im Blick auf Gott wirklich ist, ist der die Monade umschließende Stahlmantel aufgebrochen, durchbrochen, gesprengt, gelangt die in sich gefangene Subjektivität ins Freie, d.h. zu Gott und zum Mitmenschen. In nichts anderem besteht »Gottes Geschenk an die Welt«, als darin, daß im Christusorganismus »*die Freiheit* des Menschen vom Schicksal wieder hergestellt« ist (R I, 191). Noch stehen wir »zwar in der Gefangenschaft, aber wir sind zur Freiheit berufen, und es ist der Freiheit eine Gasse gemacht« (R I, 195). »Der Mensch darf, von allem Zwang erlöst, wieder sich selber sein, weil er Gottes ist« (R I, 195). Unter dem Stichwort »Ostern«, d.h. aus der Perspektive des neuen Äon, interpretiert Barth Röm 6,15-23 als Befreiungstheologie. Befreit von der Gefangenschaft in der Sünde, befreit von der »›Freiheit‹ Adams«, befreit vom Ideal der »›liberalen‹ Kultur und Gesellschaftsordnung« (R I, 242), weiß der Glaubende, daß er »im Siege des Lebens«

4.3. Glaube statt Religion

steht (R I, 243): »Wir stehen in der *wirklichen* Freiheit, *das* ist's, was das Gelüste nach der *vermeintlichen* Freiheit nicht mehr in uns aufkommen läßt. ... Die Knechtschaft Gottes ist die Freiheit, wirklich zu leben; denn sie ist die Freiheit von den Vorurteilen des an sich selbst orientierten Menschen« (R I, 243f; vgl. auch 239f).

Der passivitas im Blick auf Gott entspricht zugleich höchste activitas im Blick auf die dem Menschen von seiner Mitwelt her zuwachsenden Aufgaben. Nur dadurch, daß er von seiner Selbstbezüglichkeit befreit wird, wird der Mensch frei zur verantwortlichen Gestaltung seines Lebens (R I, 293), wird er zu »Gottes *Mitarbeiter*« (R I, 209)[109]. Der Mensch wird keineswegs zum passiven Objekt, im Gegenteil: das an ihm geschehende Befreiungshandeln Gottes qualifiziert ihn zu einem aktiven und freien Subjekt (vgl. R I, 71ff). Lediglich »eine vernünftelnde Reflexion« wäre es also, wollte man vom Gedanken der Souveränität Gottes »auf eine Unfreiheit und Unverantwortlichkeit des Menschen schließen« (R I, 73). »Als ob wir ›unter der Gnade‹ in den Bereich einer fremden Mechanik gekommen wären, deren Ablauf nun unser eigenes Wollen und Tun ausschaltete! ... Auch diese Frage oder Einwendung: ob Gottes Tun denn so gewaltig sei, daß wir selber uns können gehen lassen? kommt nicht aus der Mitarbeit an der Sache, ist die Frage eines Unbeteiligten, eines Zuschauers. ... Das ist unsre alte, böse, religiöse Gewohnheit, die Gott zusehen will (wie ein Kind einem fremden Mechaniker im Haus zusehen will), statt ihn als lebendigen Schöpfer des eigenen freien Willens walten zu lassen« (R I, 234f). Hier gilt es also, den zugleich exzentrischen und responsorischen Charakter des Glaubens ernst zu nehmen. Das Sein im Christusorganismus ist keine »mechanische Veränderung deiner Lage, sondern die lebendige Tat deines Willens, der der himmlischen Stimme nicht ungehorsam ist... Jawohl, Gott herrscht, aber er will in *dir* und durch *dich* herrschen. Jawohl, du gehörst Gott, aber du gehörst ihm, indem du dich ihm zum *Dienst* anbietest« (R I, 237). Zwar hat der Einzelwille in der Tat im Christusorganismus keine Bedeutung mehr; aber: der *Einzel*wille als solcher ist nicht der menschliche Wille schlechthin. Barth kann geradezu sagen, der Mensch unter der Gnade habe die »Aktivität des guten Willens«, die Eigenkraft der Gnade sei »der freie, gute, aus Gott strömende und an Gott orientierte Wille des Menschen. Nicht nur eine Hilfe für den Willen, nicht etwas Mitwirkendes neben ihm, sondern unser Wille selbst, sofern er frei und gut ist, als Schöpfung Gottes« (R I, 233).[110] Das will sagen: Gottes

---

[109] Vgl. dazu auch oben S. 179 Anm. 83.
[110] Gewiß erhält dieser Gedanke wegen der effektiven Rechtfertigungslehre, zu der Barth nach wie vor neigt (vgl. R I, 112ff), eine besondere Färbung. Man muß allerdings auch beachten, daß das Moment des ›Effektiven‹ im ersten »Römerbrief« den Realgehalt der Rechtfertigung verbürgen, nicht aber der Auffassung Vorschub leisten soll, das göttliche Sein sei damit in menschliche Verfügungsgewalt übergegangen. Mit ›Synergismus‹ (so T. *Stadtland*, Eschatolo-

Neuschöpfung behandelt den Menschen nicht als Objekt, dem damit etwas Fremdes, Heteronomes widerführe, sondern stellt seine ursprüngliche Subjektivität wieder her, gibt ihm also seine Würde als Subjekt zurück.

Nicht stillgestellt, sondern verwandelt werden muß der menschliche Wille, damit Gottes Wille in ihm und durch ihn geschehen kann. Nicht ausgeschaltet wird die Subjektivität des einzelnen durch seine Inkorporation in den Christusorganismus – im Gegenteil: hier erst kommt der einzelne wirklich zur Geltung (R I, 309; vgl. auch 474) –, sondern befreit wird sie von ihrem Zwang, nur um sich kreisen zu müssen; sie verliert ihre Selbstbezüglichkeit. Glaube ist nichts anderes als die menschliche Bejahung jener Neuschöpfung (R I, 135), die es ermöglicht, »sich selbst und die Welt von Gott aus zu sehen« (R I, 136). Darum gibt es sehr wohl auch Glaubenserfahrung. Sie unterscheidet sich von aller anderen Erfahrung einmal dadurch, daß sie das (neue) Subjekt nicht begründet, sondern lediglich Bestätigung dessen ist, was Gottes Wort sagt (R I, 217ff; vgl. auch 206f), »und wenn tausend üble Gegenerfahrungen dir das Gegenteil beweisen wollten!« (R I, 221) Und sie differiert von allen anderen Erfahrungen auch darin, daß sie als Erfahrung dieses neuen Subjekts eine nichtreflexive Struktur besitzt, daß sie nicht von sich ausgehend andere – auch nicht sich selbst – zu Objekten macht, sondern alles von Gott aus betrachtet (R I, 217). Möglich und wirklich ist dies nur, wo Gott, Welt und Mensch unmittelbar eins sind: im Christusorganismus.

Kurzum: Die Intention des ersten »Römerbriefs« geht faktisch dahin, für den Glaubenden einen dem neuzeitlichen Verständnis von Subjektivität entgegengesetzten, nämlich die Subjekt-Objekt-*Spaltung* überwindenden, auf Intersubjektivität zielenden Begriff von Subjektivität zu reklamieren. Dieser Begriff von Subjektivität zeichnet sich durch seinen exzentrischen Charakter aus. Der Glaube, so haben wir gesehen, verdankt sich Gott, er hat sein Zentrum nicht in sich. Die Relation, die der Glaube zwischen Gott und Mensch herstellt, beruht auf der Freiheit Gottes für den Menschen und auf dem Geschenk der Freiheit des Menschen für Gott und Mitmensch. Indem der Gläubige sein Zentrum nicht in sich, sondern in Gott hat, ist er nur bei sich, wenn er in Gott, d.h. im Christusorganismus unmittelbar mit Gott eins ist. Ist er aber im Christusorganismus mit Gott eins, so ist er auch mit den anderen Organen verbunden. Wenn diese Interpretation sachgemäß ist, wenn es also zutrifft, daß Gottes Freiheit darin besteht, auf den Sünder eingehen zu können, und wenn der Glaube als unmittelbare Gotteserkenntnis an dieser göttlichen Freiheit partizipiert, indem er den Menschen von seiner Selbstbezüglichkeit befreit, dann kann

---

gie und Geschichte, 51) hat dies schlechterdings nichts zu tun, wenn unter diesem Begriff verstanden werden soll, daß der Mensch durch den Beitrag eigener Leistungen an seinem Heil mitwirken könne oder müsse.

4.3. Glaube statt Religion

die im Glauben eröffnete Freiheit des Menschen nur als ›kommunikative Freiheit‹ gedeutet werden. Zu fragen wäre also, ob Barth die intendierte Neukonstitution des Subjekts jenseits der selbstreferentiellen Struktur neuzeitlicher Begründungen von Subjektivität so zur Geltung bringen kann, daß einsehbar wird, inwiefern der Gläubige den Mitmenschen nicht als Begrenzung seiner Freiheit, sondern als konkreten Ort ihrer Bewährung wahrnehmen kann.[111] Wir werden bei der Darstellung von Barths Konzept christlichen Handelns überprüfen müssen, ob dieses Handeln auf kommunikativer Freiheit beruht, ob es also von der durch den Glauben konstituierten neuen Struktur von Subjektivität bestimmt wird.

Als Ergebnis läßt sich festhalten, daß Barth nach der Destruktion des erlebnistheologischen Ansatzes im ersten »Römerbrief« ein Verständnis des Glaubens entwickelt, das von der Voraussetzung realen göttlichen Handelns in der Welt ausgeht. Dies bedeutet zuallererst für den Glauben selbst, daß er sich anders als in der Vorkriegstheologie nicht auf individuelle, geschichtlich vermittelte Gotteserlebnisse, sondern allein auf das neuschaffende Wort Gottes stützt. Im Glauben wird nicht Gott ins menschliche Bewußtsein aufgenommen, sondern das Hineingenommensein auch des Bewußtseins in den Herrschaftsbereich Gottes, das sich in der Taufe auf den Tod Christi vollzieht, bejaht. Durch die Inkorporation in den Christusorganismus, durch die wir von unserer Selbstbezüglichkeit befreit werden, kommt es zu einer Bewußtseinsveränderung. Barths Begriff von Freiheit, der sich in der Fluchtlinie dieses Glaubensverständnisses ergibt, gründet in der Freiheit Gottes, auf den Sünder zuzugehen. Sie löscht die menschliche Subjektivität nicht aus, sondern öffnet sie zur Intersubjektivität. Darum ist die Freiheit des Christen als Gabe Gottes ›kommunikative Freiheit‹.

Mit diesen Überlegungen greife ich freilich schon auf Konsequenzen vor, die sich aus dem im ersten »Römerbrief« dokumentierten Paradigmawechsel von einer anthropozentrischen zu einer theozentrischen Theologie für die Weltrelation des Gläubigen ergeben, der wir uns jetzt zuwenden wollen. So fragen wir im folgenden nach der Begründung christlichen Verhaltens als der

---

111 In diesem Sinne möchte ich den von *M. Theunissen*, Sein und Schein, 37ff, geprägten Begriff einer ›kommunikativen Freiheit‹ aufnehmen, ohne mich im übrigen strikt an seine Definition gebunden zu fühlen, wonach »kommunikative Freiheit bedeutet, daß der eine den anderen nicht als Grenze, sondern als die Bedingung der Möglichkeit seiner eigenen Selbstverwirklichung erfährt« (ebd., 46; vgl. dazu *K. Marx*, Frühschriften, 192f). Denn gerade das letztere könnte auch so (miß-)verstanden werden, als sei der andere Mittel zum Zweck der eigenen Selbstverwirklichung. Barth scheint mir demgegenüber davon auszugehen, daß die ›im Christus‹ gegebene Freiheit darum kommunikativ ist, weil sie den Zwang zur Selbstverwirklichung los ist. Ob und wieweit im übrigen der von Theunissen aus dem neutestamentlichen Gedanken einer Koinzidenz von Liebe und Freiheit entwickelte Begriff ›kommunikativer Freiheit‹ geeignet ist, Hegels »Logik« zu entschlüsseln, braucht hier nicht erörtert zu werden. Vgl. dazu *H. F. Fulda/u.a.*, Kritische Darstellung der Metaphysik.

kommunikativen Praxis des neuen Äons. Auch hier soll ein Abschnitt über die Kritik der bisherigen Theorie, jetzt also der idealistischen Moral, vorangestellt werden.

4.4. CHRISTLICHES HANDELN STATT MORAL

4.4.1. Theologische Moralkritik[112]

Sowenig die Paränese in Röm 12ff ohne das paulinische Gesetzesverständnis adäquat zu begreifen ist, sowenig kann auch Barths Ethik ohne seine Auseinandersetzung mit der idealistischen Moral verstanden werden, die im ersten »Römerbrief« als aktuelle Gestalt des paulinischen ›Gesetzes‹ interpretiert wird. Es ist darum zunächst – jetzt eben unter der Perspektive der Ethik – noch einmal an die Entstehung und Funktion der Moral des Idealismus zu erinnern, wie sie sich nach Barths Römerbriefkommentar darstellt. Schon bei der Entfaltung des Barthschen Religionsverständnisses stießen wir auf die Tatsache, daß Barth neben der ›Religion‹ auch die ›Moral‹ unter das paulinische Gesetz subsumiert und als Gegenbewegung gegen die Sünde, die jetzt in Form ›falscher Moral‹ und ›Unmoral‹ erscheint, interpretiert (vgl. R I, 40f u. 75).[113]

Die Sünde konkretisiert sich in bestimmten sozialen und politischen Bezügen und Institutionen, in von Gott gelösten »herrenlosen Mächten und Gewalten« (R I, 34), die der Mensch verehrt und die ihn beherrschen.[114] »Staat und Kultur und Natur, ... Mammon und ›Persönlichkeit‹, Kunst und Wissenschaft, Kirche und Tugend« (R I, 34) sind die Götzen, in denen sie Gestalt annimmt. Der Fall des Menschen zieht »Kapitalismus, Militarismus, Etatismus ..., ›persönliches Leben‹, Pfaffentum, Bildungsphilisterei, l'art pour l'art« nach sich (R I, 36) und endet damit, daß »der Kampf ums Dasein, erbitterter als die Tiere ihn führen, verschlimmert durch die Teufeleien einer entarteten Kultur, zur Signatur der Gesellschaft« wird (R I, 39). Die Wurzel all dessen ist das Selbständigseinwollen des Menschen, das, was er unter ›Autonomie‹ und ›Freiheit‹ versteht, was tatsächlich aber – nämlich von Gott aus betrachtet – nichts anderes als die Sklaverei der Sünde ist. Auch hier bleibt Barth durchaus nicht im Allgemeinen stehen, sondern nennt Roß und Reiter, läßt keinen Zweifel daran, daß er von der politischen Ideologie des Liberalismus spricht: »Außerhalb der

---

112 Vgl. dazu allgemein: *C. van der Kooi,* Anfängliche Theologie, 90-92.
113 Siehe dazu oben S. 170. Barths Unterscheidung von ›Religion‹ und ›Moral‹ folgt übrigens nicht der Differenzierung in Gottes- und Weltrelation des Menschen, sondern schließt sich locker an das Schema von Theorie und Praxis an: wie das Wahre Gegenstand der Religion, so ist das Gute Gegenstand der Moral. »Moral«, so sagt Barth einmal, »ist das Wissen und das Eifern um das nicht-erfüllte, postulierte, abstrakte ›Gute‹« (R I, 200). In der Auslegung von Röm 1,18 übersetzt er ἀσέβεια mit ›Frevelhaftigkeit‹ und interpretiert es dann primär als durch die Sünde irregeleitete Gottesvorstellung (R I, 26), während für ἀδικία ›Ungerechtigkeit‹ steht, das sündige Handeln des Menschen, das den Abfall von Gott – den Primat der Praxis voraussetzend – auslöst: »Das Erste ist immer eine Tat der menschlichen *Ungerechtigkeit*« (R I, 26).
114 Siehe zum Folgenden auch die weiter ausgreifende Darstellung von *U. Dannemann,* Theologie und Politik, 54ff.

schöpferischen lebendigen Einheit und Wahrheit Gottes ist der Liberalismus Sünde« (R I, 242f). Nicht minder eindeutig die Frage an den Glaubenden: »Was soll uns die ›Freiheit‹ der Sünde, was soll uns der Liberalismus?« (R I, 243) Und das ist keineswegs nur metaphorisch gemeint: Der Weltkrieg, in dem sich der »Zusammenbruch dieses unseres von Gott gelösten Lebenssystems« enthüllt, ist nach Barth das Resultat einer »›liberalen‹ Kultur und Gesellschaftsordnung«, die auf »das Ideal dieser ›Freiheit‹« begründet ist (R I, 242f).

Was aber ist dem entgegenzusetzen? Sozialismus? In der Tat auch Sozialismus! Im alten Äon tritt die ›Moral‹ der ›Unmoral‹ als »göttliche Gegenveranstaltung« (R I, 201) in den Weg. Die innergeschichtlich als ›Erinnerung‹ der Menschen an ihren Ursprung entstehenden Gesetze, Ideale und Utopien machen als solche die bestehende Differenz zwischen Gott und Welt bewußt (vgl. R I, 45 u. 51f). Die an ihnen orientierten »Kritiker des Weltlaufs« protestieren »gegen Aberglauben und Unglauben, gegen Götzendienst und Weltlust, gegen Atheismus und Materialismus, gegen den Zerfall der Moral und gegen die Schäden der Gesellschaftsordnung« (R I, 40f). Die ›Moral‹ dieser Kritiker artikuliert sich, wo es um die politische Konkretion geht, primär sozialistisch.[115] Ihre Legitimation leiten sie aus dem von ihnen vertretenen Idealismus her. Die Idee des »kategorischen Imperativ[s] der Pflicht« ist einer »jener allerdings höchsten Punkte menschlicher Geschichtsentwicklung, wo es zu einer richtigen Kenntnis Gottes kommt« (R I, 129). Auch noch für den ersten »Römerbrief« repräsentiert also das kantische Sittengesetz das den Menschen gegebene Gesetz Gottes (R I, 266). Dieser ›idealistische Moralismus‹ stellt »das Göttliche als das Geforderte, Seinsollende, Ideale innerhalb der jetzigen Welt dem Seienden und Gegebenen gegenüber« und fordert, daß man sich an ihm orientiere (R I, 125). Seine legitime Funktion besteht nach Barth in der »Erschütterung aller historischen und seelischen Sicherheiten« (R I, 79), durch die er im Menschen »den leeren Raum [schafft], in dem sich jenes Reale [sc. das Gute] eines Tages ereignen wird und muß« (R I, 89).

Die Kritik am idealistischen Moralismus wendet sich wie die Religionskritik nicht gegen den Inhalt der Moral – »die Gerechtigkeit Gottes steht hinter den Idealisten« (R I, 69) –, sondern gegen die Veränderung seiner ursprünglich elenchtischen Funktion zu einem Mittel der Selbstrechtfertigung des Menschen im alten Äon. Sie bestreitet, daß der Mensch durch den ›Besitz‹ sittlicher Ideale, durch den »Eifer und die Lebendigkeit«, mit der er »die Vorstellung

---

[115] Das wird vor allem im Zusammenhang mit unserer Erörterung der politischen Ethik des ersten »Römerbriefs« deutlich werden. Vgl. z.B. aber auch R I, 42 u. 90, wo Idealismus und Sozialismus aufeinander bezogen sind. Die sozialistische Interpretation der kantischen Ethik ist Barth – wie wir schon gesehen haben (vgl. o. S.77ff u. 80 Anm. 134) – vor allem durch den Marburger Neukantianismus vermittelt worden.

4.4. Christliches Handeln statt Moral

eines im Unendlichen liegenden Ziels der geschichtlichen Entwicklung ergreift und bejaht«, daß er durch die »Begeisterung oder auch de[n] nüchterne[n] Ernst, der an die Realisierung eines idealen Programms gewendet« werde, gerechtfertigt sei (R I, 128). Hier eben setzt die Selbsttäuschung ein, wird ›Moral‹, die dazu verleitet, sich im Besitz des Guten zu wähnen, selber zur Sünde. Darum gilt zuletzt auch vom Idealismus (wie vom Christentum), daß er nicht das Neue in der alten Welt sei: »Kirche und Mission, persönliche Gesinnungstüchtigkeit und Moralität, Pazifismus und Sozialdemokratie vertreten nicht das Reich Gottes, sondern in neuen Formen das alte Reich der Menschen. Es gibt keine glücklichen Besitzenden« (R I, 42). Der entscheidende Fehler der Selbst-Gerechten besteht darin, daß sie *selbst* gerecht sein wollen, daß sie von einem Ethos ›sittlicher Arbeit‹ ausgehen, das auf dem individualistisch-egoistischen Prinzip des ›Haben-Wollens‹ beruht.[116] Der Moralische will – wie der Mensch ohne Moral – Gott ›haben‹ und verfehlt ihn gerade dadurch (R I, 59).

Denn die Idee des Guten ersetzt nicht die Realität des Guten. Der gute Wille allein macht eine Handlungsweise noch nicht gut. Barth greift hierbei den Grundgedanken der Ethik Wilhelm Herrmanns auf, daß der Glaube die Kraft zum Guten sei.[117] Aber anders als Herrmann versteht er unter dem ›Guten‹ nicht primär den guten Willen, sondern das gute Handeln. Barth traut dem Idealismus zwar zu, daß seine Ideale den menschlichen Willen, d.h. seine Gesinnung bestimmen können, nicht aber, daß sie die Kraft zum Tun des Guten vermitteln. Gerade auf das Letztere aber käme es an. Denn die Gesinnung des einzelnen habe »bei Gott und für den realen Lauf der Weltgeschichte« nicht die Bedeutung, die ihr »in unserer gangbaren Religions- und Sittenlehre« beigelegt werde (R I, 185). Eine mehr oder weniger edle Gesinnung ändere nichts daran, daß wir alle der Sünde verfallen seien. »So fragt denn auch die Sünde nicht lange nach unsern ›Gesinnungen‹, sondern sie nimmt uns gerade in ihren charakteristischen Ausbrüchen (Mammon, Krieg, Kirche, Staat) einfach mit. Der Strom der Sünde, in dem wir treiben, als solcher, nicht der Schmutz seiner einzelnen Wogen steht unter dem Gericht« (R I, 186). Darum hülfen die Gesinnung, die Ideale, die Moral hier nicht weiter. Die Moral »kann wohl beleuchten, erwägen, verzäunen, beurteilen, Probleme aufwerfen, sie ist aber nicht ›Kraft Gottes‹, weder verirrte zum Verderben, noch ursprüngliche zum Heil« (R I, 200). Sie bleibe bloßes Ideal, forderndes und anklagendes Gesetz,

---

116 Vgl. zur theologisch-ethischen Verwendung der aus dem Bereich der Ökonomie stammenden Kategorie des ›Habens‹ bei Barth: *F.-W. Marquardt*, Verwegenheiten, 412ff; so auch *U. Dannemann*, Theologie und Politik, 59ff, *E. Jüngel*, Barth-Studien, 116f, und *W. M. Ruschke*, Diastasentheologie, 186-188; anders: *O. Herlyn*, Religion oder Gebet, 31. Siehe zum Thema im übrigen auch: *E. Fromm*, Haben oder Sein.
117 Vgl. dazu o. S. 68.

das die »Menschheit in Moralische und Unmoralische« spalte (R I, 134), eine »ideale und darum partikulare« Verheißung (R I, 135; vgl. 78), sie gehöre als solche der ›sogenannten‹ Geschichte an, in der das Eigentliche, das Gute, nicht geschehe und nicht geschehen könne (R I, 80f).

So gibt es also unter den Bedingungen des alten Äons durchaus beachtenswerte Unterschiede (R I, 52f), denn es ist keineswegs gleichgültig, ob der Mensch moralisch oder unmoralisch ist, ob er es – wie etwa im (idealistischen) Sozialismus – wenigstens mit einer Idee des Göttlichen oder ob er es – wie im (materialistischen) Liberalismus – lediglich mit Götzen zu tun hat. Dennoch sind diese Unterschiede des alten Äons vom Standpunkt Gottes aus gesehen relativ und im neuen Äon durch das Handeln Gottes selbst überwunden: »Eine neue Schöpfung hat angehoben, in der die Sünde nicht mehr notwendig und möglich und in der das Gesetz gegenstandslos ist« (R I, 86). Was aber bedeutet diese Freiheit von Sünde und Gesetz, von ›Unmoral‹ und ›Moral‹ für das Weltverhältnis des Gläubigen? Wie muß eine Ethik des neuen Äons, die dieser doppelten Freiheit entsprechen will, begründet sein?

4.4.2. Christliches Handeln als Folge ›kommunikativer Freiheit‹

(1) Ethik und ›Ermahnung‹. – Fragt man nach der Ethik des neuen Äons, so stößt man zunächst auf die Notwendigkeit einer terminologischen Vorklärung. Barth geht davon aus, daß ›Ethik‹ im Sinne einer Frage nach dem guten Handeln unter den Bedingungen des neuen Äons unnötig ist (R I, 200 u. 263f). Denn im neuen Äon ist das menschliche Handeln wieder unmittelbar eins mit dem göttlichen (R I, 249); damit ist das Problem der Moral gelöst, die ethische Frage beantwortet: »Es gibt unter dem *letzten* Gesichtspunkt, den wir im *Christus* einnehmen müssen, *keine Ethik*« (R I, 524).[118] Wo wir uns gezwungen sehen, ernsthaft die ethische Frage aufzuwerfen, haben wir uns außerhalb des Christusorganismus gestellt, uns in die – wie Barth sagt – von vornherein »verfahrene Situation« begeben, auf eigene Faust handeln zu wollen, sind wir wieder »eigensinnig« geworden (R I, 492). Dies gilt gerade auch für den Bereich politischen Handelns. Unter den gegebenen Umständen, d.h. in der sich nach der russischen Oktoberrevolution in Gärung befindlichen Schweiz des Jahres 1918, werden Christen – so Barth – sich »schwerlich anderswohin stel-

---

118   Der zitierte Satz folgt sozusagen ›organisch‹ aus der Theologie des ersten »Römerbriefs« und ist darum keineswegs, wie T. *Stadtland*, Eschatologie und Geschichte, 54, meint, ein ›Wetterleuchten‹ aus der zweiten Auflage des Römerbriefkommentars; das Mißverständnis basiert darauf, daß Stadtland den Gegensatz der beiden Äonen unterbelichtet und Barths Gesetzesverständnis völlig unberücksichtigt läßt.

4.4. Christliches Handeln statt Moral

len können als auf die äußerste Linke. Aber darüber müßt ihr im Einzelnen die Ethik konsultieren. Nur daß ihr euch bewußt seid: solche Ethik ist immer eine Ethik der verfahrenen Situationen« (R I, 508f). Und: »Zur Ethik der *verfahrenen* Situationen aber hat das Neue Testament nichts zu bemerken« (R I, 495).

Dies bedeutet erstens: Barth reserviert den Begriff ›Ethik‹ für die nur außerhalb des Christusorganismus notwendige Frage nach der Güte des menschlichen Handelns. Zweitens: Der Christ kann in ›verfahrene Situationen‹ geraten, in denen er allerdings nicht der ›Eigengesetzlichkeit‹ des Politischen ausgeliefert ist, sondern in denen er sich an den kategorischen Imperativ der idealistischen Moral zurückverwiesen sieht (R I, 129), modern gesprochen: in denen er dem Universalisierungsgrundsatz folgen soll. Drittens: Der Christ muß sich dessen bewußt sein, daß er sich dafür nicht auf das Neue Testament berufen kann, das nicht das Gesetz, sondern dessen Erfüllung in Christus zum Inhalt hat. Dies heißt aber nun nicht, daß der Christ, wenn er sich politisch betätigt – und alles Handeln hat immer auch politische Implikationen –, gleichsam automatisch in den alten Äon zurückfällt, es heißt vielmehr, daß auch sein politisches (wie alles übrige) Handeln unter anderen Voraussetzungen steht, wenn es sich von einem Standort innerhalb des Christusorganismus her vollzieht. Barth unterscheidet also drei Typen von Handlungsweisen. Bei den beiden ersten begibt sich der Mensch auf das Terrain des alten Äons und bedient sich der Methoden des alten Äons: Entweder orientiert er sich am Gewaltprinzip, d.h. am Recht des Stärkeren, oder am Rechtsideal, d.h. an der ›Ethik der verfahrenen Situation‹. Daß für Christen, wenn sie sich schon auf diese Ebene begeben, nur das letztere in Frage kommt, steht für Barth fest. Besser aber, sie begeben sich gar nicht erst auf einen Standpunkt außerhalb des Christusorganismus, sondern bleiben den in ihm gültigen Methoden treu, auch wenn sie nach außen, also vom neuen Äon her in den alten hinein handeln. Da dieses Handeln unter anderen Voraussetzungen steht, muß es folglich auch mit einer anderen Sprachform beschrieben werden als die idealistische Moral. Diese Sprachform nennt Barth im Blick auf Röm 12,1 (παρακαλῶ) ›Ermahnung‹.[119]

›Ermahnung‹ ist zunächst vom ›Gesetz‹, von der ›Moral‹ darin zu unterscheiden, daß sie ihre ›Normen‹ nicht durch Anwendung der Universalisierungsregel findet, sondern aus dem ›im Christus‹ möglichen und wirklichen neuen Sein selbst.[120] Sie setzt die Eingliederung in den Christusorganismus

---

[119] Vgl. dazu auch *H. Kirsch*, Zum Problem der Ethik, 79-82.
[120] Der Sache nach trifft sich die im ersten »Römerbrief« vorgenommene Unterscheidung von ›Ermahnung‹ (Paränese) und ›Ethik‹ (›Moral‹) mit der Differenzierung zwischen ›Ethik‹ (Paränese) und ›Moral‹, wie sie *J. Fischer*, Handeln als Grundbegriff, vorschlägt. Da heute allerdings der Terminus ›Moral‹ meist die Phänomenebene und der Terminus ›Ethik‹ die Reflexionsebene bezeichnen (vgl. beispielsweise *A. Pieper*, Ethik und Moral, 20ff), bietet es sich m.E. an, mit Barth zwischen (theologischer) Paränese und (philosophischer) Ethik zu

voraus.[121] »›Ermahnen‹ heißt nicht: in ein fremdes Gebiet mit fremden Maßstäben *hinein*reden, sondern: *heraus*reden aus einem bekannten, angenommenen, gemeinsamen Grunde, der die Norm und die Geltung der Ermahnung unausgesprochen schon in sich enthält. Ermahnen heißt nicht: ein Gesetz, ein Ideal, ein Seinsollendes aufrichten (7,1-6), sondern: die Wirklichkeit eines Lebens, in dem das Ideal in der Erfüllung begriffen ist, Schritt für Schritt und zwar zunächst für den *nächsten* Schritt entwickelnd darstellen« (R I, 463). Die Adressaten dieser ›Ethik‹ des neuen Äons sind die Brüder ›im Christus‹. An Menschen gerichtet, die nicht von der Voraussetzung der Gnade herkommen, muß sie notwendig als »eine sehr seltsame Form des *Gesetzes*« erscheinen, als unerfüllbares Ideal einerseits, als an den realen Bedürfnissen der Menschen vorbeigehend andererseits (R I, 464). Mit dieser Selbstbeschränkung wird keineswegs ihr Anspruch auf universale Geltung geleugnet – die christliche Paränese soll gerade keine »Stufenethik«, keine »Interimsethik« oder »Klosterethik« sein (R I, 240f) –, wohl aber dem (eschatologischen) Vorbehalt Rechnung getragen, »daß es in uns und um uns weite Gebiete gibt, in denen sie [sc. die Kraft der Auferstehung] noch nicht wirksam geworden ist« (R I, 464).

Die Paränese unterscheidet sich vom Gesetz des weiteren auch darin, daß sie nicht als ›ethische Forderung‹ eingeführt werden kann. Sie verfährt deskriptiv und gewinnt präskriptiven Charakter nur dadurch, daß sie nicht das empirische Verhalten von Christen zugrundelegt, sondern das Verhalten der Glieder des Christusorganismus. In diesem Sinn aber beschreibt sie einfach, was Christen zu bestimmter Zeit und unter konkreten Umständen faktisch tun. Sie ist also auch nicht zeitlos gültig, sondern an die jeweilige Situation gebunden, für die sie bestimmt ist und in der sie erfolgt; sie bringt die Bewegung des kommenden Gottesreiches »nur auf ihren momentanen Ausdruck« (R I, 464). Barth beschränkt sich, wo er konkret wird, dann konsequenterweise auch lediglich auf Beispiele, auf »einige Proben« (R I, 473). Da ›Ermahnung‹ also nur das bewußte Zur-Sprache-Bringen des faktischen Verhaltens der Glieder des Christusorganismus nach innen wie nach außen[122] ist, liegt auch kein besonderer

---

differenzieren. Den Begriff der ›Paränese‹ bevorzuge ich gegenüber dem der ›Ermahnung‹, weil der letztere im normalen Sprachgebrauch (gegen Barths Intention) die Konnotation eines erhobenen Zeigefingers mit sich führt.
121 »Die neue Schöpfung im Christus ist immer potentiell das Erste, das Ermahnen das Zweite« (R I, 464). Die Paränese führt also nicht zum neuen Sein im Christus, sondern kommt von ihm her. Die freilich erst sehr viel später von Barth vollzogene Umkehrung von Gesetz und Evangelium hat hier ihre Wurzeln. Vgl. dazu: *K. Barth*, Evangelium und Gesetz.
122 Die Innen/Außen-Differenzierung der Organismusvorstellung dient Barth auch als Gliederungsprinzip seiner Auslegung von Röm 12 und 13: Zunächst wird unter der Überschrift »Das Eine Notwendige« (Röm 12,1-2) der Eintritt in den Christusorganismus als notwendige Voraussetzung für die Erkenntnis des Willens Gottes erwiesen; dann werden in zwei großen Hauptabschnitten unter dem Stichwort »Besonnenheit« (Röm 12,3-16) die ›Innenbeziehungen‹ (R I, 473ff) und unter dem Stichwort »Überlegenheit« (Röm 12,16-13,10) die ›Außenbeziehungen‹

4.4. Christliches Handeln statt Moral

Nachdruck darauf, wer gerade ihr Sprecher ist: Ermahnen, so kommentiert Barth den Begriff der Paraklese, – »ermahnen ist nicht das Reden eines Menschen zum andern, ermahnen ist also nicht erziehen, sondern das Aussprechen der Tatsache einer gemeinsamen Bewegung, durch welches sich die Bewegung von einem Augenblick zum andern in Bewegung *erhalten* möchte, wobei also der Sprecher nur zufällig der Sprecher, sondern eigentlich die bewegte Gemeinschaft das redende Subjekt ist« (R I, 463; vgl. auch 210).

(2) Bewertung und Maßstab christlichen Handelns. – Wie ist aber nun der Gegenstand der ›Ermahnung‹ zu bestimmen? Wozu wird im Christusorganismus ermahnt? Genauer: Welches Bewertungsobjekt und welche Geltungsbasis impliziert die ›Ermahnung‹?[123] Werden in ihr die Absichten oder die Folgen einer Lebensführung bewertet und stützt sie sich dabei auf Normen oder Prinzipien? Gewiß sind diese Fragen aus der Perspektive einer ›Ethik‹ formuliert und insofern dem Sprachspiel ›Ermahnung‹ nicht adäquat; dennoch erlauben sie m.E. das, was in der ›Ermahnung‹ geschieht, genauer zu bestimmen und abzugrenzen von dem, worum es in der ›Ethik‹ geht.

›Ethik‹ – das ist für den ersten »Römerbrief« in erster Linie Gesinnungsethik. In ihr geht es darum, primär die Absichten einer Handlung zu prüfen, während die Folgen einer Tat für deren ethische Bewertung sekundär sind. Darum lautet die gesinnungsethische Maxime einer religiösen Ethik nach einer klassischen Formulierung Max Webers: »Der Christ tut recht und stellt den Erfolg Gott anheim«.[124] Während für Max Weber offenbar eine am Evangelium orientierte Ethik nur als Gesinnungsethik denkbar ist, zeigt die Kritik des idealistischen Moralismus im ersten »Römerbrief«, daß Barth den gesinnungsethischen Ansatz gerade aus theologischen Gründen für unzureichend hält. Die »individuelle Motivierung des Denkens und Tuns« sei bei Gott – so Barth – nicht so wichtig, wie oft angenommen werde; »auch die tüchtigste und reinste ›Gesinnung‹« bedeute nicht mehr »als das Erklimmen einer jener relativ höhern Stufen (2,1ff) innerhalb einer grundsätzlich gleichartigen Gesamtlage« (R I, 185; vgl. auch 21). Statt der Gesinnung treten nun die Handlungsfolgen, das, was tatsächlich geschieht, in den Mittelpunkt des Interesses: »Denn das Gericht Gottes geht auf das Reale im Weltgeschehen, im Denken, Reden und Tun der

---

(R I, 491ff) der Glieder des Christusorganismus beschrieben. Der letzte Abschnitt »Der Ernst der Stunde« (Röm 13,11-14) läßt sich als Beschreibung von vier Phasen der Geschichte dieses Organismus lesen (R I, 524ff).
123 Bei der Verwendung der Begriffe ›Bewertungsobjekt‹ und ›Geltungsbasis‹ orientiere ich mich an dem von Wolfgang Schluchter entwickelten ›Schema der evaluativen Komponenten gesellschaftlicher Strukturprinzipien‹: W. *Schluchter*, Die Entwicklung des okzidentalen Rationalismus, 94.
124 *M. Weber*, Politische Schriften, 551.

Menschen, nämlich auf ihr Verhältnis zum Ursprung, auf den lebendigen Zusammenhang mit seiner ewigen Kraft und Gottheit« (R I, 43).

Ähnlich wie in seinem Aufsatz »Religion und Leben«[125] von 1917 vertritt Barth auch im ersten »Römerbrief« die Auffassung, daß Ideen und Gesinnungen kraftlos seien. Der Eintritt in den Stand des Gerechtfertigten sei keine »Frage der Religiosität, der Gesinnung und der Moral ..., sondern eine Machtfrage, die Frage der Voraussetzungen, Bedingungen und Kräfte, unter denen wir stehen« (R I, 304). Während die Orientierung am Gesetz, an der Idee des Guten aus dem circulus vitiosus des alten Äons nicht herauszuführen vermag, impliziert umgekehrt die Inkorporation in den Christusorganismus die reale Erfüllung des Gesetzes. In diesem Sinn, so sagt Barth, gibt es »keine strengere, bewußtere Aufrichtung der Ethik, keinen konsequenteren Idealismus als den, zu dem wir uns bekennen, indem wir die Menschheit ›unter die Gnade‹ stellen« (R I, 233). Denn dies bedeutet die grundsätzlich neue Voraussetzung, die Gott geschaffen hat, anzuerkennen. Sie besteht darin, daß ›im Christus‹ das Postulat eines aus der Quelle des Guten, d.h. Gottes, fließenden Handelns erfüllt ist (vgl. R I, 202f). Entscheidend sei die Kraft Gottes, die in den Gliedern des Leibes Christi sich betätige und bewähre. Diese Kraft Gottes bezeichnet Barth im ersten »Römerbrief« durchgehend als ›Kraft der Auferstehung‹. Sie ist die von Gott ausgehende, in der Auferstehung Christi wirksam gewordene Kraft des radikalen Neuanfangs, die Kraft des neuen Äons (R I, 19).

Der Gläubige partizipiert an dieser Kraft so unmittelbar, daß Barth in der Auslegung von Röm 6,15-23 (R I, 233-246) sagen kann, die »Eigenkraft der Gnade« sei der »freie, gute, aus Gott strömende und an Gott orientierte Wille des Menschen« (R I, 233). Der *Wille* des Menschen? Bedeutet diese Gleichsetzung von göttlicher Kraft und menschlichem Willen nicht, daß Barth im ersten »Römerbrief« trotz aller Kritik am gesinnungsethischen Ansatz der ›modernen‹ Theologie selber den guten Willen, also die Absicht, in der eine Handlung vollzogen wird, als ethisches Bewertungsobjekt ansieht? Dann wäre freilich zu fragen, ob seine Kritik am idealistischen Moralismus nicht ein Mißverständnis ist. Manche etwas ungeschützten Formulierungen des hier zugrundezulegenden Abschnitts scheinen zunächst den Schluß zuzulassen, daß auch Barth die Güte einer Handlung vom guten Willen des Handelnden abhängig macht. Sieht man aber etwas genauer hin, so zeigt sich, daß Barth hier gerade keine Kluft zwischen Wollen und Handeln aufreißt, sondern umgekehrt von einem Willen ausgeht, dem die Kraft zur Verwirklichung des gewollten Guten innewohnt. Der »Mensch unter der Gnade«, so betont Barth gleich zu Beginn seiner Interpretation von Röm 6,15-23, »hat die Gabe der *Aktivität* des guten Willens. Hier

---

125 Siehe dazu oben S. 168.

4.4. Christliches Handeln statt Moral

steht nicht mehr nebeneinander das schöpferische Tun Gottes, die Imperative der Sittlichkeit und deren Erfüllung. Sondern hier heißt es: Gott wirkt beides, das Wollen und das Vollbringen, die Moral und das moralische Leben« (R I, 233; Hervorhebung vom Verf.).

Daß tatsächlich nicht die bloße Absicht, sondern die Methoden und Folgen einer Handlung darüber bestimmen, ob das Handeln gut ist oder nicht, zeigt das Kriterium, das Barth nennt. Entscheidend sei, ob das christliche Handeln ein Tun darstellt, »das aus dem Sinn des Himmelreichs geboren ist« (R I, 235), d.h. ob es als Dienst im Reich Gottes verstanden werden kann (vgl. R I, 237ff), und ob es der ›Weltmethode‹ oder der ›Himmelreichsmethode‹ folgt (R I, 498f). Explizit weist Barth die These ab, die Versöhnung Gottes mit den Menschen beträfe lediglich die Umgestaltung der menschlichen ›Seele‹, sei also ein ausschließlich auf die ›Innerlichkeit‹ zu beziehender Vorgang: »Wie die Sünde als Macht nicht nur unsere Innerlichkeit, sondern unser ganzes natürliches und geschichtliches Dasein bedingte und bestimmte, so ist auch die Gerechtigkeit Gottes nicht nur eine neue Disposition unserer Seele, sondern unseres gesamten innern und äußern Daseins, eine Beschlagnahme unseres materiellen sowohl wie unseres geistigen Lebens, unserer individuellen sowohl wie unserer sozialen Funktionen für das Interesse Gottes« (R I, 240). Daher gibt es prinzipiell keine Bereiche des Lebens, die der Herrschaft Gottes und darum christlicher Verantwortung entzogen wären (R I, 240f). Unter der Gnade stehen, heißt, für die Sache Gottes verantwortlich zu sein (vgl. R I, 474), das gesamte Dasein in den Dienst des Reiches Gottes zu stellen. Deshalb gibt es hier keinen Quietismus, keine »Ausrede vom ›Auf-Gott-Warten‹, ›Gott-Machen-Lassen‹«. Hier gelte vielmehr »ernste, aufrichtige Erkenntnis der unerlösten Wirklichkeit, scharfes Empfinden der Gebundenheit der ›Glieder‹, deutliches Bewußtsein von der Verantwortlichkeit jedes Einzelnen, heilige Ungeduld, die sich nach ganzer Freiheit ausstreckt, Offenheit für die wechselnden Gebote der Stunde, Bereitschaft, die Schritte zu tun, die jetzt hierhin, jetzt dorthin und doch immer innerhalb der einen großen Bewegung nach dem gleichen Ziel getan sein wollen« (R I, 241). Kein Zweifel: Bewertungsobjekt der ›Ermahnung‹ ist das Handeln selbst und seine Folgen. Der Christ bezieht auf sich, was Max Weber den Verantwortungsethiker, der »mit eben jenen durchschnittlichen Defekten der Menschen« rechne, sagen läßt: »diese Folgen werden meinem Tun angerechnet«.[126] Allerdings weiß der Christ dann auch um die damit verbundene Schuld und um die Unmöglichkeit sich zu exkulpieren. Der Unterschied zwischen dem Verantwortungsethiker im Sinne Max Webers und dem Christen, wie er im ersten »Römerbrief« beschrieben wird, besteht gerade darin, daß

---

126 *M. Weber*, Politische Schriften, 552.

der letztere nicht meint, er könne die übernommene Verantwortung tatsächlich selber tragen.

Gehen wir nun noch einen Schritt weiter und fragen wir nach der Geltungsbasis des ethischen Urteils, das die hier intendierte Ethik impliziert! Von welcher Art, so interessiert uns nun, ist der hier zugrundegelegte Maßstab christlichen Handelns? Zunächst ist festzustellen, daß Barth die idealistische Moral darum kritisiert, weil sie christliches Handelns sich an Ideen orientieren läßt. Diese Ideen sind schon für ihn wohl keine Normen einer Gesetzesethik mehr, sondern Prinzipien einer Gesinnungsethik. Wichtiger als diese bei ihm so nicht vorkommende Differenzierung ist allerdings, daß er mit seinem Rekurs auf das im Christusorganismus (der ja keine empirische Größe ist) faktisch Geltende den Christen dem nicht deduzierbaren Willen Gottes unterstellt. Dies bedeutet, daß jedenfalls vorgegebene Normen und Prinzipien nicht die Geltungsbasis des ethischen Urteils sein können. Wie, so wird man weiter fragen müssen, kann nun überprüft werden, ob eine Handlung dem Willen Gottes tatsächlich entspricht?

In der Interpretation von Röm 12,1f konkretisiert Barth die allgemeine Losung, sich Gott darzubringen, dahingehend, daß sie positiv eine Erneuerung des Denkens bedeute (R I, 469). Durch das Hineingenommenwerden in den Christusorganismus komme es zu einer Verwandlung auch des menschlichen Denkens durch den Geist Gottes, durch die wir in den Stand versetzt würden, Wahrheit und Wirklichkeit reziprok aufeinander zu beziehen. So werde es möglich, durch »ständiges, in Spiralen vorwärtsschreitendes Ringen und Mühen um das *Denken* der Gedanken Gottes« den aktuellen Willen Gottes zu erkennen und entsprechend zu handeln (R I, 471). Praktisch heißt das, daß sich »dieses erneuerte Denken« zu einem »Gefühl« und »unbestechlichen *Organ der Prüfung*« des göttlichen Willens entwickelt, das uns gegeben ist und das wir entfalten und gebrauchen sollen. »Es ist das göttliche Bestimmen, Gesetzgeben, Urteilen in uns, durch das wir uns in den Stand setzen lassen müssen, von Fall zu Fall in *einer* Richtung zu gehen. Es ist die Kraft Gottes zur *Erzeugung* sittlicher Begriffe für den Tagesbedarf, eben darum selber *kein* sittlicher Begriff, sondern das *Begreifen*« (R I, 471; vgl. auch 459). Barth reklamiert hier für das im Christusorganismus geltende Ethos, daß seine Geltungsbasis die grundsätzliche Möglichkeit und Fähigkeit zu kritischer Prüfung und Diskussion vorgegebener Normen und Prinzipien ist und bis hin zur ›Erzeugung‹ neuer Normen reicht.[127]

---

[127] Ähnlich spricht auch Luther in seinen Thesen de fide von 1535 davon, daß Christen neue Dekaloge aufstellen könnten. Allerdings schränkt der Reformator dies dahingehend ein, daß wir – sofern wir noch nicht die Fülle des Geistes hätten – an die Gebote und Weisungen der Apostel gebunden seien. Siehe: WA 39/I, 47f.

4.4. Christliches Handeln statt Moral

Insofern kann man wohl sagen, daß die ›Ermahnung‹ auf der Geltung reflexiver Prinzipien basiert, also Prinzipien, die nicht gegeben sind, sondern selbst erst erzeugt werden müssen. Damit zeigt das im Christusorganismus gelebte Ethos strukturell eine gewisse Affinität zur kognitivistischen Verantwortungsethik und zur postkonventionellen Stufe der Moralentwicklung nach Kohlberg.[128] Allerdings darf die ›Logik Gottes‹ nicht mit der des okzidentalen Rationalismus verwechselt werden[129]; sie ist vielmehr eine Rationalität sui generis: »die Vernunft des Christus« (R I, 468). Vor allem aber darf man nicht übersehen, daß Barth dieses Ethos abhängig macht von der ›im Christus‹ erfolgten Befreiung des Menschen von seiner Selbstbezüglichkeit. Das bedeutet: Es stellt sich noch einmal die Frage nach dem jeweils vorausgesetzten Handlungssubjekt. Gibt es denn Menschen, die in der Lage sind, aufgrund reflexiver Prinzipien verantwortlich zu handeln? Barth behauptet, dies sei erst im Christusorganismus möglich und wirklich, weil der Mensch in ihm von der Selbstbezüglichkeit befreit sei, weil hier der Glaube eine ›kommunikative Freiheit‹ konstituiert, die zu einer entsprechenden Praxis führe.

(3) Christliches Handeln als kommunikative Praxis. – Bevor wir die These prüfen, christliches Handeln werde im ersten »Römerbrief« als auf kommunikativer Freiheit beruhende Praxis verstanden, wollen wir eine Zwischenüberlegung zu dem Problem einschalten, ob auf reflexiven Prinzipien beruhendes Handeln denn überhaupt als solches fixiert werden kann. Es ist ja klar: Es kann nicht durch ein System von Normen beschrieben und es können keine obersten Prinzipien angegeben werden, aus denen konkretes Handeln abzuleiten wäre. Wenn das Handeln ausschließlich vom Willen Gottes abhängt, der als solcher nicht in abstracto, sondern nur im Blick auf eine konkrete Situation vom Handelnden selber zu erkennen ist, ist es dann nicht zwangsläufig willkürlich, beliebig und dezisionistisch? Wäre dies so, dann bedürfte es freilich auch keiner ›Ermahnung‹, denn dann gäbe es eben kein »Aussprechen der Tatsache einer

---

128 Siehe dazu: *W. Schluchter*, Die Entwicklung des okzidentalen Rationalismus, 59-103; *J. Habermas*, Moralbewußtsein und kommunikatives Handeln, 53-206, bes. 176f (Schema der Moralstufen); und *K.-O. Apel*, Diskurs und Verantwortung, 306-369.
129 Darum bleibt der Barths Unterscheidung von Ethik und ›Ermahnung‹ nicht berücksichtigende Versuch von *E. Lessing*, Das Problem der Gesellschaft, 66-88, den Begriff des Handelns im Christusorganismus mit Hilfe von Kategorien Max Webers zu entschlüsseln, letztlich so unbefriedigend. Daß es nicht recht gelingen will, das Handeln aus der ›Kraft der Auferstehung‹ als wertrational, zweckrational oder traditional zu charakterisieren, scheint mir eher ein Indiz dafür zu sein, daß das verwendete Begriffsraster dem Untersuchungsobjekt nicht angemessen ist, als dafür, daß – wie Lessing meint – Barths Begründung des Handelns inkonsequent sei und ambivalente Aspekte miteinander zu verbinden suche. Zur Diskussion des methodischen Verfahrens von Lessing siehe: *H. Gollwitzer*, Vom Nutzen und Grenzen soziologischer Theologiebetrachtung, 622-626; und *G. Sauter*, Soziologische oder politische Barth-Interpretation, 173-183.

gemeinsamen Bewegung« (R I, 463) und ebenso auch keine Möglichkeit »von Fall zu Fall« tatsächlich »in *einer* Richtung zu gehen« (R I, 471). Gewiß, von außen mögen die konkreten Entscheidungen willkürlich erscheinen. Sie dürfen dies aber nicht aus der Binnenperspektive des Christusorganismus sein, wenn dieser als Einheit soll begriffen werden können. D.h. es muß im christlichen Handeln jedenfalls eine gewisse Tendenz, eine Richtung zu erkennen sein, die der neuen Wirklichkeit ›im Christus‹ entspricht.

Anhand der Auslegung von Röm 12,3-16b und Röm 12,16c-13,10 zeigt Barth, wie diese Tendenz für die Innen- wie Außenbeziehungen des Christusorganismus beispielhaft zur Geltung gebracht werden könnte. Das Handeln innerhalb der Gemeinde stellt er dabei unter das Motto der ›Besonnenheit‹, das Handeln in politicis unter das der ›Überlegenheit‹. ›Besonnenheit‹ ist hier Ausdruck der christlichen Demut, in der sich jeder seiner Verantwortlichkeit gegenüber der gemeinsamen Sache bewußt ist. Sie ist näher zu bestimmen als »Ehrfurcht und Freiheit: – *Ehrfurcht* vor dem Größeren, das jeder vertreten, aber keiner als das Seinige an sich reißen kann, *Freiheit*, dieses Größere ungeschraubt und ungekünstelt als das Seinige zu vertreten« (R I, 475). So wird dann innerhalb des Christusorganismus »alles von selbst zustande kommen, was die Weltmoral vergeblich postuliert: die Gemeinschaft und die Freiheit« (R I, 484). Denn Freiheit und Gemeinschaft stehen hier eben nicht mehr in Opposition zueinander; Freiheit wird hier gerade nicht individualistisch, sondern kommunikativ verstanden, als sich im Miteinander, in der Bewegtheit aller durch den *einen* Geist verwirklichend (R I, 481). Von daher müßte an sich auch dem menschlichen Handeln die Tendenz innewohnen, die für das Handeln Gottes charakteristisch ist, nämlich eine auf Gemeinschaft und Befreiung zielende Tendenz. Ich nehme damit die eingangs aufgeworfene Frage nach der Bewährung der kommunikativen Freiheit der Gläubigen wieder auf. Stellt Barth, so fragen wir nun, christliches Handeln seiner Struktur nach so dar, daß der Glaubende seinen Mitmenschen nicht als Begrenzung, sondern als Ort der Bewährung seiner Freiheit erfährt, so wäre mit Recht von einer ›kommunikativen Praxis‹ zu reden. Zu überprüfen sein müßte dies im Rahmen einer Interpretation des paulinischen Römerbriefs an der Behandlung des Problems von Röm 14f, also der Frage, wie die ›Starken‹ sich im Konfliktfall den ›Schwachen‹ gegenüber verhalten sollen. Kommunikativ wäre die Freiheit der ›Starken‹ dann ausgelegt, wenn die Annahme der ›Schwachen‹ seitens der ›Starken‹ nicht als Einschränkung der Freiheit der ›Starken‹, sondern gerade als ihre äußerste Verwirklichung verstanden würde.

Daß Barth im ersten »Römerbrief« tatsächlich seine Argumentationsstrategie in dieser Richtung anlegt, scheint mir das folgende Zitat zu bestätigen: »Ihr dürft die ›Schwachen‹ nicht hinter euch zurücklassen, statt ihnen hilfreich vor-

4.4. Christliches Handeln statt Moral

anzugehen. Ihr müßt sie ›zu euch rechnen‹, mit einbeziehen in die von euch besser als von ihnen verstandene und vertretene Sache, mitnehmen in der Bewegung, deren Spitze ihr, menschlich geredet, bildet – auch wenn sie euch, eben weil sie ›Schwache‹ sind, nicht Gegenrecht halten, sondern euch mißtrauisch und ablehnend gegenüberstehen. Eure größere Freiheit wird sich gerade darin zeigen müssen, daß ihr ihre Unfreiheit nicht so ernst nehmt, sondern sie unermüdlich als der Freiheit würdig und fähig behandelt. Gleichzeitig freilich darin, daß ihr ihnen keine Freiheit aufnötigt, für die sie noch nicht frei sind, sondern sie mitsamt ihrer Unfreiheit wirklich freigebt; denn nur in der Luft der Freiheit können die Unfreien zu Freien werden« (R I, 533).

Das Verhältnis der ›Starken‹ zu den ›Schwachen‹ ist also weder durch Herrschaft noch durch Gleichgültigkeit charakterisiert[130]: Es ist erstens kein Herrschaftsverhältnis, weil die Stärke der ›Starken‹ gerade in ihrer Fähigkeit zur Gemeinschaft besteht, d.h. im Akzeptieren des anderen in seiner Andersheit. Es ist aber das Verhältnis von ›Starken‹ und ›Schwachen‹ ebensowenig – dies wäre als zweites festzuhalten – das der Gleichgültigkeit. Denn die beiden Weisen des Christseins sind ›objektiv‹, d.h. von Gott aus betrachtet, nicht gleichwertig: in der Tat wird die Sache Gottes von den ›Starken‹ besser verstanden. Es ist darüber hinaus aber auch kein gleichgültiges Verhältnis in dem Sinn, daß es den ›Starken‹ egal sein dürfte, ob die ›Schwachen‹ frei oder unfrei sind: die ›Schwachen‹ sollen vielmehr einbezogen, als der Freiheit würdig und fähig behandelt werden. Es ist schließlich auch insofern kein Verhältnis der Gleichgültigkeit, als die ›Starken‹ nicht mit einer Anerkennung ihres Verhaltens seitens der ›Schwachen‹ rechnen dürfen: daß die ›Schwachen‹ »Gegenrecht halten«, ist nicht zu erwarten, Wechselseitigkeit in keinem Fall vorauszusetzen. Gleichwohl soll und kann die Freiheit des ›Schwachen‹ vom ›Starken‹ darum kontrafaktisch unterstellt werden, weil sie ›im Christus‹ faktisch gegeben, weil dort jene hier bloß postulierte, für das Gelingen von Kommunikation notwendige Wechselseitigkeit, Realität ist. Gerade in dieser dem ›Starken‹ zugemuteten Einseitigkeit, die der Prävalenz der Freiheit gegenüber der Unfreiheit entspricht, erweist sich die Freiheit als kommunikativ. Weder Herrschaft noch Gleichgültigkeit? Bedeutet das nicht die Quadratur des Kreises? Genau das! »Ihr sollt ihnen«, so sagt Barth den ›Starken‹, »ihre zurückgebliebene Überzeugung nicht *lassen*; denn sie dürfen nicht dabei bleiben. Ihr sollt sie ihnen aber auch nicht *nehmen*, denn sie müssen ihre eigene Überzeugung haben. Im Christus löst sich die Quadratur des Zirkels: Ihr sollt ihnen dazu helfen, daß sie im Christus zu einer bessern Überzeugung *heranwachsen*« (R I, 533f).

---

130 Vgl. zur Gegenüberstellung von ›Herrschaft‹ und ›Gleichgültigkeit‹ *M. Theunissen*, Sein und Schein, 25ff.

Voraussetzung dafür ist, daß Freiheit nicht als abstrakte begriffen wird: »Denn nicht ein ›richtiges‹ Verhalten *an sich*, keine Tugend, auch nicht eure Tugend der Freiheit *an sich* baut das Reich Gottes, sondern allein das, was aus der Wurzel der innern Notwendigkeit in Gott wächst. Wer dieses Wachstum stört, tritt Gott selbst zu nahe, der auch der Schwachen Gott ist. Es folgt daraus, daß das Geltendmachen auch der richtigsten Überzeugung seine Schranke hat an der Ehrfurcht vor Gott und (um der Sache Gottes willen) auch vor dem Nächsten: er darf nicht in Versuchung gebracht werden, zu tun, was er noch nicht tun darf, obwohl es sicher das Richtige wäre!« (R I, 545f) Eine ›Freiheit an sich‹, die vom andern abstrahiert, ist der Gegenbegriff zur ›kommunikativen Freiheit‹. Wenn Barth hier von einer ›Schranke‹ spricht, so nicht in dem Sinn, daß die Freiheit der ›Starken‹ eingeschränkt wäre durch die Gemeinschaft, die sie mit den ›Schwachen‹ pflegen. Nicht ihre Freiheit ist eingeschränkt, sondern die Durchsetzung ihrer Überzeugung. Ja, gerade indem sie ihrem *Verhalten* gegenüber den ›Schwachen‹ Schranken setzen, bleibt ihre *Freiheit* schrankenlos. Jenseits dieser Schranken wäre »die Freiheit Gottes, die dir gegeben ist, nicht mehr Freiheit, sondern Einschränkung Gottes durch dein eigenes Denken und Gelüsten« (R I, 554).

Die kommunikative Freiheit der ›Starken‹ verwirklicht sich also in der Gemeinschaft mit den ›Schwachen‹. Und sofern sie sich darin verwirklicht, ist sie »die Freiheit Gottes, die dir gegeben ist« (R I, 554; vgl. auch ebd.: »Die Freiheit Gottes, die der ›Starke‹ hat ...«). So werden denn die ›Starken‹ ermahnt: »Suchet nicht *eure* Freiheit, sondern die Freiheit *Gottes*« (R I, 552f). Barth begründet dies folgendermaßen: »Der heilige Geist, der euch frei macht, darf nicht in das zweideutige Licht eures persönlichen Unabhängigkeitsbewußtseins gebracht werden ..., als ob es seinen Leuten mehr um ihre Autonomie als um den, der allein autonom ist, zu tun sei« (R I, 553). Ich zitiere diese Textpassage, weil sie die einzige Stelle im ersten »Römerbrief« ist, an der Barth davon spricht, daß Gott ›autonom‹, gar noch, daß er »allein autonom« sei. Nach unserer bisherigen Analyse dürfte deutlich sein, daß sich diese Wendung als Beleg für die von Bloch und Rendtorff (allerdings mit Blick auf die zweite Auflage des Römerbriefkommentars) vertretene These, Barth habe den neuzeitlich-bürgerlichen Autonomiebegriff auf Gott übertragen[131], nicht eignet. Wo Barth sonst diesen Begriff verwendet, meint er damit durchweg nur das sündige Selbstseinwollen des Menschen (vgl. R I, 30, 272, 317). Hier aber (R I, 553) erfährt der Begriff eine meines Wissens singuläre Umdeutung, aufgrund derer er überhaupt erst auf Gott übertragbar wird. Denn unmißverständlich

---

131 Siehe: *E. Bloch*, Atheismus im Christentum, 74; und *T. Rendtorff*, Radikale Autonomie Gottes.

4.4. Christliches Handeln statt Moral

wird hier die Gott ›allein‹ zukommende ›Autonomie‹ dem »persönlichen Unabhängigkeitsbewußtsein« und damit dem neuzeitlich-bürgerlichen Verständnis von ›Autonomie‹ entgegengesetzt. Daß Gott »allein autonom« sei, heißt, so würde ich diese Wendung interpretieren, daß Gott allein so unabhängig, so frei ist, daß er auch von seiner Unabhängigkeit und Freiheit *vom* Menschen frei und darum *für* den Menschen frei ist.[132] Nur wenn die ›alleinige Autonomie Gottes‹ kommunikativ verstanden wird, fügt sie sich in die Theologie des ersten »Römerbriefs« ein. Denn diese geht davon aus, daß Gott und Mensch im Ursprung und ›im Christus‹ wieder eins sind, in communicatio existieren.

Zusammenfassend kann man also sagen, daß Barth in der Tat christliches Handeln im Sinne einer kommunikativen Praxis versteht, die auf der im Christusorganismus eröffneten kommunikativen Freiheit basiert. Dieser Begriff von Freiheit opponiert der Vorstellung einer Selbstkonstitution des (gläubigen) Subjekts nicht nur vermittels der Abgrenzung gegenüber anderen Subjekten, wie sie sich in den klassischen bürgerlichen Subjektivitätstheorien niedergeschlagen hat, sondern auch kraft der wechselseitigen Anerkennung von Subjekten, wie sie in modernen Intersubjektivitätstheorien postuliert wird. Der erste »Römerbrief« geht vielmehr davon aus, daß die Konstitution des Selbst und damit ineins die dieses Selbst zum anderen hin öffnende kommunikative Kompetenz mit der Gottesbeziehung gegeben ist und als solche sich bewährt und verwirklicht. In diesem Sinne, aber auch *nur* in diesem Sinne ließe sich dann vom ersten »Römerbrief« her von einer ›Selbstverwirklichung‹ des Gläubigen sprechen, nämlich von der Verwirklichung seines ›im Christus‹ schon wirklichen Selbst (vgl. R I, 226f). Deutlich ist jedenfalls, daß Barths Wende von einer anthropozentrischen zu einer theozentrischen Theologie sich innerhalb seines ethischen Entwurfs als Abkehr von der Gesinnungsethik und als prinzipielle Ermöglichung einer theologischen Verantwortungsethik manifestiert, deren Voraussetzung die kommunikative Freiheit des Glaubens und der durch diese geschaffene Raum herrschaftsfreier Kommunikation (›Ermahnung‹) ist.

Ich verzichte darauf, die Konsequenzen, die sich daraus für das Handeln innerhalb der Gemeinde ergeben, im einzelnen darzustellen und wende mich statt dessen dem brisanten Problem des politischen Handelns im ersten »Römerbrief« zu, dessen Erörterung Barth erheblichen Raum zubilligt. Von vornherein ist für Barth klar, daß die Gemeinschaft, die im Christusorganismus Realität ist, sich nicht vom Weltgeschehen abschließt. Sie ist auch frei, sich im Dienste Gottes der Probleme der Welt anzunehmen: Gottes »Sache kann von uns nicht abseits von dem, was die Welt bewegt, gepflegt werden. Stoizismus ist

---

[132] In dieser Deutlichkeit hat freilich zuerst *D. Bonhoeffer*, Akt und Sein, 85, und *ders.*, Schöpfung und Fall, 59f, von Gottes Freiheit für den Menschen gesprochen. Vgl. dann aber auch KD I/2, § 13, und *K. Barth*, Das Geschenk der Freiheit, bes. 5.

nicht Christentum, und ›persönliches Leben‹ ist keine Antwort mehr auf Weltkrieg und Revolution... Wer sich nicht solidarisch mitbewegen will mit dem, was sich draußen bewegt, wird auch seine Seele nicht retten« (R I, 489). Die kommunikative Praxis der Glieder des Christusorganismus wird sich nicht nur innerhalb der Gemeinde, sondern auch im politischen Leben bewähren.

4.4.3. Fallbeispiel: Christliches Handeln unter den Bedingungen von Weltkrieg und Revolution

Barths Auslegung von Röm 13 erfährt im Sommer 1918 eine für die späteren Passagen des Kommentars ganz ungewöhnlich intensive und extensive Bearbeitung. Der Grund besteht darin, daß Barth – wie noch zu zeigen sein wird – sich offenbar jetzt genötigt sieht, in eine Auseinandersetzung mit den Schweizer Religiös-Sozialen einzutreten. Es empfiehlt sich darum, zunächst lediglich den Gedankengang der Manuskriptfassung zu skizzieren, um anschließend anhand einiger zentraler Kontroverspunkte die Differenz des ersten »Römerbriefs« zum damaligen Religiösen Sozialismus vor allem von Leonhard Ragaz darzustellen.

(1) ›Kommunikative Praxis‹ im Staat und in der Revolution. – Sieht man von einigen über den ganzen Kommentar verstreuten Bemerkungen ab, so entfaltet Barth seine politische Paränese[133] im wesentlichen in der Auslegung von Röm 12,16c-13,10, die er unter die Überschrift ›Überlegenheit‹ stellt. Auch hier bleibt er innerhalb der Sprachform der ›Ermahnung‹, der Paraklese. Er wendet sich also an die Glieder des Christusorganismus, um nun von ihrem Verhalten außerhalb der Gemeinde, primär im Bereich des Politischen, zu sprechen. Auch dieses Verhalten unterliegt den Prämissen des Christusorganismus und ist insofern kommunikative Praxis aus der ›Kraft der Auferstehung‹.[134] Gegenüber der auf die Gemeinde bezogenen Paränese ist hier vor allem zu berücksichtigen, daß sich diese Praxis jetzt gegenüber solchen zur Geltung bringen soll, die dem Christusorganismus noch nicht inkorporiert sind. Es geht also um das Handeln von Christen im alten Äon unter den Bedingungen des alten Äons, aber mit den Methoden des neuen. Darum besagt das Motto ›Überlegenheit‹, daß es hier vor allem darauf ankommt, sich nicht Methoden auf-

---

133 Siehe zum Folgenden: *F.-W. Marquardt*, Theologie und Sozialismus, 126ff; *H. Kirsch*, Zum Problem der Ethik, 82ff; *W. Groll*, Ernst Troeltsch und Karl Barth, 64ff; *U. Dannemann*, Theologie und Politik, 72ff; und *E. Jüngel*, Barth-Studien, 117ff.
134 Um dies zu unterstreichen, hat Barth im Zuge der Endredaktion dem Text von Röm 12,21-13,8 die Bemerkung vorangestellt, daß das, was zu Staat und Politik zu sagen sei, »im *Geiste* gemeint ist und im *Geiste* vernommen werden muß« (R I, 500).

4.4. Christliches Handeln statt Moral

zwingen zu lassen, die dem neuen Äon und der in ihm geltenden Praxis widersprechen. ›Überlegenheit‹ heißt also, »das Göttliche nicht ungöttlich«, sondern »göttlich [zu] vertreten« (Mskr. 799 = R I, 492), d.h. grundsätzlich Böses nicht mit Bösem zu vergelten, sich nicht auf das nur außerhalb des Christusorganismus geltende Prinzip von Gegnerschaft oder Feindschaft einzulassen (Mskr. 799f = R I, 492), sondern sich »von den Methoden der bestehenden Welt« loszusagen und statt dessen (einseitig!) die Methode der »Solidarität mit dem ›Feinde‹« zu üben (Mskr. 809 = R I, 498).[135]

Wenn Barth im Vollzug seiner Auslegung von Röm 13 diese Methode am politischen Verhalten von Christen beispielhaft zu konkretisieren suchte, so mußte er – der situativen Verankerung seiner Paränese gemäß – von der realpolitischen Situation des Jahres 1918 ausgehen. Diese aber stand ganz im Zeichen der Oktoberrevolution und stellte den Christen vor die Frage, ob er für den bestehenden Staat eintreten oder sich den Revolutionären, die den Staat stürzen wollten, anschließen sollte. Auf diese Frage antwortend, also nicht um einer Staatsmetaphysik willen, versucht Barth den Staat theologisch zu qualifizieren. Er tut dies freilich in einer grundsätzlichen Weise, die nicht nur die schweizerische Eidgenossenschaft und auch nicht nur die Sowjetrepublik, sondern den Staat generell in den Blick nimmt.[136] Theologisch urteilen heißt für Barth, von Gott auszugehen, hier also den ›Gottesstaat‹ als Maßstab zu wählen. Er gelangt zu folgendem Ergebnis: Durch den ›Fall‹ der Menschheit ist der Staat an die Stelle »der unmittelbaren Leitung ihrer irdischen Verhältnisse durch die Gerechtigkeit Gottes«, d.h. an die Stelle des ursprünglichen Gottesstaates getreten (Mskr. 814 = R I, 501; vgl. dazu R I, 33-36). Er ist eo ipso Gewalt- und Machtstaat und als solcher »den Absichten Gottes diametral entgegengesetzt; er ist an sich böse«. Allerdings untersteht auch er, obwohl keineswegs »Schöpfung« oder »Stiftung« Gottes – wie Barth eigens hervorhebt –,

---

135 Der ›Feind‹ ist hier für Barth gar nicht primär der persönliche oder politische Gegner, sondern derjenige, der sich dem Christusorganismus entgegenstellt und ihn damit herausfordert, seinerseits abwehrend, gegnerisch, feindlich darauf zu re-agieren. Die Überlegenheit des Christusorganismus und seiner Glieder bewährt sich nun gerade darin, daß sie sich dieses Prinzip nicht aufdrängen lassen, – den hingeworfenen Fehdehandschuh ›überlegen‹ ignorierend – auf den zugehen, der sich als ihr ›Feind‹ versteht und gebärdet. In dieser Perspektive erscheint die Feindesliebe nicht als individuelle Tugend, sondern als Methode, den ›Feind‹ von seiner Feindschaft zu befreien (Mskr. 805-812 = R I, 495-500). Vgl. zu dieser Interpretation von ›Feindesliebe‹ die weiterführenden exegetisch-systematischen Überlegungen von *H. R. Reuter*, Liebet eure Feinde!
136 Es ist darum einseitig, im ›jetzigen Staat‹ nur den bürgerlichen Klassenstaat zu sehen (*F.-W. Marquardt*, Theologie und Sozialismus, 128ff; *U. Dannemann*, Theologie und Politik, 67), so gewiß Barth primär ihn vor Augen hat. Denn Barth setzt tiefer an: Der ›kommende Staat‹ ist für ihn immer der ›Gottesstaat‹, der vom ›jetzigen Staat‹, d.h. dem »reaktionäre[n] *und* de[m] revolutionäre[n] Staat« (Mskr. 827 = R I, 515) grundsätzlich zu unterscheiden ist (Mskr. 814f = R I, 501f); darum bezieht sich eben das ›jetzt‹ auch nicht auf das Jahr 1919, sondern auf die als ›sogenannte‹ Geschichte qualifizierte Zeit im ganzen (vgl. dazu auch: BwTh I, 410).

doch dessen »oberster Leitung«, da nach »göttlicher Anordnung« das Böse durch das Böse wechselseitig im Zaume gehalten werden muß (Mskr. 814 = R I, 501f).[137] Darin allein besteht sein Daseinsrecht und Amt (Mskr. 815 = R I, 503). Was folgt daraus nun für das christliche Verhalten im Bereich des Politischen? Zunächst dies, daß »Christen mit dem Gewaltstaat nichts zu schaffen« haben, seiner nicht bedürfen. Denn ihr Staat, der Gottesstaat, ist nach Phil 3,20 im Himmel, um von dort mit dem Ziel hervorzubrechen, »den jetzigen Staat nicht zu verbessern, sondern zu *ersetzen*« (Mskr. 816; vgl. R I, 503f). Besteht also die christliche Aufgabe darin, für den Rechtsstaat einzutreten? Nein! »Als Christen geht euch das ungerechte ›Recht‹ des Staates nichts an (I Cor 6,1-11). Der Rechts-Staat ist unverbesserlich. Er kann nur vergehen durch seine eigene innere Unmöglichkeit und durch das Kommen des Gottesstaates« (Mskr. 817; vgl. R I, 504). Man hätte allerdings Barths Intentionen grob mißverstanden, folgerte man aus diesem Satz eine Gleichsetzung von Gewalt- und Rechtsstaat, von Diktatur und Demokratie. Was Barth hier tatsächlich verwirft, ist die vor dem Ersten Weltkrieg von ihm selbst vertretene Vorstellung[138], der Rechtsstaat sei gleichsam eine Vorstufe zum Gottesstaat. Der Unterschied zwischen Recht und Liebe ist kein quantitativer, so will er einschärfen, sondern ein qualitativer. Darum betont er, daß der Rechtsstaat ›unverbesserlich‹ sei, d.h. nicht zum Gottesstaat hin verbessert werden könne, sondern als Gebilde des alten Äons sich nur graduell vom Gewaltstaat unterscheide – auch der Rechtsstaat bedarf der Gewalt zur Durchsetzung des Rechts – und insofern im neuen Äon, in dem nur die Liebe herrscht, keine Bedeutung mehr habe.

Folgt aus dieser im ganzen eher negativen Zeichnung des Staates, daß Christen sich am revolutionären Umsturz, am Kampf der Massen gegen das bestehende Gesellschaftssystem beteiligen sollen? Diese naheliegend erscheinende Konsequenz zieht Barth freilich gerade nicht: »Paragraphen und Maschinengewehre«, so lesen wir, »sind die Weisheit der bestehenden Gesellschaft, Paragraphen und Maschinengewehre die Weisheit der Revolution« (Mskr. 815 = R I, 502). Beide, Staat und Revolution, nehmen das Gewaltprinzip in Anspruch, beide bedienen sich der den Angehörigen des neuen Äons aus den Händen genommenen Mittel des alten Äons. Keine politische Revolution ist darum gleichzusetzen mit der ›göttlichen Weltrevolution‹[139], mit der Aufrichtung des

---

[137] Diese an sich systematisch gewonnenen Einsichten sichert Barth durch einen exegetisch fragwürdigen Handstreich ab: Er zieht den unmittelbar vorausgehenden (Röm 12,21) und den nachfolgenden (Röm 13,8a) Vers zu Röm 13,1-7 und verschafft sich auf diese etwas gewaltsame Weise die Möglichkeit, die Bergpredigttradition wie die apokalyptische Staatskritik (Dan 7; Apoc 12f) in die Auslegung von Röm 13 einbeziehen zu können.
[138] Vgl. o. S. 69f.
[139] Vgl. dazu auch: »Geist kann in der Gegenwart nichts Anderes sein als Revolution, auch die Revolution dessen, was sich in der Gegenwart Revolution nennt!« (R I, 316).

4.4. Christliches Handeln statt Moral

Gottesstaates, an der den Christen gelegen sein muß (Mskr. 818 = R I, 507f und Mskr. 828f = R I, 516).

Die ›göttliche Weltrevolution‹ ist im Gegensatz zur politischen Revolution »nicht Sache des Einzelnen«, sondern geschieht »durch das große Werk des Aufbaus einer neuen Welt, das sich durch ein gemeinsames sich Gewöhnen *aller* Menschen an die göttliche Atmosphäre ... vollziehen muß und das nicht durch individuelle anarchistische Ausbrüche gestört werden darf« (Mskr. 820; vgl. R I, 507f). Wie soll man diese Charakterisierung politischer Revolution als »Sache des Einzelnen« verstehen? Es liegt auf der Hand, daß dies nicht so gemeint sein kann, als sei die politische Revolution eine Sache des einzelnen, die göttliche Weltrevolution dagegen eine Sache der Massen. Das wäre absurd. Der einzelne – das ist im Kontext des ersten »Römerbriefs« vielmehr der aus der Gemeinschaft des Christusorganismus Herausgetretene, der als solcher dem alten Äon und dessen Regeln unterliegt und darum »vom Bösen besiegt [wird], weil er sich ihm eben durch seine Vereinzelung schon *vor* dem Kampfe verkauft hat« (Mskr. 819 = R I, 508); – dieser einzelne wirkt »durch individuelle, anarchistische Ausbrüche« und »durch individuelles Pfuschen« (eine Verballhornung für ›Putschen‹?) dem Kommen des Reiches Gottes, indem er es mit Mitteln des alten Äons herbeiführen will, geradezu entgegen, statt ihm zu dienen (Mskr. 820 = R I, 508). Dies aber kann nicht die Aufgabe von Christen sein.[140]

Somit ist an sich weder die aktive Erhaltung noch auch die Revolutionierung des Bestehenden Sache der Christen; deshalb können sie sich bis zur wirklichen Verwandlung der Welt durch den Geist Gottes dem Bestehenden ›unterziehen‹. Dies klingt so, als solle uns eine unpolitisch-quietistische Existenz als christlich empfohlen werden. Aber genau dies ist nach Barth im Begriff des ›Sich-Unterziehens‹ nicht impliziert. »Tätige Anteilnahme an der Gestaltung des politischen Lebens liegt nicht in diesem ›Sich Unterziehen‹«, so formuliert er zwar im Manuskript, um jedoch fortzufahren: »sowenig es dadurch ausgeschlossen ist« (Mskr. 820; vgl. R I, 508).[141] ›Sich unterziehen‹ heißt: die Un-

---

140 *U. Dannemann*, Theologie und Politik, 85, verkennt m.E. den Sinn dieser Passage, wenn er in ihr eine Kritik der Partikularität der Oktoberrevolution sieht, weil sich diese – statt Weltrevolution zu sein – lediglich auf den russischen Raum beschränkt habe. Denn dies besagte, daß die weltrevolutionäre Situation der *göttlichen* Revolution gegeben gewesen wäre, wenn die Oktoberrevolution auf die übrigen Staaten Europas übergegriffen hätte – etwas, was 1918 durchaus noch im Bereich des Möglichen schien. Dannemann übersieht hier den kategorialen Sinn, der dem Begriff des ›Individuellen‹ im ersten »Römerbrief« eigen ist. Im übrigen scheint mir Barth, angeleitet durch die Zwei-Äonen-Lehre, die Differenz zwischen politischer und göttlicher Revolution schon damals viel radikaler gedacht zu haben.
141 Das Zitat hat folgende Fortsetzung: »Das Maß dieser Anteilnahme und ihre Art und Weise, ob sie sich nun in Dienstverweigerung, in größtem Gehorsam, in aktiver Mitarbeit, in Protest durch Gedanken und Worte oder auch einmal in tätlichem Widerstand vollziehe, ist vom Standpunkt der Sache Gottes aus unbeträchtlich. Wichtig ist nur eines: daß der Einzelne nicht

verfügbarkeit der göttlichen Weltrevolution im Glauben anzuerkennen und darum auf ›christliches Politisieren‹ nach der einen oder anderen Seite zu verzichten; ›sich nicht unterziehen‹ bedeutet dagegen die Durchsetzung religiös motivierter Entscheidungen mit Hilfe politischer Mittel, d.h. »die in menschlichen Betrieb genommene Theokratie«, die »euch, wohin ihr euch auch stellen mögt, notwendig an eurer entscheidenden Aufgabe vorbei in das Gebiet der Anordnungen des göttlichen Zornes führen [müßte], mit dem ihr als Christen nichts zu tun habt« (Mskr. 821; vgl. R I, 509).

Das ›Sich-Unterziehen‹ schließt weder aus, daß Christen sich politisch betätigen, noch daß sie dabei ihren Glauben einzubringen versuchen. Im Gegenteil: Gerade darauf, daß sie sich bei ihrem politischen Handeln nicht der Methoden des alten Äons bedienen, käme es entscheidend an. In diesem Sinne ist es gemeint, wenn Barth davor warnt, das Göttliche zu politisieren und das Menschliche zu theologisieren (Mskr. 821 = R I, 509). Christen wahren ihre ›Überlegenheit‹ im Bereich des Politischen dadurch, daß sie auch hier – mögen sie nun im Staatsdienst stehen oder sich an revolutionären Bewegungen beteiligen – auf die Reinerhaltung ihrer spezifischen Methode, nämlich der Solidarität mit dem ›Feinde‹, achten (Mskr. 824; vgl. R I, 510f).[142] Wo das geschieht, »wo das Volk Gottes auf seinem Boden an seiner Arbeit steht, da verlieren die ihm zu Handen stoßenden Weltverhältnisse ihre Eigenmacht, treten wieder unter die Gewalt Gottes und erhalten dadurch eine ihnen selbst unbewußte Tendenz zum Guten« (Mskr. 824; vgl. R I, 511). Obwohl Barth hier wie andernorts vom ›Volk Gottes‹ spricht, zieht er doch daraus keine Konsequenzen für die Ekklesiologie. Als pneumatischer Leib Christi ist das ›Volk Gottes‹ kein identifizierbares ethisches Subjekt, sondern bleibt hinter den Handlungen seiner Glieder verborgen. So sind, wo Barth vom ›Volk Gottes‹ redet, in concreto einzelne Christen gemeint, die – sofern sie wirklich ihre Aufgabe als Christen verfolgen – trotz aller politischen Gegensätze ein gemeinsames Ziel vor Augen haben. Dies bedeutet, daß sie den Staat und die Revolution in den Dienst des Reiches Gottes stellen, »Reaktion und Revolution« an ihrer Sache mitarbeiten lassen (Mskr. 824ff = R I, 512) und wohl beide – so folgere ich daraus – hu-

---

die im Christus kommende Revolution willkürlich vorausnehme und dadurch hintanhalte, daß er die Sache der göttlichen Erneuerung nicht vermenge mit der Sache des menschlichen Fortschritts« (Mskr. 820f). In der Druckfassung ist diese Stelle durch eine überarbeitete Passage aus Einlegeblatt 2 (zu Mskr. 818f) ersetzt, die deutlicher zum Ausdruck bringt, daß es gleichwohl nicht beliebig ist, in welcher Weise sich der Christ engagiert (siehe: R I, 508f).

142 Man wird sich dabei natürlich fragen, wie sich mit solcher Beteiligung die Reinerhaltung der Methode zusammendenken lasse. Barth geht dem Problem auf dem Einlegeblatt 2 nach, das – noch einmal erweitert – in R I, 508f und 510 (die ersten zwölf Zeilen von Abschnitt 6) Aufnahme in die Druckfassung gefunden hat. Seine Lösung: »Sofern ihr *euren* Weg *geht* und an *eurer* Arbeit *steht*, braucht euch eure notwendige Komplizität mit den politischen Vorgängen keine Gedanken zu machen... Eure Sünden, auch eure politischen Sünden, sind euch dann vergeben« (R I, 510).

4.4. Christliches Handeln statt Moral 215

manisieren. Denn der Staat beispielsweise wird dann »kein dämonisches Gebilde bleiben« können, sondern eben »Dienerin Gottes« sein (Mskr. 826; vgl. R I, 512). Im umgekehrten Fall allerdings, nämlich dann, wenn der Christ seine »überlegene Stellung« aufgibt (Mskr. 827 = R I, 516), um statt dessen mit den Waffen des alten Äons für seine Sache zu kämpfen, »um mit zu hauen und zu stechen von oben oder von unten« (Mskr. 826; vgl. R I, 512), hat er wohl Anlaß, die Gewalt der Herrschenden zu fürchten. Denn »der reaktionäre und der revolutionäre Staat« trägt sein Schwert nicht umsonst, ›Dienerin Gottes‹ auch jetzt, freilich nicht zum Heil, sondern zur Vollstreckung des göttlichen Zornes (Mskr. 827f = R I, 515f).

Solange die Liebe noch nicht triumphiert habe und »die Sphäre der Ungerechtigkeit« noch bestehe, habe der Staat ein Recht darauf, daß die Pflichten, die er seinen Bürgern auferlege, erfüllt werden. Freilich geschehe dies nicht aus Hochachtung vor den Herrschenden, sondern aus Hochachtung vor Gott, und selbstverständlich habe »am Rechte Gottes ... das Recht des Kaisers seine bestimmte Grenze!« (Mskr. 832; vgl. R I, 520). Der letzte Satz findet sich *so* nur im Manuskript; er ist also der Überarbeitung zum Opfer gefallen. Bedeutet dies eine Preisgabe der clausula Petri durch Barth? Dazu ein Weiteres: Auf einem der ins Manuskript eingelegten Blätter (zu Mskr. 818/819)[143] begründet Barth die Aufforderung, sich der Anteilnahme am staatlichen Leben nicht zu entziehen, mit der These, daß »der Staat ... in Ermangelung eines Besseren ... die ›ethische‹ Ordnung des Lebens« sei, wir unter dem Gesetz eben auch noch politische Menschen sein und »der ›Ethik‹ ihren Tribut zollen« müßten (Einlegeblatt 3f = R I, 517f). Der Staat wird hier aus der Fluchtlinie der Sünde, in der er sich uns bisher zeigt, in die des Gesetzes gerückt. Der Staat als »›ethische‹ Ordnung« – das erinnert von ferne an Hegels Theorie des Staates als Verwirklichung der sittlichen Idee oder an Friedrich Julius Stahls Lehre vom christlichen Staat als einem sittlichen Gemeinwesen.[144] Hat sich also Barths Verhältnis zum Staat gewandelt? Ist es im Sommer 1918 sozusagen positiver geworden? Keineswegs! Im gleichen Atemzug kann Barth den Staat »das Tier aus dem Abgrund« nennen (Einlegeblatt 4 = R I, 517).

Wird der Staat als ›ethische Ordnung‹ wie als ›Tier aus dem Abgrund‹ oder schon vorher als ›Rechtsstaat‹ bzw. ›Gewaltstaat‹ bezeichnet, so spiegelt sich hierin noch einmal die paulinische Dialektik von Gesetz und Sünde. Barth geht

---

143 Der darin enthaltene Hinweis auf das ›Gesetz‹ sowie die Zitate aus Röm 6 und 7 legen es nahe, die Entstehung des Textes auf Juli 1918 zu datieren, als Barth das Manuskript zu Kap. 6 und 7 überarbeitet hatte (vgl. BwTh I, 286). Der Text der Einlegeblätter ist mit einigen wenigen Zusätzen vollständig in R I, 516 (ab Abschnitt 10) bis 518 (Mitte) wiedergegeben.
144 Siehe etwa: *G. W. F. Hegel*, Grundlinien § 260; sowie *F. J. Stahl*, Die Philosophie des Rechts II/2, bes. 131ff.

offenbar davon aus, daß der Christ im Christusorganismus zwar von beidem frei, daß er also Bürger des Reiches Gottes oder – wie er hier meist sagt – des Gottesstaates ist, daß er aber in einer noch unerlösten Welt dem Gesetz unterworfen bleibt, wenn und sofern er es nicht durch seine Liebe zu transzendieren vermag. Der Begriff der ›ethischen Ordnung‹ impliziert, daß der Staat keine Schöpfungsordnung ist, sondern eine Folge der Sünde, und daß er darum immer in der Gefahr steht und ihr auch erliegt, selber in das umzuschlagen, was er bekämpft. Staatliche Ordnung ist also alles andere als invariabel und nur insofern eine ›ethische‹, als sie sich in ihrer konkreten Verwirklichung an der Idee des Staates orientiert.

EXKURS: ZUM VERGLEICH MIT DER LUTHERISCHEN ZWEI-REICHE-LEHRE

Obwohl man annehmen darf, daß Barth Luthers Obrigkeits- und Kriegsleuteschrift kannte, und obwohl er dessen damals von Johannes Ficker gerade edierte Scholien zur Römerbriefvorlesung 1515/16 für seine Auslegung benutzte[145], geht es mir nicht um den Nachweis, daß Barth sich etwa schon im ersten »Römerbrief« mit Luthers Zwei-Reiche-Lehre auseinandergesetzt habe. Mir scheint eine solche Konfrontation allerdings in systematischer Hinsicht fruchtbar zu sein, weil der Vergleich mit dieser klassischen Konzeption das Eigentümliche des Barthschen Ansatzes plastischer hervortreten läßt. Zu diesem Zweck dürfte es nicht notwendig sein, die Zwei-Reiche-Lehre ihrerseits zu referieren. Auch auf die weitverzweigte Diskussion um die originäre Gestalt der Zwei-Reiche-Lehre Luthers und die Modifikationen, die sie durch das Neu-Luthertum erfahren hat, kann und muß hier nicht eingegangen werden; sie kam erst in Gang, als Barth den ersten »Römerbrief« längst hinter sich gelassen hatte. Gleichwohl wird man sehen, daß die späteren Kontroversen hier schon vorprogrammiert sind.[146]

Barths Antwort auf die Frage nach dem politischen Verhalten von Christen in der revolutionär aufgeladenen Situation des Jahres 1918 besteht in der strikten Zurückweisung der Vorstellung, dem Reich Gottes diene unmittelbar, wer sich für die Erhaltung oder die Beseitigung des Bestehenden engagiere. Das Reich Gottes negiert den Staat ebenso wie die Revolution, indem es seine eigene Methode, nämlich das Böse durch das Gute zu überwinden, auch im Bereich des Politischen zur Geltung zu bringen sucht. Christen entsprechen ihrer spezifischen Aufgabe als Bürger des Gottesstaates dann, wenn sie die kommende Weltrevolution Gottes, die alle irdischen Herrschaftsverhältnisse beseitigen und die Gottesherrschaft wieder aufrichten wird, vorbereiten helfen. Diese von Barth als subversive Taktik der göttlichen Revolution beschriebene Methode zielt faktisch auf die Humanisierung von Staat und Revolution ohne die Stellung der Christen im Widerstreit der beiden Formen des Politischen zu präjudizieren. Schon diese knappe Zusammenfassung der politischen Ethik des ersten »Römerbriefs« läßt erahnen, wo die Scheidelinie zwischen Gemeinsamkeiten und Unterschieden zu Luther verlaufen könnte. Wir wollen uns zunächst aber einzelnen Detailfragen zuwenden. Ich beginne mit dem Staatsverständnis.

Beide, sowohl Luther als auch Barth, begründen Existenz und Notwendigkeit von Staat und Recht mit dem Sündenfall des Menschen; beide nennen sie den Staat ›göttliche Anordnung‹ bzw. ›Verordnung‹. Mit dem Gewaltprinzip, auf dem er basiert, haben Christen an sich nichts zu schaffen: Sie »bedürfen keins weltlichen Schwerts noch Rechts« – wie Luther sagt (M.

---

145 Dies geht aus einem entsprechenden Vermerk hervor, der sich freilich nicht in der Druckfassung, sondern lediglich in einem Zusatz zu Vorwortentwurf II findet: R I, 589f Anm. 3.
146 Aus der Sekundärliteratur nenne ich nur die Titel, die mein Verständnis der Zwei-Reiche-Lehre wesentlich bestimmt haben: *U. Duchrow*, Christenheit und Weltverantwortung; *H. E. Tödt*, Die Bedeutung von Luthers Reiche- und Regimentenlehre; *G. Scharffenorth*, Den Glauben ins Leben ziehen.

4.4. Christliches Handeln statt Moral

Luther, Von weltlicher Oberkeit, WA 11, 249) –, da sie durch den Geist getrieben mehr Gutes tun, als die Gesetze fordern, und sich um der Liebe willen der Obrigkeit unterziehen. Ganz ähnlich spricht Barth davon, daß ›im Christus‹ kein Bedürfnis besteht »durch Gewalt im Zaume gehalten zu werden« oder »andere durch Gewalt im Zaume zu halten« (R I, 504), da Christen das Böse durch Gutes besiegen. Auch Barth geht freilich davon aus, daß Christen dem Staat als der ›ethischen Ordnung‹ des Lebens ihre moralische Mitwirkung nicht versagen (R I, 517f). Ist Barth der Auffassung, daß Christen sich ihrer politischen Verantwortung nicht entziehen dürften, ja daß sie Staat und Revolution in den Dienst des Reiches Gottes stellen können (R I, 511f u. 517f), so spricht Luther vielleicht einen Zug positiver von der besonderen Eignung gerade des Christen für obrigkeitliche Ämter (*M. Luther*, a.a.O., 254f). Beide, Luther und Barth, kommen auch darin überein, daß die Aufgabe der Obrigkeit bzw. des Staates darin besteht, das Böse zu strafen und so ein vernünftiges Zusammenleben der Menschen im alten Äon zu ermöglichen.

Differenzen zeigen sich indes, wenn die Themen ›Aufruhr‹ und ›Revolution‹ in die Diskussion einbezogen werden. Nach Luther ist Aufruhr nichts anderes als selber Richten und darum »wydder gott« (*M. Luther*, Eine treue Vermahnung, WA 8, 680f).[147] Jedenfalls dann, wenn es über den bloßen Wortwiderstand und die passive Verweigerung, sich am Unrecht zu beteiligen, hinausgeht, ist Aufruhr gegen die Obrigkeit zugleich Auflehnung gegen Gott. Darum lehnt Luther einen gewaltsamen Widerstand der Untertanen gegen die Obrigkeit ab. Ganz anders Barth. Bei ihm schlagen die veränderten sozialen und politischen Bedingungen der Neuzeit zu Buche. Obwohl er themabedingt primär vom Staat spricht und ihn dann auch eine ›ethische Ordnung‹ nennt, so wird doch mehrfach deutlich, daß ›Staat‹ und ›Revolution‹ für ihn insofern auf der gleichen Ebene liegen, als sie beide dem Gewaltprinzip hörig sind. Anders als für Luther der Aufruhr, ist für ihn die Revolution kein Angriff auf Gott, sondern ein gewiß radikales, aber unter Umständen unumgängliches Mittel der politischen Auseinandersetzung. Denn auch die Revolution hat nicht das Chaos zum Ziel, sie beseitigt gar nicht den Staat überhaupt, sondern tauscht lediglich eine Staatsform gegen eine andere aus, ersetzt beispielsweise einen reaktionären durch einen revolutionären Staat. Dies bestätigen die großen Revolutionen der Neuzeit, zuletzt auch die Oktoberrevolution. Die Differenz zwischen Luther und Barth betrifft also weniger das theologisch-sozialethische Urteil als vielmehr die politischen Voraussetzungen, die ihm jeweils zugrunde liegen. Man könnte sagen, daß beide cum grano salis theologisch darin übereinstimmen, daß der Christ dem Bereich des Politischen nicht enthoben ist, sondern in ihm dem Reiche Gottes dient.

Was aber bedeutet ›Reich Gottes‹ bei Luther und Barth? Wenn man von der terminologischen Komplexität des Begriffs, insbesondere bei Luther, hier einmal absehen darf, um lediglich den Kern der gemeinten Sache in den Blick zu nehmen, so zeigt sich auch hier zunächst eine Gemeinsamkeit. Denn ›Reich Gottes‹ ist bei beiden Theologen auch und primär die jetzt noch verborgene, Satan bekämpfende Herrschaft Gottes über die Welt (Siehe z.B. *M. Luther*, Auslegung deutsch des Vaterunsers, WA 2, 95-99).[148] Diesem Motiv der lutherischen Zwei-Reiche-Lehre liegt traditionsgeschichtlich die Zwei-Äonen-Lehre zugrunde, wie Ulrich Duchrow gezeigt hat.[149] Barth und Luther gehen hier also zunächst noch von einer gemeinsamen Traditionsbasis aus, von der her sich die Übereinstimmungen erklären lassen. Die Differenz zwischen beiden betrifft konsequenterweise genau das aus der mittelalterlichen Zwei-potestates-Lehre stammende und von Luther umgeformt in seine Zwei-Reiche-Lehre integrierte Moment zweier göttlicher Regimente[150], das so bei Barth fehlt. Denn Gott führt nach Luther im Gegensatz zu Barth den eschatologischen Kampf in zweifacher Weise: geistlich und weltlich mittels des Predigtamts und mittels des Amts der Obrigkeit. Obwohl darin eins, daß es sich bei beiden um Regimente *Gottes* handelt, sind sie doch von ihren spezifischen Aufgaben und Mitteln her unterschieden. Für diese Differenzierung gibt es bei Barth kein Äquivalent. Zwar unterscheidet auch der erste »Römerbrief« in der Auslegung von Röm 12 und 13 ein Handeln innerhalb der Gemeinde von einem Handeln im politischen Bereich, jedoch wird dabei nicht auf die differenten Handlungsmöglichkeiten von Kirche und Staat reflektiert. In beiden Bereichen handelt vielmehr der Christusorganismus durch seine einzelnen Glieder, bleibt selber aber verborgen. Die

---

147 Siehe zum historischen Hintergrund des Verbots der Selbsthilfe insbesondere: *G. Scharffenorth*, Den Glauben ins Leben ziehen, 209ff u. 238ff.
148 Vgl. dazu: *U. Duchrow*, Christenheit und Weltverantwortung, 464ff.
149 Ebd., bes. 17-55, vgl. auch 519ff.
150 Ebd., 323-435 u. 479ff.

Dimension der Institution kommt hier noch nicht zur Geltung, sondern tritt hinter den personalen Beziehungen und Handlungsmöglichkeiten zurück. Kirche und Staat sind für Barth ›Welt‹ und als solche gleichermaßen dem Reich Gottes entgegengesetzt (vgl. R I, 476). Eine explizite Ekklesiologie, die auch die empirischen Strukturen von Kirche in die Theorie einbezöge, fehlt hier.

Kurzum: Barths politische Ethik ist im wesentlichen von der Zwei-Äonen-Lehre her entworfen, von der auch Luther ausgeht. Während aber Luther vermittels der Regimenten-Lehre und einer Lehre vom geistlichen und weltlichen Stand die Dimension der Institution in seine ethischen Überlegungen einbezieht, fehlt diese Perspektive bei Barth. Im späteren Luthertum wird freilich gerade die Ständelehre zur dominanten Traditionslinie, hinter der die eschatologische Komponente der lutherischen Zwei-Reiche-Lehre mehr und mehr zurücktritt und schließlich ein eher rudimentäres Dasein führt.[151] Das Ergebnis ist vielfach ein herrschaftsaffirmatives Ethos. Demgegenüber erhält Barths Ethik kraft ihrer Orientierung am eschatologischen Kampfgeschehen zwischen Gott und Satan eine prinzipiell herrschaftskritische Tendenz.

Zusammenfassend läßt sich sagen, daß Barths politische Ethik sich um eine Klärung der Frage bemüht, wie Christen sich in einer realpolitisch revolutionären Situation verhalten sollen. Seine Antwort lautet, daß weder die Erhaltung noch auch die Revolutionierung des Bestehenden als solche, sondern ausschließlich die kommunikative Praxis der Liebe dem Kommen des Reiches Gottes dient. In diesem Sinn nehmen Christen am politischen Leben teil, ›unterziehen‹ sich damit den Bedingungen des alten Äons, um sie gleichzeitig durch ihr Liebeshandeln zu untergraben. – Dabei stimmen Barth und die schweizerischen Religiös-Sozialen in der Ablehnung des Gewaltprinzips sowohl im Blick auf den Staat wie hinsichtlich der Revolution völlig überein. Ebenso gibt es wohl kaum gravierende Differenzen in der politischen Lagebeurteilung (vgl. z.B. BwTh I, 268). Gleichwohl sieht sich Barth genötigt, sich erstmals im Römerbriefkommentar mit den Religiös-Sozialen, besonders mit Ragaz, polemisch auseinanderzusetzen. Wie kommt es dazu und worin bestehen eigentlich die Differenzen zwischen beiden? Zunächst einige Notizen zur Genese der Entfremdung zwischen Barth und den Religiös-Sozialen.

(2) Barths Auseinandersetzung mit dem Religiösen Sozialismus. – Zur größten Annäherung zwischen Barth und Ragaz war es unmittelbar nach Ausbruch des Ersten Weltkrieges gekommen, als beide gegen die deutsche Kriegstheologie zur Feder griffen.[152] Doch durch die spätere Distanzierung vom theologischen Liberalismus entfernte Barth sich auch, wenngleich zunächst nur unmerklich, von Ragaz. Dazu trat der sich verschärfende sachliche und persönliche Gegensatz zwischen Kutter und Ragaz, der die religiös-soziale Bewegung seit Jahren polarisierte und nach 1914 zunehmend auflöste. Zum ersten Konflikt zwischen Barth und Ragaz kam es im Sommer 1916, als Ragaz eine Rezension von Blumhardt-Andachten, die Barth in den ›Neuen Wegen‹ publizieren wollte, als

---

151 *H. E. Tödt*, Die Bedeutung von Luthers Reiche- und Regimentenlehre, 78-90.
152 Siehe oben S. 102ff.

4.4. Christliches Handeln statt Moral

zu quietistisch abwies.[153] Barth hatte an Blumhardts Andachten unter anderem hervorgehoben, daß Blumhardt »freundlich aber ganz unbeteiligt ... an uns sozialistischen Theologen« vorbeigehe (176). Wenn Barth darüber hinaus betonte: Blumhardt »geht von Gott aus, steigt nicht erst in Betrachtungen und Erwägungen zu ihm empor« (178), oder wenn er im Verhältnis des Christen zum Reiche Gottes den Akzent auf das ›Warten‹ legte (188f), so zeigt dies schon in der Wortwahl den zweifellos gewachsenen Einfluß Kutters auf Barths Denken. Dabei scheint er durchaus bemüht gewesen zu sein, die Position von Ragaz als Korrektiv gegen die bei Kutter jedenfalls nicht ausgeschlossene Tendenz zu einer quietistisch-klerikalen Interpretation der Botschaft Blumhardts zur Geltung zu bringen. So bestimmt er das ›Warten‹ als »ein freilich zunächst nach innen gewandtes, aber in seinem Wesen revolutionäres« Handeln, das »gerade nicht ein heimeliges Sitzen und Mitmachen in den alten Ordnungen« bedeute (189). Möglich, daß in der damaligen emotional aufgeladenen Stimmung unter Religiös-Sozialen moderate Zwischentöne nicht mehr wahrnehmbar waren oder der Gegensatz zwischen Kutter und Ragaz keine vermittelnden Positionen mehr tolerierte; – eine Einigung zwischen Barth und Ragaz war, wie tragisch oder schuldhaft auch immer, jedenfalls nicht zu erzielen, da Barth die Änderungswünsche von Ragaz als unannehmbare Zensur empfand (BwTh I, 146 u. 148). Die Rezension wurde schließlich im »Freien Schweizer Arbeiter« veröffentlicht.

Barth hat damals gerade mit der Niederschrift der ersten beiden Kapitel seines »Römerbriefs« begonnen. Da neben dem dreizehnten insbesondere auch das zweite Kapitel in der Endfassung eine nicht zu übersehende Polemik gegen die Religiös-Sozialen enthält[154], liegt die Vermutung nahe, daß die dort geübte Kritik von jener Auseinandersetzung zwischen Barth und Ragaz um die rechte Blumhardtinterpretation her zu entschlüsseln sei.[155] Tatsächlich aber enthält das *Manuskript* zu Röm 2 keine Anspielung, die gegen Ragaz oder die Religiös-Sozialen gerichtet wäre. Die ›Gerechten‹ von Kapitel 2 werden vielmehr als »liebe fromme Leute und gesinnungstüchtige bürgerliche Kreise« (Mskr. 35f) eingeführt. Ihnen wird vorgeworfen, daß sie sich wegen ihres Protests »gegen Aberglauben und Unglauben, gegen Götzendienst, Atheismus und Materialismus, gegen den Zerfall der Moral und der gesellschaftlichen Ordnung« (Mskr. 36; vgl. R I, 41) einbilden, im Gericht einen Anspruch auf Schonung zu haben, obwohl sie doch in Wirklichkeit, d.h. am göttlichen Realitätskriterium

---

153 *K. Barth*, Auf das Reich Gottes warten, in: *Ders./E. Thurneysen*, Suchet Gott, 175-191; die folgenden Hinweise im Text beziehen sich auf diesen Aufsatz. Siehe dazu auch o. S. 99.
154 Vgl. auch Barths spätere Bemerkungen dazu: BwTh I, 386f u. 441.
155 Einen solchen Zusammenhang scheint auch *E. Thaidigsmann*, Identitätsverlangen und Widerspruch, 208 Anm. 249, im Auge zu haben.

gemessen, den bewußt Ungläubigen in nichts nachstehen, vielmehr wie jene »gesellschaftliche Lügen, Mammonsdienst, Krieg etc mitmachen« (Mskr. 53). Die eigenen Linien und die gegnerische Front sind unschwer auszumachen: Barths Angriff erfolgt in dieser aus dem Sommer 1916 stammenden Fassung von Kapitel 2 noch von einem religiös-sozialen Standpunkt aus und richtet sich gegen Pietismus und Moderne Theologie.[156] Die in der *Druckfassung* begegnende Polemik gegen Ragaz beruht also nicht auf der Auseinandersetzung um die Blumhardtrezension Barths.

Thurneysen ist es, der als erster Pietismus und Religiösen Sozialismus gleichsetzt (BwTh I, 221 u. 249), während Barth die Linie von Ragaz zum kritischen Idealismus auszieht (BwTh I, 252; vgl. auch 254). Einen literarischen Niederschlag im entstehenden Manuskript des ersten »Römerbriefs« findet die wachsende Entfremdung zwischen den Religiös-Sozialen und den beiden Freunden allerdings zunächst nur hier und da in moderaten Anspielungen und Abgrenzungen, nicht aber in lautstarker Polemik.[157] Dies gilt für das gesamte ursprüngliche Manuskript einschließlich der Auslegung von Röm 13. Anders wird dies, wie sich zeigen läßt, erst in der Phase der Überarbeitung des Manuskripts für den Druck im Sommer 1918.

Im gleichen Brief vom 4. Juni 1918, in dem er Thurneysen melden kann, »daß gestern der Römerbrief in erster Lesung zu Ende gebracht worden ist«, schreibt Barth auch: »Die letzte Nummer der ›Neuen Wege‹ hat mich trotz der aus Röm 14-15 gewonnenen Einsicht über solche Dinge wieder recht verdrossen« (BwTh I, 279f). Gemeint ist mit großer Wahrscheinlichkeit primär der erste Teil einer Artikelserie von Leonhard Ragaz mit dem Titel »Unsere Politik«.[158] Was Barth vermutlich gerade an diesem Aufsatz so stört, ist, daß Ragaz hier konkrete innerweltlich-politische Ziele – denen Barth an sich durchaus zugestimmt hätte – wie etwa der Kampf gegen den Krieg und das Eintreten für

---

156 Vgl. zu dieser Parallelisierung: *E. Busch*, Karl Barth und die Pietisten, 21ff u. 58ff. In einem Brief vom 13.1.1918 schreibt Barth an seine Mutter: »Und viele Arten von ›Christentum‹ wie z.B. das des Pietismus und der modernen Theologie werden gegen diese [sc. Cohens] Auffassung nicht viel einwenden können...« (unveröffentlicht; Karl Barth-Archiv, Basel).
157 Als Beispiel für solche Anspielungen mag der folgende Satz (aus Mskr. 790f; vgl. R I, 486) genügen: »Ihr werdet freilich nicht hereinfallen auf jede Fata Morgana, als ob jede sogenannte ›offene Tür‹ in China oder jede Zuckung in Außersihl oder Rußland schon ein Zeichen der nahenden Vollendung [R I, 486: »Endkatastrophe«] sei.« Barth spielt hier – nur dem Insider ersichtlich – auf die Begeisterung an, mit der Ragaz die chinesische Revolution von 1912 (vgl. *L. Ragaz*, Die chinesische Revolution, 114f), den Zürcher Generalstreik des selben Jahres (*L. Ragaz*, Der Zürcher Generalstreik, 291-301; *ders.*, Zum Generalstreik, 360-368. Vgl. dazu: *M. Mattmüller*, Leonhard Ragaz I, 183-190) und die russische Februarrevolution von 1917 (Redaktionelle Bemerkung in: NW 1917, 153 u. 218) als Schritte auf die Vollendung des Reiches Gottes hin begrüßte. Die bolschewistische Oktoberrevolution lehnte Ragaz dagegen ab; s. dazu: *M. Mattmüller*, Leonhard Ragaz II, 333ff.
158 *L. Ragaz*, Unsere Politik, (Mai:) 238-246, (Juni:) 272-293, und (Juli:) 326-350; s. dazu: *M. Mattmüller*, Leonhard Ragaz II, 325ff.

4.4. Christliches Handeln statt Moral

die Schweiz, die Demokratie und die Freiheit, unmittelbar mit dem »Kampf des Reiches Gottes« gleichsetzt.[159] Der damit verbundene Anspruch, Vertreter der ›Gottesreichpolitik‹ zu sein, spricht darüber hinaus all denen, die sich nicht in gleicher Weise exponieren oder ihr Engagement anders begründen, die religiöse Legitimation ab, richtet sie gleichsam von vermeintlich ›höherer Warte‹ aus.[160] In Barths Sicht zeichnet sich hier das Syndrom ab, mit dem Paulus in Röm 2 die ›Gerechten‹ charakterisiert hatte.[161] Was liegt also näher, als die Liste der Adressaten des zweiten Kapitels über den Pietisten und den ›modernen‹ Theologen hinaus um den Religiösen Sozialisten zu erweitern[162], ja schließlich letzteren zum Prototypen des ›Gerechten‹ zu stilisieren?

Konsequenterweise streicht Barth die zu eng gewordene Charakterisierung der ›Gerechten‹ als »fromme Leute und gesinnungstüchtige bürgerliche Kreise« (Mskr. 35f) und spricht in der endgültigen Fassung statt dessen lediglich von »Kreisen und Persönlichkeiten, die sich der allgemeinen Entwicklung kritisch genug gegenüber stellen« (R I, 40). Protestieren sie laut Manuskript »gegen den Zerfall ... der gesellschaftlichen Ordnung« (Mskr. 36), so machen sie nach der Einbeziehung der Religiös-Sozialen jetzt umgekehrt »gegen die Schäden der Gesellschaftsordnung« Front (R I, 41). Wenn Barth nun davon spricht, bei den ›Gerechten‹ müßte es »zur Wiederaufnahme der dynamischen Gemeinschaft mit Gott« kommen, wenn »von einem Durchbruch der bisherigen Lage, von der Aufnahme eines wirklich *neuen* Weges die Rede sein sollte« (R I, 44), so spielt er damit zweifellos auf den bereits oben erwähnten Aufsatz »Dem Durchbruch entgegen« aus der Artikelserie »Neue Wege« von Ragaz an.[163] Und wenn er nun behauptet, der »menschliche Weltrichter« (R I, 44 und 47) mache auf seiner »höheren Warte« mit, was alle täten (R I, 46), wenn er »das Pharisäische« dieser Haltung darin sieht, daß jene ›Gerechten‹ »aus Gottes Sache alsbald eine Menschensache, die sie mit anderen Menschensachen konfron-

---

159 L. *Ragaz*, Unsere Politik, 243f.
160 Schon Anfang Februar 1918 fand Barth den Ragaz-Aufsatz »Dem Durchbruch entgegen« (L. *Ragaz*, Neue Wege, XI. Dem Durchbruch entgegen, 25-28), den Thurneysen als »erneute Abschlachtung Kutters und Verwandter« interpretiert hatte (BwTh I, 262), »einfach deprimierend«. Mit Blick auf einen zweiten Artikel von Ragaz fährt er fort: »›Dem Durchbruch entgegen‹ – und dann sieht man ihn als Weltrichter zwischen dem ›edlen‹ Oberst Wildbolz und den ›Schurken‹ von der Presse, eifernd, zitternd vor persönlicher Bewegung. Heldentum und Kirchlichkeit! Jesusgemäß! Jawohl! Wie figura zeigt« (BwTh I, 263).
161 Zur Interpretation von Röm 2 im ersten »Römerbrief« vgl. auch: E. *Thaidigsmann*, Identitätsverlangen und Widerspruch, 208ff.
162 Diese drei Gruppen (1) der Positiven, (2) der neukantianisch geprägten ›modernen‹ Theologen und (3) der Religiös-Sozialen stehen offensichtlich auch hinter den drei Begriffspaaren des folgenden redaktionellen Satzes aus Kapitel 2: »Kirche und Mission, persönliche Gesinnungstüchtigkeit und Moralität, Pazifismus und Sozialdemokratie vertreten nicht das Reich Gottes, sondern in neuen Formen das alte Reich der Menschen« (R I, 42). Eine ähnliche Zusammenstellung findet sich in R I, 400f.
163 Vgl. Anm. 160.

tieren«, machen (R I, 46), wenn er ihnen vorwirft, sich »den meisten Menschen parteiisch« gegenüberzustellen, statt sich mit ihnen solidarisch zu erklären (R I, 46), so kann – Barth nennt freilich keinen Namen – kein Zweifel daran bestehen, wen er hier primär im Visier hat. Obwohl sich weitere vermutlich auf Ragaz gemünzte Anspielungen in Kapitel 2 nachweisen ließen, breche ich das Referat hier ab.

Man muß natürlich sehen, daß Barth weder den Religiös-Sozialen noch den anderen Gruppen abspricht, Gottes Willen tatsächlich erkannt zu haben: sie wissen, so sagt er, »wie es das Gesetz meint« (R I, 60). Er kritisiert nicht die politischen Handlungsziele, sondern das religiöse (Ausnahme-)Bewußtsein derer, die jene Ziele als Willen Gottes propagieren.[164] Daß die Art, wie er dies tut, Ragaz verletzen mußte, liegt auf der Hand.[165] So könnte man versucht sein, die Differenz auf einen persönlichen Gegensatz zu reduzieren. Weder Ragaz noch Barth pflegten mit ihren Kontrahenten sonderlich behutsam umzugehen. Darüber werden wir als Nachgeborene achselzuckend, bedauernd, ärgerlich hinweggehen können – und müssen. Doch das systematisch-theologische Problem, das sich in dieser Kontroverse verbirgt, läßt sich mit dem bloßen Hinweis auf persönliche Antipathie nicht aus der Welt schaffen. Mattmüller bezeichnet m.E. den zu diskutierenden Punkt sehr präzise, wenn er betont, daß es das Bestreben von Ragaz gewesen sei, »weltlich von Christus zu reden«.[166] Die theologische Sachfrage wäre dann, wie dies geschehen könne. Wirft Barth, so frage ich zunächst nur, Ragaz vor – und sei es nur implicite –, ›weltlich von Christus zu reden‹? Oder lautet der Vorwurf umgekehrt, er rede nicht weltlich genug von Christus? Und welche Gestalt müßte ein ›weltliches Reden von Christus‹ annehmen, um davor gefeit zu sein, alsbald in eine religiöse Interpretation des Weltlichen umzuschlagen? Wie gesagt – ich will diese Fragen hier lediglich aufwerfen; denn sachlich diskutiert können sie erst werden, wenn auch Barths Kritik an Ragaz, wie sie sich in seiner Auslegung von Röm 13 niederschlägt, mit einbezogen wird.

Daß Barth, nachdem das Feuer nun einmal eröffnet ist, gerade auch in der Auslegung von Röm 13 das, was ihn von Ragaz trennt, explizieren muß, ver-

---

164 Es trifft darum m.E. nicht ganz die Intention Barths, wenn man wie *E. Thaidigsmann*, Identitätsverlangen und Widerspruch, 208, von einer »theologische[n] Kritik der kritischen prophetischen Kritik« spricht. Denn Barth wollte gerade auf eine Differenz zwischen ›prophetischer‹ und ›pharisäischer‹ Kritik abheben (vgl. R I, 45f).
165 Siehe dazu: *M. Mattmüller*, Leonhard Ragaz II, 251f. In einem erst im Dezember 1919 (!) an Thurneysen (!) geschriebenen Brief, der offenbar verloren gegangen ist, erklärte Ragaz, sachlich »in allem Wesentlichen« mit Barth einverstanden zu sein; die Polemik aber sei »unnötig, unwahr und unwahrhaftig« (BwTh I, 362; vgl. auch BwTh I, 353). Barth besuchte daraufhin Ragaz im Februar 1920, wobei es zu einem »Präliminarfriede[n] nicht ohne Aussichten« kam (BwTh I, 369).
166 *M. Mattmüller*, Leonhard Ragaz II, 249.

4.4. Christliches Handeln statt Moral

steht sich von selbst. Die bereits erwähnten, dem Manuskript beigefügten Einlegeblätter sowie die in der Endredaktion neu eingefügten Sätze und Textpassagen setzen sich im wesentlichen mit der politischen Ethik des Religiösen Sozialismus auseinander; sei es, daß sie auf dessen zu erwartende Einwände eingehen, sei es, daß sie sich direkt zu religiös-sozialen Thesen äußern.[167] Einer der zur Debatte stehenden zentralen Punkte betrifft das Verhältnis von ›Vorletztem‹ und ›Letztem‹, von politischem Kampf und Reichgotteshoffnung.

Scheinbar ganz ähnlich wie Barth differenziert auch Ragaz zwischen (Gewalt-)Politik und Gottesreich, meint aber gleichzeitig, daß es eine spezifische Politik des Gottesreiches gebe, die – hier erst beginnen sich die Wege beider zu trennen – innerweltlich identifizierbar sei im Kampf der Friedensbewegung, der Sozialdemokratie oder der religiös-sozialen Bewegung.[168] Wie er das Verhältnis des ›Vorletzten‹ zum ›Letzten‹ versteht, geht aus einer methodologischen Reflexion hervor, in der er zwei Denkweisen unterscheidet: Die eine, charakterisiert durch die von Ibsen geprägte Formel ›Alles oder Nichts‹, sei »auf das Allerhöchste und Allerletzte: Gott allein, sein Kommen und Herrschen gespannt«; darum vernachlässige sie das ›Vorletzte‹. Dieser ›absoluten‹ Denkweise, wie Ragaz sie nennt, stellt er – als zweite – seine eigene, ›relative‹ gegenüber. Sie gehe davon aus, daß das Reich Gottes »zwar in Katastrophen

---

167 Da bereits das erste der zwischen Mskr. 818/19 eingelegten vier Zusatzblätter offenkundig auf den im Juli-Heft der »Neuen Wege« erschienenen dritten Teil des Aufsatzes »Unsere Politik« von Ragaz Bezug nimmt, die Auslieferung der »Neuen Wege« aber jeweils zu Beginn des darauffolgenden Monats erfolgte, sind die Einlegeblätter auf Anfang August 1918 zu datieren. Außerdem berichtet eine Postkarte Karl Barths an seinen Bruder Peter vom 9. August »Der Römerbrief geht nun in 2ter Lesung seinem Ende entgegen, 600 Blätter sind schon vollgekritzelt, eben ich bin mit Schw[arzem] Kaff[ee] u. Pfeife bewaffnet wieder an der berühmten Stelle von der Obrigkeit.« (Unveröffentlicht; Karl Barth-Archiv, Basel) Zwischen der Abfassung der Einlegeblätter und der Endredaktion liegen also bestenfalls wenige Tage, so daß sich eine Differenzierung zwischen diesen beiden Stadien der Redaktion erübrigen dürfte. Es handelt sich im wesentlichen um folgende Passagen: R I, 506 (ab »Unterzieht euch!«) bis 507 (endend bei: »... vorwitzige persönliche Lösungen.«) unter Verwendung von Blatt 1; R I, 508f u. 510 (die ersten zwölf Zeilen von Abschnitt 6), wo u.a. Blatt 2 aufgenommen ist; R I, 516-518 (Abschnitte 10 und 11 bis: »... Stand der Dinge von Gott aus.«) enthält den nur geringfügig überarbeiteten Text aus den Einlegeblättern 3-4. Vgl. dazu jetzt auch den vom Hg. der Neuausgabe vorgelegten Vergleich zwischen Mskr. und Druckfassung in: R I, 632-635.
168 Siehe *L. Ragaz*, Unsere Politik, 240ff. Die These, Ragaz habe das Reich Gottes *in* innerweltlichen Bewegungen identifiziert, darf nicht so verstanden werden, als habe er es *mit* ihnen *gleichgesetzt*. Gegen diese Unterstellung hat Ragaz sich immer wieder zur Wehr gesetzt. Wohl aber war er der Meinung, das Reich Gottes sei in der Friedensbewegung und der Sozialdemokratie die eigentliche treibende Kraft. Und selbst daran hielt er nicht uneingeschränkt fest. In einem im Sommer 1917 geschriebenen und unter dem Eindruck der Oktoberrevolution redigierten Aufsatz »Unser Sozialismus« distanzierte er sich von der Sozialdemokratie: »Sprechen wir nun das Wort aus: der Sozialismus muß *religiöser Sozialismus* sein... *Einst* war unser Weg, die Gottesreichswahrheit in der Sozialdemokratie zu erkennen und zu vertreten und alles, was an Fremdem und Falschem daran hing, zu ertragen und mitzunehmen, wenn auch unter Schmerzen, *jetzt* ist unser Weg, das Gottesreich allein zu vertreten, das Gottesreich für Alle« (*L. Ragaz*, Neue Wege VIII. Unser Sozialismus, 583-619, Zitat: 612; siehe dazu: *M. Mattmüller*, Leonhard Ragaz II, 339-346). Gegen den darin zum Ausdruck kommenden Alleinvertretungsanspruch wird Barth, wie wir gleich sehen werden, heftig protestieren.

kommen könne und dies vielleicht mit Vorliebe tue, aber doch auch in Evolutionen, einer langsamen Vorbereitung und Erziehung der Menschen auf das Höchste hin«.[169] »Wir haben eine absolute Wahrheit im Sinne, aber wir rechnen in einer Welt des Relativen auch mit dem Relativen; freilich nur in dem Sinne, daß wir es in den *Dienst* des Absoluten stellen, daß wir im Relativen das Absolute zum Ausdruck bringen, so gut dies immer möglich ist.«[170] Es besteht für Ragaz insofern eine Kontinuität zwischen ›Vorletztem‹ und ›Letztem‹, als das ›Vorletzte‹ – beispielsweise der Kampf für den Frieden – eine partielle Verwirklichung darstellt, eine fragmentarische Antizipation des ›Letzten‹, des Reiches Gottes, auf das es hinführt.

Barth argumentierte, wie wir gesehen haben[171], in seiner »Hilfe«-Rezension von 1914 ganz ähnlich. Jetzt dagegen trennt er mit äußerster Schärfe zwischen dem ›Vorletzten‹ und dem ›Letzten‹, dem alten und dem neuen Äon. In direkter Polemik gegen Ragaz kann er nun sagen: »Es handelt sich für das Christentum in der Tat um das Programm ›Alles oder Nichts‹, in dem Sinn, daß die Vollendung, die es erwartet, nicht das (›relative‹ oder ›absolute‹) Ziel und Ergebnis einer Entwicklung, eines allmählichen Aufstiegs der Menschheit ist, sondern die Enthüllung einer neuen Schöpfung oder der Inhalt einer neuen Erkenntnis« (R I, 506f). Es ist also gerade das Moment der Kontinuität, das Barth an der Konzeption von Ragaz kritisiert. Er sieht nun, daß die Vorstellung einer »langsamen Vorbereitung ... auf das Höchste hin« dem bürgerlich-kulturidealistischen Fortschrittsgedanken lediglich ein sozialistisches Vorzeichen gibt.

Für eine adäquate Beurteilung darf hier aber nicht übersehen werden, daß der Zürcher mit dem Begriff ›Vorletztes‹ etwas anderes verbindet als der Safenwiler, nämlich gerade ein Geschehen, das nicht den Regeln des alten Äons folgt, sondern vielmehr das Neue zu realisieren sucht. Meint Ragaz, so wäre zu fragen, nicht eigentlich dasselbe wie Barth? Spricht schließlich nicht auch Barth davon, daß Christen die Politik in den Dienst des Reiches Gottes stellen (R I, 511f) und so an der Voraussetzung der göttlichen Weltrevolution arbeiten würden (R I, 516)? Stellt nicht auch er das Zur-Geltung-Kommen des Reiches Gottes im Rahmen seiner organologischen Metaphorik als evolutiven Prozeß dar, als »ein stilles, gemeinsames Sichgewöhnen aller Menschen (im Christus!) an die göttliche Atmosphäre« (R I, 508)? – In der Tat sind die Differenzen, nüchtern betrachtet, nicht so gravierend, wie man aufgrund der Polemik zunächst meinen könnte; aber es gibt sie. Sie bestehen darin, daß Barth in anderer

---

169 *L. Ragaz*, Unsere Politik, 337.
170 Ebd., 338f.
171 Vgl. oben S. 86ff.

4.4. Christliches Handeln statt Moral

Weise als Ragaz das Reich Gottes für verborgen, überparteilich und nicht-organisierbar hält.

Der Prozeß, in dem das von Gott her geschehende Reale seinen Ort hat, spielt sich ›im Verborgenen der Menschen‹ (R I, 56, 59 u.ö.) ab, »in dem jetzt noch unsichtbaren Organismus des Leibes des Christus« (R I, 341; vgl. auch 315 u. 342). Das Reich Gottes verbindet sich weder mit konkreten innerweltlichen Bewegungen und Bestrebungen noch stellt es sich konkurrierend neben sie. In dem Anspruch, den Ragaz in seinem Aufsatz »Unser Sozialismus« erhebt, nur der Religiöse Sozialismus sei der wahre Sozialismus und vertrete als solcher das Reich Gottes[172], sieht Barth das Christentum auf ein religiöses Konkurrenzunternehmen zu anderen politischen Parteien reduziert. ›Im Verborgenen der Menschen‹ sich ereignend ist die ›Politik‹ des Christusorganismus in der politischen Arena als solche nicht identifizierbar. Wohl kann »es *bei Anlaß* politischer Kämpfe auch zu Entscheidungskämpfen zwischen Geist und Fleisch kommen«, doch sind bestimmte christlich begründete Positionen innerhalb politischer Kontroversen nicht als solche schon Ausdruck einer ›Gottesreichspolitik‹ (R I, 506). Andernfalls wäre das Christentum – verstanden im Sinne des Christusorganismus – statt das ›allgemeine‹, ein ›besonderes‹ Subjekt politischen Handelns[173], eine besondere Partei neben anderen, statt das, was allem Parteiwesen entgegengesetzt und ›überlegen‹ ist. Diese Gefahr sieht Barth bei Ragaz. Und dagegen erhebt er scharfen Protest: »Das Christentum eignet sich nicht zu einer Kampfparole neben andern: es hebt alle andern auf, indem es sie in sich schließt. Träte es als besondere Partei auf gleichem Fuß dem Staat gegenüber (›Christus gegen Cäsar‹), so würde es seiner originellen Dynamik verlustig gehen« (R I, 506). Wohlgemerkt: Barth redet hier keineswegs einer christlichen ›Ausgewogenheit‹, die nicht Partei zu ergreifen sich getraute, das Wort[174]; ihm geht es vielmehr darum, daß das Christentum in seiner selbstverständlichen Parteinahme für die Unterdrückten und Ausgebeuteten überparteilich, d.h. das ›allgemeine Subjekt‹ bleibe, indem es für das von Gott her gesehen Allgemeine Partei ergreife.

In diesem Sinne ist das Christentum eben auch mehr als eine (anti-etatistische) religiös-politische Partei: »Es konkurriert nicht mit dem Staat, es negiert ihn: seine Voraussetzung und sein Wesen. Es ist *mehr* als Leninismus!« (R I, 506). Das will sagen: Es ist nicht die spezifische Aufgabe des Christentums, einen reaktionären Staat durch einen revolutionären zu ersetzen – das besorgen vielmehr politische Parteien und Bewegungen wie der Leninismus –; seine

---

172 Siehe oben S. 223 Anm. 168.
173 Siehe dazu: *W. Groll*, Ernst Troeltsch und Karl Barth, 92ff.
174 Ich erinnere hier nur an jene Stelle, wo Barth die Christen explizit zu »einseitige[r] und entschiedene[r] Parteinahme« ›ermahnt‹: R I, 489f.

Aufgabe ist es vielmehr, das Kommen des Gottesstaates vorzubereiten, das allem Staatswesen, ob reaktionär oder revolutionär, ein Ende bereiten wird. In die gleiche Richtung weisen auch die anderen bei der Endredaktion von Barth eingefügten Passagen. Wird das Volk Gottes seiner »eigentlichen Aufgabe untreu, um unterdessen mit der Fahne Gottes in die Arena des politischen Kampfes zu gehen, um im Namen Gottes mitzuhauen und zu stechen (von oben oder von unten)« (R I, 512), tritt es »konkurrierend *neben* die Weltvölker ..., hört es auf, *sein* [sc. Gottes] Volk zu sein« (R I, 514). Wieder taucht auch das schon von Kap. 2 her bekannte Motiv des selbstgerechten Richters auf, der in der Gefahr steht, aus dem Christusorganismus herauszutreten, seine überlegene Stellung aufzugeben und »Schläge zu führen wie die andern, aber im Unterschied zu den andern in der anspruchsvollen Pose eines Mandatars des Weltrichters« (R I, 513). Dann freilich habe man sich den außerhalb des Christusorganismus geltenden Gesetzen unterworfen und müsse darauf gefaßt sein, daß man politisch angegriffen werde und leiden müsse, ohne von Gott Rückhalt erwarten zu können, da »der Staat, der reaktionäre *und* der revolutionäre Staat, sein Schwert nicht umsonst trägt, nicht umsonst *Gewalt*staat ist« (R I, 515).

Solche Warnung vor ›christlicher Politik‹, so beeilt sich Barth hinzuzufügen, um dem naheliegenden religiös-sozialen Einwand zuvorzukommen, seine Position führe schnurstracks in eine unpolitisch-quietistische Haltung und mache sich damit indirekt am geschehenden Unrecht mitschuldig, – solche Warnung vor ›christlicher Politik‹ dürfe nicht als Aufforderung mißverstanden werden, das Gebiet des Politischen überhaupt zu meiden. Im Gegenteil: Ebenso wie man sich vor religiös-sozialem Aktivismus hüten müsse, so auch vor pietistischem Quietismus. Weder »durch persönliche Vorstöße« noch »durch persönliche Rückzüge« lasse sich »die göttliche Weltrevolution« vorwegnehmen: »Die gleiche Einsicht, die euch zurückhalten soll, das Göttliche vorschnell zu säkularisieren, muß euch nun auch davor zurückhalten, euch selbst vorschnell zu klerikalisieren, euch durch Weltflucht und vornehme Eigenbrötelei ein gutes Gewissen zu verschaffen« (R I, 516f). Da der Staat die »›ethische‹ Ordnung des Lebens« ist, dürfen Christen ihm ihre »moralische Mitwirkung« nicht versagen, sollen ihn aber gleichzeitig »religiös aushungern, ... ihm das Pathos, den Ernst und die Wichtigkeit des Göttlichen verweigern« (R I, 517).[175] Was Barth

---

175 Darum verfehlt *M. Mattmüller*, Leonhard Ragaz II, 251, Barths Intentionen, wenn er aus der Dialektik von Teilnahme und Widerstand eine pessimistische Grundhaltung, die sich dem Politischen verweigerte, herausfiltert und beispielsweise – m.E. falsche Alternativen aufbauend – schreibt: »Statt einer aktiven Teilnahme am politischen Leben, empfahl er [sc. Barth], den Staat ›religiös auszuhungern‹.« Nach Barth ist der Staat nur ›religiös auszuhungern‹, wenn man am politischen Leben (in welcher Form auch immer) teilnimmt. Im übrigen sehe ich in Barths prinzipiell negativer Wertung des Staates und des Politischen als »grundschmutzig« keine Differenz zu Ragaz; für dessen Einstellung dazu verweise ich nur auf: *L. Ragaz*, Neue Wege, II. Die Rückkehr zu Christus, 103-109; ders., Unsere Politik, 239-244.

4.4. Christliches Handeln statt Moral

hier beschreibt, ist in der Tat nichts anderes als die ›subversive Taktik‹ der in der göttlichen Weltrevolution involvierten Christen, die sich dem Politischen unterziehen sollen, um das jeweils geltende Recht durch die Liebe zu unterlaufen und zu überbieten, wo immer dies möglich ist. Barth selber spricht von einer »Revolutionsmethode« (R I, 522; vgl. auch 509 u. 512). Die göttliche Weltrevolution zielt ab auf die Errichtung des Gottesstaates, in dem die sich im alten Äon gegenüberstehenden Mächte Staat und Revolution keinen Platz mehr haben.

Marquardt hat daraus und aus anderen Beobachtungen abgeleitet, daß die göttliche Weltrevolution im ersten »Römerbrief« in struktureller Entsprechung zum leninistischen Verständnis der Revolution entworfen sei.[176] Richtig daran ist, daß sich Barths Revolutionsbegriff am sozialistischen Sprachgebrauch orientiert, wie auch Eberhard Jüngel konzediert.[177] Von einem »Modell Lenins für Barth« oder einem »leninistischen Rahmen«, in dem Barth »seinen Begriff von der ›Revolution‹ Gottes« formuliere[178], sollte man freilich nicht sprechen. Und zwar nicht etwa deswegen, weil Barth Lenins Schrift »Staat und Revolution« zur Abfassungszeit des ersten »Römerbriefs« noch nicht gekannt haben konnte[179], sondern weil die von Marquardt behauptete ›Strukturparallele‹ mindestens an einem zentralen Punkt nicht besteht. Marquardt weist selber darauf hin, daß es für die sog. Übergangszeit, die ›Diktatur des Proletariats‹, in der göttlichen Weltrevolution kein Pendant gibt.[180] Barth spricht statt dessen von der Geschichte als einer gleichsam vorrevolutionären Phase, in der die Liebe das entscheidende Mittel ›subversiver Taktik‹ darstellt. Die Aufgabe des Christen ist es in dieser Situation, die Überwindung des Staates, allgemeiner: des Politischen, vorzubereiten »durch den stillen, jenseitigen Aufbau eines neuen Menschenwesens nach der Ordnung Gottes, in welchem die Liebe die Pflicht ablösen wird und mit dessen Vollendung und einstiger Enthüllung die jetzigen Ordnungen von selbst dahinfallen werden« (R I, 518). D.h., Barth rechnet damit, daß das »Werk des Aufbaues einer neuen Welt ... durch ein stilles, gemeinsames Sichgewöhnen aller Menschen (im Christus!) an die göttliche Atmosphäre, durch ein gemeinsames Heimischwerden in den göttlichen Ordnungen sich vollziehen muß« (R I, 508). Diese Sicht von Revolution entspricht nun aber gerade nicht der ›jakobinisch-blanquistischen‹ Variante, wie Lenin sie in Theorie und Praxis vertritt, wonach es zunächst darauf ankommt, die Macht zu erobern und ihre bisherigen Inhaber mit repressiver Gewalt im Zaume zu

---

176 *F.-W. Marquardt*, Theologie und Sozialismus, 126ff.
177 *E. Jüngel*, Barth-Studien, 118f.
178 *F.-W. Marquardt*, Theologie und Sozialismus, 129 u. 135.
179 Siehe dazu oben S. 133 Anm. 13.
180 *F.-W. Marquardt*, Theologie und Sozialismus, 132ff.

halten.[181] Genau dies lehnt Barth, übertragen auf die theologische Diskussion, explizit ab. Es gibt für ihn eben keinen ›christlichen‹ Staat in Analogie zur ›Diktatur des Proletariats‹: Es besteht für Christen »kein Bedürfnis, *weder durch Gewalt im Zaume gehalten zu werden noch andere durch Gewalt im Zaume zu halten*« (R I, 504). Wenn man so will, folgt Barth hier eher Rosa Luxemburg als Lenin.[182]

Gegen Ende seiner Darstellung der politischen Ethik im Anschluß an Röm 13 faßt Barth seine Position in den folgenden, oft zitierten Antithesen zusammen: »Sang- und klang- und illusionslose Pflichterfüllung, aber *keine* Kompromittierungen Gottes! Zahlung des Obolus, aber *keinen* Weihrauch den Cäsaren! Staatsbürgerliche Initiative und staatsbürgerlicher Gehorsam, aber *keine* Kombination von Thron und Altar, *kein* christlicher Patriotismus, *keine* demokratische Kreuzzugsstimmung. Streik und Generalstreik und Straßenkampf, wenn's sein muß, aber *keine* religiöse Rechtfertigung und Verherrlichung dazu! Militärdienst als Soldat oder Offizier, wenn's sein muß, aber unter *keinen* Umständen als Feldprediger! Sozialdemokratisch, aber *nicht* religiös-sozial! Der Verrat am Evangelium gehört *nicht* zu den politischen Pflichten« (R I, 520f).

Hier finden wir Barths Widerspruch zur religiös-sozialen Ethik noch einmal auf engstem Raum zusammengedrängt. Angehen mag es für Religiös-Soziale noch, daß er von Pflichterfüllung und staatsbürgerlicher Initiative spricht, bedenklich aber ist, daß ihm das Eintreten für die Demokratie nicht als christliche Aufgabe gilt, problematisch auch, daß er nicht nur Streik und Generalstreik, sondern gar Straßenkampf als Mittel politischer Auseinandersetzung zuläßt, und einfach skandalös, daß er den Militärdienst als legitim ansieht, die Möglichkeit der Dienstverweigerung aber offensichtlich bewußt unterschlägt, – um vom Folgenden erst gar nicht zu reden. Für religiös-soziales Denken bietet die Thesenreihe Barths ein verworrenes Bild; teils geht sie zu weit, teils nicht weit genug. Ihr gemeinsamer Nenner scheint eine radikale Trennung zwischen politischer Option und theologischer Orientierung am Reich Gottes zu sein. Muß dieser Weg nicht zwangsläufig zu Naumann zurückführen? Aber andererseits unterwirft ja Barth christliches Handeln keineswegs der sog. ›Eigengesetzlichkeit‹ des Politischen, sondern bindet die politische Entscheidung an die ›Ethik der verfahrenen Situation‹, d.h. an die idealistische Moral und den kategorischen Imperativ, in denen er Gottes Willen repräsentiert sieht. Und immerhin folgert er daraus, daß Christen »mit Monarchie, Kapitalismus, Militarismus, Patriotismus und Freisinn nichts zu tun« haben und »sich nach Maßga-

---

181 Siehe: *S. Papcke*, Bernstein und Lenin; sowie *K. Lenk*, Theorien der Revolution, 158ff.
182 Vgl. zu Rosa Luxemburg: *A. Jost*, Rosa Luxemburgs Lenin-Kritik; *K. Lenk*, Theorien der Revolution, 153ff.

4.4. Christliches Handeln statt Moral

be der Umstände ... schwerlich anderswohin stellen können als auf die äußerste Linke« (R I, 508f).

Zwar ist die politische Option für Barth nicht als solche schon Folge des Reichsgottesglaubens, weil dieser das Gebiet des Politischen, in dem die Dialektik von Gesetz und Sünde unausweichlich ist, transzendiert[183]; umgekehrt aber hat das vom Reich Gottes bestimmte Handeln durchaus politische Implikationen, indem es das im Gesetz geforderte Gute realisiert, wenngleich nicht mit den (im alten Äon unerläßlichen) Mitteln des Gesetzes, d.h. der Rechtsdurchsetzung. Das Böse wird nicht durch Böses, sondern durch Gutes überwunden, das reaktionäre oder revolutionäre Recht durch Gottes Liebe ersetzt. Damit wird in der Tat zwischen Gott und Welt radikal unterschieden, aber nicht getrennt: Welt bleibt Welt, auch wo das relativ Bessere in ihr geschieht, und Gott bleibt Gott, auch wo er nur ›im Verborgenen der Menschen‹ in die Welt eingreift. Dies bedeutet, daß die kommunikative Praxis von Christen nie empirisch als solche zu identifizieren ist, sondern an der Zweideutigkeit allen Handelns in diesem Äon partizipiert, obwohl sie aus der ›Kraft der Auferstehung‹ geboren ist. Sie ist nicht als religiöse Praxis erkennbar, sondern vollzieht sich im Alltäglichen, auch im alltäglichen politischen Leben in Staat und Partei. ›Christentum‹ in diesem emphatischen Sinn ist wie der Glaube Abrahams »eine ganz unmittelbare, *profane*, aber heilige Lebensäußerung« (R I, 119; Hervorhebung vom Verf.), es ist – so könnte man sagen – ›weltliches Christentum‹.

›Weltlich von Christus reden‹ wollte nach Mattmüllers Interpretation Leonhard Ragaz. Für Barth hieß ›weltlich von Christus reden‹: »Sozialdemokratisch, aber nicht religiös-sozial«. Ich will damit zum Schluß noch einmal die Anfrage Mattmüllers an den ersten »Römerbrief« aufnehmen[184], weil sie nicht nur von historischem Interesse ist, sondern – der inzwischen vergangenen 70 Jahre zum Trotz – aktuelle Relevanz besitzt. Anders als Kutter und Barth, so Mattmüller, habe Ragaz »das Gespräch mit den Leuten außerhalb der Kirche,

---

183 Diesem Problem zu wenig Beachtung geschenkt zu haben, ist Barths Vorwurf an die Adresse der Religiös-Sozialen. Zu umstandslos glaubten sie das Reich Gottes zum Kriterium politischer Entscheidungen erheben zu können, meinten sie – wie Ragaz sagte – das Absolute im Relativen, wenngleich nur partiell, zum Ausdruck bringen zu können. Im Grunde ist dies auch der Mangel der gewissermaßen ›religiös-sozialen‹ Barth-Interpretation von Marquardt und Dannemann. Nach *F.-W. Marquardt*, Theologie und Sozialismus, 139, setzt die »›Revolution Gottes‹ ... die Kriterien für die Notwendigkeit oder Nutzlosigkeit« revolutionärer Akte. Und für *U. Dannemann*, Theologie und Politik, 77, ist die ›Revolution Gottes‹ das theologische Instrument, das »zu einem Urteil über ›Streik und Generalstreik und Straßenkampf‹ verhelfen soll« (ebd., 73) und »das politische Engagement in der Sozialdemokratie« impliziert (ebd., 77). Übersehen wird dabei einmal, so meine ich, daß in Barths Thesenreihe ›Straßenkampf‹ und ›Militärdienst‹ bewußt mit einem »wenn's sein muß« als extreme politische Möglichkeiten von Christen gekennzeichnet sind, die gerade nicht zugestanden, die aber auf keinen Fall aber theologisch begründet werden. Zum andern scheint mir die Differenz zwischen ›christlicher Ermahnung‹ und ›Ethik der verfahrenen Situationen‹, zwischen Paraklese und Gesetz nicht beachtet zu sein.
184 Siehe oben S. 222.

mit den Nicht-Theologen, den Weltlichen, den Sozialisten und Pazifisten« gesucht. So erkläre sich auch, warum Ragaz sich bemühe, »weltlich von Christus zu reden«. Der Schein einer Ideologisierung seiner Theologie resultiere daraus, daß er »sich aktiv in die Bewegungen des Sozialismus und des Pazifismus hineinstellte« und sich darum »ein gutes Stück weit mit den Ideologien ... identifizieren [mußte], die solche Bewegungen integrieren«.[185]

Mag sein. Vielleicht ist es in der Tat unumgänglich, *sich* ein Stück weit mit den Ideologien dieser Bewegungen zu identifizieren. Aber dann bleibt immer noch zu fragen, ob die Solidarisierung mit Sozialismus und Friedensbewegung, die schließlich auch Barth auf seine Weise zeitlebens durchhielt, eine – und sei es nur partielle – Identifizierung des Reich-Gottes-Gedankens mit der jeweiligen Ideologie erfordere. Wie kann dann vermieden werden, daß man statt ›weltlich von Gott zu reden‹ tatsächlich ›religiös von der Welt redet‹? Wird hier der Welt nicht doch zuviel zugemutet? Liegt also nicht doch eine religiöse Überhöhung des Politischen vor und muß nicht gerade sie zu der zwar vorübergehenden, als solcher aber doch fatalen Desolidarisierung führen, wie sie sich in dem Aufsatz »Unser Sozialismus« von 1917 zeigt, wo Ragaz den Religiösen Sozialismus der Sozialdemokratie entgegensetzt? Mit seiner These: »Sozialdemokratisch, aber nicht religiös-sozial« ergreift Barth ganz bewußt Partei für die ›profane‹ Bewegung; sie ist als unmittelbare Antithese zu der Forderung von Ragaz: »Sozialismus muß *religiöser Sozialismus* sein«[186], zu begreifen. Ragaz verkennt, so lautet Barths Kritik, daß auch der Religiöse Sozialismus in der politischen Arena nicht weniger als die Sozialdemokratie ›Welt‹ ist und sich zu dieser ›Weltlichkeit‹ bekennen müßte, statt sich darüber moralisch erhaben zu wähnen.

›Weltliches Reden von Gott‹ müßte sicherstellen, daß die weltliche Wirklichkeit nicht lediglich religiös überhöht, der eigene Standpunkt nicht bloß gegen Kritik immunisiert, »das Menschliche nicht theologisiert« wird, wie Barth sagt (R I, 509; vgl. auch 513). Das Absolute kann eben doch nicht durch Relatives zum Ausdruck gebracht werden, ohne seine Absolutheit einzubüßen. Das reformierte ›Finitum non capax infiniti‹ steht unausgesprochen im Hintergrund. Wollten wir es dennoch versuchen, – das Ergebnis müßte immer sein, »daß wir das Relative vorwitzigerweise in die Sphäre des Absoluten« hinaufschrauben, was sich unfehlbar dadurch rächte, »daß uns das Absolute nun nur noch in der zweideutig-unsichern Sphäre des Relativen gegenwärtig« wäre (R I, 515).

---

185 *M. Mattmüller*, Leonhard Ragaz II, 249.
186 Vgl. oben S. 223 Anm. 168.

4.4. Christliches Handeln statt Moral

Bonhoeffer hat in den berühmten Briefen aus Tegel – übrigens unter expliziter Berufung auf Barth – das Problem aufgeworfen, wie man weltlich von Gott reden und ob man so überhaupt noch *reden* könne, wobei die Alternative – so interpretiere ich Bonhoeffer – nicht wäre: *religiös* von Gott zu reden, sondern – von Gott schweigend – aus Gott zu *handeln*.[187] Der Autor des ersten »Römerbriefs« war in der Tat der Auffassung, daß außerhalb des Christusorganismus »die christliche Ermahnung nicht anders ... denn als eine sehr seltsame Form des *Gesetzes*« wirken müsse (R I, 464), und es darum besser sei »zu schweigen« (R I, 465) und »das euch gegebene göttliche Wort durch euer Verhalten ... zu verkündigen« (R I, 491). Das heißt: Die Theologen haben die Welt nur religiös interpretiert, es kommt darauf an, sie zu verändern, und zwar durch kommunikative Praxis, durch ein Verhalten, in dem Gott selber wirkt. Das Versagen von Theologie und Kirche macht um so offenkundiger, »daß *die Welt als solche* und nicht irgend ein geweihter Bezirk in ihr der Acker, die Stätte des Reiches Gottes ist« (R I, 439). Weltliches Reden von Gott, so scheint Barth sagen zu wollen, vollzieht sich als gänzlich unprätentiöses, unbewußtes Tun des Guten (vgl. Mt 25,31ff). Es bedeutet praktisches und konkretes Engagement in der Arbeiter- und Frauenbewegung, in der Ökologie- und Friedensbewegung, – aus dem Glauben heraus, doch ohne allen religiösen Anspruch. Dies wäre die Solidarität mit der Welt, die sich aus der ›kommunikativen Freiheit‹ des Christen notwendig ergibt.

Als Resümee läßt sich festhalten, daß Barths neue Ethik im ersten »Römerbrief« von der Kritik der idealistischen Gesinnungsethik zu einem verantwortungsethischen Ansatz fortschreitet, der nach den tatsächlichen Folgen christlichen Verhaltens fragt. Dieser Schritt ist eine Konsequenz des Barthschen Wechsels von einer anthropozentrischen zu einer theozentrischen Theologie. Er impliziert, daß der Christ durch den Heiligen Geist dazu ermächtigt und befähigt ist, gegebene Normen und Prinzipien reflexiv auf ihre situative Übereinstimmung mit dem Willen Gottes, wie er im Christusorganismus faktisch geschieht, zu prüfen. Inhaltlich ist dieses Handeln als kommunikative Praxis zu bestimmen, d.h. als die Praxis des von seiner Selbstbezüglichkeit befreiten Menschen. Sie bewährt sich als solche auch im politischen Bereich, in dem die spezifisch christliche Aufgabe darin besteht, das hier noch notwendige Recht durch die Liebe zu unterlaufen und – wo dies schon möglich ist – zu ersetzen.

---

[187] *D. Bonhoeffer*, Widerstand und Ergebung, 306: »Wie sprechen wir von Gott – ohne Religion, d.h. eben ohne die zeitbedingten Voraussetzungen der Metaphysik, der Innerlichkeit etc. etc.? Wie sprechen (oder vielleicht kann man nicht einmal mehr davon ›sprechen‹ wie bisher) wir ›weltlich‹ von ›Gott‹, wie sind wir ›religionslos-weltlich‹ Christen, wie sind wir ἐκ-κλησία, Herausgerufene, ohne uns religiös als Bevorzugte zu verstehen, sondern vielmehr als ganz zur Welt Gehörige?«

In Abgrenzung von den Schweizer Religiös-Sozialen stellt Barth heraus, daß diese kommunikative Praxis des neuen Äons nicht unmittelbar in der politischen Arena zu identifizieren ist, sondern den verborgenen und allgemeinen Christusorganismus zum Träger hat. Der Vergleich der politischen Ethik des ersten »Römerbriefs« mit der lutherischen Zwei-Reiche-Lehre zeigt, daß es Barth vor allem noch an einer expliziten Ekklesiologie und Christologie mangelt. Darum gelingt es ihm in dieser frühen Zeit noch nicht, seinen kritischen Ansatz für ein sozialethisches Modell fruchtbar zu machen. Denn die Beschreibung des christlichen Handelns wird, wo sie wirklich konkrete Gestalt annimmt, von der Negation des Handelns im alten Äon her entworfen. Erst mit der Einbeziehung der Christologie in die Grundlegung von Anthropologie und Ethik entwickelt Barth das Instrument, das ihn von der Notwendigkeit abstrakt-eschatologischer Negation befreit.

4.5. Glaube und christliches Handeln im ersten »Römerbrief«

Glaube und christliches Handeln werden im ersten »Römerbrief« von Religion und Moral strikt unterschieden. Sie gehören dem neuen Äon an, in dem die ursprüngliche, durch die Sünde verlorengegangene unmittelbare Einheit zwischen Gott und Mensch wiederhergestellt ist und sich die ›eigentliche‹ Geschichte ereignet. Unter dieser Voraussetzung ist Glaube auf der Treue Gottes basierende und auf sie antwortende Gotteserkenntnis, und christliches Handeln die menschliche Mitarbeit am Handeln Gottes in der Welt.

Ist der neue Äon durch die Versöhnungsgnade Gottes bestimmt, so der alte durch die Sünde des Menschen, die darin besteht, daß der Mensch autonom sein möchte, sein Geschick selber in die Hand nehmen will und deshalb beginnt, sich selbst in den Mittelpunkt zu stellen, um den sich letztlich alles drehen soll. Die Konsequenz ist, daß er zuerst Gott verliert und schließlich auch die Menschen untereinander entzweit werden, und darum das Gute, das nur von Gott her geschehen kann, nicht geschieht. An die Stelle Gottes treten herrenlose Mächte und Gewalten, denen sich der Mensch unterwirft, und die nun sein Denken und Handeln beherrschen.

Religion und Moral sind demgegenüber Versuche Gottes, den Menschen an den verlorenen Ursprung und die ›eigentliche‹ Geschichte zu erinnern. In der Hand des Sünders verlieren sie freilich diese elenchtische Funktion und werden zu einem Mittel der Selbstsetzung des Menschen. So versucht der Mensch, Gottes im religiösen Erlebnis habhaft zu werden, gelangt freilich nur zu Gottesbildern, in denen Gott auf seine individuellen Bedürfnisse zugeschnitten ist. Und so jagt er moralischen Idealen hinterher in der Einbildung, seine höhere Gesinnung sei als solche schon das verlangte Gute, das sich der Sünde widersetze. In einer theologischen Religions- und Moralkritik zeigt Barth, inwiefern Erlebnistheologie und idealistischer Moralismus letztlich der Selbstkonstitution des frommen Subjekts dienen, damit aber Gott und den Mitmenschen verfehlen. Der nur um sich selbst kreisende Mensch ist unfähig zu wirklicher Gotteserkenntnis und zu einer dieser Gotteserkenntnis entsprechenden kommunikativen Praxis.

Der erste »Römerbrief« versucht beides zurückzugewinnen, indem er es strikt vom Handeln Gottes und nicht vom religiösen Individuum her begreift. In diesem Sinn versteht er christliches Handeln als sich dem Handeln Gottes verdankende und in realer communicatio, im Miteinander, in der Gewinnung und Bewahrung von Gemeinschaft bestehende kommunikative Praxis. Sie ist als solche nur möglich im Christusorganismus, in dem Gemeinschaft und Freiheit zugleich realisiert sind. Diese Praxis setzt freilich eine entsprechende

Kompetenz voraus, die nach Barths Überzeugung dem Menschen nicht apriori gegeben ist, sondern erst durch das Aufbrechen jener selbstreferentiellen Strukturen, in denen der Sünder gefangen ist, ermöglicht werden muß. Nur wer nicht um sich selbst kreist, kann am anderen partizipieren und wirkliche Gemeinschaft eingehen. Nur wer im anderen keine Schranke seiner persönlichen Freiheit, sondern die unabdingbare Notwendigkeit ihrer Verwirklichung zu sehen in der Lage ist, wird Praxis nicht als Kampf konkurrierender Interessen begreifen, sondern als Tun dessen, was der Gemeinschaft dient.

Wie verhalten sich nun aber Glaube und kommunikative Praxis nach dem ersten »Römerbrief« zueinander? Barths These ist nicht nur, daß christliches Handeln in diesem Sinne kommunikative Praxis ist, sondern auch, daß ihre Grundvoraussetzung, die kommunikative Freiheit, erst im Christusorganismus gegeben ist, d.h. in einer Gemeinschaft, deren Charakteristikum die wiederhergestellte Unmittelbarkeit zu Gott ist. Indem Gott sich dem Sünder zuwendet und ihn zu sich zieht, indem er ihm seine Schuld vergibt und seine gefangene Subjektivität befreit, unterstellt er ihn völlig neuen, eben den im neuen Äon geltenden Bedingungen, deren entscheidendes Merkmal die Durchbrechung des Prinzips Selbstbezüglichkeit ist. Der einzelne gewinnt seine Individualität nun gerade aus der Begegnung mit Gott und seiner dadurch möglichen Offenheit für den anderen. Das heißt, der Glaube als die von Gott hergestellte und vom Menschen daraufhin bejahte positive Relation des Menschen zu Gott ist die Voraussetzung aller kommunikativen Praxis. Gut ist eine Handlung nicht kraft einer ihr irgendwie innewohnenden Güte, auch nicht aufgrund ihrer Übereinstimmung mit einem praktischen Ideal, sondern gut ist eine Handlung dann, wenn der Handelnde gut ist. Gut ist der Handelnde aber nur, wenn er durch Gott von seiner Selbstbezüglichkeit befreit ist und dadurch Gott wieder erkennt. Erst dann entspricht der Mensch seiner kreatürlichen Bestimmung und zugleich seiner wahren Selbstbestimmung. Insofern konstituiert der Glaube die freie, auf den anderen bezogene und damit Intersubjektivität mit umfassende Subjektivität, deren Handeln eben kommunikative Praxis und als solche gut ist. Auch wenn der Schwerpunkt der Argumentation dabei nicht auf dem Handeln, sondern auf dem durch Gott ermöglichten Glauben des Menschen liegt, so ist doch deutlich, daß es das eine ohne das andere nicht gibt. »Es ist unmöglich«, so stellt Barth im Blick auf Abraham fest, »daß die Aufhebung seiner Sünd- und Schuldhaftigkeit nicht Wirkungen haben, nicht ein ›Handeln‹ erzeugen wird, das auch in der geschichtlich-seelischen Sphäre als außergewöhnlich auffallen muß. Aber diese Wirkungen als solche können bei einem *Einzelnen* immer nur relativ, vorläufig, diskutabel sein, Signale gleichsam des neuen, kommenden *Kosmos*, und darum sind für die Bibel nicht *sie* das Bedeutsame an der Erscheinung des Gerechten, sondern das, was *hinter* ihnen steht, das Gerecht-

4.5. Glaube und christliches Handeln

erklären und Sündenvergeben von Gott aus, die freie *Tat Gottes* in der Eröffnung seines neuen Lebenszusammenhangs« (R I, 116f).[188]

Im Christusorganismus »gilt nur noch Eines: unverworrene Erkenntnis Gottes und ungehemmtes Tun seines Willens, wie es in dieser Erkenntnis liegt und aus ihr fließt. Im Christus ist das möglich geworden, und darum sind im Christus die Fragen der Dogmatik und Ethik erledigt. Im Christus ist *lauter* Wahrheit und *lauter* guter Wille« (R I, 262). Damit ist alles Gute, das faktisch durch Menschen geschieht, also alle kommunikative Praxis, als Handeln aus Gotteserkenntnis verstanden, wie sie im Christusorganismus gegeben ist. Man wird dies freilich nicht klerikal interpretieren dürfen, als ob nur die Kirche und die Kirchenchristen im Besitz der Wahrheit wären und Gutes täten. Im Gegenteil: Gerade die Kirche wird als Institution durchaus dem vergehenden, alten Äon zugerechnet; der universale Christusorganismus deckt sich keineswegs mit den immer partikularen Kirchen, sondern umfaßt die unsichtbare Gemeinschaft derer, die de facto von ihrer sündigen Selbstbezüglichkeit befreit und darum auf Gott und Mitwelt bezogen sind.

Freilich, noch stehen wir zudem in der Äonenwende. Noch ist nicht letztlich entschieden, ob wir dem alten oder neuen Äon zugeordnet werden, der Welt oder dem Christusorganismus. Auch wenn wir auf unser neues Sein ›im Christus‹ angesprochen werden, so ist doch klar, daß wir die damit gegebene Freiheit nicht immer in Anspruch nehmen. Wenn Sünde alles ist, was nicht aus dem Glauben kommt (Röm 14,23), so ist alles von Übel, was nicht aus kommunikativer Freiheit heraus geschieht.

Vergleicht man diese Konzeption mit Barths Vorkriegstheologie, so zeigt sich, daß Barth zwar an dem Grundsatz, daß die Person das Werk gut oder schlecht macht, festhält, ihn aber jetzt inhaltlich anders bestimmt. Vor dem Ersten Weltkrieg hat Religion für Barth die Funktion, zur Verwirklichung des moralischen Ideals zu befähigen. Religion ist dabei verstanden als ein durch die Partizipation am göttlichen Leben qualifiziertes Selbstbewußtsein, das die apriorischen Gesetze des Kulturbewußtseins, zu denen auch die Moral zählt, erfüllt. Wie sich das Selbstbewußtsein also konkret in den Äußerungen der Kultur wiederspiegelt, so kann es umgekehrt durch deren Anschauung im reli-

---

[188] Einmal mehr zeigt sich eine Parallele zu Luther, nämlich hier zu dessen Unterscheidung von Person und Werk und der These, daß der Glaube die Person begründe: »Fides facit personam, persona facit opera, non opera fidem nec personam. Den es wirt keiner glauben, ehr wirt auch guthe werck thun, widerumb wirt auch keiner ein guth werck thun, er glaube denn ehr« (*M. Luther*, Zirkulardisputation de veste nuptiali, WA 39/I, 283). Vgl. dazu auch *G. Ebeling*, Luther, 157-197. – Die beobachteten Übereinstimmungen zwischen der Theologie des ersten »Römerbriefs« und der Luthers resultieren allerdings kaum aus einer intensiveren Beschäftigung Barths mit Luther, sondern beruhen eher darauf, daß beide den paulinischen Römerbrief von einem theozentrischen Ansatz her interpretieren.

giösen Erlebnis bestimmt werden. Diese Vermittlungsfunktion der Kultur wird nun vom Christusorganismus übernommen. Die anthropozentrische Erlebnistheologie und der damit verbundene Kulturidealismus weichen einer strengen Theozentrik und einer realistischen Eschatologie.

Damit gelangt Barth im ersten »Römerbrief« zu Antworten, die von seiner Vorkriegstheologie aus so nicht möglich sind. Gewiß geht es Barth auch dort darum, den Glauben als diejenige Instanz im Menschen zu begreifen (Selbstbewußtsein), die alle seine Lebensäußerungen (Kulturbewußtsein) bestimmt. Allerdings ist das fromme Selbstbewußtsein in bestimmter Weise vermittelt durch das Kulturbewußtsein, so daß es diesem nicht als kritische Instanz gegenübertreten kann. Zudem ist der Glaube dort verstanden als eine im präzisen Sinne individuelle Angelegenheit, die als solche nicht kommunizierbar ist, so daß auch die Möglichkeit eines korrigierenden Diskurses ausgeschaltet bleibt. Insofern konnten wir das auf dieser Basis beruhende Handeln des Christen nicht als kommunikative, sondern als lediglich individuelle Praxis ansprechen. Barth versucht – wie wir gesehen haben[189] – zwar schon vor dem Krieg, diese Konsequenz durch Übernahme religiös-sozialer Theologumena zu vermeiden, gelangt m.E. aber erst jetzt im ersten »Römerbrief« zu einer Handlungstheorie, die dieser Intention gerecht wird. Indem das christliche Handeln als in einem Glauben gründend dargestellt wird, dessen entscheidendes Merkmal die Freiheit zur Gemeinschaft mit Gott und darum auch zum Mitmenschen ist, bekommt es kommunikative Qualität.

---

189 Siehe S. 80ff u. 96f.

5. ERGEBNIS UND WEITERFÜHRENDE PERSPEKTIVEN

5.1. ERGEBNIS

5.1.1. Die Vorgeschichte der Dialektischen Theologie Karl Barths. Ein zusammenfassender Überblick[1]

In seinen ersten Arbeiten zeigt sich Barth, wie wir gesehen haben, als treuer Schüler Wilhelm Herrmanns.[2] Die noch in Marburg verfaßten Rezensionen und der kleinere Aufsatz über »Moderne Theologie und Reichsgottesarbeit« beschreiben den Glauben als Partizipation am göttlichen Leben. Er ist in diesem Sinne die nicht-objektivierbare innere Praxis des religiösen Individuums, die Bestimmtheit seines unmittelbaren Selbstbewußtseins durch Gott. Theologie hat demgegenüber die Funktion einer kritischen Reflexion auf die historisch bedingten und darum grundsätzlich das Gotteserleben nur inadäquat zum Ausdruck bringenden Glaubensgedanken. Ist der Glaube durch ›religiösen Individualismus‹ gekennzeichnet, so die Theologie durch ›historischen Relativismus‹. Darum besteht zwischen individueller Glaubenspraxis und allgemeiner theologischer Theorie ein letztlich unüberwindbarer Hiatus. Theologie dient allerdings dem Glauben indirekt dadurch, daß sie die Glaubensaussagen, wie sie in der Bibel und der kirchlichen Tradition vorliegen, mit dem allgemeinen Wahrheitsbewußtsein konfrontiert und historisch relativiert. Auf diese Weise bewahrt sie den einzelnen davor, sich auf historische Sicherheiten zu stützen, und nötigt ihn, sich seinem eigenen Gotteserleben zu stellen. Das äußere, politisch-ethische Handeln des Christen wird als solches hier noch nicht thematisiert. Wichtig ist für Barth vor allem die Gesinnung des Christen, seine sittliche Autonomie im Sinne der Orientierung des Willens am Sittengesetz.

Wodurch sich nun das Gottesverhältnis konstituiert, wie das religiöse Erlebnis sich vollzieht, zeigen der Aufsatz »Der christliche Glaube und die Ge-

---

1 Die vorliegende Untersuchung rekonstruierte die Vorgeschichte der ›dialektischen‹ Theologie Karl Barths am Leitfaden der Gottes- und Weltrelation des Menschen. Zu fragen war deshalb primär danach, wie sein Verständnis christlichen Glaubens und Handelns sich entwickelt und welche Ursachen für diese Entwicklung namhaft gemacht werden können. Ich will jetzt den Gang der Handlung noch einmal rekapitulieren, wobei ich abweichend vom Verfahren des Analyseteils, dessen Gliederung ja auch von systematischen Hinsichten bestimmt war, rein chronologisch vorgehe, damit die Entwicklung des Barthschen Denkens deutlich wird.
2 Vgl. oben S. 23ff.

schichte« von 1910 und die vermutlich etwa gleichzeitig entstandenen »Ideen und Einfälle zur Religionsphilosophie«.[3] Hier wird deutlich, daß Barth in bewußter Ablehnung der Troeltsch'schen Theorie des religiösen Apriori daran festhält, daß der Glaube keine Funktion des menschlichen Bewußtseins ist, sondern sich einem geschichtlich vermittelten Geschehen verdankt, in dem Gott unmittelbar erlebt wird. Träger dieses Geschehens, die ›historischen Vehikel‹ – wie Barth sie nennt –, sind geschichtliche Manifestationen göttlich bestimmten unmittelbaren Selbstbewußtseins wie es sich im Vorbild religiöser Persönlichkeiten oder der religiösen Tiefendimension kultureller Erzeugnisse offenbart. In ihnen erkennt der Glaube jene Bestimmtheit des unmittelbaren Selbstbewußtseins, jene ›trans-individuelle Lebensmacht‹ wieder, an der er selber partizipiert. Nach der allgemeinen religionsphilosophischen Interpretation des Offenbarungsvorgangs ist Glaube das ›Gefühl‹ einer ins Bewußtsein eintretenden ›Anschauung‹ des Unendlichen. Das konstitutiv Christliche besteht lediglich darin, daß das Anschauungsobjekt durch die Erscheinung des ›inneren Lebens‹ Jesu normiert ist; denn in ihm enthüllt sich uns ein Charakter, der uns unbedingt beeindruckt und so das Gefühl göttlichen Lebens und göttlicher Kraft in uns weckt. Geschichte und Kultur sind – gewiß nicht in allen ihren Erscheinungen, aber doch virtuell – Offenbarungen Gottes, nämlich dann, wenn hinter ihren Erscheinungen unbedingte Wahrhaftigkeit und Selbstlosigkeit erkennbar wird.

Von dieser Voraussetzung her wird man Barths 1911 in Safenwil gehaltenen Vortrag »Jesus Christus und die soziale Bewegung« verstehen müssen.[4] Die innere Haltung, wie man sie diesem Aufsatz zufolge in den einzelnen Gliedern der Arbeiterbewegung wahrnehmen kann, entspricht der Gesinnung Jesu. Der Begriff des Reiches Gottes spielt hier eine eher marginale Rolle und wird durchaus im ›modernen‹ Sinne der Innerlichkeit des Menschen zugeordnet. Neu ist dabei allerdings, daß nicht mehr allein die Gesinnung thematisiert wird, sondern auch das ihr entsprechende Handeln ins Blickfeld ethischer Reflexion tritt. Wie wir gesehen haben[5], greift Barth damit Überlegungen und Anregungen des Religiösen Sozialismus in der Schweiz auf und versucht sie in seine Moderne Theologie zu integrieren. Möglich ist dies, weil die Religiös-Sozialen wie auch er selbst beim einzelnen und seiner Gesinnung ansetzen und von hier aus (teilweise unter Rückgriff auf Calvins theokratisch-ethischen Monismus und in bewußtem Gegensatz zum Luthertum ihrer Zeit) konkrete Handlungsziele statt lediglich Handlungsmaximen entwickeln. De facto ist hier also der rein gesinnungsethische Ansatz, der nur den guten Willen als Kriterium

---

3 Siehe S. 32ff.
4 Siehe S. 71ff.
5 Siehe S. 76ff.

5.1. Zusammenfassung und Konsequenzen für die Barth-Interpretation 239

ethischen Handelns gelten läßt, in Frage gestellt, nicht aber schon die anthropozentrisch-erlebnistheologische Grundlage der Theologie.

So nimmt es nicht wunder, daß Barth den Begriff des Reiches Gottes, der in der Folgezeit einen ganz neuen Stellenwert für ihn erhält, in den Marburger Ansatz integrieren will. Das aufschlußreichste Dokument für diesen Versuch ist der 1913 gehaltene und ein Jahr später publizierte Vortrag »Der Glaube an den persönlichen Gott«.[6] In ihm differenziert Barth innerhalb des individuellen Erlebens göttlicher Macht zwei Momente, deren Erfahrungsgehalt mit den Begriffen ›Persönlichkeit‹ und ›Erhabenheit‹ wiedergegeben wird. Während der Persönlichkeitsbegriff auf das Theorem des ›inneren Lebens Jesu‹ verweist, steht der Terminus des ›Erhabenen‹ als Äquivalent für den biblischen Begriff des Reiches Gottes, der aber nun gerade nicht mehr die jesusgemäße soziale Gesinnung beinhaltet, sondern in der Geltung ›objektiver sozialer Werte‹ anschaulich wird. Barth bringt hier offensichtlich seine in Safenwil mittlerweile gewonnenen sozial-politischen Erfahrungen, die ihm Grenzen seines individualethischen Ansatzes deutlich vor Augen führen, in die Theologie ein.

Daß Barth sich durchaus noch auf schwankendem Boden befindet, haben uns seine Predigten von 1913 und 1914 enthüllt.[7] In ihnen wird die spezifische Art von Kulturidealismus, die Barth ein paar Jahre zuvor entwickelt hatte, mit der sozialistischen Fortschrittsidee verbunden. Dadurch gerät Barths Theologie bisweilen in die Nähe eines sozusagen sozialistisch gefüllten Kulturprotestantismus. Aber schon der Aufsatz »Der Glaube an den persönlichen Gott« von 1913 distanziert sich von der Ritschlschen Ethisierung des Reich-Gottes-Begriffs, wie sie etwa noch bei Ragaz nachwirkt.[8] Explizit wendet Barth sich gegen die These, es sei Aufgabe der Gläubigen, das Reich Gottes als sittliche Gemeinschaft zu verwirklichen. Als Grundbegriff einer eschatologischen Wertethik bezeichnet ›Reich Gottes‹ das Ideal, das von Menschen zwar nicht realisiert werden kann, das aber richtungsweisend für das Handeln ist und ihm Kraft verleiht. Das Interesse an Kultur im Sinne von Wissenschaft, Politik und Kunst haftet nun nicht mehr ausschließlich an ihren Trägern und deren subjektiver Wahrhaftigkeit, sondern an der in ihr zum Ausdruck kommenden Objektivität sozialer Werte. Die Persönlichkeitsethik wird faktisch durch eine Güterethik ergänzt. Auf diese Weise wird den Einwänden von Troeltsch gegen Herrmanns Ethik stillschweigend Rechnung getragen.

Die zu Kriegsbeginn publizierte, aber noch vorher zu Papier gebrachte »Hilfe«-Rezension zeigt, in welcher Weise Barth die Eschatologie ethisch zur

---

6 Siehe S. 55ff u. 82ff.
7 Siehe S. 90f; vgl. zum Barthschen Kulturidealismus auch 42ff.
8 Siehe S. 82ff.

Geltung bringen möchte.⁹ Zwar spricht er hier nicht vom ›Reich Gottes‹, sondern benutzt die bei Religiös-Sozialen auch sonst verwendete Unterscheidung von ›Letztem‹ und ›Vorletztem‹ oder von ›Absolutem‹ und ›Relativem‹, meint aber tatsächlich, daß das von Menschen nicht realisierbare Absolute, also das Reich Gottes, Maßstab dessen sein muß, was im Bereich des Relativen zu tun ist. Allerdings entfaltet Barth diesen Gedanken insofern in einem idealistischen Denk-Rahmen, als er das Absolute als christliche *Idee* versteht, die der politischen *Realität* kontrastiert wird. Daß der eschatologische Dualismus in diesem Sinne als Differenz von Idealität und Realität konzeptualisiert und daß vor allem das Ideal einer herrschaftsfreien Welt von der unbestimmten Negation der bestehenden Welt her entworfen wird, zeigt, daß Barth trotz aller Modifikationen im einzelnen seinem bisherigen Ansatz einer Modernen Theologie immer noch verhaftet ist.

Die weitgehende Bejahung und theologische Rechtfertigung des Krieges seitens deutscher Theologen sowie die Berufung solcher verehrten Lehrer wie Herrmann und Rade auf das Kriegserlebnis als eines religiösen Erlebnisses, stürzen Barth in Zweifel über die Tragfähigkeit und Legitimität des erlebnistheologisch-anthropozentrischen Ansatzes.¹⁰ Ist das geschichtlich vermittelte Erlebnis einer uns unbedingt angehenden Macht, so beginnt er sich zu fragen, hinreichend vor Ideologisierungen geschützt? Genügt das bloße Ideal der religiösen Persönlichkeit und des Reiches Gottes, um christliches Handeln zu motivieren und inhaltlich eindeutig zu bestimmen? Die latent vorhandenen Spannungen zur Ethik der Marburger Theologie werden nun manifest, wie besonders Barths Brief an Wilhelm Herrmann vom November 1914 zeigt. Barth sieht sich genötigt, nach neuen Fundamenten jenseits des theologischen Liberalismus und in zunehmendem Maße auch jenseits des Religiösen Sozialismus zu suchen.

Eine Schlüsselfunktion für die weitere Entwicklung Barths kommt dabei sicherlich dem im April 1915 erfolgten Besuch bei Blumhardt in Bad Boll zu. Denn in der Folgezeit bringt Barth nicht nur den eschatologischen Dualismus schärfer als je zuvor in Anschlag, sondern er interpretiert ihn nun vor allem nicht mehr idealistisch.¹¹ Das Reich Gottes tritt der Realität der vergehenden Welt nicht mehr als bloße Idee, als Utopie einer vollkommenen Welt, an der sich der Christ zu orientieren habe, gegenüber, sondern wird jetzt selber als diejenige Realität verstanden, von der her der Christ lebt und handelt. Die ersten zielsicheren Schritte in diese neue Richtung unternehmen die Aufsätze »Kriegszeit und Gottesreich« von 1915, »Die Gerechtigkeit Gottes« von 1916

---

9   Siehe S. 86ff.
10 Siehe S. 103ff.
11 Siehe S. 119ff.

5.1. Zusammenfassung und Konsequenzen für die Barth-Interpretation

und »Die neue Welt in der Bibel« von 1917, die darauf abheben, daß das Gute nicht bloßes Ideal sei, sondern eine Realität, nämlich die Realität einer neuen Welt, die von Gott her im Kommen ist. Der Blumhardtsche Reich-Gottes-Realismus überführt den anthropozentrischen Ansatz Karl Barths in einen theozentrischen. ›Von Gott her‹ wird nun die entscheidende Formel seiner neuen, die subjektivitätstheoretischen Voraussetzungen des bisherigen erlebnistheologischen Ansatzes bloßlegenden und überwindenden Theologie.

Der erste »Römerbrief«, der während des Krieges zwischen 1916 und 1918 entsteht, ist von dieser neuen Grundlage her konzipiert. Seine Einzelaussagen fügen sich in die apokalyptische Kontrastierung von altem und neuem Äon als den beiden gleichzeitig geltenden Qualifizierungen der Wirklichkeit ein.[12] Zeichnet sich die ›sogenannte‹ Geschichte des alten Äons dadurch aus, daß Idee und Leben auseinanderklaffen, daß das Gesetz die Sünde nicht überwindet, sondern verstärkt, so ist die ›eigentliche‹ Geschichte des neuen Äons dadurch charakterisiert, daß die Idee im Leben verwirklicht, das Gesetz erfüllt und die Sünde vergeben ist. Herrschen in der alten Chaoswelt Tod und Isolation, so regieren im neuen Organismus des Reiches Gottes Leben und Kommunikation. Alter und neuer Äon verhalten sich zueinander wie Sünde und Vergebung und zugleich wie Verheißung und Erfüllung. Zwar geht die Offenbarung Gottes als ›eigentliche‹ Geschichte in die ›sogenannte‹ Geschichte ein, zwar wird sie als Christusorganismus mitten ins Chaos hineingepflanzt, – aber sie geht darin nicht auf, sondern bleibt in dem ihm fremden, ja feindlichen Medium verborgen und als verborgene die einzig wirksame Kraft des Guten gegen das Böse. Das Kommen des Reiches Gottes vollzieht sich organisch, d.h. ohne daß die ihm inkorporierten Christen aus eigener Macht etwas dazu beitragen könnten; vielmehr handeln sie umgekehrt in dessen Dienst und aus dessen Kraft.

Dieser eschatologischen Grundstruktur entspricht es, wenn Barth im ersten »Römerbrief« seine eigene anthropozentrische Dogmatik und Ethik der Vorkriegszeit, nun dem alten Äon zuordnet. Religion und Moral werden jetzt mit dem paulinischen Gesetz identifiziert, das der Sünder in ein Mittel seiner Selbstverwirklichung pervertiert. In diesem Sinne unterzieht Barth Religion und Moral einer von Gottes Allwirksamkeit ausgehenden theologischen Kritik. Menschliche Selbstverwirklichung nach Maßgabe eines Persönlichkeitsideals oder einer Gesellschaftsutopie ist außerhalb der göttlichen Allwirksamkeit nicht nur theologisch illegitim, sondern führt faktisch zum genauen Gegenteil dessen, was dabei intendiert ist, nämlich zur Unfreiheit statt zur Emanzipation. Religion steht dann dem Reiche Gottes entgegen, statt auf es hinzuweisen. Als ihre heimliche Voraussetzung dekuvriert die theologische Religionskritik

---

12 Siehe S. 136ff.

Barths[13] das sündige Selbständigseinwollen des Menschen, der dadurch sich selbst, die Welt und vor allem auch Gott verliert. In den Sog dieser Kritik religiöser Subjektivität wird auch das ›religiöse Erlebnis‹ hineingezogen, das nun als Versuch des homo religiosus verstanden wird, Gott zum Objekt seiner individuellen Erkenntnis zu machen, ihn den Bedürfnissen seines religiösen Bewußtseins anzupassen.

Das theozentrische Verständnis des Glaubens[14], wie es dem neuen Äon entspricht, geht dagegen nicht mehr von der Aufnahme Gottes ins menschliche Bewußtsein aus, sondern umgekehrt vom Hineingenommensein des Bewußtseins in den Herrschaftsbereich Gottes. In diesem Sinne ist der Glaube unmittelbare Gotteserkenntnis, die keiner erlebnishaften Vermittlung bedarf und weder eine transzendentale noch eine mystische Erfahrung darstellt. Er ist vielmehr – als menschliche Antwort auf die Treue Gottes – das im göttlichen Prädestinationshandeln begründete Werk Gottes im Gläubigen selber. Überläßt die Prädestination zum Unheil den Sünder seinem tatsächlichen, um sich selbst kreisenden Verhalten, so impliziert die Prädestination des Menschen zum Heil die Befreiung seiner in Selbstbezüglichkeit gefangenen Subjektivität zur Aktivität des guten, an Gott orientierten Willens. Die Inkorporation in den Christusorganismus beseitigt seine monadenhafte Isolation und Vereinzelung und eröffnet ihm damit kommunikative Freiheit. Dies bedeutet gleichzeitig, daß das gläubige Subjekt seine Identität durch die göttliche Rechtfertigung erfährt und daß es befähigt wird, auch einseitige Schritte zum Nächsten hin zu unternehmen. Es bedarf darum weder einer durch die Abgrenzung gegenüber anderen noch auch einer durch die Anerkennung anderer vermittelten Selbstkonstitution. Es ist durch Gott konstituiert und verwirklicht sich aufgrund dieser Konstitution im kommunikativen Handeln.

Konsequenterweise folgt aus diesem Ansatz die Kritik des idealistischen Moralismus[15], der zwar einerseits auf die bestehende Kluft zwischen Sein und Sollen hinweist, andererseits aber die Überbrückung jenes Grabens durch sittliche Arbeit, durch Orientierung am persönlichen oder gesellschaftlichen Ideal für möglich hält. Barth gesteht ihm nur noch eine elenchtische Funktion zu, bestreitet im übrigen aber, daß er dem Menschen über das bloße Wollen hinaus zum Vollbringen des Guten verhelfen könne.

Im Zentrum der christlichen Paränese[16], die Barth im Anschluß an Paulus als an die Brüder gerichtete ›Ermahnung‹ begreift, steht nicht mehr die Gesinnung des einzelnen, sondern die tatsächliche kommunikative Praxis aus der im

---

13 Siehe S. 167ff.
14 Siehe S. 176ff.
15 Siehe S. 195.
16 Siehe S. 198ff.

5.1. Zusammenfassung und Konsequenzen für die Barth-Interpretation

Christusorganismus gegebenen ›Kraft der Auferstehung‹ heraus. Nur wenn diese Kraft fehlt, wenn Christen nicht als Glieder des Christusorganismus handeln, sondern als Angehörige des alten Äons, wenn sie sich in Situationen begeben, in denen sie statt auf das Mittel der Liebe auf das der Gewalt setzen, dann sind sie aufgerufen, sich wenigstens dem universalen Sittengesetz der idealistischen Moral zu beugen und sich an der ›Ethik der verfahrenen Situationen‹ zu orientieren. Wenn diese Kraft aber wirksam ist, dann kann sie alle Bereiche des Lebens durchdringen. Nicht nur die Absicht, sondern auch die Folgen dieses Handelns werden dann gut sein. Zu dem hier möglichen und wirklichen Liebeshandeln gibt es freilich keine fixierten Normen und Prinzipien. Denn es ist ein Handeln, das keinem allgemeinen Ethos entspringt, sondern dem besonderen Willen Gottes folgt. Die Inkorporation in den Christusorganismus befähigt dazu, sittliche Normen situativ auf ihre Übereinstimmung mit dem Willen Gottes zu prüfen oder nach Bedarf zu erzeugen. Das Stichwort der ›Besonnenheit‹, unter das Barth seine Gemeindeparänese stellt, signalisiert, daß es hier lediglich darauf ankommt, ›christliche Demut‹ sich besonnen auswirken zu lassen. Die Losung der ›Überlegenheit‹, mit der die politische Paränese charakterisiert wird, besagt demgegenüber, daß die Sache des Reiches Gottes mit ›christlichem Hochmut‹, d.h. mit dem Bewußtsein der Überlegenheit der Liebe über alle weltlichen Mittel, zu vertreten ist.

Konkret bedeutet dies in der revolutionär aufgeladenen Situation von 1918, daß dem Christen kein bestimmtes politisches Handeln geboten werden kann, sondern daß er auf seine Fähigkeit zu kritischer Normenprüfung hin angesprochen wird.[17] Meint er sich außerhalb des Christusorganismus stellen und mit dem Mittel der Gewalt in die Auseinandersetzung eingreifen zu müssen, so soll er sich freilich am kategorischen Imperativ orientieren, was nach Barths Ansicht aktuell nur bedeuten kann, sich zur äußersten politischen Linken zu halten. Besser aber, wenn er die Kraft in sich spürt, dem Kommen des Reiches Gottes zu dienen, wenn er also sein politisches Handeln auch in schwieriger Zeit vom Christusorganismus bestimmt sein läßt. Dies hieße dann – wo immer er politisch stünde – die revolutionäre Unterwanderungstaktik der Liebe anzuwenden, die den reaktionären nicht weniger als den durch Revolution entstandenen Staat unterminiert. Obwohl Staat und Revolution einerseits vom kommenden Gottesstaat her gesehen beide auf einer Linie, nämlich der Linie des Gewaltprinzips liegen, kann dem Staat andererseits als der ›ethischen Ordnung des Lebens‹ eine gewisse Prävalenz gegenüber dem revolutionären Umsturz zukommen. Staatstheoretisch also äußerst ambivalent – Barth entscheidet sich weder für den liberalen Rechtsstaat noch für die sozialistische Republik, son-

---

17 Siehe S. 204ff u. 210ff.

dern dafür, das im Lichte des Gottesstaats jeweils tendenziell Bessere aus beiden Varianten zu übernehmen und christlich zu praktizieren –, lädt diese paränetische Praxistheorie faktisch dazu ein, situativ zu entscheiden, in welcher Weise und auf welchem Posten der Christ dem organischen Kommen des Reiches Gottes am besten dient.

Die Differenz zwischen erstem »Römerbrief« und Religiösem Sozialismus betrifft auf dieser Grundlage dreierlei[18]: Einmal meint Barth in religiös-sozialen Kreisen eine bourgeoise Tendenz beobachten zu können, sich gegenüber der sündigen Welt auf einer höheren moralischen Stufe zu wähnen. Dieses Ausnahmebewußtsein will er kritisieren. Zum anderen vertreten die Religiösen Sozialisten die Auffassung, das Eschaton, das ›Letzte‹ sei – wenngleich nur fragmentarisch – im ›Vorletzten‹ abbildbar, der politische Kampf als solcher schon ein Moment jener ›Revolution‹, die das Reich Gottes herbeibringe. Dagegen wendet Barth ein, daß das Reich Gottes nicht Ergebnis einer sozialen oder politischen Entwicklung sei, sondern Neuschöpfung Gottes. Drittens sieht er in der religiös-sozialen Verknüpfung von Theologie und Politik die Gefahr, daß die Allgemeinheit und Verborgenheit des Christusorganismus preisgegeben werden könnte. Demgegenüber hält Barth daran fest, daß das Christentum sich nicht als politische Partei neben anderen verstehen dürfe, sondern bestrebt sein müsse, die ›Kraft der Auferstehung‹ im alltäglichen Leben, in der Mitarbeit in profanen Bewegungen und Parteien wirken zu lassen.

Was Barths Konzeption einer politischen Paränese im Vergleich etwa zu der Luthers damals noch fehlt, ist – wie wir gesehen haben[19] – eine explizite Christologie und Ekklesiologie, die ihn von der Notwendigkeit abstrakt-eschatologischer Negationen befreien würde. Zwar läßt die Ethik des ersten »Römerbriefs« aufgrund der ihr zugrundeliegenden Zwei-Äonen-Lehre eine Affinität vor allem zur Reiche-Lehre innerhalb der Zwei-Reiche-Lehre Luthers erkennen, weniger aber zu der dieser zugeordneten Regimenten- und Stände-Lehre. Da alles Handeln primär auf den eschatologischen Kampf zwischen Gott und Satan bezogen wird und da Barth nicht darauf reflektiert, welche Konsequenzen sich aus seinem Ansatz für die Struktur von Institutionen ergeben, kommt die Perspektive eines differenzierten göttlichen Handelns in den Regimenten und so auch durch Menschen nicht in den Blick.

Damit haben wir gleichsam im Zeitraffer die Entwicklung der Barthschen Theologie von ihren Marburger Anfängen bis zur Safenwiler Revision jener Anfänge verfolgt. Wie sich zeigt, verursachte die Integration religiös-sozialer Theologumena in den ›modernen‹ Ansatz Karl Barths zwar Irritationen und

---

18 Siehe S. 218ff.
19 Siehe S. 216ff.

5.1.2. Konsequenzen für die Barth-Interpretation

(1) Zum Verhältnis der beiden Römerbriefauslegungen Barths. – Die schärfste – und dem Autor nicht immer ganz gerecht werdende – Kritik am ersten »Römerbrief« liefert die zweite Auflage selbst, die Barth nach einem Besuch Gogartens Ende Oktober 1920 zu schreiben beginnt.[20] Besser eine Verzögerung, so lesen wir in einem Brief an Thurneysen, »als daß die 1. Fassung, die ich auf einmal, wo ich hingucke, schloddrig, überladen, schwammig etc. finde, fortgesetzt zu Mißverständnissen und Irrungen Anlaß gibt« (BwTh I, 435f). So bemerkt er nun in seiner Auslegung von Röm 1,16-20 ein »pantheistische[s] Schillern« (BwTh I, 438), das nicht ausschließe, seine Ausführungen dazu im Sinne einer natürlichen Theologie lesen zu können. Problematisch wird ihm u.a. auch die Tendenz zu einer effektiven Rechtfertigungslehre[21], die er nun eher im Sinne der Rezensenten als im Sinne des ersten »Römerbriefs« interpretiert und kritisiert. Beispielsweise fragt Barth in der zweiten Auflage unter anderem: »Warum nicht ... mit manchen Seiten der 1. Auflage dieses Buches

---

20 Da es mir im folgenden nicht um eine Analyse des zweiten »Römerbriefs«, sondern lediglich um die Explikation des Grundes geht, der Barth veranlaßte, den ersten »Römerbrief« durch eine fast völlig neu geschriebene zweite Fassung zu ersetzen, kann ich mir ersparen, die einzelnen Stationen des Weges zu beschreiben, den Barth von der ersten zur zweiten Auflage beschritt. Ebensowenig ist es nötig, die Unterschiede der beiden Römerbriefkommentare en détail darzustellen. Siehe dazu: *E. Busch*, Karl Barth und die Pietisten, 79-98; *N. T. Bakker*, In der Krisis der Offenbarung, 73-108; sowie *W. M. Ruschke*, Diastasentheologie, bes. 188-204; *C. van der Kooi*, Anfängliche Theologie, 121-198; *I. Spieckermann*, Gotteserkenntnis, 108-139; und *M. Beintker*, Die Dialektik, 109-127.
21 »Die Wendung von Osiander zu Luther macht sich gegenüber der ersten Auflage geltend wie eine Katastrophe, und ich frage mich oft, wie ich damals so blind sein konnte, ›es‹ nicht zu sehen« (BwTh I, 448; vgl. dazu auch *D. Schellong*, Barth lesen, 54ff). Das ist natürlich reichlich dramatisch formuliert und auch nicht besonders glücklich: So wenig man den zweiten »Römerbrief« als lutherisch wird bezeichnen können, so wenig den ersten als osiandrisch. Später, 1928, hat Barth zu Beginn des zweiten Teils seiner Ethikvorlesung (*K. Barth*, Ethik II, 35ff) an der effektiven Rechtfertigungslehre auf der Linie »Osiander-Beck-Holl« kritisiert, daß deren »These von dem analytischen Charakter des Rechtfertigungsurteils« dort nicht »eschatologisch verstanden und begründet« sei (ebd., 39). Genau ein solcher eschatologischer Begründungszusammenhang ist aber im ersten »Römerbrief« zumindest intendiert.

im Anschluß an Beck und altwürttembergischen Naturalismus [fortschreiten] zur Behauptung eines organisch wachsenden göttlichen Seins und Habens im Menschen im Gegensatz zu der Leerheit der idealistischen Forderung?« (R II, 223). Es ist ganz offensichtlich, daß sich hier Barths Perspektive in einer Weise verschoben hat, die dem ersten »Römerbrief« nicht mehr gerecht zu werden vermag. Denn er spricht zwar dort von einem göttlichen Sein und Haben im Menschen, läßt aber keinen Zweifel daran, daß dieses ›Sein‹ und ›Haben‹ nur ›im Christus‹ gegeben, als solches aber psychologisch und historisch nicht verifizierbar ist. Die reiche organologische Metaphorik zielt – wie wir gesehen haben – gar nicht auf die Betonung eines habituellen Charakters der Gnade, sondern will umgekehrt ihre Unverfügbarkeit, ihren bleibenden Geschenkcharakter betonen. Daß Glaube aber (bei Paulus) in der Tat als (wenngleich eschatologische, so doch) *reale* Partizipation am Christusgeschehen zu verstehen ist, – darin scheint mir der erste »Römerbrief« auch aus exegetischer Sicht recht zu behalten.[22] Andererseits kann man nicht bestreiten, daß die organologische Metaphorik tatsächlich in die Irre führt, wenn ihr metaphorischer Charakter nicht beachtet wird. Dann ist sie nicht mehr davor geschützt, als effektiv im Sinne eines unverlierbaren Habitus des Gerechtfertigten mißverstanden zu werden, und darum nimmt Barth sie sicher mit Recht zurück. Kurz: Barths Selbstkritik im zweiten »Römerbrief«[23] ist keine Revision seiner ursprünglichen *Intention*, sondern zielt vielmehr auf deren klarere *Explikation*. Sie richtet sich meist gar nicht gegen das Verständnis, das Barth selbst mit den benutzten Begriffen verband, sondern gegen die zwar falschen, aber offenbar nicht ausgeschlossenen Assoziationen, die sie bei manchen Lesern weckten.[24]

Der entscheidende ›Fortschritt‹ vom ersten zum zweiten »Römerbrief« besteht nun allerdings darin, daß Barth auch das Reden ›von Gott aus‹ dem eschatologischen Vorbehalt unterwirft und damit einen hermeneutischen Selbstwiderspruch der ersten Auflage beseitigt.[25] Der erste »Römerbrief« geht davon aus, daß Gott sich im Christusorganismus offenbare, der Welt aber verborgen bleibe. Das Verhältnis von Offenbarung und Verbergung Gottes ist hier noch undialektisch verstanden.[26] Genau dies ist aber nicht möglich, wenn alter und

---

22 Siehe zur (kontrovers geführten) Diskussion um den paulinischen Glaubensbegriff vor allem *H. Binder*, Der Glaube bei Paulus, bes. 56-63; *F. Neugebauer*, In Christus, bes. 150-174; und jetzt *A. v. Dobbeler*, Glaube als Teilhabe.
23 *N. T. Bakker*, In der Krisis der Offenbarung, 45ff, verdanken wir eine Zusammenstellung von Passagen des zweiten »Römerbriefs«, die explizit und implizit die erste Auflage kritisieren.
24 Es wäre u.a. die Aufgabe einer kritischen Rezeptionsgeschichte zu untersuchen, inwiefern Barths Leser seine Intentionen wahrgenommen bzw. welche charakteristischen Mißverständnisse sich ergeben haben.
25 Siehe dazu o. S. 165f.
26 Gegen *J. S. Walker*, The Development of Karl Barth's Theology, der beide Auflagen m.E. zu wenig differenzierend unter den Begriff »dialectical supra-cosmic realism« (ebd., 48-50 u. 128) subsumiert, wobei er die Dialektik als »›organic‹ dialectic« gegen die Hegels, die er

5.1. Zusammenfassung und Konsequenzen für die Barth-Interpretation 247

neuer Äon als ›ineinander‹ stehend gedacht sind und der Christ beiden Äonen angehört. Das Sein in der Äonenwende impliziert eben auch – und Barth unterschlägt dies bei aller Betonung des neuen Seins ›im Christus‹ nicht –, daß der Christ in seinem Denken und Handeln das alte Sein immer noch im Rücken hat, daß er nicht sündenfrei ist. Bestimmt man Theologie als Funktion des Glaubens, als ›Denken von Gott aus‹, dann muß man unterscheiden – so jetzt der zweite »Römerbrief« – zwischen dem »*reine[n]* Denken«, dem »Denken Gottes selbst« und unseren »Denk*akte[n]*«: »Sofern nun auch Paulus im Römerbrief zunächst einen Denk*akt* vollzieht und wir mit ihm, ist es *nicht* in sich selbst gewiß, daß seine Dialektik gerechtfertigt ist als Widerschein göttlichen Denkens« (R II, 412). Denn »auch das Denken spielt sich in der Sphäre der Relativität ab, auch es ist nie an sich Gerechtigkeit, die vor Gott gilt; auch das, daß etwa Gott in uns denke, ist eine grandiose Illusion romantischer Philosophen« (R II, 422).

Im Blick auf die Theologie bedeutet dies für Barth, daß sie nur ›Hinweis‹ auf das Denken der Gedanken Gottes sein kann, keineswegs aber eine begriffliche Darstellung der Offenbarung selber. Die methodische Konsequenz, die er daraus zieht, besteht darin, daß die Theologie ihre Begriffe dialektisch brechen muß; denn nur in der dialektischen Gebrochenheit des Redens von Gott kommt jene Krisis zum Ausdruck, in die alles Menschliche durch die Berührung mit dem Göttlichen geführt wird. Einen Begriff dialektisch brechen heißt, ihn nicht einfach neben seinen Gegenbegriff setzen, sondern ihn so verwenden, daß er die Antithese seiner selbst in sich zur Geltung bringt.[27] Wie dies gemeint ist,

---

als ›mechanical‹ bezeichnet, absetzt (ebd., 154). Demgegenüber behauptet *M. Beintker*, Die Dialektik, 109-115 u. 121-127, zu Recht, daß es im ersten »Römerbrief« zwar »Tendenzen zum Dialektischen und zur Verwendung dialektischer Formulierungen« gebe, diese aber doch von der in der zweiten Auflage gehandhabten Dialektik unterschieden werden müssen (ebd., 109). Da er im ersten »Römerbrief« allerdings eine ›Prozeßeschatologie‹ sich artikulieren sieht, drängt sich ihm (in diametralem Gegensatz zu Walker) die »Vermutung einer Nähe zwischen Hegels Prozeßdialektik und der Dialektik von Römer I« auf (ebd., 113), so daß er schließlich im ersten »Römerbrief« jedenfalls »eine spürbare Affinität zur Dialektik als Denkform des Werdens« (ebd., 115) zu erkennen meint. Nun hat sich bei meiner Analyse der Denkform des ersten »Römerbriefs« freilich herausgestellt, daß die Prämisse dieses Interpretationsversuchs: nämlich die Vorstellung, Barth vertrete eine lineare Prozeßeschatologie, so nicht aufrechtzuerhalten ist; ich würde deshalb im Blick auf den ersten »Römerbrief« trotz gewisser »Tendenzen zum Dialektischen« (ebd., 109) lieber nicht von ›Dialektik‹ sprechen. Denn Barth sieht sich zwar aufgrund der Zwei-Äonen-Lehre gezwungen, ständig zwei kontradiktorische Aussagen gegenüberzustellen – und dies bringt ihn, wie Beintker richtig bemerkt, in die Nähe Hegels bzw. der Dialektik –, aber er bezieht diese beiden Aussagereihen dann doch nicht dialektisch aufeinander, weder im Sinne einer Prozeßdialektik wie bei Hegel (denn der Transitus vom alten zum neuen Äon ist für Barth eben kein Prozeß und keine logische Notwendigkeit) noch im Sinne einer Paradoxdialektik wie bei Kierkegaard oder dann später im zweiten »Römerbrief«, – sondern er läßt sie einfach nebeneinander stehen.
27 Zu den Besonderheiten des im zweiten »Römerbrief« vorausgesetzten Begriffs von Dialektik, auf den ich hier nicht eingehen kann, siehe jetzt vor allem: *M. Beintker*, Die Dialektik; und *W. M. Ruschke*, Diastasentheologie; darüber hinaus: *U. Dannemann*, Theologie und Politik,

will ich abschließend am Offenbarungsbegriff des zweiten »Römerbriefs« demonstrieren.

Die reale Dialektik der Offenbarung zwingt die Theologie, dialektisch von Offenbarung zu reden.[28] Das bedeutet für den zweiten »Römerbrief«, sie als Offenbarung der nicht aufzuhebenden Verborgenheit Gottes und in diesem Sinne als Verhüllung Gottes einzuführen: »Die Offenbarung in Jesus ist ja, eben indem sie Offenbarung der Gerechtigkeit Gottes ist, zugleich die denkbar stärkste Verhüllung und Unkenntlichmachung Gottes. In Jesus wird Gott wahrhaft Geheimnis, macht er sich bekannt als der Unbekannte, redet er als der ewig Schweigende« (R II, 73). Darum kann Barth anhand der Auslegung von Röm 11,33f Inhalt und Aufgabe der Theologie in signifikantem Unterschied zur ersten Auflage (vgl. R I, 459f) folgendermaßen umschreiben: »Daß der Deus absconditus *als solcher* in Jesus Christus Deus revelatus ist, das ist der Inhalt des Römerbriefs (1,16-17). Wohl verstanden: Nur daß es *dieses Subjekt* (Deus abs.) ist, das dieses Prädikat (Deus revel.) hat, kann Inhalt des Römerbriefs, der Theologie, des Gotteswortes im Menschenmund sein. Das *kann* es und *soll* es aber auch sein. In weiser Zurückhaltung diesen Inhalt wieder zu fassen, das ist, bei vollem Bewußtsein, daß damit ›nichts‹ getan ist, eine mögliche und (im Blick auf die sie begrenzende Unmöglichkeit!) verheißungsvolle Aufgabe« (R II, 408). Offenbarung ist hier anders als im ersten »Römerbrief« nicht mehr einfach eine ›im Christus‹ vorhandene Gegebenheit, der Wille Gottes wird jetzt nicht mehr einfach im Christusorganismus ›gefühlt‹. Zwar steht auch hier die Einung zwischen Gott und Mensch vor Augen, sie wird aber nicht als vom Menschen in ihrem Vollzug erkennbare und theologisch direkt aussagbare behauptet. Im zweiten »Römerbrief« sind die im ersten gewonnenen Positionen also insofern »auf weiter vorwärts liegende Punkte verlegt und daselbst neu eingerichtet und befestigt« (R II, VI), als Barth den (aus der Sicht der zweiten Auflage!) gleichsam quantitativen Unterschied zwischen gottferner und gotteiniger Welt des ersten »Römerbriefs« durch den grundsätzlicheren »›unendlichen qualitativen Unterschied‹ von Zeit und Ewigkeit« (R II, XIII) im zweiten »Römerbrief« ersetzt, und so das in der ersten Auflage vorhandene kritische Potential auf ihre Position selbst anwendet. Das radikalere Verständnis der Distanz zwischen Gott und Mensch führt Barth zur Ausarbeitung einer Dogmatik, die Gottes Offenbarsein gerade im Medium seiner Ver-

---

96ff; *G. Sauter*, Die ›dialektische Theologie‹; sowie *W. Härle*, Art. Dialektische Theologie, 683ff (Lit.!).
28 Barth folgt hierin im wesentlichen Kierkegaards Verständnis von Offenbarung. Zum Verhältnis Barth – Kierkegaard vgl.: *E. Brinkschmidt*, Sören Kierkegaard und Karl Barth, bes. 84ff u. 122ff; zur Auseinandersetzung (Schellings und) Kierkegaards mit Hegels Religionsphilosophie und seinem darin gewonnenen dialektischen Begriff von Offenbarung siehe: *M. Theunissen*, Die Dialektik der Offenbarung.

5.1. Zusammenfassung und Konsequenzen für die Barth-Interpretation

borgenheit begreift, und einer Ethik, die menschliche Möglichkeiten darauf zu überprüfen anleitet, ob sie »Demonstrationen zur Ehre Gottes« zu sein vermögen (R II, 418).

In einem Aufsatz von 1944 hat Hans Urs von Balthasar eine später stillschweigend revidierte These zum Verhältnis der beiden Römerbriefkommentare Barths vorgetragen, die gleichwohl bis heute Anhänger findet. Sie lautet, daß der erste »Römerbrief« eine ›Identitätstheologie‹ repräsentiere, der zweite dagegen eine ›Diastasentheologie‹.[29] Die Interpretationen von Stadtland und Bakker sowie – in etwas anderer Weise – von Ruschke variieren im Grunde diese These. Man wird freilich fragen müssen, was unter ›Diastase‹ jeweils konkret verstanden wird. Soll sie lediglich bezeichnen, daß der Mensch von sich aus keine Möglichkeit hat, Gott zu erkennen, wenn Gott sich ihm nicht offenbare[30], so wäre auch der erste »Römerbrief« unter diesen Begriff zu subsumieren. Immerhin hat die in dieser Arbeit vorgelegte Analyse gezeigt, daß die Zwei-Äonen-Lehre mit ihrer strikten Scheidung in alt und neu die Grundstruktur seiner Theologie darstellt. Von einer Kontinuität zwischen den Äonen wollte Barth nichts wissen. Auch der Einwand, das Verhältnis des ›Ineinanders‹ der beiden Äone zeige, daß sie lediglich zwei Elemente dieser Wirklichkeit seien, überzeugt m.E. nicht. Denn Barth läßt keinen Zweifel daran, daß die Realität des neuen Äons eine Wirklichkeit sui generis ist, die im alten Äon als solche verborgen bleibt. Die im Christusorganismus vorausgesetzte Einheit von Gott und Mensch ist eine eschatologische und als eschatologische keine Identität im Sinne einer Indifferenz, eines Ineinanderaufgehens von Gott und Mensch.

Versteht man unter ›Diastase‹ aber, daß nicht nur der Mensch nicht zu Gott, sondern auch Gott nicht wirklich zum Menschen kommen könne, so verzeichnet man m.E. die Theologie des zweiten »Römerbriefs«. Auch hier kann man auf keinen geringeren Kritiker als Barth selbst zurückgreifen. In der »Kirchlichen Dogmatik« (1938) stellt Barth nämlich selbstkritisch fest: »Ich möchte an dieser Stelle ausdrücklich warnen vor gewissen Stellen und Zusammenhängen meiner Römerbrieferklärung, wo mit der Vorstellung von einer der Zeit transzendent bleibenden, die Zeit bloß begrenzenden und von außen bestimmenden Offenbarung mindestens gespielt und gelegentlich doch auch gearbeitet wurde« (KD I/2, 55f). 1940 kritisiert Barth in einem Exkurs zur neueren Geschichte der Eschatologie (KD II/1, 711-719), daß im zweiten »Römerbrief« – nachdem er im ersten den Aspekt der Nachzeitlichkeit Gottes, also den teleologischen Aspekt betont hatte – »ausgerechnet das einseitig überzeitliche Verständnis Gottes, das zu bekämpfen ich ausgezogen war, als allein greifbares Er-

---

29 H. U. v. *Balthasar*, Analogie und Dialektik, 171-216, vgl. bes. 173.
30 In diesem Sinne verstehen beispielsweise *W. M. Ruschke*, Diastasentheologie, 1f, und *M. Beintker*, Die Dialektik, 61-75, den Begriff ›Diastase‹.

gebnis auf dem Plane blieb« (KD II/1, 716).[31] In seinem 1956 in Aarau gehaltenen Vortrag »Die Menschlichkeit Gottes« bekräftigt Barth dieses Urteil, er habe im zweiten »Römerbrief« »fast nur mit dem Begriff der Diastase« gearbeitet, so daß bei manchen Zeitgenossen der Eindruck habe entstehen können, es solle Gott alles, der Mensch nichts sein.[32] Wenn für Barth ›Diastase‹ hier das Verständnis »einer der Zeit transzendent bleibenden ... Offenbarung« impliziert, das er so nun für falsch hält, so stellt sich die Frage, ob er damit nicht genau die Differenz zwischen erstem und zweitem »Römerbrief« wieder zurücknimmt, also in der »Kirchlichen Dogmatik« auf die Position des ersten »Römerbriefs« zurücklenkt. Ein Urteil darüber ist schwierig, weil einerseits der zweite »Römerbrief« m.E. gegen Barth in Schutz genommen werden muß: Er trägt nicht durchgängig jenen monierten diastatischen Zug, wenngleich nicht bestritten werden kann, daß manche Formulierungen so verstanden werden können. Anderseits bedeutet eine Revision der Eschatologie des zweiten »Römerbriefs« nicht gleichzeitig eine Rückkehr zur ersten Auflage; die »Kirchliche Dogmatik« scheint mir vielmehr eine neue Ebene oberhalb der beiden »Römerbriefe« einzunehmen. Denn während im ersten »Römerbrief« das axiologische Moment dem teleologischen untergeordnet ist, und im zweiten »Römerbrief« umgekehrt der axiologische Aspekt gegenüber dem teleologischen die Oberhand gewinnt, strebt Barth in der »Kirchlichen Dogmatik« eine gleichmäßige Berücksichtigung von Vorzeitlichkeit, Überzeitlichkeit und Nachzeitlichkeit im Verständnis der Ewigkeit an (vgl. KD II/1, 685-722). Ich kann dies zwar nicht in einer detaillierten Interpretation des weiteren theologischen Weges von Barth nachweisen, will aber doch anhand einiger Beobachtungen zeigen, daß jedenfalls das später von Barth kritisierte Diastase-Verständnis nicht in der Intention des zweiten »Römerbriefs« liegt, daß Barth dort vielmehr – provoziert von einem neuprotestantischen Mißverständnis der Erstauflage – deren ursprüngliche Intentionen radikalisiert und dabei bisweilen zu Formulierungen kommt, die übers Ziel hinausschießen.

In der bereits oben herangezogenen Auslegung des zweiten »Römerbriefs« zu Röm 11,33ff betont Barth, »daß der Deus absconditus *als solcher* in Jesus Christus Deus revelatus« sei (R II, 408). Der Römerbrief und die Theologie im allgemeinen könnten lediglich die Verborgenheit Gottes in seiner Offenbarung zur Sprache bringen, nicht aber umgekehrt die Offenbarung Gottes in seiner Verborgenheit. Das heißt aber auch hier nicht, daß darum Offenbarung und Gotteserkenntnis, und in deren Gefolge kommunikative Praxis unmöglich sei. Gewiß steht die Offenbarung selber, d.h. »die Existentialität des göttlichen Ja«

---

31 Auf die Stelle hat mich Bertold Klappert aufmerksam gemacht.
32 *K. Barth*, Die Menschlichkeit Gottes, 8f.

5.1. Zusammenfassung und Konsequenzen für die Barth-Interpretation

sozusagen »nicht im Römerbrief, *das* wird weder gesagt noch geschrieben, aber wahrhaftig auch nicht ›getan‹, weil *das* überhaupt nicht Gegenstand menschlichen Bemühens sein kann. Tritt *das* ein, dann hat nicht der Mensch, sondern Gott geredet und gehandelt; dann ist das Wunder geschehen« (R II, 408). Kein Zweifel: Gott kann reden und handeln und er tut es auch. Entscheidend ist für Barth nur, daß dieses Reden und Handeln Gottes für den Menschen unverfügbar und nichtobjektivierbar ist und bleibt. Die Dialektik des zweiten »Römerbriefs« soll der Freiheit Gottes Rechnung tragen, nicht sie einschränken. In diesem Sinn kann Barth dann auch die Gnade – ähnlich wie im ersten »Römerbrief« – die »Kraft des Gehorsams« und die »Kraft der Auferstehung« nennen. »Gnade«, so sagt er weiter, »ist das Erkennen des Erkanntseins des Menschen durch Gott. Sie ist das Bewußtsein des Menschen von seiner jenseits aller Gegebenheiten, aller Lebensinhalte, aller Wesenheit, alles Da-Seins und So-Seins von Gott gezeugten, von Gott bewegten und in Gott ruhenden Existenz. Sie ist diese aus Gott erzeugte Existenz selbst, sofern sich der Mensch in ihr wiederfindet« (R II, 188; vgl. auch R II, 197). Von ›Diastase‹ im Sinne einer auch von Gott her nicht zu überwindenden Kluft zwischen Gott und Mensch kann hier wohl nicht die Rede sein.[33] Dennoch gibt es bekanntlich Stellen und Formulierungen im zweiten »Römerbrief«, die genau dieses Verständnis nahezulegen scheinen.[34] Treffen sie auf ein existentialistisches Vorverständnis, dann schlägt die Behauptung der Souveränität Gottes um in ein Fernhalten Gottes von der Welt, in der die Offenbarung der Zeit gegenüber tatsächlich transzendent bleibt und die Tangente den Kreis bloß noch berührt. Was von der Intention her dem Übergriff des Menschen in die göttliche Sphäre wehren sollte, wird dann zu eben diesem Übergriff selber. Der Mensch definiert dann seine Situation als eine, in der er ohne Gott das Leben meistern muß. So konnte der zweite »Römerbrief« in der krisengeschüttelten Zeit von Weimar gelesen werden, – so war er aber nicht gedacht.

Werfen wir von da aus noch einen Blick auf die Ethik des zweiten »Römerbriefs«! Barth geht hier davon aus, daß der Mensch nicht beanspruchen kann, den Willen Gottes tatsächlich zu erfüllen. Darum spricht er lediglich von ethischen ›Möglichkeiten‹, von positiven Möglichkeiten des Handelns und nega-

---

[33] Mit Recht betont *M. Beintker*, Die Dialektik, 65ff, daß das Diastase-Motiv im zweiten »Römerbrief« dazu diene, jede »Synthese ›von unten‹« abzuwehren, damit »eine Einheit der Gegensätze ›von oben‹ zum Zuge kommen kann« (ebd., 66). Die »diastatische Trennung« ziele auf »ein übergreifendes, die Gegensätze versöhnendes Prinzip« ab, behalte allerdings »dessen Realisierung allein Gott« vor (ebd., 70).

[34] So, wenn Barth nicht nur betont, daß kein »Hinübergreifen des Menschen ... in jenes Reich« stattfinde, sondern auch die umgekehrte Möglichkeit ausschließt, indem er fortfährt: »... und kein Hereinragen jenes Reiches in dieses [sic] Welt« (R II, 301). Gemeint ist freilich auch hier nicht, daß Gott nicht in die Welt eingreife, sondern lediglich, daß er auch durch sein Eingreifen in die Welt in dieser nicht gleichsam vorfindlich werde.

tiven des Unterlassens, mit denen der Mensch auf das Handeln Gottes selbst hinweisen kann und mit denen er sich Gott zum Opfer darbringt (R II, 417): »Es gibt innerhalb des großen allgemeinen ›Lebensversuchs‹ nur die Möglichkeit Demonstrationen durchzuführen: Handlungen, die als bedeutungsvolle Hinweise und Zeugnisse zur Ehre Gottes *bestimmt* sind. Ob sie der Ehre Gottes tatsächlich *dienen*, das ist, weil sie *seiner* Ehre dienen sollen, ganz und gar *ihm* zu überlassen. *Er* nimmt an und verwirft« (R II, 418). Es gibt also sehr wohl auch das von Gott angenommene Opfer, d.h. das durch Gott gut gemachte Tun und Denken des Menschen. Es findet, so sagt Barth in anderem Kontext, als solches nie »zeitausfüllend« statt, »wir wissen aber, *daß* es ›stattfindet‹« (R II, 423). Auch unter der Perspektive der Paränese also kann von ›Diastase‹ nur im Sinne einer vom Menschen aus nicht zu überbrückenden Kluft gesprochen werden. Gut ist ein menschliches Handeln dann, wenn es diese Tatsache respektiert und es Gott überläßt, es anzunehmen, zu rechtfertigen. Daß dies wirklich immer wieder geschieht, daß Gott die Kluft also seinerseits überwindet, – das setzt Barth voraus.

Ich breche die Skizze hier ab. Sie sollte lediglich die These erhärten, daß man den »»unendlichen qualitativen Unterschied‹ von Zeit und Ewigkeit« (R II, XIII) im zweiten »Römerbrief« nicht seinerseits undialektisch interpretieren darf. Damit sollen die Differenzen der beiden Auflagen gewiß nicht nivelliert werden, nur sind sie eben auf die Intentionen der Barthschen Theologie zu beziehen, die sich m.E. nicht gravierend verändert haben. Wie die organologische Metaphorik des ersten »Römerbriefs« den Ansatz zu einer identitätstheologischen (Fehl-)Interpretation bot, so förderte im Gegenzug dazu die mathematisch-geometrische Metaphorik des zweiten »Römerbriefs« eine diastasentheologische (Miß-)Deutung. Barth hat – und dies scheint mir seine Auseinandersetzung mit der Rezeption seiner frühen Theologie überhaupt zu kennzeichnen – diese Mißdeutungen als faktisch mögliche Interpretationen sehr ernst genommen und im Verlauf seiner weiteren Arbeit auszuschalten gesucht. Man darf daraus und aus seinen selbstkritischen Bemerkungen aber nicht ohne weiteres schließen, daß seine ursprünglichen Intentionen dem dann später Kritisierten tatsächlich immer entsprochen hätten.

So wäre nun in der Tat auch im Blick auf den zweiten »Römerbrief« zu fragen, welche Intention die Betonung des qualitativen Unterschiedes zwischen Gott und Mensch verfolgt und ob diese wesentlich von der des ersten »Römerbriefs« differiert. Geht es nicht auch im zweiten »Römerbrief« um die eschatologische Einheit von Gott und Mensch[35], die freilich hier konsequenter

---

35 *H. U. v. Balthasar*, Karl Barth, 71-79, hat ja in der Tat behauptet, daß beiden »Römerbriefen« in unterschiedlicher Weise der Gedanke der ursprünglichen Identität von Gott und Mensch zugrundeliege. Das ist an sich nicht zu bestreiten, wenngleich man fragen muß, was

5.1. Zusammenfassung und Konsequenzen für die Barth-Interpretation

als in der ersten Auflage mit Hilfe einer negativen Dialektik als unanschaulich dargestellt wird? Dient nicht auch hier die Behauptung des bloßen Demonstrationscharakters christlichen Handelns der Abwehr aller Selbstrechtfertigung und Selbstverwirklichung des Menschen statt der abstrakten Selbstbestimmung Gottes? Zu fragen wäre somit, ob und gegebenenfalls wie Barths Konzept von Glaube und kommunikativer Praxis durch die dialektische Transformation seiner Grundbegriffe verändert wird. Zu untersuchen wäre dabei auch, ob und wie die Theozentrik im zweiten »Römerbrief« radikalisiert wird und ob Barths Betonung der Souveränität Gottes zu einer Verkürzung der menschlichen Freiheit und Autonomie führt. Dies ist ja die in der Einleitung skizzierte These von Trutz Rendtorff. Seine programmatische Interpretation, aber auch die von Friedrich-Wilhelm Marquardt, soll nun im Lichte des Ergebnisses der vorliegenden Studie einer Prüfung unterzogen werden.

(2) Zu den Barth-Interpretationen von Rendtorff und Marquardt. – Die sowohl für Rendtorff wie für Marquardt entscheidende Frage ist, wie Barths Gottesbegriff rekonstruiert werden könne und welche Schlußfolgerungen hinsichtlich seiner Methodologie daraus zu ziehen wären. Die vorliegende Arbeit versucht insofern einen anderen Zugang zu dieser Problematik zu gewinnen, als sie die Barthsche Beschreibung des Zustandekommens von Gotteserkenntnis thematisiert und gleichzeitig nach den jeweiligen ethischen Implikaten fragt. Hinsichtlich der von Barth verfolgten Methode ergibt sich dabei, daß er seinen anthropozentrischen Ansatz der Vorkriegszeit während des Krieges durch ein theozentrisches ›Denken von Gott aus‹ ersetzte, – ein Perspektivenwechsel, der ihn dazu nötigte, Dogmatik und Ethik ganz neu zu begründen und zu konzipieren. Dieses Ergebnis läßt die These, Barths Ansatz sei sozusagen von einer Inversion des Liberalismus (Rendtorff) bzw. des Sozialismus (Marquardt) in die Theologie her zu interpretieren, gleichermaßen plausibel wie fragwürdig erscheinen. Was heißt das?

Trutz Rendtorff bezeichnet es – unter Rückgriff auf ein Diktum von Ernst Troeltsch – als Aufgabe der ›liberalen‹ Theologie, die »Folgen der Aufklärung

---

von Balthasar eigentlich unter dem Begriff ›Identität‹ versteht. Schon vor ihm hatten Grisebach, Gogarten und andere kritisch vermerkt, hinter Barths Theologie verberge sich letztlich eine Schellingsche Identitätsphilosophie. *M. Beintker*, Die Dialektik, 70, schließt sich dieser Kritik offenbar an, wenn er ausführt, Barths »Behauptung einer ›ursprünglichen Einheit von Schöpfer und Geschöpf‹ [sei] nicht aufrechtzuerhalten, weil sie die bereits mit dem Kreatursein des Menschen gesetzte Differenz von Schöpfer und Geschöpf übersah und demzufolge dann – wie in Römer II offenkundig – Sündersein und Geschöpflichkeit identifizieren mußte«. Er berücksichtigt m.E. dabei allerdings nicht, daß die ›ursprüngliche Einheit von Gott und Mensch‹ bei Barth keineswegs (mystische) Indifferenz, sondern eine communio zwischen Schöpfer und Geschöpf zum Ausdruck bringen will, in der die kreatürliche Differenz durchaus im Blick bleibt, so daß Sünde als Auflösung der Gemeinschaft von Schöpfer und Geschöpf gerade nicht mit Geschöpflichkeit zusammenfällt.

als Fortschritte des Christentums zu formulieren«; faktisch habe sie eine Akkommodation des Christentums an das neuzeitliche Wahrheitsbewußtsein vollzogen, die den Ansprüchen der Tradition allerdings nicht gerecht geworden sei.[36] Im Blick auf die Vorkriegstheologie läßt sich diese These auch für Barth erhärten. Denn in der Tat setzt Barth den ›religiösen Individualismus‹ und ›historischen Relativismus‹ nicht nur als gegeben voraus, sondern versucht darüber hinaus zu zeigen, daß diese beiden Folgen der Aufklärung dem Wesen des christlichen Glaubens entsprechen. Religion realisiert sich für ihn primär als eine innere Praxis der Wahrhaftigkeit und des Gehorsams gegenüber dem Sittengesetz; Autonomie wird ausgespielt gegen die Bindung an geschichtliche Autoritäten wie Bibel und kirchliche Tradition. Was den Gottesbegriff anlangt, hält Barth zwar den Begriff der ›Persönlichkeit‹ – immerhin eine der zentralen Kategorien des liberalen Bürgertums – für auf Gott übertragbar, ist sich aber schon damals dessen bewußt, daß anthropologische Begriffe als solche die Wirklichkeit Gottes niemals adäquat beschreiben können. Nun bezieht sich Rendtorffs provokante These von einer Übertragung des Autonomieprinzips auf den Gottesbegriff freilich vor allem auf den zweiten »Römerbrief«. Insofern als diese Untersuchung aber ergab, daß die theozentrische Wende innerhalb der Barthschen Theologie schon im ersten »Römerbrief« ihren Niederschlag gefunden hat, müßte und könnte schon an ihm überprüft werden, wie tragfähig Rendtorffs These ist.

Unbestreitbar scheint mir zu sein, daß im ersten »Römerbrief« Gott Prädikate beigelegt werden, die vor allem der (politische) Liberalismus für sich beansprucht. ›Freiheit‹ und ›Autonomie‹ werden von Barth emphatisch für Gott reklamiert; sogar der »Grundgedanke der alleinigen Autonomie Gottes«, den Rendtorff zur Charakterisierung des zweiten »Römerbriefs« heranzieht[37], findet sich explizit in der ersten Auflage.[38] Aber wie verwendet Barth diese Begriffe? Erfahren sie in der Übertragung auf Gott die inhaltliche Füllung und Radikalisierung, die Rendtorff behauptet? Für die Beantwortung dieser Frage muß zunächst geklärt werden, welchen Begriff von Autonomie Barth nach Rendtorffs Interpretation auf Gott übertragen haben soll. Rendtorff läßt keinen Zweifel daran, daß er eine Freiheit meint, die andere Realisierungen von Freiheit radikal ausschließt. Die Autonomie Gottes verwirklicht sich nach Barth exklusiv – so Rendtorff – oder gar nicht, sie kommt erst dann zum Ziel, wenn sie menschliches Handeln stillstellt.[39] Gemeint ist hier also weniger das, was in

---

36 *T. Rendtorff*, Radikale Autonomie Gottes, 164.
37 Ebd., 171.
38 Vgl. R I, 553; zur Interpretation dieser Stelle im Kontext des ersten »Römerbriefs« siehe oben S. 208f.
39 *T. Rendtorff*, Radikale Autonomie Gottes, 165, vgl. auch 168 u. 170.

5.1. Zusammenfassung und Konsequenzen für die Barth-Interpretation

den Theorien von Kant bis Hegel unter dem Titel ›Autonomie‹ thematisiert wird, nämlich der Bezug auf die Vernunft als den alleinigen Bestimmungsgrund des Willens[40], sondern vielmehr das spezifisch bürgerliche Bewußtsein individueller Unabhängigkeit, wie es sich der klassischen Theorie des Besitzindividualismus zufolge in der Abgrenzung gegenüber anderen Teilnehmern am allgemeinen Konkurrenzkampf herausbildet.[41]

In der Tat kennt Barth diesen Begriff von Freiheit und Autonomie und verwendet ihn auch im ersten »Römerbrief«. Er überträgt ihn allerdings nicht auf Gott, sondern ordnet ihn dem Monadenwesen des alten Äons, dem um sich selbst kreisenden Sünder zu. Gottes Freiheit dagegen und die Freiheit derer, die an ihr partizipieren, ist – wie wir gesehen haben – durchgängig als kommunikative Freiheit im expliziten Gegensatz zum bürgerlich-liberalen Freiheitsbegriff zu verstehen.[42] Denn Gottes Freiheit besteht nach dem ersten »Römerbrief« gerade darin, auf den Menschen zugehen und ihm Freiheit einräumen zu können. Wenn Rendtorff also meint, der Zielpunkt des von Barth inaugurierten Prozesses einer neuen Aufklärung sei »nicht die Freiheit und Autonomie des Menschen, sondern die Freiheit und Autonomie Gottes«[43], so verkennt schon diese Alternative Barths Intention. Denn diese zielt explizit auf die in der Freiheit Gottes begründete Freiheit des Menschen. »Der Sinn des ganzen Vorgangs«, so kann Barth mit Blick auf die Inkorporation in den Christusorganismus sagen, »ist, ebenso deutlich erkennbar, *unsere Freiheit*... Diese Wandlung zur Freiheit ist durch die Taufe auf den Tod des Christus (6,3)

---

40 Siehe zur Begriffsgeschichte von ›Autonomie‹ jetzt vor allem: *E. Feil*, Antithetik neuzeitlicher Vernunft, 25-112; darüber hinaus: *M. Welker*, Der Vorgang Autonomie; sowie *W. Kern/ Chr. Link*, Autonomie und Geschöpflichkeit, 112-116.
41 Siehe dazu: *W. Müller*, Bürgertum und Christentum, 26ff u. 51ff; *C. B. Macpherson*, Die politische Theorie des Besitz-Individualismus, bes. 295ff; *W. Huber/H. E. Tödt*, Menschenrechte, 134ff; *D. Schellong*, Bürgertum und christliche Religion, 9ff. Nach *G. W. F. Hegel*, Grundlinien der Philosophie des Rechts § 182, ist »in der bürgerlichen Gesellschaft ... jeder sich Zweck, alles andere ist ihm nichts. Aber ohne Beziehung auf andere kann er den Umfang seiner Zwecke nicht erreichen; diese anderen sind daher Mittel zum Zweck des Besonderen.« Marx hat von da her seine Kritik des bürgerlichen Freiheitsbegriffs entwickelt: »Die Freiheit [sc. innerhalb der bürgerlichen Gesellschaft] ist also das Recht, alles zu tun und zu treiben, was keinem anderen schadet. Die Grenze, in welcher sich jeder dem andern *unschädlich* bewegen kann, ist durch das Gesetz bestimmt, wie die Grenze zweier Felder durch den Zaunpfahl bestimmt ist. Es handelt sich um die Freiheit des Menschen als isolierter auf sich zurückgezogener Monade ... Jene individuelle Freiheit, wie diese Nutzanwendung derselben, bilden die Grundlage der bürgerlichen Gesellschaft. Sie läßt jeden Menschen im anderen Menschen nicht die *Verwirklichung*, sondern vielmehr die *Schranke* seiner Freiheit finden« (*K. Marx*, Frühschriften, 192f).
42 Siehe dazu oben S. 178ff u. 205ff. Daß Gottes Freiheit bei Barth als kommunikative bestimmt wird, ist im übrigen keineswegs auf die Zeit des ersten »Römerbriefs« beschränkt. Heinz Eduard Tödt hat in einem bei der Barth-Tagung 1981 auf dem Leuenberg (Schweiz) gehaltenen Vortrag gezeigt, daß dies ebenso für die reife Gestalt der Barthschen Dogmatik und Ethik gilt: *H. E. Tödt*, Karl Barths Ethik.
43 *T. Rendtorff*, Radikale Autonomie Gottes, 164.

grundsätzlich eröffnet, möglich, ja notwendig gemacht« (R I, 220). Die »*wirkliche* Freiheit« in Gott ist von der »*vermeintlichen* Freiheit« des Liberalismus klar unterschieden, »denn sie ist die Freiheit von den Vorurteilen des an sich selbst orientierten Menschen, die Freiheit von den bangen Beschränktheiten des subjektiven Horizontes« (R I, 243f). Was Rendtorff unter ›radikaler Autonomie‹ versteht und was die Autoren des Sammelbandes »Die Realisierung der Freiheit« unter dem Titel ›absolute Selbstbestimmung‹ dem Gottesbegriff der »Kirchlichen Dogmatik« unterstellen[44], entspricht sehr genau dem Barthschen Verständnis von Sünde, nämlich sich selbst setzende und von anderen unabhängig sein wollende Subjektivität, die zu wirklicher Kommunikation, welche die Tauschmechanismen des Marktes transzendieren und sprengen würde, nicht fähig ist.

Diese im ersten »Römerbrief« vorliegende Differenzierung *zweier* Begriffe von Freiheit und Autonomie basiert auf der Unterscheidung von altem und neuem Äon und hängt insofern mit der Wende vom anthropozentrischen zum theozentrischen Denken zusammen. Sie bedeutet nämlich auch, daß die den alten Äon charakterisierenden Begriffe dem menschlichen Erfahrungsbereich entnommen werden, während die Begrifflichkeit des neuen Äons auch inhaltlich davon bestimmt ist, daß sie eben Gott oder dem Christusorganismus beigelegt wird.[45] Nur wenn man von dieser inhaltlichen Bestimmtheit abstrahiert, wenn man ›entpositiviert‹ – wie man im Rendtorffkreis (unter Aufnahme Luhmannscher Schematismen) zu sagen pflegt –, dann gelangt man zu jenen abstrakten Handlungsstrukturen, die zwangsläufig dem Schema der ›Gleichschaltung‹ entsprechen. Nur dann kann man den skurrilen Versuch unternehmen, eine strukturelle Analogie von faschistischer Theoriebildung und Barthscher Theologie zu behaupten.[46]

---

44 *T. Rendtorff* (Hg.), Die Realisierung der Freiheit, 23f, 26ff u.ö.
45 Darum verfängt m.E. auch der naheliegende Einwand nicht, die vorgetragene Kritik sei zwar möglicherweise aus der Sicht des ersten »Römerbriefs« zutreffend, gelte aber nicht für die zweite Auflage, auf die Rendtorff sich beziehe; dort komme es Barth ja gerade auf den ›unendlichen qualitativen Unterschied‹ zwischen Gott und Mensch an, von einer Partizipation des Menschen an der göttlichen Freiheit könne jedenfalls dort keine Rede sein. Dazu Folgendes: Ganz abgesehen davon, daß nach meinen Beobachtungen die auch Rendtorffs Interpretationsthese zugrundeliegende Deutung des zweiten »Römerbriefs« im Sinne einer Diastasentheologie einer genaueren Analyse nicht standhält, kann kein Zweifel darüber herrschen, daß auch und gerade der zweite »Römerbrief« von einem eschatologischen und theozentrischen Ansatz her entworfen ist. Dies bedeutet, daß auch hier die inhaltliche Bestimmtheit der Gottesprädikate nicht einfach dem menschlichen Erfahrungshorizont entspricht. Jedenfalls läßt sich nachweisen, daß auch im zweiten »Römerbrief« nicht von einer ›radikalen Autonomie Gottes‹ im Sinne Rendtorffs die Rede ist. Den Schein von Plausibilität erzeugt Rendtorff dadurch, daß er einerseits auf das gängige Klischee der ›Diastase‹ rekurriert, das er lediglich in einer neuen begrifflichen Fassung präsentiert, und andererseits seine Thesen durch relativ willkürlich dem Text entnommene Belege zu stützen sucht, ihr widersprechende Aussagen aber unberücksichtigt läßt.
46 Bewußt verwendet man im Rendtorffkreis faschistische Phraseologie, um Barths Theologie zu charakterisieren. ›Gleichschaltung‹, ›Ausschaltung‹ und ›Vernichtung‹ praktiziere sie in-

5.1. Zusammenfassung und Konsequenzen für die Barth-Interpretation

Auf gänzlich anderes Argumentationsniveau gelangen wir, wenn wir uns nun Marquardts These von der bei Barth zu beobachtenden »Inversion des Sozialismus in die Theologie«[47] zuwenden. Während Rendtorff Barth einen Autonomiebegriff unterstellt, den dieser jedenfalls auf Gott nie angewandt hat, operiert Marquardt mit einem Begriff von Revolution, der dem Barths jedenfalls sehr nahe kommt. Wir beobachteten, daß Barth sich etwa seit 1911 innerhalb der Arbeiterbewegung engagierte und religiös-soziale Theologumena in seinen von Marburg geprägten Ansatz zu integrieren suchte. Sicher wurde Barth damals auch mit Grundzügen sozialistischer Theorie bekannt. Ungleich intensiver beschäftigte ihn nach eigenem Bekunden aber die praktische Seite, d.h. die Gewerkschaftsarbeit.[48] Demgegenüber sind Einflüsse sozialistischer Theorie auf seine Theologie, wenigstens in der Vorkriegszeit, nicht feststellbar. Während des Krieges allerdings, vor allem im ersten »Römerbrief«, beginnt Barth, Begriffe sozialistischer Provenienz theologisch zu adaptieren. Dies läßt sich nicht nur am Revolutionsbegriff verdeutlichen, sondern auch an der Übernahme von Begriffen wie ›Bewegung‹ oder ›Solidarität‹ oder ›Taktik‹. Der Sozialismus selber erscheint als politische Konkretion des ›Gesetzes‹ im alten Äon.

Allerdings zeigt sich auch hier, daß die Übertragung solcher Termini auf Gott bzw. den Christusorganismus deren Bedeutung nicht unverändert läßt. So wird der Revolutionsbegriff zwar zur Charakterisierung der spezifischen Veränderungspraxis Gottes herangezogen, gleichzeitig aber von realen politischen Revolutionen abgegrenzt: »Geist kann in der Gegenwart nichts Anderes sein als Revolution, auch die Revolution dessen, was sich in der Gegenwart Revolution nennt« (R I, 316). Auch hier wird – durchaus in Analogie zur Behandlung des liberalen Freiheitsbegriffs – der gängige, das heißt 1917/18: der leninistische Begriff von sozialistischer Revolution (›Diktatur des Proletariats‹) dem alten Äon zugeordnet. Die revolutionäre Praxis des neuen Äons dagegen bedarf keiner Repression und ist insofern – worauf Marquardt selbst hinweist[49] – »*mehr* als Leninismus« (R I, 506). In anderer Weise erfährt auch der Begriff der ›Solidarität‹ eine Umdeutung und Ausweitung, wenn nicht nur die Solidarität der

---

sofern, als in ihr Gott die Sünde nicht wirklich anerkenne und Christus das ›starke andere‹ des Menschen, d.h. sein Sündersein, in seiner Inkarnation nicht annehme (*T. Rendtorff* [Hg.], Die Realisierung der Freiheit, 22-24, 28f, 31f, 35, 37f, 42, 105, 108, 115f, 138); als ›Widerstand‹ wird der (legitime ?) Widerspruch des Sünders gegen Gottes Versöhnungshandeln (ebd., 35f) bezeichnet; natürlich ist auch von ›Ermächtigung‹ und ›Ermächtigungsgesetz‹ die Rede (ebd., 108 u. 115). Darum sei die »inhaltliche [!] Struktur der Barthschen Theologie nicht nur dem Sozialismus, sondern auch dem Faschismus und seiner Theoriebildung verwandt« (ebd., 41; vgl. auch 116, wo die ›dialektische‹ Theologie insgesamt nebst Paul Tillich in die faschistische Phalanx eingereiht wird), – sozusagen eine theologiegeschichtliche Variante der Totalitarismustheorie.

47 *F.-W. Marquardt*, Theologie und Sozialismus, 37.
48 Vgl. *K. Barth*, Letzte Zeugnisse, 44f; und BwBu 306.
49 *F.-W. Marquardt*, Theologie und Sozialismus, 132.

›Genossen‹ des Reiches Gottes, der Glieder des Leibes Christi untereinander, sondern auch »die Solidarität mit dem ›Feinde‹« des Christusorganismus proklamiert wird (R I, 498). Dieter Schellong betont m.E. mit Recht, daß die Verpflanzung des Sozialistischen in die Theologie gleichzeitig bedeute, daß beispielsweise Barths »theologischer Revolutionsbegriff ... sich nun nicht mehr direkt politisch lokalisieren« lasse.[50]

Als Ergebnis läßt sich somit *erstens* festhalten, daß Barth in der Tat sowohl liberal wie sozialistisch geprägte Termini in seine Theologie einführt. Dies scheint mir die particula veri der Interpretationsansätze von Rentdorff und Marquardt zu sein. Grundsätzlich ist aber an beiden zu kritisieren, daß sie die eschatologische Strukturierung der Barthschen Aussagen, die zu einer Aufspaltung in die Realität des alten und neuen Äons und der ihnen entsprechenden Verhaltensweisen führt, ignorieren. Sie übersehen, daß der während des Krieges von Barth vollzogene Paradigmawechsel erforderlich macht, die für Gott reservierte Begrifflichkeit von der des menschlichen Erfahrungsbereichs zu unterscheiden und in ihrer inhaltlichen Füllung und Präzisierung virtuell vom Handeln Gottes her zu bestimmen. ›Virtuell‹ sage ich, weil Barth in der Zeit des ersten »Römerbriefs« noch nicht christozentrisch und trinitätstheologisch denkt und die Begrifflichkeit des neuen Äons faktisch nur im Ausnahmefall direkt vom Handeln Gottes her entworfen ist, im Regelfall dagegen von der unbestimmten Negation dessen, was im Erfahrungsbereich des Menschen gilt.

Zweitens wird man sagen können, daß Barth, wenn er die primär liberal und sozialistisch geprägten Termini zur Kennzeichnung von Sachverhalten im alten Äon verwendet, sie in ihrem üblichen politischen Sinn nimmt und dann auch einander entgegensetzt. Nimmt er sie dagegen für den neuen Äon in Anspruch, so läßt er ihren Bedeutungsgehalt sich wechselseitig korrigieren und konvergieren. Er interpretiert dann, so könnte man vielleicht sagen, die ursprünglich liberalen Begriffe sozialistisch, die ursprünglich sozialistischen Begriffe dagegen liberal, so daß Gemeinschaft und Freiheit keine Gegensätze mehr darstellen. »Im Christus [wird] alles von selbst zustande kommen, was die Weltmoral vergeblich postuliert: die Gemeinschaft und die Freiheit« (R I, 484). Darum ist die Freiheit des Christen anders als in der Welt der Sünde kein Selbständigseinwollen, sondern kommunikative Freiheit; darum ist die Autonomie Gottes nicht Autarkie, sondern barmherzige Zuwendung zum Menschen und gerade darin Bewährung der Treue Gottes zu sich selbst; darum hat die Revolution Gottes mit dem Gewaltprinzip nichts zu schaffen, sondern bedient sich der radikal verändernden und befreienden Liebe; darum beschränkt sich

---

50 *D. Schellong*, Barth von links gelesen, 242.

5.1. Zusammenfassung und Konsequenzen für die Barth-Interpretation

die christliche Solidarität nicht auf den Glaubensbruder, sondern schließt den ›Feind‹, auch den ›Klassenfeind‹, ein.

So wird deutlich, daß sich die Anthropozentrik dem alten, die Theozentrik dem neuen Äon zuordnet und sich diese Zuordnung auch in der theologischen Terminologie des ersten »Römerbriefs« abbildet. Barth folgt hier im Grunde – vermutlich ohne sich dessen bewußt zu sein – einer hermeneutischen Regel Luthers, wie sie in der zwanzigsten These der Disputatio de divinitate et humanitate Christi zum Ausdruck kommt: »Omnia vocabula in Christo novam significationem accipere in eadem re significata.«[51] Der Paradigmenwechsel, den Barth während des Ersten Weltkriegs vollzieht, wirkt sich also auch auf seine Begriffsbildung aus. Eine Barth-Interpretation, die ihrem Gegenstand gerecht werden will, wird diesem Faktum Rechnung tragen müssen. Die theozentrische Betonung der Souveränität Gottes impliziert für Barth nicht eine auch von Gott her unüberwindbare ›Diastase‹, sondern ist umgekehrt gerade Ausdruck dessen, daß allein Gott die ›Diastase‹ überwinden kann und in Christus überwunden hat. Daß dieser Grundgedanke von Anfang an präsent ist, hat die Analyse des ersten »Römerbriefs« gezeigt. Wenn er im zweiten »Römerbrief« nicht so klar in Erscheinung tritt, so erklärt sich dies dadurch, daß Barth damals wohl der Meinung war, sich von der anthropozentrischen Theologie seiner Zeit noch schärfer als bisher abgrenzen zu müssen, um die Differenz unübersehbar zu machen.

---

51 WA 39 II, 94; vgl. dazu auch *E. Jüngel*, Zur Freiheit eines Christenmenschen, 43.

5.2. Weiterführende Perspektiven

In der Einleitung zu dieser Arbeit habe ich davon gesprochen, daß die Orientierung am neuzeitlichen Subjektivitätsprinzip in eine Sackgasse geführt habe, aus der nur eine grundsätzliche Neuorientierung unseres Denkens und Handelns herausführen könne. Eines der damit gestellten Probleme besteht darin, eine Praxis verantwortlichen Umgangs mit Umwelt und Mitmensch zu finden und zu begründen. Diese Aufgabe kann gewiß nicht von der Theologie allein bewältigt werden. Aber man sollte doch von ihr erwarten dürfen, daß sie auf die Konsequenzen reflektiert, die sich aus dem Glauben für die Beurteilung der Problemlage ergeben, und dazu anleitet, Lösungsmöglichkeiten im Lichte des Evangeliums zu suchen und zu prüfen. Vor dem Hintergrund dieser Aufgabenstellung will ich zum Schluß wenigstens andeuten, welche Relevanz die Barthsche Hinwendung zur Theozentrik auch für die aktuelle Diskussion zwischen Theologie und Sozialwissenschaften hat und welches Licht vom Verständnis des Glaubens und der kommunikativen Praxis von Christen, wie es sich im ersten »Römerbrief« dokumentiert hat, auf das fundamentale Problem einer theologischen Verantwortungsethik fällt. Um Mißverständnissen vorzubeugen, möchte ich freilich betonen, daß meiner Meinung nach Zukunft sich nicht durch Rückgriffe auf Vergangenes produzieren läßt. Allenthalben werden ja in Theologie und Kirche Positionen und Fragestellungen des 19. Jahrhunderts reaktiviert, die sich schon zu Beginn des 20. Jahrhunderts als antiquiert erwiesen haben und deshalb an der Schwelle zum 21. Jahrhundert noch weniger geeignet sein dürften, bei der Lösung unserer Menschheitsprobleme mitzuhelfen. Es ist keineswegs meine Absicht, die Römerbrieftheologie zu repristinieren. Die Entwicklung der Barthschen Theologie ist weitergegangen, sie hat frühere Einseitigkeiten zu korrigieren gesucht und auf neue Herausforderungen der Zeit reagieren müssen.[52] Wichtiger als einzelne Stationen scheint mir der Weg zu sein, den Barth theologisierend zurückgelegt hat. Nicht das Stehenbleiben an bestimmten Aussichtspunkten, sondern nur das entschlossene Fortsetzen des Weges entspricht der Art, wie Barth Theologie trieb. Dennoch wird man diesen Weg nicht adäquat begreifen, wenn man nicht die entscheidenden Weichenstellungen, deren eine der erste »Römerbrief« markiert, zur Kenntnis nimmt.

Inwiefern die Theologie des ersten »Römerbriefs« eine auch für die heutige theologische Diskussion noch bedeutungsvolle Weichenstellung ist, d.h. inwiefern sie ein kritisches und innovatorisches Potential enthält und weiterführende

---

52 Vgl. dazu jetzt die einführende Gesamtdarstellung der Barthschen Theologie bei *Chr. Frey*, Die Theologie Karl Barths, bes. auch das letzte Kapitel »Barths Theologie weiterdenken« (ebd., 258ff).

5.1. Weiterführende Perspektiven

Perspektiven eröffnet, soll zum Schluß anhand der entscheidenden Themen dieser Untersuchung noch einmal kurz beleuchtet werden. Dabei wird sich zeigen, wie sich von der Barthschen Theologie her zentrale Probleme unserer Zeit entschlüsseln lassen. Ich möchte darum in einem ersten Schritt auf Herausforderungen eingehen, denen sich die Theologie in einer apokalyptischen Zeit gegenüber sieht, in einem zweiten das Problem der Möglichkeit einer theologischen Verantwortungsethik erörtern und in einem dritten schließlich die Frage nach der Überwindung des Prinzips neuzeitlicher Subjektivität aufwerfen. Natürlich ist es nicht im entferntesten möglich, diese Fragen erschöpfend zu bearbeiten. Dennoch möchte ich wenigstens andeuten, in welcher Richtung man Barths Impulse weiterdenken könnte. Daß dies hier nur assoziativ und holzschnittartig geschehen kann, versteht sich nahezu von selbst.

(1) Das Bewußtsein, in einer apokalyptischen Zeit, einer Endzeit, zu leben, prägt heute, in signifikantem Unterschied zu den fünfziger Jahren (in denen Günther Anders ›Apokalypseblindheit‹ diagnostizierte[53]), viele Zeitgenossen, – und das mit Recht. Dabei muß man sich allerdings klar machen, daß ἀποκάλυψις nicht ›Weltuntergang‹, sondern ›Enthüllung‹, ›Aufklärung‹ bedeutet.[54] Die antiken jüdischen und christlichen Apokalypsen sind in einer politischen und/oder religiösen Verfolgungs- und Notsituation entstanden, die als aussichtslos und so sinnlos erfahren wurde, daß nur noch der radikale Abbruch von Geschichte erhofft werden konnte.[55] Apokalypsen sind Widerstandsliteratur, Samisdat. Sie wollen über die gegenwärtige Situation in verschlüsselter Form aufklären, Trost spenden und zum Aushalten ermutigen, bis Gottes Eingreifen die Erlösung bringe. Der Erfahrung extremer Unterdrückung und Defizienz stellen sie die Erwartung kommender Freiheit und Fülle entgegen. Ihre ›Enthüllungen‹ haben darum den Charakter von Zeitkritik. In diesem Sinne muß m.E. christliches Denken heute apokalyptisches Denken sein. Es kann also nicht darum gehen, Weltuntergangsstimmung zu produzieren, wohl aber darum, die Widergöttlichkeit der Mechanismen aufzudecken, denen wir uns permanent aussetzen.

Man darf nun freilich auch nicht übersehen, daß die Subversivität der ursprünglichen Apokalyptik in ihrer Wirkungsgeschichte immer wieder neutralisiert worden ist.[56] Wie wir gesehen haben, bediente sich in der neueren Geschichte insbesondere der Nationalismus apokalyptischer Deutungsmuster. Ge-

---

[53] *G. Anders*, Die Antiquiertheit des Menschen, bes. I, 233-308; vgl. auch *ders.*, Die atomare Drohung, 106-125.
[54] Vgl. dazu *J. Ebach*, Apokalypse, 12ff.
[55] Siehe zum sozialgeschichtlichen Hintergrund der Apokalyptik vor allem *P. Lampe*, Die Apokalyptiker.
[56] *J. Ebach*, Apokalypse, 33-47.

rade die großen Kriege der Neuzeit, angefangen mit den Napoleonischen Kriegen über den deutsch-französischen Krieg von 1870/71 bis zum Ersten und Zweiten Weltkrieg wurden apokalyptisch interpretiert, – nun allerdings nicht mehr von unterdrückten, sondern von herrschenden Minderheiten, die die Existenzängste beherrschter Mehrheiten für sich zu nutzen wußten. So wurde, wie vor allem Klaus Vondung herausgearbeitet hat, der Erste Weltkrieg insbesondere von den Deutschen, in geringerem Maße allerdings auch von den anderen Nationen als Weltenbrand gedeutet, in dem der jeweilige Gegner vernichtet werden müsse.[57] Barths Erschrecken vor der damals gängigen Kriegspredigt und der Legitimation des Krieges durch seine Lehrer läßt sich auch begreifen als Ablehnung der Instrumentalisierung apokalyptischen Denkens für den Zweck des Krieges. Die dualistische Entgegensetzung der Völker, wie sie für diese vom Nationalismus in Dienst genommene Apokalyptik charakteristisch war (und ist)[58], konnte er nicht teilen. Dabei war sein eigenes Denken in gewisser Weise selber apokalyptisch, sah er doch im Krieg nichts anderes als eine Enthüllung der gottlosen Natur des Menschen.[59] Die Rückbesinnung auf den paulinischen Römerbrief zeigte ihm dann, daß der nationalistische Geschichtsdualismus mit der Rechtfertigungslehre unvereinbar ist. Denn diese macht es unmöglich, sich selbst und andere eindeutig dem einen oder anderen Äon zuzuordnen, – eine Zuordnung, die in der Geschichte immer wieder zu einem Sündenbocksyndrom führte: nachdem auf einen Sündenbock alle negativen Aspekte projiziert sind, muß dieser ausgerottet werden.[60] Folgt man mit Barth der paulinischen Rechtfertigungslehre, so erweist sich die Spannung von Defizienz und Fülle als innergeschichtlich nicht aufhebbar. Ausdruck dafür ist das Sein in der Äonenwende, mit dem man einerseits dem alten Äon angehört, andererseits aber in Christus schon am neuen Äon partizipiert. Die Zeitenwende geht insofern durch jede individuelle Existenz hindurch.[61] Dies bedeutet, mein eigenes Verhaftetsein im alten Äon zu erkennen und um meine Befreiung vom Bösen zu bitten. Nur wer fähig ist, den Balken im eigenen Auge zu erkennen, muß nicht auf den Splitter in dem des anderen zeigen. Damit ist uns verwehrt, zu den simplifizierenden Dualen Zuflucht zu nehmen, die uns heute durch Fundamentalismen unterschiedlichster Herkunft und Ausprägung angeboten werden.[62] Apokalyptisches Denken steht immer in der Gefahr, die Spannung zwi-

---

57 *K. Vondung*, Die Apokalypse, 189-207.
58 Man denke nur an Reagans Identifizierung der Sowjetunion mit dem »Reich des Bösen«; vgl. dazu *J. Ebach*, Apokalypse, 24f.
59 Siehe oben S. 102.
60 Siehe dazu *R. Schwager*, Brauchen wir einen Sündenbock?; vgl. auch das Barth-Kapitel in *ders.*, Der wunderbare Tausch, 232-272.
61 Siehe oben S.145 u. 157ff.
62 Vgl. dazu beispielsweise *T. Meyer* (Hg.), Fundamentalismus in der modernen Welt.

5.1. Weiterführende Perspektiven

schen altem und neuem Äon in eine dualistische Konzeption aufzulösen, d.h. die Komplexität der Äonenwende in der Weise zu reduzieren, daß zwei eindeutig voneinander abgrenzbare Fundamentalpositionen gegenübergestellt werden können. Man kann dieses Phänomen als Regression auf vermeintlich sichere Positionen angesichts allgemeiner Orientierungslosigkeit verstehen. Darum drängen sich gerade in einer apokalyptischen Zeit wie der unsrigen längst überholt geglaubte fundamentalistische Positionen auf. Die christliche Existenz, für die Barths erster »Römerbrief« plädiert, kennt *solche* Eindeutigkeiten gerade nicht. Simul iustus ac peccator steht der Christ zwischen den Zeiten, genauer: er steht nicht, sondern er befindet sich im Schritt, im Transitus.

Dabei darf das Sein in der Äonenwende nun freilich auch nicht so verstanden werden, als wäre alles gleich-gültig, als sei es der Zustand der Welt, mit dem wir uns abfinden müßten, daß Alt und Neu, Böses und Gutes ausgewogen nebeneinanderstünden. Ausgewogenheit ist eben – daran muß von Zeit zu Zeit erinnert werden – kein christliches, sondern ein ökonomisches Prinzip, ein Prinzip des Marktes. Gegenüber einer vergleichgültigenden Ausgewogenheit wird man mit Barth darauf aufmerksam machen müssen, daß die Äonenwende durchaus ein Gefälle hat, in dem das Alte dem Neuen nicht gleichwertig, sondern als das, was vergehen soll und wird, gegenübersteht. Das, wogegen die apokalyptische Enthüllung protestiert, kann nicht so bleiben, wie es ist, sondern wird überwunden, weil es durch Christus schon überwunden ist. Jeder Mensch ist darum auf das neue Sein, das er in Christus ist, anzusprechen. Die Defizienzerfahrung wird dabei nicht verdrängt, sondern in entsprechendes Handeln umgesetzt, das apokalyptische Protestpotential positiv genutzt. Ein in diesem Sinne apokalyptisches Denken setzt freilich ein Subjekt voraus, das in der Lage und willens ist, für andere Verantwortung zu übernehmen.

(2) Damit sind wir bei der Frage nach den Bedingungen verantwortlichen Handelns und bei der Frage nach dem Typ von Ethik angelangt, der geeignet ist, christliches Handeln heute zu beschreiben. Interessant ist im Rückblick, daß Barth als einer der ersten Theologen zu Beginn dieses Jahrhunderts der Identifikation von christlicher und Gesinnungsethik heftig widersprochen hat. Später hat Dietrich Bonhoeffer darauf aufbauend Umrisse einer theologischen Verantwortungsethik entworfen, die freilich in der ethischen Theoriebildung der Theologie eine merkwürdig geringe Resonanz gefunden hat. Bis heute hat man m.E. die Tragweite dieses durch Barth inaugurierten Paradigmawechsels in der theologischen Ethik nicht wahrgenommen.[63] Während seit Max Weber be-

---

63 Dazu mag allerdings beigetragen haben, daß Barth seine Ethik in der »Kirchlichen Dogmatik« als Gebotsethik bezeichnete, ein Begriff, der traditionellerweise eher an den Typus einer Gesetzes- oder Normenethik denken läßt, mit dem sie freilich nichts zu tun hat. Vgl. zu Barths

sonders unter Sozialwissenschaftlern die Vorstellung verbreitet ist, ›religiöse Ethik‹ sei nur als Gesetzes- oder Gesinnungsethik möglich und der Übergang zur Verantwortungsethik impliziere notwendigerweise statt eines ›religiös-metaphysischen‹ und theozentrischen ein ›profan-metaphysisches‹ und anthropozentrisches Weltbild, setze also den Prozeß der Rationalisierung und Säkularisierung religiöser Weltbilder voraus[64], habe ich dargelegt, daß Barths Paränese im ersten »Römerbrief« – obwohl theozentrisch – strukturell dem Typus der Verantwortungsethik entspricht. Die Frage, die sich von daher an die Sozialwissenschaften stellen ließe, wäre also, welchen Begriff von Verantwortung und von Glaube eigentlich ihre Annahme, ein Erlösungsglaube stehe eo ipso im Widerspruch zur Übernahme von Verantwortung, impliziert.

Georg Picht vertritt in seinem Aufsatz »Der Begriff der Verantwortung« die These, daß ›Verantwortung‹ auf zweierlei verweise: »Man ist verantwortlich *für* eine Sache oder *für* andere Menschen, und man ist verantwortlich *vor* einer Instanz, welche den Auftrag erteilt, der die Verantwortung begründet.«[65] Erst in der Neuzeit sei jene Verweisung in charakteristischer Weise durch »den Rückbezug auf sich selbst« umgebogen worden zu einer »Verantwortung des Menschen *vor* sich selbst und *für* sich selbst.«[66] Dies widerspreche der Struktur von Verantwortung jedoch insofern, als die Frage nach der Verantwortlichkeit für ein Geschehnis nicht vom Subjekt ausgehe, wohl aber auf es zurückweise, und zwar auch dann, wenn dieses Subjekt sich seiner Verantwortung entziehen wolle.[67] Eine Verantwortungsethik sei darum nicht von feststehenden Subjekten als Trägern von Verantwortung, sondern von den sich stellenden Aufgaben her zu konzipieren. Picht redet hier als Philosoph bewußt von ›sich stellenden Aufgaben‹; denn nur in dieser Form läßt sich philoso-

---

Verständnis von Verantwortung vor allem KD II/2, 607 u. 713ff, sowie *K. Barth*, Das christliche Leben, 28ff. – Was Bonhoeffer betrifft, so wird die weitgehende Nicht-Rezeption seiner Ethikentwürfe vielleicht in deren fragmentarischem Charakter begründet sein. Vgl. für seinen Begriff von Verantwortung vor allem *D. Bonhoeffer*, Gesammelte Schriften III, 455-477, und *ders.*, Ethik, 227-278.

64 So z.B. *W. Schluchter*, Die Entwicklung des okzidentalen Rationalismus, bes. 64-89, bei dem auch die entsprechenden Belege aus Max Webers Schriften zu finden sind; nach *ders.*, Religion und Lebensführung I, 274ff, entspricht die formale Verantwortungsethik einer auf dem absoluten Polytheismus der Werte basierenden dogmatischen Metaphysik. Siehe auch *J. Habermas*, Theorie des kommunikativen Handelns I, 317.

65 *G. Picht*, Wahrheit–Vernunft–Verantwortung, 318-342, Zitat: 319. Siehe auch: *Ders.*, Hier und Jetzt I, 94-11 u. 202-217.

66 *G. Picht*, Wahrheit–Vernunft–Verantwortung, 320f. Vgl. dazu auch *W. Weischedel*, Der Begriff der Verantwortung, der in Heideggers Denktradition Selbstverantwortung, Verantwortung vor Gott und Verantwortung vor der Gemeinschaft als drei Grundtypen von Verantwortung unterscheidet und die beiden letzteren in der ersten begründet sein läßt. Demgegenüber beruht für *D. Bonhoeffer*, Ethik, »Verantwortung auf Stellvertretung« (ebd., 238), woraus folgt, daß »Selbstverantwortung ... in Wahrheit Verantwortung gegenüber dem Menschen und das heißt der Menschheit« ist (ebd., 239) und in der Verantwortung vor Gott gründet (ebd., 237).

67 *G. Picht*, Wahrheit–Vernunft–Verantwortung, 325 u. 336f.

5.1. Weiterführende Perspektiven

phisch denken, was christliche Theologie als Beanspruchtwerden des Menschen durch Gott zum Ausdruck bringt. ›Verantwortung‹ ist – worauf Picht hinweist – ein ursprünglich eschatologischer Begriff. Er meint eigentlich die Rechenschaft, die vor dem Jüngsten Gericht abzulegen ist. Darin gründet seine Universalität. Im Horizont der Philosophie ergibt sich die Universalität der Verantwortung aus der Universalität der Geschichte und der Aufgabe, im Atomzeitalter für die Möglichkeit künftiger Geschichte Sorge zu tragen.[68] Hier wird vom Philosophen der Perspektivenwechsel gefordert, den Barth aus theologischen Gründen schon im ersten »Römerbrief« vornimmt, nämlich die Abkehr vom neuzeitlichen Subjektivitätsprinzip und dem ihm eigenen Anthropozentrismus. Dem Pichtschen Gedanken, daß die Universalgeschichte der Horizont menschlicher Verantwortung sei, korrespondiert bei Barth die These, daß »die Weltgeschichte ... das Weltgericht« sei (R I, 48 u. 417; vgl. auch 71) und daß Gott »die Menschheit solidarisch verantwortlich [mache] für die in ihrer Geschichte vorliegende Entwicklung« (R I, 43).

Nun gibt es freilich ein Verständnis des christlichen Glaubens, in dem das Diesseits ausschließlich negativ qualifiziert ist, in dem der Glaubende nur nach ›Entweltlichung‹ zu trachten hat.[69] Vorausgesetzt ist dabei die metaphysische Dichotomie von Ewigkeit und Zeit, aufgrund derer ewiges Leben als Alternative zur Temporalität der Existenz aufgefaßt wird. Ein in diesem Sinne akosmischer Erlösungsglaube schließt in der Tat Verantwortung für das, was in der Zeit geschieht, aus. Barth denkt das Verhältnis von Zeit und Ewigkeit im ersten »Römerbrief« jedoch gerade nicht innerhalb dieses metaphysischen Denkhorizonts. Ausdrücklich lehnt er die Erwartung eines Abbruchs der bisherigen Geschichte als schwärmerischen Radikalismus ab (R I, 72). Die Ewigkeit ist für den ersten »Römerbrief« keineswegs Abbruch der Zeit, sondern vielmehr ihre radikale Verwandlung. Die ›eigentliche‹ Geschichte ersetzt nicht die ›sogenannte‹ Geschichte, sondern erfüllt und qualifiziert sie.[70] »Daher ist der Glaubende nicht zur Preisgabe der Zeit in Erwartung der Ewigkeit aufgefordert, sondern ermächtigt, dem erlösenden Kommen des Reiches Gottes in der Zeit zu entsprechen.«[71]

Wodurch unterscheiden sich nun aber Gesinnungs- und Verantwortungsethiken voneinander und warum entspricht der gesinnungsethische Ansatz nicht mehr den Erfordernissen unserer Zeit? Man kann die beiden Typen von Ethik auf drei Ebenen miteinander vergleichen[72]: der Ebene des Urteilsobjekts, der

---

68 Ebd., 319 und 328ff.
69 Vgl. zum Folgenden *H. E. Tödt*, Perspektiven theologischer Ethik, 79ff.
70 Siehe oben S. 140ff.
71 *H. E. Tödt*, Perspektiven theologischer Ethik, 81.
72 Ich orientiere mich dabei vor allem an den Max Webers Unterscheidungen weiterführenden Systematisierungen bei *W. Schluchter*, Die Entwicklung des okzidentalen Rationalismus, 59-

der Urteilsbasis und der des Urteilssubjekts. Nimmt man *erstens* das jeweils entscheidende Bewertungsobjekt in den Blick, so zeigt sich, daß die Gesinnungsethik in einem moralischen Urteil primär die Absichten einer Lebensführung, d.h. die Gesinnung, beurteilt, während die Verantwortungsethik das Hauptaugenmerk auf die (absehbaren) Folgen einer Lebensführung richtet ohne darüber allerdings die verfolgten Intentionen gänzlich auszublenden. Mit Hans Jonas muß man wohl davon ausgehen, daß das Wesen menschlichen Handelns sich durch die neuzeitliche Technik grundlegend verändert hat und darum die Gesinnungsethik, die auf das Individuum und dessen räumlich und zeitlich begrenztes Tun abgestellt ist, zu kurz greift.[73] Was helfen uns alle guten Absichten, wenn die entsprechende Handlung katastrophale Folgen hat? Nur wenn die möglichen Wirkungen einer Praxis mit bedacht werden, wie dies in der Verantwortungsethik geschieht, kann das ethische Urteil der Komplexität unserer Problemsituation genügen. Vergleicht man *zweitens* den jeweils zugrundegelegten Maßstab des Urteils, seine Geltungsbasis, so stehen sich hier positive und reflexive Prinzipien gegenüber. Die Gesinnungsethik unterscheidet sich von der Verantwortungsethik darin, daß der gesinnungsethisch Handelnde gleichsam monologisch, d.h. in striktem Selbstbezug (Selbstgespräch des Gewissens), und nur dadurch vermittelt auf in der Tradition vorgegebene Prinzipien rekurriert, die er dann allerdings situationsgerecht anzuwenden hat, während der verantwortungsethisch Handelnde auf dialogische Verfahren der Normenfindung setzt, in denen handlungsleitende Prinzipien generiert werden.[74] Geht es nämlich primär darum, abzuklären, welche Folgen eines Handelns verantwortet werden müssen, so ist es prinzipiell nötig, darüber mit den davon mutmaßlich Betroffenen in einen Dialog einzutreten, um mit ihnen Si-

---

100, ohne mir allerdings seine Bestimmung der Gesinnungsethik als reflexiver Prinzipienethik zu eigen zu machen; inzwischen hat Schluchter seine Typologie noch einmal modifiziert: aufgrund seiner Zuordnung der formalen Gesinnungsethik wie auch der formalen Verantwortungsethik zum Typus der reflexiven Prinzipienethik geht er jetzt von der Gleichrangigkeit beider Ethiktypen aus. Siehe *ders.*, Religion und Lebensführung I, 165-338, bes. 225ff.

73   *H. Jonas*, Prinzip Verantwortung, 15ff, hebt hervor, daß die traditionelle Ethik davon ausgehen konnte, daß das »Wohl oder Übel, worum das Handeln sich zu kümmern hatte, ... nahe bei der Handlung« lag (ebd., 22), wohingegen man es im Zeichen moderner Technologien mit oft unumkehrbaren Handlungen größeren Ausmaßes zu tun habe, »die eine beispiellose kausale Reichweite in die Zukunft haben«, was eine Ethik mit »Zeit- und Raumhorizonten, die denen der Taten entsprechen«, nötig mache (ebd., 9). Vgl. zum ethischen Entwurf von Jonas jetzt auch *K.-O. Apel*, Diskurs und Verantwortung, 179-216.

74   Ist in diesem Sinne die dialogische Erzeugung von Prinzipien Kennzeichen von Verantwortungsethik, so widerspricht es Schluchters eigenen Definitionen, wenn er Kants Ethik als reflexiv und monologisch zugleich charakterisiert und sie als monologische Verantwortungsethik bestimmt; vgl. *W. Schluchter*, Die Entwicklung des okzidentalen Rationalismus, 95-97. Neuerdings hat Schluchter diese Thesen teilweise revidiert und die Kantsche Ethik als »formale Gesinnungsethik« im Unterschied zu den »materialen Gesinnungsethiken ... des alten Christentums, des asketischen Protestantismus und bestimmter Varianten des Vernunftnaturrechts« bezeichnet; vgl. *ders.*, Religion und Lebensführung I, 225-250, Zitat: 248.

5.1. Weiterführende Perspektiven

tuationsdefinitionen und Wertorientierungen zu diskutieren. Auf der *dritten* Ebene, der des Urteilssubjekts, läßt sich feststellen, daß beide Ethiktypen einer postkonventionellen Stufe der Moralentwicklung angehören, sich aber für die Gesinnungsethik in einen autonom-rigiden, für die Verantwortungsethik in einen autonom-flexiblen Gewissenstyp unterscheiden lassen. Auch und gerade wenn man fragen kann, inwieweit dem von der Theorie postulierten autonom-flexiblen Gewissenstyp auf der Seite der Empirie etwas entspricht[75], so kann doch kein Zweifel darüber bestehen, daß die Komplexität der Probleme und die Schwierigkeiten der Konsensfindung exakt jenen flexiblen Gewissenstyp erfordern.[76]

Barths Beitrag zur Ethikdiskussion besteht m.E. vor allem darin, daß er einerseits die Affinität der Paränese zur Verantwortungsethik deutlich werden läßt und daß er andererseits zwischen Ethik und Paränese zu unterscheiden lehrt. Dies bedeutet im Blick auf die drei Ebenen, auf denen wir Gesinnungs- und Verantwortungsethik miteinander verglichen haben, *erstens,* daß in Frage steht, ob der, der sich auf seine gute Gesinnung beruft, vor Gott gerechtfertigt ist. Wie wir gesehen haben, findet sich schon im ersten »Römerbrief« eine aus der Rechtfertigungslehre hergeleitete Kritik der Gesinnungsethik. Nicht auf die Gesinnung komme es in Gottes Augen an, sondern auf das tatsächliche Verhalten. Gewiß denkt Barth dabei an das Handeln selbst bzw. die unmittelbaren Tatfolgen, so daß wir seinen Handlungsbegriff werden erweitern müssen, – entscheidend aber finde ich, daß er seine Paränese überhaupt handlungstheoretisch anlegt. *Zweitens* wäre zu fragen, wie das paränetische Urteil im Christusorganismus zustandekommt und ob darin die Autonomie des Urteilenden gewahrt bleibt. Zunächst scheint es ja durchaus plausibel zu sein, daß die für christliches Handeln konstitutive Orientierung am Willen Gottes positiv gegebene Normen oder Prinzipien voraussetzt. Barth ist dagegen der Auffassung, daß dem Christen weder Normen noch Prinzipien, sondern ein »*Organ der Prüfung*« gegeben sei, »die Kraft Gottes zur *Erzeugung* sittlicher Begriffe für den Tagesbedarf« (R I, 471); das heißt nichts anderes als daß die handlungsleitenden Prinzipien erst erzeugt werden müssen, in ständigem »Ringen und Mühen um das *Denken* der Gedanken Gottes« (ebd.). Darum gibt Barth, wo er – veranlaßt durch den paulinischen Römerbrief – zu materialer Paränese übergeht, lediglich »Proben« (R I, 473), also Beispiele, Modelle, die für sich nicht

---

75 K.-O. Apel, Diskurs und Verantwortung, 361, stellt unter Berufung auf L. Kohlberg fest, daß »nur ca. 5 Prozent der Erwachsenen [in Amerika] die postkonventionelle Stufe 6 [=Verantwortungsethik] der moralischen Urteilskompetenz« erreichen.
76 Vgl. auch ebd., 329 u. 423f, wo Apel Bonhoeffers Aufzeichnungen aus der Haft als Beleg dafür anführt, daß der Widerstand gegen das nationalsozialistische Regime sich vor das Problem eines Übergangs zur postkonventionellen Moral gestellt gesehen habe.

den Anspruch erheben, den Willen Gottes für jede mögliche Situation wiederzugeben. Entscheidender als diese Proben ist für ihn das Verfahren, durch das sie erzeugt werden.[77] In diesem Sinne geht er davon aus, daß das im Christusorganismus praktizierte Handeln vom Standpunkt der Moral aus nicht nur als postkonventionell, sondern auch als dialogisch bestimmt angesehen werden muß; in der Tat existiert nur hier der herrschaftsfreie Raum, der für das Gelingen paränetischer Diskurse notwendig vorauszusetzen ist. Gewiß wird man die dialogische Struktur der ›Ermahnung‹ stärker akzentuieren müssen, als Barth dies getan hat, – wichtiger scheint mir aber zu sein, daß er die theologische Ethik überhaupt herausgeführt hat aus der Fiktion, der Christ sei, indem er nach dem Willen Gottes frage, quasi auf sich allein gestellt. *Drittens* bestimmt Barth als Subjekt einer kommunikativen Praxis den mit Gott versöhnten Menschen. Dabei ist vorausgesetzt, daß erst der durch Gottes zuvorkommende Gnade von seiner Selbstbezüglichkeit befreite Mensch fähig ist, mit dem anderen in eine Interaktion einzutreten, in der jener nicht strategisch zur eigenen Selbstverwirklichung benutzt wird. Gewiß wird man hier kritisch einwenden können, daß Barth vielleicht zu einseitig auf den eschatologischen Begriff des Christusorganismus abhebt und zu wenig die Bedingungen reflektiert, unter denen der Christ in der Äonenwende zu agieren hat, – der entscheidende Punkt ist schließlich aber auch hier, daß Barth überhaupt zeigt, daß nach dem Neuen Testament dem mit Gott versöhnten Menschen Freiheit und kommunikative Vernunft zukommen und ihm das entspricht, was manche Sozialwissenschaftler einen ›autonom-flexiblen Gewissenstyp‹ nennen.[78] Die Paränese im ersten »Römerbrief« hat also insofern eine gewisse Nähe zur Verantwortungsethik, als in ihr Gott nicht als derjenige erscheint, der dem Menschen zu erfüllende Normen und anzuwendende Prinzipien gibt, sondern als der, der den Menschen in die Freiheit versetzt, gegebene Normen und Prinzipien zu prüfen oder gegebenenfalls neue zu generieren.[79]

Betrachtet man Barths Paränese in diesem Sinne gleichsam von außen, vom Standpunkt der Moral aus, so zeigen sich m.E. Affinitäten jedenfalls zu be-

---

77 *H. E. Tödt*, Perspektiven theologischer Ethik, 76f, weist (im Anschluß an *G. Picht*, Hier und Jetzt I, 114f) darauf hin, daß in einer nachmetaphysischen Zeit an die Stelle des Rekurses auf fixe Normen, die sich letztlich auf das heute obsolet gewordene metaphysische Prinzip der Identität stützen, »Prozesse der Interaktion und Kommunikation« treten, »in denen gemeinsame Normen und Güter erkannt und in Geltung gesetzt werden«. Tödts »Versuch einer ethischen Theorie sittlicher Urteilsfindung« zielt darauf ab, die Struktur solcher Prozesse zu beschreiben, s. dazu: *H. E. Tödt*, Perspektiven theologischer Ethik, 21-48 u. 56-78.
78 Siehe dazu vor allem die Behandlung des Gewissensproblems im Verhältnis der ›Starken‹ zu den ›Schwachen‹ in Röm 14f und I Kor 8-10.
79 Vgl. etwa Röm 12,1f; I Thess 5,21; Phil 1,9f; 4,8 u.ö. Bei diesem ›Prüfen‹ geht es darum, festzustellen, welches Verhalten dem Reiche Gottes entspricht und »was auf die Lebensgesetze der kommenden Welt Gottes vorausweist« (*H. E. Tödt*, Perspektiven theologischer Ethik, 75). Siehe dazu auch R I, 462-473.

5.1. Weiterführende Perspektiven

stimmten Aspekten der Theorie des kommunikativen Handelns, wie sie gegenwärtig von Jürgen Habermas und Karl-Otto Apel vertreten wird.[80] Die Nähe, aber auch die Differenz zwischen diesen beiden Ansätzen gilt es nun genauer ins Auge zu fassen. Im Anschluß vor allem an George Herbert Mead geht Habermas davon aus, daß sich kommunikative Kompetenz im Prozeß gesellschaftlicher Interaktion ausbildet. Meads Konzeption der Genese des Selbst[81] will die Aporie der traditionellen Selbstbewußtseinstheorien dadurch lösen, daß sie auf das äußere Verhalten rekurriert und dabei das Reiz-Reaktions-Schema wechselseitig in Anschlag bringt, also die Konstitution des Selbst an die Kommunikation mit anderen bindet. In der Kommunikation entstehen gleichursprünglich sowohl Selbst als auch Gemeinschaft. Notwendige Voraussetzung dafür sei, daß die Interaktionspartner sich gegenseitig als solche anerkennen. Ideal wäre es, wenn alle »die Haltung der von ihnen beeinflußten Menschen übernehmen könnten... Das universale Gespräch«, so folgert schon Mead, »ist also das formale Ideal der Kommunikation.«[82] Daran knüpfen Habermas und Apel an. Kommunikatives Handeln zeichnet sich ihnen zufolge gegenüber anderen Handlungstypen dadurch aus, daß »die Handlungspläne der beteiligten Aktoren nicht über egozentrische Erfolgskalküle, sondern über Akte der Verständigung koordiniert werden«.[83] Ist umstritten, ob die dabei ins Spiel kommenden Interessen konsensfähig sind, so müssen in (theoretischen oder) praktischen Diskursen die jeweils vertretenen Geltungsansprüche als solche thematisiert werden. Voraussetzung für das Gelingen solcher Diskurse – und dies ist der sozusagen normative Kern der Theorie, der unmittelbar an Meads Annahmen anschließt[84] – ist, daß in ihnen notwendigerweise, meist kontrafaktisch, eine ›ideale Sprechsituation‹, die allen Teilnehmern Chancengleichheit zubil-

---

80 *J. Habermas*, Theorie des kommunikativen Handelns; *ders.*, Vorstudien und Ergänzungen; *ders.*, Vorbereitende Bemerkungen; und *ders.*, Moralbewußtsein und kommunikatives Handeln; *K.-O. Apel*, Transformation der Philosophie II; *ders.*, Diskurs und Verantwortung. Eine systematische Einführung in die verschiedenen Aspekte des Theorieprogramms von Habermas bietet: *T. McCarthy*, Kritik der Verständigungsverhältnisse. Zur Kritik vgl. *A. Wellmer*, Ethik und Dialog, bes. 51ff; *A. Honneth/H. Joas* (Hg.), Kommunikatives Handeln; und *R. Danielzyk/F. R. Volz* (Hg.), Vernunft der Moderne? Beiträge zur theologischen Rezeption und Kritik finden sich jetzt auch in: *E. Arens* (Hg.), Habermas und die Theologie (mit Bibliographie: 33-38!); vgl. darüber hinaus *E. Arens*, Kommunikative Handlungen; und *H.-J. Höhn*, Kirche und kommunikatives Handeln.
81 Siehe: *G. H. Mead*, Geist, Identität und Gesellschaft, bes. 177ff, 207ff u. 366ff; vgl. dazu: *J. Habermas*, Theorie des kommunikativen Handelns II, 11-68, bes. 41ff; und *E. Tugendhat*, Selbstbewußtsein und Selbstbestimmung, 245-282. Eine allgemeine Einführung in das Werk Meads bietet: *H. Joas*, Praktische Intersubjektivität. Als m.W. einzige monographische Darstellung von Meads Sozialpsychologie und -philosophie aus theologischer Sicht ist *K. Raiser*, Identität und Sozialität, zu nennen.
82 *G. H. Mead*, Geist, Identität und Gesellschaft, 376.
83 *J. Habermas*, Theorie des kommunikativen Handelns I, 385.
84 Vgl. ebd., II, 140-169.

ligt, antizipiert wird.[85] Apel hat diese These dahingehend ergänzt, daß »in der Grundnorm der wechselseitigen Anerkennung der Diskussionspartner diejenige der ›Anerkennung‹ aller Menschen als ›Personen‹ im Sinne Hegels virtuell impliziert« sei, daß also eine ›universale Kommunikationsgemeinschaft‹ vorausgesetzt werden müsse.[86] Dabei übersieht er nicht, daß die postulierte Gleichberechtigung in der Realität durch Interessenkonflikte aufgrund ungleicher gesellschaftlicher Positionen immer schon zunichte gemacht wird. Er will darum zwischen einer ›idealen‹ und einer ›realen Kommunikationsgemeinschaft‹ unterscheiden und fordert, die ›ideale Kommunikationsgemeinschaft‹ in der ›realen‹ zu verwirklichen.[87] Die solcher Realisierung entgegenstehenden Hindernisse gelte es durch Psychoanalyse und Ideologiekritik zu durchbrechen.[88] Habermas dagegen betont im Anschluß an Emile Durkheim[89], »daß die moralischen Regeln ihre bindende Kraft letztlich aus der Sphäre des Heiligen beziehen«[90], eine Kraft, die nach der als »Versprachlichung des Sakralen« zu verstehenden Entzauberung des sakralen Bereichs auf das kommunikative Handeln übergegangen sei: »Soweit der sakrale Bereich für die Gesellschaft konstitutiv gewesen ist, treten freilich weder Wissenschaft noch Kunst das Erbe der Religion an, allein die zur Diskursethik entfaltete, kommunikativ verflüssigte Moral kann *in dieser Hinsicht* die Autorität des Heiligen substituieren.«[91] Habermas ist demnach der Auffassung, daß sich kommunikative Rationalität innerhalb einer säkularen Gesellschaft kraft der in ihr aufbewahrten, ursprünglich der Religion innewohnenden Autorität des Heiligen von selbst durchsetzen müßte.

Nun wird man gewiß Zweifel anmelden dürfen, ob sich kommunikative Vernunft wirklich von selbst gegenüber dem, was Habermas gesellschaftliche Pathologien nennt, durchzusetzen in der Lage ist bzw. ob die Realisierung der idealen Kommunikationsgemeinschaft wirklich – nach der älteren Auskunft Apels – durch Psychoanalyse und Ideologiekritik sichergestellt werden könne. Die grundlegende Frage »Warum überhaupt moralisch sein?« läßt sich nach Apel, wenn man sie nicht im Sinne rationaler Letztbegründung, sondern als existentielle Frage stellt, auf diesem Wege nicht beantworten.[92] Niemand könne letztlich – so Apel – durch rationale Argumente allein dazu gebracht werden,

---

85 *J. Habermas*, Vorbereitende Bemerkungen, 136f; *ders.*, Vorstudien und Ergänzungen, 174ff; vgl. dazu auch: *T. McCarthy*, Kritik der Verständigungsverhältnisse, bes. 352ff.
86 *K.-O. Apel*, Transformation der Philosophie II, 400.
87 *K.-O. Apel*, Diskurs und Verantwortung, 201-204.
88 *K.-O. Apel*, Transformation der Philosophie II, 426-435. Vgl. dazu auch: *W. Huber/H. E. Tödt*, Menschenrechte, 153ff.
89 *J. Habermas*, Theorie des kommunikativen Handelns II, 74-97 u. 118-133.
90 Ebd., 80.
91 Ebd., 140.
92 *K.-O. Apel*, Diskurs und Verantwortung, 345-349 und 355-357.

5.1. Weiterführende Perspektiven

»die *kognitive Einsicht* in die moralische Pflicht in einen entsprechenden *Willensentschluß* zum Handeln umzusetzen«[93]; dieses Problem lasse sich offenbar nur im Rahmen ›religiös-metaphysischer‹ Weltbilder lösen, wobei sich Apel allerdings (mit Kohlberg, auf den er sich dabei bezieht) von Vorstellungen distanziert, »die in der moralischen Entwicklung nur eine Konsequenz der grundlegenden religiösen Entwicklung sieht«[94]. Habermas hat in neueren Arbeiten betont, daß auch eine »ihrer Weltbildfunktion weitgehend beraubte Religion ... nach wie vor unersetzlich für den normalisierenden Umgang mit dem Außeralltäglichen im Alltag« sei.[95] »Solange die religiöse Sprache«, so sagt er an anderer Stelle, »inspirierende, ja unaufgebbare semantische Gehalte mit sich führt, die sich der Ausdruckskraft einer philosophischen Sprache (vorerst ?) entziehen und der Übersetzung in begründende Diskurse noch harren, wird Philosophie auch in ihrer nachmetaphysischen Gestalt Religion weder ersetzen noch verdrängen können.«[96]

Das erinnert im Kontext unserer Untersuchung an Hermann Cohens These, Religion löse sich in Ethik auf, behalte aber einen vorläufigen Wert, solange die Ethik noch nicht zur Reife gelangt sei.[97] Wie Cohen setzt die Theorie kommunikativen Handelns Subjekte mit einer kommunikativen Kompetenz voraus, die sie dazu befähigt, in ihrem Handeln eine universale Gemeinschaft zu realisieren.[98] Natürlich denkt Cohen in einem anderen Rahmen, dem der neukantianischen Bewußtseinsphilosophie, und zieht andere begriffliche Mittel zur Entfaltung und Begründung seiner Theorie heran; gleichwohl wird man kaum fehlgehen, wenn man die letzten Intentionen seiner Ethik in der gleichen Richtung sucht wie die der Theorie kommunikativen Handelns. So wie Cohen sich dabei an einer Idee der Menschheit orientiert, so postulieren Habermas und Apel eine ›ideale Kommunikationsgemeinschaft‹. An ihrer Stelle findet sich bei Barth der herrschaftsfreie Raum des Christusorganismus, dem allerdings – im Unterschied sowohl zu Cohen als auch zu Habermas und Apel – nicht Idealität, sondern (wenn auch in der Welt verborgene) Realität zukommen soll. Es liegt deshalb zunächst nahe, die Affinität zwischen Barths Ethik und der Theorie des kommunikativen Handelns dadurch zu erklären, daß die letztere, indem sie das beschreibt, was das Erbe der Religion angetreten zu haben beansprucht, ein Stück säkularisierte Theologie darstellt.[99] Man kann dann – wie dies Albrecht

---

93 Ebd., 348.
94 Ebd., 345ff, Zitat: 345.
95 *J. Habermas*, Nachmetaphysisches Denken, 60.
96 Ebd.; vgl. auch 34 u. 185.
97 Siehe oben S. 39f.
98 Siehe dazu vor allem Cohens Versuch, den Begriff des sittlichen Selbst über die Interaktion zweier Personen zu gewinnen sowie die ihn dabei leitende Idee der sich dem allgemeinen Sittengesetz in freier Unterordnung unterstellenden Menschheit.
99 Siehe *W. Huber/H. E. Tödt*, Menschenrechte, 175-181.

Wellmer tut[100] – darauf hinweisen, daß hier in unzulässiger Weise das Absolute »ins Kontinuum der Geschichte« zurückgeholt werde[101], und darum fordern, auf die Idee einer idealen Kommunikationsgemeinschaft zu verzichten.[102] Oder man kann umgekehrt fragen – wie dies der katholische Theologe Helmut Peukert tut[103] –, ob die von Habermas und Apel entwickelte Theorie nicht angemessener als ›fundamentale Theologie‹ zu entfalten sei. Denn – so Peukert – in solcher (auch die Opfer der Geschichte in ›anamnetischer Solidarität‹ einbeziehender) kommunikativer Praxis erschließe sich die Wirklichkeit Gottes[104]: »Das Reden von Gott leitet sich damit aus dieser Dimension des Handelns her und weist in dieses Handeln zurück. Theologie ist darum die Theorie des Handelns und der in ihm erschlossenen und erfahrenen Wirklichkeit... Sie ist Explikation eines Existenzvollzugs, der als Vollzug über sich hinausgreift und eine Wirklichkeit behauptet, die als frei wirkende so behauptet wird, daß sie schlechthin von der eigenen Existenz unterschieden ist; sie wird behauptet als die Wirklichkeit, die den anderen im Tod rettet. Diese Wirklichkeit wird aber nur erschlossen in der Weise, daß intersubjektives Handeln auf sie zugeht.«[105] Peukert stützt diese theologische Adaption der Kommunikationstheorie auf den unauflöslichen Zusammenhang von Nächsten- und Gottesliebe.[106]

Einen solchen Zusammenhang würde natürlich auch Barth nicht bestreiten. Glaube und kommunikative Praxis sind gerade auch von der Position des ersten »Römerbriefs« her untrennbar aufeinander bezogen. Allerdings – und hier zeigt sich nun doch die kritische Potenz jenes Paradigmawechsels von einer anthropozentrischen zu einer theozentrischen Theologie – könnte Barth, anders als Peukert, die Erfahrung kommunikativer Praxis nicht zur ratio cognoscendi des Glaubens erheben. Unmöglich wäre es für ihn, jene Erfahrung menschlicher Kommunikation zum Fundament einer diese Erfahrung transzen-

---

100 Vgl. *A. Wellmer*, Ethik und Dialog, bes. 81ff.
101 Ebd., 93f.
102 Ebd., 99ff u. 122ff.
103 *H. Peukert*, Wissenschaftstheorie, bes. 303ff.
104 Ebd., 311. In Aufnahme von Überlegungen Walter Benjamins betont Peukert, daß kommunikatives Handeln erst dann wahrhaft universal sei, wenn es die Vergangenheit nicht als abgeschlossen betrachte und sich zu den Opfern der Geschichte in ›anamnetischer Solidarität‹ verhalte; vgl. ebd., 278-282. Ähnlich betont *A. Wellmer*, Ethik und Dialog, 94f, »die Versöhnung der Menschen untereinander müßte auch die Toten noch einbeziehen«, – ein Gedanke, der freilich nur theologisch nachzuvollziehen sei. *J. Habermas*, Vorstudien und Ergänzungen, 515-517, hat dem mit einer moderaten Einschränkung zugestimmt: »Anamnetische Solidarität folgt aus dem universalistischen Ansatz der Diskursethik zwingend als ein Postulat«, so bestätigt er, um dann fortzufahren, »aber die im Mitleiden hergestellte Beziehung selbst liegt jenseits moralisch-praktischer Einsichten« (ebd., 517).
105 *H. Peukert*, Wissenschaftstheorie, 315.
106 Peukert bezieht sich dabei vor allem auf Karl Rahner (ebd., 316 Anm 23); weitere Kronzeugen sind Thomas von Aquin, Bernhard Welte und Johann Baptist Metz (ebd., 317). Vgl. zu Peukerts Ansatz jetzt auch: *H.-U. v. Brachel/N. Mette* (Hg.), Kommunikation und Solidarität; sowie *P. Eicher*, Die Botschaft von der Versöhnung, 136-138.

5.1. Weiterführende Perspektiven

dierenden Gotteserfahrung zu deklarieren. Denn damit wäre letztlich die Gotteserkenntnis wieder abhängig gemacht von menschlichen Vorgaben, von Definitionen dessen, was wirklich Gotteserfahrung zu sein beanspruchen darf. Nicht überall aber, wo es zu Nächstenliebe, zu kommunikativem Handeln und zu Interaktion zu kommen scheint, muß tatsächlich Gott am Werk sein. Gerade die Einsicht in die unaufhebbare Zweideutigkeit aller menschlichen Erfahrung war es ja, die Barth veranlaßte, den anthropozentrischen Ansatz preiszugeben. Das bedeutet, daß die Theologie nicht einfach wie die Sozialpsychologie und die Kommunikationstheorie von einer empirischen Basis ausgehen kann, um diese dann zu transzendieren, sondern daß sie beim Christusgeschehen selbst ansetzen muß. Nur von einer so gewonnenen ›Theorie der kommunikativen Praxis Gottes‹ her lassen sich theologisch stichhaltige Kriterien dafür ableiten, was als kommunikative Praxis von Christen gelten kann. Inwiefern diese Praxis dann Affinität zu anders begründeter verantwortlicher und kommunikativer Praxis aufweist und welche Möglichkeiten des Zusammenwirkens von Christen und Nichtchristen bestehen, muß und könnte daraufhin im einzelnen geklärt werden.

Deshalb liegt es von Barths Ansatz im ersten »Römerbrief« her näher, philosophische und theologische Theorie nach dem Modell von Gesetz und Evangelium zu interpretieren.[107] So wie nach dem paulinischen Römerbrief das Gesetz einerseits zur Sündenerkenntnis führen (usus elenchticus), andererseits aber (als Heilsweg interpretiert) zu einem Werkzeug der Sünde werden kann, so hat auch Barth die idealistische Moral seiner Zeit in dieser doppelten Perspektive gesehen. In Analogie dazu ließe sich die Kommunikationstheorie theologisch so entschlüsseln, daß ihre Aporien als abusus legis verständlich gemacht werden können. Die ideale Kommunikationsgemeinschaft wäre dann nicht etwas, dessen Realisierung man fordern oder beanspruchen könnte, sondern sie wäre als Hinweis auf die nur durch Gottes Versöhnungshandeln zu schaffende reale Kommunikationsgemeinschaft zu begreifen. Das Problem, wie es überhaupt zu einer wechselseitigen Anerkennung der Interaktionspartner kommen kann, verwiese dann auf die Notwendigkeit einer Befreiung des Menschen aus seiner selbstverschuldeten Selbstbezüglichkeit. Und die Frage, warum wir überhaupt moralisch sein sollen, wäre dann transformierbar in die Frage, was uns eigentlich daran hindere, der moralischen Einsicht entsprechende Taten folgen zu lassen, d.h. sie wäre Hinweis auf die weder durch Ideologiekritik noch durch Psychoanalyse zu beseitigende Sünde des Menschen und sein Angewiesensein auf Versöhnung. Und schließlich ließe sich die neuzeitliche Vor-

---

107 In ähnlicher Weise setzt auch *P. Eicher*, Die Botschaft von der Versöhnung, 124ff, seine Kritik an der Theorie kommunikativen Handelns an.

stellung, der Mensch könne die Verantwortung für die Folgen seines Tuns tatsächlich selber tragen ohne schuldig zu werden, als Selbsttäuschung durchschauen.[108] Barth war sich sehr wohl dessen bewußt, daß verantwortliches Handeln in einer noch unerlösten Welt in eine »notwendige Komplizität mit den politischen Vorgängen« führen und daß es dabei ohne »schlechte[s] Gewissen« und »beschmutzte Handschuhe« nicht abgehen wird. Er wußte freilich zugleich: »Gottes Gerechtigkeit wird euch, sofern ihr neue Schöpfung *seid*, vom Zorne erretten. Eure Sünden, auch eure politischen Sünden, sind euch dann vergeben« (R I, 510). Damit stellt sich – womit wir zur dritten und letzten Problemebene kommen – die Frage nach dem usus legis, d.h. die Frage nach dem mit dem Gesetz umgehenden Subjekt.

(3) Barths Kritik am idealistischen Moralismus entsprechend wäre an die Theorie kommunikativen Handelns die Frage zu richten, ob darin die Bereitschaft des Menschen zu verständigungsorientiertem Handeln nicht überschätzt bzw. die schuldhafte Verweigerung des Dialogs nicht unterschätzt werde. Worauf gründet sich eigentlich der Optimismus, mit dem Habermas davon ausgeht, daß die »Kolonialisierung der Lebenswelt« durch die Freisetzung des im kommunikativen Handeln angelegten Rationalitätspotentials der Lebenswelt aufgebrochen werden könne, wenn er doch gleichzeitig darzulegen versucht, daß die Steigerung der Systemkomplexität, die schließlich dazu führt, daß systemische Steuerungsmechanismen die Verständigungsmechanismen der Lebenswelt zuerst mediatisieren und dann ersetzen, gerade eine Folge der Rationalisierung der Lebenswelt ist?[109] Auf die Ebene der Aktoren zurückübersetzt lautet dieselbe Frage: Woher sollen wir eigentlich die Hoffnung schöpfen, daß die Subjekte lebensweltlicher Interaktionen ihr Handeln zunehmend verständigungsorientiert ausrichten, wenn sich doch gerade zeigt, daß die Entbindung von religiösen Deutungsmustern, d.h. die »Versprachlichung des Sakralen«, zur Fragmentierung des Alltagsbewußtseins[110] und zur Verdinglichung und Vorspiegelung von kommunikativer Alltagspraxis[111] führt?

Das entscheidende Problem liegt eben darin, ob der Mensch nicht prinzipiell überfordert ist, wenn man von ihm die Realisierung von Idealen fordert. Johannes Fischer hat in einer kleinen Studie zum Handlungsbegriff der christlichen Ethik ganz im Einklang mit den Prämissen des ersten »Römerbriefs«, auf

---

108 Nach *D. Bonhoeffer*, Ethik, 255, gehört »die Bereitschaft zur Schuldübernahme« zur Struktur verantwortlichen Handelns; gleichzeitig betont er aber auch, daß der Verantwortliche sein Handeln in die Hände Gottes lege und von dessen Gnade lebe (ebd., 249). Siehe dazu *H. J. Held*, Schuldübernahme als Ausdruck der Christusnachfolge, 157ff.
109 Vgl. *J. Habermas*, Theorie des kommunikativen Handelns II, 232.
110 Ebd., 521f.
111 Ebd., 566f.

5.1. Weiterführende Perspektiven

den er freilich nicht rekurriert, gezeigt, daß der moralische Handlungsbegriff insofern in eine Aporie führt, als er impliziert, daß der Handelnde in seinen Entscheidungen nicht von seiner Identität als Handelnder, sondern von etwas von ihm Verschiedenem: einem Wert, bestimmt ist. Es sei »geradezu das Pathos der Moral, daß wir, indem wir uns auf ihren Standpunkt stellen, uns selbst hinter uns lassen und etwas anderem als uns selbst gehorsam sind«.[112] Demgegenüber gehe die neutestamentliche Paränese davon aus, daß christliches Handeln dem Glauben entspreche, der Glaube aber ein »Sich-Wissen« aufgrund der in Christus geschehenen Anrede Gottes an den Menschen sei. Darum fordere die Paränese nicht, einer Idee zu folgen, vielmehr ermuntere sie dazu »sich selbst und nur sich selbst zu entsprechen: ›Wir sind ..., so laßt uns... !‹«[113] In gleicher Weise hat Barth im ersten »Römerbrief« erklärt: »Wer du bist und wie du dran bist als neuer Mensch mitten in der alten Welt, das mußt und das kannst du dir selber sagen: ›*Werde*, was du schon *bist* in Christus‹ (Godet)« (R I, 227). Die Paränese setzt den neuen Menschen voraus, der das, wozu sie ihn ›ermuntert‹, tatsächlich tun kann (vgl. R I, 303, 237ff u.ö.).

Entkleidet man den mit der Idee einer ›idealen‹ Kommunikationsgemeinschaft verbundenen Optimismus seiner impliziten Ansprüche auf approximative, innerweltliche Realisierung, so sieht man dahinter die Sehnsucht nach einer nicht-deformierten Lebenswelt und einem von Verdinglichung freien Bewußtsein aufleuchten. Die Idee des universalen Konsensus stellt sich dann als Reflex der Versöhnung Gottes mit der Welt dar. Umgekehrt kann man in den Alternativkonzepten des auf Nietzsche und Heidegger fußenden Postmodernismus und Dekonstruktivismus mit ihrer Betonung des Kampfes (Foucault), des différend (Lyotard) oder der différance (Derrida) einen Protest gegen die Behauptung sehen, diese Welt sei auf dem Wege zur Realisierung dieses universalen Konsensus[114], d.h. einen Protest, der einen Hinweis auf die faktische Zerrissenheit und Unversöhntheit dieser Welt, theologisch gesehen: auf die Sünde, enthält. Bezeichnen die Theoretiker der Postmoderne durch den Hinweis auf die eine einheitliche Vernunft ausschließende Heterogenität der Sprachspiele genau den Punkt, der im »Projekt der Moderne« zu wenig ernst genommen wird, so wäre umgekehrt an ihre Adresse die Frage zu richten, ob sie sich nicht allzu bereitwillig mit der These abfinden, statt der einen Wahrheit gebe es nur eine Pluralität von Wahrheiten.

---

112 *J. Fischer*, Handeln als Grundbegriff christlicher Ethik, 29.
113 Ebd., 47.
114 Vgl. dazu *M. Frank*, Was ist Neostrukturalismus?; *ders.* (Hg.), Die Frage nach dem Subjekt; *ders.*, Die Grenzen der Verständigung; *J. Habermas*, Der philosophische Diskurs der Moderne; *A. Honneth*, Kritik der Macht; und *W. Welsch*, Unsere postmoderne Moderne.

Barths Widerspruch würde nicht nur den Begriff neuzeitlicher Subjektivität, sondern auch den systemischen Strukturen oder Ursprungsmächten gelten, die im Postmodernismus an seine Stelle treten sollen. Denn anders als bei manchen Vertretern der Postmoderne zielt seine Kritik der selbstreferentiellen Subjektivität nicht auf eine *Ersetzung* des Subjekts, sondern auf seine *Befreiung*. Außerdem ist zu beachten, daß Barth seinen Gegendiskurs nicht primär gegen den philosophischen, sondern gegen den theologischen Diskurs der Moderne richtet, in welchem versucht wird, Glaube vom Subjektiven, vom Gefühl, vom Erlebnis her zu bestimmen. Darum hebt Barth die Erkenntnisfunktion des Glaubens hervor und fordert für ihn zurück, was die Moderne der Religion abspricht und was für die Postmoderne überhaupt obsolet geworden zu sein scheint, nämlich vernünftig zu sein. Es setzt dabei freilich einen Begriff von Vernunft voraus, der in einem emphatischen Sinne kommunikativ genannt werden muß, weil er sich nur unter den Bedingungen geschenkter Freiheit entfalten kann, also in einem Raum, in dem Subjekte fähig sind, prinzipiell den Standpunkt jedes anderen einzunehmen (›role-taking‹) und die Dinge mit dessen Augen zu betrachten. Besonders Barths Auslegung vom Röm 14 und 15, die er unter die Überschriften »Gewissensfreiheit« und »Gewissensgemeinschaft« stellt, zeigt, daß kommunikative Freiheit sich gerade in der Achtung vor der Gewissensfreiheit Andersdenkender und in der so ermöglichten Gewissensgemeinschaft mit ihnen bewährt.[115] Dabei kann zunächst nicht von einem reziproken Verhältnis ausgegangen werden. Den Standpunkt des anderen einnehmen kann nur, wer aus sich herausgehen kann, wer nicht in seiner Subjektivität eingeschlossen ist. Der Glaubende lebt in diesem Sinne nicht nur exzentrisch, sondern – weil auf ein Zentrum außerhalb seiner selbst bezogen – auch extrovertiert. Er thematisiert nicht sich selbst, sondern nimmt den anderen mit seinen Bedürfnissen wahr. Und er tut darum das Gute, ohne sich dessen bewußt zu sein (Mt 25,31-40).

Wie kommt es zu solcher Freiheit für den anderen? Mit dem ersten »Römerbrief« wird man davon ausgehen können, daß kommunikative Praxis im letzten nur möglich ist, weil Gott die Welt mit sich versöhnt hat, und daß sie nur dort Realität wird, wo Gott den Menschen von seiner Selbstbezüglichkeit befreit. Denn nicht da, wo das Subjekt seine Identität aus der Abgrenzung gegenüber anderen oder auch aus der Anerkennung anderer Subjekte erst gewinnen muß, sondern nur dort, wo das Subjekt seine Identität durch Gottes Zuwendung und Anrede erfährt, kann es wirklich frei auf den anderen zugehen. Frei in diesem Sinne ist der Glaubende, der sich in Christus vorfindet, d.h. in einem Freiraum, den Gott innerhalb der Welt der Sünde durch seine Mensch-

---

115   Vgl. dazu auch *W. Huber*, Sozialethik als Verantwortungsethik, bes. 70f.

5.1. Weiterführende Perspektiven

werdung geschaffen hat. In diesem Stellvertretungshandeln Gottes, quasi einem ursprünglichen, nicht idealen, sondern realen ›role-taking‹, das den Widerstreit (différend) zwischen Gott und Welt aufhebt, ist der Grund dafür zu sehen, daß Menschen über kommunikative Kompetenz verfügen. Indem Gott selbst die Rolle des Menschen übernimmt, öffnet er den Menschen für sich und für die Welt. Indem Gott Mensch wird, nimmt er den Menschen in sich hinein. Indem Gott den Menschen anspricht, eröffnet er eine kommunikative Relation, die zugleich ein Angebot für den Angesprochenen enthält, sich als der zu verstehen, als der er von Gott angesprochen wird.[116] Im Glauben als der Antwort des Menschen auf das Wort Gottes, ist der Mensch, vermittelt durch die Partizipation am Leib Christi, in seine ursprüngliche Unmittelbarkeit zu Gott zurückgeholt. Er kann nun wieder den Standpunkt Gottes einnehmen, nicht in usurpatorischer Absicht, sondern weil Gott ihn dorthin stellt, damit er »sich selbst und die Welt von Gott aus« sehen könne (R I, 136).

In dieser Weise, so meine ich, könnte das Versöhnungsgeschehen kommunikationstheoretisch umschrieben werden. Denn kommunikative Praxis wurzelt theologisch gesehen im Glauben, der seinerseits zurückverweist auf die kommunikative Praxis Gottes in Christus.

---

116 Vgl. dazu *J. Fischer*, Handeln als Grundbegriff christlicher Ethik, 38ff. Fischer versteht ›Anrede‹ (z.B. die Anrede »Genosse« oder »lieber Freund«) als sprachliche Handlung, welche ein gemeinsames »Selbst-Wissen« anträgt, dem man entsprechen oder das man ablehnen und zurückweisen kann. Entspricht man ihm, gibt man also der Anrede recht, so impliziert dies Einverständnis, d.h. die Entscheidung, »der zu sein, als der man angeredet ist« (ebd., 39).

Quellen und Literatur

Die Abkürzungen folgen in der Regel dem von *S. Schwertner* zusammengestellten Abkürzungsverzeichnis der Theologischen Realenzyklopädie (TRE), Berlin/New York 1976. Darüber hinaus sind folgende Sigla verwandt:

BwBu	*K. Barth/R. Bultmann*, Briefwechsel
BwRa	*K. Barth/M. Rade*, Briefwechsel
BwTh	*K. Barth/E. Thurneysen*, Briefwechsel (Bd. 1 u. 2)
DBW	*D. Bonhoeffer*, Werke, München 1986ff
Mskr.	*K. Barth*, Der Römerbrief (Manuskript 1916-1918)
NBST	Neukirchener Beiträge zur Systematischen Theologie, Neukirchen-Vluyn 1981ff
NW	Neue Wege. Blätter für religiöse Arbeit, Basel u.a. 1907ff
R I	*K. Barth*, Der Römerbrief (1. Aufl. 1919)
R II	*K. Barth*, Der Römerbrief (2. Aufl. 1922)

1. Schriften Karl Barths (in chronologischer Reihenfolge)

Konfirmandenunterricht 1909-1921 (Gesamtausgabe I: Predigten), hg. v. J. Fangmeier, Zürich 1987
Zur Reform des theologischen Studiums. Ein Alarmruf von Gustav Mix, in: ChW 23 (1909), 116f
Was sollen wir tun?, in: ChW 23 (1909), 236f
Moderne Theologie und Reichsgottesarbeit, in: ZThK 19 (1909), 317-321
Antwort an D. Achelis und P. Drews, in: ZThK 19 (1909), 479-486
Ob Jesus gelebt hat? Eine nachträgliche Osterbetrachtung, in: Gemeinde-Blatt für die Deutsche reformierte Gemeinde Genf 6/36 (1910), 2-4
Gott im Vaterland, in: Gemeinde-Blatt für die Deutsche reformierte Gemeinde Genf 7/38 (1910), 1-3
Ideen und Einfälle zur Religionsphilosophie (1910?, unveröffentlicht; Karl Barth-Archiv, Basel)
John Mott und die christliche Studentenbewegung, in: Centralblatt des Schweizerischen Zofingervereins 51 (1910/11), 487-502
Jesus Christus und die soziale Bewegung [Vortrag, gehalten im Arbeiterverein Safenwil, 17.12.1911], in: Der Freie Aargauer 6 (1911), Nr. 153-156
Der christliche Glaube und die Geschichte (<Erweitertes> Referat, gehalten an der deutschen Pastoralkonferenz der Westschweiz, 5.10.1910, in Neuenburg), in: SThZ 29 (1912), 1-18 u. 49-72
Rez. Karl Heim, Das Gewißheitsproblem in der systematischen Theologie bis Schleiermacher, in: SThZ 29 (1912), 262-267
Predigten 1913 (Gesamtausgabe I: Predigten), hg. v. N. Barth u. G. Sauter, Zürich 1976
Predigten 1914 (Gesamtausgabe I: Predigten), hg. v. U. u. J. Fähler, Zürich 1974
Evangelium und Sozialismus [Vortrag im Arbeiterverein Küngoldingen, 1.2.1914; unveröffentlicht; Karl Barth-Archiv, Basel]
Der Glaube an den persönlichen Gott, in: ZThK 24 (1914), 21-32 u. 65-95
›Die Hilfe‹ 1913, in: ChW 28 (1914), 774-778
Gottes Vorhut [Predigt, gehalten in Safenwil, 14.2.1915], in: NW 9 (1915), 89-97
Christus und die Sozialdemokraten [Vortrag am Bezirkstag der sozialdemokratischen Partei des Bezirks Lenzburg in Seon, 25.4.1915; unveröffentlicht; Karl Barth-Archiv, Basel]
Die innere Zukunft der Sozialdemokratie [Vortrag, 12.8.1915; unveröffentlicht; Karl Barth-Archiv, Basel]
Was heißt: Sozialist sein? [Vortrag im Arbeiterverein Safenwil, 16.8.1915; unveröffentlicht; Karl Barth-Archiv, Basel]

Kriegszeit und Gottesreich [Vortrag vor den ›Unabhängigen Kirchgenossen‹ in Basel, 15.11. 1915; unveröffentlichtes Mskr.-Fragment, Karl Barth-Archiv, Basel]
Religion und Sozialismus [Vortrag in Baden, 7.12.1915; unveröffentlicht; Karl Barth-Archiv, Basel]
Die Gerechtigkeit Gottes [Vortrag in der Stadtkirche in Aarau, 16.1.1916], in: K. Barth, Das Wort Gottes und die Theologie, München 1924, 5-17
Auf das Reich Gottes warten [1916], in: K. Barth/E. Thurneysen, Suchet Gott, so werdet ihr leben!, München ²1928, 175-191
Die neue Welt in der Bibel [Vortrag in der Kirche zu Leutwil, 6.2.1917], in: K. Barth, Das Wort Gottes und die Theologie, München 1924, 18-32
Religion und Leben [Vortrag, 9.10.1917], in: EvTh 11 (1951/52), 437-451
Der Römerbrief [1916-1918; unveröffentlicht; Karl Barth-Archiv, Basel; zitiert: Mskr.]
Der Römerbrief (Erste Fassung) 1919 (Gesamtausgabe II: Akademische Werke), hg. von H. Schmidt, Zürich 1985 [zitiert: R I]
Vergangenheit und Zukunft [1919], in: Anfänge der dialektischen Theologie I, hg. v. J. Moltmann (TB 17), München ⁴1977, 37-49
Der Römerbrief (elfter, unveränderter Abdruck der neuen Bearbeitung von 1922), Zürich 1976 [zitiert: R II]
Das Wort Gottes und die Theologie. Gesammelte Vorträge, München 1924
Die Theologie und die Kirche. Gesammelte Vorträge 2, München 1928
Ethik II, Vorlesung Münster Wintersemester 1928/29, wiederholt in Bonn, Wintersemester 1930/31, hg. v. D. Braun (Gesamtausgabe II: Akademische Werke 1928/29), Zürich 1978
Die Kirchliche Dogmatik I/1-IV/4, München/Zürich 1932-1970 [zitiert: KD]
Nein! Antwort an Emil Brunner (TEH 14), München 1934
Evangelium und Gesetz (TEH 32), München 1935
Die protestantische Theologie im 19. Jahrhundert. Ihre Vorgeschichte und ihre Geschichte [1946], 2 Bde. (Siebenstern-Taschenbuch 177/178 [unveränderte Textwiedergabe nach der dritten Aufl. 1960, erweitert durch einen Vortrag Barths aus dem Jahr 1957]), Hamburg 1975
Das Geschenk der Freiheit. Grundlegung evangelischer Ethik [Vortrag in Bielefeld, 21.9.1953] (ThSt 39), Zollikon-Zürich 1953
Die Menschlichkeit Gottes (ThSt 48), Zollikon-Zürich 1956
Das christliche Leben. Die Kirchliche Dogmatik IV/4, Fragmente aus dem Nachlaß, Vorlesungen 1959 bis 1961 (Gesamtausgabe II: Akademische Werke), hg. von H.-A. Drewes u. E. Jüngel, Zürich 1976
Nachwort zu: Schleiermacherauswahl, hg. von H. Bolli (Siebenstern-Taschenbuch 113/114), Hamburg 1968, 290-312
Letzte Zeugnisse, Zürich ²1970

Barth, K./Rade, M., Ein Briefwechsel, hg. v. Chr. Schwöbel, Gütersloh 1981 [zitiert: BwRa]
Barth, K./Thurneysen, E., Briefwechsel I: 1913-1921 (Gesamtausgabe V: Briefe), bearb. u. hg. v. E. Thurneysen, Zürich 1973 [zitiert: BwTh I]
– Suchet Gott, so werdet ihr leben! [1917], München ²1928
– Briefwechsel II: 1921-1930 (Gesamtausgabe V: Briefe), bearb. u. hg. v. E.Thurneysen, Zürich 1974 [zitiert: BwTh II]
Barth, K./Bultmann, R., Briefwechsel 1922-1966 (Gesamtausgabe V: Briefe), hg. von B. Jaspert, Zürich 1972 [zitiert: BwBu]

2. Sonstige Autoren (in alphabetischer Reihenfolge)

Achelis, E. Chr., Noch einmal: Moderne Theologie und Reichsgottesarbeit, in: ZThK 19 (1909), 406-410
Adorno, Th. W., Glosse über Persönlichkeit, in: Ders., Stichworte. Kritische Modelle 2 (edition suhrkamp 347), Frankfurt ³1970, 51-56
Althaus, P., Die letzten Dinge. Entwurf einer christlichen Eschatologie (SASW 9), Gütersloh 1922
– Pazifismus und Christentum. Eine kritische Studie, in: NKZ 30 (1919), 429-478

- Religiöser Sozialismus. Grundfragen der christlichen Sozialethik (SASW 5), Gütersloh 1921
- Staatsgedanke und Reich Gottes (Schriften zur politischen Bildung 10/1), Langensalza ³1926

Anders, G., Die Antiquiertheit des Menschen, I: Über die Seele im Zeitalter der zweiten industriellen Revolution, München ⁷1987; II: Über die Zerstörung des Lebens im Zeitalter der dritten industriellen Revolution, München ⁴1988
- Die atomare Drohung, 5. durch ein Vorwort erweiterte Aufl. von ›Endzeit und Zeitenwende‹, München 1986

Anfänge der dialektischen Theologie (TB 17), hg.v. J. Moltmann, I: München ⁴1977, II: ²1967

Antwort. Karl Barth zum 70. Geburtstag am 10. Mai 1956, Zollikon-Zürich 1956

Apel, K.-O., Diskurs und Verantwortung. Das Problem des Übergangs zur postkonventionellen Moral, Frankfurt 1988
- Transformation der Philosophie, II: Das Apriori der Kommunikationsgemeinschaft (stw 165), Frankfurt 1976

Apfelbacher, K.-E., Frömmigkeit und Wissenschaft. Ernst Troeltsch und sein theologisches Programm (BÖT 18), München/Paderborn/Wien 1978

Arens, E. (Hg.), Habermas und die Theologie. Beiträge zur theologischen Rezeption, Diskussion und Kritik der Theorie kommunikativen Handelns, Düsseldorf 1989
- Kommunikative Handlungen. Die paradigmatische Bedeutung der Gleichnisse Jesu für eine Handlungstheorie, Düsseldorf 1982

Baier, K. A., Unitas es auditu. Die Einheit der Kirche im Rahmen der Theologie Karl Barths (BSHST 35), Bern/Frankfurt/Las Vegas 1978

Bakker, N. T., In der Krisis der Offenbarung. Karl Barths Hermeneutik, dargestellt an seiner Römerbrief-Auslegung, Neukirchen-Vluyn 1974

Balthasar, H. U. von, Analogie und Dialektik. Zur Klärung der theologischen Prinzipienlehre Karl Barths, in: DT 22 (1944), 171-216
- Karl Barth. Darstellung und Deutung seiner Theologie, 4. unv. Aufl., Einsiedeln 1976

Barth, H., Das Problem des Ursprungs in der platonischen Philosophie. Antrittsvorlesung gehalten am 23. Nov. 1920, München 1921
- Descartes' Begründung der Erkenntnis, Bern 1913
- Die Seele in der Philosophie Platons, Tübingen 1921
- Gotteserkenntnis, in: Anfänge der dialektischen Theologie I, hg.v. J. Moltmann, München 1977, 221-255

Barth, P., Das Problem der natürlichen Theologie bei Calvin (TEH 18), München 1935
- Die sittliche Forderung im Sozialismus. Eine Antwort auf die zwei Artikel über die ›Religiös-Sozialen‹ aus der Schweiz, in: ChW 27 (1913), 228-232
- Was wollen die Schweizer Religiös-Sozialen? [Vortrag, gehalten bei den Freunden der Christlichen Welt in Altona, 29.1.1912], in: ChW 26 (1912), 875-881 u. 906-914

Barth, R., Protestantismus, soziale Frage und Sozialismus im Kanton Zürich 1830-1914 (VISE 8), Zürich 1981

Bartsch, H.-W., Art. Freiheit I. Altes Testament; und: IV. Freiheit und Befreiung im Neuen Testament, in: TRE 11, 497f u. 506-511

Becker, G., Neuzeitliche Subjektivität und Religiosität. Die religionsphilosophische Bedeutung von Heraufkunft und Wesen der Neuzeit im Denken von Ernst Troeltsch, Regensburg 1982

Beintker, M., Die Dialektik in der ›dialektischen Theologie‹ Karl Barths. Studien zur Entwicklung der Barthschen Theologie und zur Vorgeschichte der »Kirchlichen Dogmatik« (BEvTh 101), München 1987
- Die Gottesfrage in der Theologie Wilhelm Herrmanns (ThA 34), Berlin 1976

Berger, J., Die Verwurzelung des theologischen Denkens Karl Barths in dem Kerygma der beiden Blumhardts vom Reiche Gottes, Diss. Berlin 1956

Berger, K., Hermeneutik des Neuen Testaments, Gütersloh 1988

Berkhof, H./Kraus, H.-J., Karl Barths Lichterlehre (ThSt 123), Zürich 1978

Binder, H., Der Glaube bei Paulus, Berlin 1968

Birkner, H.-J., ›Liberale Theologie‹, in: Kirchen und Liberalismus im 19. Jahrhundert (SThGG 19), hg.v. M. Schmidt u. G. Schwaiger, Göttingen 1976, 33-42

Bloch, E., Atheismus im Christentum. Zur Religion des Exodus und des Reichs (GA 14), Frankfurt 1977

Blühdorn, J., Art. Eigentum X. Philosophisch, in: TRE 9, 456-460

Blumhardt, Chr., Eine Auswahl aus seinen Predigten, Andachten und Schriften, 4 Bde., hg. v. R. Lejeune, Erlenbach-Zürich/Leipzig 1925-1937

Bohren, R., Prophetie und Seelsorge. Eduard Thurneysen, Neukirchen-Vluyn 1982

Bonhoeffer, D., Akt und Sein. Transzendentalphilosophie und Ontologie in der systematischen Theologie (DBW 2), hg. v. H.-R. Reuter, München 1988
- Ethik, zusammengestellt und hg.v. E. Bethge, München ⁸1975
- Gesammelte Schriften III: Theologie – Gemeinde. Vorlesungen, Briefe, Gespräche 1927 bis 1944, hg. v. E. Bethge, München 1966
- Schöpfung und Fall (DBW 3), hg. v. M. Rüter u. I. Tödt, München 1989
- Widerstand und Ergebung. Briefe und Aufzeichnungen aus der Haft. Neuausgabe, hg.v. E. Bethge, München 1970

Born, K. E., Von der Reichsgründung bis zum Ersten Weltkrieg (Gebhardt, Handbuch der deutschen Geschichte, Taschenbuchausgabe Bd. 16), München ⁵1980

Bornhausen, K., Das Problem der Wirklichkeit Gottes. Zu Cohens Religionsphilosophie, in: ZThK 27 (1917), 55-75

Bothe, B., Glauben und Erkennen. Studie zur Religionsphilosophie Lessings (MPF 75), Meisenheim am Glan 1972

Bousset, W., Kyrios Christos. Geschichte des Christusglaubens von den Anfängen des Christentums bis Irenäus (FRLANT 21), Göttingen ²1921

Brachel, H.-U. v./Mette, N. (Hg.), Kommunikation und Solidarität. Beiträge zur Diskussion des handlungstheoretischen Ansatzes von Helmut Peukert in Theologie und Sozialwissenschaften, Freiburg (Schweiz)/Münster 1985

Brakelmann, G., Protestantische Kriegstheologie im 1. Weltkrieg. Reinhold Seeberg als Theologe des deutschen Imperialismus, Bielefeld 1974

Brinkschmidt, E., Søren Kierkegaard und Karl Barth, Neukirchen-Vluyn 1971

Brocke, B. vom, ›Wissenschaft und Militarimus‹. Der Aufruf der 93 ›An die Kulturwelt!‹ und der Zusammenbruch der internationalen Gelehrtenrepublik im Ersten Weltkrieg, in: Wilamowitz nach 50 Jahren, hg. v. W. M. Calder III, u.a., Darmstadt 1985, 649-719

Brunner, P., Allgemeine und besondere Offenbarung in Calvins Institutio, in: EvTh 1 (1934/35), 189-215
- Vom Glauben bei Calvin. Dargestellt auf Grund der Institutio, des Catechismus Genevensis und unter Heranziehung exegetischer und homiletischer Schriften, Tübingen 1925

Buess, E./Mattmüller, M., Prophetischer Sozialismus. Blumhardt – Ragaz – Barth, Freiburg (Schweiz) 1986

Burckhardt, P., Was sagt uns die Theologie Karl Barths und seiner Freunde?, Basel 1927

Busch, E., Karl Barth und die Pietisten. Die Pietismuskritik des jungen Karl Barth und ihre Erwiderung (BEvTh 82), München 1978
- Karl Barths Lebenslauf. Nach seinen Briefen und autobiographischen Texten, München ³1978

Calvin, J., Institutio christianae religionis. Unterricht in der christlichen Religion. Nach der letzten Ausgabe übersetzt und bearbeitet von O. Weber, Neukirchen-Vluyn ²1963

Clausert, D., Theologischer Zeitbegriff und politisches Zeitbewußtsein in Karl Barths Dogmatik, dargestellt am Beispiel der Prolegomena (BEvTh 90), München 1982

Cohen, H., Der Begriff der Religion im System der Philosophie (PhilArb X/1), Gießen 1915
- Einleitung [Auszug] zu: F. A. Lange, Geschichte des Materialismus, in: Marxismus und Ethik. Texte zum neukantianischen Sozialismus, hg. v. H. J. Sandkühler u. R. de la Vaga (stw 75), Frankfurt a. Main 1974, 45-86
- Religion und Sittlichkeit, in: Hermann Cohens jüdische Schriften III: Zur jüdischen Religionsphilosophie und ihrer Geschichte, hg. v. B. Strauß, Berlin 1924, 98-168
- System der Philosophie I: Logik der reinen Erkenntnis, in: Ders., Werke 6, hg. v. H. Holzhey, Hildesheim/New York ⁴1977
- System der Philosophie II: Ethik des reinen Willens, in: Ders., Werke 7, hg. v. H. Holzhey, Hildesheim/New York ⁵1981

Cramer, K., Art. Erleben, Erlebnis, in: HWP 2, 702-711

Crimmann, R. P., Karl Barths frühe Publikationen und ihre Rezeption. Mit einem pädagogisch-theologischen Anhang (BSHST 45), Bern/Frankfurt/Las Vegas 1981

Dalferth, I. U., Theologischer Realismus und realistische Theologie bei Karl Barth, in: EvTh 46 (1986), 492-422

Danielzyk, R./Volz, F. R. (Hg.), Vernunft der Moderne. Zu Habermas' Theorie des kommunikativen Handelns (Parabel 3), Münster 1986

Dannemann, U., Theologie und Politik im Denken Karl Barths (GT.S 22), München/Mainz 1977

Deissmann, A., Die neutestamentliche Formel ›in Christo Jesu‹, Marburg 1892

- Paulus. Eine kultur- und religionsgeschichtliche Skizze, Tübingen 1911
Diem, H., Der Sozialist in Karl Barth. Kontroverse um einen neuen Versuch, ihn zu verstehen, in: EK 5 (1972), 292-296
- Kritischer Idealismus in theologischer Sicht. Eine Auseinandersetzung mit Heinrich Barth (FGLP 7.2), München 1934
Dobbeler, A. von, Glaube als Teilhabe. Historische und semantische Grundlagen der paulinischen Theologie und Ekklesiologie des Glaubens (WUNT 22), Tübingen 1987
Drewes, H.-A., Das Unmittelbare bei Hermann Kutter. Eine Untersuchung im Hinblick auf die Theologie des jungen Karl Barth, Diss. Tübingen 1979
Drews, P., Zum dritten Mal: Moderne Theologie und Reichsgottesarbeit, in: ZThK 19 (1909), 475-479
Dreyer, M., Die Idee Gottes im Werk Hermann Cohens (MPF 230), Königstein 1985
Duchrow, U., Christenheit und Weltverantwortung. Traditionsgeschichte und systematische Struktur der Zweireichelehre (FBESG 25), Stuttgart 1970
Ebach, J., Apokalypse. Zum Ursprung einer Stimmung, in: Einwürfe 2: Zur Bibel. Lektüre und Interesse, hg. v. F.-W. Marquardt u.a., München 1985, 5-61
Ebeling, G., Die Bedeutung der historisch-kritischen Methode für die protestantische Theologie und Kirche, in: Ders., Wort und Glaube, Tübingen ³1967
- Fides occidit rationem. Ein Aspekt der theologia crucis in Luthers Auslegung von Gal 3,6, in: Ders., Lutherstudien III: Begriffsuntersuchungen – Textinterpretationen – Wirkungsgeschichtliches, Tübingen 1985
- Luther. Einführung in sein Denken, 2. unveränderte Aufl. Tübingen 1964
Eicher, P., Die Botschaft von der Versöhnung und die Theorie des kommunikativen Handelns, in: Vernunft der Moderne. Zu Habermas' Theorie des kommunikativen Handelns (Parabel 3), hg v. R. Danielzyk/F. R. Volz, Münster 1986, 124-141
Erdmann, K. D., Der Erste Weltkrieg (Gebhardt, Handbuch der deutschen Geschichte, Taschenbuchausgabe 18), München 1980
Fähler, J., Der Ausbruch des 1. Weltkriegs in Karl Barths Predigten 1913-1915 (BSHST 37), Bern/Frankfurt/Las Vegas 1979
Fangmeier, J., Erziehung in Zeugenschaft. Karl Barth und die Pädagogik (BSHST 5); Zürich 1964
Feil, E., Antithetik neuzeitlicher Vernunft. ›Autonomie-Heteronomie‹ und ›rational-irrational‹ (FKDG 39), Göttingen 1987
- Die Theologie Dietrich Bonhoeffers. Hermeneutik – Christologie – Weltverständnis (GT.S 6), München/Mainz ³1971
- Religio. Die Geschichte eines neuzeitlichen Grundbegriffs vom Frühchristentum bis zur Reformation (FKDG 36), Göttingen 1986
Fischer, J., Handeln als Grundbegriff christlicher Ethik. Zur Differenz von Ethik und Moral (ThSt 127), Zürich 1983
Fischer-Appelt, P., Metaphysik im Horizont der Theologie Wilhelm Herrmanns (FGLP 10/32), München 1965
Frank, M., Die Grenzen der Verständigung. Ein Geistergespräch zwischen Lyotard und Habermas (es 1481), Frankfurt a. Main 1988
- Was ist Neostrukturalismus? (es 1203), Frankfurt a. Main 1984
- /u.a. (Hg.), Die Frage nach dem Subjekt (edition suhrkamp 1430), Frankfurt a. Main 1988
Frei, H. W., The Doctrine of Revelation in the Thought of Karl Barth, 1909 to 1922. The Nature of Barth's Break with Liberalism, Diss. Yale University 1956
Frey, Chr., Die Theologie Karl Barths. Eine Einführung, Frankfurt a. Main 1988
Fromm, E., Haben oder Sein. Die seelischen Grundlagen einer neuen Gesellschaft (GA II: Analytische Charaktertheorie), hg. v. R. Funk, Stuttgart 1980, 269-414
Fuchs, E., Die Religiös-Sozialen und wir, in: ChW 27 (1913), 153-157
Fulda, H. F./u.a., Kritische Darstellung der Metaphysik. Eine Diskussion über Hegels ›Logik‹ (stw 315), Frankfurt a. Main 1980
Gadamer, H.-G., Wahrheit und Methode. Grundzüge einer philosophischen Hermeneutik, Tübingen ⁴1975
Gautschi, J., Der Landesstreik 1918, Zürich u.a. 1968
Geense, A., Die Bedingung der Universalität. Über die Rezeption der Theologie Karl Barths, in: VF 24 (1979/2), 4-32
Gestrich, C., Neuzeitliches Denken und die Spaltung der dialektischen Theologie. Zur Frage der natürlichen Theologie (BHTh 52), Tübingen 1977

Gollwitzer, H., Reich Gottes und Sozialismus bei Karl Barth (TEH 169), München ²1978
- Vom Nutzen und Grenzen soziologischer Theologiebetrachtung. Bemerkungen zu Eckard Lessings Barth- und Gogarten-Interpretation, in: EvTh 33 (1973), 622-626

Greive, W., Der Grund des Glaubens. Die Christologie Wilhelm Herrmanns (FSÖTh 36), Göttingen 1976

Greschat, M., Das Zeitalter der Industriellen Revolution. Das Christentum vor der Moderne (Christentum und Gesellschaft 11), Stuttgart 1980

Groh, D., Negative Integration und revolutionärer Attentismus. Die deutsche Sozialdemokratie am Vorabend des Ersten Weltkrieges, Frankfurt/Berlin/Wien 1973

Groll, W., Ernst Troeltsch und Karl Barth - Kontinuität im Widerspruch (BEvTh 72), München 1976

Gürtler, P., Der philosophische Weg Heinrich Barths. Transzendental begründete Existenzialphilosophie als Basis für das ökumenische Gespräch, Basel/Stuttgart 1976

Habermas, J., Der philosophische Diskurs der Moderne. Zwölf Vorlesungen, Frankfurt a. Main 1985
- Moralbewußtsein und kommunikatives Handeln (stw 422), Frankfurt a Main 1983
- Nachmetaphysisches Denken. Philosophische Aufsätze, Frankfurt a. Main 1988
- Theorie des kommunikativen Handelns, 2. Bde., Frankfurt a. Main 1981
- Vorbereitende Bemerkungen zu einer Theorie der Kommunikativen Kompetenz, in: Ders./N. Luhmann, Theorie der Gesellschaft oder Sozialtechnologie. Was leistet die Systemforschung?, Frankfurt a. Main 1971, 101-141
- Vorstudien und Ergänzungen zur Theorie des kommunikativen Handelns, Frankfurt a. Main 1984

Halbfass, W., Art. Gewißheit I., in: HWP 3, 592-594

Hammer, K., Deutsche Kriegstheologie (1870-1918), München 1971

Härle, W., Art. Dialektische Theologie, in: TRE 8, 683-696
- Der Aufruf der 93 Intellektuellen und Karl Barths Bruch mit der liberalen Theologie, in: ZThK 72 (1975), 207-224
- Die Theologie des ›frühen‹ Karl Barth in ihrem Verhältnis zu der Theologie Martin Luthers, Diss. theol. Bochum 1969
- Sein und Gnade. Die Ontologie in Karl Barths Kirchlicher Dogmatik (TBT 27), Berlin/New York 1975

Harnack, A. v., Das Wesen des Christentums (Siebenstern-Taschenbuch 227), Gütersloh 1977

Harnisch, W., Verhängnis und Verheißung der Geschichte. Untersuchungen zum Zeit- und Geschichtsverständnis im 4. Buch Esra und in der syr. Baruchapokalypse (FRLANT 97); Göttingen 1969

Hartmann, N., Ethik, Berlin ⁴1962

Hegel, G. W. F., Werke 7: Grundlinien der Philosophie des Rechts oder Naturrechts und Staatswissenschaft im Grundrisse (Theorie-Werkausgabe), hg. v. E. Moldenhauer u. K. M. Michel, Frankfurt 1970

Held, H. J., Schuldübernahme als Ausdruck der Christusnachfolge bei Martin Luther und Dietrich Bonhoeffer, in: Konsequenzen. Dietrich Bonhoeffers Kirchenverständnis heute (Internationales Bonhoeffer Forum. Forschung und Praxis 3), hg. v. E. Feil u. I. Tödt, München 1980, 140-168

Herlyn, O., Religion oder Gebet. Karl Barths Bedeutung für ein ›religionsloses Christentum‹, Neukirchen-Vluyn 1979

Herrmann, W., Christlich-protestantische Dogmatik, in: Die Kultur der Gegenwart. Ihre Entwicklung und ihre Ziele, hg. v. P. Hinneberg, Teil I, Abt. IV,2: Systematische christliche Religion, 2. verb. Aufl. Berlin/Leipzig 1909, 129-180
- Der Verkehr des Christen mit Gott, im Anschluss an Luther dargestellt, 5. u. 6., verb. Aufl. Stuttgart/Berlin 1908
- Ethik (GThW 5.2), Tübingen ⁴1909, ⁵1913
- Religion und Sozialdemokratie [1891], in: Ders., Gesammelte Aufsätze, hg. von F. W. Schmidt, Tübingen 1923, 463-489
- Schriften zur Grundlegung der Theologie (TB 36), hg. v. P. Fischer-Appelt, I München 1966, II München 1967

Höhn, H.-J., Kirche und kommunikatives Handeln. Studien zur Theologie und Praxis der Kirche in der Auseinandersetzung mit den Sozialtheorien Niklas Luhmanns und Jürgen Habermas' (FTS 32), Frankfurt a. Main 1985

Holl, K., Die Rechtfertigungslehre in Luthers Vorlesung über den Römerbrief mit besonderer

Rücksicht auf die Frage der Heilsgewißheit [1910], in: Ders., Gesammelte Aufsätze zur Kirchengeschichte, I: Luther, Tübingen ⁴⁺⁵1927, 111-154
Holmström, F., Das eschatologische Denken der Gegenwart. Drei Etappen der theologischen Entwicklung des zwanzigsten Jahrhunderts, Gütersloh 1936
Honecker, M., Das Problem der Eigengesetzlichkeit, in: ZThK 73 (1976), 92-130
Honneth, A., Kritik der Macht. Reflexionsstufen einer kritischen Gesellschaftstheorie (stw 738), Frankfurt a. Main 1989
Honneth, A./Joas, H. (Hg.), Kommunikatives Handeln. Beiträge zu Jürgen Habermas' ›Theorie des kommunikativen Handelns‹ (stw 625), Frankfurt a. Main 1986
Howe, G., Parallelen zwischen der Theologie Karl Barths und der heutigen Physik, in: Antwort. Karl Barth zum siebzigsten Geburtstag am 10. Mai 1956, Zollikon-Zürich 1956, 409-422
Huber, G., Heinrich Barths Philosophie, in: Philosophie und christliche Existenz. Festschrift für Heinrich Barth zum 70. Geburtstag am 3. Februar 1960, hg.v. G. Huber, Basel/Stuttgart 1960, 199-249
Huber, W., ›Eigengesetzlichkeit‹ und ›Lehre von den zwei Reichen‹, in: Gottes Wirken in seiner Welt. Zur Diskussion um die Zweireichelehre II, hg. v. N. Hasselmann, Hamburg 1980, 27-51
– Kirche und Öffentlichkeit (FBESG 28); Stuttgart 1973
– Sozialethik als Verantwortungsethik, in: Ethos des Alltags. FS St. H. Pfürtner, hg. v. A. Bondolfi u.a., Zürich/Einsiedeln/Köln 1983, 55-76
Huber, W./Tödt, H. E., Menschenrechte. Perspektiven einer menschlichen Welt, Stuttgart ²1978
Jacob, M., ... noch einmal mit dem Anfang anfangen... Antibarbarus zur Methodologie der Barth-Interpretation, in: EvTh 32 (1972), 606-624
Jäger, H. U., Ethik und Eschatologie bei Leonhard Ragaz. Versuch einer Darstellung der Grundstrukturen und inneren Systematik von Leonhard Ragaz' theologischem Denken unter besonderer Berücksichtigung seiner Vorlesungsmanuskripte (VISE 5), Zürich 1971
Joas, H., Praktische Intersubjektivität. Die Entwicklung des Werkes von George Herbert Mead, Frankfurt 1980
Joest, W., Gesetz und Freiheit. Das Problem des Tertius usus legis bei Luther und die neutestamentliche Paraineses, Göttingen ⁴1968
– Ontologie der Person bei Luther, Göttingen 1967
Jonas, H., Das Prinzip Verantwortung. Versuch einer Ethik für die technologische Zivilisation, Frankfurt ³1982
Jost, A., Rosa Luxemburgs Lenin-Kritik, in: Jahrbuch Arbeiterbewegung 5: Kritik des Leninismus, hg. v. C. Pozzoli, Frankfurt a. Main 1977, 77-103
Jülicher, A., Ein moderner Paulus-Ausleger, in: Anfänge der dialektischen Theologie (TB 17), hg. v. J. Moltmann, I, München ⁴1977, 87-98
Jüngel, E., Barth-Studien (Ökumenische Theologie 9), Zürich/Köln/Gütersloh 1982
– Zur Freiheit eines Christenmenschen. Eine Erinnerung an Luthers Schrift (KT 30), München 1978
Kambartel, F./Welter, R., Art. Methode V.3: 20. Jahrhundert, in: HWP 5, 1326-1332
Kant, I., Grundlegung zur Metaphysik der Sitten in: Schriften zur Ethik und Religionsphilosophie 1 (Theorie-Werkausgabe VII), hg. v. W. Weischedel, Wiesbaden 1956, 11-102
Kantzenbach, F. W., Martin Rade, die Christliche Welt und der religiöse Sozialismus, in: Christ und Sozialist 1 (1974), 3-11
– Programme der Theologie. Denker, Schulen, Wirkungen. Von Schleiermacher bis Moltmann, München ²1978
– Das Sozialismusproblem bei Wilhelm Herrmann, in: NZSTh 18 (1976), 22-43
– Zwischen Leonhard Ragaz und Karl Barth. Die Beurteilung des 1. Weltkrieges in den Briefen des Basler Theologen Paul Wernle an Martin Rade, in: ZSKG 71 (1977), 393-417
Kasch, W. F., Die Sozialphilosophie von Ernst Troeltsch (BHTh 34), Tübingen 1963
Kautzsch, E. (Hg.), Die Apokryphen und Pseudepigraphen des Alten Testaments II, Freiburg/Leipzig 1900
Kern, W./Link, Chr., Autonomie und Geschöpflichkeit, in: Christlicher Glaube in moderner Gesellschaft 18, Freiburg ²1982, 101-148
Kirsch, H., Zum Problem der Ethik in der kritischen Theologie Karl Barths, Diss. Bonn 1972
Klein, G., Art. Eschatologie IV. Neues Testament, in: TRE 10, 270-299
König, G., Die systematische Funktion der historischen Forschung bei Wilhelm Herrmann, Ernst Troeltsch und Karl Barth, Diss. Bonn 1979

Kooi, C. van der, Anfängliche Theologie. Der Denkweg des jungen Karl Barth (1909 bis 1927) (BEvTh 103), München 1987
Korsch, D., Christologie und Autonomie. Zu einem Interpretationsversuch der Theologie Karl Barths, in: EvTh 41 (1981), 142-170
- Fraglichkeit des Lebens und Evidenz des Glaubens. Karl Barth und Wilhelm Herrmann im Gespräch über Offenbarung und menschliche Subjektivität, in: Zeitschrift für Dialektische Theologie 1 (1985), 33-51
- Postmoderne Theologie? Ein aktueller Blick auf die Kirchliche Dogmatik Karl Barths, in: Zeitschrift für Dialektische Theologie 4 (1988), 241-258

Kouri, E. I., Der deutsche Protestantismus und die soziale Frage 1870-1919. Zur Sozialpolitik im Bildungsbürgertum (AKG 55), Berlin/New York 1984
Krämer, M., Die Religionskritik Ludwig Feuerbachs und ihre Rezeption in der Theologie Karl Barths, Diss. Göttingen 1975
Kraus, H.-J., Theologische Religionskritik (NBST 2), Neukirchen-Vluyn 1982
Kreck, W., Grundentscheidungen in Karl Barths Dogmatik. Zur Diskussion seines Verständnisses von Offenbarung und Erwählung (NStB 11), Neukirchen-Vluyn 1978
Krötke, W., Rez.: T. Rendtorff (Hg.) Die Realisierung der Freiheit, in: ThLZ 105 (1980), 300-303
Krumwiede, H.-W., Geschichte des Christentums III: Neuzeit: 17. bis 20. Jahrhundert (ThW 8), Stuttgart u.a. 1977
Kutter, H., Das Unmittelbare. Eine Menschheitsfrage, Basel ³1921
- Die Revolution des Christentums, Jena ²1912
- Hermann Kutter in seinen Briefen 1883-1931, hg. v. M. Geiger u. A. Lindt, München 1983
- Jesus Christus und unsere Arbeit, in: NW 3 (1909), 203-216 u. 233-246
- Sie müssen! Ein offenes Wort an die christliche Gesellschaft, Jena ³1910

Kwiran, M., Index to Literature on Barth, Bonhoeffer and Bultmann (ThZ.S 7), Basel 1977
Lampe, P., Die Apokalyptiker – ihre Situation und ihr Handeln, in: Eschatologie und Friedenshandeln. Exegetische Beiträge zur Frage christlicher Friedensverantwortung (Stuttgarter Bibelstudien 101), Stuttgart 1981, 59-114
Lenin, W. I., Briefe V: Oktober 1917 – Juni 1919, Berlin 1968
- Staat und Revolution. Die Lehre des Marxismus vom Staat und die Aufgaben des Proletariats in der Revolution, in: Ders., Werke 25: Juni – September 1917, Berlin ⁵1977, 393-507
Lenk, K., Theorien der Revolution (UTB 165), München 1973
Lessing, E., Das Problem der Gesellschaft in der Theologie Karl Barths und Friedrich Gogartens (SEE 10), Gütersloh 1972
Lessing, G. E., Ueber den Beweis des Geistes und der Kraft, in: Ders., Sämtliche Schriften Bd. 3, hg. v. K.Lachmann, Leipzig ³1897, 1-8
Liechtenhan, R., Der Internationale Kongreß für soziales Christentum in Basel, 27.-30. September 1914, in: ChW 28 (1914), 723f.
- Zur Frage nach der Treue Gottes, in: KBRS 34 (1919), 192f
Lindemann, W., Karl Barth und die kritische Schriftauslegung (ThF 54), Hamburg-Bergstedt 1973
Lindheimer, D., Wilhelm Herrmanns Religionsbegriff. Eine neuzeitliche Begründung der Dogmatik vor Karl Barth, Diss. Göttingen 1980
Lindt, A., Einleitung zu: Hermann Kutter in seinen Briefen 1883-1931, hg. v. M. Geiger u. A. Lindt, München 1983, 9-27
- Friedrich Naumann und Max Weber. Theologie und Soziologie im wilhelminischen Deutschland, München 1973
- Leonhard Ragaz. Eine Studie zur Geschichte und Theologie des religiösen Sozialismus, Zollikon 1957
Link, Chr., Die Welt als Gleichnis. Studien zum Problem der natürlichen Theologie (BEvTh 73), München 1976
Lübbe, H., Politische Philosophie in Deutschland. Studien zu ihrer Geschichte (Taschenbuchausgabe), München 1974
Luther, M., Vorlesung über den Römerbrief 1515/1516, hg. v. J. Ficker, II: Die Scholien, Leipzig 1908
Luther, M., Werke. Kritische Gesamtausgabe, Weimar 1883ff [zitiert: WA]
Lütz, D., Homo viator. Karl Barths Ringen mit Schleiermacher, Zürich 1988
Luz, U., Erwägungen zur sachgemäßen Interpretation neutestamentlicher Texte, in: EvTh 42 (1982), 493-518

Macpherson, C. B., Die politische Theorie des Besitzindividualismus. Von Hobbes bis Locke (stw 41), Frankfurt ²1980
Mahlmann, Th., Art. Herrmann, Wilhelm (1846-1922), in: TRE 15, 165-172
- Das Axiom des Erlebnisses bei Wilhelm Herrmann, in: NZSTh 4 (1962), 11-88
- Philosophie der Religion bei Wilhlem Herrmann, in: NZSTh 6 (1964), 70-107
Marquardt, F.-W., Der Aktuar. Aus Barths Pfarramt, in: Einwürfe 3: Karl Barth: Der Störenfried?, hg. v. F.-W. Marquardt u. a., München 1986, 93-139
- Der Christ in der Gesellschaft 1919-1979. Geschichte, Analyse und aktuelle Bedeutung von Karl Barths Tambacher Vortrag (TEH 206), München 1980
- Karl Barths Safenwiler Predigten, Jahrgang 1914, in: EvTh 37 (1977), 377-396
- Theologie und Sozialismus, Das Beispiel Karl Barths (GT.S 7), München/Mainz ³1985
- Verwegenheiten. Theologische Stücke aus Berlin, München 1981
Marsch, W.-D., Politische Predigt zu Kriegsbeginn 1914/15. Historische Reminiszenzen – der Gegenwart zur Erinnerung empfohlen, in: EvTh 24 (1964), 513-538
Marx, K., Die Frühschriften (KTA 209), hg. v. S. Landshut, Stuttgart 1971
Mattmüller, M., Das Reich-Gottes-Verständnis von Leonhard Ragaz in den ›acht Werken der Krise‹ (1917 bis 1921), in: Der Aufbau 62 (1981), 105-112
- Leonhard Ragaz und der religiöse Sozialismus. Eine Biographie, I: Zollikon 1957, II: Zürich 1968
McCarthy, Th., Kritik der Verständigungsverhältnisse. Zur Theorie von Jürgen Habermas, Frankfurt 1980
Mead, G. H., Geist, Identität und Gesellschaft aus der Sicht des Sozialbehaviorismus. Mit einer Einleitung hg. v. Ch.W.Morris (stw 28), Frankfurt 1973
Meier, K.-J., Christoph Blumhardt. Christ – Sozialist – Theologe (BSHST 40), Bern/Frankfurt/Las Vegas 1979
Meyer, Th. (Hg.), Fundamentalismus in der modernen Welt. Die Internationale der Unvernunft (edition suhrkamp 1526), Frankfurt a. Main 1989
Miller, M.E., Der Übergang. Schleiermachers Theologie des Reiches Gottes im Zusammenhang seines Gesamtdenkens (SEE 6), Gütersloh 1970
Müller, W., Bürgertum und Christentum, in: Christlicher Glaube in moderner Gesellschaft 18, Freiburg ²1982, 5-58
Natorp, P., Löwen. Brief an einen holländischen Theologen, in: ChW 28 (1914), 861f.
- Religion innerhalb der Grenzen der Humanität. Ein Kapitel zur Grundlegung der Sozialpädagogik, Tübingen ²1908
Naumann, F., Briefe über Religion. Mit Nachwort ›Nach 13 Jahren‹, Berlin ⁷1917
Neugebauer, F., In Christus. Eine Untersuchung zum Paulinischen Glaubensverständnis, Naumburg a. d. Saale 1961
Nigg, W., Hermann Kutters Vermächtnis (RGF 3), Berlin 1940
Nöthiger-Strahm, Chr., Der deutschschweizerische Protestantismus und der Landesstreik von 1918. Die Auseinandersetzung der Kirche mit der sozialen Frage zu Beginn des 20. Jahrhunderts (BSHST 44), Bern/Frankfurt/Las Vegas 1981
Ollig, H. L., Religion und Freiheitsglaube. Zur Problematik von Hermann Cohens später Religionsphilosophie (MPF 179), Königstein 1979
Pannenberg, W., Die Begründung der Ethik bei Ernst Troeltsch, in: Ders., Ethik und Ekklesiologie. Gesammelte Aufsätze, Göttingen 1977, 70-96
- Wahrheit, Gewißheit und Glaube, in: Ders., Grundfragen systematischer Theologie. Gesammelte Aufsätze 2, Göttingen 1980, 226-264
Papcke, S., Bernstein und Lenin. Zwei Revisionsversuche des Marxismus der II. Internationale, in: Jahrbuch Arbeiterbewegung 5: Kritik des Leninismus, Frankfurt 1977, 104-138
Peukert, H., Wissenschaftstheorie – Handlungstheorie – Fundamentale Theologie. Analysen zu Ansatz und Status theologischer Theoriebildung, Düsseldorf 1976
Pfister, R., Die Haltung der schweizerischen Kirchen während des Weltkrieges 1914-1918, in: ThZ 6 (1950), 338-357
- Kirchengeschichte der Schweiz III: Von 1720 bis 1950, Zürich 1985
Picht, G., Hier und Jetzt. Philosophieren nach Auschwitz und Hiroshima I, Stuttgart 1980
- Wahrheit – Vernunft – Verantwortung. Philosophische Studien, Stuttgart 1969
Pieper, A., Ethik und Moral. Eine Einführung in die praktische Philosophie, München 1985
Platon, Werke in acht Bänden (Griechisch und deutsch) VI: Theaitetos. Der Sophist. Der Staatsmann (dt. Übers. v. Fr. Schleiermacher), Darmstadt 1970
Pressel, W., Die Kriegspredigt 1914-1918 in der evangelischen Kirche Deutschlands (APTh

5), Göttingen 1967
Rade, M., Der Bankerott des Christentums, in: ChW 28 (1914), 849f
- Der Gott der Völker, in: ChW 28 (1914), 869-871
- Redaktionelle Schlußbemerkung, in: ZThK 19 (1909), 486-488
- Reform des theologischen Studiums?, in: ZThK 19 (1909), 76-80
- Rez. Walter Frühauf, Praktische Theologie!, in: ZThK 17 (1907), 67-69
- Von der Gewöhnung an den Krieg, in: ChW 28 (1914), 977-979

Ragaz, L., Alt und Neu. Antwort, in: NW 7 (1913), 51-61
- Antwort an Herrn Pfarrer Gottfried Traub, Dr. der Theologie, in Dortmund, in: NW 8 (1914), 438-448
- Christentum und Vaterland, in: NW 5 (1911), 317-337
- Das Gericht, in: NW 8 (1914), 298-304
- Dein Reich komme. Predigten I, Zürich/München/Leipzig ³1922
- Der Kampf um Jesus Christus, in: NW 4 (1910), 97-109, 134-146 u. 365-377
- Der Sozialismus und die persönliche Freiheit, in: NW 2 (1908), 266-274 u. 304-313
- Der Weg zum Frieden, in: NW 8 (1914), 457-472
- Der Zürcher Generalstreik, in: NW 6 (1912), 291-301
- Die chinesische Revolution, in: NW 6 (1912), 114f
- Die Vorgänge im Osten, in: NW 12 (1918), 149-152
- Jesus, Christentum und Reich Gottes, in: Ders., Weltreich, Religion und Gottesherrschaft I; Zürich/München/Leipzig 1922, 109-140
- Leonhard Ragaz in seinen Briefen I: 1887-1814, II: 1914-1932, hg. v. Chr. Ragaz u. a., Zürich 1966/1982
- Neue Wege II. Die Rückkehr zu Christus, in: NW 11 (1917), 100-115; III. Nicht Religion, sondern Reich Gottes, in: Ebd., 295-305; VIII. Unser Sozialismus, in: Ebd., 583-619; XI. Dem Durchbruch entgegen, in: NW 12 (1918), 25-28
- Ueber die Ursache des Krieges, in: NW 8 (1914), 364-373
- Ueber Patriotismus, in: NW 1 (1907), 260-269
- Unsere Politik. Zur Rechenschaft und Verständigung, in: NW 12 (1918), 238-246, 272-293 u. 326-350
- Zum Generalstreik, in: NW 6 (1912), 360-368
- Zur russischen Revolution, in: NW 11 (1917), 153-155

Ragaz, R., Kant und das Christentum, in: NW 5 (1911), 122-132 u. 161-174
Raiser, K., Identität und Sozialität. George Herbert Meads Theorie der Interaktion und ihre Bedeutung für die theologische Anthropologie (GT.SW 4), München/Mainz 1971
Rathje, J., Die Welt des freien Protestantismus. Ein Beitrag zur deutsch-evangelischen Geistesgeschichte. Dargestellt an Leben und Werk von Martin Rade, Stuttgart 1952
Rendtorff, T. (Hg), Die Realisierung der Freiheit. Beiträge zur Kritik der Theologie Karl Barths, Gütersloh 1975
- Karl Barth und die Neuzeit. Fragen zur Barth-Forschung, in: EvTh 46 (1986), 298-314
- Radikale Autonomie Gottes. Zum Verständnis der Theologie Karl Barths und ihrer Folgen, in: Ders., Theorie des Christentums. Historisch-theologische Studien zu seiner neuzeitlichen Verfassung, Gütersloh 1972, 161-181

Reuter, H.-R., Die Einheit der Dialektik Friedrich Schleiermachers. Eine systematische Interpretation (BEvTh 83), München 1979
- Liebet eure Feinde! Zur Aufgabe einer politischen Ethik im Licht der Bergpredigt, in: ZEE 26 (1982), 159-187

Rich, A., Theologisch-sozialethische Einführung, in: Leonhard Ragaz in seinen Briefen II: 1914-1932, hg. v. Chr. Ragaz u. a., Zürich 1982, 7-54
- Theologische Einführung, in: Leonhard Ragaz in seinen Briefen I: 1887-1914, hg. v. Chr. Ragaz u. a., Zürich 1966, IX-XLIV

Richter, L./u.a., Art. Mystik, in: RGG³ IV, 1237-1262
Ringleben, J., Hegels Theorie der Sünde. Die subjektivitäts-logische Konstruktion seines theologischen Begriffs (TBT 31), Berlin/New York 1976
Ritschl, A., Unterricht in der christlichen Religion, Bonn ⁴1890
Ruddies, H., Karl Barth und Ernst Troeltsch. Aspekte eines unterbliebenen Dialogs, in: Troeltsch-Studien, Band 4: Umstrittene Moderne. Die Zukunft der Neuzeit im Urteil der Epoche Ernst Troeltschs, hg. v. H. Renz u. F. W. Graf, Gütersloh 1987, 230-258
- Karl Barth und Martin Rade. Ein theologisch-politischer Briefwechsel, in: EvTh 44 (1984), 298-306

- Karl Barth und Wilhelm Herrmann. Aspekte aus den Anfängen der dialektischen Theologie, in: Zeitschrift für Dialektische Theologie 1 (1985), 52-89
Ruschke, W. M., Entstehung und Ausführung der Diastasentheologie in Karl Barths zweitem ›Römerbrief‹ (NBST 5), Neukirchen-Vluyn 1987
Sandkühler, H. J., Kant, neukantianischer Sozialismus, Revisionismus, in: Marxismus und Ethik. Texte zum neukantianischen Sozialismus, hg. v. H. J. Sandkühler u. R. de la Vaga (stw 75), Frankfurt 1974, 7-44
Sauter, G., Die ›dialektische Theologie‹ und das Problem der Dialektik in der Theologie, in: Ders., Erwartung und Erfahrung. Predigten, Vorträge und Aufsätze (TB 47), München 1972, 108-146
- Die Theologie des Reiches Gottes beim älteren und jüngeren Blumhardt (SDGSTh 14), Zürich/Stuttgart 1962
- Soziologische oder politische Barth-Interpretation, in: EvTh 35 (1975), 173-183
Scharffenorth, G., Den Glauben ins Leben ziehen... Studien zu Luthers Theologie, München 1982
Scheler, M., Der Formalismus in der Ethik und die materiale Wertethik. Neuer Versuch der Grundlegung eines ethischen Personalismus (Gesammelte Werke II), 4. durchgesehene Aufl. 1954
Schellong, D., Barth Lesen, in: Einwürfe 3: Karl Barth: Der Störenfried?, hg. v. F.-W. Marquardt u. a., München 1986, 5-92
- Barth von links gelesen – ein Beitrag zum Thema: ›Theologie und Sozialismus‹, in: ZEE 17 (1973), 238-250
- Bürgertum und christliche Religion. Anpassungsprobleme der Theologie seit Schleiermacher (TEH 187), München 1975
- Theologie nach 1914, in: Richte unsere Füße auf den Weg des Friedens. Helmut Gollwitzer zum 70. Geburtstag, hg. v. A. Baudis u. a., München 1979, 451-468
Schick, M., Kulturprotestantismus und soziale Frage. Versuche zur Begründung der Sozialethik, vornehmlich in der Zeit von der Gründung des Evangelisch-sozialen Kongresses bis zum Ausbruch des 1. Weltkrieges (1890-1914) (Tübinger wirtschaftswissenschaftliche Abhandlungen 10), Tübingen 1970
Schleiermacher, F. D. E., Aus Schleiermachers Leben. In Briefen, IV, hg. v. W. Dilthey, Berlin 1863
- Dialektik, hg. v. R. Odebrecht, Darmstadt 1976
Schlichting, W., Biblische Denkform in der Dogmatik. Die Vorbildlichkeit des biblischen Denkens für die Methode der Kirchlichen Dogmatik Karl Barths, Zürich 1971
- Sozialismus und biblische Denkform. Fragen zu Friedrich-Wilhelm Marquardts Untersuchung über ›Theologie und Sozialismus‹ bei Karl Barth, in: EvTh 32 (1972), 595-606
Schluchter, W., Die Entwicklung des okzidentalen Rationalismus. Eine Analyse von Max Webers Gesellschaftsgeschichte (Die Einheit der Gesellschaftswissenschaften 23), Tübingen 1979
- Rationalismus der Weltbeherrschung. Studien zu Max Weber (stw 322), Frankfurt a. Main 1980
- Religion und Lebensführung, I: Studien zu Max Webers Kultur- und Werttheorie; II: Studien zu Max Webers Religions- und Herrschaftssoziologie, Frankfurt a. Main 1988
Schnädelbach, H., Philosophie in Deutschland 1831-1933 (stw 401), Frankfurt 1983
Schneemelcher, W., ›Christliche Welt‹. Das Problem des ›Freien Protestantismus‹, in: EvTh 15 (1955), 255-281
Schöller, P., Der Fall Löwen und das Weißbuch. Eine kritische Untersuchung der deutschen Dokumentation über die Vorgänge in Löwen vom 25. bis 28. August 1914, Köln/Graz 1958
Scholtz, G., Art. Geschichte, Historie VI. 20. Jh., in: HWP 3, 380-398
Schubring, R., Die Schweizer Religiös-Sozialen und wir, in: ChW 27 (1913), 58-63
Schultz, A., Flucht vor der Politik? Zur Bedeutung des politischen Momentes von Theologie beim frühen Barth und Bultmann, Diss. theol. Marburg/Lahn 1980
Schulz, M. T., Johann Christoph Blumhardt. Leben – Theologie – Verkündigung (APTh 19), Göttingen 1984
Schützeichel, H., Die Glaubenstheologie Calvins (BÖT 9), München 1972
Schwabe, K., Wissenschaft und Kriegsmoral. Die deutschen Hochschullehrer und die politischen Grundfragen des Ersten Weltkrieges, Göttingen/Zürich/Frankfurt 1969
Schwager, R., Brauchen wir einen Sündenbock? Gewalt und Erlösung in den biblischen Schriften, München 1978

- Der wunderbare Tausch. Zur Geschichte und Deutung der Erlösungslehre, München 1986
Schweitzer, A., Geschichte der Paulinischen Forschung von der Reformation bis auf die Gegenwart, Tübingen 1911
Schwöbel, Chr., Einleitung, in: K. Barth/M. Rade, Ein Briefwechsel, hg. v. Chr. Schwöbel, Gütersloh 1981, 9-56
- Martin Rade. Das Verhältnis von Geschichte, Religion und Moral als Grundproblem seiner Theologie, Gütersloh 1980
Seils, M., Der Gedanke vom Zusammenwirken Gottes und des Menschen in Luthers Theologie (BFChTh 50), Gütersloh 1962
Spieckermann, I., Gotteserkenntnis. Ein Beitrag zur Grundfrage der neuen Theologie Karl Barths (BEvTh 97), München 1985
Stadtland, T., Eschatologie und Geschichte in der Theologie des jungen Karl Barth (BGLRK 22), Neukirchen-Vluyn 1966
Stahl, F. J., Die Philosophie des Rechts II, 6. unveränderte Aufl. Hildesheim 1963
Stähli, M. J., Reich Gottes und Revolution. Christliche Theorie und Praxis für die Armen dieser Welt. Die Theologie des Religiösen Sozialismus bei Leonhard Ragaz und die Theologie der Revolution in Lateinamerika (ThF 57), Hamburg-Bergstedt 1976
Steck, K. G./Schellong, D., Karl Barth und die Neuzeit (TEH 173), München 1973
Steinbach, E., Konkrete Christologie. Die Aufnahme des Natürlichen in die Christologie bei Hermann Kutter, mit einer systematischen Abhandlung ›Communio sanctorum‹, München 1934
Stephan, H./Schmidt, M., Geschichte der evangelischen Theologie in Deutschland seit dem Idealismus, Berlin/New York ³1973
Stock, K., Anthropologie der Verheißung. Karl Barths Lehre vom Menschen als dogmatisches Problem (BEvTh 86), München 1980
Stuhlmacher, P., Schriftauslegung auf dem Wege zur biblischen Theologie, Göttingen 1975
Thaidigsmann, E., Identitätsverlangen und Widerspruch. Kreuzestheologie bei Luther, Hegel und Barth (GT Fundamentaltheologische Studien 8), München/Mainz 1983
Theiner, P., Sozialer Liberalismus und deutsche Weltpolitik. Friedrich Naumann im Wilhelminischen Deutschland (1860-1919), Baden-Baden 1983
Theunissen, M., Die Dialektik der Offenbarung. Zur Auseinandersetzung Schellings und Kierkegaards mit der Religionsphilosophie Hegels, in: PhJ 72 (1964), 134-160
- Hegels Lehre vom absoluten Geist als theologisch-politischer Traktat, Berlin 1970
- Sein und Schein. Die kritische Funktion der Hegelschen Logik (stw 314), Frankfurt 1980
Thurneysen, E., Die neue Zeit. Predigten 1913-1930, hg. v. W. Gern, Neukirchen-Vluyn 1982
- Karl Barth - ›Theologie und Sozialismus‹ in den Briefen seiner Frühzeit, Zürich 1973
Tillich, P., Die religiöse Lage der Gegenwart, in: Ders., Gesammelte Werke X: Die religiöse Deutung der Gegenwart. Schriften zur Zeitkritik, hg. v. R. Albrecht, Stuttgart 1968, 9-93
Timm, H., Friedrich Naumanns theologischer Widerruf. Ein Weg protestantischer Sozialethik im Übergang vom 19. zum 20. Jahrhundert (TEH 141), München 1967
- Theorie und Praxis in der Theologie Albrecht Ritschls und Wilhelm Herrmanns. Ein Beitrag zur Entwicklungsgeschichte des Kulturprotestantismus (SEE 1), Gütersloh 1967
Tödt, H. E., Die Bedeutung von Luthers Reiche- und Regimentenlehre für heutige Theologie und Ethik, in: Gottes Wirken in seiner Welt. Zur Diskussion um die Zweireichelehre II, Hamburg 1980, 52-126
- Karl Barths Ethik. Widerspruch und Korrektur zum neuzeitlichen Freiheitsverständnis (unveröffentlichtes Mskr. 1981)
- Perspektiven theologischer Ethik, München 1988
Treue, W., Gesellschaft, Wirtschaft und Technik Deutschlands im 19. Jahrhundert (Gebhard, Handbuch der deutschen Geschichte, Taschenbuchausgabe 17), München ³1978
Troeltsch, E., Art. Glaube III. Dogmatisch, IV. Glaube und Geschichte, V. Glaubensartikel, dogmatisch, in: RGG¹ II, 1437-1457
- Das Historische in Kants Religionsphilosophie. Zugleich ein Beitrag über Kants Philosophie der Geschichte, in: KantSt 9 (1904), 21-154
- Die Absolutheit des Christentums und zwei Schriften zur Theologie (Siebenstern-Taschenbuch 138), München/Hamburg 1969
- Gesammelte Schriften II: Zur religiösen Lage, Religionsphilosophie und Ethik, Tübingen ²1922
- Psychologie und Erkenntnistheorie in der Religionswissenschaft. Eine Untersuchung über die Bedeutung der Kantischen Religionslehre für die heutige Religionswissenschaft, Tübingen 1905

- Rez.: H. Cohen, Der Begriff der Religion im System der Philosophie, in: ThLZ 43 (1918), 59-62
Tucker, B., Ereignis. Wege durch die politische Philosophie des Marburger Neukantianismus (EHS 20.140), Frankfurt a. Main u.a. 1984
Tugendhat, E., Selbstbewußtsein und Selbstbestimmung. Sprachanalytische Interpretationen (stw 221), Frankfurt ²1981
Uhlmann, M., Lenins Werk in deutscher Sprache. Bibliographie, Berlin 1967
Ulrich, H., Das Transzendenzproblem bei Karl Barth, Tübingen 1936
Vondung, K., Die Apokalypse in Deutschland (dtv 4488), München 1988
- (Hg.), Kriegserlebnis. Der Erste Weltkrieg in der literarischen Gestaltung und symbolischen Deutung der Nationen, Göttingen 1980
Wagner, F., Der Gedanke der Persönlichkeit Gottes bei Fichte und Hegel, Gütersloh 1971
Walker, J. S., The development of Karl Barth's Theology from the first Edition of Der Römerbrief through the second Edition of Der Römerbrief, Diss. Claremont, USA 1963
Walther, Chr., Typen des Reich-Gottes-Verständnisses. Studien zur Eschatologie und Ethik im 19. Jahrhundert (FGLP 10/20), München 1961
Weber, M., Gesammelte Aufsätze zur Wissenschaftslehre, hg. v. J. Winckelmann, Tübingen ⁶1985
- Gesammelte politische Schriften, hg. v. J. Winckelmann, Tübingen ⁴1980
Weder, H., Neutestamentliche Hermeneutik (Züricher Grundrisse zur Bibel), Zürich 1986
Weinrich, M., Der Katze die Schelle umhängen. Konflikte theologischer Zeitgenossenschaft: Anregungen aus der theologischen Biographie Karl Barths, in: Einwürfe 3: Karl Barth: Der Störenfried?, hg. v. F.-W. Marquardt u. a., München 1986, 140-214
Weischedel, W., Das Wesen der Verantwortung. Ein Versuch, Frankfurt a. Main ³1972
Weiß, J., Die Predigt Jesu vom Reiche Gottes, hg. v. F. Hahn, Göttingen 1964
Welker, M., Der Vorgang Autonomie. Philosophische Beiträge zur Einsicht in theologische Rezeption und Kritik, Neukirchen-Vluyn 1975
Wellmer, A., Ethik und Dialog. Elemente des moralischen Urteils bei Kant und in der Diskursethik (stw 578); Frankfurt a. Main 1986
Welsch, W., Unsere postmoderne Moderne, 2. durchgesehene Aufl. Weinheim 1988
Wernle, P., Der Römerbrief in neuer Beleuchtung, in: KBRS 34 (1919), 163f u. 167-169
Weth, G., Die Heilsgeschichte. Ihr universeller und individueller Sinn in der offenbarungsgeschichtlichen Theologie des 19. Jahrhunderts (FGLP 4/2), München 1931
Wieland, L., Belgien 1914. Die Frage des belgischen ›Franktireurkrieges‹ und die deutsche öffentliche Meinung von 1914 bis 1936 (Studien zum Kontinuitätsproblem der deutschen Geschichte 2), Frankfurt a. Main u.a. 1984
Wielenga, B., Lenins Weg zur Revolution. Eine Konfrontation mit Sergej Bulgakov und Petr Struve im Interesse einer theologischen Besinnung, München 1971
Wildi, H. M., Bibliographie Karl Barth I: Veröffentlichungen von Karl Barth, hg. v. H.-A. Drewes, Zürich 1984
Wink, W., Bibelauslegung als Interaktion. Über die Grenzen historisch-kritischer Methode (UB 622), Stuttgart u. a. 1976
Winzeler, P., Widerstehende Theologie. Karl Barth 1920 bis 1935, Stuttgart 1982
Wuhrmann, J. U., Verschiedene Auffassungen vom Reiche Gottes, in: NW 5 (1911), 237-248
Zengel, J., Erfahrung und Erlebnis. Studien zur Genese der Theologie Karl Barths (EHS.T 163), Frankfurt/Bern 1981
Ziegler, Th., Die geistigen und sozialen Strömungen Deutschlands im 19. und 20. Jahrhundert. Neue, vollständig überarb. Volksausgabe, Berlin 1916
Zimmerli, W., Grundriß der alttestamentlichen Theologie (ThW 3), Stuttgart u.a. 1972
Zündel, F., Johann Christoph Blumhardt. Ein Lebensbild, neubearb. v. H. Schneider, Gießen/Basel ⁹1922